CHINA DEVELOPMENT ZONES YEARBOOK

中国
开发区年鉴
2023

中国开发区协会 编

首都经济贸易大学出版社
· 北 京 ·

图书在版编目（CIP）数据

中国开发区年鉴．2023／中国开发区协会编．-- 北京：首都经济贸易大学出版社，2024．6．
ISBN 978-7-5638-3707-6

Ⅰ．F127.9-54

中国国家版本馆 CIP 数据核字第 20248KE446 号

中国开发区年鉴 2023
中国开发区协会 编
Zhongguo Kaifaqu Nianjian

责任编辑 陈侃
出版发行 首都经济贸易大学出版社
地　　址 北京市朝阳区红庙（邮编 100026）
电　　话 (010)65976483　65065761　65071505（传真）
E-mail publish@cueb.edu.cn
网　　址 http：//www.sjmcb.com
经　　销 全国新华书店
印　　刷 北京炫彩印刷有限责任公司
成品尺寸 787 毫米×1092 毫米　1/16
字　　数 783 千字
印　　张 27　彩页 12 页
版　　次 2024 年 6 月第 1 版　2024 年 6 月第 1 次印刷
书　　号 ISBN 978-7-5638-3707-6
定　　价 400.00 元

中国开发区年鉴

编　委　会

徐勤友　泉州经济技术开发区综合协调服务中心主任

钱世贵　中共大连金普新区工作委员会党史研究室（大连金普新区地方志办公室）主任

石　雨　北京经济技术开发区档案数据中心主任

孙清洋　福州经济技术开发区管政办副主任

廖　杨　重庆经济技术开发区办公室副主任

李春刚　招远经济技术开发区党群工作部部长

朱书依　青岛经济技术开发区综合部副部长

■ **特约编辑**

卜士成　王　力　王　艺　王仲刚　王　昕　王金玉　王　星

王　敏　王　晶　王赟颖　牛序鹏　田丽华　成　翎　吕　萌

吕梦媛　朱佳琮　任伟才　刘吉祥　刘　盼　刘　勤　刘锦原

安旭生　孙纯波　孙　洁　孙　浩　李贝科　李俊文　李艳芳

李雪云　李琴琴　李琳琪　李　辉　杨国理　辛丙连　汪静文

沙　欣　沈晓波　宋淑海　张子欣　张正伟　张术杰　张议丹

张应霞　张国骏　张泽峰　张晓凯　张骏逸　张　琼　陈江鸿

陈　玲　陈烨雯　陈智明　陈静宽　周文静　周安娜　周　凌

泥天峰　赵月婷　赵丽娜　胡卫星　柏　阳　禹国圆　施　玲

施晓嵩　闻士君　贺　亮　敖永桥　高　林　高栩婧　郭晓霞

黄亚婷　黄　敏　曹梦冰　章　卫　董鑫龙　程　军　程　威

鲁　熠　谢艺祥　虞科娜　臧一凡　黎　斌

（按姓氏笔画排序）

■ 编辑部

主　　任：李国良

编　　辑：吴乃光　郭　勇

图片设计：张欣茹

卷首语

《中国开发区年鉴》（以下简称《年鉴》）是由中国开发区协会主编的大型资料性实用工具书，记述了全国部分开发区的发展历程与成就，面向国内外公开发行，至今已有近 30 年历史，具有独特的史料价值。

《年鉴》依托翔实的统计数据和严谨规范的文字记述，介绍了我国部分各级各类开发区的基础条件、投资环境及有关政策法规等，向海内外投资商、研究机构、科技界及各界人士展示了部分开发区经济社会发展的情况，为各有关机构和部门提供了良好的媒介服务。我们旨在让《年鉴》成为保留我国开发区历史的重要载体、汇集我国开发区各方面信息的百科全书，以及我国开发区领域公认的具有较高研究价值的年度资料性文献。在各参编单位的协同努力下，《年鉴》的年度特征愈加鲜明，框架结构日臻完善，设计简约，编校质量趋于一流。

《年鉴》（2023 卷）重点围绕我国开发区 2022 年经济社会发展的主要目标和任务，收集整理了政治经济、区域协调发展、投资促进、科技创新、体制机制创新、人才引进、文化建设、生态文明建设、国际合作等方面的基本情况以及重要举措、重大成就和重要经验。本卷共收录了涵盖浙江、江苏、广东、山东、福建、新疆和甘肃等部分省、自治区开发区的年度综合发展情况，以及部分国家级开发区、高新区及其他各类型开发区资料 99 篇，年度法律法规篇及理论研究篇 41 篇，共计 140 篇。《年鉴》编纂工作任务艰巨，意义重大，使命光荣。为更好地全方位记录我国各级各类开发区的发展情况，汇编形成权威资料，我们同各参编单位一如既往地贯彻执行了“求真存实”的编纂原则，牢固树立精品意识、创新意识，站在对历史负责、对未来负责的高度，重视调查研究和深入细致的资料考证，严格把握好《年鉴》质量关。

《年鉴》（2023 卷）在编纂过程中得到各参编单位领导的高度重视和大力支持，也得到有关省、自治区协会和省、自治区商务厅开发区处的大力支持和帮助，在此深表感谢。同时，《年鉴》编辑部对向各参编单位在资料搜集整理工作中一贯坚持的“严、细、深、实”的工作作风，积极提供全面、翔实的高质量内容，以及具体参编人员的高水准、高精度的文字把控和无私奉献的精神表示衷心感谢和诚挚敬意。我们愿与参编单位共同携手、努力创新，进一步提升《年鉴》的编纂质量和社会影响力，为更好地记录我国开发区发展历程贡献力量。

本卷在编印过程中的疏漏、不足之处，诚请广大读者批评指正。

《中国开发区年鉴》编辑部

2024 年 5 月

目 录

文献法规篇

专题研究篇

综　合　篇

经济开发区篇

高新区篇

统计资料篇

文献法规篇

中共中央办公厅国务院办公厅印发《关于加强新时代高技能人才队伍建设的意见》

发布时间：2022年10月08日

近日，中共中央办公厅、国务院办公厅印发了《关于加强新时代高技能人才队伍建设的意见》，并发出通知，要求各地区各部门结合实际认真贯彻落实。

《关于加强新时代高技能人才队伍建设的意见》全文如下：

技能人才是支撑中国制造、中国创造的重要力量。加强高级工以上的高技能人才队伍建设，对巩固和发展工人阶级先进性，增强国家核心竞争力和科技创新能力，缓解就业结构性矛盾，推动高质量发展具有重要意义。为贯彻落实党中央、国务院决策部署，加强新时代高技能人才队伍建设，现提出如下意见：

一、总体要求

（一）指导思想。以习近平新时代中国特色社会主义思想为指导，深入贯彻党的十九大和十九届历次全会精神，全面贯彻习近平总书记关于做好新时代人才工作的重要思想，坚持党管人才，立足新发展阶段，贯彻新发展理念，服务构建新发展格局，推动高质量发展，深入实施新时代人才强国战略，以服务发展、稳定就业为导向，大力弘扬劳模精神、劳动精神、工匠精神，全面实施“技能中国行动”，健全技能人才培养、使用、评价、激励制度，构建党委领导、政府主导、政策支持、企业主体、社会参与的高技能人才工作体系，打造一支爱党报国、敬业奉献、技艺精湛、素质优良、规模宏大、结构合理的高技能人才队伍。

（二）目标任务。到“十四五”时期末，高技能人才制度政策更加健全、培养体系更加完善、岗位使用更加合理、评价机制更加科学、激励保障更加有力，尊重技能尊重劳动的社会氛围更加浓厚，技能人才规模不断壮大、素质稳步提升、结构持续优化、收入稳定增加，技能人才占就业人员的比例达到30%以上，高技能人才占技能人才的比例达到1/3，东部省份高技能人才占技能人才的比例达到35%。力争到2035年，技能人才规模持续壮大、素质大幅提高，高技能人才数量、结构与基本实现社会主义现代化的要求相适应。

二、加大高技能人才培养力度

（三）健全高技能人才培养体系。构建以行业企业为主体、职业学校（含技工院校，下同）为基础、政府推动与社会支持相结合的高技能人才培养体系。行业主管部门和行业组织要结合本行业生产、技术发展趋势，做好高技能人才供需预测和培养规划。鼓励各类企业结合实际把高技能人才培养纳入企业发展总体规划和年度计划，依托企业培训中心、产教融合实训基地、高技能人才培训基地、公共实训基地、技能大师工作室、劳模和工匠人才创新工作室、网络学习平台等，大力培养高技能人才。国有企业要结合实际将高技能人才培养规划的制定和实施情况纳入考核评价体系。鼓励各类企业事业组织、社会团体及其他社会组织以独资、合资、合作等方式依法参与举办职业教育培训机构，积极参与承接政府购买服务。对纳入产教融合型企业建设培育范围的企业兴办职业教育符合条件的投资，可依据有关规定按投资额的30%抵免当年应缴教育费附加和地方教育附加。

（四）创新高技能人才培养模式。探索中国特色学徒制。深化产教融合、校企合作，开展订单式培养、套餐制培训，创新校企双制、校中厂、厂中校等方式。对联合培养高技能人才成效显著的企业，各级政府按规定予以表扬和相应政策支持。完善项目制培养模式，针对不同类别不同群体高技能人才实施差异化培养项目。鼓励通过名师带徒、技能研修、岗位练兵、技能竞赛、技术交流等形式，开放式培训高技能人才。建立技能人才继续教育制度，推广求学圆梦行动，定期组织开展研修交流活动，促进技能人才知识更新与技术创新、工艺改造、产业优化升级要求相适应。

（五）加大急需紧缺高技能人才培养力度。围绕国家重大战略、重大工程、重大项目、重点产业对高技能人才的需求，实施高技能领军人才培育计划。支持制造业企业围绕转型升级和产业基础再造工程项目，实施制造业技能根基工程。围绕建设网络强国、数字中国，实施提升全民数字素养与技能行动，建立一批数字技能人才培养试验区，打造一批数字素养与技能提升培训基地，举办全民数字素养与技能提升活动，实施数字教育培训资源开放共享行动。围绕乡村振兴战略，实施乡村工匠培育计划，挖掘、保护和传承民间传统技艺，打造一批“工匠园区”。

（六）发挥职业学校培养高技能人才的基础性作用。优化职业教育类型、院校布局和专业设置。采取中等职业学校和普通高中同批次并行招生等措施，稳定中等职业学校招生规模。在技工院校中普遍推行工学一体化技能人才培养模式。允许职业学校开展有偿性社会培训、技术服务或创办企业，所取得的收入可按一定比例作为办学经费自主安排使用；公办职业学校所取得的收入可按一定比例作为绩效工资来源，用于支付本校教师和其他培训教师的劳动报酬。合理保障职业学校师资受公派临时出国（境）参加培训访学、进修学习、技能交流等学术交流活动相关费用。切实保障职业学校学生在升学、就业、职业发展等方面与同层次普通学校学生享有平等机会。实施现代职业教育质量提升计划，支持职业学校改善办学条件。

（七）优化高技能人才培养资源和服务供给。实施国家乡村振兴重点帮扶地区职业技能提升工程，加大东西部协作和对口帮扶力度。健全公共职业技能培训体系，实施职业技能培训共建共享行动，开展县域职业技能培训共建共享试点。加快探索“互联网＋职业技能培训”，构建线上线下相结合的培训模式。依托“金保工程”，加快推进职业技能培训实名制管理工作，建立以社会保障卡为载体的劳动者终身职业技能培训电子档案。

三、完善技能导向的使用制度

（八）健全高技能人才岗位使用机制。企业可设立技能津贴、班组长津贴、带徒津贴等，支持鼓励高技能人才在岗位上发挥技能、管理班组、带徒传技。鼓励企业根据需要，建立高技能领军人才“揭榜领题”以及参与重大生产决策、重大技术革新和技术攻关项目的制度。实行“技师＋工程师”等团队合作模式，在科研和技术攻关中发挥高技能人才创新能力。鼓励支持高技能人才兼任职业学校实习实训指导教师。注重青年高技能人才选用。高技能人才配置状况应作为生产经营性企业及其他实体参加重大工程项目招投标、评优和资质评估的重要因素。

（九）完善技能要素参与分配制度。引导企业建立健全基于岗位价值、能力素质和业绩贡献的技能人才薪酬分配制度，实现多劳者多得、技高者多得，促进人力资源优化配置。国有企业在工资分配上要发挥向技能人才倾斜的示范作用。完善企业薪酬调查和信息发布制度，鼓励有条件的地区发布分职业（工种、岗位）、分技能等级的工资价位信息，为企业与技能人才协商确定工资水平提供信息参考。用人单位在聘的高技能人才在学习进修、岗位聘任、职务晋升、工资福利等方面，分别比照相应层级专业技术人员享受同等待遇。完善科技成果转化收益分享机制，对在技术革新或技术攻关中做出突出贡献的高技能人才给予奖励。高技能人才可实行年薪制、协议工资制，企业可对做出突出贡献的优秀高技能人才实行特岗特酬，鼓励符合条件的企业积极运用中长期激励工具，加大对高技能人才的激励力度。畅通为高技能人才建立企业年金的机制，鼓励和引导企业为包括高技能人才在内的职工建立企业年金。完善高技能特殊人才特殊待遇政策。

（十）完善技能人才稳才留才引才机制。鼓励和引导企业关心关爱技能人才，依法保障技能人才合法权益，合理确定劳动报酬。健全人才服务体系，促进技能人才合理流动，提高技能人才配置效率。建立健全技能人才柔性流动机制，鼓励技能人才通过兼职、服务、技术攻关、项目合作等方式更好发挥作用。畅通高技能人才向专业技术岗位或管理岗位流动渠道。引导企业规范开展共享用工。支持各地结合产业发展需求实际，将急需紧缺技能人才纳入人才引进目录，引导技能人才向欠发达地区、基层一线流动。支持各地将高技能人才纳入城市直接落户范围，高技能人才的配偶、子女按有关规定享受公共就业、教育、住房等保障服务。

四、建立技能人才职业技能等级制度和多元化评价机制

（十一）拓宽技能人才职业发展通道。建立健全技能人才职业技能等级制度。对设有高级技师的职业（工种），可在其上增设特级技师和首席技师技术职务（岗位），在初级工之下补设学徒工，形成由学徒工、初级工、中级工、高级工、技师、高级技师、特级技师、首席技师构成的“八级工”职业技能等级（岗位）序列。鼓励符合条件的专业技术人员按有关规定申请参加相应职业（工种）的职业技能评价。支持各地面向符合条件的技能人才招聘事业单位工作人员，重视从技能人才中培养选拔党政干部。建立职业资格、职业技能等级与相应职称、学历的双向比照认定制度，推进学历教育学习成果、非学历教育学习成果、职业技能等级学分转换互认，建立国家资历框架。

（十二）健全职业标准体系和评价制度。健全符合我国国情的现代职业分类体系，完善新职业信息发布制度。完善由国家职业标准、行业企业评价规范、专项职业能力考核规范等构成的多层次、相互衔接的职业标准体系。探索开展技能人员职业标准国际互通、证书国际互认工作，各地可建立境外技能人员职业资格认可清单制度。健全以职业资格评价、职业技能等级认定和专项职业能力考核等为主要内容的技能人才评价机制。完善以职业能力为导向、以工作业绩为重点，注重工匠精神培育和职业道德养成的技能人才评价体系，推动职业技能评价与终身职业技能培训制度相适应，与使用、待遇相衔接。深化职业资格制度改革，完善职业资格目录，实行动态调整。围绕新业态、新技术和劳务品牌、地方特色产业、非物质文化遗产传承项目等，加大专项职业能力考核项目开发力度。

（十三）推行职业技能等级认定。支持符合条件的企业自主确定技能人才评价职业（工种）范围，自主设置岗位等级，自主开发制定岗位规范，自主运用评价方式开展技能人才职业技能等级评价；企业对新招录或未定级职工，可根据其日常表现、工作业绩，结合职业标准和企业岗位规范要求，直接认定相应的职业技能等级。打破学历、资历、年龄、比例等限制，对技能高超、业绩突出的一线职工，可直接认定高级工以上职业技能等级。对解决重大工艺技术难题和重大质量问题、技术创新成果获得省部级以上奖项、“师带徒”业绩突出的高技能人才，可破格晋升职业技能等级。推进“学历

证书＋若干职业技能证书”制度实施。强化技能人才评价规范管理，加大对社会培训评价组织的征集遴选力度，优化遴选条件，构建政府监管、机构自律、社会监督的质量监督体系，保障评价认定结果的科学性、公平性和权威性。

（十四）完善职业技能竞赛体系。广泛深入开展职业技能竞赛，完善以世界技能大赛为引领、全国职业技能大赛为龙头、全国行业和地方各级职业技能竞赛以及专项赛为主体、企业和院校职业技能比赛为基础的中国特色职业技能竞赛体系。依托现有资源，加强世界技能大赛综合训练中心、研究（研修）中心、集训基地等平台建设，推动世界技能大赛成果转化。定期举办全国职业技能大赛，推动省、市、县开展综合性竞赛活动。鼓励行业开展特色竞赛活动，举办乡村振兴职业技能大赛。举办世界职业院校技能大赛、全国职业院校技能大赛等职业学校技能竞赛。健全竞赛管理制度，推行“赛展演会”结合的办赛模式，建立政府、企业和社会多方参与的竞赛投入保障机制，加强竞赛专兼职队伍建设，提高竞赛科学化、规范化、专业化水平。完善并落实竞赛获奖选手表彰奖励、升学、职业技能等级晋升等政策。鼓励企业对竞赛获奖选手建立与岗位使用及薪酬待遇挂钩的长效激励机制。

五、建立高技能人才表彰激励机制

（十五）加大高技能人才表彰奖励力度。建立以国家表彰为引领、行业企业奖励为主体、社会奖励为补充的高技能人才表彰奖励体系。完善评选表彰中华技能大奖获得者和全国技术能手制度。国家级荣誉适当向高技能人才倾斜。加大高技能人才在全国劳动模范和先进工作者、国家科学技术奖等相关表彰中的评选力度，积极推荐高技能人才享受政府特殊津贴，对符合条件的高技能人才按规定授予五一劳动奖章、青年五四奖章、青年岗位能手、三八红旗手、巾帼建功标兵等荣誉，提高全社会对技能人才的认可认同。

（十六）健全高技能人才激励机制。加强对技能人才的政治引领和政治吸纳，注重做好党委（党组）联系服务高技能人才工作。将高技能人才纳入各地人才分类目录。注重依法依章程推荐高技能人才为人民代表大会代表候选人、政治协商会议委员人选、群团组织代表大会代表或委员会委员候选人。进一步提高高技能人才在职工代表大会中的比例，支持高技能人才参与企业管理。按照有关规定，选拔推荐优秀高技能人才到工会、共青团、妇联等群团组织挂职或兼职。建立高技能人才休假疗养制度，鼓励支持分级开展高技能人才休假疗养、研修交流和节日慰问等活动。

六、保障措施

（十七）强化组织领导。坚持党对高技能人才队伍建设的全面领导，确保正确政治方向。各级党委和政府要将高技能人才工作纳入本地区经济社会发展、人才队伍建设总体部署和考核范围。在本级人才工作领导小组统筹协调下，建立组织部门牵头抓总、人力资源社会保障部门组织实施、有关部门各司其职、行业企业和社会各方广泛参与的高技能人才工作机制。各地区各部门要大力宣传技能人才在经济社会发展中的作用和贡献，进一步营造重视、关心、尊重高技能人才的社会氛围，形成劳动光荣、技能宝贵、创造伟大的时代风尚。

（十八）加强政策支持。各级政府要统筹利用现有资金渠道，按规定支持高技能人才工作。企业要按规定足额提取和使用职工教育经费，60% 以上用于一线职工教育和培训。落实企业职工教育经费税前扣除政策，有条件的地方可探索建立省级统一的企业职工教育经费使用管理制度。各地要按规定发挥好有关教育经费等各类资金作用，支持职业教育发展。

（十九）加强技能人才基础工作。充分利用大数据、云计算等新一代信息技术，加强技能人才工作信息化建设。建立健全高技能人才库。加强高技能人才理论研究和成果转化。大力推进符合高技能人才培养需求的精品课程、教材和师资建设，开发高技能人才培养标准和一体化课程。加强国际交流合作，推动实施技能领域“走出去”“引进来”合作项目，支持青年学生、毕业生参与青年国际实习交流计划，推进与各国在技能领域的交流互鉴。

来源：新华社

中共中央国务院关于构建数据基础制度更好发挥数据要素作用的意见

发布时间：2022年12月20日

数据作为新型生产要素，是数字化、网络化、智能化的基础，已快速融入生产、分配、流通、消费和社会服务管理等各环节，深刻改变着生产方式、生活方式和社会治理方式。数据基础制度建设事关国家发展和安全大局。为加快构建数据基础制度，充分发挥我国海量数据规模和丰富应用场景优势，激活数据要素潜能，做强做优做大数字经济，增强经济发展新动能，构筑国家竞争新优势，现提出如下意见：

一、总体要求

（一）指导思想。以习近平新时代中国特色社会主义思想为指导，深入贯彻党的二十大精神，完整、准确、全面贯彻新发展理念，加快构建新发展格局，坚持改革创新、系统谋划，以维护国家数据安全、保护个人信息和商业秘密为前提，以促进数据合规高效流通使用、赋能实体经济为主线，以数据产权、流通交易、收益分配、安全治理为重点，深入参与国际高标准数字规则制定，构建适应数据特征、符合数字经济发展规律、保障国家数据安全、彰显创新引领的数据基础制度，充分实现数据要素价值、促进全体人民共享数字经济发展红利，为深化创新驱动、推动高质量发展、推进国家治理体系和治理能力现代化提供有力支撑。

（二）工作原则

——遵循发展规律，创新制度安排。充分认识和把握数据产权、流通、交易、使用、分配、治理、安全等基本规律，探索有利于数据安全保护、有效利用、合规流通的产权制度和市场体系，完善数据要素市场体制机制，在实践中完善，在探索中发展，促进形成与数字生产力相适应的新型生产关系。

——坚持共享共用，释放价值红利。合理降低市场主体获取数据的门槛，增强数据要素共享性、普惠性，激励创新创业创造，强化反垄断和反不正当竞争，形成依法规范、共同参与、各取所需、共享红利的发展模式。

——强化优质供给，促进合规流通。顺应经济社会数字化转型发展趋势，推动数据要素供给调整优化，提高数据要素供给数量和质量。建立数据可信流通体系，增强数据的可用、可信、可流通、可追溯水平。实现数据流通全过程动态管理，在合规流通使用中激活数据价值。

——完善治理体系，保障安全发展。统筹发展和安全，贯彻总体国家安全观，强化数据安全保障体系建设，把安全贯穿数据供给、流通、使用全过程，划定监管底线和红线。加强数据分类分级管理，把该管的管住、该放的放开，积极有效防范和化解各种数据风险，形成政府监管与市场自律、法治与行业自治协同、国内与国际统筹的数据要素治理结构。

——深化开放合作，实现互利共赢。积极参与数据跨境流动国际规则制定，探索加入区域性国际数据跨境流动制度安排。推动数据跨境流动双边多边协商，推进建立互利互惠的规则等制度安排。鼓励探索数据跨境流动与合作的新途径新模式。

二、建立保障权益、合规使用的数据产权制度

探索建立数据产权制度，推动数据产权结构性分置和有序流通，结合数据要素特性强化高质量数据要素供给；在国家数据分类分级保护制度下，推进数据分类分级确权授权使用和市场化流通交易，健全数据要素权益保护制度，逐步形成具有中国特色的数据产权制度体系。

（三）探索数据产权结构性分置制度。建立公共数据、企业数据、个人数据的分类分级确权授权制度。根据数据来源和数据生成特征，分别界定数据生产、流通、使用过程中各参与方享有的合法权利，建立数据资源持有权、数据加工使用权、数据产品经营权等分置的产权运行机制，推进非公共数据按市场化方式“共同使用、共享收益”的新模式，为激活数据要素价值创造和价值实现提供基础性制度保障。研究数据产权登记新方式。在保障安全前提下，推动数据处理者依法依规对原始数据进行开发利用，支持数据处理者依法依规行使数据应用相关权利，促进数据使用价值复用与充分利用，促进数据使用权交换和市场化流通。审慎对待原始数据的流转交易行为。

（四）推进实施公共数据确权授权机制。对各级党政机关、企事业单位依法履职或提供公共服务过程中产生的公共数据，加强汇聚共享和开放开发，强化统筹授权使用和管理，推进互联互通，打破“数据孤岛”。鼓励公共数据在保护个人隐私和确保公共安全的前提下，按照“原始数据不出域、数据可用不可见”的要求，以模型、核验等产品和服务等形式向社会提供，对不承载个人信息和不影响公共安全的公共数据，推动按用途加大供给使用范围。推动用于公共治理、公益事业的公共数据有条件无偿使用，探索用于产业发展、行业发展的公共数据有条件有偿使用。依法依规予以保密的公共数据不予开放，严格管控未依法依规公开的原始公共数据直接进入市场，保障公共数据供给使用的公共利益。

（五）推动建立企业数据确权授权机制。对各类市场主体在生产经营活动中采集加工的不涉及个人信息和公共利益的数据，市场主体享有依法依规持有、使用、获取收益的权益，保障其投入的劳动和其他要素贡献获得合理回报，加强数据要素供给激励。鼓励探索企业数据授权使用新模式，发挥国有企业带头作用，引导行业龙头企业、互联网平台企业发挥带动作用，促进与中小微企业双向公平授权，共同合理使用数据，赋能中小微企业数字化转型。支持第三方机构、中介服务组织加强数据采集和质量评估标准制定，推动数据产品标准化，发展数据分析、数据服务等产业。政府部门履职可依法依规获取相关企业和机构数据，但须约定并严格遵守使用限制要求。

（六）建立健全个人信息数据确权授权机制。对承载个人信息的数据，推动数据处理者按照个人授权范围依法依规采集、持有、托管和使用数据，规范对个人信息的处理活动，不得采取“一揽子授权”、强制同意等方式过度收集个人信息，促进个人信息合理利用。探索由受托者代表个人利益，监督市场主体对个人信息数据进行采集、加工、使用的机制。对涉及国家安全的特殊个人信息数据，可依法依规授权有关单位使用。加大个人信息保护力度，推动重点行业建立完善长效保护机制，强化企业主体责任，规范企业采集使用个人信息行为。创新技术手段，推动个人信息匿名化处理，保障使用个人信息数据时的信息安全和个人隐私。

（七）建立健全数据要素各参与方合法权益保护制度。充分保护数据来源者合法权益，推动基于知情同意或存在法定事由的数据流通使用模式，保障数据来源者享有获取或复制转移由其促成产生数据的权益。合理保护数据处理者对依法依规持有的数据进行自主管控的权益。在保护公共利益、数据安全、数据来源者合法权益的前提下，承认和保护依照法律规定或合同约定获取的数据加工使用权，尊重数据采集、

加工等数据处理者的劳动和其他要素贡献，充分保障数据处理者使用数据和获得收益的权利。保护经加工、分析等形成数据或数据衍生产品的经营权，依法依规规范数据处理者许可他人使用数据或数据衍生产品的权利，促进数据要素流通复用。建立健全基于法律规定或合同约定流转数据相关财产性权益的机制。在数据处理者发生合并、分立、解散、被宣告破产时，推动相关权利和义务依法依规同步转移。

三、建立合规高效、场内外结合的数据要素流通和交易制度

完善和规范数据流通规则，构建促进使用和流通、场内场外相结合的交易制度体系，规范引导场外交易，培育壮大场内交易；有序发展数据跨境流通和交易，建立数据来源可确认、使用范围可界定、流通过程可追溯、安全风险可防范的数据可信流通体系。

（八）完善数据全流程合规与监管规则体系。建立数据流通准入标准规则，强化市场主体数据全流程合规治理，确保流通数据来源合法、隐私保护到位、流通和交易规范。结合数据流通范围、影响程度、潜在风险，区分使用场景和用途用量，建立数据分类分级授权使用规范，探索开展数据质量标准化体系建设，加快推进数据采集和接口标准化，促进数据整合互通和互操作。支持数据处理者依法依规在场内和场外采取开放、共享、交换、交易等方式流通数据。鼓励探索数据流通安全保障技术、标准、方案。支持探索多样化、符合数据要素特性的定价模式和价格形成机制，推动用于数字化发展的公共数据按政府指导定价有偿使用，企业与个人信息数据市场自主定价。加强企业数据合规体系建设和监管，严厉打击黑市交易，取缔数据流通非法产业。建立实施数据安全管理认证制度，引导企业通过认证提升数据安全管理水平。

（九）统筹构建规范高效的数据交易场所。加强数据交易场所体系设计，统筹优化数据交易场所的规划布局，严控交易场所数量。出台数据交易场所管理办法，建立健全数据交易规则，制定全国统一的数据交易、安全等标准体系，降低交易成本。引导多种类型的数据交易场所共同发展，突出国家级数据交易场所合规监管和基础服务功能，强化其公共属性和公益定位，推进数据交易场所与数据商功能分离，鼓励各类数据商进场交易。规范各地区各部门设立的区域性数据交易场所和行业性数据交易平台，构建多层次市场交易体系，推动区域性、行业性数据流通使用。促进区域性数据交易场所和行业性数据交易平台与国家级数据交易场所互联互通。构建集约高效的数据流通基础设施，为场内集中交易和场外分散交易提供低成本、高效率、可信赖的流通环境。

（十）培育数据要素流通和交易服务生态。围绕促进数据要素合规高效、安全有序流通和交易需要，培育一批数据商和第三方专业服务机构。通过数据商，为数据交易双方提供数据产品开发、发布、承销和数据资产的合规化、标准化、增值化服务，促进提高数据交易效率。在智能制造、节能降碳、绿色建造、新能源、智慧城市等重点领域，大力培育贴近业务需求的行业性、产业化数据商，鼓励多种所有制数据商共同发展、平等竞争。有序培育数据集成、数据经纪、合规认证、安全审计、数据公证、数据保险、数据托管、资产评估、争议仲裁、风险评估、人才培训等第三方专业服务机构，提升数据流通和交易全流程服务能力。

（十一）构建数据安全合规有序跨境流通机制。开展数据交互、业务互通、监管互认、服务共享等方面国际交流合作，推进跨境数字贸易基础设施建设，以《全球数据安全倡议》为基础，积极参与数据流动、数据安全、认证评估、数字货币等国际规则和数字技术标准制定。坚持开放发展，推动数据跨境双向有序流动，鼓励国内外企业及组织依法依规开展数据跨境流动业务合作，支持外资依法依规进入开放领域，推动形成公平竞争的国际化市场。针对跨境电

商、跨境支付、供应链管理、服务外包等典型应用场景，探索安全规范的数据跨境流动方式。统筹数据开发利用和数据安全保护，探索建立跨境数据分类分级管理机制。对影响或者可能影响国家安全的数据处理、数据跨境传输、外资并购等活动依法依规进行国家安全审查。按照对等原则，对维护国家安全和利益、履行国际义务相关的属于管制物项的数据依法依规实施出口管制，保障数据用于合法用途，防范数据出境安全风险。探索构建多渠道、便利化的数据跨境流动监管机制，健全多部门协调配合的数据跨境流动监管体系。反对数据霸权和数据保护主义，有效应对数据领域“长臂管辖”。

四、建立体现效率、促进公平的数据要素收益分配制度

顺应数字产业化、产业数字化发展趋势，充分发挥市场在资源配置中的决定性作用，更好发挥政府作用。完善数据要素市场化配置机制，扩大数据要素市场化配置范围和按价值贡献参与分配渠道。完善数据要素收益的再分配调节机制，让全体人民更好共享数字经济发展成果。

（十二）健全数据要素由市场评价贡献、按贡献决定报酬机制。结合数据要素特征，优化分配结构，构建公平、高效、激励与规范相结合的数据价值分配机制。坚持“两个毫不动摇”，按照“谁投入、谁贡献、谁受益”原则，着重保护数据要素各参与方的投入产出收益，依法依规维护数据资源资产权益，探索个人、企业、公共数据分享价值收益的方式，建立健全更加合理的市场评价机制，促进劳动者贡献和劳动报酬相匹配。推动数据要素收益向数据价值和使用价值的创造者合理倾斜，确保在开发挖掘数据价值各环节的投入有相应回报，强化基于数据价值创造和价值实现的激励导向。通过分红、提成等多种收益共享方式，平衡兼顾数据内容采集、加工、流通、应用等不同环节相关主体之间的利益分配。

（十三）更好发挥政府在数据要素收益分配中的引导调节作用。逐步建立保障公平的数据要素收益分配体制机制，更加关注公共利益和相对弱势群体。加大政府引导调节力度，探索建立公共数据资源开放收益合理分享机制，允许并鼓励各类企业依法依规依托公共数据提供公益服务。推动大型数据企业积极承担社会责任，强化对弱势群体的保障帮扶，有力有效应对数字化转型过程中的各类风险挑战。不断健全数据要素市场体系和制度规则，防止和依法依规规制资本在数据领域无序扩张形成市场垄断等问题。统筹使用多渠道资金资源，开展数据知识普及和教育培训，提高社会整体数字素养，着力消除不同区域间、人群间数字鸿沟，增进社会公平、保障民生福祉、促进共同富裕。

五、建立安全可控、弹性包容的数据要素治理制度

把安全贯穿数据治理全过程，构建政府、企业、社会多方协同的治理模式，创新政府治理方式，明确各方主体责任和义务，完善行业自律机制，规范市场发展秩序，形成有效市场和有为政府相结合的数据要素治理格局。

（十四）创新政府数据治理机制。充分发挥政府有序引导和规范发展的作用，守住安全底线，明确监管红线，打造安全可信、包容创新、公平开放、监管有效的数据要素市场环境。强化分行业监管和跨行业协同监管，建立数据联管联治机制，建立健全鼓励创新、包容创新的容错纠错机制。建立数据要素生产流通使用全过程的合规公证、安全审查、算法审查、监测预警等制度，指导各方履行数据要素流通安全责任和义务。建立健全数据流通监管制度，制定数据流通和交易负面清单，明确不能交易或严格限制交易的数据项。强化反垄断和反不正当竞争，加强重点领域执法司法，依法依规加强经营者集中审查，依法依规查处垄断协议、滥用市场支配地位和违法实施经营者集中行为，营造公平竞争、规范有序的市场环境。在落实

网络安全等级保护制度的基础上全面加强数据安全保护工作，健全网络和数据安全保护体系，提升纵深防护与综合防御能力。

（十五）压实企业的数据治理责任。坚持“宽进严管”原则，牢固树立企业的责任意识和自律意识。鼓励企业积极参与数据要素市场建设，围绕数据来源、数据产权、数据质量、数据使用等，推行面向数据商及第三方专业服务机构的数据流通交易声明和承诺制。严格落实相关法律规定，在数据采集汇聚、加工处理、流通交易、共享利用等各环节，推动企业依法依规承担相应责任。企业应严格遵守反垄断法等相关法律规定，不得利用数据、算法等优势和技术手段排除、限制竞争，实施不正当竞争。规范企业参与政府信息化建设中的政务数据安全管理，确保有规可循、有序发展、安全可控。建立健全数据要素登记及披露机制，增强企业社会责任，打破“数据垄断”，促进公平竞争。

（十六）充分发挥社会力量多方参与的协同治理作用。鼓励行业协会等社会力量积极参与数据要素市场建设，支持开展数据流通相关安全技术研发和服务，促进不同场景下数据要素安全可信流通。建立数据要素市场信用体系，逐步完善数据交易失信行为认定、守信激励、失信惩戒、信用修复、异议处理等机制。畅通举报投诉和争议仲裁渠道，维护数据要素市场良好秩序。加快推进数据管理能力成熟度国家标准及数据要素管理规范贯彻执行工作，推动各部门各行业完善元数据管理、数据脱敏、数据质量、价值评估等标准体系。

六、保障措施

加大统筹推进力度，强化任务落实，创新政策支持，鼓励有条件的地方和行业在制度建设、技术路径、发展模式等方面先行先试，鼓励企业创新内部数据合规管理体系，不断探索完善数据基础制度。

（十七）切实加强组织领导。加强党对构建数据基础制度工作的全面领导，在党中央集中统一领导下，充分发挥数字经济发展部际联席会议作用，加强整体工作统筹，促进跨地区跨部门跨层级协同联动，强化督促指导。各地区各部门要高度重视数据基础制度建设，统一思想认识，加大改革力度，结合各自实际，制定工作举措，细化任务分工，抓好推进落实。

（十八）加大政策支持力度。加快发展数据要素市场，做大做强数据要素型企业。提升金融服务水平，引导创业投资企业加大对数据要素型企业的投入力度，鼓励征信机构提供基于企业运营数据等多种数据要素的多样化征信服务，支持实体经济企业特别是中小微企业数字化转型赋能开展信用融资。探索数据资产入表新模式。

（十九）积极鼓励试验探索。坚持顶层设计与基层探索结合，支持浙江等地区和有条件的行业、企业先行先试，发挥好自由贸易港、自由贸易试验区等高水平开放平台作用，引导企业和科研机构推动数据要素相关技术和产业应用创新。采用“揭榜挂帅”方式，支持有条件的部门、行业加快突破数据可信流通、安全治理等关键技术，建立创新容错机制，探索完善数据要素产权、定价、流通、交易、使用、分配、治理、安全的政策标准和体制机制，更好发挥数据要素的积极作用。

（二十）稳步推进制度建设。围绕构建数据基础制度，逐步完善数据产权界定、数据流通和交易、数据要素收益分配、公共数据授权使用、数据交易场所建设、数据治理等主要领域关键环节的政策及标准。加强数据产权保护、数据要素市场制度建设、数据要素价格形成机制、数据要素收益分配、数据跨境传输、争议解决等理论研究和立法研究，推动完善相关法律制度。及时总结提炼可复制可推广的经验和做法，以点带面推动数据基础制度构建实现新突破。数字经济发展部际联席会议定期对数据基础制度建设情况进行评估，适时进行动态调整，推动数据基础制度不断丰富完善。

来源：人民网

国务院办公厅关于加快推进“一件事一次办”打造政务服务升级版的指导意见

国办发〔2022〕32号

各省、自治区、直辖市人民政府，国务院各部委、各直属机构：

优化政务服务是加快转变政府职能、深化“放管服”改革、持续优化营商环境的重要内容，是加快构建新发展格局、建设人民满意的服务型政府的重要支撑。近年来，在深入推进政务服务“一网、一门、一次”改革、“互联网＋政务服务”的基础上，一些地区进一步加大改革创新力度，将多个部门相关联的“单项事”整合为企业和群众视角的“一件事”，推行集成化办理，实现“一件事一次办”，大幅减少办事环节、申请材料、办理时间和跑动次数，得到企业和群众的普遍认可。同时，各地区在实施过程中还存在系统对接深度不够，数据共享难，不同地区集成化办理服务的名称、标准、规则不一致等问题，制约了“一件事一次办”推广。为加快推进“一件事一次办”，打造政务服务升级版，提升政务服务标准化、规范化、便利化水平，更好满足企业和群众办事需求，经国务院同意，现提出以下意见：

一、总体要求

（一）指导思想。以习近平新时代中国特色社会主义思想为指导，深入贯彻落实党的十九大和十九届历次全会精神，坚持以人民为中心的发展思想，坚持系统观念，推动数字技术广泛应用于政府管理服务，优化业务流程、打通业务系统、强化数据共享，推动更多关联性强、办事需求量大的跨部门、跨层级政务服务事项实现“一件事一次办”，进一步提高企业和群众办事的体验感和获得感。

（二）基本原则。坚持需求导向。从企业和群众实际需求出发，聚焦企业和个人全生命周期涉及面广、办理量大、办理频率高、办理时间相对集中的政务服务事项，实行“一件事一次办”，实现企业和群众办事由“多地、多窗、多次”向“一地、一窗、一次”转变，最大程度利企便民。

坚持系统集成。围绕企业从开办到注销、个人从出生到身后的重要阶段，按照不同应用场景、业务情形，将多个相关联的“单项事”合理归集，科学设计办理流程，梳理形成政务服务“一件事一次办”事项清单，提供主题式、套餐式服务。

坚持协同高效。强化部门间业务协同、系统联通和数据共享，围绕业务流程、办理要素、申报方式、受理方式、联办机制、出件方式等进行优化，大幅减时间、减环节、减材料、减跑动，实现多个事项“一次告知、一表申请、一套材料、一窗（端）受理、一网办理”。

坚持依法监管。按照“谁审批、谁监管，谁主管、谁监管”的原则，在推进“一件事一次办”过程中，强化审管衔接，严格落实有关部门监管责任，健全各司其职、各负其责、相互配合、齐抓共管的协同监管机制，确保事有人管、责有人负，实现无缝衔接。

（三）工作目标。2022年底前，各地区要建立部门协同、整体联动的工作机制，完成企业和个人政务服务“一件事一次办”事项基础清单中的任务，并结合各地实际拓展本地区“一件事一次办”事项范围。2025年底前，各地区“一件事一次办”事项范围进一步扩大，服务领域进一步拓展，企业和个人全生命周期重要阶段涉及的更多政务服务事项实现“一件事一次办”，打造政务服务升级版，更好满足企业和群众办事需求。

二、重点任务

（一）推进企业全生命周期相关政务服务事项“一件事一次办”。围绕企业从开办到注销全生命周期的重要阶段，梳理集成同一阶段内需要到政府部门、公用企事业单位和服务机构办理的多个单一政务服务事项，为企业提供开办、工程建设、生产经营、惠企政策兑现、员工录用、不动产登记、注销等集成化办理服务，提高办事效率，降低办事成本。

（二）推进个人全生命周期相关政务服务事项“一件事一次办”。围绕个人从出生到身后全生命周期的重要阶段，梳理集成同一阶段内需要办理的多个单一政务服务事项，为群众提供新生儿出生、入园入学、大中专学生毕业、就业、就医、婚育、扶残助困、军人退役、二手房交易及水电气联动过户、退休、身后等集成化办理服务，切实提升群众办事便捷度，减少跑动次数。

三、优化“一件事一次办”服务模式

（一）科学设计流程。对“一件事一次办”涉及的多个政务服务事项的设定依据、受理条件、申请材料、办结时限、收费标准、办理结果等要素进行梳理，合理调整前后置顺序，优化办理要素和业务流程，形成“一件事一次办”事项办理标准化工作规程和办事指南，在线上线下服务渠道同源发布、同步更新。

（二）简化申报方式。对“一件事一次办”涉及的多个政务服务事项的申请材料和表单，通过归并、数据共享等方式进行精简、优化，推行共享数据自动调用、个性信息自行填报、申请表单自动生成，实现“多表合一、一表申请”“一套材料、一次提交”。除法律法规规定应当并行办理的事项外，企业和群众可根据实际需求自主选择“一件事一次办”涉及的全部或部分事项。

（三）统一受理方式。根据企业和群众办事实际场景需求，科学合理设立线下“一件事一次办”综合受理窗口，在一个窗口综合收件，实现“一窗受理”。在全国一体化政务服务平台设立“一件事一次办”专栏，通过统一入口实现“一端受理”。

（四）建立联办机制。厘清部门职责，加强部门协作。依托全国一体化政务服务平台，同步获取受理信息和有关部门的办理信息，开展联动审批，推行联合评审、联合勘验、联合验收等，强化线上线下审批协同。

（五）提高出件效率。优化整合“一件事一次办”涉及的出件环节，按照集约化、高效化的原则，采取窗口发放、物流快递送达等灵活多样的方式，将办理结果和实体证照第一时间送达申请人。支持以信息化方式推送办理结果和电子证照，依托政务服务平台实现“一端出件”。

（六）加强综合监管。针对“一件事一次办”跨部门、跨业务的特点，健全监管制度，明确各环节监管部门及职责，完善监管规则和标准，落实监管措施，实施事前事中事后全链条监管。实行相对集中行政许可权改革的地区，要明确政务服务审批部门、行业主管部门的监管职责和边界，强化审管协同和信息共享，推进“一件事一次办”事项依法依规办理，促进集成化办理服务提升。

四、加强“一件事一次办”支撑能力建设

（一）推进线下综合受理窗口和线上受理专栏建设。县级以上政务服务中心和乡镇（街道）便民服务中心要将“一件事一次办”事项纳入综合受理窗口办理，全面推行“前台综合受理、

后台分类审批”。有条件的地区可将“一件事一次办”事项延伸到村（社区）便民服务站。各地区要充分利用国家政务服务平台统一事项管理、身份认证、数据共享等公共支撑能力，加快本地区政务服务平台“一件事一次办”事项办理系统建设，在政务服务平台设立专栏，并向政务服务移动端（含APP、小程序等）、集成化自助服务终端等拓展，便利企业和群众线上申办、自助申办。

（二）推动“一件事一次办”事项办理相关业务系统互联互通。各地区要加大对“一件事一次办”事项办理相关业务系统的整合力度，推动相关独立办理系统与本地区政务服务平台互联互通、业务协同。国务院有关部门要以全国一体化政务服务平台为数据共享总枢纽，加快推动本部门涉及“一件事一次办”事项办理的垂直管理业务信息系统与地方政务服务平台深度对接，有效满足各地区需求，实现“一次登录、全网通办”。

（三）推进“一件事一次办”事项办理数据按需共享应用。各地区要按照“一件事一次办”事项办理业务流程，梳理数据共享需求、电子证照社会化应用场景清单，发挥政务数据共享协调机制作用，明确数据共享供需对接、规范使用、争议处理、安全管理、技术支撑等制度流程，推进跨部门、跨层级数据依法依规有序共享。国务院有关部门要推动部门之间、部门与地方之间政务数据双向共享，不断提高共享数据质量和可用性、时效性。

（四）建立健全“一件事一次办”标准规范。制定政务服务“一件事一次办”国家标准，围绕事项名称与编码规则、事项管理、办事流程、服务规范、服务质量、监督评价等方面，建立健全标准体系，细化评价指标，完善评价方法。

五、保障措施

（一）加强组织领导。坚持党对推进政务服务“一件事一次办”工作的全面领导。国务院办公厅负责统筹推进全国政务服务“一件事一次办”工作，对各地区各部门推进情况进行跟踪督促和业务指导，组织编制并发布企业和个人政务服务“一件事一次办”事项基础清单，明确“一件事一次办”事项名称、涉及事项、责任单位。各省（自治区、直辖市）人民政府要统筹推进本地区政务服务“一件事一次办”工作，围绕基础清单细化分解任务，明确时间节点、部门分工和监管责任，并因地制宜拓展本地区“一件事一次办”事项范围。各有关部门要积极推进主管行业领域政务服务“一件事一次办”工作，并提供必要的政策、业务、系统、数据等支持。

（二）加强协同配合。各地区要建立跨部门协同推进机制，结合实际明确“一件事一次办”事项核心环节或第一个环节的办理单位作为牵头单位。牵头单位要会同配合单位编制“一件事一次办”事项办理标准化工作规程和办事指南，做好流程优化、系统对接、信息共享、电子证照应用、业务培训等工作。配合单位要与牵头单位密切协作，主动按时完成相关工作。

（三）加强评价监督。各地区要推进政务服务“一件事一次办”好差评工作，让企业和群众评判政务服务绩效。加强对“一件事一次办”事项办理情况的跟踪评估，对工作推进不及时、工作落实不到位、企业和群众反映问题突出的，给予通报批评，并限期整改。

（四）加强宣传引导。各地区各有关部门要通过政府网站、政务新媒体、政务服务平台等及时发布政务服务“一件事一次办”相关信息，同时做好政策解读，不断提高社会知晓度，积极营造有利于推进“一件事一次办”的良好氛围。

国务院办公厅
2022年9月26日

来源：中国政府网

国务院关于同意建设黑龙江佳木斯国家农业高新技术产业示范区的批复

国函〔2022〕34号

黑龙江省人民政府：

你省关于将黑龙江建三江国家农业科技园区升级为国家农业高新技术产业示范区的请示收悉。现批复如下：

一、同意将黑龙江建三江国家农业科技园区建设为黑龙江佳木斯国家农业高新技术产业示范区，纳入国家农业高新技术产业示范区范畴管理并享受相关政策。

二、黑龙江佳木斯国家农业高新技术产业示范区总面积138.78平方千米，四至范围：东至创业农场第二管理区，南至七星农场、创业农场，西至七星农场第十九管理区，北至S306省道、七星农场、创业农场。其中规划建设用地面积3.77平方千米，分三个区块。区块一规划面积1.18平方千米，四至范围：东至建三江经济开发区西侧，南至七星农场第十九管理区，西至七星农场第十九管理区，北至福前铁路线。区块二规划面积2.39平方千米，四至范围：东至七星农场第十九管理区，南至建三江建抚公路与佳抚公路连接线，西至建三江粮库，北至福前铁路线。区块三规划面积0.2平方千米，四至范围：东至七星农场第十九管理区、第七管理区，南至三江路，西至七星农场城区东侧，北至S306省道。具体以界址点坐标控制，界址点坐标由科技部、自然资源部负责发布。

三、黑龙江佳木斯国家农业高新技术产业示范区要以习近平新时代中国特色社会主义思想为指导，全面贯彻党的十九大和十九届历次全会精神，按照党中央、国务院决策部署，全面实施创新驱动发展战略和乡村振兴战略，以黑土地现代农业为主题，以水稻为主导产业，努力建设国家现代农业科技服务样板区、水稻产业科技创新引领区、寒地黑土农业可持续发展示范区、高端智能农机装备产业集聚区，在东北粮食主产区加快稻作关键共性技术突破、加强东北黑土地保护和“黑土粮仓”建设、推进一二三产业融合发展等方面探索示范，努力创造出可复制、可推广的经验。

四、黑龙江佳木斯国家农业高新技术产业示范区必须严格遵循国土空间规划，严格落实耕地保护制度、节约集约用地制度和有关补偿安置规定，依法依规推进示范区建设发展规划环境影响评价。坚持农地农用，严禁改变科研试验、示范农业用地性质，禁止商业性房地产开发。各项建设严格控制在规划建设用地范围内，按规定程序履行具体用地报批手续，严格执行建设用地标准，要跟踪评价区域范围内土地利用状况，严禁闲置浪费土地行为，切实提高资源节约集约利用水平。

五、黑龙江省政府要加强组织领导，完善工作机制，明确工作责任，强化政策支持，探索建立整合集约、精简高效的运行机制，不断提升示范区建设质量和发展水平。

国务院

2022年4月19日

来源：中国政府网

国务院关于同意建设新疆昌吉国家农业高新技术产业示范区的批复

国函〔2022〕37号

新疆维吾尔自治区人民政府：

你区关于将新疆昌吉国家农业科技园区升级为国家农业高新技术产业示范区的请示收悉。现批复如下：

一、同意将新疆昌吉国家农业科技园区建设为新疆昌吉国家农业高新技术产业示范区，纳入国家农业高新技术产业示范区范畴管理并享受相关政策。

二、新疆昌吉国家农业高新技术产业示范区总面积109.95平方千米，四至范围：东至乌鲁木齐市、五家渠市，南至S112省道，西至昌吉市滨湖镇，北至昌吉市滨湖镇、五家渠市。其中规划建设用地面积3.85平方千米，四至范围：东至G312国道，南至昌吉市北外环路，西至昌吉市建设路，北至昌吉市北绕城路。具体以界址点坐标控制，界址点坐标由科技部、自然资源部负责发布。

三、新疆昌吉国家农业高新技术产业示范区要以习近平新时代中国特色社会主义思想为指导，全面贯彻党的十九大和十九届历次全会精神，按照党中央、国务院决策部署，全面实施创新驱动发展战略和乡村振兴战略，以干旱荒漠绿洲农业为主题，以棉花为主导产业，努力建设具有国际影响力的棉花科技创新高地、全国绿洲农业科技引领区、农业农村创新创业示范区、乡村产业融合发展样板区、“一带一路”农业开放发展试验区，在棉花全产业链科技创新、农业生物育种、绿洲农业高质量发展和一二三产业深度融合等方面探索示范，努力创造出可复制、可推广的经验。

四、新疆昌吉国家农业高新技术产业示范区必须严格遵循国土空间规划，严格落实耕地保护制度、节约集约用地制度和有关补偿安置规定，依法依规推进示范区建设发展规划环境影响评价。坚持农地农用，严禁改变科研试验、示范农业用地性质，禁止商业性房地产开发。各项建设严格控制在规划建设用地范围内，按规定程序履行具体用地报批手续，严格执行建设用地标准，要跟踪评价区域范围内土地利用状况，严禁闲置浪费土地行为，切实提高资源节约集约利用水平。

五、新疆维吾尔自治区政府要加强组织领导，完善工作机制，明确工作责任，强化政策支持，探索建立整合集约、精简高效的运行机制，不断提升示范区建设质量和发展水平。

国务院

2022年4月19日

来源：中国政府网

国务院关于同意信阳高新技术产业开发区升级为国家高新技术产业开发区的批复

国函〔2022〕54号

河南省人民政府：

你省关于将信阳高新技术产业开发区升级为国家级高新技术产业开发区的请示收悉。现批复如下：

一、同意信阳高新技术产业开发区升级为国家高新技术产业开发区，定名为信阳高新技术产业开发区，实行现行的国家高新技术产业开发区政策。

二、信阳高新技术产业开发区升级后规划面积为10.995 7平方千米，四至范围：东至京港澳高速，南至312国道，西至石武高铁，北至北环路。具体以界址点坐标控制，界址点坐标由国务院有关部门负责发布。

三、信阳高新技术产业开发区要以习近平新时代中国特色社会主义思想为指导，全面贯彻落实党的十九大和十九届历次全会精神，按照党中央、国务院决策部署，完整、准确、全面贯彻新发展理念，加快构建新发展格局，坚定实施创新驱动发展战略，按照布局集中、产业集聚、用地集约、特色鲜明、规模适度、配套完善的要求，改革完善管理体制和运行机制，集聚科技创新资源，激发各类人才创新活力，大力提升自主创新能力，实现高水平科技自立自强，支撑现代化经济体系建设。要深入推进大众创业、万众创新，大力培育新产业、新业态、新模式，促进实体经济转型升级。要以培育发展具有国际竞争力的企业和产业为重点，围绕产业链部署创新链，围绕创新链布局产业链，培育发展新动能，提升产业发展现代化水平，努力建设成为创新驱动发展示范区和高质量发展先行区。

四、信阳高新技术产业开发区必须严格遵循国土空间规划等相关规划，按规定程序履行具体用地报批手续，编制开发建设有关规划时依法开展必要的规划环评工作。严格执行项目建设用地控制指标和招标拍卖挂牌出让制度，除按照职住平衡要求配建一定比例保障性住房外，严禁商业性房地产开发，在节约集约利用土地资源的前提下进行建设。

五、要加强领导和管理，统筹推进城市和开发区规划建设管理，增强开发区综合功能，完善创新体系，优化营商环境，构建宜创宜业宜居的创新生态，推进安全、绿色、智慧科技园区建设，塑造新时代城市特色风貌，促进高质量发展。

国务院

2022年6月8日

来源：中国政府网

国务院关于同意滁州高新技术产业开发区升级为国家高新技术产业开发区的批复

国函〔2022〕53号

安徽省人民政府：

你省关于将滁州高新技术产业开发区升级为国家高新技术产业开发区的请示收悉。现批复如下：

一、同意滁州高新技术产业开发区升级为国家高新技术产业开发区，定名为滁州高新技术产业开发区，实行现行的国家高新技术产业开发区政策。

二、滁州高新技术产业开发区升级后规划面积为10.384 1平方千米，共三个区块。区块一规划面积8.838 2平方千米，四至范围：东至经一路，南至纬三路，西至经十一路，北至经七路；区块二规划面积0.052 4平方千米，四至范围：东至滨河路，南至千秋大道，西至经一路，北至天康大道；区块三规划面积1.493 5平方千米，四至范围：东至秦金路，南至平行三道，西至百盛路，北至345国道。具体以界址点坐标控制，界址点坐标由国务院有关部门负责发布。

三、滁州高新技术产业开发区要以习近平新时代中国特色社会主义思想为指导，全面贯彻落实党的十九大和十九届历次全会精神，按照党中央、国务院决策部署，完整、准确、全面贯彻新发展理念，加快构建新发展格局，坚定实施创新驱动发展战略，按照布局集中、产业集聚、用地集约、特色鲜明、规模适度、配套完善的要求，改革完善管理体制和运行机制，集聚科技创新资源，激发各类人才创新活力，大力提升自主创新能力，实现高水平科技自立自强，支撑现代化经济体系建设。要深入推进大众创业、万众创新，大力培育新产业、新业态、新模式，促进实体经济转型升级。要以培育发展具有国际竞争力的企业和产业为重点，围绕产业链部署创新链，围绕创新链布局产业链，培育发展新动能，提升产业发展现代化水平，努力建设成为创新驱动发展示范区和高质量发展先行区。

四、滁州高新技术产业开发区必须严格遵循国土空间规划等相关规划，按规定程序履行具体用地报批手续，编制开发建设有关规划时依法开展必要的规划环评工作。严格执行项目建设用地控制指标和招标拍卖挂牌出让制度，除按照职住平衡要求配建一定比例保障性住房外，严禁商业性房地产开发，在节约集约利用土地资源的前提下进行建设。

五、要加强领导和管理，统筹推进城市和开发区规划建设管理，增强开发区综合功能，完善创新体系，优化营商环境，构建宜创宜业宜居的创新生态，推进安全、绿色、智慧科技园区建设，塑造新时代城市特色风貌，促进高质量发展。

国务院

2022年6月8日

来源：中国政府网

国务院关于同意遵义高新技术产业开发区升级为国家高新技术产业开发区的批复

国函〔2022〕55号

贵州省人民政府：

你省关于请求批准遵义高新技术产业开发区升级为国家级高新技术产业开发区的请示收悉。现批复如下：

一、同意遵义高新技术产业开发区升级为国家高新技术产业开发区，定名为遵义高新技术产业开发区，实行现行的国家高新技术产业开发区政策。

二、遵义高新技术产业开发区升级后规划面积为6.123 3平方千米，共六个区块。区块一规划面积0.973 4平方千米，四至范围：东至小湾，南至永安村，西至蒲家湾，北至忠深大道；区块二规划面积0.917 5平方千米，四至范围：东至坪桥山，南至忠深大道，西至IT产业园，北至青龙嘴；区块三规划面积0.457 1平方千米，四至范围：东至川黔铁路，南至谢家社区刁家湾，西至规划东快线，北至忠深大道；区块四规划面积1.252 9平方千米，四至范围：东至渝黔快线，南至忠深大道，西至蚂蚁河，北至遵义游乐园；区块五规划面积1.369 9平方千米，四至范围：东至蚂蚁河，南至忠深大道，西至川黔铁路，北至遵义大道；区块六规划面积1.152 5平方千米，四至范围：东至川黔铁路，南至忠深大道，西至规划东快线，北至遵义大道。具体以界址点坐标控制，界址点坐标由国务院有关部门负责发布。

三、遵义高新技术产业开发区要以习近平新时代中国特色社会主义思想为指导，全面贯彻落实党的十九大和十九届历次全会精神，按照党中央、国务院决策部署，完整、准确、全面贯彻新发展理念，加快构建新发展格局，坚定实施创新驱动发展战略，按照布局集中、产业集聚、用地集约、特色鲜明、规模适度、配套完善的要求，改革完善管理体制和运行机制，集聚科技创新资源，激发各类人才创新活力，大力提升自主创新能力，实现高水平科技自立自强，支撑现代化经济体系建设。要深入推进大众创业、万众创新，大力培育新产业、新业态、新模式，促进实体经济转型升级。要以培育发展具有国际竞争力的企业和产业为重点，围绕产业链部署创新链，围绕创新链布局产业链，培育发展新动能，提升产业发展现代化水平，努力建设成为创新驱动发展示范区和高质量发展先行区。

四、遵义高新技术产业开发区必须严格遵循国土空间规划等相关规划，按规定程序履行具体用地报批手续，编制开发建设有关规划时依法开展必要的规划环评工作。严格执行项目建设用地控制指标和招标拍卖挂牌出让制度，除按照职住平衡要求配建一定比例保障性住房外，严禁商业性房地产开发，在节约集约利用土地资源的前提下进行建设。

五、要加强领导和管理，统筹推进城市和开发区规划建设管理，增强开发区综合功能，完善创新体系，优化营商环境，构建宜创宜业宜居的创新生态，推进安全、绿色、智慧科技园区建设，塑造新时代城市特色风貌，促进高质量发展。

国务院

2022 年 6 月 8 日

来源：中国政府网

国务院关于同意克拉玛依高新技术产业开发区升级为国家高新技术产业开发区的批复

国函〔2022〕56号

新疆维吾尔自治区人民政府：

你区关于将克拉玛依高新技术产业开发区升级为国家高新技术产业开发区的请示收悉。现批复如下：

一、同意克拉玛依高新技术产业开发区升级为国家高新技术产业开发区，定名为克拉玛依高新技术产业开发区，实行现行的国家高新技术产业开发区政策。

二、克拉玛依高新技术产业开发区升级后规划面积为60.533 5平方千米，共三个区块。区块一规划面积60.532 9平方千米，四至范围：东至金东八街，南至奎北公路，西至石化大道，北至217国道；区块二规划面积0.000 3平方千米，四至范围：东至热动力中心项目，南至中央大道，西至金西三街，北至区块三与区块二之间的空地；区块三规划面积0.000 3平方千米，四至范围：东至热动力中心项目，南至区块二与区块三之间的空地，西至金西三街，北至平北二路。具体以界址点坐标控制，界址点坐标由国务院有关部门负责发布。

三、克拉玛依高新技术产业开发区要以习近平新时代中国特色社会主义思想为指导，全面贯彻落实党的十九大和十九届历次全会精神，按照党中央、国务院决策部署，完整、准确、全面贯彻新发展理念，加快构建新发展格局，坚定实施创新驱动发展战略，按照布局集中、产业集聚、用地集约、特色鲜明、规模适度、配套完善的要求，改革完善管理体制和运行机制，集聚科技创新资源，激发各类人才创新活力，大力提升自主创新能力，实现高水平科技自立自强，支撑现代化经济体系建设。要深入推进大众创业、万众创新，大力培育新产业、新业态、新模式，促进实体经济转型升级。要以培育发展具有国际竞争力的企业和产业为重点，围绕产业链部署创新链，围绕创新链布局产业链，培育发展新动能，提升产业发展现代化水平，努力建设成为创新驱动发展示范区和高质量发展先行区。

四、克拉玛依高新技术产业开发区必须严格遵循国土空间规划等相关规划，按规定程序履行具体用地报批手续，编制开发建设有关规划时依法开展必要的规划环评工作。严格执行项目建设用地控制指标和招标拍卖挂牌出让制度，除按照职住平衡要求配建一定比例保障性住房外，严禁商业性房地产开发，在节约集约利用土地资源的前提下进行建设。

五、要加强领导和管理，统筹推进城市和开发区规划建设管理，增强开发区综合功能，完善创新体系，优化营商环境，构建宜创宜业宜居的创新生态，推进安全、绿色、智慧科技园区建设，塑造新时代城市特色风貌，促进高质量发展。

国务院

2022年6月8日

来源：中国政府网

商务部等10部门关于支持国家级经济技术开发区创新提升更好发挥示范作用若干措施的通知

商资函〔2022〕549号

各省、自治区、直辖市及计划单列市、新疆生产建设兵团商务、发展改革、工业和信息化、自然资源、生态环境、交通运输、市场监管部门，海关总署广东分署、各直属海关，税务总局各省、自治区、直辖市及计划单列市税务局，各银保监局，各国家级经济技术开发区：

为全面贯彻党的二十大精神，把发展经济的着力点放在实体经济上，根据《国务院关于印发扎实稳住经济一揽子政策措施的通知》（国发〔2022〕12号）及其接续政策要求，支持国家级经济技术开发区（以下简称国家级经开区）稳定和扩大制造业引资规模，着力解决制造业发展所需资金、土地、人才等资源要素瓶颈制约，支持综合发展水平考核评价排名靠前的国家级经开区创新提升更好发挥示范作用，提出如下措施：

一、加大招商引资支持力度

（一）拓宽招商引资资源。发挥中国国际投资贸易洽谈会、中国国际进口博览会等平台优势，加大对国家级经开区的宣传推介力度。探索从国家级经开区选派符合条件的干部赴驻外使领馆经商机构工作，拓宽对外交流渠道。

（二）用足用好资金政策。充分利用现有资金渠道，支持国家级经开区举办各类招商引资活动，打造国际合作新载体，提升载体服务集约化、专业化、智能化水平，促进相关外向型产业发展。

（三）扩大开放平台叠加优势。支持服务业扩大开放综合试点省市所属国家级经开区承担试点任务。鼓励国家级经开区内符合条件的企业用好自由贸易试验区、综合保税区平台政策，按规定开展“两头在外”的保税维修、跨境电商贸易便利化等创新业务。

二、强化制造业项目要素保障

（四）优化项目环评流程。在符合园区规划环评结论和审查要求的基础上，对国家级经开区内的重大制造业项目依法简化项目环评内容，优化审批服务；对符合生态环境准入要求的项目加快环评审批。

（五）保障项目用地需求。鼓励对国家级经开区实施重大引资项目建设用地予以支持，通过创新产业用地分类、鼓励土地混合使用、提高产业用地容积率上限、预留产业发展空间资源等措施，满足引进高端制造业外资项目用地需求。各地自然资源主管部门应积极介入产业项目生成阶段或项目可研过程，通过节约集约用地专门评价，推动新上项目达到国内同行业节约集约用地先进水平。改进完善开发区节约集约评价考核指标体系，按实际控制或管理面积实事求是考核节约集约水平。

（六）加大财政金融支持力度。用好中央和地方现有资金渠道，并积极引导社会资本，支持实施符合条件的制造业项目，促进外向型产业提质增效。鼓励各类金融机构结合职能定位和业务范围，加大对国家级经开区基础设施建设和制造业发展支持力度，助力区内基础设施建设和制造业项目转型升级及绿色改造。

三、着力推动制造业提质增效

（七）提升产业创新能力。鼓励国家级经开区内制造业企业应用人工智能、大数据、工业云等新技术，以工业互联网平台为依托，开展智能制造，提升数字化、网络化、智能化发展水平。在产业链中运用智能采购、智能物流、供应链集成等技术，推动整体产业链融合和智能发展，对于国家级经开区智能制造优秀企业，优先支持其申报“智能制造标准应用试点”“高新技术产业标准化试点示范”。支持鼓励设立外资研发中心。

（八）积极培育产业集群。发挥国家级经开区产业集聚优势，强化在“稳链”“补链”“固链”“强链”中的重要作用，依托主导产业和优势产业，构建以企业为主导、产学研用合作的创新网络，发展新技术、新模式、新业态，推动传统制造业转型升级和先进制造业、战略性新兴产业集群化发展。支持国家级经开区积极参与先进制造业集群发展专项行动。

（九）推进绿色低碳循环发展。支持国家级经开区内制造业企业积极创建绿色制造标杆。支持国家级经开区创建生态文明建设示范区（生态工业园区）。大力发展环境友好型绿色产业，引入绿色低碳技术，通过绿色升级改造推进低碳转型和节能减排。鼓励对国家级经开区发展风电、光电、地热等清洁能源予以支持，推动国家级经开区内企业参与绿色电力交易，持续提升新能源装机容量和可再生能源使用比例。

四、全力维护产业链供应链稳定

（十）建立物流保障机制。更好统筹疫情防控与经济社会发展，充分发挥国务院物流保通保畅工作领导小组办公室作用，指导各地加强与制造业企业的跟踪对接，保障物流运输畅通，推动制造业项目尽快落地。鼓励地方政府对港口、航运等物流运输保障重点企业给予防疫补贴等支持，加大完善货运枢纽集疏运条件的政策扶持力度，进一步提升通关效率和跨境贸易便利化水平。鼓励国家级经开区之间探索建立产业链供应链重点企业疫情防控跨区域互信制度，地方政府对纳入互信制度的企业，予以复工复产、海关通关、物流运输等方面的支持政策，保障原材料、成品等运输畅通。

（十一）便利商务人员出入境。在做好疫情防控前提下，为国家级经开区重点外资制造业企业、在谈重大和重点外资制造业项目高管、技术人员及家属出入境提供便利化服务保障。

（十二）推动产业链协同发展。支持国家级经开区重点产业龙头企业及配套企业协同复工复产。建立国家级经开区直接联系机制，加强园区之间联系沟通，鼓励国家级经开区与中西部地区主导产业相近的国家级经开区加强产业转移与配套协作，维护上下游产业链供应链稳定。

商务部 发展改革委 工业和信息化部
自然资源部 生态环境部 交通运输部
市场监管总局 海关总署 税务总局 银保监会
2022 年 12 月 13 日

国家发展改革委商务部关于印发《市场准入负面清单（2022年版）》的通知

发改体改规〔2022〕397号

各省、自治区、直辖市人民政府，新疆生产建设兵团，中央和国家机关有关部门：

按照党中央、国务院关于开展市场准入负面清单动态调整的部署要求，国家发展改革委、商务部会同各地区各有关部门对《市场准入负面清单（2020年版）》开展全面修订，形成《市场准入负面清单（2022年版）》（以下简称《清单（2022年版）》），经党中央、国务院批准印发。现将有关要求通知如下：

一、严格落实“全国一张清单”管理要求。坚决维护市场准入负面清单制度的统一性、严肃性和权威性，确保“一单尽列、单外无单”。按照党中央、国务院要求编制的涉及行业性、领域性、区域性等方面，需要用负面清单管理思路或管理模式出台相关措施的，应纳入全国统一的市场准入负面清单。已经纳入的，各有关部门要做好对地方细化措施的监督指导，确保符合“全国一张清单”管理要求。各地区各部门不得自行发布市场准入性质的负面清单。

二、切实履行政府监管责任。各地区各部门要更好发挥政府作用，严格落实法律法规和“三定”规定明确的监管职责，对法律法规和“三定”规定未明确监管职责的，按照“谁审批、谁监管，谁主管、谁监管”的原则，全面夯实监管责任。要落实放管结合、并重要求，坚决纠正“以批代管”“不批不管”等问题，防止出现监管真空。要健全监管规则，创新监管方式，实现事前事中事后全链条全领域监管，提高监管的精准性有效性。要强化反垄断监管，防止资本无序扩张、野蛮生长、违规炒作，冲击经济社会发展秩序。要进一步健全完善与市场准入负面清单制度相适应的准入机制、审批机制、社会信用体系和激励惩戒机制、商事登记制度等，系统集成、协同高效地推进市场准入制度改革工作。

三、建立违背市场准入负面清单案例归集和通报制度。国家发展改革委会同有关部门按照“一案一核查、一案一通报”原则，对违背市场准入负面清单情况进行归集排查，按季度对违背市场准入负面清单的典型案例情况进行通报，有关情况纳入全国城市信用状况动态监测，并在国家发展改革委门户网站和“信用中国”网站向社会公布。对于性质严重案例及相关情况，实行点对点通报约谈。

四、深入开展市场准入效能评估试点。进一步完善市场准入效能评估指标体系，将违背市场准入负面清单案例归集情况、督办协调机制建立运行和整改效果作为评估重要内容。注重将信息技术作为重要工作手段，开展效能评估信息化平台建设，探索效能评估结果应用。

五、扎实做好清单落地实施工作。对清单所列事项，各地区各部门要持续优化管理方式，严格规范审批行为，优化审批流程，提高审批效率，正确高效地履行职责。清单之外的行业、领域、业务等，各类市场主体皆可依法平等进入，不得违规另设市场准入行政审批。对于需提请修改相关法律、法规、国务院决定的措施，各地区各部门要尽快按法定程序办理，并做好相关规章和规范性文件“立改废”工作。

《清单（2022年版）》自发布之日起施行，2020年12月10日发布的《市场准入负面清单（2020年版）》（发改体改规〔2020〕1880号）同时废止。国家发展改革委、商务部会同各地区各部门认真落实党中央、国务院部署要求，扎实做好市场准入负面清单制度组织实施工作。清单实施中的重大情况及时向党中央、国务院报告。

国家发展改革委

商务部

2022年3月12日

来源：国家发展改革委 商务部

工业和信息化部国家发展改革委国务院国资委关于巩固回升向好趋势加力振作工业经济的通知

工信部联运行〔2022〕160号

各省、自治区、直辖市及计划单列市、新疆生产建设兵团工业和信息化主管部门、发展改革委、国资委：

工业是经济增长的主体和引擎，振作工业经济是稳住经济大盘的坚实支撑。为深入贯彻党的二十大精神，认真落实党中央、国务院关于当前经济工作的决策部署，加快推动国务院扎实稳住经济一揽子政策和接续政策落地见效，巩固工业经济回升向好趋势，更好发挥稳住经济大盘"压舱石"作用，现将有关事项通知如下：

一、总体要求

坚持以习近平新时代中国特色社会主义思想为指导，深入贯彻落实党的二十大精神，坚持稳中求进工作总基调，完整、准确、全面贯彻新发展理念，加快构建新发展格局，着力推动高质量发展，全面落实"疫情要防住、经济要稳住、发展要安全"的要求，扛牢稳住经济大盘的政治责任，抓住当前经济恢复的重要窗口期，把稳住工业经济摆在更加突出位置，强化目标导向、问题导向、结果导向，压实主体责任，集聚各方力量，着力扩需求、促循环、助企业、强动能、稳预期，确保2022年四季度工业经济运行在合理区间，保持制造业比重基本稳定，为2023年实现"开门稳"、加快推进新型工业化打下坚实基础。

——坚持聚焦重点、加力提效。紧密衔接已出台的各项稳增长政策措施，保持政策的连续性、稳定性，聚焦重点领域和薄弱环节精准加力，形成政策叠加组合效应，推动工业经济加快恢复。

——坚持因地制宜、分业施策。支持有条件的地区特别是工业大省、重点行业和大型企业力争完成全年预期目标，为稳定全国工业经济挑大梁；其他面临困难的地区、行业和企业，要着力攻坚克难，全力以赴稳增长。

——坚持立足当前、兼顾长远。着重解决当前工业经济运行中存在的突出困难和问题，力争取得最好结果，并用好产业结构调整有利时机，补短板、锻长板、强基础，推动制造业高质量发展。

——坚持底线思维、安全发展。更好统筹发展和安全，做好各类重大风险挑战应对预案，切实保障能源原材料安全和重点产业链供应链稳定，提高防范化解重大风险能力，牢牢把握经济安全和发展主动权。

二、多措并举，夯实工业经济回稳基础

巩固工业经济回升向好趋势，着力点在政策落实。要坚持系统观念、综合施策，以有力政策举措有效解决面临的突出问题，确保工业经济运行在合理区间。

（一）加快推动重大项目建设形成实物工作量。用好政策性开发性金融工具、设备更新改造再贷款和贴息、制造业中长期贷款等政策工具，加快"十四五"相关规划重大工程项目和各地区重大项目建设，协同做好用地、用能等要素保障，力争早开工、早见效。修订《工业

企业技术改造升级投资指南》，实施工业企业技术改造升级导向计划，引导企业开展新一轮技术改造和设备更新投资。推动政府投资基金落实国家战略，扩大项目投资。

（二）深挖市场潜能扩大消费需求。进一步扩大汽车消费，落实好 2.0 升及以下排量乘用车阶段性减半征收购置税、新能源汽车免征购置税延续等优惠政策，启动公共领域车辆全面电动化城市试点。加快邮轮游艇大众化发展，推动内河船舶绿色智能升级。持续开展消费品“三品”全国行系列活动，加快创建“三品”战略示范城市创建，开展家电下乡和以旧换新活动，组织“百企千品”培优工程，打造中国消费名品方阵。实施原材料“三品”行动，指导地方开展绿色建材下乡活动。开展信息消费 + 乡村振兴系列活动，规范发展线上经济，引导电商平台和线下零售商开展促销活动，推动释放消费潜力。

（三）稳定工业产品出口。确保外贸产业链稳定，指导各地建立重点外贸企业服务保障制度，及时解决外贸企业的困难问题，在生产、物流、用工等方面予以保障。提升港口集疏运和境内运输效率，确保进出口货物快转快运。落实好稳外贸政策措施，进一步加大出口信用保险支持力度，抓实抓好外贸信贷投放。加快推动通过中欧班列运输新能源汽车和动力电池，支持跨境电商、海外仓等外贸新业态发展。推动各地积极利用外经贸发展专项资金等现有渠道，支持中小微企业参加境外展会扩大订单。办好第 132 届中国进出口商品交易会（广交会）线上展，扩大参展企业范围，延长线上展示时间，进一步提高成交实效。

（四）提升产业链供应链韧性和安全水平。各地要严格执行疫情防控“九不准”要求，指导企业建立闭环生产方案和应急处置预案，做好生产物资储备、员工到岗、生活和防疫物资供应相关工作，保障人流、物流畅通。建立应对重大突发事件冲击常态化稳定产业链供应链协调机制，聚焦重点区域、重点行业、重点企业，加强区域间、上下游联动，“点对点”“一对一”帮助龙头企业和关键节点企业解决堵点卡点问题，保障重点企业稳定生产、重点产业链供应链稳定畅通。深入实施产业基础再造工程，加强关键原材料、关键软件、核心基础零部件、元器件供应保障和协同储备，统筹推动汽车芯片推广应用、技术攻关、产能提升等工作，进一步拓展供应渠道。充分发挥煤电油气运保障工作部际协调机制作用，加强资源统筹协调，制定能源保供应急预案，指导地方优化有序用电措施，保障迎峰度冬电力电煤供应安全，满足工业发展合理用能需求。

（五）持续壮大新动能。深入实施先进制造业集群发展专项行动，聚焦新一代信息技术、高端装备、新材料、新能源等重点领域，推进国家级集群向世界级集群培育提升。启动创建国家制造业高质量发展试验区，构建一批各具特色、优势互补、结构合理的区域增长极。加强新技术新产品的推广应用，推动新一代信息技术与制造业深度融合，构建新一代信息技术、人工智能、生物技术、新能源、高端装备、工业软件、绿色环保等一批新的增长引擎，大力发展新产业、新业态、新模式。加快发展数字经济，打造具有国际竞争力的数字产业集群。深入实施智能制造工程，开展智能制造试点示范行动，加快推进装备数字化，遴选发布新一批服务型制造示范，加快向智能化、绿色化和服务化转型。深入开展工业互联网创新发展工程，实施5G行业应用“十百千”工程，深化“5G+工业互联网”融合应用，加快 5G 全连接工厂建设，推动各地高质量建设工业互联网示范区和“5G+ 工业互联网”融合应用先导区。落实 5G 扬帆应用行动计划，深入推进 5G 规模化应用。

三、分业施策，强化重点产业稳定发展

巩固工业经济回升向好趋势，重点在行业。要统筹推进强基础、补短板、锻长板、育集群、建生态各项工作，深入推动产业基础高级化、产业链现代化，促进重点产业高端化智能化绿

色化发展。

（六）推动原材料行业提质增效。聚焦产业基础好、比较优势突出、技术领先的行业细分领域或重点产品，发挥产业链龙头企业引领带头作用，支持形成一批石化化工、钢铁、有色金属、稀土、绿色建材、新材料产业集群。落实落细工业领域以及石化化工、钢铁、有色金属、建材等重点行业碳达峰实施方案，健全绿色制造体系，加快节能降碳装备技术推广应用。做好大宗原材料保供稳价，完善大宗原材料供给“红黄蓝”预警机制，下达化肥最低生产计划，灵活运用国家储备开展市场调节，促进价格运行在合理区间。提升战略性资源供应保障能力，进一步完善废钢、废旧动力电池等再生资源回收利用体系，研究制定重点资源开发和产业发展总体方案，开展光伏压延玻璃产能预警，指导光伏压延玻璃项目合理布局。加快国内(重点)铁矿石项目建设，推进智能矿山建设。优化布局建设国家新材料重点平台，深化实施首批次应用保险补偿机制，加快促进一批重点新材料产用衔接和市场应用推广。

（七）巩固装备制造业良好势头。打好关键核心技术攻坚战，提高大飞机、航空发动机及燃气轮机、船舶与海洋工程装备、高端数控机床等重大技术装备自主设计和系统集成能力。实施重大技术装备创新发展工程，做优做强信息通信设备、先进轨道交通装备、工程机械、电力装备、船舶等优势产业，促进数控机床、通用航空及新能源飞行器、海洋工程装备、高端医疗器械、邮轮游艇装备等产业创新发展。发挥新能源汽车产业发展部际协调机制作用，突破关键核心技术，构建新型产业生态，完善基础设施建设，推动新能源汽车产业高质量可持续发展。组织农机装备补短板行动，一体化推动生产推广应用。加快能源电子产业发展，推动智能光伏创新发展和行业应用，完善光伏、锂电等综合标准化技术体系。优化实施首台(套)重大技术装备、重点新材料首批次保险补偿试点政策，深入开展政府采购支持首台(套)试点，推动首台（套）、首批次等创新产品研发创新和推广应用。

（八）促进消费品行业稳定恢复。深入实施增品种、提品质、创品牌“三品”战略，编制《升级和创新消费品指南》，促进产品迭代更新。抓紧制定发布地方特色食品产业培育、推动生物制造发展等政策文件，加快制修订家用电器、婴童用品、电动自行车等重点产品强制性国家标准。推动医药等重点产业链补短板，加快关键原辅料、设备配件和生产工艺研发攻关，促进集群化发展。支持纺织服装行业绿色化发展，加大再生纤维制品宣传推广力度，稳住轻工、纺织等劳动密集型产品出口，促进传统行业平稳运行。

四、分区施策，促进各地区工业经济协同发展

巩固工业经济回升向好趋势，关键在地方。各地要结合自身实际，加强央地联动、区域协作，充分发挥区位优势和比较优势，推动区域工业经济协调发展。

（九）东部工业大省主动发挥稳经济关键支撑作用。东部工业大省产业基础好、市场规模大、外资外贸占比高、带动性强，要勇挑大梁，推动工业经济加快恢复和高质量发展，为全国工业经济稳定增长多作贡献。大力发展高端制造业，培育壮大新兴产业，着力强化数字赋能，推进绿色低碳转型，塑造制造业高质量发展新优势。强化创新引领和产业转型，支持建设培育一批国家级产业技术创新平台、制造业创新中心、工业设计中心。深化“放管服”改革，扩大高水平开放，更大激发市场活力和社会创造力。强化与资源富集区、成本优势区等区域分工协作，推动部分产业向中西部和东北地区转移，增强全国工业经济弹性和韧性。

（十）中西部地区努力巩固较快增长态势。能源原材料大省要着力稳生产增效益，巩固较快增长势头。受电力短缺影响较大省份要对照增长目标，抓紧谋划用电高峰后的追平补齐措施。支持中西部承接产业转移，在有基础优势的地区，通过中央企业投资、国家产业转移基金重点支持等方式，促进西部地区转型升级，加快培育发展特色产业和集群。进一步优化西部地区营商环境，在满足产业、能源、碳排放等政策的条件下，支持符合生态环境分区管控要求和环保、能效、安全生产等标准要求的高载能行业向西部清洁能源优势地区集聚。

（十一）东北地区推动全面振兴取得新突破。东北地区要加快推进产业转型升级，充分发挥装备制造、能源原材料、农业及农产品加工等产业优势，大力推进技术创新，加快培育一批战略性新兴产业，积极发展生产性服务业。积极支持驻东北地区中央企业发展，防止因人才流失和人员老化导致创新能力减弱，确保重点产业链供应链稳定安全。不断完善有利于民营经济发展的经济社会环境，提高对资本和人才的吸引力。

五、分企施策，持续提升企业活力

巩固工业经济回升向好趋势，主体是企业。要充分发挥不同规模、不同所有制企业的积极性，激发活力，增强信心，为工业经济稳定恢复提供有力支撑和保障。

（十二）充分发挥大型企业“顶梁柱”作用。大型企业要把稳增长放在更加突出位置，细化落实稳增长目标任务。特别是中央工业企业要发挥好对产业链主体支撑和融通带动作用；要加强生产运行调度，拓展挖潜增利空间，努力多作贡献；要在加快自身发展助力经济大盘稳定的同时，全力做好能源粮食安全托底和保供稳价，推动能源、物流和新型基础设施建设，释放采购需求；要积极为中小企业供应商提供项目、资金等支持，对中小企业账款“应付尽付、应付快付”，落实2022年减免房租政策对服务业小微企业和个体工商户房租“应免尽免、应免快免”。

（十三）加力支持中小企业和民营企业专精特新发展。充分发挥各级中小企业协调机制作用，抓好各项惠企政策落实，鼓励地方出台配套举措。加大国家小型微型企业创业创新示范基地和中小企业公共服务示范平台培育力度，加强产业技术基础公共服务平台能力建设投入，深入开展中小企业服务行动，推动优质中小企业对接多层次资本市场，强化对中小企业创业创新活动的支撑。深入实施优质中小企业梯度培育工程，组织开展中小企业数字化赋能专项行动、大中小企业融通创新“携手行动”“千校万企”协同创新伙伴行动，大力促进中小企业特色产业集群发展，激发涌现一大批专精特新企业、“小巨人”企业和制造业单项冠军企业。扎实开展防范和化解拖欠中小企业账款专项行动、涉企违规收费专项整治，抓好减轻企业负担综合督查发现问题整改，努力为中小企业和民营企业发展营造良好环境。

（十四）强化对外资企业的服务保障。建立健全与外资企业的常态化交流机制，强化用工、用能、物流等生产要素保障，积极协调解决合理需求，确保企业稳定生产和正常经营。指导外资企业落实好疫情防控工作指南，进一步便利外资企业商务、技术人员及家属出入境。鼓励和支持外资企业加大在华高新技术、中高端制造、传统制造业转型升级等领域的投资，支持外资企业在华设立研发中心和参与承担国家科技计划项目。强化制造业重大外资项目服务保障，推动相关项目尽快落地。持续优化营商环境，提升知识产权保护水平和数据治理水平。

六、保障措施

巩固工业经济回升向好趋势，良好机制是保障。要锚定稳经济一揽子政策和接续政策措施，以及振作工业经济系列政策，细化配套措施，实化工作举措，努力为工业稳增长提供坚实的政策保障。

（十五）强化责任形成合力。各有关方面要坚决把思想和行动统一到党的二十大精神上来，统一到党中央对当前经济形势的重大判断和对下半年经济工作的决策部署上来，强化责任担当，积极主动作为，推动工业经济持续稳定增长。各地有关部门要充分发挥工业稳增长协调机制作用，加强组织领导，挖掘政策潜力，完善配套措施，狠抓政策落实，促进本地区工业经济平稳运行。各有关部门要结合职能职责，积极推出有利于促进工业经济平稳增长的政策举措，推动政策精准发力，进一步释放政策效应。

（十六）加大政策扶持力度优化发展环境。落实落细国务院稳住经济一揽子政策和接续政策，用足用好制造业留抵退税、研发费用加计扣除、制造业专项贷款等财税金融政策。加强产业政策与金融政策协同，发挥产融合作平台作用，综合运用信贷、债券、基金、保险、专项再贷款等各类金融工具，促进集成电路、新能源汽车、生物技术、高端装备、绿色环保等重点产业创新发展。用好小微企业融资担保降费奖补资金，扩大政府性融资担保业务规模。鼓励地方安排中小企业纾困专项资金，对符合条件的企业给予资金支持。深入开展促进中小企业发展环境第三方评估。

（十七）完善监测调度和督导激励机制。聚焦重点地区、行业、企业和园区，完善不同频次监测调度机制，加强苗头性问题预警和分析研判，做好政策储备。组织开展“工业稳增长和转型升级成效明显市（州）”申报，对稳增长取得突出成效的地区在工作中给予优先支持。充分发挥制造业高质量发展指标体系的引导性作用，定期通报各地工业生产、效益、投资和制造业增加值比重等指标数据，加强目标管理和进度督促，推动各地采取有力措施促进工业经济平稳增长。大力挖掘各地工业稳增长典型案例，总结提炼和积极推广可借鉴的经验和做法，发挥好示范引领作用，进一步坚定信心、提振预期。

工业和信息化部
国家发展改革委
国务院国资委
2022 年 11 月 21 日

《“十四五”国家高新技术产业开发区发展规划》解读

发布时间：2022年11月23日

11 月 9 日，科技部公布《“十四五”国家高新技术产业开发区发展规划》(以下简称《规划》)，进一步明确了“十四五”国家高新区的发展思路和重点任务。

如何充分理解《规划》和 2025 年发展目标的科学性、合理性、系统性、全面性？《规划》贯穿着哪些新理念、提出了哪些新要求？对国家高新区未来发展和布局将会产生什么样的影响？近日，本报约请了科技部成果转化与区域创新司副司长吴家喜进行详细解读。

记者：请简要介绍《规划》出台的编制背景和有关情况。

吴家喜：“十四五”国家高新区发展规划是“十四五”国家科技创新规划体系的重要组成部分，规划编制主要基于以下背景：

一是认真落实党中央、国务院关于国家高新区的重大决策部署。党中央、国务院高度重视高新区发展。习近平总书记强调创新驱动发展要从高新区开始，高新区就是要又高又新。国务院印发《关于促进国家高新技术产业开发区高质量发展的若干意见》，提出把高新区建成创新驱动发展示范区和高质量发展先行区；国家“十四五”规划纲要、中长期科技发展规划和“十四五”科技创新规划都对强化高新区创新功能提出明确要求。

二是主动把握新一轮科技革命和产业变革为国家高新区发展带来的机遇。“十四五”时期高新区发展面临新形势，新一轮科技革命和产业变革突飞猛进，科技创新范式发生深刻变革，全球科技创新格局深度调整，世界竞争格局加速重构，科技园区发展呈现产业高端化、创新生态化、功能融合化、治理专业化等新特征，都对国家高新区强化原始创新，加快突破关键核心技术，加快构建先发优势，支撑高水平科技自立自强提出新要求。

三是更好发挥国家高新区对“三新一高”的支撑引领作用。我国进入新发展阶段，贯彻新发展理念，构建新发展格局，推动高质量发展，实现碳达峰碳中和目标、推进共同富裕等任务更加艰巨，对国家高新区强化创新驱动、发挥全方位引领作用指明新方向；国家区域重大战略加快实施，区域协调发展战略扎实推进，特别是解决发展不平衡不充分问题对国家高新区进一步优化发展布局，充分发挥示范、带动、辐射作用提出新需求。

记者：《规划》的亮点内容和基本考虑是什么？

吴家喜：一是突出贯彻落实习近平总书记关于国家高新区又高又新的重要指示精神。习近平总书记高度重视国家高新区发展，强调“高新区就是要又高又新，高是高水平，新是新技术”“看一个高新区是不是有竞争力、发展潜力大不大，关键是看能不能把‘高’和‘新’两篇文章做实做好”。《规划》坚持把习近平总书记关于国家高新区发展的重要指示精神贯穿高新区发展的全过程、全方位，围绕做实做好“高”“新”两篇文章，坚持高标准定位，落实新发展理念，进一步擦亮园区品牌，全面提升发展质量，更好发挥示范引领作用。

二是突出“强化创新功能、支撑高水平科

技自立自强”的发展主线。《规划》明确“十四五”是国家高新区建成创新驱动发展示范区和高质量发展先行区的关键时期，强调这一发展主线，就是要推动国家高新区主动服务国家战略和重大需求，进一步聚集创新资源，强化创新功能，促进创新链产业链互动融合，加快成为重大科技创新的策源地，成为实现高水平科技自立自强的主阵地，推动科技创新关键变量转化为高质量发展的最大增量。

三是突出优化国家高新区和自创区的发展布局。《规划》根据国际科技产业竞争形势、提升产业链供应链安全、落实国家重大区域战略和有效发挥地方资源禀赋、破解我国区域发展不平衡不充分问题等的迫切需求，推动国家高新区“十四五”期间“做高位势、做强存量、做大增量”。完善东部地区布局，加大在中部、西部、东北以及特殊类型地区布局力度，力争总数达到220家左右，实现东部大部分地级市和中西部重要地级市基本覆盖。同时鼓励有条件的地方整合国家高新区资源打造国家自创区。

四是突出率先建成“五大高地”的发展目标。为发挥《规划》对国家高新区的战略导向作用，强化发展质量与效益、产业结构优化、创新能力提升、创新创业活力、绿色低碳发展等的引导，提出未来五年国家高新区发展目标：率先成为支撑科技自立自强的创新高地，率先成为更具有吸引力的人才高地，率先成为具有国际竞争力的产业高地，率先成为服务新发展格局的开放高地，率先成为制度与政策创新的改革高地。

五是突出实施九项重点任务和九个关键行动。《规划》围绕落实“三新一高”要求，加快建设创新驱动发展示范区和高质量发展先行区，从增强科技创新策源能力、汇聚国家战略人才力量、建设世界级产业集群、壮大创新型企业群体、推动高水平创新创业、促进绿色化智能化融合发展、强化区域协同与辐射带动、深化园区开放合作、提升创新治理水平等方面部署九项重点任务。同时，为推动《规划》落实落地，突出重点任务的抓手化、行动化，细化提出科教资源集聚区建设、应用场景建设、未来产业培育、跨区域园区合作、“一带一路”园区国际合作等九个关键行动。

六是突出加强分类指导和动态管理。为加强国家高新区发展的精准指导，《规划》提出根据不同地区、不同阶段、不同资源禀赋等情况，支持有条件的国家高新区分类建设“世界领先科技园区、具有世界影响力的高科技园区、创新型科技园区、创新型特色园区”四类园区。同时，引导园区强化数据统计、运行监测和绩效评价，建立动态管理和淘汰机制。

记者：《规划》部署了哪些重点任务？基于何种考虑做了相关部署？

吴家喜：《规划》以习近平新时代中国特色社会主义思想为引领，聚焦“四个面向”，落实“三新一高”要求，做实做好“高”和“新”两篇文章，注重“七个强化”：强化质量导向，突出培育高精尖企业；强化特色发展，打造特色主导产业；强化开放协同，推动东西合作与南北互动，提高国际化水平；强化创新引领，深化产业链和创新链融合；强化转型升级，推动数字化、智能化、绿色化发展；强化规范发展，坚持市场化、法治化、差异化；强化联动发展，鼓励有条件的地方依托国家高新区建设国家自主创新示范，在高新区复制推广国家自创区，共同形成支撑国家重大战略的创新网络。根据上述发展导向，部署了九个方面的重点任务。

一是增强科技创新策源能力。支持高新区壮大国家战略科技力量，强化硬件支持和配套服务。围绕提升创新能级，建设科教资源集聚区。提升基础研究和应用基础研究水平，加强重点产业领域关键核心技术攻关。

二是汇聚国家战略人才力量。支持高新区依托重大创新平台和项目集聚高层次人才，引进优秀博士和博士后等青年人才。探索“双聘”“旋转门”和人才跨区域交流机制，面向“高精尖缺”人才开辟“绿色通道”，建设一流人才服务配套设施。

三是建设世界级产业集群。支持高新区立足资源禀赋和优势，发展特色主导产业。完善新兴产业配套设施，打造战略性新兴产业集群。大力发展数字经济，加强与实体经济融合。拓展应用场景，加快新技术新产品落地，培育未来产业。

四是壮大创新型企业群体。支持高新区瞄准重点产业领域，引进和培育一批核心技术能力突出的科技领军和世界一流企业。推动高新技术企业高质量规范发展，加快培育高成长企业和科技型中小企业。

五是推动高水平创新创业。支持高新区发展专业化市场化孵化载体，开展硬科技、前沿科技等高水平创业。创新科技成果转移转化机制，建设专业化技术转移机构和人才队伍。促进科技与金融深度融合。加强知识产权创造运用和保护。

六是促进绿色化智能化融合发展。支持高新区制定绿色技术目录，引导各类创新主体加强绿色低碳技术攻关和示范应用。规划建设低碳产业专业园，培育绿色产业集群。建设数字园区，布局绿色低碳的数字化智能化设施和平台。

七是强化区域协同与辐射带动。支持高新区打造区域创新增长极，做实“一区多园”。引导各地依托国家自创区建立“核心区—辐射区—辐射点”发展格局。探索跨区域园区合作，深化东西合作和南北互动，支撑国家区域重大战略，促进区域协调发展。

八是深化园区开放合作。支持高新区集聚国际高端创新资源，建设海外研发中心、离岸创新中心等平台。支持各类创新主体积极参与国际科技合作研发，扩大高新技术产品和服务输出。推进共建“一带一路”科技园区合作。

九是提升创新治理水平。支持高新区优化市场化法治化国际化营商环境。强化重点领域政策创新与先行先试，复制推广国家自创区改革试点。探索适合自身发展水平的管理体制。优化配套服务功能，深入推进产城融合发展。

记者:《规划》落实的着力点和发力点在哪些方面？

吴家喜：一是加强组织领导管理。按照党中央、国务院部署，科技部发挥加强宏观引导和工作部署，指导并推动各个地方、各个高新区根据各自实际，将《规划》中的各项任务和行动计划落细落实落地。省级人民政府应加强对省内国家高新区规划建设、产业发展和创新资源配置的统筹。所在地市级人民政府应切实承担国家高新区建设的主体责任，给予国家高新区充分的财政、土地等政策保障。

二是实施九个关键行动。为扎实推动《规划》落实落地，突出重点任务的抓手化、行动化，根据九大重点任务，提出“科教资源集聚区建设行动、应用场景建设行动、未来产业培育行动、高水平科技创业促进行动、科技与金融深度融合行动、园区绿色发展行动、数字园区建设行动、跨区域园区合作行动、‘一带一路’园区国际合作行动”九个关键行动。

三是加强经验交流学习。通过各种渠道做好《规划》的宣贯和解读，让各个方面了解、理解《规划》的核心内容。建立国家高新区常态化交流机制，组织国家高新区召开相关座谈会，围绕规划落实开展典型经验交流活动。

四是开展规划实施评估。加强对规划实施的组织、协调和督导，建立健全规划实施监测评估、考核监督机制，根据实际情况对规划与考核目标进行合理调整或修订。开展规划实施情况年度跟踪监测、中期评估和末期全面评估。开展第三方评估，强化监测评估结果应用。

来源：中国高新技术产业导报

《吉林省人民政府关于加快推动全省国家级开发区高质量发展的实施意见》政策解读

现将《关于加快推动全省国家级开发区高质量发展的实施意见》（吉政发〔2021〕16号，以下简称《实施意见》）有关政策解读如下：

一、起草背景和过程

2020年7月，国务院出台了《关于促进国家高新技术产业开发区高质量发展的若干意见》（国发〔2020〕7号），提出21条政策措施，为国家级开发区发展提供了政策支撑。目前，我省国家级开发区共14家，其中，国家级经济技术开发区5家、国家级高新技术产业开发区5家、国家级边境经济合作区2家、国家级综合保税区2家，近年来建设发展取得很好成效，但与发达省份相比尚有差距。为贯彻落实国务院文件精神，加快推动全省国家级开发区整体做大做强争先进位，省商务厅和省科技厅研究制定《实施意见》，旨在以国家级开发区高质量发展为突破口，辐射带动全省开发区更好更快发展。《实施意见》分两轮征求了中省直有关单位、相关地区和国家级开发区的意见，经过修改完善，达成一致。严格履行了公众参与、专家论证、风险评估、集体讨论、法律咨询以及合法性审查等程序。省政府召开专题会议，会同省委编办、省发改委、省人社厅等重点部门，专题研究《实施意见》起草制定情况，就文件相关内容进行最后确认。2021年8月13日，《实施意见》经省政府常务会议审议通过。

二、主要内容

《实施意见》共分6个方面23项具体措施。主要包括：

一是持续优化营商环境，包括加大放权力度、建立直报通道机制、复制推广自贸试验区改革经验3项措施。二是深化体制机制改革，包括完善开发区管理体制、深化绩效激励机制改革、鼓励市场化运营、率先推动科技体制改革4项措施。三是加快推动产业转型升级，包括构建现代产业体系、推动绿色集约发展、加快形成产业集群、推动全产业链发展、加大招商引资力度、加强全方位合作6项措施。四是建立完善创新生态，包括集聚高端创新资源、健全科技服务体系、推动科技成果转化3项措施。五是扩大对外开放，包括努力提高外资水平、提升对外贸易质量、积极融入全球创新网络3项措施。六是加强政策保障，重点从加大财政、土地、金融、人才等要素支持方面给予政策保障。

三、特色亮点

一是突出优化营商环境。加大放权力度。聚焦企业设立、办证、项目建设行政审批全链条，采取“点菜式”放权。赋予开发区省政府审批和报告事项直报权。二是突出破解体制机制。突出经济管理和投资服务主责主业，因地制宜精简或剥离社会管理职能。支持开发区实行聘任制和档案封存制，建立绩效考评体系。鼓励推行“管委会＋公司”管理模式。三是突出产业发展方向。引导开发区向产业集群化、产业链方向发展。集中精力打造1～2个主导产业集群，围绕产业集群重点打造1～2个产业链，建立“链长制”。四是推动开发区建立健全创新生态。在集聚高端创新资源、健全科技服务体系、推动科技成果转化等方面给予重点支持。

来源：吉林省商务厅

山东省人民政府办公厅印发《关于支持省级新区高质量发展的若干政策措施》的通知

烟台、临沂、德州、菏泽市人民政府，省政府各部门、各直属机构：

《关于支持省级新区高质量发展的若干政策措施》已经省政府同意，现印发给你们，请认真贯彻执行。

山东省人民政府办公厅

2022年4月1日

关于支持省级新区高质量发展的若干政策措施

为深入贯彻落实省委、省政府关于推进省级新区试点工作的决策部署，高标准、高起点、高水平建设省级新区，服务国家重大区域发展战略、打造区域融合发展战略支点、培育高能级发展平台，现就支持省级新区高质量发展制定如下若干政策措施。

一、创新运行体制机制

1．加大赋能赋权力度。赋予省级新区市级开发建设和经济社会管理权限，省级管理权限中能够下放的，依法依规全部下放到新区。根据省级新区发展需要，研究提出权限下放清单。对于不能下放以及需要综合平衡的省级管理权限，建立省级新区与省政府有关部门直接请批机制，并根据权责一致原则，明确监管责任。（省政府办公厅、省发展改革委，烟台、临沂、德州、菏泽市政府按职责分工负责）

2．优化管理体制。新区管委会要坚持管发展、管保障、管保护、管安全，按照“一个平台、一个主体、一套班子、多块牌子”架构，依权限统筹管理辖区内经济开发区、高新区、自贸试验区、海关特殊监管区域等各类功能区。整合归并内设机构，严格控制派驻部门数量。根据工作需要，依法依规开展乡镇（街道）代管事宜。（省委编办、省发展改革委、省商务厅、省科技厅，烟台、临沂、德州、菏泽市政府按职责分工负责）

3．创新选人用人机制。除市、县（市、区）领导班子成员兼任的外，省级新区实行岗位聘任制、末位淘汰制，打通新区人员与党政机关事业单位人员轮岗交流渠道，建立人员能进能出、岗位能上能下的竞争性选人用人机制。在合法合规前提下，按程序赋予新区在统筹使用各类编制资源方面更大自主权，对省级新区代管的实施公务员法机关，支持开展聘任制公务员工作，允许省级新区在编制限额内自主确定公务员招录人数，报同级编办备案。（省委组织部、省委编办、省人力资源社会保障厅按职责分工负责）

4．支持新区先行改革创新。支持省级新区试行改革创新备案制，对于符合法律法规并经评估论证不会引发系统性风险的事项，允许省级新区在报备后自行组织实施，出现风险时及时予以纠正；对出现失误错误，符合相关规定的予以容错纠错。统筹国家各类试点资源，优先向省级新区倾斜、安排先行先试；支持省级新区建立省级试点政策共享机制，可通过“点菜单式改革”方式，向主管部门申请同步享受各类试点政策。（省委改革办、省纪委监委机关、省委组织部按职责分工负责）

5．提高新区审批效率。精简整合工程建设领域审批流程，推行多测合一、多规合一、多图联审、联合验收等做法，在确保安全的情况下推行告知承诺制，让项目早落地、早投产。鼓励支持省级新区结合实际开展差异化探索，在深化“放管服”改革、优化营商环境方面创新试点，打造更多营商环境“单项冠军”。（省自然资源厅、省住房城乡建设厅、省人防办按职责分工负责）

二、鼓励科技创新

6．支持创新平台建设。优先在新区布局建设省级以上重点实验室、制造业创新中心、产业创新中心、技术创新中心、工程研究中心、院士工作站等创新平台，对符合条件的优先给予相应资金扶持。（省发展改革委、省科技厅、省工业和信息化厅按职责分工负责）

7．支持引进高端研发机构。对世界500强企业、中央企业以及省外顶尖人才团队、知名高校、科研院所到新区合作共建新型研发机构等创新载体，落户并认定为省级新型研发机构的，按照新型研发机构相关政策给予支持，认定为省级科技创新平台的，以项目竞争方式推动加快发展。（省发展改革委、省科技厅、省工业和信息化厅按职责分工负责）

8．支持创建高新技术企业。对省级新区内首次通过高新技术企业认定的中小微企业给予10万元补助，对属于集成电路、氢能领域且首次通过高新技术企业认定的中小微企业给予15万元补助。（省科技厅、省财政厅按职责分工负责）

9．支持完善创新创业孵化体系。鼓励省级新区积极建设科技企业孵化器和众创空间，对符合条件的推荐申报国家级科技企业孵化器和众创空间。鼓励新区围绕区域特色产业发展积极建设开放式大学科技园。（省科技厅牵头负责）

10．支持跨区域资质认证互认共享。简化审评审批流程，支持省级新区在资质认定、标准认证、科研成果、人才称号、研发平台等方面探索试行跨省认可，对满足生产条件和产品安全性底线要求的，可以采信原许可结论，加快京津冀、长三角等区域引进项目落地。（省科技厅、省人力资源社会保障厅、省住房城乡建设厅按职责分工负责）

三、助力产业升级

11．做强新区主导产业。深入实施“链长制”，支持每个省级新区选定2～3个主导产业认定“雁阵形”集群，梯次培育一批“瞪羚”、“独角兽”和“单项冠军”企业。（省发展改革委、省工业和信息化厅按职责分工负责）

12．支持新区项目建设。支持国家、省安排的重大项目优先在省级新区布局。支持省属企业到新区发展。新区符合条件的项目，在纳入省级重点项目数量上予以倾斜，给予用地计划、资金补助、贷款贴息、课题攻关等方面支持。（省发展改革委、省国资委按职责分工负责）

13．发挥基金支持产业作用。搭建基金项目对接平台，支持烟台、临沂、德州、菏泽4市新区产业项目优先纳入省新旧动能转换优选项目库，向基金管理机构推介，引导金融和社会资金投入。（省发展改革委、省财政厅按职责分工负责）

四、促进产城融合

14．健全新区城市功能。支持省级新区布局市政公用、公共服务、人居环境、产业配套等项目，并优先纳入“两新一重”项目库管理。符合条件的微型产业集聚区优先纳入特色小镇名单培育。鼓励新区探索和推广先进的资源循

环利用模式，推动建设“无废城市”“海绵城市”。（省发展改革委、省住房城乡建设厅、省生态环境厅按职责分工负责）

15．完善新区基础设施。精选一批重大交通基础设施项目，推动纳入省及以上相关规划，在要素保障等方面给予倾斜支持。支持德州京渤国际陆港、菏泽新区快速通道、临沂启阳机场航站楼改扩建、烟台港蓬莱东港区扩建工程建设。鼓励三甲医院、学校等优质社会事业项目优先向新区布局。加快推进“网云端”信息基础设施和融合基础设施建设，鼓励新区结合本地优势产业布局边缘数据中心，算力赋能行业效果显著的，优先纳入省级新型数据中心。（省发展改革委、省教育厅、省自然资源厅、省交通运输厅、省卫生健康委、省大数据局，烟台、临沂、德州、菏泽市政府按职责分工负责）

五、支持扩大开放合作

16．支持新区引进重大外资项目。对符合条件的年度实际使用外资金额超过 5 000 万美元的新设项目、年度实际使用外资金额超过 3 000 万美元的增资项目（不含房地产、金融业及类金融业项目），省级财政按其当年实际使用外资金额 2% 的比例、项目所在地市级财政按其当年实际使用外资金额不低于 1% 的比例予以支持，最高可达 1 亿元。（省财政厅、省商务厅按职责分工负责）

17．复制推广开放合作模式。支持省级新区复制推广自贸试验区、国家级新区、国家自主创新示范区、全面创新改革试验区和其他省（区、市）新区的有关经验措施。聚焦医疗康养、国际贸易、海洋经济产业，在新区开展自贸试验区联动创新探索。（省发展改革委、省商务厅按职责分工负责）

18．建设高能级开放平台。支持新区申建跨境电商综合试验区。支持德州综合保税区、菏泽内陆港保税物流中心、山东自贸试验区烟台片区、中韩（烟台）产业园建设，支持德州打造京津冀产业承接基地、临沂争创国家级承接长三角产业转移示范区。支持青岛西海岸新区、济南新旧动能转换起步区、自贸试验区、上合示范区与省级新区组建园区联盟，发展“飞地经济”。（省发展改革委、省工业和信息化厅、省商务厅，烟台、临沂、德州、菏泽市政府按职责分工负责）

六、加强要素保障

19．给予新区财政政策扶持。2021 年至 2023 年，烟台、临沂、德州、菏泽 4 市对省级新区税收增量部分按一定比例给予返还，土地出让收入原则上全额返还。按照“资金跟着项目走”要求，对纳入国家专项债券项目库且符合专项债券发行使用条件的项目予以重点支持。（省财政厅，烟台、临沂、德州、菏泽市政府按职责分工负责）

20．加大新区土地要素支持力度。结合国土空间规划编制工作，充分考虑省级新区发展需求，合理确定新区建设用地规模。积极支持省级新区内重大基础设施项目、省重大产业项目发展用地。在国家明确年度新增用地指标配置规则前，允许省级新区预支用地指标，跨省域城乡建设用地增减挂钩节余指标优先支持省级新区。对国家、省重大基础设施项目耕地占补平衡缺口部分，市域范围内难以保障的，可按规定申请使用省级统筹补充耕地指标。（省自然资源厅牵头负责）

21．给予新区环境容量倾斜。对于符合省级收储使用管理规定的新区产业项目，优先给予能耗指标支持。鼓励省级新区开展碳达峰试点建设、碳中和先行示范。省级新区所在市统筹市内可用的污染物总量替代指标，重点支持在省级新区落地的重大新旧动能转换项目。指导支持新区培育发展生态环保产业，创新生态环境治理模式，在新区优先开展环境治理模式创新试点。加大省级新区电力供应保障力度，在国家规定政策范围内，有序用电指标由省级统筹。（省发展改革委、省生态环境厅按职责分工负责）

22．强化金融支持。鼓励有意向的金融机构在新区设立分支机构。鼓励省级金融各机构下放新区重点项目信贷投放审批权限，引导信贷资金向新区倾斜。支持新区内符合条件的企业通过上市、发债等方式进行融资。（省地方金融监管局、山东银保监局按职责分工负责）

23．强化人才支撑。支持省级新区事业单位在招聘高层次急需紧缺人才等方面，按公开招聘有关规定自主进行，并按规定报事业单位公开招聘主管机关备案。允许省级新区结合区内新职业、新群体人才发展需求，按照规定设置新兴特色专业职称，开展特色专业职称评审。允许高校、科研院所等事业单位聘用在专业技术岗位上的科研人员按规定在省级新区兼职兼薪、按劳取酬。支持新区创新完善管理机构绩效激励机制，允许实行年薪制、协议工资制等多种形式分配方式。（省委组织部、省委编办、省科技厅、省人力资源社会保障厅按职责分工负责）

24．加快政务服务“数字审批”试点。鼓励新区先行先试，将所有政务服务事项纳入全省一体化政务服务平台统筹管理，积极推动政务服务主题场景“集成办”“一链办”，高频事项“秒批秒办”。优先支持省级新区开展大数据领域相关试点，及时纳入省统一的数据共享开放体系，利用全省数据资源开展服务。（省政府办公厅、省大数据局按职责分工负责）

七、健全协调推进机制

25．实行联席会议制度。设立推进省级新区建设工作联席会议，由省领导担任召集人，相关部门和 4 市政府为成员，办公室设在省发展改革委，定期协调解决新区建设发展中的问题。（省发展改革委牵头负责）

26．建立健全统计监测体系。省级新区区域经济社会数据由新区管委会统计汇总，各功能区根据上级有关部门规定进行统计。（省统计局、省商务厅、省科技厅按职责分工负责）

27．强化责任落实。省政府有关部门按照职责分工，压实工作责任，全方位支持新区发展。建立月调度、季分析和年终评估机制，评估结果呈报省委、省政府，经验做法及时在全省复制推广。（省发展改革委牵头负责）

28．放大支持效应。省政府及有关部门制定的鼓励省级及以上园区、功能区发展的优惠政策，省级新区及辖区内各类功能区同时享受。省级新区所在市要制定切实管用的个性化支持政策。（省级新区联席会议成员单位按职责分工负责）

来源：山东省政府网站

山东省人民政府关于印发《山东省高新技术产业开发区管理办法》的通知

各市人民政府，各县（市、区）人民政府，省政府各部门、各直属机构，各大企业，各高等院校：

现将《山东省高新技术产业开发区管理办法》印发给你们，请认真贯彻执行。

山东省人民政府
2022年10月26日

山东省高新技术产业开发区管理办法

第一章　总则

第一条　为规范本省行政区域内高新技术产业开发区（以下简称高新区）管理，根据《国务院关于促进国家高新技术产业开发区高质量发展的若干意见》（国发〔2020〕7号），结合本省实际，制定本办法。

第二条　本办法所称高新区，包括国家高新区和省高新区。本办法第二至四章仅适用于省高新区。

第三条　高新区要以实现高质量发展为方向，创新发展体制机制，提升科技创新能力，打造国际一流的创新创业生态，建设创新驱动发展示范区、高质量发展先行区。

第二章　认定

第四条　优先支持纳入《中国开发区审核公告目录》且产业基础好、创新能力强、引领带动作用突出的开发区创建高新区。

第五条　申请认定高新区应具备以下条件：

（一）基础条件。应为国务院批准或国务院授权有关部委批准设立、省政府批准或经省政府授权有关部门批准设立的各类园区以及其他经省政府有关部门认定合规的园区；符合所在地国土空间规划和“三线一单”生态环境分区管控要求，与城市基础设施和公共服务设施有机衔接；土地利用结构和用地布局合理，发展空间充分，基础设施配套完备，四至范围明确；面积一般不超过10平方千米（确有特殊情况的不超过15平方千米），组成区块不超过3个，且单一区块不得跨越乡级行政区划单位。

对于形成一定产业规模、拥有列入省级及以上政府重大项目清单或中长期发展规划项目的区域，可适当放宽条件。

（二）产业条件。产业绿色、高效发展，有特色主导产业。主要经济指标增速高于全省平均水平，万元工业增加值能耗、主要污染物排放指标低于全省平均水平；高新技术产业集聚度高，高新技术产业产值占园区工业总产值50%以上；龙头骨干企业和高新技术企业竞争力较强，科技型中小企业蓬勃发展，科技型企业梯次培育机制完善。

（三）科创条件。上一年度研发投入强度为全省平均水平两倍以上，发明专利申请数及授权数增速高于全省平均水平，具有较好的产学研和国际合作基础。科技创新人才和团队、省级以上企业研发机构、公共服务平台集聚发展。拥有科技企业孵化器、众创空间、风投机构、科技中介等创新创业载体和服务机构，科技金融产业融合程度较高。

（四）支持条件。所在地设区的市政府重视园区建设，把园区建设作为实施创新驱动发展战略重要支撑。园区管理机构科学精简高效，符合全省开发区体制机制改革有关规定，设有专门负责科技创新工作的内设机构，能够为创新创业和产业发展提供优质服务。

第六条 申请认定高新区应提交以下材料：

（一）设区的市政府关于申请认定高新区的请示。

（二）园区战略发展规划、产业发展规划，规划环境影响报告书（含跟踪评价报告书）及其审查意见。

（三）园区符合国土空间规划和“三线一单”生态环境分区管控要求情况，选址位置、规划面积、四至范围、界址点坐标（2000 坐标系，txt 格式）等。

（四）园区管理机构设置方案。

（五）上一年度科技、经济指标等相关材料。

（六）所在地设区的市政府对园区的支持政策及措施。

第七条 申请认定高新区工作程序。

（一）设区的市政府向省政府报送申请认定高新区的请示。

（二）省政府批转省科技厅会同省发展改革委、省自然资源厅、省生态环境厅等有关部门办理。

（三）省科技厅牵头组织专家考察，征求有关部门意见，提出审核办理意见后报请省政府审定。

（四）省政府认定批复。

第八条 高新区统一命名为“市名或县（市、区）名＋高新技术产业开发区”，挂同名牌子及“火炬”标识。

第三章 调区

第九条 高新区现区域无法满足发展需要，或区块布局零乱、不符合城市发展总体要求，或所在地政府对国土空间规划和“三线一单”生态环境分区管控要求有重大调整，或因被国家重点项目占用无法利用的，可申请调区。

第十条 申请调区应具备以下条件：

（一）调区后园区的选址合理，四至范围明确，建设用地比例不低于调区前的建设用地比例，发展规划科学，功能分区合理，符合所在地国土空间规划和“三线一单”生态环境分区管控要求。

（二）受地形或其他条件的限制确实不能相连的，调区后的区块不超过 3 个。

（三）调区原则上不得扩大高新区原面积，涉及扩大原面积的，须同时符合扩区条件。

第十一条 申请调区应提交以下材料：

（一）设区的市政府关于申请调区的请示。

（二）调区后战略发展规划、产业发展规划，规划环境影响报告书（含跟踪评价报告书）及其审查意见。

（三）调区后符合国土空间规划和“三线一单”生态环境分区管控要求情况，选址位置、规划面积、调区前后的四至范围、界址点坐标（2000 坐标系，txt 格式）等。

（四）调区后管理机构设置方案。

（五）上一年度科技、经济指标等相关材料。

第十二条 申请调区工作程序参照第七条。

第四章 扩区

第十三条 规范高新区扩区工作，支持发展水平较高的高新区整合区位相邻、产业相近的园区。

第十四条 申请扩区应具备以下条件：

（一）发展水平较高但发展空间受限。上

一年度主要科技指标、经济指标增速高于所在地设区的市发展水平；在上一年度全省开发区综合评价中排名前三分之二；土地开发率达到80%以上；土地集约利用成效明显，土地集约利用程度在全省开发区评价中排名前三分之二。

（二）拟扩区块具备充分发展空间。拟扩区块已建成面积不得超过该区块的20%，基础设施较为完备，有入驻项目储备；拟扩区块主要用于高新技术产业发展、创新创业载体建设，制造业、高新技术产业和生产性服务业项目用地不低于扩区规划面积的60%，工业项目建筑密度不低于30%。

（三）扩区后园区布局集中且符合要求。扩区后园区四至范围明确，符合所在地国土空间规划和“三线一单”生态环境分区管控要求，发展规划科学，功能分区合理；扩区范围规模合理，布局集中，扩区后一般不超过10平方千米（确有特殊情况的不超过15平方千米），组成区块不超过3个；扩区后园区建立统一管理机构、实行集中管理。

第十五条 申请扩区提交材料参照第十一条，工作程序参照第七条。

第五章 管理

第十六条 高新区的建设发展要坚持党的领导，所在地设区的市承担高新区建设发展的主体责任，省科技厅负责高新区归口管理，省政府有关部门按照职责分工，对高新区进行指导和支持。

第十七条 省科技厅会同省政府有关部门拟定并组织实施全省高新区总体发展规划和专项计划，并对实施情况进行监督和检查。省政府及其有关部门和设区的市政府在各自的职责范围内，可依法将高新区内经济管理权限授权高新区管理机构办理。

第十八条 高新区所在地设区的市应规范高新区管理机构设置，要制定实施支持高新区建设和发展的具体措施，优先保障高新区产业发展用地，适度提高建设用地比例。同时综合考虑高新区吸纳就业和常住人口规模，提高基础设施建设比重，支撑产城融合发展。

第十九条 高新区要聚焦主责主业，深化体制机制改革，完善组织架构配置，建立精简高效的管理体制和运行机制。实行“一区多园”管理的高新区，要切实强化管委会对分园区的日常管理和政策延伸覆盖。

第二十条 省科技厅建立动态管理机制，定期组织高新区综合发展水平评价。对综合评价结果排名靠前的高新区，统筹各类资金、政策等手段加大支持力度；对综合评价结果较差的，以约谈方式予以警告，责令限期整改；对整改不力的，按照规定的权限和程序予以处理。

第六章 附则

第二十一条 本办法自印发之日起施行。

内蒙古自治区人民政府办公厅关于印发《内蒙古自治区高新技术产业开发区管理办法》的通知

内政办发〔2022〕17号

各盟行政公署、市人民政府，自治区各委、办、厅、局，各大企业、事业单位：

经自治区人民政府同意，现将《内蒙古自治区高新技术产业开发区管理办法》印发给你们，请结合实际，认真贯彻执行。

2022 年 2 月 24 日

内蒙古自治区高新技术产业开发区管理办法

第一章 总则

第一条 为贯彻落实《国务院关于促进国家高新技术产业开发区高质量发展的若干意见》（国发〔2020〕7 号）精神，进一步规范自治区级高新技术产业开发区（以下简称高新区）的设立和管理，促进全区高新区高质量发展，参照《国家高新技术产业开发区管理暂行办法》《国家高新技术产业开发区综合评价指标体系》，结合自治区实际，制定本办法。

第二条 本办法适用于自治区行政区域内高新区的认定、评价、管理。

第三条 高新区建设应当深入实施创新驱动发展战略，深化体制机制改革，以“科技兴蒙”行动为统领，以提高自主创新能力为核心，积极营造良好创新创业生态，全面构建现代产业体系，将高新区建设成为自治区创新驱动发展示范区和高质量发展先行区。

第二章 认定

第四条 申报高新区须符合以下条件：

（一）基础条件完备。

1. 属盟市范围内创新资源、产业发展最好的自治区一类工业园区；

2. 符合所在盟市国民经济和社会发展规划、国土空间规划、生态环境保护规划；

3. 符合国家关于土地节约集约利用等要求，用地布局集中，规模和土地利用结构合理，四至范围明确，发展空间充分，基础设施配套完备，产城融合规划科学，不占用永久基本农田；

4. 符合生态环境保护和安全生产等要求，近三年未发生突发环境事件、重特大生产安全事故。

（二）产业优势突出。

1. 主要经济指标增速高于自治区平均水平；

2. 主导产业营业总收入占园区营业总收入比例不低于 70%；

3. 制定了高新技术产业发展规划，高新技术产业营业总收入占园区营业总收入的 30% 以上，并逐年增加。

（三）创新体系完善。

1. 研究开发经费投入增长幅度高于所在盟市增长水平；

2. 高新技术企业和科技型中小企业数量占园区企业总数的 30% 以上；

3. 自治区级及以上科技创新平台或新型研发机构达到 20 家以上，拥有一批高层次科技创新人才，具有承担国家、自治区科研项目的能力；

4. 建有科技企业孵化器、众创空间等创新创业孵化载体和服务科技创新的投融资机构；

5. 建有科技成果管理和服务体系，每万人有效发明专利拥有量高于所在盟市平均值；

6. 与科研机构、高等院校建有长期的科技合作关系，对外科技合作和产学研合作活跃。

（四）保障措施有力。

1. 所在盟行政公署、市人民政府高度重视高新区建设，将高新区建设纳入当地国民经济和社会发展规划。能够承担高新区建设主体责任，形成政府牵头负责、部门相互配合的促进高新区发展工作机制，出台支持高新区创新发展的政策措施，创新体制机制，集聚创新资源，优先布局和发展高新技术产业；

2. 园区管理机构健全，设置科学精简高效，管理职能明确，拥有高素质、专业化的管理队伍。管理制度健全，激励保障措施到位，管理运行高效，能为创新创业和企业创新主体提供优质服务；

3. 按照《内蒙古自治区人民政府关于促进高新技术产业开发区高质量发展的实施意见》（内政发〔2021〕13 号）要求，盟行政公署、市人民政府将相应的管理权限下放高新区，推动高新区建立自主管理机制，营造良好的创新环境和营商环境，“放管服”工作到位。

第五条 申报高新区需提供以下材料：

（一）所在盟行政公署、市人民政府申请建设高新区的文件。

（二）园区发展基本情况，包括基础条件、产业优势、创新体系、保障措施等。

（三）高新区的建设发展规划（含高新技术产业发展规划），包括战略意义、总体思路和目标定位、重点任务、保障措施等。

（四）高新区建设实施方案，包括发展定位、主要目标、建设思路、具体措施、管理体制、运行机制、政策保障等。

（五）其他相关附件：

1. 设立园区的有关批准文件；

2. 出具符合国土空间规划（主体功能区规划、土地利用总体规划和城市总体规划）、生态环境保护规划的证明材料；

3. 所在地盟行政公署、市人民政府支持创新创业环境建设、支持高新区建设和扶持高新技术产业发展的政策措施文件；

4. 拟建高新区内高新技术企业、科技型中小企业、创新平台、研发机构、创新孵化载体、科技服务机构等清单；

5. 园区近三年主要经济发展和创新指标；

6. 其他相关材料。

第六条 高新区认定程序：

（一）由所在盟行政公署、市人民政府组织制定高新区建设发展规划、实施方案，在政策保障措施较为完善、符合高新区建设条件的基础上，向自治区科技厅提出建设意向。

（二）自治区科技厅会同自治区发展改革委、工业和信息化厅、自然资源厅、生态环境厅、商务厅、统计局等部门，组织专家组对提出建设意向的园区进行现场考察和论证，提出建设建议。盟行政公署、市人民政府按照考察论证意见组织修改完善建设发展规划和实施方案后，报自治区科技厅。

（三）拟建高新区发展规划、实施方案经自治区科技厅审核同意后，由盟行政行署、市人民政府会同自治区科技厅向自治区人民政府提出建设申请，自治区人民政府审核通过并予以批复。

第三章 评价

第七条 建立高新区总体发展情况年度综合评价制度和促优培育机制。

第八条 高新区评价工作由自治区和盟市共同负责、分别实施。自治区评价工作由自治区科技厅牵头，会同自治区有关部门组织实施。自治区科技厅会同自治区统计局委托第三方机构对高新区进行评价。要充分发挥盟市对高新区评价的主体作用，由盟市定期对本行政区域内高新区进行评价。注重对高新区创新指数年度增长情况和在所在盟市工业园区范围内所处位置变化的评价，推动高新区在当地园区中走在前、作表率。

第九条 评价指标体系包括技术创新能力、结构优化能力与绿色发展水平、开放合作创新能力、科技服务能力四个方面，评价指标总权重 100，对应总分数 100 分。

第十条 高新区应做好指标数据的日常统计工作，统计区域范围为高新区实际管辖面积。

自治区统计局负责指标数据的收集、汇总、测算，自治区科技厅负责委托第三方机构进行评估。各高新区、自治区有关部门应当按要求向自治区统计局提供指标数据，并对数据质量负责。

第十一条 评价结果由自治区科技厅会同自治区统计局审核并公布。

第四章 管理

第十二条 自治区科技厅负责高新区归口管理和协调指导，自治区发展改革委、工业和信息化厅、自然资源厅、生态环境厅、商务厅、统计局等有关部门按照职能职责对高新区进行指导和支持。

第十三条 高新区所在盟行政公署、市人民政府是高新区建设的责任主体，具体负责高新区的开发、建设、管理等工作，应当制定促进高新区发展的具体实施方案和发展规划，提升高新区创新驱动发展水平。

自治区支持盟行政公署、市人民政府采取“一区多园”等模式，按照有关规定扩展高新区管辖范围和发展空间，建立联动发展机制。鼓励盟行政公署、市人民政府制定支持高新区发展的先行先试政策。

第十四条 高新区管理机构应于每年年底前按要求编制年度工作报告，经盟市科技部门审核后，连同高新区重要年度统计数据一并报自治区科技厅、统计局。年度工作报告包括总体进展、重大创新措施、运行绩效、经验与问题及下年度重点工作等。

第十五条 对高新区实施动态管理。按照高新区评价结果，优先推荐排名靠前、创新能力强、发展质量高、产业特色明显的高新区升级为国家级高新区。对评价结果在全区排名靠后且评分较低的高新区，责令限期整改；对连续两次评价结果位列全区最后一位且评分较低的高新区，按有关程序报请自治区人民政府取消其高新区资格。

第五章 附则

第十六条 本办法自印发之日起施行。原《内蒙古自治区人民政府办公厅关于印发高新技术产业开发区管理办法的通知》（内政办字〔2003〕114 号）同时废止。

来源：内蒙古自治区人民政府办公厅

云南省人民政府办公厅关于印发《高新技术产业开发区高质量发展18条措施》和《高新技术企业加快发展9条措施》的通知

各州、市人民政府，省直各委、办、厅、局：

《高新技术产业开发区高质量发展 18 条措施》和《高新技术企业加快发展 9 条措施》已经省人民政府同意，现印发给你们，请认真贯彻执行。

云南省人民政府办公厅

2022 年 6 月 2 日

《高新技术产业开发区高质量发展 18 条措施》

为推动我省国家和省级高新技术产业开发区（以下简称高新区）高质量发展，将高新区建设成为创新驱动发展示范区和高质量发展先行区，制定以下措施。

一、打造特色产业集群

（一）做大做强特色主导产业。支持高新区聚焦优势领域，打造 1 ～ 2 个特色主导产业。支持高新区特色主导产业争创国家创新型产业集群，对获批的国家创新型产业集群，给予 500 万元一次性补助。支持高新区特色主导产业高质量发展，省科技计划每年对高新区特色主导产业安排一个重大科技项目。支持高新区围绕特色主导产业引进高校、科研院所、领军企业建设高水平新型研发机构，采取“一事一议”方式给予经费支持。（省发展改革委、省工业和信息化厅、省科技厅，有关州、市人民政府按照职责分工负责）

（二）加快培育新产业新业态。支持高新区培育发展数字医疗、人工智能、产业互联网、细胞治疗、新型疫苗、智能电网等未来产业和新产业新业态。鼓励高新区实施一批引领型重大项目和新技术应用示范工程，择优开展应用场景试点，吸引全球新技术成果在高新区“首发首试”。对纳入应用场景试点的项目承担单位，由所在高新区按照项目投资额的 30% 给予支持，最高 2 000 万元。（省发展改革委、省工业和信息化厅、省科技厅，各高新区管委会按照职责分工负责）

（三）推动绿色低碳发展。支持高新区绿色低碳发展，对成功创建为国家生态工业示范园区、循环化改造示范试点园区、绿色低碳示范园区、低碳工业园区、绿色工业园区的高新区，以及获批国家级绿色工厂、绿色技术工程研究中心、绿色企业技术中心、绿色技术创新中心的企业，省级有关专项资金给予重点支持。（省发展改革委、省工业和信息化厅、省科技厅、省财政厅、省生态环境厅，有关州、市人民政府按照职责分工负责）

二、壮大创新创业主体

（四）健全科技型企业培育体系。鼓励高新区实施科技型中小企业培育计划，对培育成效显著的高新区给予专项支持。加大高新技术企业认定奖补力度，由所在高新区在省级补助的基础上给予不低于1∶1配套补助。大力培育高成长企业，省级科技管理部门建立瞪羚、独角兽企业培育库，优先支持入库企业承担科研项目、建设创新平台、引进高层次人才；对总部和主营业务均在高新区、首次进入权威机构发布的独角兽企业榜单的企业，由所在高新区一次性给予最高1 000万元补助。（省科技厅，各高新区管委会按照职责分工负责）

（五）支持开展高水平创新创业。对新认定的国家重点实验室一次性给予1 000万元补助；对新认定的国家级工程研究中心、技术创新中心、产业创新中心、制造业创新中心、临床医学研究中心一次性给予500万元补助；对省级重点实验室建设期内每年给予100万元补助；对新获认定的国家级孵化器、国家专业化众创空间一次性给予最高500万元补助；对新认定的省级孵化器、省级众创空间分别给予30万元、20万元补助。省属高校和科研院所科技人员携带科技成果到高新区申请离岗创办企业的，经所在单位批准，3年内保留人事关系，期满后创业办企业尚未实现盈利的可以申请延长1次，延长期不超过3年，期间要求返回原单位的，按照不低于原岗位等级安排工作。（省发展改革委、省工业和信息化厅、省教育厅、省科技厅、省人力资源社会保障厅，各高新区管委会按照职责分工负责）

（六）加大高层次人才支持。支持高新区在国内外创新高地建设异地人才“双创”基地，在基地孵化并在高新区注册的企业，符合条件的，可异地申报云南省人才政策资助。在高新区工作的云南省“兴滇英才支持计划”人才，由所在高新区给予特殊生活补贴。对在高新区工作的云南省“兴滇英才支持计划”第一层次人才免租提供住房，在区内全职工作满10年后无偿赠予。（省委组织部、省科技厅，各高新区管委会按照职责分工负责）

三、强化资源要素保障

（七）加大重点要素保障力度。高新区新增建设用地计划指标，由州市、县通过处置存量土地核算的计划指标予以优先保障。对高新区内符合条件的重大产业建设项目用地耕地占补平衡所需的补充耕地指标，按照县域自行平衡为主、州市调剂为辅、省级适度调剂为补充的原则落实保障。对高新区内符合使用林地条件的重大产业建设项目，林地定额指标依法依规予以保障。（省自然资源厅、省林草局，有关州、市人民政府按照职责分工负责）

（八）提高土地资源配置效率。在符合规划、不改变用途的前提下，现有工业用地提高土地利用率和增加容积率的，不再增收土地价款，免收城市基础设施配套费用。产业项目类工业用地节余部分，在满足原土地权利人自身需要后的结余部分，具备独立分宗条件的，在不改变土地用途的情况下，经州市、县级自然资源部门批准，可分割转让给园区平台公司或经园区产业准入的项目。加强高新区人才公寓、租赁住房等公共配套服务、基础设施建设等用地保障，提高生产性服务业用地比例，适当增加生活性服务业用地供给。（省自然资源厅，有关州、市人民政府按照职责分工负责）

（九）创新金融支持方式。对高新区创业投资机构投资区内非上市企业，根据被投企业所属发展阶段，分别按照其实际到位投资额的10%、8%、5%给予投资风险补助，最高500万元；将所投省外高新技术企业成功引入高新区落户或投资新建项目的，视投资规模由所在高新区给予最高1 000万元补助。支持本地民营企业家做天使投资人，投资符合高新区产业发展方向的项目（企业），在投资资金到位满1年后，由所在高新区按照当年实际投资额的30%给予投资风险补助，最高50万元。（省科技厅、省

地方金融监管局，各高新区管委会按照职责分工负责）

四、加大财税扶持力度

（十）合力加大科技创新投入。省级科技管理部门、高新区所在州市人民政府、高新区管委会三方共同出资设立高新区科技创新联合资金，专项支持高新区科技创新和产业发展。对高新区内创新主体获得国家科技重大专项、重点研发计划支持的，由所在高新区按照当年度实际到位资金的50%给予配套支持，最高500万元。对流入高新区、来源于非政府科技计划项目的技术转让，按照技术合同实际履行交易金额给予技术受让方20%的补助，最高200万元。（省科技厅，有关州、市人民政府，各高新区管委会按照职责分工负责）

（十一）加强省、州市财税支持。园区内省级分享税收的增量部分（以2020年为基数），2021—2025年全部返还高新区所在地政府，通过省与各地财政年终结算办理；高新区所在地政府要统筹省级留用和本级分享高新区的税收，加大对高新区的支持力度。鼓励符合条件的高新区实行独立财政核算，设立一级财政和一级国库，与属地实行合理的财税分配机制。对符合条件的高新区重点产业项目和重大基础设施项目优先列入省级重大项目库，优先安排项目前期经费。（省发展改革委、省财政厅，有关州、市人民政府按照职责分工负责）

五、优化发展空间布局

（十二）支持高新区创建创优。支持曲靖、文山、临沧等省级高新区积极创建国家高新区，鼓励各地开发区（园区）积极创建省级高新区。对新获批的国家高新区一次性给予最高1 000万元研发经费支持，对新获批的省级高新区一次性给予500万元研发经费支持。对进入全国排名前40位、年度排名提升10位以上的国家高新区分别一次性给予1 000万元、500万元研发经费支持。（省发展改革委、省工业和信息化厅、省科技厅、省商务厅按照职责分工负责）

（十三）打造区域发展增长极。支持昆明高新区与五华区、呈贡区联动发展。支持玉溪高新区整合有关园区打造新能源、新材料产业高地。支持楚雄、曲靖、临沧、文山等高新区托管周边区位相邻、产业互补的园区，推动并园扩容增能，打造更多集中连片、协同互补、联合发展的区域增长极。鼓励各类开发区（园区）深入实施创新驱动发展战略，发展高新技术产业，在产业关键核心技术创新、创新平台建设、科技企业培育、科技成果转移转化等方面成效显著的，按照促进高新区发展的相应措施予以支持。（省发展改革委、省工业和信息化厅、省科技厅、省自然资源厅、省生态环境厅，有关州、市人民政府按照职责分工负责）

（十四）推动跨区域协同发展。支持高新区按照“一区多园”方式协同发展，完善共建园区生产总值核算，健全财政收入分成横向协商制度。支持高新区建立跨园区招商引资分配机制，对于不适宜进入本园区的项目，可推荐至其他园区，成功落地建设的项目，投资额年度绩效考核中可按照双方协商比例分别计入推荐地和接受地。成立云南省高新区发展战略联盟，推动形成定位清晰、优势互补、分工明确的协同创新机制。（省发展改革委、省工业和信息化厅、省科技厅、省商务厅、省财政厅、省投资促进局，有关州、市人民政府，各高新区管委会按照职责分工负责）

（十五）强化国内外创新合作。支持高新区在国内外先进地区建设离岸孵化器、飞地科研成果育成平台和飞地园区，对建设飞地园区的省内单位按照实际投入的30%给予补助、最高500万元。（省科技厅、省财政厅、省投资促进局，各高新区管委会按照职责分工负责）

六、营造良好发展环境

（十六）优化管理体制机制。高新区所在州、市定期专题研究高新区高质量发展工作。鼓励高新区所在州、市领导班子成员兼任高新区管委会主要领导。支持高新区创新内部管理体制，按照机构编制管理有关规定，实行机构精干和扁平管理，合理配置内设机构职能，统筹使用各类编制人员。赋予高新区任免（聘任）中层干部权限，由高新区直接管理的中层干部，按照职责报同级组织人事部门审核后，可实行先任免后备案。（省委组织部、省委编办、省人力资源社会保障厅，有关州、市人民政府按照职责分工负责）

（十七）推进人事薪酬改革。支持高新区建立以绩效工资为核心的薪酬制度与发放方式，实行以岗定薪、同岗同酬、岗变薪变、按绩定酬。除公务员、事业编制人员外，允许实行兼职兼薪、年薪制、协议工资制等多种分配方式。园区工资总额核定与招商引资、项目建设、产业发展、税收增长等绩效挂钩。薪酬方案报同级组织、人事部门备案后实施。对高新区管理机构中专业性较强的公务员岗位，经审批同意后可采取聘任制，实行协议年薪，一职一薪酬。（省委组织部、省人力资源社会保障厅，有关州、市人民政府按照职责分工负责）

（十八）深化“放管服”改革。支持高新区推进相对集中行政许可权改革，参照自由贸易试验区赋权模式，依法赋予国家高新区省级经济管理权限。在科技创新、产业发展、人才引进、市场准入、项目审批、财政金融等方面，赋予国家高新区与州、市同等的经济管理审批权限、省级高新区与县级市同等的经济管理审批权限。建立国家高新区与省直有关部门直通车制度，实行重大事项“一事一议”。在高新区复制推广滇中新区、中国（云南）自由贸易试验区等改革试点政策。（省科技厅、省政务服务管理局，省直有关部门，有关州、市人民政府按照职责分工负责）

《高新技术企业加快发展9条措施》

为加大高新技术企业源头培育力度，充分发挥高新技术企业在科技创新中的示范引领作用，实现高新技术企业倍增，推动我省经济高质量发展，制定以下措施。

一、夯实培育发展基础

（一）强化科技型企业培育载体建设。充分发挥高新区及众创空间、孵化器等双创孵化载体作用，将培育引进科技型中小企业、高新技术企业作为高新区及双创孵化载体的考核评价指标。经双创孵化载体培育的企业首次被认定为高新技术企业、国家科技型中小企业、省级科技型中小企业的，每认定1家分别奖励双创孵化载体5万元、1万元、0.5万元，每家双创孵化载体每年最高奖励100万元。建立健全双创孵化载体分类评价奖励机制，提高双创孵化载体孵化科技型企业能力和水平。鼓励高新区及双创孵化载体在企业技术研发、中试孵化基地、创新平台建设、场地租赁、国际科技创新服务等方面给予科技型中小企业、高新技术企业支持。（省发展改革委、省科技厅、省工业和信息化厅、省财政厅，各州、市人民政府按照职责分工负责）

（二）完善企业协同创新机制。支持科技领军企业、龙头企业牵头组建创新联合体，推动中小企业和高新技术企业与高校、科研院所、科技领军企业开展科技创新合作，推动龙头企业与产业链、供应链配套的中小企业联合开展科技创新，促进技术创新成果在配套的企业之间转移转化。支持科技型中小企业、高新技术企业参与共建国家级和省级重点实验室、技术创新中心、制造业创新中心、企业技术中心等创新平台，引导高校、科研院所将科研仪器、实验设施、小试中试基地等创新资源向科技型企业开放，按照双方实际交易额的50%兑付科技创新券，每家科技型企业每年可使用创新券总额不超过30万元。(省科技厅、省发展改革委、省工业和信息化厅，各州、市人民政府按照职责分工负责)

（三）健全校企、院企联合创新激励机制。探索建立企业科技特派员机制和校企、院企科研人员“双聘”机制，鼓励高校、科研院所科研人员流动到高新技术企业、科技型中小企业开展技术创新服务，鼓励高校、科研院所与高新技术企业、科技型中小企业开展科研人员“双聘”。同等条件下，择优支持企业科技特派员、“双聘”科研人员申报的省级科技计划项目。支持在省内科技型中小企业、高新技术企业工作并取得永久居留资格的外籍科学家领衔承担省级科技计划项目。高校、科研院所与高新技术企业、科技型中小企业合作开展技术创新项目的，对到位经费100万元以上的技术开发、技术转让等横向科研项目，报省科技厅备案后视同省级科技计划项目。其中对高新技术企业与高校、科研院所合作开展技术开发、技术转让到位经费50万元以上，经技术合同认定登记的，对高新技术企业给予实际支付金额20%的后补助支持，最高不超过200万元。(省科技厅、省教育厅、省人力资源社会保障厅、省财政厅，各州、市人民政府按照职责分工负责)

二、突出创新主体地位

(四)加大高新技术企业引进培育支持力度。对从省外引进落地的有效期内国家高新技术企业，按照其投资额的2倍计算州、市招商引资任务完成额度。对整体迁入云南的有效期内国家高新技术企业，实质运营满1年的，可在迁入注册后2年内申请一次性30万元科技经费支持。省外国家高新技术企业、创新团队和技术成果持有人来滇设立运营期满1年的科技型企业，直接纳入我省高新技术企业培育库进行培育。提高高新技术企业培育入库补助标准，对入库企业给予每家2万元科技经费支持，入库培育2年内获得高新技术企业认定的，再给予每家3万元科技经费支持。加大高新技术企业培育支持力度，对首次获批国家高新技术企业认定的，规模以上企业给予每家30万元科技经费支持，规模以下企业给予每家10万元科技经费支持；对重新认定的国家高新技术企业给予每家5万元科技经费支持。(省科技厅、省投资促进局、省财政厅、省市场监管局，各州、市人民政府按照职责分工负责)

（五）实施科技型企业“树标提质”行动。围绕生物医药、数字经济、先进制造、新能源、新材料等重点产业，在有效期内的高新技术企业和云南省科技型中小企业中，每年动态遴选发布拥有核心自主知识产权、组织管理水平高、主营业务集中度高、科技创新投入强度大、科技成果转化能力强、高新技术产品（服务）市场竞争力强的“云南省高新技术企业50强”和“云南省科技型中小企业50强”榜单，推动其成为具有竞争力和较高知名度的云南品牌科技型企业。(省科技厅，各州、市人民政府按照职责分工负责)

（六）优化科技型企业支持方式。鼓励科技型中小企业、高新技术企业联合国内外高校、科研院所申报省级科技计划项目，同等条件下，择优支持“云南省高新技术企业50强”和“云南省科技型中小企业50强”企业申报的省级科技计划项目。支持高新技术企业承担或参与国家和省重大科技专项、重点研发计划等科技计划项目，高新技术企业作为省级科技计划项目牵头单位的，在项目评审中加2分。高新技术企业牵头承担国家科技计划项目的，结合我省科技创新发展需求，可按照一定比例给予省级科技计划项目经费支持。扩大创新券支持范围，科技型中小企业使用创新券购买高价值发明专利进行转化，并在1年内首次获批国家高新技术企业认定的，按照技术转让合同金额的50%进行兑付，每家科技型企业每年兑付创新券不

超过30万元。(省科技厅、省教育厅、省财政厅、省市场监管局，各州、市人民政府按照职责分工负责)

三、强化培育支撑保障

(七)加快高新技术企业创新技术及产品应用推广。各地、有关部门在开展政府采购活动中，应合理确定采购需求，设置首创性、先进性等评审因素和权重，不得设置市场占有率、使用业绩等不合理条件限制条款或排斥高新技术企业参与政府采购活动。科技型企业装备首台套、材料首批次、软件首版次等创新产品，可采用政府采购非招标方式采购。对暂不具备市场竞争力，但符合重点产业发展方向、首次投向市场的科技成果转化产品推行首购和订购制，对采购方按照成交金额的10%给予补助，最高可补助500万元。(省发展改革委、省科技厅、省财政厅、省机关事务局，各州、市人民政府按照职责分工负责)

(八)落实各项减税政策。依法依规落实高新技术企业所得税减免、技术开发和与之有关的技术咨询、技术服务增值税免税，技术转让所得减免企业所得税、小型微利企业减征企业所得税、固定资产加速折旧，以及科技型中小企业自2022年起研发费用按照100%比例税前加计扣除政策，持续激发企业创新发展活力。落实好科技人员股权奖励递延纳税、符合条件的科技人员取得职务科技成果转化现金奖励减征个人所得税政策，支持企业科技创新人才队伍建设。(省税务局、省财政厅、省科技厅，各州、市人民政府按照职责分工负责)

(九)推动科技金融深度融合。探索推行“以企业创新能力为核心指标的科技型中小企业融资评价体系”，统筹银行信贷、风险补偿、融资担保等措施，引导金融机构支持科技型中小企业、高新技术企业开展研发和科技成果转移转化活动。建立省级科技计划项目推荐机制及渠道，支持科技型中小企业、高新技术企业“创新换资”，根据省级科技计划项目评审立项情况，定期向银行等金融机构推送科技型中小企业、高新技术企业融资需求。(云南银保监局、省地方金融监管局、人民银行昆明中心支行、省科技厅、省财政厅，各州、市人民政府按照职责分工负责)

《湖南省园区产业“十四五”发展规划》解读

发布时间：2022年03月28日

近日，湖南省工业和信息化厅印发了《湖南省园区产业“十四五”发展规划》（下称《规划》）。为便于理解《规划》内容，做好贯彻实施工作，现就相关问题解读如下：

一、《规划》编制的背景

推动园区产业高质量发展，是贯彻落实习近平总书记对湖南工作系列重要指示和考察湖南重要讲话精神，全面落实“三高四新”战略定位和使命任务，打造国家重要先进制造业高地的重要体现。

“十三五”时期，全省园区综合实力持续增强，产业结构持续优化，为打造国家重要先进制造业高地的引领区奠定了坚实基础。一是园区综合实力迈上新台阶。2020 年，全省园区生产总值超 1.4 万亿元，占全省同期 GDP 比重超 1/3，规模工业增加值占全省比重达 69.1%。二是产业结构调整呈现新变化。工程机械、轨道交通装备、中小航空发动机及航空航天装备三大世界级产业集群逐步形成，国家新型工业化产业示范基地 18 家，5 家园区入选“2020 年中国先进制造业百强园区”，长沙工程机械集群和株洲先进轨道交通装备集群在国家先进制造业集群决赛中胜出。三是产业创新能力获得新突破。2020 年，全省园区实现高新技术产业增加值 6 412.7 亿元；研发投入强度提升幅度位居全国第二。四是开放型经济跃上新水平。2020 年，全省园区实现进出口总额突破 3 500 亿元，占全省进出口总额 70% 以上，年均增长 26.60%。获批设立中国（湖南）自由贸易试验区，聚集 7 家国家级综合保税区和保税中心。五是产业绿色发展取得新进展。园区单位工业增加值能耗、水耗均低于全省平均水平，主要污染物排放较 2015 年大幅下降，成功创建 7 家国家级绿色园区。

面向“十四五”，园区产业发展面临新形势。从全球来看，世界范围内新一轮科技革命和产业变革持续深入推进，为我省园区产业高质量发展带来新机遇。从国内来看，我省具有“一带一部”的独特区位优势，拥有长江经济带、长江中游城市群、中部地区崛起、粤港澳大湾区建设等多重战略机遇叠加优势，为园区产业高质量发展提供了强大的政策动力和市场机遇。从省内来看，随着“三高四新”战略大力实施、“五好”园区建设稳步推进，以及重大政策平台的建设，为我省园区产业创新发展提供了有利条件。

二、《规划》的总体考虑

一是坚持创新驱动。以创新驱动作为园区转型升级的根本动力，加快各类科技创新资源、要素整合，强化企业创新主体地位，从研发和产业两端发力，构建“政产学研用金”深度融合的协同创新体系，不断增强园区创新驱动力和产业竞争力。

二是坚持集约集聚。围绕园区主特产业定位，引导各类产业项目向园区集聚集中，做好产业链的延链、补链、强链、固链，推动园区产业集群化、特色化、差异化发展，促进“三生融合”“三态协同”，构建“产业集群—产业基地—产业社区”三级产业空间布局体系。

三是坚持转型升级。紧扣高质量发展和“三

高四新”战略，着力推动园区产业高端化、智能化、绿色化、融合化发展，提升产业基础能力和产业链现代化水平，稳固主导产业支撑力，强化优势产业聚集力，培育特色产业竞争力，探索未来产业新动力，奋力打造国家重要先进制造业高地的引领区。

四是坚持协同发展。鼓励我省园区与粤港澳大湾区、长三角经济区等地园区、长株潭园区与省内其他园区开展跨区域合作，加快建设一批配套产业园区、生产性服务业集聚区和“飞地园区”，推动产业链条跨区域集聚延伸，提升产业配套协作能力，推动产业协同、共享发展。

三、《规划》的指导思想和目标

《规划》以习近平新时代中国特色社会主义思想为指导，全面贯彻党的十九大和十九届历次全会精神以及省第十二次党代会精神，深入落实习近平总书记关于湖南工作系列重要讲话指示精神，全面落实“三高四新”战略定位和使命任务，以创建“五好”园区为导向，聚焦“3+3+2”产业领域，加强全省园区统筹规划和科学定位，加快优势产业锻长板、战略性新兴产业补短板、传统产业促转型、未来产业抢布局，推动全省园区产业高端化智能化绿色化融合化发展，加快构建现代产业新体系，着力培育一批竞争力强、特色鲜明的先进制造业集群和高质量发展示范园区，奋力打造国家重要先进制造业高地的引领区。

《规划》提出，到2025年，全省园区产业发展迈上新台阶，对“三高四新”战略实施的引领支撑作用更强。一是产业规模显著扩大。二是创新能力显著增强。三是产业结构显著优化。四是集聚水平显著提高。五是质量效益显著提升。六是开放经济显著发展。

四、《规划》的发展重点和主要任务

优化空间布局，构建园区联动新格局。包括：一是优化产业空间布局。加快优化全省园区功能定位和产业布局，因地制宜、分类实策，促进全省园区发挥优势差异化发展，突出长株潭园区在全省现代产业体系建设中的核心引领和辐射带动作用，推动省域副中心及高铁经济带园区建成全省产业发展主战场，推动四大区域园区协同联动发展，解决区域发展不平衡问题，促进全省经济高质量平衡发展。二是找准园区产业定位。按照国家级园区“二主一特”、省级园区“一主一特”的原则，引导各园区科学确定主导产业、优势产业、特色产业和未来产业，推动全省园区产业集群化特色化差异化发展。

聚焦“3+3+2”领域，构建园区产业发展新体系。包括：一是做优三大重点产业。工程机械，以“高端化、智能化、国际化”发展为引领，围绕“一核三极多点”的产业空间布局，推动全省建设4～5个具有国际竞争力的工程机械产业主导园区。轨道交通装备，按照“产业高端化、要素国际化、市场全球化”的思路，加快形成“一核集聚、一极支撑、多点联动”的发展格局。中小航空发动机及航空航天装备，抢抓全域低空开放试点省建设契机，构建“双核多点”产业布局，形成“航空动力＋通航整机＋零部件及维修＋北斗导航＋配套衍生”的产业形态布局。二是做强三大优势产业。电子信息，聚焦“芯魂固基、屏端突破”，构建以长沙、株洲为核心，岳阳、湘潭、益阳、娄底、邵阳联动发展的产业格局。新材料，以传统制造业改造升级、战略新兴产业发展以及重大装备、重大工程需求为导向，以长沙、株洲为核心引领，优化发展娄底、湘潭、岳阳、衡阳、郴州等多个新增长极。新能源与节能，紧扣“碳达峰碳中和”要求，推动以长沙、株洲、湘潭、衡阳为核心，岳阳、常德、郴州、永州、娄底协同发展，加快推动新能源及电力装备、节能等产业链规模取得较大突破。三是提质升级传统产业。衣食住行等相关产业，坚持健康、绿色、安全、舒适的发展理念，充分发挥各市州产业基础和资源禀赋优势，实施消费品工业“三品”战略。原材料工业，以深化供给侧结构性改革为主线，以供给高端化、结构现代化、发展绿色化、模式数字化、体系安全化为导向，以湘潭、郴州、衡阳、娄底、岳阳、永州、湘西自治州等区域为重点，着力优化传统产业和产品结构，加快提升产业链现代化水平。四是抢占布局未来产业。聚焦新技术、新产业、新业态和新模式，以长株潭地区园区为核心，联动岳阳、衡阳、常德等地园区，前瞻布局一批未来产业，抢占未来发展制高点。

创新驱动发展，塑造园区产业发展新优势。包括：一是狠抓产业建设。主要是培育壮大主特产业、围绕产业链抓项目、大力培育园区企业、发展配套产业园区、提升开放经济水平。二是突出创新驱动。主要是强化创新平台建设、提升企业创新能力、加强创新人才引育。三是促进融合发展。主要是推动“两化”融合发展、创新发展工业互联网、推动“两业”融合发展。四是坚持产业优先。主要是构建绿色制造体系、提高资源利用效率、提高投入产出效率。五是优化营商环境。主要是创新园区管理体制、提升园区服务效能、提升园区承载能力。

五、《规划》的保障措施

一是加强组织领导。省直相关部门加大对园区的政策支持力度，统筹整合资源要素支持园区的重大产业项目、重大产业载体、重大创新平台等建设。

二省强化要素保障。主要是优化园区用地供给、加大财政支持力度、创新园区金融服务、强化人才支撑保障、降低企业用能成本。

三是加强评估激励。按照创建“五好”园区的统一部署，以高质量发展为目标，以提高效益为导向，把促进园区主导产业集聚发展作为主要目标，对全省省级及以上产业园区开展年度综合评价，强化评价结果应用。

来源：湖南省工业和信息化厅产业集聚推进处

2022年长春新区打造一流营商环境新60条

长新党字〔2022〕6号

为全面贯彻省优化营商环境加快项目建设大会和服务企业大会精神，应对疫情给企业经营带来的不利影响，按照新区“六区推进”发展路径和“六大提升计划”总体部署，聚焦国家营商环境评价，坚持问题导向、结果导向，全面优化营商环境评价指标体系，打造“东北最优、全国一流”营商环境，为支持企业复工复产、保障经济高速高质量发展，现制定2022年打造一流营商环境新60条举措。

一、提升企业开办及注销便利度

1．深入推动企业开办“一件事”改革。扩大“智能审批”改革覆盖范围，进一步扩展智能审批应用类型；把注册登记、发票申领等环节全部纳入全流程网办，实现企业开办“一件事”“零成本”，全流程0.5天办结。(牵头部门：市场监管分局；配合部门：政务营商局；完成时限：6月)

2．推动电子营业执照“一照通”全面应用。加快推进电子营业执照跨区域、跨部门、跨领域应用，提供网上亮照服务和电子营业执照网上真伪鉴别服务，率先实现“一照通天下”。(牵头部门：市场监管分局；配合部门：政务营商局；完成时限：全年)

3．建立企业歇业备案及除名制度。建立企业歇业备案制度，符合条件的市场主体可自主决定暂停经营、申请歇业。建立市场主体除名制度，解决市场主体“退出难”。(牵头部门：市场监管分局；配合部门：政务营商局；完成时限：全年)

二、全面优化劳动力市场监管

4．造省级人力资源服务产业园。强化园区人力资源公共服务与市场化服务，提升功能、优化要素配置，全力打造省级人力资源产业示范园。(牵头部门：人社局；配合部门：人才办；完成时限：全年)

5．推出人才“无感化服务”。依托“新区人社局在线服务平台”，开通“人才跑腿”“人才秘书”模块。引入人才认定窗口，开通“一窗受理”“一门办结”等功能，提供“一站式”精准服务。(牵头部门：人社局；配合部门：人才办；完成时限：全年)

6．打造公共服务“就业超市”。制定出台《长春新区就业创业扶持政策十条》，完善公共就业服务平台职业指导功能，构建跨区域人力资源协作机制，引导企业进行用工余缺合理调剂，提高人力资源配置效率。(牵头部门：人社局；配合部门：各开发区；完成时限：全年)

7．建立和谐劳动关系服务中心。依托新区“解纷码”平台，打造服务经济发展“一站式”劳动争议调解多元化解新模式。持续推广使用智慧仲裁小程序，实现调解仲裁线上、线下全流程办理。(牵头部门：人社局；配合部门：党群办、商务外事局、法院、各街道；完成时限：全年)

8．建立诚信劳动保障监管体系。依托新区执法监察信息化监管平台，开展企业劳动保障诚信等级评价，加强对重点行业劳动风险隐患监测。引导企业建立劳动保障诚信制度，建立劳动保障诚信红黑榜，对失信企业实行联合惩

戒。（牵头部门：人社局；配合部门：政务营商局、各开发区；完成时限：全年）

三、进一步提高办理建筑许可效率

9．实施全过程图纸数字化管理改革。加快推进工程建设项目“一套图纸”系统在新区全面上线，率先实现工程建设全过程图纸管理从“多头线下跑”向“全程线上跑”转变。（牵头部门：政务营商局；配合部门：规自分局、城建委、生态环境分局、农委、各开发区；完成时限：7月）

10．实施产业全流程服务体系改革。持续完善打造“标准地”升级版，满足条件的工业类用地项目推行先租后让、租让结合供应方式。通过“一单五清”告知单、复用省标准“规划条件图”等多改并举，实现“拿地即开工”。在竣工验收阶段全面实施综合测绘改革，规划、土地、人防、消防、装配式、房产等行政审批测绘全面实施“多测合一”，成果实施政府付费（房产测绘除外）。（牵头部门：规自分局；配合部门：政务营商局、发改工信局、城建委、生态环境分局、农委、房管分局、各开发区；完成时限：全年）

11．推行产业项目“单体联合验收”。产业类项目依企业申请，提前对已完单体工程的消防、人防、质量组织竣工联合验收，竣工一栋、验收一栋。（责任部门：城建委；完成时限：5月）

四、健全透明高效政府采购体系

12．全面推进政府采购交易电子化。搭建政府采购可视化远程开评标系统，破解现场开标时间限制、地域阻隔等问题，实现参与政府采购“零跑腿”。组建省内政府采购“异地互动联盟”，协助省内采购专家紧缺地区实现全流程电子化异地评标。（牵头部门：财政局；配合部门：政务营商局；完成时限：全年）

13．搭建政府采购“直播培训”平台。联合对采购人和代理机构等政府采购参与者实行线上直播培训，提高政府采购的法治意识和业务水平。（责任部门：财政局；完成时限：全年）

五、持续深化招标投标改革

14．实施招标投标电子化交易改革。完善新区公共资源交易大厅电子化交易功能，实现全流程电子化交易。依托新区信用信息平台，建立招标投标领域失信“黑名单”。（牵头部门：政务营商局、发改工信局；配合部门：城建委、农委，各开发区；完成时限：9月）

15．推行招标主体主动“承诺制”。招标人和招标代理机构在招标公告和招标文件发布前，采用承诺制方式提交承诺书，对主体单位信息资料、招标公告和招标文件的真实性、合法性、公正性及编制质量进行主动承诺。（牵头部门：城建委；配合部门：发改工信局、政务营商局，各开发区住建委；完成时限：5月）

六、提升公共要素保障能力

16．建立业扩报装全流程监控系统。通过报装监控系统，在线监控供电企业办理环节时限，切实降低办电时长。（牵头部门：城建委；配合部门：各开发区，国网长春供电公司；完成时限：5月）

17．进一步提高供电可靠性。重点推动10千伏带电更换电杆、旁路作业检修加工线路等第三类、第四类不停电作业，努力实现“能带不停”目标。（牵头部门：城建委；配合部门：各开发区，国网长春供电公司；完成时限：8月）

18．推行“五零一优”水气报装服务。水气报装实行“五零一优”（即零跑动、零材料、零成本、零审批、零等待、优服务）服务，工业项目取消供水接入、燃气与道路挖掘审批手续，把供水、燃气管线敷设至企业用地界线。推动水、电、气、热、通信、有线电视等市政公用服务事项联合报装。压缩水气报装环节，把用水报装全流程环节压减至1个，时长按“小时”计算。（牵头部门：城建委；配合部门：新区供水分公司，长春天然气集团有限公司，长春燃气股份有限公司新区分公司；完成时限：5月）

19．深化用水用气智慧服务。运用智能客服、智能终端、信息化管控等新型互联网技术，加强水气管网监测，推动新区供水管网漏损率逐年平稳下降。（牵头部门：城建委；配合部门：新区供水分公司，长春天然气集团有限公司，长春燃气股份有限公司新区分公司；完成时限：全年）

七、进一步优化登记财产服务

20．开展“互联网＋不动产登记”服务。依托吉林省不动产登记网上“一窗办事”平台，拓宽“外网申报、内网审核”登记事项种类。推动新建商品房登记、抵押登记在线受理，网上缴税、网上生成完税凭证，实现不动产登记和缴纳税费“全程网办”。（牵头单位：规自分局、税务局；配合单位：政务营商局、房管分局、法院；完成时间：9月）

21．实行“不动产登记＋”服务。推动不动产登记与水、电、气智能化联合过户；推进不动产登记延伸到公证机构受理；探索不动产抵押登记与金融服务共同办理。（牵头单位：规自分局；配合单位：政务营商局、房管分局、税务局、法院；完成时间：全年）

22．加强不动产登记服务。支持企业“无还本续贷”，在银行业金融机构与市场主体达成协议的基础上，将不动产抵押权注销登记与抵押权设立登记合并办理，保障企业在不需要还清本金的情况下获得新的贷款。（牵头单位：规自分局；配合单位：房管分局；完成时间：全年）

八、提高获得信贷水平

23．推出科技型企业“上市礼包”。推出专业培训辅导、项目对接、资源推介等“上市礼包”服务，充分利用上交所“绿色通道”政策，推动IPO加速申报。（牵头部门：金融办；配合部门：科技局，各开发区；完成时限：7月）

24．构建“管委会＋园区＋担保＋银行”融资模式。以北湖科技园、摆渡创新工场为试点，建立管委会、园区、担保、银行四方合作的产业园区融资模式，四方合力形成常态化园区融资机制。（牵头部门：金融办；配合部门：科技局、各类金融机构；完成时限：全年）

25．完成组建“专精特新”企业金融服务团。鼓励金融机构单列“专精特新”企业信贷计划，开展“点对点”融资服务，做到企业选择精准化、对接服务高效化、后续跟踪持续化。（牵头部门：金融办；配合部门：发改工信局、各类金融机构；完成时限：7月）

九、加强知识产权创造、运用和保护

26．全面建成知识产权生态小镇。加快推进“两中心、两平台”建设，即与省、市协同共建中国（吉林）、中国（长春）知识产权保护中心、长春知识产权运营服务平台和长春知识产权数字化展示平台，打造知识产权服务业集聚区，为创新主体、市场主体提供“一站式”知识产权综合服务。（牵头部门：科技局；配合部门：北湖开发区，市场监管分局；完成时限：7月）

27．加强跨区域跨部门执法协作。建立知识产权重点企业保护名录，形成跨部门、跨区域知识产权保护协同机制。积极推进跨区域知识产权执法协作，实现知识产权保护的互助、互动、互通。（牵头部门：市场监管分局；配合部门：政法维稳办、法院，检察院、公安分局；完成时限：7月）

十、提升跨境贸易便利化

28．提升对外开放平台功能。启动临空经济示范区保税物流中心（B型）申报工作，打造东北地区国际航空物流枢纽，促进国际贸易发展。（牵头部门：商务外事局、临空经济示范区；配合部门：北湖开发区，财政局、发改工信局；完成时限：全年）

29．降低中欧班列货物进出口成本。提高本省货物占比，进一步压缩集装箱吊装、掏箱等作业时间，压减、免收相关费用，努力降低中欧班列物流成本。（牵头部门：商务外事局；

配合部门：兴隆海关、中欧班列平台公司；完成时限：全年）

30．发挥空港药品进口口岸功能。加大长春空港药品进口口岸宣传力度，帮助需求企业对接机场海关、吉林省药品检验研究院，助力企业实现进口药品通关便利化。（牵头部门：商务外事局、临空示范区；配合部门：各开发区；完成时限：全年）

十一、优化纳税服务

31．精简涉税事项办理流程。将增值税、企业所得税和财产行为税合并申报，实现企业纳税申报次数由4次压减到2次。优化退（抵）税等11项业务办理流程，实现单笔业务办理时间由20个工作日压缩至半小时内。全面开展“无感退税”，实时检索留抵退税、即征即退事项，自动触发退税提醒，全流程电子化退库至企业账户。（责任部门：税务局；完成时限：全年）

32．提升办税缴费便利度。进一步推广“非接触式”办税，实现线上由解答问题向解决问题的根本性转变。落实落细涉税事项容缺办、税务证明事项告知承诺制。围绕增值税留抵退税、“六税两费”减免等优惠政策，开展全流程跟踪式服务，确保相关政策直达快享。（责任部门：税务局；完成时限：全年）

33．构建税收政策辅导宣讲“云阵地”。线上超级税话电台、长春高新税务网络直播间，与线下办税服务厅联动辅导。依托长春税务征纳沟通平台，分层次精准推送，定期组织专项政策讲解云座谈、云辅导、云培训。（责任部门：税务局；完成时限：全年）

十二、加强执行合同司法保障

34．持续压缩案件耗时与成本。加快建设科技化审判场所，强化电子诉讼服务的实际应用，推进商事案件立、审、执、监的全流程无纸化办理，创新承诺制送达、集约式庭审，扩大简易程序与小额程序适用范围，落实30日公告、普通程序独任审理，深化繁简分流。充分发挥智慧法院在提升审判效率、满足企业需求等方面的作用，全面压缩案件耗时，降低诉讼成本，提升案件质量。（责任部门：法院；完成时限：5月）

35．推进集约联动执行与司法保护。建立集约化执行指挥中心，设立执行裁决与实施团队开展查控、保全等强制措施，巩固“一案一账户”案款管理制度。深化府院联动执行及联合惩戒，提高执行效率。落实善意执行与审慎查封，严格区分经济纠纷与刑事犯罪，实施羁押必要性审查，依法保障企业家人身财产合法权益。（牵头部门：法院；配合部门：政务营商局、规自分局、公安局；完成时限：6月）

36．建立矛盾风险预警机制。利用审判管理大数据中心，分析审判运行态势、预警重大矛盾风险。对企业破产重整指数、非法集资犯罪风险防控指数、中小投资者权益保护指数等26项指标进行数据体检，建立案件高峰节点等数据模型，运用司法手段参与社会治理。（责任部门：法院；完成时限：5月）

37．依托“法官进网格”创新诉源治理。常态化实施“法官进网格”工程，通过“法官+涉企网格+微信群”方式，深入完善法企对接机制，创新涉企案件诉源治理的起点追溯，全时段了解企业司法诉求，多角度发现企业经营风险，将更大比例的涉企纠纷提前至诉前依法处理，实现矛盾纠纷源头化解。（牵头部门：法院；配合部门：各街道社区；完成时限：全年）

十三、建立公平公正市场监管体系

38．完善失信主体信用修复机制。建立行政处罚信用修复告知制度，将信用修复纳入行政执法单位做出行政处罚时的必要告知事项，开展企业信用修复受理、咨询和指导。（牵头部门：政务营商局；配合部门：市场监管分局，各行政执法部门；完成时限：全年）

39．全面推行行政检查执法备案智能管理改革。制定行政检查执法行为规范，加快推动行政检查部门、检查事项、检查人员、检查对象“四个全覆盖”，所有行政检查必须亮码亮证。（牵头部门：政务营商局、市场监管分局、法制办；配合部门：行政检查执法各相关单位；完成时限：全年）

十四、全面优化政务服务水平

40．建设长春智慧法务区。引进落位法律服务功能、法律服务业机构、智慧法务创新企业，加快强化国家法务功能承载能力和区域法律服务功能，全力打造法治化营商环境高地。（牵头单位：法务区管理办公室；配合单位：法务区建设相关部门；完成时限：全年）

41．推出高端法律、会计及咨询服务包。构建法律、财税高端咨询服务体系，重点引入超达集团统筹落位法务区内的律所、会计师事务所、企业公证、知识产权等咨询机构资源，采用“高端法律及咨询服务集中采购”模式，向驻区企业提供涵盖法律、财税及咨询业务的组合服务，由政府给予政策支持，推进服务质量提升，打造法制化营商环境。（牵头部门：法务区管理办公室；配合单位：法务区建设相关部门；完成时限：全年）

42．率先落实省“一件事一次办”主题集成服务改革。针对省、市梳理完成的便民利企“一件事”，进一步整合流程、压缩时间，实现同步评估、集成服务、并联审批、一次办好。（牵头部门：政务营商局；责任部门：政务服务相关部门；完成时限：全年）

43．深入开展政务服务“零跑动”改革。围绕与企业和群众生产生活关系密切的重点、高频事项，全面推行“全程网办”改革，力争80%政务服务事项实现“零跑动”。（牵头部门：政务营商局；责任部门：政务服务相关部门；完成时限：全年）

44．构建“四联动”标准化政务服务体系。设立社区（村）便民政务服务站，高频事项延展至街（乡）、社区（村）受理。建立新区、开发区、乡（街）、社区（村）4级政务服务联动机制，打造“事项同、标准同、服务同、质量同”4级标准化政务服务点。（牵头部门：政务营商局；责任部门：政务服务相关部门、各级政务（公共）服务中心；完成时限：全年）

十五、加大包容普惠创新力度

45．打造一批新型研发机构。支持发起设立新型研发机构，构建“应用研究—技术开发—产业化应用—企业孵化”一体化的科技创新链条，推动基础研究成果向原创技术、原创产业的转化。建设吉林省科技创新研究院等新型研发机构5～10家。（牵头部门：科技局；配合部门：党政办（机管局），各开发区；完成时限：全年）

46．实行专精特新梯度培育计划。加强服务和政策支持，动态建立“专精特新”发展潜力企业名录库，分梯次、分阶段培育“专精特新”企业，强化“专精特新”企业梯队建设，引导支持企业走“专精特新”发展道路。按照优质种子企业、市级、省级、国家级“专精特新”小巨人企业直至制造业“单项冠军”企业的梯度培育，打造培育具有持续创新力和竞争力的“瞪羚”“独角兽”企业。（牵头部门：发改工信局，配合部门：各开发区）

47．推动科技企业高质量发展。发挥吉林大学科教资源优势，推动吉林大学国家大学科技园提质升级。推广摆渡创新工场做法，推动科技企业孵化载体向市场化、专业化、标准化发展。引导孵化载体特色化、差异化发展，打破同质化竞争局面。推进国家高新技术企业认定和国家科技型中小企业评价，构建创新型企业培育梯队。（牵头部门：科技局；配合部门：各开发区，发改工信局；完成时限：全年）

48．打造长春人才创新港核心区。积极争取国家、省市各类创新资源集聚落位，制定实施更大力度、更加开放的人才政策举措，依托“三校、两所、一镇、多点”，打造长春人才创新港的形象展示平台和示范引领区，力争率先融入“3+N”国家人才战略布局。（牵头单位：人才办；配合单位：高新开发区、北湖开发区，

发改工信局、科技局、人社局、商务外事局、金融办、政务营商局；完成时限：全年）

49．加快打造“慧谷青年城”。对标先进地区一流人才公寓建设标准，高标准规划建设“慧谷青年城”人才住房，不断提升新区人才的满意度和幸福感。（牵头单位：人才办；配合单位：各开发区，人社局、国资委、财政局、规自中心、房管分局；完成时限：全年）

50．优化外资企业服务体系。建立“服务官”外资企业服务制度，为重点外资企业提供“一对一”服务。建立重点外商投资项目“进展清单”和重点外商投资企业“问题清单”，开展全流程对接服务。（牵头部门：商务外事局；配合部门：各开发区，政务营商局；完成时限：全年）

51．强化公共服务保障。启动“双减”背景下作业改革项目，优化作业设计和管理，精准“减负增效”；实施“树蕙”“清朗”行动，全面提升教师师德水平。推进新区人民医院和公共卫生服务中心建设，有序优化医疗资源布局，提升应对疫情紧急处理能力。打造社区嵌入式养老服务机构，推动社区助老餐厅建设，不断满足居家养老多样化需求。组建长春新区康达投资发展集团，统筹新区医疗、教育等重大社会事业项目的投资和建设，提升社会事业管理服务水平。（牵头部门：教育局；配合部门：社会事业局、卫健局、国资委；完成时限：全年）

52．提升公共交通出行便捷性。制定北湖开发区4条公交线路调整方案；探索“定制公交”，为企业上下班出行定制专属公交班次，推动新区公共交通进一步优化。（牵头单位：城建委；配合单位：各开发区；完成时限：全年）

53．加快生态宜居新区建设。继续强化推进水体治理，持续改善提升河湖水质；加强大气面源污染治理，强化扬尘污染管控，加大餐饮业油烟污染治理力度，严格工业废气污染源监管执法；加强建设用地土壤污染风险管控，确保土壤风险安全率达到考核要求。（牵头单位：生态环境分局；配合单位：河长办、农委、规自分局、城建委、城管局，各开发区；完成时限：全年）

十六、优化服务企业机制

54．建立复工复产“1+9”服务机制。建立1个领导小组+9个工作专班的服务机制，统筹指导调度监管企业复工复产情况，解决员工返岗、车辆交通等方面问题，确保复工复产节奏精准有序、可持续推进、不出现聚集性疫情。（牵头单位：发改工信局、各开发区；配合部门：企业复工复产领导小组成员单位；完成时限：5月）

55．持续扩大“免申即享”适用范围。拓展税收、补贴、服务等“免申即享”政策范围，精准推送政策信息，全力推动惠企政策应享尽享、快速兑现。（牵头单位：发改工信局；配合单位：政务营商局、财政局、科技局、人才办；完成时限：6月）

56．搭建“新企通”数字化服务平台。加快建设企业服务数字化平台，惠企政策实现精准直达、企业诉求实现一键响应，提高服务企业便利化程度。（牵头部门：政务营商局；责任部门：政务服务相关部门；完成时限：6月）

57．大力弘扬新区企业家精神。出台培育弘扬企业家精神若干意见，更好地营造尊重、爱护、支持企业家的良好氛围，全面培育弘扬“奋斗创新诚信超越”的新区企业家精神。（责任单位：政务营商局；完成时限：全年）

58．设立企业服务专员。选派干部对重点企业实行“保姆式”跟踪服务，构建“服务专员围着企业转、全区行政资源围绕服务专员转”的闭环服务，形成“千人包万企、万企助千人”的局面。（牵头单位：政务营商局；配合单位：发改工信局、科技局、商务外事局、城建委、规自分局等；完成时限：全年）

59．开展“我为企业代言”企业形象宣传展示活动。充分利用各类展示资源，开展“我为企业代言”企业形象宣传展示活动。选取主导产业的重点企业，宣传企业的核心理念和重点产品，有效助力企业提升品牌知名度和企业影响力。（责任单位：新闻中心；完成时限：全年）

60．建立“五即查、三即转”联合办案机制。建立联合办案机制，对企业投诉、监督员反馈、明察暗访排查、专项行动发现、上级转办督办等五类问题立即查办；对实名举报投诉、吃拿卡要、涉嫌违规违纪等三类现象立即移交新区监察工委，有案必查、有违必究，对破坏营商环境现象与行为持续保持高压态势。(牵头单位：政务营商局、纪检监察工委；完成时限：全年)

来源：长春新区党群办　发布时间：2022年10月28日

关于印发《苏州工业园区能源与工业领域碳达峰行动计划》的通知

苏园经〔2022〕23号

各功能区、各部委办局、各派驻机构、各公司、各直属单位、各街道，苏相合作区、独墅湖科教创新区（东区）：

现将《苏州工业园区能源与工业领域碳达峰行动计划》印发给你们，请结合实际，认真贯彻执行。

苏州工业园区经济发展委员会
2022年9月9日

《苏州工业园区能源与工业领域碳达峰行动计划》

根据《国务院关于印发2030年前碳达峰行动方案的通知》（国发〔2021〕23号）、《中共江苏省委省政府印发关于推动高质量发展做好碳达峰碳中和工作实施意见的通知》（苏发〔2022〕2号）、《苏州市关于加快转变发展方式做好碳达峰碳中和工作的实施意见》（苏委发〔2022〕7号）等文件精神，为贯彻落实碳达峰碳中和相关决策部署，推动苏州工业园区（以下简称园区）能源和工业领域绿色低碳发展，结合园区实际，特制定本计划。

一、总体要求

（一）指导思想

以习近平新时代中国特色社会主义思想为指导，全面贯彻党的十九大和十九届历次全会精神，深入践行习近平生态文明思想，立足新发展阶段，落实新发展理念，构建新发展格局，坚定不移走生态优先、绿色低碳的高质量发展道路，推进园区能源与工业领域低碳转型，推动实现碳达峰目标愿景，高标准建设碳达峰试点示范园区，为建设世界一流高科技园区，打造“一流的产业新区、一流的开放名区、一流的创新园区、一流的中心城区”提供有力支撑。

（二）基本原则

坚持系统推进，强化示范引领。强化系统思维，加强统一部署，稳妥推进能源、工业领域绿色低碳发展。统筹节能降碳和经济发展，推动能源低碳转型平稳过渡。突出示范企业的引领作用，着力营造绿色低碳的良好社会氛围。

坚持政府引导，强化市场主导。充分发挥政府在推动能源、工业绿色发展中的引导作用，完善政策保障，健全激励约束机制。强化市场主体作用，激发企业主动性，畅通多元化绿色发展渠道，合力推动能源、工业低碳发展。

坚持绿色低碳，强化提质增效。将绿色作为能源、工业发展的底色，将深度减碳贯穿能源、工业发展全过程，坚持节能降碳与结构调整两端发力。持续降低工业企业能源消耗和碳排放强度，推动工业绿色低碳高质量发展。

坚持创新驱动，强化技术攻关。大力提升

科技创新能力，突出企业创新主体地位，强化关键先进技术攻关应用，打造技术创新平台载体，聚焦绿色低碳创新人才建设，深入推动数字化和绿色化协同发展。

（三）主要目标

产业结构、生产方式绿色低碳转型取得显著成效，企业绿色制造水平全面提升，能源结构不断优化，能源资源利用效率稳步提升，碳排放强度持续下降。

到 2025 年，非化石能源消费比重达到 13% 以上，新能源发电总装机容量较 2020 年增加 350 兆瓦，单位工业增加值二氧化碳排放下降率完成市下达目标，为实现碳达峰奠定坚实基础。

到 2030 年，能源结构和产业结构进一步优化，重点行业能源利用效率达到国际先进水平，工业绿色低碳转型发展成效显著，单位工业增加值碳排放量持续下降，在实现工业领域碳达峰的基础上强化碳中和能力。

二、主要任务

（一）实施能源低碳工程

1. 推进能源供给侧转型升级。进一步削减煤炭消费量，有序引导天然气消费，利用天然气低碳清洁能源属性，发挥其在能源绿色低碳转型过程中的接续和桥梁作用，大力推动天然气与多种能源融合发展。2022 年金华盛燃煤自备电厂关停；东吴热电进一步提升能效水平，探索清洁燃料替代；港华燃气全力保障区域天然气稳定供应，合理引导工业用气，积极研究能源综合利用；蓝天热电和北部燃机推动发电机组技术升级、效率提升，持续优化供热管网建设和管理，不断扩大供热范围，提升区域能源利用效率，强化技术攻关，探索氢能发电技术。

2. 积极发展可再生能源。大力推进分布式光伏建设，将光伏发电设施建设要求纳入土地出让条件和规划条件，新建项目应配套建设屋顶光伏发电设施，存量工业厂房和公共建筑宜建尽建。深化分布式发电市场化交易试点，鼓励“光伏 +”综合利用，国资产业载体 2025 年底前基本完成屋顶光伏发电设施建设。鼓励创新应用新能源技术，因地制宜研究利用生物质能、氢能、地热能等可再生能源。引导企业以参与绿色电力交易方式提高可再生能源利用比例，拓宽企业碳减排路径。

3. 提升电力服务水平。大力提升电力系统综合调节和新能源电力消纳能力，加快低效电力设施更新换代，提升电网安全保障水平。支持分布式新能源合理配置储能系统，充分发挥储能系统双向调节作用，提升电网调峰能力。在工业、建筑、交通等重点领域广泛推进电能替代，以工业设施电气化、城市公共服务车辆电气化、全电厨房、充电设施建设等为重点，加快以电代油、以电代气。建设智慧电力服务平台，构建电力数据经济运行分析模型。到 2025 年，园区电能占终端能源消费比重达到 65% 以上。

4. 鼓励能源综合利用。以产业园、商业综合体为重点，开展空间规划的同时配套综合能源服务规划，加强光、电、气、冷、热等能源生产耦合集成和多能高效互补利用，根据用能的不同特点和需求，差别化配置能源供应组合。因地制宜，在金光产业园、苏州东站片区、现代服务产业园、总部经济产业园、吴淞湾未来城、桑田科学岛等能耗集中区域探索规划建设综合能源利用示范项目。针对 5G 基站、充电桩、人工智能、工业互联网等数字经济新基建，采用直流供电、分布式储能、“光伏 + 储能”等模式，构建多样化综合用能结构。

（二）实施工业低碳工程

1. 加快形成低碳产业体系。加快园区产业绿色低碳转型和结构调整步伐，全力推进制造业高质量发展，到 2025 年，率先形成与世界一流高科技园区功能形态相适应的现代产业体系，打造一批绿色低碳产业领军企业和示范项目，做大做强一批龙头骨干企业。

（1）推动产业绿色低碳转型。推动传统产业低碳发展，以造纸和纸制品业、非金属矿物制品业、有色金属冶炼和压延加工业、化学原料和化学制品制造业、橡胶和塑料制品业为重点，加快实施绿色化升级改造。新一代信息技术、高端装备制造加速完成转型升级，生物医药、人工智能、纳米技术整体进入全球价值链高端，数字经济、平台经济、总部经济、未来经济涌现一批具有核心竞争力的原创新业态和经济增长点。顺应“制造业服务化”趋势，促进制造业与服务业高效融合。开展产业用地更新三年攻坚行动，推进低效土地资源退出，产业聚集度、科技创新能力和安全环保水平进一步提升，到 2023 年完成 2 万亩以上产业用地更新。

（2）壮大节能环保产业规模。推动互联网、大数据、人工智能等数字技术与绿色低碳产业深度融合，形成新技术、新产品、新业态、新模式。支持企业开展绿色低碳领域关键技术创新，在新基建节能、绿色建筑、智慧能源等领域实现突破。支持企业发展合同能源管理、环境服务总包、节能技术服务外包等新绿色低碳服务模式，形成提供涵盖节能环保咨询、运营、工程建设、装备制造、投融资等服务的综合业态，加快构建与园区产业发展特征相适应的绿色低碳服务体系。依托具备产业链整合能力的企业，推进节能环保、资源循环利用企业网络化协同和集群化发展。

2. 推进企业低碳制造体系建设。深化企业绿色发展意识，以全产业链和产品全生命周期低碳发展为主要目标，推进建设高效、清洁、低碳、循环的绿色制造体系。到 2025 年，新增国家级、省级绿色制造体系企业 30 家，绿色产品供给量大幅提升。

（1）产品设计生态化。产品设计引入生态设计理念，落实生产者责任延伸制度，按照产品全生命周期，系统考虑原料选择、生产工艺技术、包装及运输、循环利用、无害化处置等各个环节，全方位全过程推行工业产品绿色设计，创建工业产品绿色设计示范企业。加快构建绿色供应链，带动上下游企业采取节能环保措施，实现产业绿色协同提升。

（2）厂房建设集约化。新建厂房应采用低碳建造方式，建筑材料选用蕴能低、高性能和高耐久性的绿色建材，积极运用装配式建筑，鼓励既有建筑绿色改造。照明应采用无电式照明系统、自然光结合高效节能灯等方式，采取分区、分组与定时自动调光等措施。以电机、风机、泵、压缩机、变压器、换热器、工业锅炉及生产设备为重点，加快淘汰落后低效设备，全面提升设备能效标准。配备、使用管理能源、水以及其他资源的计量器具和装置。

（3）能源利用低碳化。广泛应用新能源，充分利用厂房屋顶、外墙、车棚资源建设分布式光伏发电设施，配套建设分布式储能设施，因地制宜研究利用生物质能、氢能、地热能等可再生能源。积极推动余压、余热资源回收利用、梯次利用。鼓励采用合同能源管理、专业托管运营等管理模式开展能源管理工作。

（4）产品生产洁净化。减少有害物质源头使用，实施清洁原料替代，从源头降低资源消耗，减少污染物产生和排放。削减生产过程污染排放，严格落实有害物质限制使用管控要求，积极运用过程减污工艺和设备，淘汰落后生产工艺设备。升级末端治理设施，使用先进环保治理设备，严控挥发性有机物排放，加强废水治理，加强工业固废、废水等资源循环利用。

（5）企业管理智慧化。制定工厂绿色低碳中长期规划及年度目标、指标和实施方案，建立专职能源管理团队，定期开展内部员工绿色低碳培训。积极建立和实施能源管理体系，建立能源方针、能源目标、过程和程序以实现能源绩效目标，并不断提高能源管理体系持续改进的有效性，提高能源利用效率。充分利用智能控制、“互联网 +”、云计算、人工智能等数字技术，建设能源监测管控平台，实现能源消费精细化智慧化管理。

（三）建立健全体制机制

1. 加强工业企业用能管理。加强用能预算管理，推进能耗“双控”向碳排放总量和强度“双控”转变。完善重点用能单位节能目标考核评价制度，将考核对象扩大到年能耗3 000吨标准煤以上工业企业。完善固定资产投资项目节能审查，新增用能项目能效水平应达到国内先进水平；从源头遏制“两高”项目引进，对存量“两高”项目实行清单管理、分类处置。强化管理举措，重点用能单位节能目标考核结果和项目节能审查开展情况作为绿色发展相关评先评优的重要参考，并按照规定记入企业信用记录。

2. 支持企业绿色低碳发展。鼓励企业主动参与碳达峰碳中和行动，建立能源管理体系以提高能源利用水平，实施节能低碳改造和可再生能源利用项目，加快零碳、低碳技术成果转化，积极创建“零碳工厂”。建立能效、碳效评价机制，实施“低碳领跑者”计划，通过争先创优形成一批可复制、可推广的行业方案和技术经验，编制绿色低碳项目案例集宣传推广。对绿色低碳发展成效显著，获得国家级、省级绿色工厂、绿色供应链、绿色产品、绿色设计等荣誉的企业，优先保障企业用能指标，优先纳入评优评先。

3. 完善低碳服务支撑体系。启动“低碳制造伙伴计划”，围绕学习培训、供需对接、评估诊断和企业互助提供服务，以节能减碳、清洁生产、新能源利用等领域为重点组建绿色低碳专家咨询团队，组织专业机构开展节能诊断服务，组织开展能源管理培训、技术推广宣介、供需对接和企业交流活动。推动“碳普惠”市场建设，深度挖掘新能源的碳资产价值，探索长三角碳交易市场联动。加快培育能源管理、碳排放核查、交易服务、认证推广等领域服务企业发展壮大，提升绿色服务专业水平。强化投融资支持，通过“绿色低碳贷”持续为企业低碳项目提供贷款支持；推动绿色金融产品和服务创新，鼓励银行等金融机构加大绿色信贷投放力度，引导私募股权投资基金开展绿色产业相关投资，支持符合条件的绿色企业试点发行绿色债券。

4. 强化数字化管理。加快建设涵盖能源、资源、碳排放等数据信息的园区碳达峰平台，统筹能耗基础数据和经济数据，实现智慧精准管理。探索建立数字化碳核查体系，为企业提供碳排放核算数字化管理服务，实现核算的“标准合规、因子准确、核算精准、高效全面”，为构建行业碳排画像、实现精细高效管理奠定基础。

三、保障措施

（一）加强组织实施

园区碳达峰碳中和工作领导小组统筹推进，研究、决策能源与工业领域碳达峰重点工作，经发委具体组织协调，各部门、各板块强化协作配合，形成工作合力，构建长效工作机制，扎实推进各项任务目标。发挥行业协会、智库、第三方机构等的桥梁纽带作用，建立联动机制，助力重点行业和重要领域绿色低碳发展。

（二）完善政策配套

制定能源与工业领域低碳发展的政策措施，鼓励企业加大对新能源、高效设备、低碳技术的应用，对节能减排、绿色发展成绩突出的企业在财政补贴、金融服务、生产要素保障等方面给予倾斜，促进企业持续提升绿色低碳发展水平。

（三）强化宣传引导

大力弘扬绿色发展理念，引导能源与工业领域相关企业增强绿色发展的责任意识和参与意识，组织开展全国节能周、全国低碳日、SIP-E企学堂等专题活动，积极宣传绿色发展政策法规、典型案例、先进技术，营造低碳转型和高质量发展氛围。

（四）深化合作交流

深化对外交流和开放发展，拓展与能源、绿色产业龙头企业及重点科研院所的合作机制建设，加强与有关国际组织、专业机构在绿色制造领域的合作，开展专业课题研究，探索建立绿色低碳技术创新合作平台和培训基地，推动绿色技术创新成果落地应用。

专题研究篇

关于省级经济开发区升级国家级经济技术开发区研究（摘选）

文 / 李国良[①]

国家级经济技术开发区（以下简称“国家级经开区”）是我国改革开放伟大事业的成功实践。我国首家国家级经开区——大连经济技术开发区于 1984 年 9 月 25 日经国务院批准设立。此后，首批 14 个国家级经开区先后于 1984—1988 年批准设立，分别是：大连、秦皇岛、烟台、青岛、宁波、湛江、天津、连云港、南通、广州、福州、上海闵行、虹桥和漕河泾经济技术开发区。

当时，建设开发区，没有前例可寻，也没有经验可借鉴。1983 年，我国国内生产总值（GDP）只有 6 020.9 亿元，财政收入也仅有 1 366.95 亿元，外汇储备 89.01 亿美元。国力羸弱，百业待兴。国家无法像现在这样“集中财力办大事”。开发区的主要任务是筑巢引凤、招商引资和“三来一补”（来料加工、来样加工、来件装配及补偿贸易），试图达成以下目标：一是探索出具有中国特色的资金大循环途径；二是逐步建立并完善开发区管理的基本模式与法律体系；三是在“四个窗口”（技术窗口、管理窗口、知识窗口、对外政策窗口）的基础上，确立“三为主、一致力的发展方针”（以工业为主、以吸收外资为主、以拓展出口为主，致力于发展高新技术产业）。

1986 年 8 月 19 日傍晚，邓小平同志来到天津开发区视察，在天津开发区第一家中外合资企业丹华自行车有限公司提笔写下几个大字：开发区大有希望。题词在媒体公开发表后，全国各地开发区备受鼓舞。

首批国家级经开区批准规划面积一般都很小，大多不超过 10 平方千米（个别情况例外），最小的是上海虹桥经开区，面积只有 0.65 平方千米。因此，从开发区设立那天起，就已经开启了“以申促建”“扩区升级”之路，也包括国家级经开区申请扩区和后来省、市、县级开发区申请升级国家级经开区。本文专门介绍省级经济开发区升级国家级经开区成功实践经验做法，仅供大家参考。

一、省级经济开发区升级国家级经开区意义重大

到目前为止，我国国家级经开区达到 230 家，其中，东部地区 112 家，分别是辽宁 9 家、河北 7 家、北京 1 家、天津 6 家、山东 16 家、江苏 27 家、浙江 22 家、福建 10 家、广东 7 家、海南 1 家、上海 6 家；中部地区 68 家，分别是黑龙江 8 家、吉林 5 家、河南 9 家、湖北 9 家、湖南 10 家、安徽 13 家、山西 4 家、江西 10 家；西部地区 50 家，分别是重庆 3 家、四川 10 家、贵州 2 家、云南 5 家、广西 5 家、陕西

① 李国良，中国开发区协会领导班子成员、特聘专家，中国开发区协会公共资源交易专委会常务副主任，中国智慧城市建设投资联盟首席经济学家，北京燕商学院教授、研究员，广东文理学院客座教授，国家级湛江经济技术开发区管委会原常务副主任；燕南智库特聘专家，中国全球创新中心首席策划师，中国循环经济协会科技中心高级顾问，广州高新区高质量发展研究院（广州知识城海丝创新研究院）学术委员会委员。

5家、甘肃4家、青海2家、宁夏1家、西藏1家、新疆9家、内蒙古3家。据统计，2021年，国家级经开区创造地区生产总值13.7万亿元，同比增长15.4%，增幅高于同期全国平均水平（8.1%）7.3个百分点，占国内生产总值11.9%；财政收入2.5万亿元，同比增长12.1%，占全国财政收入比重为12.5%；税收收入2.2万亿元，同比增长14.3%，占全国税收收入比重为12.9%；进出口总额8.7万亿元（其中出口5万亿元，进口3.7万亿元），同比增长21.9%，占全国进出口总额比重为22.3%；实际使用外资和外商投资企业再投资金额684亿美元，同比增长14%。从以上统计资料可以看出，国家级经开区在我国国民经济中已经占有重要地位，是一支不可或缺的“生力军”。

（一）更能创造出品牌优势

随着国际经济大循环的发展趋势和世界范围内制造业分工的产业化，“羊圈经济”模式方兴未艾，企业入园、产业成链、产业集群此起彼伏。国家级经开区经过近40年的打拼，从开始时的“三通一平”“七通一平”到现在的“九通一平”，营商环境、产业生态、科技创新和管理体制等方面均已跃上新台阶。国家级经开区这块“金字招牌”的含金量早已扬名海内外。在当前全球经济下行影响下，在招商引资方面，中小开发区普遍出现招商难，即使能招到也是中小项目；而在国家级经开区，客商纷至沓来，还往往是大项目、好项目。两相对比，这就是品牌优势。业内人士讲：一流园区拼品牌，二流园区拼资源，三流园区拼人力。因此，创建国家级经开区是通往一流园区的必由之路。

（二）更能发挥好体制优势

国家级经开区犹如各地的“特区”。一般而言，一个地级市能争取到国家批准设立一个国家级经开区实属不易，而要将其建设好更不容易。也正是因此，国家级经开区往往享受着被“高看一眼、厚爱一份”的优待，得以集中当地资源、获得重点关照。这些资源包括但不限于编制资源、政策资源、金融财政资源、人力资源和土地环境资源等。在领导配备上，开发区党工委书记、管委会主任往往兼任所在地党委、政府领导班子成员；内设机构有关人员也只比所在地党委、政府机关低半格；与此同时，在项目审批上行使省部级审批权限，在内设机构上享有充分自主权，在干部管理方面“能上能下”。与传统行政区（县）相比，国家级经开区更具体制优势，因此，更有利于经济社会发展，更有条件成为人们心目中宜业、宜居、宜游、宜乐的地方。

（三）更能发挥政策叠加优势

早期成立的国家级经开区，普遍实行“两免三减半”和地方留成部分财政十年全留政策。现在虽然没有了这些扶持政策，但又允许各地国家级经开区依据自身条件创设新一代政策，比如“一事一议”政策、重点项目“量身定制”政策、“先缴后奖”政策、“基金招商”政策、“先租后转让”政策等，显得更加灵活多样。有的地方还尝试“对赌招商”政策，也取得极大成功。加之国家有关部委近年密集出台扶持国家级经开区有关政策文件，比如《国务院办公厅关于促进国家级经济技术开发区转型升级创新发展的若干意见》（国办发〔2014〕54号）、《国务院办公厅关于完善国家级经济技术开发区考核制度促进创新驱动发展的指导意见》（国办发〔2016〕14号）、《国务院办公厅关于促进开发区改革和创新发展的若干意见》（国办发〔2017〕7号）、《国务院关于扩大对外开放积极利用外资若干措施的通知》（国发〔2017〕5号）、《国务院关于促进外资增长的若干措施的通知》（国发〔2017〕39号）、《国务院关于积极有效利用外资推动经济高质量发展若干措施的通知》（国发〔2018〕19号）、《国务院关于推进国家级经济技术开发区创新提升打造改革开放新高地的意见》（国发〔2019〕11号）、《国家级经济技术开发区综合发展水平考核评价办法（2021年版）》（商资发〔2021〕188号）、《关于支持国家级经济技术开发区创新提升更好发挥示范作用若干措施的通知》（商资函〔2022〕549号）等。由此可见，国家层面对国家级经开区会一直扶持和关注，政策红利不是已经消失，而是越来越“高大上”。

（四）能更好整合资源发挥优势

除政策资源外，还有建设用地资源、环境载体容量资源、金融财政资源、交通资源、平台资源、数据资源、企业生态资源、产业链资源、物流保障资源和营商环境资源等。国家级经开区能有效实施各种资源优化配置，从而达到事半功倍的作用。有一种现象蔚为壮观，那就是世界500强企业扎堆落户国家级经开区，国内央企、国企和民企头部企业也纷纷入驻国家级经开区。究其原因在于：企业入驻国家级经开区就“如鱼得水”，能够释放出最大能量、产生最优效应、结出最大善果。

二、省级经济开发区升级国家级经开区的主要内容

国家级经开区主要功能包括招商引资、发展经济、体制创新和带动辐射等。要创建国家级经开区，主要内容包括但不限于以下几个方面：

（一）管理体制方面

国家级经开区是一个特殊功能区，其管理体制一般是所在地党委、政府的派出机构，在规划区域范围内行使所在地党委、政府的管理权限（经济管理权和行政授权），有明确的四至范围、管理边界和权力清单及责任清单。创建国家级经开区的党组织应设立党的工作委员会（或党委），行政管理机构一般应设立管理委员会（企业性质的国家级经开区可实行企业化管理）。内设机构一般不强调与上级对口，可实行“一对多”模式，即“小政府大社会”模式。国家级经开区管理机构工作人员，可以是国家工作人员，也可以是企业用工人员或劳务派遣人员，人员能上能下、能进能出，真正体现“能者上、庸者下”。国家级经开区管理机构要求尽可能与国际接轨，努力打造成为改革开放的“窗口”、利用外资的“磁场”、生财育智的“摇篮”和“聚宝盆”。因此，国家级经开区应是精简高效、廉洁勤政的地方。

（二）产业规划方面

创建国家级经开区应有长、中、近期产业规划。产业规划应明确主导产业、新兴产业、特色产业和传统产业。国家级经开区至少应规划1～3个主导产业，并形成5～10个产业集群，年产值达500亿～1 000亿元以上；布局一批新兴产业，并努力抢占科技创新制高点；进一步做大做强特色产业和传统产业，形成产业链并按照建链、固链、壮链、补链、延链结构逐步延伸和完善。在产业规划上要向苏州工业园区、广州开发区学习，舍得花大本钱，打造精品规划。做到“一张图纸绘到底、一代接着一代干”。把规划当作开发区“法律”，把规划当作开发区“基因”，把规划当作开发区“图腾”，让图纸尽快变成现实。

（三）营商环境方面

优化营商环境是创建国家级经开区的头等任务，所在地党委、政府要履行主体责任，开发区党工委、管委会要履行直接责任。首先，对外要增强开放意识，对内要增大改革力度，最大限度地优化经济管理和企业服务职能。其次，要对照国家营商环境评价标准，不断自我对照检查，积极参加国家有关部门及行业协会开展的营商环境评价。持续“放管服”深化改革，向企业和投资者提供“亲娘式”服务。做到“一枚公章管审批”“首问责任到底”“一件事一次办结”等，让创业者欢心，让办事者开心，让投资者顺心、让企业家安心、舒心。

（四）综合效益方面

按照新修定的《国家级经济技术开发区综合发展水平考核评价办法（2021年版）》（商资发〔2021〕188号），创建国家级经开区既有数量要求也有质量要求。从实践经验来看，申请成为国家级经开区的单位，其经济社会发展大致应达到如下水平：在本省同类开发区中各类综合指标连续两年或三年中有两年位居全省开发区前三名并相当于现有国家级经开区中等以上水平；已经形成1个以上主导产业，经济总

量初具规模，营业收入 30 亿元（东部地区）/15 亿元（中西部地区）的制造业企业 1 个以上；年实现税收 5 亿元以上；年出口额总量及增速、年实际吸收外资和外资投资企业再投资总量及增速位居全省前列；至少有 1 家国家级孵化器、众创空间，省级以上研发机构 25 个以上，高新技术企业 100 家以上；规模以上工业单位增加值能耗、水耗、化学需氧量排放量和园区二氧化碳排放量增长较低；工业固体废物综合利用率较高；企业数量、城镇新增就业人数增长率较高，对当地发展辐射带动较强。

三、申报国家级经开区主要条件及成功案例

（一）主要条件

参考已升级为国家级经开区的成功案例，主要条件大致包括：

1. 具有明确的四至范围，符合“布局集中、产业集聚、用地集约高效”的总体要求。

2. 符合“坚持新发展理念，以供给侧结构性改革为主线，以高质量发展为核心目标，以激发对外经济活力为突破口，着力推进国家级经开区开放创新、科技创新、制度创新，提升对外合作水平，提升经济发展质量，打造改革开放新高地”的指导思想。

3. 具有一级财政，实行集中精简、灵活高效、亲商务实的管理体制和运行机制。

4. 综合发展水平位于本省（市、区）前列，且具有明显的后发优势。

5. 经本省提名同意上报国务院。

（二）成功案例

1. 天津开发区。天津开发区是我国第一个自主成立的市级经济技术开发区。该区从成立那天起，就将国家级经开区作为奋斗目标。1984 年 5 月，中共中央、国务院批转《沿海部分城市座谈会纪要》，决定进一步开放天津、上海、大连、秦皇岛、烟台、青岛、连云港、南通、宁波、温州、福州、广州、湛江和北海 14 个沿海港口城市。当时，邓小平同志表态：这几个城市，有些可以划定一个有明确地域界限的区域，兴办经济技术开发区。于是，天津先行一步，于 1984 年 8 月 6 日首先挂牌成立天津开发区管委会（市政府派出机构），这也是首创。起步区最初只有 3 平方千米。

紧接着，天津市政府向国务院申请设立国家级经济技术开发区；从层级上讲，天津市也是第一个申请由市级经济技术开发区升级为国家级经济技术开发区的单位；1984 年 12 月 6 日，国务院正式批复：同意天津市在塘沽洁盐场三分场兴办经济技术开发区，总面积 33 平方千米（在首批 14 个国家级经开区中面积最大）。有了这 33 平方千米建设用地，可谓“英雄有了用武之地”。

如今，天津开发区经过 38 年的蓬勃发展，不但成为天津市璀璨明珠，而且成为全国经开区的标杆。据统计，2021 年，天津经开区地区生产总值(GDP)2 379.60 亿元，比上年增长 6%；财政收入 691.52 亿元，同比增长 3.9%；税收收入 594.14 亿元，同比增长 6.9%；规模以上工业总产值 5 399.74 亿元，同比增长 5.6%；工业增加值 1 130.30 亿元，同比增长 6.6%；实际利用外资 14.69 亿美元，同比增长 17.8%；固定资产投资同比增长 10.6%；市级以上众创空间 16 家，工程技术研究中心 33 家，新增发明专利授权 1 055 项；共引进世界 500 强跨国公司投资项目 523 个；累计引进 97 个国家和地区外资项目 6 362 个，累计实际使用外资 664.8 亿美元；现有注册内资企业 5.7 万家，合计注册资本 2.2 万亿元。在 2021 年国家级经开区综合发展水平考核评价中位居第四名。

2. 昆山经开区。昆山经开区创建于 1984 年，是我国首个县级自费开发的经开区。虽然是县级自费开发区，但他们心中有“大目标”，就是要创建国家级经开区。1991 年被江苏省政府批准为省级经济技术开发区，1992 年 8 月经国务院批准成为国家级经开区。昆山创建国家级经开区的经验证明，在改革开放的热潮中，“只有想不到的事、没有办不到的事”。昆山市是江苏省苏州市代管的一个县级市，20 世纪 90 年代还

是一个农业县，他们凭着一股拼搏精神，硬是创出一番新天地来。据统计，截至2021年底，昆山经开区累计引进欧美、日韩、港澳台等51个国家和地区客商投资项目2 650个，累计投资总额430亿美元，注册外资超过250亿美元，注册内资企业超过4万家，注册资金超过2 000亿元。2021年，实现规模以上工业总产值240亿元，同比增长10.5%；固定资产投资302亿元，同比增长3.0%，其中工业投资107亿元，同比增长4.9%；一般公共预算收入184亿元，同比增长10.3%；进出口总额850亿美元，同比增长20%。昆山经开区成为全球资本、技术、人才集聚地，海峡两岸产业合作集聚区，中国最重要外贸基地之一。昆山经开区以昆山九分之一的土地面积，贡献了全市一半的地区生产总值、六成的工业总产值、六成的利用外资、七成的台资产出份额、八成的进出口总额。2021年，在江苏省科学发展综合考核评价中排名第二；在国家级经开区综合发展水平考核评价中排名第五。

四、省级经济开发区升级国家级经开区的方法步骤

（一）制定工作方案

创建国家级经开区是一项综合性工程，是创建单位所在地党委、政府的头号任务，是党政一把手的重要职责，要作为“一把手工程”来抓，必须列入党委、政府的重要议事日程，必须举全市（县、区）之力。应成立专项领导小组，书记、市（县、区）长要亲自任组长，有关领导为副组长，有关部门及开发区领导为领导小组成员。领导小组下面应设办公室及若干个工作小组。委托有资质的第三方编制可行性研究报告及未来行动方案，并请有关专家问诊把脉及精心辅导。只要态度端正“以申促建”，只要有激情、在状态、敢担当、善作为，最终就能达至目标。

（二）对标对表查找不足

新修定的《国家级经济技术开发区综合发展水平考核评价办法（2021年版）》（商资发〔2021〕188号）共5大类30个二级指标（不含一票否决指标），其中，将原来产业基础、科技创新、区域带动、生态环保、行政效能5个一级指标调整为对外开放、科技创新、绿色发展、统筹协调和发展质量；在二级指标由原来53个减少为30个，尤其强调发展理念和发展质量，发展理念指标有22项，占比73%；发展质量指标有8项，占比30%。创建国家级经开区的单位应紧紧围绕这些指标体系查找不足、因情施策。同时，要对标2021年国家级经开区综合发展水平考核评价排名前30名的开发区，虚心向他们学习取经、取长补短，按照“木桶原理”有效施策，实现换道超车。

（三）寻找重点突破方向

创建国家级经开区的单位，虽然已经具备一定的发展基础，但难免一些单位还有不足之处，普遍现象就是“个子不大”“个头不高”。当然，也有一些省级开发区发展水平较高，但总会感觉已经遭遇瓶颈，因此才想要“更上一层楼”，进入“国家队”（泛指国家级经开区）。无论如何，普遍看来，“省队”（泛指省级开发区）与“国家队”还是存在明显差距。“国家队”之所以发展好，原因如下：一是国家级经开区拥有较为科学完整的规划体系，包括总体规划、专项规划和控制性详细规划，基本上是“一张蓝图绘到底”；而一些省级开发区的所谓规划，只是用来“墙上挂挂”，最后还不如领导一句话。二是国家级经开区以发展制造业为主，其他产业为辅，产城融合，科学有序，尤其是制造业，主导产业突出，产业生态健全，产业链发育健康，产业集群完好。三是国家级经开区营商环境更为优质，政企关系更亲更清。四是国家级经开区大企业、好项目更多。由于国家级经开区建设用地指标更有保障，环境评价更简单快捷，外资项目审批更便捷高效，内资项目更容易得到资源保障等优势。

（四）搞好任务分工

创建国家级经开区要调动方方面面的积极

性，缺一不可，既要学会“攻关”，还要懂得“统战”。要最大限度地发挥好体制优势，把具体任务落实到每个部门（单位）、每个人头上；还要强调“分工不分家”，形成整体合力，发挥团队作战精神，才能在较短时间内达到目的。一般而言，创建国家级经开区最短时间也需要3至5年（出省需要2至3年，到国家培育池待提名至批准也需要1至2年）。所以，不能抱着急功近利的思想。如果创建国家级经开区目的不纯，很有可能会成为“烂尾工程”。只要大家抱着“以申促建”态度，重结果更重过程，就能够获得“双丰收”。

以融合“链”出发展新动能

——广东实施“链长制”的几点思考

文/广东省工业园区协会

2021年以来，广东积极探索实施“链长制”，力求培育一批控制力和根植性强的链主企业和生态主导型企业，打通研发设计、生产制造、集成服务等产业链条，构建核心技术自主可控的全产业链生态。“链长制”的实施是一个涉及面广泛的大工程，广东作为制造大省，“链”的转型升级是必然要求，也是当务之急。如何让“链长制”充分发挥作用，走出真正的“新路子”，释放更大创新效能，各方面的融合推进是重中之重。

联动协调产业跨界融合

广东实施“链长制”最明显的特点无疑是结合省20个战略性产业集群有效推进，讲究发展产业集群。产业集群与产业链的不同之处在于产业集群是由多个不同门类、不同领域的产业而集成，包含众多产业链供应链，并可能同时包括一、二、三产业。比如汽车战略性产业集群，既包括电子信息产业又包括汽车产业，还有通信、交通服务等业态。

产业跨界与融合将渐趋普遍，这就更加需要面向未来，做好联动协调工作，一对一、点对点，个性化、差异化地解决各个集群中不同的短板问题。

为了保障联动协调工作的推进，广东省制造强省建设领导小组办公室印发了被视为广东“链长制”推进具体方案的《广东省战略性产业集群联动协调推进机制》（以下简称《推进机制》），从横向和纵向两个维度发力推进产业集群落地。其中，横向联动主要是省级层面部门之间的协作配合，纵向联动则包括与地市政府部门、国有和民营重点企业、集群相关机构的协作。

具体实施中，《推进机制》设计了全体会议、省领导定向负责联系（链长制）、产业集群牵头单位具体推进落实三个核心制度。从表面上看这三个机制是由大到小，但在实际工作中面对具体问题时则是相反的过程。产业集群遇到具体问题时，先由牵头单位负责协调解决，若无法解决，就提交定向负责联系省领导组织的季度会议上协调解决，如果仍未能解决，则安排到每半年召开一次的全体会议上协调解决。

与此同时，产业链生态的建立需要明确各方定位，才能形成合力，必须准确把握好“链长”（政府）与“链主”（市场）、“补短板”与“锻长板”、整体与部分的关系。强化产业链的水平分工和垂直整合，“链主”企业与上下游“专精特新”中小企业紧密配套，使产业链供应链更加灵活并富有韧性。

推动地区产业协作融合

相比浙江“链长制”模式的发展，广东的制造业基础更加深厚。当前广东重点打造的10个战略性支柱产业集群和10个战略性新兴产业集群在珠三角城市均有较好基础，比如汽车产业、新一代信息技术产业。从产业生态上看，广东的产业龙头企业数量较多，在相关政策引导下，头部企业的链条带动作用会更加突出。

2021年，工业和信息化部曾组织先进制造业集群竞赛，遴选出的25个先进制造业集群竞赛决赛优胜者名单中，广东省多个产业集群体现出跨区域协作特征。如广佛惠超高清视频和智能家电集群以广州为核心，依托佛山和惠州的制造能力，加强三地在超高清视频和智能家电产业链上下游的配套协作。目前，广佛惠三地已形成全国乃至全球规模最大、品类最齐全的显示家电配件产业链。此外，广深佛莞智能装备集群、深广高端医疗器械集群等都实现了各地差异化、特色化、协同化发展，共同促进广东省产业集群走在全国前列。

如今的产业竞争已经从过去企业界的单打独斗发展成为产业链供应链的协同作战，产业的发展也要从强调单个产业的规模效应转变为更加关注上下游链条之间的产业关系，更加强调各个环节通过专注、专业来实现协同协作、共赢共生。特别是加大城市之间产业“链”通互联，既注重区域产业协同发展，也要防止“链”过于同质化发展，“链”圈成为产业围城等产业壁垒问题。

《推动机制》中也提到，面向省级战略性产业集群建设，将加大各市跨区域协作配合，指导各市健全市级联动协调推进机制，结合本地特色优势建立本地战略性产业集群“五个一”工作体系，推动战略性产业集群相关工作在各市落地实施。

促进创新链与产业链双向融合

作为全球的制造业中心，伴随粤港澳大湾区等创新区域协同发展规划出台带来的产业转型红利，广东还应顺势成为全球智造中心。就当前形势分析，广东关键核心技术“卡脖子”问题依然突出，产业链供应链自主可控水平还不够高。

以广东目前重点培育发展的10个战略性新兴产业集群之一激光与增材制造产业为例，虽然当前广东在这一领域中的技术研发和市场开拓方面都拥有较强实力，但在高端产品以及一些关键零部件方面确实存在一些“卡脖子”问题，如高端激光器、光学振镜等仍多依赖于国外技术，产业链整体现代化水平不高。

而推行“链长制”将成为广东破解“卡脖子”问题、提升产业链供应链自主可控能力的重要突破口。相较其他省份，广东已有较好的产业基础，并有一定的龙头企业及初步形成的产业生态，其“链长制”更加突出的是对创新链的强化，从而提升产业整体的创新驱动力。为此，广东应打好产业基础高级化和产业链现代化攻坚战，围绕产业链部署创新链、围绕创新链部署人才链、围绕人才链部署教育链，积极推进产业、科技、教育深度融合，推动科技自立自强，着力解决“卡脖子”问题和产业基础问题，增强产业体系抗冲击能力。

特别是在“十四五”时期，广东应选准集成电路制造、高端元器件、关键原材料、电子化学品等薄弱环节，补齐短板做强产业链；抓实“广东强芯”行动，支持电子信息重点领域生产企业工程研发及产业化项目；积极发展具备自主核心技术的基础软件、工业软件等产品，引导支持软件企业基于自主底层信息技术开展适配攻关和迭代升级，加大重点领域重点行业应用推广力度。

数字经济政策法规对比研究
——以北上广深四市为例

文 / 礼森（中国）产业园区智库　卢瑞轩

伴随移动互联网、云计算、大数据等新一代信息技术爆发，数字经济正在快速催生新业态、新模式，为经济发展带来无限活力。据测算，2020 年，中国数字经济增加值为 191 447.3 亿元，数字经济发展速度之快、辐射范围之广、影响程度之深前所未有，正在成为重组全球要素资源、重塑全球经济结构、改变全球竞争格局的关键力量。

北上广深是东部地区三大城市群的“头雁城市”，也是出台数字经济相关政策条例最为密集的地区。梳理这些数字经济政策的异同，结合数字经济发展内涵分析政策工具的共性、科学性、精准性，能够为园区和政府部门在制定政策、运用政策，以及促进数字经济发展和产业融合方面提供一定借鉴。

北上广深四市数字经济发展思路比对

北京市：着力构建数字经济新生态。在规模方面，2020 年，北京数字经济总量超 1.44 万亿元，占 GDP 比重超 40%；在产业方面，重点打造 5G、工业互联网、北斗导航与位置服务、集成电路、云计算、大数据、人工智能、网络与信息安全产业集群；在园区方面，规划建设以中关村朝阳园为核心的“一核一廊、四圈多点”的数字经济布局，构建“数字基建—数字交易—数字平台—数字场景”于一体的数字经济新生态。

上海市：积极促进城市数字化转型。在规模方面，从产业数字化角度看，2020 年上海市产业数字化增加值超过 1 万亿元，占 GDP 比重超过 40%；从数字化产业发展看，上海市数字化产业增加值超过 1 000 亿元；在产业方面，聚焦三大先导产业、六大产业集群，在线新经济、集成电路、人工智能、工业软件、电子信息、时尚消费等。在产业园区方面，新推出 4 个在线新经济特色产业园区，重点建设“张江在线”“长阳秀带”等发展新地标。

广州市：加快推进数字新基建步伐。在规模方面，2020 年广州数字经济规模超万亿元，累计建成大型数据中心 228 个，5G 基站 4.8 万座；在产业方面，加快核心技术攻关，促进数字技术与产业融合发展，其中数字新基建重点选择 5G、人工智能、工业互联网、智慧充电设施四大领域；在产业园区方面，规划建设 10 个人工智能产业园，打造省级 5G 产业园，支持智能网联汽车产业园和推进广州定制之都产业园（白云）建设。

深圳市：全力打造数字经济新高地。在规模方面，2020 年数字经济核心产业增加值达到 8 446.6 亿元，占 GDP 比重 30.5%，累计建成 5G 基站 4.76 万座，率先实现全国乃至全球城市 5G 信号的全覆盖；在产业方面，对高端软件、人工智能、区块链、大数据、云计算、信息安全、工业互联网、智慧城市、金融科技、电子商务、数字创意等予以重点扶持。在产业园区方面，打造 21 个重点片区，推动数字经济产业园、数字经济小镇、小微园区建设。

北上广深数字经济政策法规对比

本文选取了近年来北上广深四市在数字经

济领域市级层面的文件共 10 部，涉及三年行动计划、政策措施以及条例等。虽然四个发达城市在发展数字经济方面的目标定位与关注点较高，但在平台支撑、金融支持、人才保障等多个方面所付诸的行动仍然十分值得借鉴。

表 1 北上广深数字经济政策条例一览表

城市	政策条例名称
北京	《北京市关于加快建设全球数字经济标杆城市的实施方案》
	《北京市促进数字经济创新发展行动纲要（2020–2022 年）》
	《北京市关于打造数字贸易试验区实施方案》
上海	《上海市促进城市数字化转型的若干政策措施》
	《推进上海经济数字化转型赋能高质量发展行动方案（2021–2023 年）》
广州	《广州市数字经济促进条例》
	《广州市加快打造数字经济创新引领型城市若干措施的通知》
	《广州市加快推进数字新基建发展三年行动计划（2020—2022 年）》
深圳	《深圳经济特区数字经济产业促进条例（征求意见稿）》
	《深圳市数字经济产业创新发展实施方案（2021—2023 年）》

特别值得一提的是，目前，北京和上海尚未颁布数字经济专项条例，但广州和深圳先行一步，已经出台数字经济促进条例，为其他城市或政府部门以法规形式促进数字经济发展提供了有益参考。其中，《广州市数字经济促进条例》中有四个值得关注的创新点：一是在产业数字化领域，提出要重视工业、建筑业、服务业等；二是在推动数字经济发展情况评估以及统计核算方面，提出自主制定数字经济企业标准，鼓励建立智慧园区和制定管理标准；三是在探索数据资产管理制度方面，提出建立数据资产评估、统计等制度；四是为大数据应对突发公共卫生事件提供支持。《深圳经济特区数字经济产业促进条例（征求意见稿）》对“破除数据要素市场培育工作的制度性障碍”作出了创新性规定，首次提出探索建立数据生产要素会计核算制度。

除去“条例”之外，四个“头雁城市”也分别对数字经济的未来发展进行了精心谋划。从长远发展来看，各城的未来战略定位都深思熟虑、宏伟远大，各有侧重。北京市致力于打造成为全国数字经济发展的先导区和示范区，建设成为国际数字化大都市、全球数字经济标杆城市；上海市将重点打造成为数字经济与实体经济融合发展示范区、经济数字化转型生态建设引领区，数字经济国际创新合作典范之城；广州市则希望建设成为粤港澳数字要素流通试验田、全国数字核心技术策源地、全球数字产业变革新标杆；深圳市制定了“成为全国数字经济创新发展试验区和全球数字先锋城市”的目标。

从短期规划来看，北上广深均发布了“三年行动计划”。从名称来看，分别是“行动纲要”“行动方案”“行动计划”“实施方案”。从发文单位来看，北京市的发文机关为经济和信息化局，广州市的“行动计划”由工业和信息化局、市发改委联合发布，深圳市的发文机关则是市政府办公厅，上海市的“行动方案”由城市数字化转型工作领导小组办公室发布。从内容来看，作为短期工作开展的指引工具，“三年行动方案”基本都包含了发展目标、主要任务、保障措施等内容。

表 2 北上广深数字经济三年行动计划对比

城市	政策框架	具体内容
北京	发展目标	仅在增加值占 GDP 比重设置定量指标，定性指标方面较为笼统
	主要任务	九大重点工程 36 条具体措施：新基建、技术创新、三产数字转型、数据贸易等
	保障措施	责任落实、制定相关配套政策、完善人才储备和培养机制等
上海	发展目标	在产值、产品、关键技术、企业数量、标准规范等方面设置详细定量指标
	主要任务	五大方面 40 条具体措施：新基建、在线经济、智能港、金融科技、数据开放等
	保障措施	责任落实、构建政策法规体系、开展数据综合立法、编制重点行业指引等
广州	发展目标	在 5G 建设、创新企业、人工智能、充电设施、产业园等方面设置详细定量指标
	主要任务	四大方面 24 条具体措施：5G 产业、大数据、“9 智”①、工业互联网等
	保障措施	责任落实、优惠政策、设专项基金、奖励扶持、人才引进与培养、督促评估等

① 智杆、智路、智车、智品、智桩、智园、智区、智链、智轨。

城市	政策框架	具体内容
深圳	发展目标	在产业规模、创新能力、支撑体系、产业集聚等方面设置定量 + 定性指标
	主要任务	九大重点工程 36 条具体措施：基础设施、产业发展、科技创新、平台建设等
	保障措施	责任落实、创新体制机制、加强资金支持、注重人才引培等

平台建设是核心关键。一方面，平台能够加速数字产业化进程以产生经济效益，促进数据等各类要素资源更便捷交易和共享；另一方面，作为产业数字化的重要载体，平台也是打造适宜数字经济发展营商环境的关键。综合来看，四个“头雁城市”正分别结合自身优势以及薄弱环节整体统筹推进。其中，上海市和广州市对于在部分产业领域建设的平台数量更为具体，目的性、计划性也更强，有利于短期内数字经济发展找准方向。北京市为创建国际大数据交易所出台专项方案，可以更好发挥政府引导作用，通过市场化机制、专业化服务和资本化途径，推动数据要素安全有序开放，促进数据有效开发利用。

但仍应看到的是，目前，部分“头雁城市”平台建设数量多而不细、大而不精，部分城市甚至在“三年行动计划”中累计几十次涉及“建设”“打造”“推动”“支持”不同行业领域的数字平台，但并未进行前后统筹，部分数字平台叫法笼统且调换词语顺序后重复出现。数字经济虽然依赖平台进行资源交流以及对接流通，但往往资金投入数额较大、周期较长，投入产出收益也存在较大风险，特别是对于企业而言，短期内尽管有政府的鼓励支持，但建立平台依旧存在较大困难。

为此，应将发展数字经济作为城市一项长远战略进行统筹规划布局，将平台建设作为发展数字经济的关键一环。在短期的“三年行动计划”中，基于自身优势以及资源禀赋，科学安排创建数字平台的优先次序，并进行具体细化、量化，依据数字平台建设的紧迫性以及困难程度，分阶段、分步骤地有序推进，不宜将几乎所有领域的数字平台创建同时放进“三年行动计划”中。

表 3 北上广深平台支撑数字经济发展内容对比

城市	具体内容（部分）
北京	智能化的农业生产资源信息化管理平台、智慧医疗健康大数据平台、教育资源共享平台、数字贸易服务平台、大数据交易所
上海	20 个具有行业影响力的工业互联网平台、10 家左右千亿级电商平台、分级分类培育 10 个新型工业电商平台，重点建成“张江国际脑库”“智慧情报平台”等科研数据示范项目
广州	1 ～ 2 家达到国际水准的跨行业跨领域工业互联网平台、5 家左右具备较强实力、国内领先的工业互联网平台服务商、交通综合运行监测平台、广州“云健康”服务平台、人工智能开放创新平台
深圳	工业软件云服务平台、行业数据资源共享平台、国家级工业互联网平台、文创平台、基于云计算和绿色节能技术的数据中心和云平台，一批新型基础设施和公共服务平台

金融支持应审慎包容。在数字经济重点领域开展核心技术攻关、完善科创设施等，均离不开金融财政的支持。推动数字经济的发展需要建立起更为审慎包容以及普惠性的金融获得机制，分产业数字化和数字产业化两种不同情况，有差别地运用金融工具。在资金来源方面，上海、广州、深圳三市均提到利用地方财政予以扶持，依靠产业专项基金，引导社会资金投入。在金融政策方面，北京市和广州市提及将适时出台必要配套政策和支持细则。

应当看到，目前，四个“头雁城市”的目光主要聚焦在龙头企业、大型企业上，重点工程建设尚未充分考虑中小企业在城市、产业数字化转型过程中对金融资本的需求，加之过于依赖龙头企业导致财政资金、金融资本等投入数字经济细分领域产生了巨大差异，导致数字产业结构不均衡。

对此，应当进一步强化综合配套扶持，鼓励大中小企业共同参与政策制定。鉴于数字经济领域特别是产业数字化转型涉及面较为宽泛，在制定相关财政资金以及金融支持配套政策时，探索适合科技型中小企业和专业化、精细化、特色化、新颖化中小企业数字化转型的资金扶持方式路径，促进商业机构加大对初创期和成长期数字经济企业的信贷支持力度，完善数字金融精准服务中小微企业体系。

表 4 北上广深金融支持数字经济发展内容对比

城市	具体内容（部分）
北京	支持数字经济领域的龙头企业和创新企业拓展融资渠道，加强资金等配套政策建设
上海	市区两级专项资金，产业专项资金，引导社会资金，探索设立数字化转型基金，建设项目资源池，推动银行设立特色融资产品，推动数字经济重点企业登陆上海证券交易所“科创板”上市融资
广州	政府投资基金、重点产业领域专项子基金、鼓励债券融资、支持各类风投创投机构设立数字经济领域投资基金、出台配套措施对数字新基建给予有针对性的金融支持细则
深圳	天使投资母基金、信贷风险补偿、应收账款抵押、融资担保、所得税减免、研发费用加计扣除、股权激励，统筹工业互联网、金融等领域财政专项资金

人才保障是根本支撑。数字人才作为数字经济的核心要素，是创新的根本。解决人才需求，一方面要自给，一方面要引进。从人才培养来看，四个“头雁城市”都十分重视校企合作、教育实训基地等；比如，上海市支持企业打造数字化转型人才培养教育和实训基地，允许高校、科研院所自主认定数字化转型高层次人才，采取年薪制、协议工资等办法自主决定薪酬水平。从人才引进来看，四个城市均提及了国内外顶尖人才、高层次人才，其中，广州市对于数字经济领域人才引进进行分类并予以差别化的政策激励，人才保障方面的工作更加细致。

也应看到，四个“头雁城市”都单一地强调高精尖人才，但实际上，数字化人才的缺口仍然较大，各类人才供给率均有待提升。特别是对于数字产业不断催生的新职业新需求，对应的专业人才培养体系明显滞后，但教育机构内部生源结构与数字经济对于劳动力教育水平的需求不匹配问题尚未解决。

对此，应当厘清数字经济带来就业市场新的机遇和挑战，加快建设数字经济多层次、多方式人才培养体系，提升数字经济劳动供给水平与质量，鼓励企业建立综合型人才内部选拔培养体系和人才开发投入体系，鼓励企事业单位、社会组织等培养创新型、应用型、技能型、融合型人才，探索建立适应数字经济发展变化的新型人才培养模式。

表 5 北上广深人才保障数字经济发展内容对比

城市	具体内容（部分）
北京	加大对数字经济领域高层次人才引进和培育力度；汇集培养国际化数字经济人才；完善人才储备和培养机制，鼓励校企深入合作，培养一批具有国际竞争力的相关产业技术人才和技能型人才，以多种方式吸引相关人才和创新创业人才，吸引海外高端专业人才
上海	完善经济数字化转型人才链、建设全球科技人才数据库，完善千万级科技人才数据画像体系，健全基础研究、应用研究和产业人才评价指标体系；支持企业打造数字化转型人才培养教育和实训基地等
广州	“一事一议”综合资助：国内外顶尖人才（团队）；每年资助：数字新基建领域内创新领军人才及团队、产业高端人才，产业急需紧缺人才；广州市人才项目奖励：5G、人工智能、区块链、工业互联网等数字新基建领域基础研究型、应用型技术人才；建成数字化产教融合的人才实训基地
深圳	一是积极引进国内外数字经济产业高层次人才，多方面提供保障；二是发挥本地院校作用，加快开设相关专业或课程，与企业合作共建人才培养基地，建立校企人才对接机制；三是支持重点企业、社会组织等开展数字技能比赛和人才评选，建立行业人才评价体系，搭建人才流动服务平台

以数字技术助推文化创意产业园高质量发展

文/商务部国际贸易经济合作研究院　贾皓宇　程慧

近年来，5G、人工智能、区块链等新兴数字技术实现了迅猛发展，成功助推大批产业开展数字化转型，走上高质量发展道路。其中，文化创意产业作为一种新兴的文化产业，在我国经济增长新旧动能转换的过程中扮演着十分重要的角色，其开展数字化转型、实现高质量发展更是势在必行。同时，新冠肺炎疫情对以线下场景为主的传统文化行业产生了较大冲击，也进一步加速了文化创意行业的数字化转型进程。目前，在疫情倒逼和新一轮产业转型的时代背景下，作为文化创意产业重要载体和发展平台的文化创意产业园应抓住机遇，充分挖掘自身文化内涵，积极推动数字化转型，全面开展数字化管理，实现自身高质量发展。

类型多元　发展势头良好

文化创意产业园是区域文化发展、产业调整和升级的重要空间聚集形式，担负着聚集文化资源、培育新型文化业态、推动城市化建设等一系列的重要使命①。按照区位依附特点，文化创意产业园可以划分为四种类型：第一类是以北京798艺术区为典型代表的依托老厂房建设的文化创意产业园区，其主要优势在于老旧厂房低廉的租金成本和较为宽阔的室内外空间；第二类是以高校、大学等为依托的文化创意产业园区，如依托同济大学的上海赤峰路建筑设计一条街和依托东华大学的上海时尚产业园，这类产业园的主要优势在于所依托大学提供的人才和创意输出；第三类是以开发区为依托的文化创意产业园区，与第二类文化创意产业园区类似，开发区的地理优势使其可以更好地吸引人才，特别是高新技术相关人才；第四类是以历史遗迹和文化遗址为依托的文化创意产业园区，如北京长城8号文化创意产业园、四川德阳三星堆文化产业园，这类产业园通常文化底蕴深厚，具有较强的特色文化优势。

截至2018年底，我国已有超过3 000家文化创意产业园，在全国范围内形成了环渤海，长三角，珠三角，西三角（西安、成都、重庆），中三角（武汉、长沙、南昌），滇海（昆明、丽江、海口、三亚）等六大区域发展板块。中商产业研究院发布的《2020—2025年中国文化创意产业园区市场前景及投资机会研究报告》显示，我国文化创意产业园市场规模从2015年的4 009.6亿元上升至2019年的5 248亿元，年复合增长率为7%，发展势头较为良好；报告还预计，未来文化创意产业园规模将继续保持增长，2024年将到达6 898.4亿元。

问题凸显　仍存发展空间

在看到文化创意产业园高速发展的同时，也需要认识到，我国文化创意产业园在发展中仍存在较多问题，主要体现在同质化现象普遍、创新性不足、管理模式滞后等方面，距离高质量发展水平仍有一定距离。

一是同质化现象普遍。纵观世界范围内优

① 未娅．我国文化创意产业园区发展探析．合作经济与科技，2021(23): 48-50.

秀的文化创意产业园区，其发展历程通常是由各类文化创意企业自发的聚集开始，并经过长期的自然演化而成。如美国的好莱坞地区，在20世纪初，其依山傍水的景色吸引了大量摄像师来此地取景拍照。随后，一些小微电影公司纷至沓来，逐渐形成了以电影为特色的文化创意产业园，并迅速发展成长为如今美国电影行业的中心地区。而反观我国目前存在的文化创意产业园区，除了北京798艺术区等部分文化创意产业园区是通过艺术家自发聚集形成以外，大多数园区是由地方政府主导建设，并通过招投标的方式吸引开发商进行投资，但政府过度干预和开发商投机行为使得原本以艺术创意为发展重心的产业园区逐步将重心转向房地产开发和商业投资。这也间接导致全国许多文化创意产业园过于注重投资餐饮、影院、酒店等场所，整个产业园区缺乏带有本地特色的文化底蕴，呈现出“千园一面”的同质化场景。

二是创新性不足。文化创意产业园区关键在于“创意”，具体而言，主要包括园区内企业的创新意识、园区创新人才的积累和培养、文创产品的设计和传播等。目前，我国许多文化创意产业园区在创意、创新方面相较于国外同类产业园区仍有较大差距。首先园区内企业缺乏专业的创新型人才，企业整体创新实力偏弱，进而导致文创产品质量不高、缺乏特色，且园区内企业间由于产品趋同，引起严重的无序竞争，造成内耗和资源浪费。其次园区大多“闭门造车”，与高校、研究机构等外部主体缺乏联系合作，部分产业园区未能充分利用其地理区位所带来的人才和资源优势。

三是管理模式滞后。文化创意产业园区最大的优势是其所产生的集聚效应。在整个产业园内，通过同类企业的聚集，实现创意、信息、资本、科技、人才等各类要素交互融合，企业在互相促进中不断发展，并同时不断拓展延伸上下游企业，逐步形成一条完整的产业链。然而，我国许多文化创意产业园区为了降低园区空置率，采用减免费用、发放补贴等形式吸引企业入驻，导致许多非文创类企业也一并进入，各类企业鱼龙混杂，无法形成集聚效应。同时，许多园区缺乏相应的退出机制，导致整个园区特色不鲜明、专业不突出。

数字赋能 实现高质量发展

面对文化创意产业园区发展过程中的各种问题，我国文化创意产业园区应充分抓住数字科技这一有力工具，挖掘自身文化内涵、推动数字化创新、全面提升管理效率，实现园区高质量发展。

第一，充分挖掘文化内涵。文化创意产业园区应首先从自身所在地区的文化资源、地理区位、历史背景等方面出发，充分发掘自身的特色和优势。坚持以特色化定位为核心，探索与旅游、影视、零售等多行业的融合式发展道路，打造自身文化品牌和文化名片。如位于河北省内的长城国家文化公园，依托本省良好的地理区位优势，充分发掘省内丰富的长城文化遗产资源，打造非物质文化遗产特色旅游项目，推进历史文化和旅游资源的共同开发。又如，位于湖南省长沙市的马栏山视频文创产业园，利用自身临近湖南广电中心的地理区位优势和视频内容生产的资源优势，布局数字视频文创全产业链集群，已成为国家级广播电视产业园区，并入选国家文化与科技融合示范基地、全国版权示范园区（基地）、国家级文化产业示范园区创建名单。

第二，积极开展数字化创新。新冠肺炎疫情在给线下文化创意产业带来负面影响的同时，也为文化创意产业的数字化转型提供了良好契机。近年来，随着5G网络、区块链技术、云计算平台、人工智能、物联网等数字科技技术的发展，文化产业也在逐步实现数字化转型，新型文化业态快速发展，文化产业生产方式发生变革，文化消费提质增效。“共享直播间”“数字产业园”“VR云会展”等新型模式的出现使得文化创意产业园在有效控制成本的同时，实现了企业创新发展，扩大了企业知名度，提升了企业经营效益。同时，文化创意产业园要积极推动与外部主体间的协同合作，充分利用其在创新人才和数字技术方面的优势。如山东大众数字创意文化产业园，积极引入山东省互联网传媒集团、齐鲁融媒科技公司、腾讯、字节跳动等互联网公司和文创类企业，助推产业园区吸引创新人才、提升创新软实力。

第三，全面提升管理效率。数字化发展离不开数字化管理平台及其他配套设施的支持协助。文化创意产业园应及时转变经营思路，摒弃过时的“盖房收租”理念，积极培养服务意识，用数字化技术为园区企业提供诸如版权服务、中介服务、咨询顾问、广告宣传、金融贷款、人才引进等多种配套服务。例如，北京798艺术区设立了基于区块链技术的版权链艺术品数字资产工作站，为园区企业提供便捷、优质的版权服务。同时，产业园应积极利用数字化管理平台，对园区企业进行数字化集中管理，提高管理效率，降低管理成本，打造智慧园区。又如，江西太酷云介文化产业园率先提出适合自身发展的“服饰工业数字生态体系文化创意产业园管理模式”，突破传统的产业园管理模式，通过智慧园区管理系统提升管理效率，建立物理园区与虚拟园区相结合的服务体系，为园区企业提供全方位的优质配套服务。

“四阶段”模式：优势集聚发展的“开发区方案”

文 / 广州开发区政策研究室主任、广州高新区高质量发展研究院院长、
广州知识城海丝创新研究院院长、经济学博士　李耀尧

发展模式（developing mode）是一个国家或地区根据自身特色所形成的发展方式及特征，它决定了国家层面的发展结构、发展质量及发展效益。一直以来，我国国家级开发区始终站在国家层面践行国家战略，形成了独具特色的集聚发展模式，为我国经济发展和科技创新探索了一套行之有效的“开发区方案”。开发区的这一集聚发展模式，从“比较优势集聚”起步，依次经历“竞争优势集聚”阶段、“创新优势集聚”阶段，演绎着未来向“财富优势集聚”阶段演变的“四阶段”发展轨迹，代表了我国园区战略的发展主线。

“比较优势集聚”阶段：开发区发展的逻辑起点

开发区是空间经济集聚载体，只有集聚优势资源，才能获得发展的集聚效应。经济学早就揭示：贸易存在的基本前提是如何构建比较优势，使得交易双方均获得利益。如果将开发区视为一个贸易主体，那么在创造收益前必须具备比较优势，这一优势发挥得越好、收益就越大，反之则收益小甚至失去其存在价值。

1984 年，中国开发区破土出笼，在国家给予有限资源的条件下，按照“三为主一致力”的办区方针，探索实施优势集聚战略，以期取得改革开放和先行先试效果。为此，开发区首先推动比较优势集聚，逐步形成了诸如区位比较优势、政策比较优势、硬件比较优势、软件比较优势等先发优势。

具体而言，区位比较优势包括当时相对低廉的土地价格、依托中心城市（母城）带来的辐射优势以及优越区位的其他外部经济优势等；政策比较优势拥有国家给予的办区政策，在土地、招商、税收、通关、贸易等方面取得良好发展机遇，利用国家级品牌开展招商引资、构筑区域核心发展载体；硬件比较优势则要求建立国际资本流动环境，打造具有优越基础设施与配套服务的国际仿真投资环境；软件比较优势是在前述优势基础上创造包括科学管理、办事规程、服务机制等方面优势。

特别要说明的是，在当时，软件比较优势在国内尚且十分少见，而开发区作为最早的对外开放窗口之一，可以洞察国际投资环境建设，因此能够根据自身实际确立以优化服务与管理为载体的投资软件建设。这一模式聚焦如何实现自身成本的最小化，低成本扩张成为该阶段的关键要素，显示出集聚经济发展的效果。

“竞争优势集聚”阶段：开发区发展的路径导向

竞争优势内生于比较优势，是比较优势的创新型延伸，即动态化的比较优势。自 1996 年起，国家对开发区政策进行重大调整，开发区所享受的优惠政策不再突出，其政策比较优势自然也开始削弱，进而使开发区有可能成为发展中的“孤岛”。如何走出“孤岛”，或者说走出“比较优势陷阱”，变比较优势为竞争优势，成为中国开发区发展第二路径的现实选择，开发区由此步入竞争优势集聚阶段。

竞争优势集聚可以表现在许多方面，即把要素竞争优势、产业竞争优势、企业竞争优势、环境竞争优势等各类竞争性要素进行全面组合、

集中，形成开发区具有强大向心力、竞争力的竞争优势系统。比如，以高素质外资企业集聚竞争优势，用产业集群集聚竞争优势，用优美园区建设打造竞争优势，用政府优质服务集聚竞争优势等。

竞争优势集聚阶段的核心问题是如何实现市场需求的最大化，开发区产品的市场占有率成为该阶段考核的关键要素。由此，中国开发区经过比较优势阶段的发展，已经呈现出强大的竞争型发展态势，其经济总量不断增大，成为所在城市乃至区域的经济增长极。

“创新优势集聚”阶段：开发区发展的飞跃阶段

党的十八大提出创新驱动战略，十九届五中全会把创新确立为发展的核心地位，这也是开发区担负的使命。竞争优势是目前中国开发区的普遍特征，虽然开发区在当地已处于发展的龙头与主体地位，但如果竞争优势不转化为创新优势，必将逐步削弱其应有的优势，因此必须着力推动创新优势集聚。

发展的持久动力必须依靠创新优势集聚与推动，开发区一旦获得了竞争优势，势必要进一步把竞争优势转变成为创新优势，使得各种创新型要素优化配置、集聚，最终形成持久的创新优势。由此，创新优势集聚成为当下开发区发展的核心命题，其关注点是如何实现规模报酬的最大化，把不完全竞争条件下的规模收益实现最大化。中国开发区要想获得可持续的发展动力并实现高质量发展，没有实施创新优势集聚是难以为继的，这在当前资源环境约束条件下更加突显。

这一阶段的目标是全方位实施高新技术产业发展战略，大力建设高科技产业服务园区、高端产业“发动机”园区以及高技术极化核心园区，加速创新载体集聚、创新技术集聚、创新政策集聚等有助于创新推动的要素集聚，以高新技术产值比重、科技进步贡献率、生态产业集群度、创新治理与服务为衡量标准。

“财富优势集聚”阶段：开发区发展的终极指向

按照比较优势、竞争优势、创新优势集聚发展轨迹，今后的逻辑次序是财富优势集聚范式。经历创新优势集聚阶段之后，中国开发区的发展将进入财富优势集聚阶段，即开发区由竞争、创新积累进入自我发展、自我内生的高质量发展环节。

中国开发区已经是所在地区和所在城市的经济增长主体、经济增长极，也就成为社会财富的核心创造载体。如今，开发区经济发展并不仅仅以产值增长为核心，而是转换到以价值驱动为核心的轨道，即要实现以价值驱动为主体的商业模式变革，由此产生强大且可持续的高质量发展动力。

开发区的目标指向是要在物质财富与精神财富上成为中国高质量发展典范，如同美国硅谷、英国剑桥、日本筑波等高科技园区，实现软实力发展和软财富运用，推动高质量发展内生化，以达到一个区域或一个组织的自我良性循环发展，其中，关键要素是自组织系统的完全建立。

从发展趋势看，中国开发区由于经历前三个阶段的发展，区域发展取得极大成功，在未来的财富优势集聚阶段，要着力推进财富增长与文明发展同步协调，完成以开发区为核心并带动周边区域发展的最高境界——现代化。由此，财富优势集聚阶段设置的指标主要是现代化所代表的各类指标，包括物质文明指标体系与精神文明指标体系，涵盖人类发展指标(HDI)、文明程度高低等。

我们有理由相信，随着改革开放的纵深推进，中国开发区经过竞争阶段实力积累、创新阶段能力积蓄，在未来将进入内生型科学发展的自由王国，这在本质上也是在践行高质量发展的国家战略。

开发区法定机构改革刍议

文/商务部国际贸易经济合作研究院 陈慰 程慧

自1984年首批国家级经济技术开发区设立以来，开发区在我国已发展了近40年。截至2022年4月，我国省级以上开发区总数达2 776个，其中国家级各类开发区669个，覆盖了全国所有的省份。开发区已经成为各地拉动经济增长的火车头、优化产业结构的试验田，更是我国实施重大发展战略的重要载体。近年来，随着资源、政策等传统红利边际效应递减，机构重叠化、同质化、低效化等诸多问题开始显现，部分区域尝试启动改革进程，法定机构改革便是其中的一条路径，相关开发区力图从突破体制治理模式困境中获得新的竞争优势。

法定机构在我国发展的基本情况

法定机构起源于19世纪的英国，随着20世纪70年代西方新公共管理运动的兴起，其作为一种治理模式正式出现，随后在英、法、美、日等国获得了广泛应用。[1-2] 我国学者早在20世纪80年代末期就开始了对新加坡法定机构的介绍和研究。[3] 1993年，海南洋浦经济开发管理局在创建过程中借用了法定机构的思路，但终因与传统行政模式的摩擦较大而失败。此后法定机构在我国一度陷入沉寂，直到2007年，深圳颁布了《关于推行法定机构试点的意见》，重新将这一改革思路纳入官方轨道。2011年，依据《深圳经济特区前海深港现代服务业合作区条例》（以下简称《前海条例》），深圳成立了我国内地首个法定机构——深圳市前海深港现代服务业合作区管理局。[4]

关于法定机构的定义，国内学者尚未统一。如傅小随（2009）认为："法定机构是政府为履行专项公共管理或公共服务职能而设立的非部门性、半独立性的公共组织，和政府部门、事业单位、企业与民间组织皆有相似之处又最终四不像"[5]；宋功德（2010）认为："法定机构与专门立法一一对应，是立法的产物，其通过约定方式履行法定职责，实质是去行政化"[6]。通说认为："法定机构作为一种新型机构，是依据专门的法律、法规或者规章设立的，不同于传统的行政机关，依法承担相应公共事务管理或公共服务职能的独立法人"。[1]

依据通说观点，法定机构兼具法定性和独立法人两大属性。前者在于法定机构的设立基于专门的法律法规，其职能也受法律法规的限制。例如，《前海条例》第七条规定前海管理局是实行企业化管理但不以营利为目的的履行相应行政管理和公共服务职责的法定机构，具体负责前海合作区的开发建设、运营管理、招商引资、制度创新、综合协调等工作。后者则体现法定机构区别于传统的政府派出机构，采用企业化的方式运作。依据《前海条例》，仅前海管理局局长由市政府任命，副局长则由局长提名，由市政府行使任命流程，至于高级管理人员更可以扩大到从香港或国外专业人士中选聘。《前海条例》第十一条进一步规定前海管理局根据市政府确定的原则可以自主决定机构设置、人员聘用和薪酬标准。法定机构相较于传统的"开发区管委会属于政府派出机构"的定位，突出解决了派出机构于法无据的尴尬局面，同时，企业化的运作意在提高效率，缓和了机构人力不足的矛盾。

法定机构及改革实践过程存在四大问题

从各开发区的实践看，法定机构自身及改革过程均存在一些不足之处，造成改革施行的效果未达预期。具体表现在四个方面。

与政府关系影响改革成效。在派出机构时代，开发区管委会隶属于政府，遵循传统政府部门间的沟通模式。而法定机构模式下，两者产生了决策权归属的争议。一种声音认为，作为市场化的企业性组织，法定机构应该兼具“政府行政管理、公共服务、企业化开发建设等‘政事企三合一’职能”，[7] 享有高度自主的决策权、运作权和执行权。作为对此的回应，2020年新修改的《深圳经济特区前海深港现代服务业合作区条例》在第七条关于管理局的职责定位条款中，加上了“在市人民政府领导下”的定语，体现了政府对最终决策权的态度。与此同时，在微观层面上，法定机构和驻地政府之间的关系也颇为尴尬。作为开发区所在地的街道办或者居委会这一类的驻地政府，主要承担区域内公共管理事务，需要配合开发区整体规划，保障社会稳定，却较难共享开发区的经济收益。[8] 在更细微的层面，法定机构的工作人员采用具有竞争力的薪酬结构，也容易引起驻地政府办事人员不公平的感受，进一步影响两者之间的配合。

行政化倾向依然存在。在相当一部分法定机构中，管委会正职仍是由政府直接任命，或者存在政府人员为主的委员会，专业性意见得不到应有的重视。外聘的高级管理人员中，一部分能迅速适应这种氛围而同化为新的行政性组织一员，一部分则难以融入而选择离开。不同于深圳前海、青岛蓝谷从无到有的“一张白纸好作画”，包括天津滨海新区在内的现存的2000余家省级以上开发区，多数已形成基本的组织框架。无论是对于之前已经享有编制待遇的人员，还是对于以合同工、派遣工等其他方式进入到开发区运作体系内的人员，新的框架如何能在实现主要目标的同时兼顾公平，从而保障改革的顺利推进和组织的健康稳定发展，不能通过“老人老办法，新人新办法”得以解决。天津滨海新区在2019年开始的法定机构改革中，以副局级管委会副主任招聘为标志，实现中层干部全部竞聘上岗，彻底打破了原有的事业编制，变成合同制员工。[9] 改革给新的管理机构带来了活力，但也产生了诸如人员流动性提高、超负荷运作、年轻干部长期发展受限等问题。

绩效与激励长期效果存疑。运用KPI、平衡计分法等企业方式对工作人员考核管理，并辅之以薪酬福利激励的方式，在短期内能够起到较好的目标导向作用；但长远看，可能会由于缺乏人文关怀，比较容易陷入纯发展论的误区。即便是在商业化企业中，新近的研究也表明，绩效与激励无法充任企业实现长期目标的有效保障。优厚的薪酬福利待遇的确能够吸引一部分人才，但属于一次性刺激，难以形成持续的动力。此外，相当一部分开发区在地理区位和文化软实力方面，较之深圳、天津这些样板具有不小的差距，仅仅依靠高薪能否真正吸引来自全球的人才，能否长期留住人才，值得思考。绩效考核更多从管理的角度出发，讲求高效执行、达成目标，但在开发区需求更多主动性探索和创新的大背景下，这样的考核方式是否有可能形成一种束缚，同样值得深思。

改革缺乏统一有效指导。新近改革的机构往往以深圳前海、青岛蓝谷、天津自贸区等几个有限的先行者为蓝本，缺乏适配性的深度思考。而我国各地的经济基础、发展思路等情况均存在较大差异，生搬硬套前述模板的实际执行效果并不如预期。从横向地理区位看，前三者均属于东部沿海城市，市场化氛围较浓，因而在进行机构化改革，比如人员编制改革时，易于被接受，但同样的情况放在中西部地区，阻力会相对增加。从实操层面看，新近改革的机构一则多从政府各部门临时抽调人员，准备过程相对仓促；二则人员缺乏法定机构运作经验，通过交流考察等形式无法真正了解到施行过程中的问题和关键诀窍，一旦改革中频繁出现问题，极大影响改革信心。

对法定机构改革进一步优化的建议

在2020年之前，全国仅有20余家法定机构，随着新冠肺炎疫情暴发，经济增长放缓，进一步刺激了地方政府进行法定机构改革的热情，湖南、安徽、辽宁、四川等省纷纷出台法定机构改革试点的相关措施，相信这一趋势会随着改革的深化而进一步扩大。下一步需要在深入研究前述问题的基础上，持续优化，努力实现开发区的高质量发展。

探索运作模式。以各国实践来看，法定机构还可进一步细分为英国、法国、美国、新加坡等不同的形式。在与政府的关系上，英国的法定机构隶属于政府的某个部门，类似于政府的编外机构；法国的法定机构则依公法而立，偏属于较为专业化的功能领域，可视为政府职能之补充；美国的法定机构为集立法、司法和行政三权为一体的独立机构，具有更高的独立性；而我国的法定机构改革，目前主要学习的是新加坡和香港特别行政区。[10]根据《全面深化前海深港现代服务业合作区改革开放方案》，深圳前海将“推进以法定机构承载部分政府区域治理职能的体制机制创新，优化法定机构法人治理结构、职能设置和管理模式”。未来法定机构改革中，在与政府的关系上究竟是决策执行合一还是相分离，在具体的事权清单上究竟如何划分，在与驻地政府的关系上如何通过改革实现共赢共享，还需在借鉴国内外实践经验的基础上，发挥创造力和想象力，勇于突破固有的制度藩篱，多试点、多总结。同时应该意识到，不存在一套通用于全国的运作模式，沿海地区的成功运作模式不一定适合中西部区域，也并非改革越彻底越好，而应该充分考量当地的实际情况。

协同推进改革。近期的改革中出现了两种极端化的情况：一种主张彻底的破旧立新，另起炉灶重搞一套班子；另一种则是形式上全部重新竞聘上岗，但实质上是“老瓶新酒”。这两种现象对于改革的推进都是无益的。人员机构的调整在多大的范围内展开，充分考验开发区最高决策层以及更高一级政府的智慧。在机构设置上，多听取区域内企业单位和行业协会等专业化组织的建议，避免贪大求全，支持和服务好最核心的需求。在人员聘用上，对于现有在岗人员，进行科学评价以决定去留，妥善安置好拟转出人员；对于社会招聘人员，用其所专，给予尊重和相应权限；通过一个合适的过渡期，最终实现新旧人员的融合。

建设长效机制。开发区实现良性发展离不开人才的长期稳定贡献。除了市场化的薪酬福利外，人才往往更关注自身的未来发展，包括职业通道、居住环境、教育医疗等。目前，大多数开发区已具备的引才优势与目标人才的实际需求之间往往存在错位。而法定机构改革，终将打破原有的编制体系，如何在无编、缺编的情况下，使人才乐于长期投身开发区建设，需要构建长远可预期的发展机制，进而替代人才对于编制的预期。同时，开发区自身的进一步发展有可能会朝着新型城镇化方向演进，在法定机构的改革中，建议适度考虑后续可能的衔接和转化，避免未来大幅度的变动和调整。

依托专门机构。目前“一法一机构”的方式无法适应全国纷繁复杂的改革形势，需要依托专门化的组织机构来承接研究工作，将全国各地的成功经验提炼总结，并形成能够具有较强适应性的若干模板，供不同地区不同类型的开发区加以选择。在研究推广的过程中，专门化机构也能站在更为客观的角度，对改革中出现的问题做到及时修正和补充，从而避免各地之间盲目照搬照抄、只见成绩不见问题的情况。未来，在对整体情况进一步摸清和了解的基础上，还可以考虑以省为单位，通过地方政府规章等形式，规范省内市县级开发区的设立与改革。

参考文献

[1] 杨建生 , 黄丹丹，李飒 . 论开发区法定机构治理模式的改革与完善 [J]. 经济与社会发展，2021, 19(1): 35-42.

[2] 陈水生 . 国外法定机构管理模式比较研究 [J]. 学术界，2014, No.197(10): 115-126, 315-316.

[3] 陈杰 . 法定机构在新加坡经济起飞中的作用 [J]. 东南亚研究，1989 (2): 30-33.

[4] 赵立波 . 功能区体制改革的法定机构蓝本——以青岛蓝色硅谷为例 [J]. 山东社会科学，2020 (11): 69-73.

[5] 傅小随 . 法定机构及其在公共服务体系中的特殊作用 [J]. 行政论坛，2009, 16(2): 8-11.

[6] 宋功德 . 从事业单位到法定机构 [J]. 行政管理改革，2010 (8): 39-42.

[7] 赵立波，宁靓，崔群 . 中国法定机构改革研究——基于青岛案例 [J]. 行政论坛，2019, 26(6): 49-55.

[8] 毕铁居 . 分立、融合抑或独立：开发区与行政区关系优化选择 [J]. 现代经济探讨，2021 (1): 16-21.

[9] 王井怀，梁姊 . 天津经济技术开发区以改革踏过 35 岁门槛 [N]. 经济参考报 . 2021-11-30.

[10] 朱红儒 . 开发区法定机构治理模式研究 [D]. 广西师范大学，2021.

"数字基建"赋能：未来十年中国产业园区的转型逻辑

文 / 李晓军

近年来，在国家层面的多次规范、审核下，我国园区的重复建设、无序竞争问题得到了极大改善。但同时也应看到，部分地区仍然存在一些"泡沫"结构，比如，未经科学规划而盲目建设的园区；又如，由于产业迭代速度过快导致园区"产业塌陷"，使得园区成为"僵尸"企业集聚区；再如，由于园区产业发展和管理模式落后，导致园区发展落后，陷入与其他园区同质化竞争的困境，进而失去活力，表现为产业外流的空心化等。

事实上，对园区建设的本质、规律的理解需要"长镜头"和"CT 机"——既要看到问题形成的起因、过程，又要对其进行结构化分析、分类对待、具体分析。由此，要克服"静态观""片面观"，从动态演变的角度分析园区发展规律以及数字科技对园区发展的影响，更好地把握好当下，才有助于探寻园区转型的科学路径。

演变与趋势：数字园区时代来临

我国产业园区的经历了近 40 年的发展，主要经历了三个阶段，同时也正在向着面向数字经济时代的第四个阶段发展，且每个阶段的发展逻辑和运营形态也都存在着很大的差异。

园区 1.0 版：单纯的工业园区。在我国改革开放初期促进对外开放和国际产业转移背景下，通过提供优惠的土地价格与廉价的劳动力等成本因素驱动，使得园区成为中国对外开放的窗口，如著名的蛇口工业园。之后，各省市纷纷开始建设不同类别、不同规模的工业园区，以拉动当地经济的发展。这些园区大都位于城市边缘或与小城市相邻，占地面积较大，早期建设中以要素投入为主，但仅有单一生产功能，缺乏各种生活设施，且相关的政策、手段与客户同质化程度较高。

园区 2.0 版：配套完善的园区。随着园区的发展，许多地方政府逐渐认识到，通过提供包括人才、研发、咨询、培训、技术、金融等在内的综合配套服务，可以提升园区产业价值链，由此，生产性服务业在园区内逐渐凸显。许多以制造业为主的园区和一部分科技园区开始通过在园区内或园区周边布局核心产业上下

表 1 我国产业园区的四个阶段

版本	属性	特征描述
园区 1.0 版	单纯的工业园区	位于城市边缘或与小城市相邻，仅有单一生产功能；缺乏各种生活设施，有同质化的政策、手段与客户；占地面积较大，早期以要素投入为主
园区 2.0 版	配套完善的园区	入园企业不仅有生产型企业，也有部分科技型企业、研究院所；孵化功能突出，诞生大量企业；有简单的生活设施配套，注重形成商务社区
园区 3.0 版	产城融合的园区	与城市的联系更加紧密；由以生产制造为主逐步转向以研发、创新、孵化和高端服务为主；园区内有独立优美的环境，有城市级的服务设施
园区 4.0 版	新一代数字园区	虚实融合：线下实体园区 + 线上数字园区； 平台管理：基于 CIM 空间信息服务平台下的管理和服务的全景化呈现； 云化管理：全业务体系化的"四云一平台"：招商与营销云、产业服务云、公众服务云、园区 FM 运维管理云，以及基于 CIM 的园区数字管理平台

游配套企业，驱动核心企业发展，力求实现园区经济的整体提升。

园区 3.0 版：产城融合的园区。不得不承认，以上两个版本的园区，与城市的关系均是相对割裂的，随着现代城市发展理念和职住平衡的需求，以产城融合式的生态链综合体形式开始出现。3.0 版本的园区脱离了盖厂房、修马路、种绿树等最基础园区建设，也跨越了为园区引进商店、餐饮等配套服务的阶段，而是由以生产制造为主逐步转向以研发、创新、孵化和高端服务为主，营造了独立优美的环境生态，建立起城市级的服务设施，与城市的联系更加紧密。

园区 4.0 版：新一代数字园区。最新版本的园区除了进一步完善物理空间配套之外，还通过移动互联网提升园区虚拟空间配套，即建立线上连接、线下经营的企业社群，营造链接全球的社交空间，形成内外开放、资源整合的产业生态圈。通过数字园区平台建设，可以将分散的各种园区资源和功能平台整合起来，充分发挥并放大各种资源和平台的价值，打造有生命力的产业园区。

4.0 阶段的产业园区更加注重园区的硬件软件智慧化，包括提供弹性云服务、云办公、企业金融服务、市场推广等增值服务，全方位、高智能地协助企业成长，甚至在创业型企业从“孵化”到融资上市的全过程提供支持。并且，这只是 4.0 版园区的低级形态，随着数字化技术的发展，园区的数字生态还将进一步发展。比如，实现线下实体园区 + 线上数字园区深度融合、基于 CIM（City Information Modeling，城市信息模型）空间信息服务平台下的管理和服务的全景化呈现、全业务体系化的“四云一平台（招商与营销云、产业服务云、公众服务云、园区 FM 运维管理云，以及基于 CIM 的园区数字管理平台）”。

重构与变革：数字园区的新特点

新一代数字园区不能仅仅定义为“传统物理园区 + 数字化”，而是依托 5G、人工智能、大数据、BIM（Building Information Modeling，建筑信息模型）/CIM 平台、工业 / 产业互联网平台等新基建，催生的园区产业集聚形态、开发运营模式、园区发展形态、管理模式等。具体而言，主要包括七个方面。

表 2 传统园区与新一代数字园区特征比对

	传统园区（1.0 ~ 3.0）	新一代数字园区（4.0）
园区空间形态	物理功能园区	线上、线下的“数字孪生”园区
园区规划建设	规划、建设、管理割裂	基于 CIM 的规建管一体化平台，实现规划、设计、建设和管理过程数字化
产业集聚形态	依托土地和物理空间的产业链或产业空间集群	“平台 + 生态”的线上线下结合产业集聚
开发运营模式	“先圈地—再建园—最后招商”的线性思维	逆向思维：先线上线下产业集聚—后建设
园区管理模式	传统的垂直管理	基于大数据的“智慧决策平台” 智能设施监管平台 数字公共服务平台
园区服务模式	类似“物业”的管理模式	“平台 + 管家”的准智慧社区服务模式，可能是一个平台上的各种“服务 APP”
园区基础设施	三通一平、七通一平	智能化基础设施

第一种变革：园区空间形态。伴随着 BIM 对建筑完整信息数字化建模，用于设计、施工、使用、维护的全生命周期管理的概念和思想已经扩展到了城市和园区领域。未来，园区也可以采用更高级别的空间信息模型城市和园区 CIM，成为“大场景的 GIS（Geographic Information System，地理信息系统）数据 + 小场景的 BIM 数据 + 物联网”的有机结合。其中，已有的 BIM 技术对城市中各个建筑可以做到构件尺度的数字孪生，从而将建筑物的信息数字化；GIS 技术则能够对城市尺度上的地形地貌、土地利用等宏观空间环境特征和人群特征、信息资金流动等城市中无形的社会经济活动信息进行结构化、历时性的储存；而物联网技术通过城市传感器的广泛布设，不仅可以对 BIM 中建筑物的运营数据进行补充，更重要的是，对交通流、大气水文等城市开放空间中的微观环境变化也能够进行实时感知和收集。

特别应指出的是，BIM 与 GIS 可以在空间范围上互补、在数据结构上共通，每栋建筑均可以看作 GIS 中的一个地物，每一根管道、路灯等城市基础设施也可看作 BIM 的一个构件。在此基础上嵌入物联网数据，又大大提升了数据空间和时间粒度的细化程度，实现对城市空间精细、全面、动态、实时的数字化。同时，以 BIM、3DGIS、IOT 技术为依托，我们可以实现城市和园区的建筑群、道路交通、城市部件、地下管线等空间对象的数字化和园区运行状态的数字化、在线化和智能化。通过数字孪生园区的技术，在虚拟空间再造实体空间的一个拷贝，作为现实空间的镜像、映射、仿真与辅助，为智慧城市或园区规划、建设、运行管理提供统一基础支撑。

第二种变革：园区规划建设。前述所说的“数字孪生园区”技术，能够形成虚实融合的实体园区和数字园区，也同时改变了园区规划编制、建设实施和审批、使用管理等环节，但过去“规建管”的严重脱节导致了许多园区数据资产无法沉淀。由此，应当利用 BIM 和 3DGIS 等先进信息技术构建统一的 CIM 园区信息模型，并搭建基于“规建管”的一体化平台，进而实现园区规划、建设、管理全过程的数字资源集中管理与应用、信息互通与共享。

具体而言，在规划阶段，应当坚持多规合一，实现城市规划一张图。建立园区级城市信息模型（CIM），有效解决空间规划冲突，推演园区发展，让土地资源和空间利用更集约、方案更科学、决策更高效。

在建设阶段，应当构建建设监管“一张网”。采用物联网及现场智能监测设备等技术手段，与工程现场数据实时互联，实现对建设工程项目从设计图纸审查、建造过程监督和竣工交付的全生命周期智慧监管，全面提升工程项目监管效能。

在管理阶段，应当基于建设交付的 CIM 城市信息模型，通过“规建管”一体化平台，实时监测园区运行状态，敏捷掌控园区安全、应急、生态环境突发事件，事前控制，多级协同，将园区管理精细到“细胞级”治理水平。

第三种变革：产业集聚形态。过去，受传统园区土地空间资源限制，产业集聚在达到一定程度之后就会受到限制，需要在原有园区基础上进行拓展，或者重新建立新的园区。但新一代数字园区能够突破土地空间的限制，根据某个特定的“产业价值主题”无限扩展，建立基于线上的大产业运营平台，形成多企业集聚的跨越物理边界的“虚拟”产业园区和产业集群。20 年前的“在线酒店”行业即是这一方面的典型案例——携程提出“跳出盒子，基于不同空间的竞争”，重新定义了现代酒店的运营模式，实现了指数级的增长。与此类似，随着数字技术的发展，园区的产业发展也将逐渐从依靠物理空间的产业集聚转向线上产业集群。

当然，线上线下是一个相互融合、相互借力的过程。比如，阿里巴巴在拓展线上业务的同时，也在加快向线下市场拓展的步伐——利用平台和数据优势赋能，帮助线下传统零售业升级转型，与线下零售企业联手“开疆拓土”。产业园区的发展也可以借鉴这种线上线下整合的方式，将线上的“流量红利”与线下的产业集聚优势结合起来。

第四种变革：开发运营模式。经过近 40 年的发展，“圈地—建园—招商”的线性思维已经开始存在风险，一些地区出现了盲目建设园区、缺乏产业集聚的现象，“什么概念火就做什么”，最终导致大量园区产业趋向同构化，造成了巨大的资源和资金浪费。事实上，“先圈地、再招商”的思维模式框定于具体实施层面，而数字时代的产业园区应该尝试逆向思维，重新构建开发运营模式。

一是“产业集聚”环节，打造线上线下产业生态圈，建立主题化的企业社群、企业家社群以及员工社群，构建园区品牌化体系并形成园区品牌社群，对园区品牌社群进行体系化运营。

二是“产业众筹”环节，通过互联网众筹

平台完成产业众筹，实现园区的策划、概念和产品设计方案等系列支撑的众筹，以及开发期园区的资金、服务资源和开发团队众筹等。

三是“资本创新”环节，包括信托融资、基建基金、股权私募基金和融资租赁等。其中，运营资本创新可采取担保公司、小额贷款公司、科技银行、私募股权基金、风险投资等模式，以及以土地入股、物业入股、产业投资基金等多种形式投资园区企业。退出资本创新可以使用资产证券化模式。

四是“开发迭代”环节，在线上形成聚焦并形成一定规模后，可开始在线下搭建具体的产业空间载体。每期控制较小的开发体量，并在开发过程中不断分析和总结用户需求，以便于在下一期开发中以客户反馈为导向进行改进。

五是“可视招商”环节，以CIM技术为基础，结合大数据、人工智能技术，为用户提供三维可视化的招商体验服务，构建园区的产业图谱，扫描上下游的优质企业，智能辅助精准招商，并对招商项目进行全过程管理，提升园区的品牌形象，提高园区的产业招商能力与成功率。

第五种变革：园区管理模式。园区智慧平台融合各项智能监测数据、各业务部门与企业相关数据，实时共享，实现各部门业务联动，协同处置，并结合CIM信息模型中的模拟推演与应急预案，进行应急指挥，全程督办。在业务处理中，按实际处置情况与周边环境及各种突发状态，逐步更新完善模拟推演的流程与应急预案，积累形成更趋合理的城市管理大数据。

通过多种业务数据，形成园区运行的“大脑”，同时形成一系列的园区管理数字平台，如基于大数据的智慧决策平台、智能设施监管平台、数字公共服务平台、园区可视化导航平台、园区智慧党建平台、智慧政策匹配云平台等各类子管理服务平台。

第六种变革：园区服务模式。在未来的新一代数字园区中应推广“平台＋管家”物业服务模式，依托园区智慧服务平台，建立服务企业的生态圈，完善现代供应服务管理精选各类商业和服务配套最优质供应商并在园区推广，结合O2O模式应用。其中，平台不仅可以提供看信息、找政策、招人才等基础信息，更可以构建出基于数字场景的园区综合服务，并在未来提升成为基于“数字平台＋服务APP”体系，包括体验服务、数字迭代、精准匹配等内容。

体验服务：数字平台上的服务覆盖企业、企业家及家人、员工及家人等多重主体，涉及行政服务、生产性服务、生活性服务等方面。

数字迭代：根据入园企业数量、类型，相应的服务内容、服务价值进行迭代。

精准匹配：大数据平台对园区服务需求进行整合，并通过自营服务以及整合服务的方式，实现服务需求与供给的匹配，建立服务类别丰富、服务能力强、快速高效的公共大服务平台。

第七种变革：园区基础设施。相比传统园区的“七通一平”“九通一平”，新一代数字园区更加强调的智能化的基础设施，即运用数字化、智能化技术改造园区的交通、能源、水利、市政等传统基础设施。

近些年来，智慧管网、智慧管廊、智慧水利、智慧水务等这些富有科技感的新概念已经在落地，一些园区和新城新区在这方面的投入也乐此不疲。例如，雄安新区提出，城市基础设施，除通水、通电、通气、通热之外，还要“通感知数据”，即建立智能基础设施X-HUB。这样的智能基础设施新体系，相当于给既往城市建设打造了神经系统，而X-Hub相当于这个神经系统的神经元。未来，分布在雄安新区的各类传感器接入X-Hub，海量感知数据将被迅速上传到智能基础设施处理终端，为各种智能应用场景提供可能。

转型与提升：未来四条发展路径

新一代数字园区是面向未来发展方向的，但仅就目前来看，我国各地园区仍处于发展层次不一、多种版本园区并存的阶段。由此，近期，园区发展应着眼于四条发展路径。

“退二进三”：推进产业优化提升。目前，有专家认为工业园区的发展已经出现了一些“泡沫”，其实是过多的落后产业或同质化竞争的园区的泛滥，这从一定意义上说是产业发展的结果——一些过去的落后产业亟须优化提升，亟需各地政府出台土地腾退机制，给2.5产业和第三产业腾出空间，或是鼓励已经占用土地却低效利用的企业以土地资产变为合作股本入科技企业等方式进行转型。

同时，在新的土地利用规划上，也应考虑到现代产业和过去工业时代“生产区是生产区、生活区是生活区”的条块化局面的不同，未来的园区应该有更多的混合性用地。当然，也应有一定的灰度思维、融合思维和弹性机制，在规划中率先引入“白地”“灰地”“弹性绿地”等理念，对短期内不明确用途的地块实施弹性控制，有效提高土地开发效益和集约利用水平。

产城融合：多元化满足主体客群。目前，我国许多地方的园区已经改变了过去功能单一的生产型园区，即工业区、商业区、居住区等城市功能相互割裂的状况，并凸显了“以人为本”的理念。按照这样的理念推进产城共生，将生产、生活、教育、商业、休闲及娱乐混合布局，让园区构建起城市级的生活服务体系，营造各种功能和谐发展的良性生态环境，既能够满足园区企业家的需求，也能够满足普通员工的需求，实现了园区主体客群的多元化满足。

在这一方面，可以借鉴新加坡的有益经验。新加坡One North科技城占地200公顷，突破了传统园区的建设框架，遵循“集工作、学习、生活、休闲于一体”的活力社群概念，体现现代化科技城所独有的高科技、绿色、环保特点。One North在空间上以公园为中心，三大产业组团分散布局，居住、商业、生态组团串联融合产业组团进行布局，娱乐与教育起到连接各组团的作用。按照“一栋建筑就是一个创新社区”的理念，One North注重为人与人之间的交流创造机会和空间，增进互动——既有研发区，也有公共服务、教育、公寓、商业等其他配套设施，真正成为融工作生活于一体的综合社区。

数字升级：打造园区运行“大脑”。传统的产业园区向新一代数字园区升级，应当实行“三步走”战略。

第一步，在成功实现互联网引入的基础上，以“互联网＋产业园招商”“互联网＋金融资本”“互联网＋综合服务平台”“互联网＋产业集群”的方式来完成对传统园区的初步改造（在前期信息化水平不足的情况下，可选择一些相关迫切需要的“痛点”优先完成）。目前，已经有许多园区在这一方面进行了有效探索，形成了有益经验。

第二步，则是基于数字孪生理念和CIM（城市信息模型）技术，以园区全景三维模型为信息载体，通过互联网、物联网实时感知园区的运行状态，实现设备设施的集中管理、分散控制、数据决策和协同联动，全面提升园区基础设施管理效能，创新园区数字化、在线化、智能化的运维新模式，打造高效、安全、智能的数字园区。

第三步，基于CIM城市信息模型，集成和融合应用BIM、3DGIS、物联网、云计算、大数据、AI人工智能、虚拟现实等新一代信息技术，探索实践园区从规划设计、建设、治理与服务的全过程、全要素、全方位的数字化、在线化和智能化，形成基于CIM模型构建城市管理“一盘棋”，能够实时展现园区运行状态，并且及时应对产业发展、安全、应急、生态环境突发事件。通过多种业务数据，形成园区运行的“大脑”，实现强政、兴业和惠企，实现服务精准协同。

合并整合：形成产业发展合力。从产业发展的角度看，以目前的国家级经开区为例，建设有医药产业园、信息产业园、化工产业园等产业平台的经开区数量十分庞大，产业同质化程度极度畸形。许多园区集中发展类似产业，并为吸引企业入驻而“拼政策”“拼优惠”，形成恶性循环。由于各类型、各级别的园区产业结构趋同、定位模糊，导致同一地区不同园区趋向竞争关系，既造成了资源浪费，也削弱了园区间相互合作、功能互补的基础条件和可能性，制约了区域整体水平和发展潜力。

2017 年 2 月 6 日，国务院办公厅印发《关于促进开发区改革和创新发展的若干意见》（国办发〔2017〕7 号）提出：“鼓励以国家级开发区和发展水平高的省级开发区为主体，整合区位相邻、相近的开发区，对小而散的各类开发区进行清理、整合、撤销，建立统一的管理机构、实行统一管理。”

由此，可以采取多种方式推进园区间的合并整合。

一是由地方政府辖内的各功能平台进行整合，实现统一的产业主题运营、统一招商。例如，一些省市按照“一个牵头园区、一个管理机构、一个国资平台、一个主导产业”的原则整合设立高新园区，并统一支持政策、统一园区品牌、统一管理模式、统一考核体系。这类整合大都由国家级、省级高新区牵头，其他无省级以上高新区的行政区，选择基础条件较好的科技园区牵头设立市级高新园区。

二是一些品牌园区就近或异地整合产业园，实现园区的品牌整合，形成“一区多园”的格局。事实上，这一类品牌园区已经类似一个“空间集聚形态”的大型产业平台运营商，许多企业间的兼并重组和整合的方法也适合这一类园区整合。

三是主题化整合。例如，若干类产业园区根据产业的互补性和组合性，形成一个新的“产业主题”，实现“1+1>2”的效果。

（作者系泛华产业园区发展研究院高级研究员）

剥离社会事务，开发区究竟应当怎么做
——关于开发区代管街镇管理体制改革的路径思考

文 / 南通经济技术开发区党工委编办

开发区作为体制机制改革的“试验田”、区域经济发展的“增长极”和产业转型升级的“强引擎”，其扁平、精简、高效的管理体制发挥了重要作用。但由于开发区管委会作为政府派出机关的特殊性，历次党政机构改革和事业单位改革基本都未涉及开发区，其管理体制在近40年发展过程中沉积的不少矛盾未能有效化解，一定程度上影响了开发区创新发展的势头。

最具代表性的现状问题之一，就是目前十分普遍的开发区代管街镇管理模式。这种模式是开发区在特定发展阶段形成的产物——源于一段时期内空间发展的客观需要，始于当时行政管理的临时安排。具体而言，一方面，早在设立初期，开发区规划面积相对较小，大多仅有几平方千米，随着开发区企业的大量入驻，原有的管辖范围难以满足开发区快速发展所需。为了对周边区域统一规划和建设，扩大开发区经济发展的辐射带动作用，代管周边相邻街道（乡镇）成为当时开发区扩容升级的有效途径。另一方面，随着开发区产业人口的集聚，衍生出越来越繁杂的社会治理事务，为了加强统一管理，减少与行政区或街镇的协调摩擦，特别是解决征地、维稳等棘手难题，调动街道（乡镇）的积极性，代管街镇成为提高行政管理效能的临时安排。

正视弊端：体制改革势在必行

事实上，代管街镇模式在开发区发展初期也曾发挥正面影响，但随着社会监管任务的加重，其诸多弊端也日益凸显。

主责主业有所偏移。我国的行政管理是建立在行政区基础上的，行政区是进行资源配置和社会管理的基础。代管街镇模式割裂了原“市政府—区政府—街道”成熟的制度链条，开发区成为连接市政府与街道的唯一管理通道。当社会事务增多时，市级部门同时面临既要对县（区）级进行管理，又要代开发区行使部分县（区）级具体事务的矛盾，促使市级部门以“属地管理”等名义，将原先应由县（区）级承担的职责下放给开发区，开发区“小马拉大车”超负荷运转的现象就出现了。

代管街镇模式下，市区两级间职责边界不清等问题难以避免，社会事务增多后开发区选择式治理所带来的潜在社会问题也会不断暴露。沉重的社会管理包袱，加之条线考核任务的加重，消耗了开发区大量的人力物力，功能定位逐步偏移主责主业，导致开发区难以一心一意谋发展、凝心聚力搞建设。

机构规模逐步膨胀。在组织架构上，行政区有一套自上而下统一规范且较为合理稳定的机构设置，而开发区机构设置由于缺乏统一性，在内外部环境的干预下，容易出现随意性设置，同时面临人员冗余与人手不足并存的窘境。开发区在设立之初按照“小政府、大社会”理念，以扁平化的管理架构、精简的机构设置，最大限度避免层级管理、多头管理带来的行政成本，提高施政效率。但随着社会管理职能的延伸，客观上要求开发区增设机构、多配职数、扩充人员来进行承接，加之督察考核以及各条线直接或间接的干预，导致开发区机构设置叠床架屋、层层挂牌，呈现行政体制复归趋势，以及“官多兵少”“头重脚轻”管理架构失调的局面，进而影响决策和执行效率。此外，开发区组织编制部门往往级别偏低（或未相应高配），易受多方不合理的制约，难以形成相对稳定的制度安排，而依靠自身进行系统科学、自下而上的改革也有些“力不从心”。

激励措施有待加强。开发区由于工作强度较大、晋升通道偏窄，往往通过提高薪酬待遇来吸引人才，并通过鼓励全员招商，考核招商业绩来鼓励干劲。随着社会管理职能的不断增多，开发区部门之间和部门内部的工作越来越难以量化考核，通过横向或纵向考核拉开收入差距的难度较大，不可避免地出现了平均主义和“吃大锅饭”等现象。同时，由于各地开发区在人员管理、薪酬给付等方面缺少相对统一的标准，上级督察考核时往往要求开发区按行政区标准实行阳光工资等规范管理。“规范管理”后开发区薪资待遇与行政区基本持平，与开发区较大的工作压力、更高的工作强度相比，较窄的晋升空间、较小的激励空间难以充分调动人员的积极性。

人员管理复杂多元。

一方面，人员身份的复杂性与多元化增加了管理负担。由于行政编制受限，开发区一般通过打破身份界限统筹使用行政和事业人员，实行“同岗同酬”和一体化管理来推动各项工作有效开展。而随着阳光工资和公务员职务职级并行制度的实行，开发区行政与事业人员“身份鸿沟”形成“同岗不同酬”和“同岗不同晋升”的不平衡和落差。同时，由于行政编制有限，开发区优秀事业干部未能像行政区一样打通调任渠道，一定程度上影响了工作人员的积极性和稳定性。

另一方面，开发区人员流动性不畅、年龄结构老化。由于开发区部门职能多、人员少，往往一个处室或一名工作人员对应市级一个部门，部门内部处室之间工作差异都很大，岗位间“转换成本”较高，对人员内部交流造成一定影响。此外，设立之初选调到开发区工作的人员普遍年轻，经过近40年的发展，开发区也面临着人员年龄结构老化等问题。

改革“三招”：激活体制新动能

针对开发区代管街镇管理体制的制约因素，可考虑从功能定位“瘦身”、组织架构“健身”、人员管理“强身”三个方面对开发区管理体制进行整体性、系统性重构，充分激发干事创业活力，推动开发区改革创新取得更大突破。

明确职能定位，聚焦“主责主业”。职能定位为组织结构设计的前提条件。产业发展和经济建设是开发区设立的初衷，而社会管理事务的增多是造成开发区权责不清、机构膨胀、效率降低等问题的根源。

一方面，剥离开发区社会事务。明确开发区功能定位，强化开发区管委会经济管理角色，坚持“去行政化”方向，改变准行政化的管理方式，变“万能机构”为有限机构、有效机构。划定开发区经济管辖区域、行政区或街镇社会管理区域，在制定远景规划的前提下实行动态管理，开发一片、建设一片、收效一片，实现滚动发展。厘清开发区职责边界，依法制定公布权力清单、责任清单，使开发区松绑解绊、轻松上阵。

另一方面，突出政区关系协调。建立市级、开发区、行政区、街镇四方协同配合机制，辖区内社会管理事务由所在行政区、街镇管理，原则上不再代管街镇，开发区仅负责街镇经济发展相关指标考核。可由市委市政府主要领导或行政区主要领导兼任开发区党工委书记，突出“关键少数”中的“关键少数”，加强四方统筹协调。探索建立财政税收划分机制，开发区按照预定比例将税收分给行政区或街镇。

优化管理架构，突出“简约高效”。“精简高效”是开发区制度优势的核心。船小好调头，高效的组织结构是一个组织是否实现内部有序运转、是否能够取得良好绩效的先决条件，而一个庞大臃肿的机构常常人浮于事、效率低下。

一是加强顶层设计。虽然开发区不可能采用一种管理模式，但开发区管理体制存在的很多问题是共性的，单纯依靠开发区自身探索改革往往缺乏科学规划，容易造成无序管理和行政资源浪费。建议在明确机构限额的基础上，科学设置几类开发区机构设置模型，探索“必设机构＋选设机构”模式，增强组织结构设计的同步性、同振性，形成“一盘棋”格局。

二是精简管理层级。在组织规模一定的前提下，管理层级和管理幅度成反比例关系，两者需要恰当地匹配。建议按照根据人员规模科学核定领导职数，构建层级精简、分工明确、扁平适中、管理幅度合理的高效率组织体系和制度链条，提高决策和执行效率，避免“官多兵少”、扁平而不高效等问题。例如，群体决策的有效性受群体规模的影响，而一般5～7人的群体决策是最有效的，开发区领导班子设置时可作为参考。

三是强化协调管控。职权关系和协作机制为组织结构的动态层面。组织结构不是静态的存在，从“现在状态”向“未来状态”的不断演进才是常态。由于内部分工协作的产生和外部环境的快速发展，开发区职能部门间不可避免地会产生矛盾和摩擦，其自身也会涌现大量新职能，这都需要一个强有力组织或机构编制部门进行流程管控和动态分工，使得组织发挥内在联动性并得以高效运转、释放效率的峰值，否则会导致职能缺位、错位、越位等现象，造成组织结构风险的累积。

创新用人机制，激发“活力因子”。事业兴衰，关键在人。开发区人事薪酬制度改革是开发区体制机制改革的重要组成部分，涉及干部职工切身利益和队伍的稳定性，是一项复杂的系统工程。考虑到开发区行政、事业等多种人员身份并存的现状，如何稳妥有序推进人事薪酬制度改革，充分调动各类人员的积极性，是推动开发区事业迈上新台阶的关键所在。

一是搞活用人机制。建议进一步控制人员规模，探索实行员额管理，淡化人员身份，实现干部人事管理由“身份管理”向“岗位管理”转变。“上下同欲者胜、风雨同舟者兴”，考虑到开发区人员身份的多样性，建议按照“分类推进、逐步过渡”和“新人新政策、老人老办法”的原则，在控制人员规模的基础上，减少人员类别，统一人员身份，逐步过渡为全部转为公务员、全员参公管理或全员企业化聘用模式。

二是健全薪酬体系。按照“以岗定薪、按绩定酬、岗变薪变、酬随绩走”的原则，建立以绩效薪酬为核心的收入分配制度，将开发区薪酬总额与经济发展、税收增长、辐射带动、园区考核等因素相挂钩，实行编内任职与岗位聘职相分离、档案工资与实际薪酬相分离、干部人事档案管理与合同聘用管理相分离的“三分离、两并行”管理，实现薪酬管理由“铁工资”向“活薪酬”转变。

三是推动企业化招商。招商引资为开发区的“第一要务”，要有“进”有“退”。所谓“进”，就是园区管委会要更好地提供优质高效的营商环境，实现在招商引资中“不为”而又“大有为”的效果；所谓“退”，就是园区管委会“政企分开”，将招商引资的职能交给国有招商公司或市场招商中介，全面剥离双招双引、资本运营、企业服务等职能。招商引资工作不同于其他行政管理工作，更容易量化考核，更适合采用量化考核模式，人员管理及薪资体系更加科学灵活。此外，还可以探索建立区域招商联盟，实行资源共享、优势互补，避免地区间恶性竞争。

万亿制造：开发区的产业成长路径创新

文/广州市黄埔区人大经济和科技工委　王珊珊

“十三五”时期，是我国开发区产业面临新的挑战也发生重大变化的阶段。各地开发区普遍确立了创新驱动发展方向，有效应对经济环境变化的挑战，把产业能级推向国际创新产业发展的前沿，巩固了开发区在我国工业主力军的地位。进入“十四五”时期，头部开发区开始向万亿制造迈进。从全国来看，到2021年，全国工业强区（县级市）中，工业产值超过万亿的龙岗区、昆山市和江阴市，都有着鲜明的产业个性。而开发区的万亿制造，必将是产业成长路径和发展模式的突破创新。

从规模引领迈向模式引领

“十三五”时期以来，东部沿海国家级开发区工业总产值年均增长普遍进入了个位数时代。在外向型经济主导的开发区，仅一个大企业的风吹草动，就可能把整个开发区的工业产值拉低一大截。因此，开发区的万亿制造，不是在原有发展路径和增长模式上的简单“克隆”，而是转基因、换路径的“换道超车”。

在万亿制造的实施过程中，要继续传承发展外向型经济的成功经验，将对外开放形成的产业基础、经济实力、管理体制、人才队伍等优势，转化为自主创新的优势，由开发区制造、开发区产品向开发区质量、开发区品牌转变，实现对外开放与自主创新融合发展，这将为新时代改革开放和创新发展积累鲜活经验，为推动全国开发区由外向型经济优势向自主创新优势转变创造新的模式。

在产业布局上，塑造高端产业极点。在老片区产业转型中，走极点带动的路径，采取嵌入中心的办法，选择点状区域，集中力量优化基础设施、公共服务设施、景观环境建设，通过一体化打造，在这类地区形成新的“发展中心”，塑造具有标志性和识别性的形象，集中力量打造高端科创资源集聚的创新“大脑”，进而以核心组团的发展带动整个片区的产业转型，提升产业发展的能级。

在产业方向上，坚持链式发展路径。聚焦技术发展路线，分级分类布局核心环节，围绕生物医药、集成电路、新能源汽车、智能制造等重点领域，开展针对性招商引资，引进龙头项目、链主企业，精准补链延链，构建完整产业链条。

在项目引进上，优化政策导向作用。要注意防止政策效应边际递减和短期政策长期化的倾向，制定方向从工程性、“下饵料”的政策向优化营造环境、培植产业发展生态的政策转变，把应用场景、政府工程、政务服务、准入许可等纳入招商资源范畴，以市场和技术合作空间引进新项目，由“给优惠”转为“给机会”。

从线性增长迈向指数级增长

传统工业时代，一个企业从小微企业、中型企业发展到大型企业，以至成为跨国公司，往往需要几十年时间，这也决定了传统工业时代的产业只能是线性增长。而在新经济条件下，一项技术突破或是模式创新，便可促成一个产业涌现出大量的瞪羚和独角兽企业，3至5年就可以出现一个引领世界的高科技大公司，呈现出从创业企业、瞪羚企业，到独角兽企业、龙企业的跃迁式成长路线，即指数级的增长。

近年来，北京、杭州、深圳等地的工业产值呈现出大幅增长，较大程度上源自小米、大疆等独角兽企业的增长。这就要求开发区紧紧抓住新经济发展机会，积极打造新经济生态，既要关注产值大、利税高的大企业集团，更要关注瞪羚等潜力大、跳得高的创新型企业群体，特别是把解决瞪羚企业向独角兽企业飞跃、独角兽企业向龙企业飞跃作为重中之重，推动瞪羚企业抓住机会，整合资源，向估值超过10亿元的独角兽企业迈进；扩大对独角兽企业的扶持力度，向估值过百亿元的龙企业迈进，不断培育出新经济时代的“巨无霸”。例如，建立瞪羚企业更新机制和孵化器企业调整退出机制，解决一些孵化器内企业长期毕不了业、个别初创型企业沦为长不大的“小老头”企业的问题。调整优化瞪羚企业培育的筛选标准和扶持方向，对跳得高、长得快的重点瞪羚企业实行专业辅导，把更多的瞪羚企业培育成为真正的独角兽企业。合理运用合伙、跨界、平台、生态圈、自成长和引爆点等企业爆发式成长机制，实现独角兽向龙企业的跨越式发展。

与此同时，在新经济生态中，政府也应具备必要的灵活机制，适时优化管理运营机制，实现对经济环境变化和产业发展需求的适应性调整，更好地促进创新、产业和市场需求的有机衔接。例如，坚持官产学研协同，以产业共治的理念，营造良好的产业创新环境；坚持精简高效原则，以研究新产业，提供新政策，开展创新型服务为核心，进一步完善管理机构职能设置，强化科技创新、产业促进、人才引进培养等功能，探索以企业化管理、市场化运作、专业化服务、高效化干事为主要内容的管理体制改革试点。

从产城混合迈向产城融合

开发区的长远目标是要建设成为产城融合的现代化创新城区。近年来，许多开发区在财政投入、用地规划等关键环节向民生工程倾斜，弥补交通、居住、商贸、教育、医疗等设施配套短板，有针对性地满足不同群体的实际需求，解决了开发区发展过程“有产无城”的“老产城病”。但是在这个过程中，仍要警惕出现“房挤压厂”的“新产城病”，否则不足以保证万亿制造的产业发展空间。

坚定产城良性互动总体导向。开发区要走规划引领、环境再造、产业升级、人口转型、价值提升、品牌重塑的路径，以创新城市更新改造和产业转型升级模式为主要任务，推动开发区由产业园区向创新社区，再向城市新区转变，实现以产兴城、以城促产。借鉴新加坡裕廊工业区向城市副中心转型的经验，坚持厂区、校区、社区统筹，从单一生产性空间转向产城人文融合的复合性空间，从为生产要素流动服务转向为科技创新形成协同效应提供载体。

优化完善公共服务资源配置。一方面，公共服务设施的配置导向要从生产导向、主要面向产业工人的生活需求，转为创新导向、围绕创新的需求进行配置。另一方面，针对中心城区人口不断向开发区转移的实际，在一些具备条件的开发区探索开展与人口疏解相挂钩的公共服务资源配置机制试点，从规划、体制、政策等层面实现公共服务资源与人口转移相适应。

开展土地管理制度先行先试。探索采用地方立法的形式，强化对开发区低效用地处置的刚性约束。探索建立与开发区产城融合度挂钩的用地效益评价和差别化供地制度。例如，对近年来产城融合力度大、效果好，从老城区接收了大量疏解人口的国家级开发区，有计划地从所在城市的总供地指标中划出专项规模，用于解决这些地方新增配套设施的建设用地。

从区内制造迈向跨区域制造

开发区制造不仅仅是在开发区地理空间范围内的制造，而是遍布世界的制造。20世纪末期，新加坡就提出，要“在海外长出另一只翅膀”。开发区要“长出另一只翅膀”，一种是拓展物理空间，另一种就是拓展产业空间，即以企业为主体的虚拟空间的拓展。

为此，开发区要鼓励企业主动适应和把握市场选择，走“确保两头在内、中间适当在外”的路径，将总部、研发、设计、销售、高端制造留在区内，而将中低端环节和产品在有序、可控的前提下转移。通过企业“走出去”布局分公司、分支机构、生产基地，既实现企业空间布局拓展、规模扩大，又帮助开发区形成自主创新开花在区内、产业结果在全国的局面，拉动开发区经济总量长期持续增长。

探索灵活可行、科学持续的零碳园区建设路径

文/礼森（中国）产业园区智库 蒲雅丽

2020年9月，我国在联合国大会上明确提出“碳达峰”“碳中和”目标，开启了“双碳”战略新阶段。

2021年3月，“扎实做好碳达峰碳中和各项工作”被列为政府工作报告重点工作之一，同时提出将制定2030年前碳排放达峰行动方案，优化产业结构和能源结构，大力发展新能源。

近年来，国家积极发展低碳产业，大力提倡低碳技术，推广绿色低碳技术产品，不断推动传统能源工业结构转型，为能源结构不断优化提供了许多科技创新支撑，在实现“双碳”目标的道路上迈出了许多创新步伐。各地区纷纷出台支持和保障碳达峰碳中和工作方案，重点行业企业主动研究低碳脱碳工艺，全国涌起“双碳”热潮。

园区是“双碳”战略的主力军

2021年9月1日，生态环境部发布《关于推进国家生态工业示范园区碳达峰碳中和相关工作的通知》，提出了以产业优化、技术创新、平台建设、宣传推广、项目示范为抓手，在“一园一特色，一园一主题”的基础上，所有示范园区均应将实现碳达峰碳中和作为重要目标，并制定相应的实施路径举措；同年9月8日发布的《规划环境影响评价技术导则产业园区》中，也增加了产业园区落实区域生态环境质量改善、减污降碳协同共治等要求。

相关数据显示，我国各类产业园区已超过2.5万个，各类工业园区碳排放量约占全国总排放量的31%，作为产业要素高度集聚、创新活力持续迸发、生产生活重要承载地的各类园区，无疑是“双碳”战略实践中的先锋和主力军。在“双碳”战略的推动下，零碳园区的建设将是国家战略从宏观层面到微观层面的有效落地，是历经低碳园区、近零碳园区的持续优化迭代，是实现园区二氧化碳净排放量为零的更高追求。

了解零碳园区从基础开始

什么是零碳园区？

零碳园区是指以用能低碳化、基础设施低碳化和运营管理节碳为发展路径，以低碳技术、负碳技术、信息技术创新与推广应用为支撑，以增强园区碳管理能力为手段，有效整合节能、减排、固碳、碳汇等碳中和措施，通过产业低碳化发展、能源绿色化转型、设施集聚化共享、资源循环化利用，实现园区内部碳排放与吸收自我平衡，温室气体排放实现净零①（碳中和），生产生态生活深度融合的新型产业园区。②

为什么要做零碳园区？

随着国家政策从“能耗双控”转向“双碳双控”，地方政府、园区业主以及驻园企业对双碳战略的落地责无旁贷。从地方政府角度来看，推动零碳园区落地有利于精确核算下属园区、企业的碳排放额并制定短、中、长期目标，同时有益于长期持续监管区域内园区、企

① 净零指“碳排放”和“碳汇”体量相等，增减达到平衡。

② 《零碳智慧园区白皮书（2022）》，全国信标委智慧城市标准工作组智慧园区专题组。

业的碳排放并完成双碳目标；从园区业主角度来看，可通过零碳园区的建设进一步摸清园区内部企业的碳排放额，完成区域内减排目标，推动园区整体走向循环、持续、高质发展的新道路；从驻园企业角度看，推动企业低碳技术的提升可满足政府及园区的双控要求，满足公司可持续和ESG发展要求，满足下游客户对供应链的可持续和减排要求。

如何实现零碳园区？

实现园区的碳中和，根本是要从源头控制碳排放量和加大园区自身碳吸收及再利用，同时建立碳交易市场，有效配置园区碳资源，通过产业生产模式优化、低碳负碳技术创新、绿色可再生能源供给利用，实现园区“零碳化”发展。零碳园区的实现方式主要从园区生产、交通、建筑、能源、技术、碳交易、生态、信息手段等角度切入，例如，在零碳生产方面，加强供应链低碳化生产、提高生产效率、加强零碳运营；在零碳交通方面，推广交通工具电动化、加强基础充换设施、积极发展氢能汽车等；在零碳建筑方面，推广使用低碳建材、保温外墙、BIPV、雨水回用，加强园区被动式建筑建设等；在零碳能源方面，加强园区内风电、光伏等可再生能源使用，提高各类储能设施，通过集中式供冷、柔性电网、多能互补等方式，提高清洁能源使用效率；在负碳技术方面，加快碳捕集、利用与封存（CCUS）技术的探索推广；在碳排放抵消方面，探索通过国家核证自愿减排量（CCER）项目、绿证/绿电、碳汇交易等手段加强园区碳排放抵消；在生态建设方面，加强对园区整体生态化、循环化改造，通过加强立体绿化、休憩绿地等绿色空间建设、废弃物循环化利用等，实现生态绿色与经济发展两手抓；在信息手段方面，通过对云计算、移动互联网、大数据、区块链、5G、数字孪生等数字技术的运用，加强数字化赋能，驱动零碳技术创新、园区碳排放量核算、管理、管控和测算，实现对园区碳排放的全生命周期智慧管理。

零碳园区建设路径探索

要坚持政府引导、多方参与原则，契合园区规划、建设、管理运营的成长过程，规划好零碳园区建设蓝图，做好区域碳量核算，平衡好碳排放与经济发展，探索灵活可行、科学持续、符合实际的零碳园区建设路径。

构建模型，精准核算。进行零碳建设或改造的园区首先需针对区域内产业结构和企业属性，启动园区全域碳排放核查和摸底工作，构建适宜的碳核算模型，确定碳排放物理边界和业务边界，依据直接排放、外购能源排放和其他所有间接排放量，进行全量化的碳数据汇总，梳理可行的减排方式，模拟不同减排方案的实施效果，科学测算本园区碳达峰目标值和期限，科学制定碳中和路径和主要措施，形成切实可行的实施方案和任务清单。

规划先行，全面统筹。新建园区需在园区定位、开发建设、产业发展、项目招引、空间布局、数字智慧等多方面融入碳中和发展理念，全面考虑园区生产、交通、建筑、能源、技术、碳交易、绿色生态、信息手段等方面零碳建设需求，形成科学持续、适度超前、一体化的零碳园区建设规划，画好顶层零碳园区建设蓝图。根据碳排放核查结果，综合园区发展规划和企业发展需求，制定园区碳排放规划和行动计划，细化分年度、分行业、分区域的减排时刻表，全面统筹园区零碳事业发展。在全面摸底的基础上，优化制定园区战略规划、产业发展、空间布局等规划方案，分阶段、分批次、分区域做好改造推进计划。

推进建设，细化责任。依托顶层设计方案，切实可行地推进规划落地，统筹推动产业结构优化、低碳项目引进、低碳技术改造、企业装备升级、清洁能源推广、零碳园区建筑和基础设施改造、交通工具电动化、生态建设、数字化改造等工作开展，从碳排放全过程、全领域筑起绿色发展的屏障。同时，在园区零碳建设过程中，要明确和创新组织机制和激励机制，明确工作任务和考核机制，将零碳责任分解落实到部门、到个人，依托专业碳排放管理员、碳排放核查员等新兴职业专业化输出，支撑园区管理者有效决策、精准部署。同时，完善碳交易机制引导和财政支持，鼓励支持园区企业积极参加碳交易，主动融入全国碳市场建设和运行，撬动更多社会资本参与零碳企业、零碳园区建设。

数据支撑，智慧运营。依托信息化手段，建立园区碳排放综合管理平台，强化园区碳足迹追踪感知系统、园区碳中和看板、园区碳推演全景图、碳平衡管理、碳交易网络等模块建设，优化零碳操作系统，实时统计监测各区域、各企业碳排放和用能数据，通过对数据整合处理和挖掘分析，优化各个设备资源，制定多种碳排放控制策略，提高能源使用效率。积极推动园区低碳信息库建设，加强低碳项目库、低碳企业库、低碳技术库、低碳产品库、低碳人才库建设，全方位提升园区智慧零碳管理水平。

零碳园区典型案例参考

★上海闵行经济技术开发区

作为国家生态工业示范园区，上海闵行经济技术开发区在发展过程中持续秉持绿色低碳循环理念，园区内部采用光伏发电实现工厂100%绿色用电、废水降解再利用，将沼气“变废为宝”、自主研发设计自动化省电生产线等方式，响应碳达峰碳中和战略，推动园区低碳转型，加强能源资源节约，于2021年率先创建零碳示范园区。

★金风科技亦庄智慧园区

金风科技亦庄智慧园区始建于2010年，建筑面积超过9万平方米。2020年园区内制造工厂、实验中心、培训中心等生产运营范围内所产生的二氧化碳当量温室气体，通过综合性微网系统中分布式风光储设备的能源替代、节能减排等措施以及注销碳减排指标的方式，实现100%碳中和。

★福建三峡海上风电国际产业园

福建三峡海上风电国际产业园位于福建省福州市，占地约1 000亩。福建三峡海上风电国际产业园通过测试风机、屋顶光伏、储能装置的多能互补，借助能源管理系统等技术打造智能型微电网，最终实现抵消园区所排放的全部温室气体。

★鄂尔多斯零碳产业园

鄂尔多斯零碳产业园位于蒙苏经济开发区江苏产业园。基于当地丰富的可再生能源资源和智能电网系统，推动能源转型，加快构建以“风光氢储车”为核心的绿色能源供应体系，实现了高比例、低成本、充足的可再生能源生产与使用。同时，配合数字化基础设施，搭建“能碳双控”平台，推动零碳产业及电解铝、绿氢制钢、绿色化工等技术的发展和应用，构建“绿色能源＋交通＋化工”的“零碳新工业”创新体系。

现阶段我国开发区产城融合发展的实践与思考

文 / 商务部国际贸易经济合作研究院　田伊霖　黄源源

产业是城市发展的基础，城市是产业发展的载体。现阶段，产城融合既是助推我国开发区加速发展的重要动力，也是提升开发区高质量发展的有力手段。目前，我国开发区在产城融合发展方面已进行诸多有益实践，梳理总结出了一批先进经验和做法。然而，开发区产城融合发展也面临着诸多难题，需要有针对性地思考应对之策。

开发区产城融合发展具有重要意义

有助于保障开发区日常运行。开发区的日常运行涉及方方面面，一般来说可以分为园区经济发展、社会治理、环境保护与合作共建等四大板块。尽管经济发展是开发区日常运行的首要任务，但是社会治理也对开发区正常运行和健康发展具有重要作用。开发区社会治理板块的主要内容一般包括行政服务、教育保障、医疗服务、社区建设以及文化生活等方面。而上述领域的健康快速发展可以通过产城融合实现。由此可见，产城融合发展对于开发区日常运行保障具有重要支撑作用。

有助于吸引高端优质人才。无论选择“以产兴城”还是“以城促产”的道路，产业和城市的发展均需要依赖“人”的支撑。而产城融合发展则可以帮助开发区快速引入卫生、文化、居住、体育等优质人居环境要素，打造高品质生活居住环境，为优质人才解决子女教育、健康养老、艺术品鉴、休闲生活等问题，通过“筑巢引凤”吸引开发区发展需要的高层次、高素质人才。

有助于重塑产业成长生态。产业成长生态的重塑尤为依赖创新体系的构建。但现阶段，我国绝大多数开发区尚未构成“园区—校区—社区”的复合型发展环境和创新体系，产城融合发展则有助于创新要素的集聚和创新体系的形成。这是因为开发区在规划和实践产城融合发展的过程中，可以有针对性地对区内产业成长所需要素进行补充，围绕完善产业发展和创新体系，构建支持平台，遵循“宜业宜居—创新创业—产品产业”的发展脉络，规划建设并优化功能布局，从而通过培育以产兴城、以城促产、产城协调发展的创新环境重塑区内产业成长生态。

有助于探索新型城镇化道路。《中华人民共和国国民经济和社会发展第十四个五年规划和2035年远景目标纲要》对“完善新型城镇化战略，提升城镇化发展质量”做出了部署。探索产业和城镇融合发展的新型城镇化道路是现阶段我国开发区产城融合发展的另一层“题中之义”。延续传统粗放的城镇化模式，会带来产业升级缓慢、资源环境恶化、社会矛盾增多等诸多风险，可能落入“中等收入陷阱”，进而影响城镇化进程。而开发区产城融合发展是推动新型城镇化的重要举措，有利于实现城市土地集约化，加速城镇化有序推进，促进城市一体化建设。

开发区产城融合发展积累丰富实践

现阶段，我国开发区始终坚持以打造现代产业新城为目标，加速推进产城融合发展，根据自身情况开展实践，不断强化自身综合实力并积累了诸多宝贵经验。

以产兴城，不断激发产业活力。当前，全

国开发区为实现产城融合发展，达到“以产兴城”的目标，成功进行了多种实践，不断激发产业活力。以九江经济技术开发区为例，依托九江市打造“产城融合示范区”的契机，促进产业集聚发展，加速构建先进产业体系。在区内积极发展先进制造业和现代物流及航运服务业，以技术创新、企业转型、产品升级为核心，优化产业结构，提升产业层次，壮大产业规模，推动产业向高端化、智能化、集群化、数字化、特色化方向发展，加快制造业向价值链高端延伸，基本形成电子电器、新材料、汽车及高端装备制造和现代物流及航运服务业“3+1”的主导产业体系。通过产业高质量快速发展，吸引先进生产要素、人才向九江市不断集聚，以九江经开区为引领，加速九江市产城融合发展。

以城聚产，全面完善城市功能。产城融合，不仅要以产业为目标，承载产业空间和产业经济，也要以城市为基础，驱动城市规划和配套完善，全方位满足“人”的需求，打造有生命力的城市，以达到产业、城市与人之间有活力、持续向上的发展契机，拉动城市发展进化，不断攀升至新台阶。

当前，全国开发区也积极完善城市功能，以期达到“以城聚产”的发展目标。以西安经济技术开发区为例，现阶段，城市公共服务基础设施均参考国际化标准，结合渭河、泾河水文化和西安经开区产业文化，建设特色鲜明的品质城市；同时，紧抓西安“创建公交都市”契机，树立“城市公共交通引领城市发展”的理念，根据“全域统筹、片区联动、交通引导城市空间拓展”的策略，实施公共交通全域统筹，加快推进城市轨道交通建设，形成城市公共交通和城市空间发展联动的新格局；另外，还将教育、商业、生活等设施进行了统一布局。

智慧城市，以人为本作为核心。在“新型城镇化”理念的带动下，产城融合将迎来新一波发展高峰。与此同时，越来越多的高科技元素被融入城市建设和发展。坚持“以人为本”为核心，把创新作为新型城镇化的最大动力，同步调整产业结构，建设“智慧城市”，将有效助推开发区由产城融合向“产、城、人、文”四位一体有机结合迈进。

例如，现阶段，郑州经济技术开发区正在加快“城市大脑”打造，有序推进“智慧城市”先行区建设。郑州经开区与科技型企业联手，通过精准定制化的行业解决方案，形成了城市大脑系列和工业大脑系列等行业领先产品。其中，城市大脑系列涵盖智慧交通、城市治理、智慧政务等方面，工业大脑系列则涵盖电信运营商、智能工业、新零售等方面。

绿色生态，打造宜居宜业示范。近年来，部分开发区在产城融合发展过程中，在注重产业发展的同时，也将生态环境质量改善作为主要任务，始终坚持将推动经济发展高质量发展和打造宜居宜业生态环境协同推进。

北京经济技术开发区前后耗时近十年时间，为产城融合铺就了“绿色底色”。自党的十八大以来，北京经开区推动产城有机融合、互为促进，提升人文环境、生态环境和居住环境建设质量，继续当好“没有城市病”的标杆，加快打造世界一流产城融合的综合新城、宜业宜居的绿色城区。目前，北京经开区已经成为白鹤等多种国家级保护动物的家园。据调查，截至 2022 年 5 月，北京经开区所在亦庄新城范围内共记录鸟类 306 种，占北京市鸟类种类总数的 61%。与此同时，北京经开区持续推进大气污染防治工作，打好打赢蓝天保卫战，从移动源、固定源两方面下手，聚焦各类污染物排放，全面开展大气污染防治工作。截至 2021 年底，北京经开区 PM2.5 年均浓度创有监测以来最优水平。

对下一步开发区产城融合发展的建议

当前，我国大部分开发区都已将产城融合发展作为园区高质量发展的重要一环，并且许多园区通过探索和实践，都找到了符合自身实际的特色融合发展道路。但现阶段，开发区产城融合发展仍面临诸多问题。

一是部分开发区产业基础仍相对薄弱，经

济的组织化程度低、主体分散、技术落后、品牌较少、效益不佳，产业发展程度尚无法达成“以产兴城”的愿景；二是许多开发区内城市建设仍不完善，保障性住房、物流、教育、医疗、文体等基础公共服务设施尚无法满足园区内人民生活的基本需求；三是部分园区尚未形成宜居宜业环境，除城市建设等公共服务硬件设施外，园区内绿化、文化资源以及生活性服务业等软件环境发展存在较大缺口。上述问题均可能导致开发区无法吸引到符合园区发展需要的高质量人才，而缺乏了“人”这个基础，产城融合发展也就无从谈起。

为应对上述问题，现阶段我国开发区产城融合发展应始终做到规划先行，按照生产空间集约高效、生活空间宜居适度、生态空间山清水秀的原则，科学规划空间发展布局；同时，应继续在产业发展层面下大力气，促进产业集聚发展，构建现代产业体系；此外，还应加强基础设施建设，进一步提升园区内以及与其他区域协同发展地区各类公共服务基础设施供给，提高公共服务水平；最后，还应践行“绿色城市”“人文城市”等发展理念，打造宜居宜业软环境。

离岸创新孵化：国家级开发区开放式创新抓手

——基于广州开发区离岸创新孵化模式的调研与思考

文 / 李耀尧①

作为改革开放“第二梯队”和试验田，国家级开发区是中国改革开放战略与全球化互动的重大成果，在开放型经济发展模式中创造了可贵的中国经验。但随着中国经济转型与高质量发展推进，离岸创新孵化在国家创新驱动发展战略中显得十分重要，而这一探索性任务恰恰又历史性地落到国家级开发区肩上，以此实现开放式创新发展突围。本文从理论和实践维度考察以广州开发区为代表的国家级开发区离岸创新孵化模式，提出我国开发区在开放式创新中实施离岸创新孵化之策。

理论视角：离岸创新孵化的创新必然性逻辑

创新作为一种理论可追溯到 1912 年美国哈佛大学教授熊彼得的《经济发展概论》。熊彼得从技术与经济相结合的视角提出，创新是指把一种新的生产要素和生产条件的新结合引入生产体系，本质上是生产要素的重新组合。引申到离岸创新孵化，是指通过与国外境外创新要素的资源配置与组合而获得创新发展的强大动力，实现创新主体的共赢。

开放式创新是研发全球化的必然逻辑。开放式创新是将传统封闭式创新模式开放并引入外部的创新能力，是各种创新要素互动、整合、协同的动态过程，这要求企业与所有的利益相关者之间建立紧密联系，以实现创新要素在不同企业、个体之间的共享，构建创新要素整合、共享和创新的网络体系；其最终目标是以更快的速度、更低的成本，获得更多的收益与更强的竞争力。

当前，仅仅依靠内部资源进行高成本的创新活动，已经难以适应快速发展的市场需求以及日益激烈的企业竞争，因此开放式创新正在成为创新的主导模式。把外部创意和外部市场化渠道的作用，上升到和封闭式创新模式下的内部创意以及内部市场化渠道同样重要的地位，均衡协调内部和外部的资源进行创新，寻找外部的合资、技术特许、技术合伙、战略联盟等合适的商业模式，以尽快把创新思想变为现实产品与利润。

离岸创新孵化是开放式创新重要模式。封闭式创新模式过分强化和控制自我功能，那些无力承担高额研发投入的企业将处于竞争劣势，大量的技术因过度开发或者与市场需求相脱离而被束之高阁不能获利，政府或企业无视外部众多优秀且廉价的同类创新成果而导致闭门造车。相反，开放式创新强调国内外资源的整合利用，特别是在从经济全球化到研发全球化演变中更加看到全球开放式创新的趋势。

作为开放式创新模式的重要载体，离岸创新孵化是兼具引才引智、创新创业、专业服务等功能的国际化综合性平台，也是一种将生产性服务向发达国家外包，利用发达国家的优势资源整合国内生产要素，从而提升国内制造业

① 李耀尧，经济学博士，广州开发区政策研究室主任兼广州高新区高质量发展研究院院长、中国开发区协会智库首席专家、中国高新区战略研究会高级研究员、华南理工大学校外导师。

全要素生产率水平的培育机制。而采取“区内注册、海内外经营”离岸模式对接海外人才或项目，汇聚全球创新资源来推动自身创新发展，已经成为全球开放式创新的一个重要模式。

离岸创新孵化是在全球创新资源集聚的国家和地区所设立的、为创新企业成长提供指导，促进创新创业发展，具有科技创新和商业培育的双重功能平台，以海外科技成果转化、人才引进、技术转移、创新团队及企业孵化、国内外资源对接为目标的开放创新服务平台。例如，美国1992—2000年生产性服务业的离岸外包对其本土制造业生产率的贡献达到10%，而更高份额的生产性服务中间品的进口有利于提高国内产业生产率；经合组织成员国在1994—2004年的10年间，生产性服务进口与制造业生产效率存在正相关关系；在我国制造业的中间投入构成中，离岸生产性服务业离岸外包对中国不同技术密集度制造业出口技术复杂度的提升均有显著的正向影响。

离岸创新孵化有助创新网络系统建设。完整的创新网络系统不仅包括国内创新网络，同时也离不开国外网络，这也正是从制造业全球化到研发全球化、创新全球化的必然要求。有关专家通过梳理国内外关于生产性服务产业离岸外包与本土制造业生产率之间关系的研究发现，基于自身产业发展现状，有针对性地与国外优势资源进行创新孵化整合是促进我国产业高质量发展、迈向全球价值链中高端的有效途径。正是因此，离岸创新创业基地对创新驱动发展动力培育和实现新时代中国经济高质量发展均具有重要意义。

近年来，上海、武汉、苏州、合肥、天津、海南等地相继开展离岸创新创业基地建设工作，并取得了一定成效。离岸孵化基地的兴起也形成了一种离岸基地集聚创新资源的新示范，有利于加快吸引和集聚海外高层次人才、建设适合海外人才的创新创业生态、提高海外人才项目孵化创业成功率，是新形势下海外人才、项目引进的创新形式。上海、深圳、广州、武汉等地结合自身的地理位置及经济发展状况，衍生出了各不相同的离岸孵化器模式，均取得了不同的离岸创新效果。

实践分析：离岸创新孵化的广州开发区模式

近年来，广州开发区围绕创新驱动发展路径，探索出了一条以开放式创新导向的离岸创新孵化模式——“市场主导、企业主体、政府推动、社会联动”四位一体的海外“引智引技引资型”发展模式，2021年，已完成验收离岸创新孵化项目31项，形成了离岸创新孵化的四类创建模式。

创建“内外注册、海外经营”创新孵化模式。自2015年起，广州开发区开始探索在国内外建设离岸孵化器并实施海外经营发展的模式，即利用保税区等政策实施“区内注册、海外经营”或者“海外注册、区内经营”。重点发展了3个海外科技创新中心建设项目，即金发科技股份有限公司建设德国化工新材料技术创新中心、广州阳普医疗科技股份有限公司建设美国科技创新中心、广州金域医学检验集团股份有限公司建设香港粤港精准医学协同创新研发中心。

总体来看，这些离岸孵化器既有政府主导型也有企业主导型，项目主要通过活动选拔和项目招商部招募两种方式成为孵化项目，在国内进行登记和注册，项目的孵化过程不限制于国内的站点。在活动过程中以及通过项目招商部的职能，能实现项目与资金和技术的对接。项目立项后便入驻已有的站点，在站点内完善技术、扩展资金来源、了解市场，为项目进入市场做准备。待项目较为成熟，借助基地的产业服务部，实现项目落实成长。由于产业发展存在技术依赖的差异性和地域的异质性，离岸孵化研究建立在对具体产业分析的基础上并不断加以完善。

创建“立足湾区、协同港澳”创新孵化模式。广州开发区发挥粤港澳大湾区建设优势条件，主动承接香港再工业化运动，开展了与香港和澳门的全面对接，创建了“穗港制造特别合作区”和“穗港科技合作园”两个省级发展平台，建立香港和澳门青年创业俱乐部，实施穗港澳青年三地创新创业协同发展。

在这样的背景下，香港粤港精准医学协同创新研发中心项目依托金域香港科技创新中心搭建了色谱质谱检测技术平台和高通量基因检测技术平台，并孵化检测项目，引进了香港中文大学卢煜明教授高端无创产前（NIPT）检测项目，在开发区落地孵化“无创产前检测技术在胎儿染色体非整倍体中的应用研究与产业转化”项目，与香港城市大学、澳门大学建立合作关系，引进境外科技人才，拓展粤港澳合作伙伴关系网。目前，广州开发区在香港孵化项目2项，引进海外科技人才1名，与广州市科技局在香港科技园共同举办了“金域医学创新与技术合作推介会”，充分展示和推介了开发区形象，拓展了香港与开发区在精准医学的合作领域和合作深度。

创建“招才引智、借力使力”创新孵化模式。广州开发区创造了招商4.0模式，探索以人才为中心的“引智引技引资引市”发展范式，实现招商引资从1.0（资源驱动型）到2.0（土地扩张型）到3.0（技术促进型）再到4.0（知识驱动型）的转化。借此，开发区建立了海外人才离岸创新创业基地和源创力离岸创新中心，推动离岸创新发展。这种以智力和人才为中心的离岸孵化模式吸引了高端人才与技术项目，形成创新发展的良好局面，2021年，全区拥有跨境合作机构近50家，引进高层次海外创新创业人才1 000多名。

例如，广州开发区阳普海外科技创新中心是阳普医疗在美国设立的科技创新工作基地，创新中心将创新项目与阳普集团已有的人力资源、资金优势及生产、销售渠道相结合，弥补阳普医疗集团在前沿创新项目上的不足，同时也降低孵化公司创业成本和营销成本，缩短孵化产品上市前的准备时间，最终实现阳普医疗由较少产品向多元产品或服务群迈进，成为医疗系统产品或者服务的综合供应商。

与此同时，阳普海外科技创新中心还充分利用美国当地的医疗创新人才优势和我们先进的实验室条件，通过与美国大学和研究机构合作，提供一定的种子基金，引入更多的独创型的孵化项目，发挥开发区特有的专业技术评估能力，锁定更多适宜中国市场的项目，强化与阳普湾的中美两地协同创新孵化的模式，与阳普兄弟基金深圳阳和投资公司等相关基金合作，实现更多项目落地广州开发区。截至目前，阳普海外科技创新中心在项目期内引进了项目1项、内部孵化项目1项，完成了28个海外项目的调研评审工作，组织承办了国际交流活动1场，申请发明专利1件。

创建“离岸创业、柔性引智”创新孵化模式。广州开发区拥有占全区企业总数80%的民营企业，以此为基础，针对性地探索推进离岸创新孵化。例如，广州金发科技股份有限公司是广州开发区一家专业从事高性能新材料研发、生产和销售的科技型上市民营企业，其组建的“德国化工新材料科技创新中心”深耕国际合作平台，创新对外交流形式，积极拓展渠道和领域，有效加强了国际科技合作交流工作力度，先后与众多德国科研机构和大型企业进行合作，参加了世界最大的橡塑展——德国杜塞尔多夫国际塑料及橡胶博览会，全面展示了化工新材料在高性能、轻量化、低散发、环保化方面的解决方案，推出了多种先进材料。类似的，位于广州科学城的广州归谷科技有限公司，也在美国旧金山的硅谷地区建立了离岸孵化器，发展态势十分强劲。

总结广州开发区上述离岸创新孵化4类模式，主要体现为三种离岸创新运行机制：

一是探索了以政府为主导的孵化器运作机制。其优势是政府能够站在整个地区甚至国家的角度选择所孵化的项目。在孵化的方法上，政府也能以其主导地位，在资金、人力及各项政策上对所孵化的对象予以各种优惠，政府的这种主导作用对于民间资本的流向也有示范作用。

二是探索了以创业风险投资为主体的孵化

器运作模式。其优势是遵循市场规律，为中小企业提供发展所需的资金，由于创业风险投资公司权责分明，所以资金管理人员能对所孵化企业进行资金上的有效监管。

三是探索了以大型企业为主体的孵化器运作模式。大型企业拥有相对健全的现代企业制度与销售网络，具有包括技术型人才、管理型人才、财务人才在内的丰富的人才储备，其孵化的产品也往往具有明显的利润增长点，可能会涉及其产品结构的调整，或是进一步增加主导产品的竞争力等。上述这些优势能够确保离岸所孵化的产品有较高的成功率，也促使一些处于起步阶段的技术创新项目迅速转化为产品，扩大小企业发展空间并形成创新动能。

未来对策：中国开发区离岸创新孵化的路径

从发展演变的态势来看，中国国家级功能区（包括经济技术开发区和高新技术产业开发区等）正在经历一个从大开发区时代向高精尖开发区时代转变的过程，许多开发区需要将发展功能“回归其本意”，即高新区要回归创新驱动发展功能区，经济技术开发区要提升面向全球化的创新，实现创新驱动发展功能的综合提升，这才是国家级功能区促进我国高质量发展的根本要求。从这个意义上来说，适应我国经济转型和高质量发展战略布局，中国的开发区应全力推进开放式创新建设，一个很重要的途径就是大力发展离岸创新孵化。

从开发区新型战略上谋划布局离岸创新孵化。以实现科学发展和打破路径依赖为目标，深入实施自主创新战略，坚持“开放协作、创新引领、转型升级、辐射带动”的原则，以开放式创新为主线，以广州开发区等国家级开发区为平台，以构建知识产业体系为主攻方向，以创立离岸创新孵化基地为抓手，以构建开放型区域创新体系为重要动力，以构建高端服务体系为重要支撑，大力实施聚焦高端人才、高端产业、高端服务“三高战略”，通过机制创新、网络构建、全球链接、资源整合，实现创新环境开放、创新主体开放、创新要素开放、创新应用开放，努力提升国家高新区自主创新能力、产业竞争能力、辐射带动能力，将国家开发区打造为开放创新先行区、转型升级核心区、知识经济先锋区。

从开发区创新功能提升上发展离岸创新孵化。着力培育类似“国际特别创新区”的离岸孵化科技创新体系，从海外孵化、筛选项目到产业化，将引人才与引项目、引企业相结合，搭建海外人才创新创业新平台。

找准科技与金融经济发展的切入点，积极拓宽孵化器建设的融资渠道。探索孵化器的经济效应，通过接待团建、参观或开设主题咖啡馆等活动提升孵化器文化内涵以及品牌影响力。鼓励、引导金融机构、创投机构主动与孵化器内企业对接，缓解孵化器现金流问题，以大型孵化器或集团模式得到更好发展。同时，在资本及产业运作的推手下，建设全国性孵化器共享信息平台，使得企业需求及诚信信息得到广泛共享。

聚集全球创新创业资源，建立发达国家及创新型国家和地区海外创新孵化基地，并与国内外顶尖的基金机构合作，组建跨境并购基金体系，广泛集成社会资源，组建集政府、区属企业、民营企业、技术专家、资本专家的专业团队，聚焦海外先进地区创新创业优势资源，介入项目源头创新，打造“落地资本＋资源＋产业＋市场”的离岸创新生态链，推动国际网络信息先进技术项目落地，并对接本地市场，加速国家级开发区新旧动能转换，实现创新功能的全面提升。

从开发区产业特色上发展特色离岸创新孵化。面对孵化成绩突出、专业性强的孵化器，建议国家层面进行专业方向的指导及培训，及时更新专业方面的最新研究情况。建设与产业发展密切结合的专业孵化器、特色产业孵化基地，增强区域孵化器的核心竞争力。

同时，各地的国家开发区孵化器产业也要开展孵化器内部诚信建设，更加多维地思考孵化器行业与风险投资的关系，使得难融资的问题迎刃而解。一方面，新增的增值服务可以提高孵化器孵化效率增加孵化器利润，另一方面，也可以作为收费项目增加收入。

建议优化离岸创新孵化器评级考核指标，向专业化方向发展。不再采用“大班上课”的孵化模式，而是转为“一对一”的有针对性的孵化形式。着力支持孵化器建立自身特色，大力支持有需要的专业孵化器并帮助建设相关技术平台。

从开发区宏观政策管理上促进离岸创新孵化。为使孵化器在高速发展的时期搭上政策红利的“顺风车”，建议国家层面及地方政府加强宏观管理和政策服务。在呼吁政府推出更多激励政策的同时，我们也要将已有的改革政策落实到位。针对离岸创新孵化器建设中出现的新问题着手研究新的政策，确保孵化器健康有序发展。提升孵化器孵化质量而并非一味追求孵化器的数量和规模，更要提高资源利用效率、提高孵化企业质量。提升离岸创新孵化器品牌效应和运行质量，优化升级并吸引更多的孵化企业入驻，增强可持续发展能力，建立优胜劣汰的用人机制实现共赢。

为了使离岸孵化器建设能够长足且蓬勃发展，一方面，对内在项目初期就应进行严格的考核以及筛选，将宝贵的孵化资源更多地给予有潜力的项目；孵化器建设的后续力来自高端人才团队的建设，决定了孵化器将来能够走多远，孵化器的核心竞争力就是知识的再生产力。另一方面，对外要响应政府的政策支持，确保孵化器健康发展；提高资源利用效率，优化升级孵化器品牌效应和运行质量，增强可持续发展能力；由面到点，坚持产业化、专业化、建设与产业发展密切结合的特色产业孵化，增强区域核心竞争力。此外，还要注重各地相关资源的结合，整合有利的资源产生联动反应。

从产业集群迈向创新集群

——关于开发区创新集群建设的思考

文/中国（江苏）自由贸易试验区苏州片区制度创新局局长、党组书记　沈卫奇

创新集群是当代科技、经济一体化的新形式，是以创造生成新知识、新产品、新服务为目标的创新型组织在地理空间上的集中或在技术经济空间中的集聚，并且与外界形成有效互动结构的产业组织形态。创新集群是产业集群的高级形态，它以产业集群为依托，又不断赋能产业集群发展，持续催生产业创新、推动产业升级，最终形成创新主体之间相互依存、相互赋能的创新生态系统。开发区作为现代区域经济治理的组织方式，同样具有地理集中和知识集聚的特点，也是创造生成新知识、新产品、新服务的最优平台。开发区与创新集群两者契合度高，可以共振融合、共生发展。

特别应该看到的是，随着数字经济时代的到来，尤其在百年大变局叠加世纪疫情冲击的情况下，开发区面临着比以往更加紧迫的转型升级创新提升任务。加强对新型组织生态的学习研究，推动创新集群建设，将科技创新与产业升级有机结合在一起，对于推动开发区高质量发展无疑具有非常重要的现实意义。

打造开放创新联合体

创新有封闭式创新和开放式创新之分。在传统模式下，研发、生产、销售等一系列创新行为都发生在企业内部，这时的企业就是一个封闭的创新体。但是，创新的过程具有长期性和不确定性，封闭式创新有时会造成创新资源的浪费，甚至给企业带来灾难性的后果。因此，越来越多的人们认识到，要实现高效率的创新，就必须把创新相关的机构，以更加市场化的机制组织起来，打造开放创新联合体。

有人把美国硅谷的模式总结为“官产学三重螺旋”：“官”指政府，负责政策性支撑，明确大学的专利授权、天使投资与创业者之间的法律关系，制定产业促进政策等；“产”指产业，企业主动参与学校课题研究，或向学校发布研发合作项目；“学”指学校，主要是研究型大学，接受企业课题合作项目，安排学生到企业直接参与研发，这成为很多高科技园区的标准创新模式。目前，我国提出建设创新联合体，主要是围绕实现科技自立自强、打赢关键核心技术攻坚战，由龙头企业牵头组建，开展“有组织的科研”。

开发区，尤其是头部开发区应牢记“国之大者”，重视创新联合体建设，围绕国家使命建立价值共创、利益共享、风险共担的协同创新机制，改变过去“单兵作战”模式，实施“大兵团作战”，组建创新“联合舰队”，采取“揭榜挂帅”“发布创新订单”“联合攻关协议”等方式，将创新机构组织起来，通过市场获利、政府激励等方式形成可持续的资源整合和创新突破。

打造创新策源硬实力

美国创新管理专家埃里克·冯·希普尔从企业和产业创新的视角出发，提出了创新策源理论。他认为，界定创新策源有两大核心特征：其一为“首次”，第一次研制了一种新产品或改

进了某种生产工艺过程，使其变得功能更强大；其二为“源头”，领先的创新企业会引发创新链连锁反应，进而形成产业创新优势。事实上，成功的创新者可以从自己对创新的暂时垄断控制中获得回报，这也是各国都十分重视创新策源的原因。而科技创新策源力能够形成良性“连锁反应”，对区域乃至国家产业发展起到引领促进作用。

从各地的实践来看，有效提升科技创新策源力，主要存在政府主导、市场主导两种不同的模式。所谓政府主导，即政府在创新资源要素布局中发挥主导作用，突出国家重大战略任务需求导向，布局重大科技基础设施、国家技术创新中心，实施国际大科学计划和大科学工程，加强重大科学问题前瞻研究和重要基础学科专业建设，形成一批基础研究和应用基础研究重大原创成果。所谓市场主导，即发挥企业创新主体作用，深化完善全过程创新生态链，鼓励企业与高校、科研院所共建创新平台，支持企业牵头组建创新联合体，打造以市场为导向的新型研发机构，探索建立产学研用深度融合的新机制，大力推动应用场景和公共资源开放共享，推动产业链上中下游、大中小企业融通创新。

对开发区而言，招商引资聚源与科技创新策源是两种不同的发展策略，前者见效快，但产业稳定性不高，后者见效慢，但产业向心力强。头部开发区应致力于成为未来重大科学发现、重要技术发明、新兴主导产业的重要策源地之一，坚持长期主义，保持战略定力，改变传统的招数与打法，争取大科学装置、国家实验室、全国重点实验室、国家级产业创新中心、“国字号”科研院所在区内落地，构建内外资企业协同、大中小科技企业互为生态的区域创新体系，努力在领先技术研发转化、创新场景开发应用、新兴产业引领发展等方面走在前列。

打造一流企业新地标

企业在创新集群建设中居于核心地位，拥有着对创新要素整合配置的话语主导权。根据创新能力和创新战略的差异，企业可以分为领导型、跟随型和生存型三种类型。领导型企业是指在特定产业领域，其技术、标准、品牌、服务等方面处于领先地位的企业，根据影响力不同又可分为旗舰企业（全球）和龙头企业（国内）；跟随型企业是指具有一定创新能力，采取跟随、模仿、学习和创新战略的企业，往往只能被动地接受现有的技术和市场条件；生存型企业是指没有技术创新能力的企业，以最低利润谋求生存，存续时间短，更迭频率高。

以生物制药行业为例，根据美国《制药经理人》杂志发布的“2021 年全球 TOP50 制药企业排行榜”，全球十大最顶尖的生物制药巨头集中在瑞士（2 家）、美国（5 家）、法国（1 家）和英国（2 家）。2020 年，这些公司的研发强度大多在 15% ~ 25% 左右，实际研发投入都在 50 亿美元以上，最高的达到 113 亿美元。而我国销售规模较大的生物制药公司中，仅恒瑞医药的研发强度达到上述标准（17.9%），研发费用 49.9 亿元，相比国际巨头依然差距很大，生物制药行业的现状是国内很多行业的缩影。

从目前国内开发区现状看，除中关村、深圳高新区等少数头部开发区培育了一些具有全球影响力的领导型企业外，绝大多数开发区缺少原生型的地标企业。旗舰企业、龙头企业的缺乏，意味着开发区缺少资源整合配置能力，很难在关键核心技术攻关上有所建树。因此，开发区应把建设一流企业作为重要目标，加强旗舰企业和龙头企业培育，加大总部项目招引，加快企业总部基地建设，同时推动科技型中小企业向“专精特新”方向发展，形成引领区域创新的企业梯队。

打造人才汇聚强磁场

创新中心首先就是人才集聚中心。技术革新，尤其是技术革命，需要科学原理的支撑和掌握。从发现原理，到发明技术，再到精准运用，是一个相对缓慢的过程。想要加速这个过程，关键在于人才。

纵观国内外比较成功的知名园区，都舍得在人才引进方面投入“真金白银”，通过出台具有独特吸引力和国际竞争力的政策制度，广泛接纳全球优秀人才，让世界拥抱园区，也让园区走向世界。斯坦福科技工业园区发展成“硅谷”，成为世界著名的电子工业和计算机业的王国，集结着世界各国科技人才达100万人以上，美国科学院院士近千人在硅谷任职。类似的，马萨诸塞州“波士顿128号公路园区”、北卡罗来纳州“研究三角园区”等也都是成功的典范。这些区域的发展都说明了一个道理：只有拥有人才，才能掌握创新的主动。

如何吸引创新型人才，营造近悦远来的人才发展环境，是开发区管理者应该思考的重要问题。

首先，吸引人才要尊重人才。创造人才提升自我的机会，搭建人才干事创业的舞台，给予科研单位更多自主权，赋予科学家更大的技术路线决定权和经费使用权，让科研单位和科研人员从烦琐、不必要的体制、机制束缚中解放出来。

其次，吸引人才要创新制度设计。在放宽人才就业年龄限制、境内外往返便利化签证、外国高端人才互认、国际职业资格比照认定等方面，开展先行先试探索，打破人才流动制度化障碍。

最后，吸引人才要保护人才权益。刑赏失据，必令智者寒心。尊重智慧、保护权益，要体现在创新者获得更多创新收益上，特别是要完善知识产权保护制度和激励制度，完善职务发明收入分配向发明人倾斜的机制，充分保护好、调动好人才的创新积极性。

打造科技金融助推器

资本与人才是创新集群的两大核心力量。科技金融是服务于科技开发、成果转化和高新技术产业发展的一系列金融工具、金融制度、金融政策与金融服务的系统性、创新性安排。美国科技金融主体来源于政府、投资银行、养老保险基金、天使投资者等，各方在投资上相互补充，推动技术、资金在企业和金融机构之间高效流动。我国科技金融主要包含科技信贷，股权投资（VC、PE），科技担保，科技保险、融资租赁等多种形式。

据《中国科技金融生态年度观察2020》显示，自2015年以来，中国创业投资市场成为仅次于美国的第二大市场，市场规模已超过欧洲、日本、以色列等国家和地区。开发区作为科技创新活动最活跃的地区，应高度重视区域科技金融中心建设，方便金融机构近距离了解科技创新活动，减少信息不对称，从而更好地为科技创新提供针对性的金融服务需求。

在这一过程中，开发区应持续优化科技金融生态“多样性”，提升间接融资服务的“精准度”和直接融资服务的“覆盖面”，用好创业投资、天使投资税收优惠政策试点扩围的机遇，更大力度集聚股权投资机构，扩大基金管理规模；抓住科创板落地和注册制实施等退出渠道机遇，推动投资机构将更多的资本转向具有高成长性的高技术企业；完善以银行为中心的“银行+政府+担保+保险+创投+科技服务中介”相结合的科技金融体系，争取设立专注于科技金融服务的科技银行；推动商业银行摆脱传统的信贷模式，构建大数据为依托的技术流评级体系，形成以资金流评级为主、技术流评级为辅的评价体系。

同时，发挥高端服务业优势，培育和发展行业协会、企业管理咨询公司、会计事务所、律师事务所、资产评估公司、知识产权机构、投资银行及新型投资银行等中间机构，推动科技金融机构和科技创新企业形成更加紧密的合作关系。

打造创新街区新空间

2014年6月，美国智库布鲁金斯学会发布《创新城区重构美国创新地理版图》报告，首次提出创新街区的概念。近年来，许多发达国家改变原本在城市郊区发展高科技园的传统做法，转为重视发展城市内部的创新街区，在高密度的城市化区域内，将创新型企业、教育机构、创业者、学校、金融机构、消费性服务业等整合成混合开发的创新体系，促进创新协作与知识共享。剑桥肯戴尔广场、纽约硅巷、伦敦硅环、荷兰艾恩德霍芬高技术园（ASML 公司所在地）等都是创新街区的成功典型。雄安新区在城市设计国际咨询任务书中，也明确提出了“创新空间单元”概念，要求面积设定为 1 ～ 3 平方千米，步行 15 分钟可达，“一站式”提供多样化的工作、生活和服务功能。

与传统意义上的科技园区相比，创新街区具有“城市中心、建筑集中、功能复合”的显著特点，可将其视为“立起来的开发区”和“没有围墙的科技园”。对于产城融合的开发区，打造创新街区这种创意空间形态，通过完善“工作—生活—学习—娱乐”四位一体的综合功能，可以有效推动老旧街镇、老旧社区复兴，并以此吸引和留住知识企业和员工，为知识经济带动区域复兴创造巨大活力，也为创新集群发展开拓新的思路。

大力发展工业互联网 助力我国开发区高质量发展

文/中国信息通信研究院信息化与工业化融合研究所 朱敏[①]

党的二十大明确提出要“加快发展数字经济，促进数字经济和实体经济深度融合”“推动制造业高端化、智能化、绿色化发展”，这为新时期的制造业发展指明了方向。开发区作为国民经济的重要组成部分，具有经济体量大、企业关联性强、转型共性需求突出的特点，近年来正在加速推进数字化驱动的高质量发展。工业互联网作为新型基础设施，在开发区产业发展升级、数字产业培育加速和治理效能提升方面将发挥重要作用，支撑开发区产业高质量发展。

一、工业互联网是实现开发区高质量发展的重要引擎

（一）工业互联网驱动开发区传统产业高端化、智能化发展

目前，我国国家级开发区（经开区、高新区）约400个，全国各类开发区总计2万余个，占全国制造业GDP的比重超过90%，开发区数字化进程在某种程度上决定了我国制造业的数字化水平。工业互联网作为新一代信息技术与工业经济深度融合的关键基础设施，成为推动开发区产业高端化、智能化，赢得未来发展主动权的必然选择。

一是优化开发区企业生产制造模式，工业互联网承载各类研发、生产、管理、运维应用，实现数字化研发设计、智能化生产、数字化管理等，帮助开发区企业提质、降本、增效。

二是变革开发区产业生产组织方式，工业互联网打通产业链生产、分配、交换和消费各环节，打破产业和组织边界，实现各类要素的网络化共享和集约化整合，推动生产组织方式向平台化转型，提升开发区经济发展整体效能，实现产业经济增值发展。

三是创新开发区产业经济模式，打造新的价值增长点，工业互联网构建起全要素全面连接的新型制造体系，支撑实现规模化生产向定制化生产转变、生产型制造向服务型制造转变等，满足用户个性化、多样化需求，提升产业综合竞争优势。

（二）工业互联网带动培育开发区新兴产业发展

开发区数字产业的质量和规模是数字经济时代开发区核心竞争力的重要体现，能够有力引领开发区产业发展从资源驱动转向创新驱动。5G、人工智能、大数据等新一代信息技术正为开发区发展不断塑造新动能新优势，助力打造具有国际竞争力的数字产业集群。在这一过程中，工业互联网能够为人工智能、大数据、物联网、云计算等数字产业发展开辟应用空间，提供创新载体，壮大开发区数字新产业规模增长。如“AI+工业互联网”在开发区企业研发设计、生产制造等环节中的创新性应用，这些都有效拉动了开发区内人工智能相关技术、产品和服务的需求增长。同时，工业互联网产业规模也在不断提升，为数字产业增长提供强劲动力。据不完全统计，工业互联网核心产业规模超1万亿元，并连续多年保持两位数快速增长，

① 朱敏，党的二十大代表，中国信息通信研究院信息化与工业化融合研究所党总支书记、所长。

带动与之相关的工业软件、工业自动化和工业数字化装备等产业的大幅提升。

（三）工业互联网强化开发区政府精准治理能力

当前，开发区发展进入了集约化、绿色低碳化的新阶段，这要求管理者进一步强化产业发展治理能力，绿色低碳、安全生产、产业资源优化成为开发区数字技术去提升政府治理能力的重要切入点。工业互联网打通开发区政府和企业，实现对开发区内各领域实时数据采集，将原本静态数据辅助、人工经验判断完成的决策，转变为实时数据智能驱动的创新决策方式，帮助开发区管理者实现精细化、精准化治理。依托工业互联网泛在连接、实时数据、资源调配的能力特性，管理者可动态感知开发区环境、产业发展和企业生产等方面的态势，构建起全天候、全方位的监测能力，实现更大范围、更加精准的资源调动，及时阻断各类风险，提升突发公共安全事件应急、产业链风险监测预警等能力，织牢织密开发区安全风险防控网。

二、工业互联网赋能开发区高质量发展的路径与模式

实现开发区高质量发展是一项长期的系统工程，需要落实落细到实际工作的各环节，然而目前开发区普遍对工业互联网推进路径认知仍不够清晰，在一定程度上阻碍了开发区高质量发展进程。深刻把握开发区高质量发展的目标，明晰开发区工业互联网基础建设、赋能应用和运营服务模式，是加速开发区数字化转型、构筑开发区综合竞争优势的必然要求。

（一）建设新型开发区数字化基础设施

开发区数字化发展的最终目标要落到赋能开发区政府与制造企业，将新一代信息技术所具备的网络互联、数据采集、平台集成、建模分析、软件开发、反馈应用的技术逻辑应用到开发区各类场景中，以开发区治理效能和产业发展质量提升为导向，利用实时、全样、精准的开发区管理数据和企业运行数据，构建支撑开发区治理与企业运行的数字化能力。在传统基础设施之上，构建“数据畅通、技术融通、资源联通”的新型开发区“三通”基础设施。

一是数据畅通，打造大数据服务能力。通过部署智能传感监测设备和相应软件接口，推进开发区运行设施和企业生产设备联网上云，依托平台实现对开发区、企业基础信息数据、工业生产数据及其他业务信息数据等多维数据的汇聚接入、存储及分析等能力，建立完善的数据安全共享机制，破解开发区“信息孤岛”问题及跨部门、跨主体信息整合难题，实现开发区经济运行、产业发展、生态环保等状态感知，并面向企业提供安全的工业数据资源共享服务。

二是技术融通，强化企业转型支撑能力。通过工业互联网建设为开发区企业导入数字化转型所需的制造技术、信息技术和融合技术，帮助企业基于平台沉淀行业知识，并为企业提供二次开发开放能力，实现工业技术、知识、经验、能力软件化应用和平台化共享，降低开发区企业数字化转型技术门槛和成本。

三是资源联通，打造产业发展支撑能力。依托开发区工业互联网的建设推动高水平服务资源更好下沉，推进行业组织、解决方案提供商、金融机构、市场需求等开发区发展资源集聚，建立起平台化的资源对接能力，提升产业数字化发展支撑能力，通过专业力量整合破困局、解难题。

（二）培育“监测监管＋综合管理＋公共服务＋企业转型”的综合应用体系

面向开发区多样化、数字化转型需求和转型痛难点，充分发挥工业互联网数据汇聚、资源共享、应用创新的基础设施作用，加快资源导入和区域服务资源的整合优化，围绕开发区政府监测监管、开发区综合管理、产业公共服务和企业转型服务，提供一系列场景化的创新服务，推动区域内企业规模化数字化转型和开发区政府综合治理能力提升。

一是建立全方位开发区监测监管方式。针

对开发区政府监测监管需求，依托工业互联网逐步导入开发区和企业相关数据，有效准确掌握开发区和企业发展态势，拓展原有监管范围和能力，优化支撑开发区产业经济运行分析、碳排放监管、产业链和供应链预警等应用场景。

二是形成开发区综合管理新模式。在传统开发区管理基础上，结合 GIS、物联网等新一代信息技术，打造对关键信息、数据进行整合、分析和可视化展示的平台，实现管理方式的数字化升级，并提供智慧政务、智慧环保、智慧车辆、智慧安环等开发区综合管理服务。

三是拓展产业公共服务新空间。聚焦开发区企业共性需求，依托开发区平台构建融资信贷、集采集销、备品备件共享等应用场景，助力企业“找资金、找订单、找客户”，实现开发区产业资源更大范围的协同优化。

四是开创企业转型新局面。革新开发区企业传统生产模式，推动全要素生产率提升，破解企业发展难题。面向开发区企业生产经营优化需求，基于工业互联网实现平台化设计、智能化制造、网络化协同、个性化定制、数字化管理、服务化延伸等新模式应用，加快企业数字化转型进程。

（三）探索多样化的工业互联网建设运营方式

开发区全面数字化转型是提升开发区综合竞争力的必由之路，但不同开发区在数字化转型过程中存在产值、企业数量、产业发展特点与水平等多方面显著差异，对于开发区数字化建设的需求在不同阶段也是各有侧重。同时，开发区数字化转型不同于简单的企业数字化转型，涉及主体更多，转型难度也更大，还需要社会面各方共同探索。

以多方合作推进为关键，完善开发区数字化转型基础设施建设，深化新一代信息技术在开发区应用。开发区数字化转型的推进需要坚持公共服务与市场化服务双轮驱动，引导社会资本参与建设，探索多元化的开发区数字基础设施建设运营模式，完善数字化转型服务体系。

对于呈现较强公共性和外部性的开发区数字化转型基础设施，如公共网络、开发区公共服务平台、工业互联网创新中心等，可由开发区管理者主导前期建设，并部分采用市场化方式进行后续的可持续运营，探索形成开发区与服务商合作运营、服务商技术支持等运营模式，为开发区企业提供统一低成本的服务。

对于具备相对个性化的数字基础设施，如企业内网、企业平台等，则是需要开发区管理者打造高效供需对接渠道，更多依靠企业和服务商建设运营，充分发挥市场主体的积极作用。开发区管理者可围绕开发区治理及产业转型核心需求，结合开发区产业特点和共性需求，精准对接供需资源。通过政府资金、政策引导等方式引领和撬动服务市场，由服务商采用项目制建设、订阅等方式服务企业，探索形成制造企业合作运营、服务商独立运营等模式。

三、发展工业互联网驱动开发区高质量发展的建议

（一）加强开发区工业互联网顶层设计

研究制定开发区数字化转型支持政策，发挥政策的精准扶持作用。坚持“一园一策”的原则，针对开发区不同产业制定差异化的政策措施，提出推动重点产业数字化转型发展路线、阶段性政策，明确转型目标、主要任务和实施路径。

（二）加快开发区工业互联网基础设施建设

推进开发区新型基础设施建设，构建开放的数字化基础设施，促进数字技术资源共享利用，降低企业的数字化转型成本。在传统基础设施之上，加快 5G 网络、大数据中心、工业互联网平台等新型基础设施打造，推进新型基础设施在开发区内深度覆盖，提升新型基础设施在开发区公共服务领域的应用广度和深度。同时，利用物联网、人工智能等新一代信息技术对传统产业进行数字化、网络化、智能化改造升级。

（三）打造开发区工业互联网综合服务体系

坚持引培相结合，着力打造一支数量充足、

结构合理、能力过硬的开发区数字化转型服务队伍。在专业服务商引入上，结合开发区数字化建设、企业数字化转型具体需求，引入一批数字化转型咨询、工程实施、运营服务等专业化服务商，健全开发区工业互联网配套服务体系。在本地化集成商培育上，支持本地设备改造、数据集成、工业软件等数字化服务企业积极开展产品升级，提升本地化数字服务能力，进一步壮大开发区数字产业。

（四）构建开发区工业互联网发展良好生态

培育主体有活力、发展有质量的良好局面，坚持“人才+技术”双轮驱动，打造一流创新生态。一方面，探索数字化人才队伍建设以及供需对接机制建立，完善数字化人才培养模式。通过开发区各类培训平台和培训资源的搭建，营造人才技能提升的良好环境，加快培育一批既懂技术又懂业务的产业数字化转型人才。另一方面，强化开发区产学研创新平台建设，夯实开发区数字技术创新能力，加强产学研用对接。支持创建工业互联网创新中心、应用推广中心等工业互联网创新载体，依托创新打造工业互联网新型技术、创新产品落地能力，带动开发区企业加速数字化转型。

多视角思考 多元化策略 推动楼宇经济提质增效

文 / 臧红印[①]

近年来，绿色经济、数字经济、总部经济、体育经济、社区经济等各种新的经济术语所蕴含的商机、能量一次又一次地给政府和商家带来新的经济增长点，在这样的时代背景下，一种新的经济形态——楼宇经济在大都市悄然而生。

我国的楼宇经济最先出现在20世纪90年代的北京、上海和深圳，随后陆续从沿海、沿江经济发达城市向内陆中心城市，进而再向其他城市蔓延。楼宇经济是在经济发展过程中重要的一面，是向“空间”和“高度”要效益，试图用最小的代价换来最大的经济效益，有效化解经济资源争相聚集与土地资源日渐稀缺的矛盾，是实现经济结构转型、保持税收快速健康及可持续增长的有效途径与重要支撑。

楼宇经济是从“空间 + 配套 + 服务”向“空间 + 产业 + 运营”进化的关键阶段，要积极顺应楼宇经济发展趋势，把产业“高精尖”、产出“高强度”、物业“高回报”、企业“高效益”作为楼宇经济高质量发展的重要标准，持续改善营商环境，优化服务市场主体，有效推动“政府、楼宇和企业”深度合作，在共赢发展中实现互促互进、共生共荣，努力打造有温度、有梯度、有深度、有力度的楼宇经济发展新生态。

本文从“双碳”目标、绿色产业发展、创意产业发展、数字经济发展、城市更新和营商环境优化多视角思考，建议从合规标准化、低碳绿色化、创意化、品牌化、数字化和专业化等方面实施提质增效，从而更好凝聚共识，高质量高效益发展楼宇经济。

关于楼宇经济的理论认识

楼宇经济的崛起源于城市土地集约利用、新业态产业集聚和辐射、产业和企业价值链分解、城市功能区楼宇集聚和城市政府规划引导等多种因素。楼宇经济是以商务楼、功能性板块和区域性设施等为主要载体，以开发、出租楼宇引进各种企业，从而引进税源，以带动区域经济发展为目的，以体现集约型、高密度、高效益和高质量为特点的一种经济形态。

从基础商务服务进化到产业服务，把楼宇的招租与政府的招商有效结合；从物业公司进化到楼宇运营商，聚焦“以楼聚产、以产兴城”；从市场行为进化到政府协同、政企联动，楼宇经济是区域经济的新模式，是营商环境的新抓手，是城市治理的新阵地，是商务消费的新场景，已成为城市经济发展的核心发力点。发展楼宇经济，有利于拓宽城区发展空间，培育新的经济增长点；有利于促进现代服务业等新产业发展，加快经济结构调整；有利于改善投资环境，提升城市的品位和档次；有利于加快楼宇商圈、都市圈和城市群的城市化进程。

作为集聚现代服务业等新产业与制造业企业总部的高级经济形态，楼宇经济能够在非常集约的空间内汇聚可观的人才流、科技流、信息流、资金流和物流，创造持续的就业与税收，产生的财富效应与节地效应非常明显。但是，

① 臧红印，中国民主同盟盟员，中国自然资源学会政策研究专业委员会委员、办公室主任。特聘为北京大学环境科学与工程学院讲师，北京邮电大学信息与通信工程学院成长导师，中国金茂 J-SPEED 北京创新空间创新创业导师，中国（河北）自由贸易试验区曹妃甸片区招商顾问。主要从事央企绿色产业以及楼宇经济研究。

当前一些地方存在楼宇硬件设施水平低、楼宇配套设施不完善、楼宇服务能力较弱、楼宇企业经济贡献不高、楼宇经济管理链条脱节、楼宇经济发展支持政策不足等问题，为此，亟须多方发力实现楼宇经济提质增效。

楼宇经济提质增效的多视角思考

（一）从“双碳”目标视角思考楼宇经济提质增效

1. 对“双碳”目标的认识。“碳”在这里代指石油、煤炭、天然气和木材等由碳元素构成的自然资源。“碳”耗用得多，导致气候变化的“二氧化碳”等温室气体也制造的多。温室气体主要指二氧化碳、氧化亚氮、甲烷、氢氟氯碳化合物、全氟碳化物、六氟化硫等六种。随着各国二氧化碳等排放增加，温室气体猛增，对生态生命系统形成威胁，世界各国以全球协约的方式减排温室气体。

2020 年 9 月 22 日，中国国家主席习近平在第 75 届联合国大会上提出：中国将提高国家自主贡献力度，采取更加有力的政策和措施，二氧化碳排放力争于 2030 年前达到峰值，努力争取 2060 年前实现碳中和。

（1）“双碳”目标。“双碳”目标，即“碳达峰、碳中和”目标。碳达峰就是指在某一个时点，某个地区或行业，二氧化碳的排放不再增长达到峰值，之后逐步回落。碳达峰是二氧化碳排放量由增转降的历史拐点，达峰目标包括达峰年份和峰值。碳中和是指某个地区或行业在一定时间内，人为活动直接和间接排放的二氧化碳，与其通过植树造林、节能减排等各种方式抵消，实现二氧化碳“净零排放”。“双碳”目标实现要从碳源和碳汇两个方面着手开展工作，即增加碳吸收，减少碳排放。从人为角度来看，二氧化碳减排工作包括减少化石能源消费；提高能源利用效率、节约使用能源；增加植树造林和种草等生态固态量；在提升碳封存和碳捕捉技术基础上探索创建一些碳封存和碳捕捉项目；探索研究二氧化碳本身的资源化利用等。

（2）碳交易。碳交易是温室气体排放权交易的统称，《京都议定书》把市场机制作为解决二氧化碳为代表的温室气体减排问题的路径，即把二氧化碳排放权作为一种商品，从而形成了二氧化碳排放权的交易。在《京都协议书》要求减排的六种温室气体中，二氧化碳为最大宗的温室气体，因此，温室气体排放权交易以每吨二氧化碳当量为计算单位。在排放总量控制的前提下，包括二氧化碳在内的温室气体排放权成为一种稀缺资源，从而具备了商品属性。

（3）碳市场。碳市场是全国碳排放权交易市场，是利用市场机制控制和减少温室气体排放、推动经济发展方式绿色低碳转型的一项重要制度创新，也是加强生态文明建设、落实国际减排承诺的重要政策工具。2011 年，按照《中华人民共和国国民经济和社会发展第十二个五年规划纲要（2011—2015 年）》关于“逐步建立碳排放交易市场”的要求，中国在北京、天津、上海、重庆、湖北、广东及深圳 7 个省市启动了碳排放权交易试点工作。2013 年起，7 个地方试点碳市场陆续开始上线交易，有效促进了试点省市企业温室气体减排，也为全国碳市场建设摸索了制度，锻炼了人才，积累了经验，奠定了基础。2017 年 12 月，经国务院同意，国家发展改革委印发了《全国碳排放权交易市场建设方案（电力行业）》。这标志着中国碳排放交易体系完成了总体设计，并正式启动。2020 年年底，生态环境部出台《碳排放权交易管理办法（试行）》，印发《2019—2020 年全国碳排放权交易配额总量设定与分配实施方案（发电行业）》，正式启动全国碳市场第一个履约周期。2021 年 7 月 16 日 9 时 15 分，全国碳市场启动仪式于北京、上海、武汉三地同时举办，备受瞩目的全国碳市场正式开始上线交易。2022 年 1 月，全国碳排放权交易市场第一个履约周期顺利结束。截至 2021 年 12 月 31 日，全国碳市场已累计运行 114 个交易日，碳排放配额累计成交量 1.79 亿吨，累计成交额 76.61 亿元。2022 年 3 月 15 日，生态环境部发布《关于做好 2022

年企业温室气体排放报告管理相关重点工作的通知》，确定了全国碳市场第二个履约周期发电行业重点排放单位名录，根据核查结果，将2020年或2021年年度碳排放量达到2.6万吨二氧化碳当量，并拥有符合纳入配额管理标准的机组的发电行业重点排放单位，纳入2022年度全国碳排放权交易市场配额管理的重点排放单位名录。

（4）碳资产。碳资产是以碳排放权益为核心的所有资产，是在强制碳排放权交易机制或者自愿碳排放权交易机制下，产生的可直接或间接影响组织温室气体排放的配额排放权、减排信用额及其衍生品，以及通过节能减排、固碳增汇等各类活动减少的碳排放量及其带来的经济和社会效益为碳资产的价值。如，在碳交易体系下，企业由政府分配固定的排放量配额，但企业内部通过节能技改活动，减少企业的碳排放量，由于该行为使得企业可在市场流转交易的排放量配额增加，因此，可以被称为碳资产。企业投资开发的零排放项目或者减排项目所产生的减排信用额，且该项目成功申请了清洁发展机制项目（CDM）或者中国核证自愿减排项目（CCER），并在碳交易市场上进行交易或转让，此减排信用额也可称为碳资产。

（5）碳金融。碳金融是指服务于旨在减少温室气体排放的各种金融制度安排和金融交易活动，主要包括碳排放权及其衍生品的交易和投资、低碳项目开发的投融资以及其他相关的金融中介活动。

碳达峰与碳中和作为相互关联的两个阶段，存在“此快彼快、此低彼易、此缓彼难”的辩证关系，把握碳达峰与碳中和本质规律，落实《关于完整准确全面贯彻新发展理念做好碳达峰碳中和工作的意见》和《2030年前碳达峰行动方案》等碳达峰碳中和“1+N”政策体系，减污降碳、协同增效，全面系统施策。

2.“双碳”目标视角对楼宇经济提质增效的思考。从“双碳”目标视角思考楼宇经济提质增效，一是实现从楼宇规划设计、建设、管理运营、拆除和垃圾资源化利用的全生命周期的减污降碳和协同增效。二是政府应对区域进行科学的碳中和相关科技链和产业链的顶层设计，做好统筹规划，打造碳中和相关产业集聚的楼宇。三是注重楼宇和城市协同融合，优化能源结构和调整产业结构，系统发力实现“双碳”目标。

（二）从绿色产业发展视角思考楼宇经济提质增效

1. 对绿色产业的认识。绿色产业既是新兴产业，又是传统产业的绿色优化升级产业。绿色产业是在满足经济、政治、社会和文化发展有效需求的前提下，按照生态文明建设和绿色发展理论政策要求，符合国家和区域产业发展基本阶段规律和特征，以较少的资源消耗、合理的资金投入、明显的科技含量、较高的经济产出和社会贡献，与生态环境形成良好互动并可持续发展的所有产业集群体。绿色产业具有基础性、渗透性、跨度性、综合交叉性、低碳循环性、高科技性、强竞争性、正外部性、可持续发展性等特征。依据2019年2月14日，国家发展改革委、工业和信息化部、自然资源部等七部委发布的《绿色产业指导目录（2019版）》，绿色产业主要包括节能环保、清洁生产、清洁能源、生态环境产业、基础设施绿色升级和绿色服务六大类。

2. 绿色产业发展视角对楼宇经济提质增效的思考。从绿色产业发展视角思考楼宇经济提质增效：一是规划设计城市楼宇，实现新建楼宇的硬件设施和配套设施等绿色化发展。二是结合城市区域楼宇主导产业绿色化发展，建设绿色产业孵化器和加速器，打造绿色产业楼宇。三是以楼宇以及楼宇相关企业为基础，建立绿色产业发展智库和绿色产业发展基金，进而打造绿色产业园区。

（三）从创意产业发展视角思考楼宇经济提质增效

1. 对创意产业的认识。创意产业是指通过人文、艺术和科技以及数字科技的手段，从个人的知识智力、感知力、创造力、文化力等技能和天赋中获取高附加值型、高整合型和知识密集型发展动力的企业，以及通过对知识产权的开发可以创造产品和服务、创造潜在财富和就业机会，从而满足人类理性需要和感性需要的产业。创意产业具有创造性、智力人文性、集成性、强渗透性、高附加值性、美的感知性和绿色环保性等特征。创意产业门类多，通常包括广告、建筑艺术、古董市场和艺术、手工艺品、时尚设计、电影与录像、交互式互动软件、音乐、表演艺术、出版、软件及计算机服务、电视和广播，以及旅游、博物馆和美术馆、遗产和体育等。

2. 创意产业发展视角对楼宇经济提质增效的思考。从创意产业发展视角思考楼宇经济提质增效，一是规划设计城市楼宇，实现新建楼宇的硬件设施和配套设施自然、美化、舒适和赋能增值发展。二是结合城市区域楼宇主导产业创新创意发展，建设创意产业孵化器和加速器，打造创意产业楼宇。三是以楼宇以及楼宇相关企业为基础，建立创意产业发展智库和创意产业发展基金，进而打造创意产业园区。

（四）从数字经济发展视角思考楼宇经济提质增效

1. 对数字经济的认识。近年来数字化的技术、商品与服务不仅在向传统产业进行多方向、多层面与多链条的加速渗透，即产业数字化；而且在推动诸如互联网数据中心建设与服务等数字产业链和产业集群的不断发展壮大，即数字产业化。数字经济是人类通过数字化的知识与信息（大数据）的识别—选择—过滤—存储—使用，引导、实现资源的快速优化配置与再生、实现经济高质量发展的经济形态。数字经济作为一个内涵比较宽泛的概念，凡是直接或间接利用数据来引导资源发挥作用，推动生产力发展的经济形态都可以纳入其范畴。在技术层面，包括大数据、云计算、物联网、区块链、人工智能、5G通信等新兴技术；在应用层面，“新零售”“新制造”等都是典型代表。数字经济的本质在于信息化。信息化是由计算机与互联网等生产工具的革命所引起的工业经济转向信息经济的一种社会经济过程。数字经济具有快捷性、直接性、高渗透性、自我膨胀性、边际效益递增性、外部经济性和可持续性等基本特征。

2. 数字经济发展视角对楼宇经济提质增效的思考。从数字经济发展视角思考楼宇经济提质增效：一是规划设计城市楼宇，结合不断升级的网络基础设施与智能机等信息工具，互联网、云计算、区块链、物联网等信息技术，实现新建楼宇的硬件设施和配套设施等数字化发展。二是结合城市区域楼宇主导产业数字化发展，建设数字经济发展孵化器和加速器，打造数字经济楼宇。三是以楼宇以及楼宇相关企业为基础，建立数字经济发展智库和数字化产业发展基金，进而打造数字经济园区。

（五）从城市更新视角思考楼宇经济提质增效

1. 对城市更新的认识。随着经济社会发展，人民生活水平日益提高，对生活环境和市容的美丽要求提升。人们对居住房屋的修理改造，以及街道、公园、绿地和不良住宅区等环境的改善等城市建设活动都是城市更新。城市更新是一种对城市中已经不适应现代化城市社会生活的地区进行必要的、有计划的改建活动。城市更新的目的是对城市中某一衰落的区域进行拆迁、改造、投资和建设，以全新的城市功能替换功能性衰败的物质空间，使之重新发展和繁荣。城市更新包括两方面内容：一方面是对客观存在实体（建筑物等硬件）的改造；另一方面是对各种生态环境、空间环境、文化环境、视觉环境、游憩环境等的改造与延续，包括邻里的社会网络结构、心理定势、情感依恋等软件的延续与更新。城市更新的方式可分为再开发、整治改善和保护。

2. 城市更新视角对楼宇经济提质增效的思考。从城市更新视角思考楼宇经济提质增效，一是实施城市更新，优化楼宇周围环境，提升楼宇品质，促进楼宇招商引资、物业服务等管理能力提高，加强楼宇经济提质增效。二是规划设计城市楼宇，实现新建楼宇的硬件设施和配套设施自然、美化等。三是结合城市更新的楼宇经济产业化、特色化和多元化等发展，促进楼宇和城市融合以及产城融合。

（六）从营商环境优化视角思考楼宇经济提质增效

1. 对营商环境的认识。良好的营商环境是一个国家或地区经济软实力的重要体现，也是一个国家或地区提高综合竞争力的重要方面。营商环境是指市场主体在准入、生产经营、退出等过程中涉及的政务环境、市场环境、法治环境、人文环境和生态环境等有关外部因素和条件的总和。营商环境包括影响企业活动的社会要素、经济要素、政治要素、法律要素和生态环境要素等方面，是一项涉及经济社会改革和对外开放众多领域的系统工程。一个地区营商环境的优劣直接影响着招商引资的多寡，同时也直接影响着区域内的经营企业，最终对经济发展状况、财税收入、社会就业情况等产生重要影响。

2. 营商环境优化视角对楼宇经济提质增效的思考。从营商环境优化视角思考楼宇经济提质增效，一是依托高品质楼宇，加强与高端专业招商机构合作，获取高效招商动态信息，推动精准招商，从源头吸引优势项目和上下游关联企业入驻。二是营造以商招商、产业聚集的发展氛围，着力打造链条式、聚集式、有影响力的新产业集群楼宇。三是加大政策支持力度，鼓励楼宇产权单位通过包装策划、置换改造等形式，使闲置楼宇、效益不高楼宇等重焕生机，降低楼宇空置率。

楼宇经济提质增效的多元化建议

楼宇经济提质增效要坚持政府顶层规划引导、市场主体主导、社会各界参与的原则。在政府规划明确的前提下，既要充分发挥政策的导向作用，也要充分尊重楼宇开发商、承包商、业主、入驻企业等市场主体地位，鼓励企业在规划和利益的双重引导下投资楼宇建设、开发与管理运营。建议楼宇经济提质增效从合规标准化、低碳绿色化、创意化、品牌化、数字化和专业化等方面实施。

（一）推进楼宇经济合规标准化发展

积极推行楼宇评定合规标准化，规范制定楼宇星级衡量标准，健全完善楼宇评分细则。鼓励有条件的楼宇先行先试，为品质楼宇打造提供样板示范。一是成立楼宇经济合规标准化评定组织平台，研究、制定并推动评定相关工作。二是成立专业化队伍，为有条件的楼宇提供先行先试咨询等相关工作。三是相关组织单位以楼宇评定合规标准化工作为基础，有效推动政府、城市区域、样板楼宇和企业深度合作，在共赢发展中实现互促互进、共生共荣。

（二）推进楼宇经济低碳绿色化发展

着眼于楼宇发展的长效收益，积极响应“双碳”政策，大力建造和推广绿色建筑，发展扶持可持续发展的绿色低碳型楼宇产业，实现低碳绿色化升级。一是提高政府、楼宇和企业等单位人员的低碳绿色知识理论水平和低碳绿色发展意识。二是梳理低碳绿色相关政策、法律和标准，实现楼宇经济合规标准化发展。三是大力发展低碳绿色产业、低碳绿色楼宇、低碳绿色街道、低碳绿色社区，实现低碳绿色城乡，实现全地域、全过程低碳绿色，实现全民低碳绿色可持续生产方式和生活方式。

（三）推进楼宇经济创意化发展

结合城市更新和营商环境优化，注重楼宇内外环境的升级创新、科技智慧、人文艺术和美感舒适等融合规划设计，打造文化创意楼宇，在超值舒适现代办公的同时，实现楼宇内外全域旅游。一是提高政府、楼宇和企业等单位人员的创意知识理论水平和创意发展意识。二是梳理创意相关政策、法律和标准，实现楼宇经济合规标准化发展。三是大力发展创意产业、创意楼宇、创意街道、创意社区，逐步实现创意城乡，实现全地域、全过程创意，实现全民创意生产方式和生活方式。

（四）推动楼宇经济品牌化发展

打造品牌楼宇的基础优势，推广其成功经验和典型模式，以品牌化发展为原则，健全“一楼一主题”的特色化楼宇实施方案，明确主导产业和发展定位，着力培育一批知名企业、知名楼宇。一是做好顶层规划设计，制定最优的特色化楼宇实施方案。二是总结凝练品牌楼宇宣传文件资料，统筹利用媒体、宣讲平台、交流座谈等机会宣传推广。三是根据发展定位，优先发展主导产业，并结合上下游产业链推动综合发展，孵化培育知名企业群和知名楼宇群。

（五）推进楼宇经济数字化发展

抢抓数字化改革契机，进一步规范楼宇统计数据，逐步完善平台系统的模块和功能，不断增强楼宇数字化管理系统的应用性和实用性，切实提高楼宇经济数字化管理水平。一是结合楼宇内外环境、精细划分功能区域，科学精准安装数字软硬件平台系统。二是完善数据感知层、传输层、运算层和显示层等楼宇数据统计系统。三是为楼宇经济实现合规标准化、低碳绿色化、创意化、品牌化和专业化等提供数字化软硬件系统支撑。

（六）推进楼宇经济专业化发展

加快引进专业化招商引资队伍，调整运用好扶持政策，最大限度提升企业入驻率和资金使用率，并引导成立专业化楼宇运营团队，提供规范化、专业化的运营指导服务以及精细化、高品质的物管服务，着力提升楼宇发展“软实力”。一是创建楼宇经济行业组织平台，为政府、楼宇和企业等单位提供专业化咨询。二是创建综合商务金融平台，为政府、楼宇和企业等单位提供专业化综合商务金融服务。三是做好楼宇经济专业化规划建设、现代系统管理和招商引资等工作，催生区域经济新的增长点，进而提升城市品质。

贯彻党的二十大精神 推进开发区发展理念现代化

文/广州开发区 李耀尧[①]

党的二十大报告提出“以中国式现代化全面推进中华民族伟大复兴”“高质量发展是全面建设社会主义现代化国家的首要任务”。中国开发区始终践行国家战略，38年发展取得了辉煌成就，截至2021年底，中国开发区共有2 689个，其中，国家级开发区677个，省级开发区2 012个，海外开发区237个，已占全国GDP近50%。在新时代新征程中，中国开发区更要提高政治站位，率先学习贯彻党的二十大精神，坚持以高质量发展全面提升区域发展能级，特别是要加速推进发展理念现代化，使得国家级开发区在区域经济和科技高质量发展中再次引领潮流。

一、坚持理念总纲：要完整、准确、全面贯彻新发展理念

发展理念是发展行动的先导，这决定了区域发展思路、发展方向和发展着力点，成为国家级开发区首先要选择的根本问题。党的十八大以来，党和国家事业发生的历史性变革，其核心是坚持以习近平新时代中国特色社会主义思想为指导，坚定不移贯彻新发展理念，使发展观念不正确、发展方式粗放的状况得到明显改善。

新发展理念是在深刻总结国内外发展经验教训基础上提出的，是对中国特色社会主义发展规律的新认识、新概括，并致力于破解发展难题、增强发展动力、厚植发展优势的治本之策，这是实现更高质量、更有效率、更加公平、更可持续发展的必由之路。过去开发区之所以获得了成功，关键在于执行了正确的发展理念，各个开发区根据自身实际情况推出了符合当地实际的发展理念。

开发区完整、准确、全面贯彻新发展理念，就是要牢固树立创新、协调、绿色、开放、共享发展理念，强化开发区理念创新、理论创新和思维变革，不断丰富开发区精神，加速发展理念现代化。创新是引领发展的第一动力，开发区的本质就是创新，我们只有坚持创新发展，才能解决开发区发展动力转换问题。协调是持续健康发展的内在要求，我们只有坚持协调发展，才能解决发展不平衡问题，国家级开发区有责任引领区域发展。绿色是永续发展的必要条件和人民对美好生活向往的重要体现，我们只有坚持绿色发展，才能实现可持续发展、解决人与自然和谐共生问题。开放是“双循环”必由之路，我们只有坚持改革开放，才能进一步提升开发区开放型经济水平、解决发展内外联动问题。共享是中国特色社会主义的本质要求，我们只有坚持共享发展，才能不断增进人民福祉、促进社会公平正义。可以说，完整、准确、全面贯彻新发展理念，是开发区新时代新征程发展理念现代化的根本要求，这关系开发区践行国家战略、肩负我国产业与科技创新的光荣使命任务。

---

① 李耀尧，广州开发区政策研究室主任兼广州高新区高质量发展研究院院长，中国开发区协会智慧园区建设专委会智库首席专家，中国高新区战略研究会高级研究员，经济学博士。

二、坚持工业当家：贯彻“实体立区、制造强区”的开发区产业理念

俗话说，无工不富、无商不活。开发区以发展工业起家，工业一直是开发区立区之本和“看家本领”，这是开发区财富增长的根本源泉。发展工业还有利于科技创新，先进技术往往诞生于工业领域，这是工业革命以来技术创新的规律。

以广州开发区为例，自建区伊始，开发区就把发展工业作为使命任务，先后引进宝洁、广本、乐金、粤芯等重大知名项目。2021 年实现规模以上工业总产值 8 771 亿元，五大战略性新兴产业产值占全市 50% 以上。但同时也要看到，广州开发区工业总量在广州市占比从过去的 45% 下降到目前的 38.5%；制造业也面临着现代化水平和发展质量有待提升、产业链供应链韧性不强等问题。因此，类似广州开发区等国家级开发区，要牢牢聚焦产业理念、制造理念，打响制造强区和智造引领的开发区品牌，让高端制造成为实现中国式现代化的关键理念，始终不偏离航向、不放弃看家之本。

坚持工业当家，重点是要围绕各开发区先进制造和制造业产业集群建设战略目标，强化“做大存量、优化结构、提速增量”的理念。所谓“做大存量”，就是要进一步壮大现有的先进制造业和高端制造业，持续提升百千万亿级产业集群；所谓“优化结构”，就是要提高战略性新兴产业和生产性服务业比重，让新兴产业和未来产业掌控话语权；所谓“提速增量”，就是要在保持产值超亿以上的大企业大项目前提下，重点强化中小型尤其是专精特新企业成长，加速推进“抓大强小”双百经济行动。

三、坚持改革开放：贯彻“敢为人先、创新引领”的开发区创新理念

改革开放创新一直是开发区发展的理念和意志，中国开发区在其创业史牢牢坚持改革开放创新不动摇，许多开发区实现了从创业版到升级版再到创新版的转型和飞跃。例如，广州开发区因改革而生、伴开放而长、靠创新而强，从全国第一个制定开发区条例、第一个推行土地有偿出让改革、率先实行“大部制”管理，到近年来行政审批制度改革、营商环境改革等，目前全区研发投入强度达 6.14%，达到国际先进水平，连续 4 年科创能力位居全国开发区第一，成为广州市科技创新主引擎，始终引领着改革开放和创新风气之先。

改革开放创新始终是开发区的内生基因和成功密码，因此需要持续坚持、扎实提升。面对国家级新区、国家自贸区、国家自贸港以及各类特殊功能区的兴起及政策授权，许多开发区面临的竞争压力越来越大。对标美国硅谷、日本筑波、北京中关村等国内外科创高地和国家高新区，许多开发区发展的差距还非常大。这需要开发区立足新时代、新征程，承传“敢为人先、创新引领”的开发区精神，把压力变成动力，持续用好改革开放“关键一招”，始终把改革开放放到关键动力上来，把科技创新摆在核心位置，做好改革、开放、创新的顶层设计，塑造国际一流的营商环境。

在改革中，开发区要坚决破除一切“拦路虎”，以“敢为天下先”的勇气革故鼎新，在招商引资、项目建设、行政审批、选人用人等关键领域寻求新突破。在开放中，开发区更要下好开放型经济“先手棋”，在制度型开放、区域性开放、平台型开放中寻求新突破。在创新中，开发区要向创新区域、创新功能区学习借鉴，始终坚持创新这一核心地位不动摇，特别是要在关键核心技术和战略性新兴产业发展中寻求新突破。

四、坚持“三个一切”：贯彻“一切为了企业、一切为了投资者、一切为了人民群众”的开发区服务理念

这是许多国家级开发区从建区之初就秉持不变的宗旨，高度概括了国家级开发区多年来在优化营商环境方面的持续努力，也道出了作

为服务型政府的价值坐标。可以说，围绕投资顾客、企业顾客、群众顾客这三类顾客的服务理念创新，这是开发区成功的密码。

随着经济社会的快速发展，全国开发区市场主体、投资主体已经占据很大比例，一些开发区在所在城市占比甚至过半，加速了工业园区城市化的步伐。在这种情况下，站在新的发展阶段，国家级开发区更要坚持“三个一切”，推动思想再解放、措施再发力，以更精准、更主动的服务，解决制约企业发展的大小问题，加速推进审批大提速、效率大提升。要坚定不移用“绣花功夫”抓好城市治理，用心、用情、用力解决好交通、教育、医疗等群众的操心事、烦心事、揪心事，着力建设现代化创新城区，更好实现开发区政企民三方共赢。

从发展的开发区形态看，总体要求是围绕“创新城区”建设目标，以高端、优美、舒适的城市环境与人文关怀，塑造开发区新形象，以满足顾客需求为要务提供企业服务，以快捷高效为特色提供投资便利，以人民为中心和遵循城市建设规律，创造开发区新型产城融合环境。

五、坚持“三效”提升：贯彻“效率、效益、效果”的开发区发展理念

国家级开发区始终站在国家发展大局的前沿，在践行国家战略中发挥自身应有的价值，更加看重经济价值和社会价值，成为区域高质量发展的标杆，这正是效率、效益、效果这“三效”持续改善的结果。

例如，广州开发区成立之初倡导的“八字”区风、“十字区风”中就有“效率”一词，其立意就是要提高立项审批等手续的办事效率，创造更加适合外商投资的软环境。“入世”十年后，随着政策优势逐步弱化，广州开发区自身发展又面临着摊子大、资产多、人员增的新挑战，尤其是功能区与行政区融合带来较大的行政成本，开发区发展理念进一步扩展为“效率就是生命、效益就是根本、效果就是绩效”这一重要精神，力图在管人、管事、管财上多动脑筋、多想办法。

因此，站在新的历史起点上，国家级开发区要进一步强化效率、效益、效果的“三效”发展理念，围绕建设型财政提质增效，紧盯绿色产业发展中的产值和税收，落实各个开发区“三效”“一盘棋”，在经济建设、行政管理、社会治理等各个领域，在防疫情、抓安全、保稳定、稳增长、促发展、惠民生等方方面面，开发区都要以速度见高低、以效益评长短、以结果论英雄，建设好开发区效益之区、速度之区、服务之区的品牌。

六、坚持产城融合：贯彻“高端产业与城市环境互为支撑”的开发区创新城区理念

产业发展和科技创新离不开城市环境支持。虽然中国开发区用集聚发展模式取得了巨大成功，但是面临的产城分割及可持续创新发展问题并没有完全解决。从开发区发展模式反思产城分割问题，开发区面临着从单一功能区的“大开发区时代”，到产城融合型的“后开发区时代”，再到创新城区型的“新开发区时代”的大转型，这一转型远远没有完成。

近年来，创新城区作为一种新兴城市空间发展模式，以其空间的紧凑性、交通的通达性、技术的连接性、生活社区化、生态宜居性等优势，实现了工作与生活的互补，已成为区域和城市创新发展的重要突破口，对开发区未来发展模式提供了方位。毫无疑问，在中国乃至全球进入创新发展主题的新时代，创新必须成为中国开发区发展定位调整的关键词，创新与城市互动需要有新的发展目标模式和路径。

开发区走出“围墙经济”，放大溢出效应，着眼于转型升级和可持续发展，以体制创新为切入点，探索形成开发区与所在区域资源整合、功能叠加、优势互补、联动发展新格局。国家级开发区完全可以利用自身多年积累形成的品牌优势、产业优势、资本优势、人才优势和管理优势等，也用好所在城市的综合功能和创新功能，辐射带动方圆几十甚至几百平方千米；

实现经济园区与周边地区的良性互动，促进内外联动发展、城乡协调发展、区域均衡发展、社会和谐发展。开发区创新城区的发展取向，必将适应高质量发展要求，实施“工业园区+新型城市”或“科技园区+新型城市”模式发展，这将是显现出具有强大创新功能与城市功能双向提升、互动发展的新型开发区模式。

这一现象正在发生，新开发区时代或许需要漫长发展，但发展指向明显是创新引领型的创新城区。这需要我们从把握开发区集聚发展模式主线，分析在全球化及中国新时代条件下，围绕创新驱动和高质量发展，分析开发区未来战略演化方向；从创新产业、创新城市、创新产城融合三个视角探讨创新城区路径演化，实现新型“高端产业+科技新城+智慧城区”开发区模式创新。

强化开发区战略支撑作用 推动构建“双循环”新发展格局

文 / 韩爽[①] 杨会军[②]

习近平总书记在党的二十大报告中明确提出，要加快构建以国内大循环为主体及国内、国际双循环相互促进的新发展格局。加快构建“双循环”新发展格局，是着眼于中国长远发展和长治久安作出的重大战略部署，对于中国实现更高质量、更有效率、更加公平、更可持续、更为安全的发展，对于促进世界经济繁荣，都会产生重要而深远的影响。

构建“双循环”新发展格局需要利用好国内、国外两个市场和两种资源，开发区应积极贯彻落实党的二十大精神，服务构建“双循环”格局，争当“双循环”格局的重要支撑。一方面，开发区以完善的基础设施建设、优惠的税收政策和良好的营商环境成为我国吸引外资和开展对外贸易的重要平台，以高水平开放积极参与国外大循环；另一方面，开发区通过促进要素的有序流动和高效配置夯实国内大循环的主体地位，最大限度地发挥自身产业优势，助力实现双循环中产业链供应链安全稳定。

开发区能够为构建“双循环”格局提供重要支撑

随着中国经济发展由高速增长阶段转向高质量发展阶段，开发区以其完备的基础设施、先进的产业集群、便利的营商环境和充足的各层次人力资源，成为我国实现高水平对外开放、发展现代产业体系、推动自主科技创新、深化体制机制改革的重要载体，在开放创新、科技创新、制度创新、产业集群、绿色发展方面提供了重要的发展范本。在新一轮科技革命和产业变革下，开发区也将是中国构建“双循环”新发展格局重要的战略担当。

开发区领先的经济实力为“双循环”格局提供了强劲的动力源泉。无论是国内大循环还是国际外循环，都需要能够带动经济循环的强劲动力，开发区强大的经济实力则将为经济循环的输入输出提供动力支持。一方面，开发区经济发展持续向好。2021 年，我国 230 家国家级经开区实现地区生产总值 13.7 万亿元，同比增长 15.4%，增幅高于同期全国平均水平(8.1%)7.3 个百分点，占同期国内生产总值比重为11.9%。其中，第二产业增加值为 8.4 万亿元，同比增长 17.3%，占同期全国第二产业增加值比重为 18.6%；第三产业增加值为 5.1 万亿元，同比增长 12.5%，占同期全国第三产业增加值比重为 8.4%。另一方面，开发区经济贡献不断增加。2021 年，我国 230 家国家级经开区实现财政收入 2.5 万亿元，同比增长 12.1%，占全国财政收入比重为 12.5%；实现税收收入 2.2 万亿元，同比增长 14.3%，占全国税收收入比重为 12.9%。

开发区完善的产业体系为“双循环”畅通提供了坚实的发展基础。畅通国内大循环需要自主安全的产业链和供应链作为保障，开发区合理的产业格局与完整的产业链条为畅通国内大循环、掌握国际大循环的主动权创造了条件。

① 韩爽，商务部国际贸易经济合作研究院贸易与投资安全所副研究员。
② 杨会军，中国电建集团国际工程有限公司正高级工程师。

我国具有全球最完整、规模最大的工业体系，开发区作为地方优势特色产业的承载基地具有构建现代化工业体系的先天优势和技术条件。2020年，我国国家级经开区制造业产值占全国规模以上工业总产值的94.12%，其中，综合排名前五位的产业均为高附加值的先进制造业以及高技术产业，包括汽车制造业、计算机、通信和其他电子设备制造业、化学原料和化学产品制造业、电气机械和器材制造业、通用设备制造业。当前，开发区具有核心竞争力的先进制造业集群正在形成，将成为稳链强链、提升产业能级的重要力量。

开发区软硬设施的不断升级为“双循环”发展筑就了良好的基础环境。开发区作为我国改革开放的试验田，在近40年的发展历程中，不断探索制度创新，优化机构职能和管理体制，打造有利于高质量发展的制度环境，推动形成国际化法治化便利化的营商环境。一方面，开发区积极转变政府职能，逐步形成了“小机构、大服务”“小政府、大招商”的管理体制，探索出了“一次办结”“一个窗口对外，一条龙服务”等运行模式，在精简机构、优化流程、提高行政效率方面起到了带头作用。另一方面，开发区在基础设施硬环境方面真抓实干，坚持高起点规划、高标准建设，从“三通一平”“七通一平”发展至“九通一平”“十通一平”，为企业提供较为完善的入驻条件。

开发区高水平的对外开放为要素“双循环”创造了广阔的市场机会。从国家级经开区进出口和外资利用的情况看，2021年，230家国家级经开区实现进出口总额8.7万亿元（其中，出口5万亿元，进口3.7万亿元），同比增长21.9%，占全国进出口总额比重为22.3%；实际使用外资和外商投资企业再投资金额达684亿美元，同比增长14%。开发区高水平的对外开放也为世界贡献了更多的“中国机遇”，要素在国内国外两个市场形成更大范围、更深层次的流动与配置，在促进国际外循环的同时，也将进一步提升国内大循环的效率和水平。

提升开发区对“双循环”格局支撑作用的实施路径

在“双循环”新发展格局中，“以国内大循环为主体”，就是把经济高质量发展的立足点主要放在国内；“国内国际双循环相互促进”，则是在发展好内循环的同时更要主动引领、积极参与更高层次和水平的国际交流与合作。这也为“双循环”新发展格局下开发区高质量发展指明了方向。

激发开发区创新活力，助力双循环高效运转。畅通国民经济循环要求提升供给体系对国内需求的适配性，开发区必须坚定不移地实施创新驱动发展战略，增强供给体系的创新力和关联性。首先，开发区应注重创新平台建设，对内主动搭建高端产业技术创新平台，吸引“双一流”高校到园区创建科技创新研究院等新型科技机构，围绕物联网、工业互联网、人工智能等领域建设技术创新中心、产业创新中心；对外打造国际科技合作平台，建设国际合作创新园区，鼓励园区企业与跨国公司建立技术战略联盟，加强国际创新交流合作。其次，开发区应继续完善创新生态机制，健全市场化科技成果转化体系，加强知识产权保护运用，推动园区企业知识产权标准化管理；加大对创新人才的重视程度，开展产业精准引才，加大对顶尖人才、领军人才的引进力度，完善对创新人才的股权、期权、分红等激励机制；提升园区创新创业服务功能，与创业投资机构等各类组织联合打造“互联网+创新创业服务平台”，大力培植孵化经济，健全园区科技金融服务体系。

打造开发区现代产业体系，加强双循环内生动能。建设现代化产业体系是实现“双循环”的物质基础，开发区要充分发挥现有的产业优势，强化产业链、供应链安全，以增强“双循环”的韧性。打造现代产业体系并不意味着去建设“大而全”的城市产业体系，而是结合各个开发区的区位优势、产业基础以及发展潜能，做好双循环格局的产业体系规划，明确主导产业，优化产业布局。首先，开发区应结合本园区现有产业基础，整合、优化、升级优势产业，逐渐淘汰落后产能，有针对性地延伸拓展园区优势产业链，数字化赋能产业链供应链，提升产业链现代化水平。同时，应加强开发区之间产业链、供应链的合作网络布局，避免出现同质化竞争的不良局面，立足不同园区产业基础特色以及交通区位优势，以产业链供应链上下游密切分工聚合各开发区融入国内大循环，构建以我为主、自主可控的生产组织网络，使开发区对“双循环”的支撑力更加强韧。

提升开发区开放水平，推动双循环协同发展。构建高质量的全面开放新格局是推动国际大循环的客观要求，也是经济高质量发展的内在需求。一方面，开发区应继续促进外贸高质量发展，优化出口产品结构，支持建设装备制造业和战略性新兴产业出口基地，形成具有优势特色的出口产业集群；着力扩大进口，推进国家级进口贸易促进创新示范区建设，加大对战略资源、优质原材料的进口；推动经济园区内外贸融通发展，支持出口产品转内销，引导企业对标国际先进标准生产内销产品；推动经济园区出口企业商品进入国内销售渠道，设立外贸产品销售专区，开展订单直采。另一方面，开发区应坚持“引进来”和“走出去”并重，提高国际双向投资水平，以高水平双向投资高效利用全球资源要素和市场空间，完善产业链供应链保障机制，推动产业竞争力提升。此外，开发区应积极培育高水平国际交流载体，创新利用国内外会展平台、各类论坛平台，精准对接国家进口博览会等高端平台，以打造“主场外交”新平台为努力方向，扩大具有自身产业特色的国际展会的影响力。

强化开发区新基建建设，保障双循环行稳致远。面对新冠肺炎疫情影响下经济下行的不利影响，新基建将成为稳定经济运行秩序、畅通国内外双循环的重要抓手，也是开发区提升经济发展质量的主要路径。一方面，开发区要推动新基建与传统基建融合创新发展。充分发挥新一代信息技术的牵引作用，提高基础创新能力，加强大数据、云计算、人工智能等先进技术在交通、能源、水利、市政等传统基础设施领域的广泛应用，加快推进传统基建数字化、智能化、绿色化升级改造，以新基建改造提升传统基础设施，或在传统基础设施的基础上搭接新型基础设施，实现融合创新发展。另一方面，开发区应构建新基建投资主体多元化格局。除财政资金外，新基建的关键投资主体应来自于市场化的社会资本。在扩大新基建过程中，开发区应激发民间投资参与的积极性，充分调动民营龙头企业的专业能力、创新能力和市场应变力，形成“共建、共商、共赢”的新基建合作生态。

优化开发区营商环境，促进双循环畅通互动。公平和公正的市场环境，是充分调动各类市场主体参与“双循环”格局的关键因素。尽管经过40年的发展，开发区主导经济职能的地位更加明确，但是营造开放兼容的营商环境，是服务于经济发展必不可少的前提。由此，一方面，开发区应建立优化营商环境长效机制，持续深化“放管服”，简化审批流程，争取将政务办理公开化，提升政府部门的办事效率。另一方面，开发区应继续推动区块链、人工智能、大数据、物联网等新一代信息技术在政务服务领域的应用，推进智慧政务大厅和立体化服务中心建设。此外，开发区应完善公共信用信息平台功能，将“互联网+监管”系统应用于部门间信息共享平台，实现数据汇聚、智能分析、精准监测、联合惩戒。

提高新时期智慧园区建设质量和水平
推进开发区数字化转型和高质量发展

文 / 国家信息中心信息化和产业发展部 单志广[①] 张延强[②]

开展智慧园区建设是新时期推进开发区高质量发展的战略举措和必由之路。本文在分析智慧园区概念与内涵的基础上，提出了新时期从产业发展、管理服务和基础设施三个方面推进智慧园区建设的重点内容和实施路径，并从顶层设计、内外协同、科技赋能、项目管理、长效运营五个方面提出推动智慧园区可持续发展的发展策略与推进机制建议，为不同开发区因地制宜推进智慧园区建设提供借鉴和指导。

一、引言

开发区是我国改革开放的成功实践和经济发展的重要引擎，已成为推动我国工业化、城镇化快速发展和对外开放的重要平台[1]。党的二十大报告强调，高质量发展是全面建设社会主义现代化国家的首要任务。国家“十四五”发展规划纲要指出，要加快产业园区数字化改造，以数字化转型整体驱动生产方式、生活方式和治理方式变革。国务院印发《“十四五”数字经济发展规划》，明确提出要推动产业园区和产业集群数字化转型。当前，新一轮科技革命和产业变革方兴未艾，我国经济发展进入新常态，迎接数字时代，加快智慧园区建设，引导开发区深化数字基础设施建设，利用数字技术提升园区管理和服务能力，已经成为促进我国开发区高质量发展的重要途径和内在要求。

自 1984 年国家在 14 个沿海城市兴办经济技术开发区以来，经过近 40 年的发展，特别是党的十八大以来，我国开发区建设取得了积极成效。

一是数量明显提升，呈现全国布局、区域集聚特征。从类型看，我国开发区主要包括经济技术开发区、高新技术产业开发区、海关特殊监管区域、边境 / 跨境经济合作区等[2]。截至 2021 年底，我国开发区总数达到 2 666 个，其中，国家级开发区 667 个，省级开发区 1 999 个[3]。

二是规模持续增大，具有产业规模大、产业产值高特点。从产业增加值看，截至 2021 年底，国家级经开区和国家级高新区 GDP 总量达到 29 万亿元，占全国 GDP 比重达 25.3%，其中，国家级经开区 GDP 总量为 13.7 万亿元，占国内生产总值比重 11.9%；国家级高新区 GDP 总量为 15.3 万亿元，占国内生产总值比重 13.4%。

三是推进智慧转型，初现头部园区引领、新区后发赶超态势。随着数字中国战略实施，数字技术与经济社会发展持续渗透，部分开发区抢抓数字化发展机遇，推动园区建设从传统向智慧园区不断演进。例如，苏州工业园区通过构建“智心”“智脑”，打造互联、融合、智

---

① 单志广，博士，二级研究员，国家信息中心信息化和产业发展部主任，智慧城市发展研究中心主任，数字经济论坛理事长，区块链服务网络（BSN）发展联盟理事长。

② 张延强，博士，高级工程师，国家信息中心信息化和产业发展部战略规划处副处长，智慧城市发展研究中心首席工程师，区块链服务网络（BSN）发展联盟副秘书长。

慧、非凡、创新、协同的“6I”园区，引领开发区数字化转型。雄安新区通过在“数字孪生城市”上规划设计、模拟仿真等，实现数字城市与现实城市同步规划、同步建设，打造全球领先的数字城市[4]。

二、智慧园区的概念与内涵

作为智慧城市的重要表现形态和产业集聚载体，智慧园区（smart park）是指在各类产业园区、集聚区、功能区等特定区域内，围绕园区战略发展总目标，推动新一代信息技术和园区功能深度融合，在信息全面感知和泛在互联的基础上，全面整合园区内外的资源，实现园区基础设施智能化、规划管理信息化、公共服务便捷化、社会治理精细化和产业发展现代化。智慧园区的内涵是在IT（信息技术）、CT（通信技术）和DT（数据技术）融合发展的时代背景下，园区经济社会发展基于互联网的网络互通化、信息共享化、业务融合化、产业智能化，是利用新一代信息技术打破信息孤岛、推动数据共享、加快业务协同、实现产业高端、重塑管理模式的过程。其本质是要实现园区优质资源、生产要素的互联互通、广泛共享、有效聚合和充分释放，是园区发展的互联网化、大数据化、智能化、高阶信息化。

国家“十四五”规划纲要提出，要分级分类推进新型智慧城市建设，将物联网感知设施、通信系统等纳入公共基础设施统一规划建设，推进市政公用设施、建筑等物联网应用和智能化改造。开发区作为城市的特定功能区，智慧园区既有智慧城市的共性特点，也有其特殊的使命与要求。

一是创新化。国家设立各类开发区的目的就是要开展先行先试、改革创新，要通过智慧园区建设，重复发挥制度创新和技术创新作用，突破深层次体制机制问题和利益固化藩篱，倒逼不合理的管理体制、治理结构和服务模式，提升专业服务能力，探索适应新产业、新业态发展的制度，激发各类主体活力。

二是集聚化。智慧园区建设要大力发展5G、大数据、云计算、人工智能、区块链等数字产业，用新一代信息技术对传统产业进行全方位、全链条的改造，培育数字化车间和智能工厂，以数字化转型场景建设引导生产要素集聚，以数字化平台促进产业链上下游协同和供需匹配对接，探索具有自身优势和特色的高质量发展模式。

三是绿色化。产业园区既是经济发展的主引擎，也是落实碳达峰碳中和战略的重要载体，碳管理已成为智慧园区运营的重要议题，智慧园区建设要强化数字技术在园区智能化转型中的推广应用，通过绿色低碳的数字化智能化设施和平台建设，深化绿色化智能化融合发展，提高绿色发展水平和效率[5]。

四是协同化。智慧园区建设既需要考虑园区内不同业务部门的数据共享和业务协同，也需要加强园区与省市之间的协同，要推进数据中心、感知终端、共性平台的统建共用，按照统一数据接口进行系统对接，形成内部协同、上下联动、业务融合的发展格局。这既是分级分类推进新型智慧城市建设的内涵所在，也是因地制宜开展智慧园区建设的本质要求。

三、智慧园区的建设重点与实施路径

从产业集聚到产城融合，我国开发区已经进入了提高生产要素质量和效率的内涵式增长新时期。在新一轮科技革命和产业变革突飞猛进、世界竞争格局加速重构发展背景下，数字化、智能化、绿色化成为重要趋势，智慧园区建设要立足自身使命、融入国家发展战略和数字科技浪潮，从产业发展、管理服务和基础设施三个方面发力，以应用导向和场景驱动实现高质量发展。

（一）产业发展现代化

《国务院办公厅关于促进开发区改革和创新发展的若干意见》（国办发〔2017〕7号）提出，要把各类开发区建设成为新型工业化发展的引领区、高水平营商环境的示范区、大众创业万众创新的集聚区、开放型经济和体制创新的先行区[6]。开展智慧园区建设，就是要推动物联网、云计算、大数据、移动互联网、知识型工业自动化、高级机器人等新一代信息技术与现代制造业、生产性服务业的融合创新，促进产业集聚与创新集聚、实体经济与虚拟经济的协同发展，加快推进园区的提质转型创新发展，培育新的经济增长点，促进大众创业、万众创新。

在发展路径上，要大力推动工业制造领域的互联网化、智能化改造提升，深化工业互联网技术和应用，重点发展精细化企业管理，智能化工业设计，柔性化智能生产，实现市场需求与生产供给的“精准对接”，更好满足个性化、差异化消费需求，促进生产组织方式和商业模式变革，大幅提升分工合作水平与生产效率。

（二）管理服务便捷化

加快智慧园区建设，运用大数据、云计算、区块链、人工智能等前沿技术推动园区管理和服务手段、模式、理念创新，从数字化到智能化再到智慧化，是推动园区治理能力提升的必由之路。

一方面，要推动园区管理精细化，建立园区市政管理、人口管理、交通管理、公共安全、应急管理、社会诚信、市场监管、检验检疫、食品药品安全、饮用水安全等社会管理领域的信息化体系，实现园区规划和基础设施管理的数字化、精准化，推动园区政府部门行政效能和管理水平大幅提升。

另一方面，要推进园区服务便捷化，在园区教育文化、医疗卫生、劳动就业、社会保障、环境保护、交通出行、防灾减灾、检验检测等公共服务领域，建设覆盖园区的信息服务体系，公众获取基本公共服务更加方便、及时、高效。在发展路径上，要完善产业集聚区管理服务体系，实现园区管理和服务保障智能化；结合产业特色和运营需求，建设产业、创新创业、政务服务等大数据平台，整合打通各部门数据，优化提升企业发展、产业招商、社会民生、应急管理等精准数据监测、管理与服务；推进教育、医疗、养老等数字化服务普惠应用，促进消费、生活、休闲、交通出行等各类场景数字化。

（三）基础设施智能化

在数字化时代，推进基础设施智能化是园区高质量发展的决定性因素和智慧园区建设的重要支撑，通过建设宽带、融合、安全、泛在的下一代信息基础设施，大幅提升电力、燃气、交通、水务、物流等公用基础设施的智能化水平，实现园区运行管理的精准化、协同化、一体化。

一方面，要加强信息基础设施建设，建设完善5G、物联网等通信网络基础设施，布局人工智能、区块链服务网络等新技术基础设施，提升智能计算中心等算力基础设施功能；进一步依托云计算平台，构建特色“产业云”，集聚智能生产、创新设计、数据服务等领域优势企业和创新资源，探索实施“产业云平台＋解决方案提供商＋传统行业企业”合作模式。

另一方面，要推动园区公用设施、建筑等智能化改造，推进交通、物流、市政等基础设施数字化升级，建设智能物流信息平台和仓储式物流平台枢纽，加强港口、航运、陆运等物流信息的开发共享和社会化应用，提升园区管理运营服务效能。

四、智慧园区的发展策略与推进机制

通常来看，我国开发区的管理体制主要分为派出机构模式、区政统筹模式、企业管理模式和法定授权模式等四种典型模式[3]，应结合各自园区的管理模式、发展特点和实际需求，从顶层设计、内外协同、科技赋能、项目管理、长效运营等方面推动智慧园区可持续发展。

（一）加强顶层设计，谋划智慧园区建设的“路线图”

智慧园区建设是一项系统工程，要以“全局一盘棋”的思路对智慧园区建设进行规划[7]。要坚持目标导向与需求导向相结合，从园区发展的战略全局出发研究制定智慧园区的发展规划，明确智慧园区的发展定位、发展目标、重点任务、推进思路和保障措施等，为重点项目的铺排提供路线图和时间表。要强化软硬件设施、数据资源的共建共享和开发利用，加强数据资源治理，释放数据要素价值。要在规划建设、设施构建、服务提供等方面，加强与省市新型智慧城市的建设要求衔接，做好统筹发展布局。要加强建设运营设计，构建清晰的建设运营架构、利益分配和评估监督机制，提升规划实施的可操作性。

（二）强化内外协同，画好智慧园区建设的“同心圆”

智慧园区建设是一个统一思想、凝聚共识、协同推进的过程，要加强内部统筹和外部协同。对内要强化机制创新，形成“领导小组、决策咨询机构、考评监督体系”三大组织推进机制，强化智慧园区建设工作领导小组的统筹协调作用，发挥专家智库在重大决策、方案设计、项目实施等方面的咨询作用，建立智慧园区考核评价体系，形成从管理机制创新到数据互通整合的协同管理与服务模式。对外要做好资源共用，用好垂管系统和上级平台资源，避免重复建设，在政务云平台、城市大脑、一网统管、时空信息平台、数据共享平台等方面加强与省市沟通衔接和设施共用，在政务服务、社保等领域，充分依托上级平台和系统，做好服务流程优化和再造，为公众提供便捷化服务。

（三）强化科技赋能，用好智慧园区建设的“新技术”

将互联网、大数据、人工智能、5G、区块链等新技术应用到园区治理，通过对园区治理全民性、全时段、全要素、全流程的覆盖，实现园区治理的转型与升级。

一是推广“大数据+园区治理”新模式，通过高效采集、有效整合、深化应用政府数据和社会数据，形成“用数据说话、用数据决策、用数据管理、用数据创新”的管理机制，提高园区治理的精准性和有效性。

二是深化“人工智能+园区治理”新应用，推广人工智能在交通调度、治安防控等园区管理领域应用，让园区的运转更加流畅。

三是探索“区块链+园区治理”新机制，利用区块链共识互信、不可篡改、公开透明、隐私保护等技术特点，探索在信息基础设施、能源电力等领域的推广应用，提升园区管理的智能化、精准化水平。

（四）统筹项目管理，当好智慧园区建设的“指挥官”

智慧园区建设涉及部门多、领域广，且项目资金需求大，要杜绝部门各自为政分散建设。

一方面，要建立政府信息化项目管理办法，推动项目建设、审批、验收、评价全流程管理，开展智慧园区项目前置审查，强化设施共建、数据共享和业务协同，建立“不共享、不立项、不拨款”的项目立项模式，形成“业务部门提需求、牵头部门抓管理、园区项目统筹建”的项目建设模式，实现项目统筹、数据共享、节约资金“一举多赢”。

另一方面，要强化系统整合，在数据资源共享、时空地理信息、物联终端管理、基层网格管理、人工智能应用等方面建设一批共性支撑平台，推动卫生健康、公共安全、应急管理、市政交通、社区管理等公共领域信息系统整合，打造政务管理“大系统”。

（五）开展长效运营，探索智慧园区建设的“新模式”

通过政府引导，鼓励政企合作、多方参与，创新智慧园区建设运营模式，推动智慧园区长效可持续发展[8]。

一方面，要发挥政府的引导作用，强化智慧园区建设的方向引导和环境守护，通过制定顶层规划、管理办法等明确建设重点和要求，利用政府购买服务、政府和社会资本合作等多元模式，在确保安全的前提下鼓励开展数据运营，建立服务于园区产业转型升级的公用性数字化转型促进中心，打造智慧园区可持续发展的内生动力机制、可行商业模式和市场盈利机制。

另一方面，要强化企业专业运营，发挥市场在资源配置中的决定性作用，针对政企联合、多元参与的发展趋势，通过设立国有平台公司或联合运营公司构建政企合作纽带，鼓励通过“引进外援、带动本地”的方式构建能够持续提供全面专业业务、技术和管理能力的供给生态。

参考文献

[1]《国务院办公厅关于促进开发区改革和创新发展的若干意见》(国办发〔2017〕7 号).

[2]《中国开发区审核公告目录 (2018 年版)》.

[3] 梁盛平，夏俊波，赵娇，等 . 构建新发展格局：中国开发区新使命——十八大以来中国开发区建设与区域发展 [J]. 中国经济报告，2022(03):76-85.

[4] 唐斯斯，张延强，单志广，等 . 我国新型智慧城市发展现状、形势与政策建议 [J]. 电子政务，2020(04):70-80.

[5]《“十四五”国家高新技术产业开发区发展规划》(国科发区〔2022〕264 号).

[6]《国务院办公厅关于促进开发区改革和创新发展的若干意见》(国办发〔2017〕7 号).

[7] 王新年，朱玲玉，段贤雯，等 . 长沙高新区：建设“智慧麓谷”[J]. 中国建设信息化，2021(20):54-57.

[8] 单志广，张延强 . 新型智慧城市要推进长效可持续发展 [J]. 中国信息界，2022(05):26-29.

为产业园区绿色化转型注入数字化新动能
——“绿色崛起、培根铸魂”是实现园区经济高质量发展的良久之策

文/泛华集团产业研究院

党的二十大报告指出，建设现代化产业体系，坚持把发展经济的着力点放在实体经济上，同时强调在发展中尊重自然、顺应自然、保护自然，牢固树立和践行“绿水青山就是金山银山”的理念，站在人与自然和谐共生的高度谋划发展，加快发展方式向绿色转型，实施全面节约战略，发展绿色低碳产业，倡导绿色消费，推动形成绿色低碳的生产方式和生活方式，积极稳妥推进碳达峰碳中和。同时，还强调要加快发展数字经济，促进数字经济和实体经济深度融合，打造具有国际竞争力的数字产业集群。

如何践行党的二十大提出的绿色发展和数字经济两大发展主题。用数字经济的蓬勃创新为绿色发展赋予新动能，让数字经济更加深度地融合到绿色发展中，成为未来重要的课题。

而产业园区作为产业集聚发展的核心单元，是我国经济高质量发展最重要、最广泛的空间载体。公开数据显示，我国工业园区的耗能约占全社会总耗能的69%，碳排放占全国总排放约31%，园区已成为落实“双碳”战略落地执行的主力军。如何将产业发展、绿色建设、数字化、碳中和耦合成一个有机联系的整体，有效提升园区基础设施智能化水平，提升能源管理、生产节能等能力，成为园区管理者迫切需要关注的问题。

2021年10月，国务院印发《2030年前碳达峰行动方案》，明确提出要建设绿色低碳园区，并选择100个具有典型代表性的城市和园区开展碳达峰试点建设，在政策、资金、技术等方面对试点城市和园区给予支持。此后，碳达峰、碳中和正式上升为国家战略，从中央到地方、从城市到园区，一场绿色变革拉开帷幕。

由此，未来的产业园区应该以生态为引领、数字为驱动、绿色发展为动能、把生态文明和绿色发展理念融入园区发展的全过程，实现绿色发展、绿色建设和绿色运营，实现产业园全要素、全参与方、全过程的绿色化转型。

一、汇聚绿色与数字动能，构建园区绿色发展体系

正确处理经济发展和生态环境保护的关系，大力构建绿色产业体系，持续推动经济转型升级，推动产业数字化转型、绿色低碳转型。通过创新数字经济下的EOD模式，释放绿色发展动能：以生态文明为引领，以可持续发展为目标，通过生态修复及生态系统打造区域生态基底，以产业数字育城为动能，构建产业生态化的发展体系，把生态理念融入园区的生态构建、产业发展、绿色建设、智慧运营的全过程，并结合数字化、网络化、智能化等新一代技术，以区域视角重新形成新的全要素生态集聚，构建区域绿色发展的高级形态。面向政策性、开发性金融工具支持的重点领域，谋划策划产业新基建、新城建、数据基础设施。积极导入和孵化相关联产业项目，形成产业生态体系，搭建产业育城平台，以产育城、产城融合，最终实现生态构建与区域发展的有效结合与相互促进。

（一）EOD的模式重塑园区生态基底

以生态保护和环境治理为基础，以特色产业运营为支撑，以区域综合开发为载体，推动公益性较强、收益性差的生态环境治理项目与收益较好的关联产业有效融合，统筹推进，一体化实施，将生态环境治理带来的经济价值内部化，是一种创新性的项目组织实施方式。通过土地综合利用、老厂房更新、基础设施和公共服务设施改造，让园区的空间向着绿色化、智能化和生态化的方向发展。

【案例】嘉陵江略阳县城段生态环境导向开发路径

“嘉陵江略阳县城段生态环境导向的开发项目”紧扣略阳“一立四振兴”总体发展战略，针对略阳“流域防洪治理”和“矿山生态修复”两大生态环境治理突出问题，有效提升县城防洪排涝能力，加速矿山修复与绿色转型，整体提升城市生态环境和人居环境，为产业绿色转型、发展绿色循环经济创造条件。结合略阳中药资源、文化旅游资源和绿色食药产业优势，依托“两山银行”试点建设基础，围绕建设略阳“绿色健康产业融合发展示范区”，通过融入泛华美丽健康产业育城理念，将生态环境治理与绿色健康产业发展有机融合，探索生态产品价值转换方式与途径，并通过一体化实施，构建生态环境治理与产业发展的反哺机制和长效运营机制，树立以EOD模式助力资源型城市绿色转型发展示范，进一步拓宽略阳绿色循环转型发展的创新路径，形成全国县域经济与乡村振兴高质量发展的典型示范。

（二）构建绿色产业生态体系

围绕地方的资源禀赋，尤其是绿色生态资源等，通过优化产业园区的生态本底，形成“价值洼地”，集聚高端产业资源，形成产业优势、经济优势，通过积极导入和孵化相关联的产业项目，发展绿色产业、循环经济、生态经济等，构建绿色产业生态体系，形成地方绿色发展动能。在一些存量产业园区，则应以创新绿色“优存量”，改造提升传统产业推动产业升级和迭代创新，积极推进减污降碳协同增效，促进产业生态化和生态产业化同步提速，着力降低单位产出能源资源消耗和碳排放，增加绿色产品和服务供给，重新把传统产业打造成支柱产业。

【案例】松山湖的协调发展生态体系

东莞市松山湖坚持“科技共山水一色，新城与产业齐飞”的规划设计理念，融山、水、园为一体，努力优化园区生态环境，合理设置功能区，配备完善的医疗卫生、文化娱乐、商业金融、行政办公、邮电通讯等城市服务体系，实现松山湖新城人与自然的和谐共处，经济社会与资源环境的协调发展。园区土地等优势资源更多地集中到核心功能开发上，进一步扩大研发和总部功能区范围，集聚大批研发机构和企业总部，突显松山湖作为科技中心的形象和功能，实现了松山湖的崛起。

（三）推动产业数字化转型

导入数字技术、创意设计、职业教育、科技创新、供应链金融等创新要素，促进产业数字化转型升级，构建跨越物理边界的“虚拟产业园”和“虚拟产业集群”，形成产业数据湖，通过集聚“创新产品＋场景消费＋科创能量”的园区数字港，打造园区产业互联网承载消费互联网的新动能空间，实现对“市经济”的数据赋能、产业赋能和金融创新赋能。通过全过程溯源、检验检测、品牌认证、数字供应链、5G场景应用等，构建“一品一网一平台多基地”的平台经济、总部经济和结算经济，实现特色主导产业场景化应用创新，实现数字经济和实体经济融合发展；实现以产育城，形成产业集群化、集群基地化、基地园区化、园区社区化、社区智能化、数字产业化、产业数字化，重塑地方产业生态。

（四）推动产业绿色低碳转型

通过全过程数字溯源、检验检测、品牌认证、数字供应链检测等实现生产、流通、销售、品牌构建等一体化发展，可以形成以平台为核心的绿色低碳监测体系，控制产业链和供应链的低碳化转型。构建“产—学—研—用”协同平台，形成绿色低碳产学研用生态技术研发和孵化体系：共同研究各种节水、节电、节能的生产和流通技术及生态工程技术，并借助平台连通消费互联网和产业互联网的优势，对相关技术进行产业化孵化和成果转化，为企业和园区低碳转型提供技术支撑。

【案例】天津经开区引导企业绿色发展

天津经济技术开发区坚持从源头防止高耗能、高碳化项目入园，并坚持以政策来引导园区产业的转型升级。开发区先后发布20多项产业促进政策，重点鼓励企业引进配套供应商，设立功能型总部机构，延伸产业链，积极引导社会资金投向战略性新兴产业和绿色产业，大力增强创新驱动发展能力，不断开创科技金融服务新模式。引导企业绿色发展，例如，天津一汽大众华北基地就是按照绿色建筑三星设计标识标准进行设计建造，建成后在生产过程中将使用绿色生产工艺、采用高效绿色物流、生产绿色环保产品，建设绿色工厂。

（五）打造绿色低碳生产生活方式

促进园区绿色生产，把绿色标准贯穿于整个生产经营活动中；鼓励亲近自然、打造绿色交通、倡导绿色出行，建立垃圾回收和资源循环利用的运行机制，倡导低碳生活方式。

二、打造产业园区的绿色规划建设管理体系

把生态理念融入园区规划、建设和管理的全生命周期，每个过程都以减少碳排放为目的，减少大拆大建，实现有机更新减少碳排放；同时打造绿色智慧建筑、绿色智慧低碳社区和数字园区等不同维度的生态空间聚落，促进可再生能源利用、水资源循环利用、微气候营造，构建生态空间。通过基于时空信息化平台和“数字孪生数据模型”，形成规建管一体化平台，实现园区的规划、建设、运营一体化管理和数据贯通。

（一）绿色智慧规划

通过可视化的规划一张图辅助模型系统，实现园区跨部门数据实时共享，真正实现多规合一。对园区的土地资源、生态资源、空间利用进行智能匹配分析，让园区更集约发展。还可通过对水文地理、气候环境、建设项目、市政工程等园区数据的集成计算，实现针对园区发展、市政、交通、公共服务等关键决策领域资源的智能动态规划和更新。协助园区管理者更直观与全面地对比园区规划和更新方案，更好地做出园区规划决策。服务于园区规划、建设、运营全生命周期，为园区综合指挥中心各部门提供一张在线的蓝图，为后续园区建设提供支持。

（二）绿色智慧建设

绿色智慧建设主要包括三方面：

一是按照“绿色低碳、数字赋能、平台生态”的理念，围绕建筑的绿色设计、绿色建材、绿色建造、绿色运维的全生命周期打造绿色建筑发展体系。以近零碳产业园建设为目标，打造被动房屋技术体系、近零能耗技术体系、建筑低碳节能科技、建筑绿色生态科技、建筑数字智能科技、建筑健康宜居科技等建筑技术体系。

二是加大绿色现代基础设施体系建设。包括园区的各种基础设施和建筑整体节能减排、降碳升级改造，如新能源基础设施、建筑节能改造、污水站下沉式改造、环境卫生、园林景观、道路桥梁、绿色园区管网、市政给排水、园区亮化工程等的绿色化升级。

三是打造绿色智慧建设管理平台，实现对园区重大建设工程项目从设计、建材检测、建造过程监督和竣工交付的全寿命周期绿色管理。构建区域维度的多项目管理平台，实现对重大建设工程项目从设计图纸审查、建造过程监督和竣工交付的全生命周期管理，全面提升园区的工程项目管理质量。搭建建筑产业互联网平台，通过数字协同设计、集中采购、智慧施工和智慧运维，建设高质量的园区空间。

（三）园区智慧管理

通过BIM+3DGIS+IOT等技术构建的时空一体化云平台，叠加、集成和融合园区和园区

的地理信息数据、区域能源数据、生态环境数据及水、电、交通、综合管廊设施运行状况数据，形成园区的全要素的“数据中台”，赋能智慧交通、智慧能源、智慧应急和智慧管廊建设，提升园区的运行效率；创新智慧物业、数字社区、智慧停车场、智慧楼宇等应用场景，为居民提供现代化智能化生活环境。

通过建设智慧化新基建，实现园区设备的数据全息感知。形成可视化 BIM 系统，实现能源管理、安防管理、环境监测、智慧消防等多系统融合。对园区的燃气、给水、排水等地下管网和综合管廊、桥梁等市政设施的实时监测与智能分析，及时发现问题，事前预测风险，让安全防患于未然，并通过生态环境监测系统，有效建立园区环境监测网络和水环境预警监测体系，实时监测园区水环境的水质、水量、雨污水输送和园区大的 PM2.5、噪声等环境参数，为园区企业和市民提供绿色、生态和宜居的产业新城生态环境。在应急管理方面，以应急管理需求点为牵引，对周边监控、人员、事件快速调度与指挥，实现事件触发、多维响应、协同联动应急管理业务闭环。

【案例】重庆市广阳岛的智慧运营管理平台

重庆市广阳岛基于“BIM+GIS+IOT 技术”构建数字孪生系统，以真实场景在信息系统的精准映射，对运营数据进行统一管理与综合展示，打造智慧运营管理平台。采用 AI 人工智能、物联网、大数据分析等技术手段，结合网格化、精细化等管理理念，构建全岛“空、域、面、块、线、点”立体化安全防控体系，实现对广阳岛人、事、物的实时监控、智能识别、集中管理、科学决策和远程调度，使全岛运行管理由被动应对转变为动态监测、快速预警、主动预防。

三、构建产业园区的绿色能碳运营体系

当前，数字化变革正在不断重塑能源供需模式，正经历一场前所未有的智慧能源转型：技术创新不断推低可再生能源度电成本，分布式能源应用成为趋势，基于互联网技术下崭新的能源画卷正慢慢展开，未来应多关注如何积极拥抱数字化，依托 AIoT 技术，构建智慧区域能源系统，以数字科技创新驱动能源的生产、传输、消费清洁化和低碳化。

园区的能碳运营体系主要包括三方面内容：构建全链路协同的区域能源系统；搭建云化的区域能源综合服务平台；创新智慧能源应用场景。

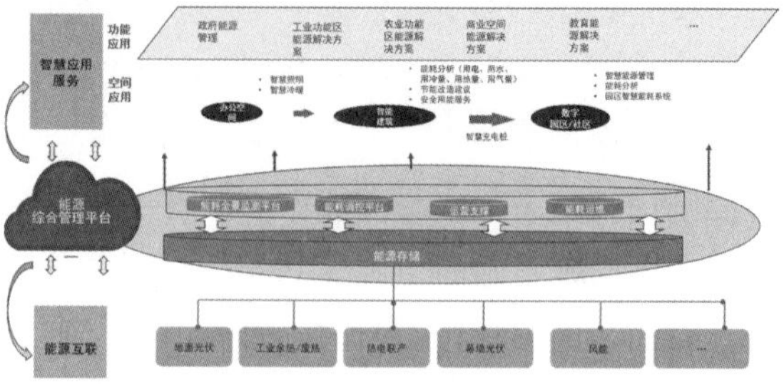

（一）构建全链路协同的能源系统

如何打破传统能源系统烟囱式分立架构和孤岛式管理，构建全连路协同的区域能源系统是关键，通过创新驱动、原创技术、科技引领、通过“微联网 + 互联网”，实现对电力、工业余热、热电联产、可再生能源、风能等各种能源综合和创新存储，实现能源集成利用，重点发展储能这个智慧能源系统中的“心脏”，走向综合智慧能源，实现全链路协同。

（二）云化的区域能源综合管理平台

构建“线上 + 线下”的综合能源服务生态体系，助各类能源服务全产业资源汇聚，实现电力公司和综合能源公司建立区域综合能源服务入口，服务于政府、能源消费者、能源服务商、能源供应商、设备制造商和金融机构等生态圈伙伴。

一是面向能源的供给端——搭建相关的能源交易平台。如碳交易、电力交易、能量交换等，通过平台实现各种能源子系统物联，形成能源要素共享、资本要素共享、商品供需对接、产能共享交易等新型生产全要素共享服务，提供创新的“拼能源”模式，构建能源池。

二是面向能源的需求端——打造能源监控

和运营平台。以“能耗全景监测”为核心，采用大数据、云计算、AI、区块链等互联网最新技术，搭建实时化、信息化智能监测系统，解决碳管理、能耗监测等核心难点，并通过精准、高效的数字化管理，实现区域内的决策分析和督办协同，进而为客户提供低碳能源服务。实现对分布式光伏、储能、空调、供暖、制冷、照明、给排水等状态的信息采集、环境感知与系统控制，通过AI算法挖掘和智能决策，优化客户侧能源系统运行策略，保障能源供给，降低用能成本，履行双碳承诺。面向建筑楼宇、工业企业及园区、社区、家庭等CPS用能场景，实现能源规划、控制、监测、分析、运维、管理、交易等功能，实现需求传导和数据贯通。

（三）创新智慧能源管理应用场景

依托“云—网—边—端—芯—智—链”的信息通信全产业链体系，满足能源运营商/服务商、能源消费者、能源产品商、政府等多元化用户的综合能源需求，打造智慧楼宇、智慧园区、工业、农业、商业等典型CPS（信息物理系统）场景的“智脑+神经系统”，通过数字化解决方案和Saas化服务，赋能客户侧能源系统的安全、高效、低碳运行。

通过智能分析系统+设施物联网，连接企业、建筑、园区和城市等的照明、空调系统和各个区域的能源设施，智能分析用电习惯和用电情况进行分析，提供智慧能源解决方案。有效提升用户的能源管理水平，并在不影响日常工作的情况下，显著降低能耗和维护人员数量。

一是在建筑智慧运维方面，基于网络的控制，提供楼宇设备的实时控制和监测，还能通过收集、分析并存储楼宇相关信息来管理楼宇自动化系统。自动进行高峰用电需求调整，“人一走，灯自动关掉”这种节约能源的智慧楼宇将不再只是梦想。

二是在数字园区管理方面，基于BIM的智慧能源管理平台，实现园区及各类基础设施的全数字化建模，集成不同厂商及子系统，汇聚全园区设施的能耗实时运行数据，形成区域内的物联网用能数据枢纽。建设低碳云账户平台，利用能耗在线采集系统，实时在线采集产业园区企业能源消费种类、消费量的精准画像，并从能源消费推算企业碳排放，实现碳排放的全过程数字化管理。依托在园区低碳工业云账户数据中心，形成低碳园区驾驶舱，打造“能碳双控”管理平台实时盘查企业全价值链碳排放数据，打通各项数据申报，持续跟踪自身能耗及节能项目，一键采购绿电、绿证，连接碳市场，并结合能源管理降耗减碳，实现碳中和闭环。

总之，以生态文明战略、双碳战略和数字经济战略为指引，以绿色低碳理念为引领，以产业育城平台为动能，以全要素智慧城市建设为载体，形成“产业育城+EOD+全要素数字生态产业示范区”集成创新发展模式，从而实现科学统筹生态治理、经济发展与产业空间的关系，实现人与自然和谐共生，促进园区“城经济”和“市经济”动态平衡，构建“港产城人”融合的发展新生态，实现区域的产业化、数字化、绿色化和新型城镇化的融合发展，通过园区双碳建设，提高园区产业竞争力和生态文明水平，为更大范围的双碳落地提供重要样本，形成绿色转型发展示范园区。

浅谈同质化竞争下开发区提质升级的路径

文/南京经济技术开发区管委会经济发展局 金继锋

经过近40年的发展，同质化发展日益成为制约我国开发区提质升级的新的障碍，主要表现于三个方面：

一是开发区功能定位的同质化。以国家级经济技术开发区为例，自20世纪80年代至21世纪初，国家级经开区的定位可概括为“对外开放平台”和“经济功能区”；从21世纪初至2018年，国家级经开区的定位大多转变为“改革开放平台”“产城融合功能区”；自2018年至今，国家级经开区的功能定位普遍集中于“改革创新平台”和“高质量发展功能区”，由此，一直以来，国家级经开区基本承担着相同的功能任务。

二是开发区主导产业的同质化。仍以国家级经开区为例，从2020年全国经开区综合发展水平排名30强的园区来看，30强园区的主导产业数量相对一致，其中4～6个主导产业数量的园区最多。同时，各经开区主导产业主要集中于装备、医药、电子、汽车四个产业，其中，将高端装备制造产业定位为主导产业的经开区有30家、将生物医药产业定位为主导产业的经开区有22家、将新型电子信息产业定位为主导产业的经开区有21家、将汽车及零部件产业定位为主导产业的经开区有21家。

三是开发区竞争手段的同质化。目前，优质产业项目已成为各开发区争夺的重点，为争夺项目，各开发区采取的手段大同小异，从早期的项目入资（合资或合作）、税收奖励、土地政策、企业奖补等政策竞争手段，到现在的优化区域营商环境、构建产业发展生态系统，各开发区大都采取了基本一致的竞争手段。

由此，梳理分析同质化产生的原因，探索同质化竞争下国家级开发区产业转型发展的路径显得尤为重要。

围绕资源竞争困局 探求同质化原因

一是历史选择因素。作为改革开放的重要平台，开发区一直承担着对外开放、发展外向型经济的重要使命。为加快引进外资、壮大产业，各开发区优先承接欧美、日韩等地区劳动密集型产业，因此新型电子信息、高端装备制造、汽车装备等劳动密集型企业大量进入开发区；同时，这类产业产值规模大，有利于开发区快速做大产业体量，因此成为开发区招商引资的重点产业方向；另外，生物医药产业作为投入小、产出高的代表性产业，更是成为各地发展经济、扩大税收的重点产业选择。

二是人为选择因素。部分开发区缺乏长期发展思维、缺乏顶层设计、急功近利，或缺少长期规划，或受人为干涉，规划难以有效执行，产业规划流于形式；部分开发区领导为了尽快出成绩，盲目招进一些不符合区域长期发展的项目，为了项目尽快落地给予项目超常规的政策扶持，导致园区无序化发展、同质化竞争。

三是竞争压力因素。开发区承担着地方政府经济发展、改革开放的重任，开发区的管理者也自然需要面临地方政府的考核压力、面临周边园区竞争的压力。在建立初期，开发区尚不具备挑选项目的能力，导致入区项目质量良莠不齐。为了能够尽快推动项目落地，开发区往往给予企业各种政策扶持，导致各开发区间功能定位、产业类别、竞争手段同质化更为严重。

围绕提升产业能级 实施差异化发展

一是明确主导产业，减少主导产业数量。开发区管辖范围通常在300平方千米以下，短期内实际可开发的面积通常小于100平方千米，不少开发区的直管企业、开发区工作人员数量远少于行政区。从全国开发区主导产业数量分布来看，结合人力、财力、土地资源等实际情况，建议开发区主导产业数量保持在“3个左右、尽量不超过5个”，以确保开发区集中发展少数优势产业。

二是坚持错位发展，减少同质化竞争。根据国家、省市产业规划总部布局，结合开发区产业发展基础、资源优势、区域优势等情况，选择有优势、有潜力、竞争力强的产业发展。尽量避免同城竞争、同区域竞争，培育特色优势产业，提升产业辐射范围和影响力，增强开发区产业综合竞争力。

三是优化营商环境，转变产业竞争方式。营商环境正在从“拼政策”“比服务”走向“优生态”。围绕项目招引到落地的全生命周期，从保障要素的供给、改善要素的组合、服务环境的便捷、持续跟踪的深度等方面，全方位提升服务层级。重点项目由领导亲自带队、洽谈、协调，强化部门统筹配合，实现“一条龙”服务；建立“先解决问题再说”工作机制，突出解决职责不清、管辖争议、矛盾突出的疑难复杂问题，强化“马上就办”的工作作风。

围绕优化产业结构 推动产业链式发展

一是聚焦优势产业，打造主导产业成长链。构建以“发展聚焦—企业聚集—要素聚链—赋能聚网—功能聚合”为“五级”的主导产业成长链。每个产业明确2～3个特色细分领域作为发展重点，每个重点产业引育集聚一批龙头企业、优质企业、成长性企业，每个产业链融合配套创新链、人才链、政策链、资金链，各个重点产业积极实施数字化赋能提升工程，每个产业集群实现产业集聚、人口集聚、社会服务、生态保护等多功能协调共利发展，着力构建打造产业集群品牌的升级路径。

二是聚合发展资源，强化产业链要素保障。优化以“集聚区—园区—项目—企业—人才”为“五级”的产业集群要素链。每个产业集群形成“一心多点”的集聚空间布局，每个产业空间打造若干亮点园区，每个园区谋划推进一批重大产业项目和10亿元、5亿元、亿元特色楼宇，每个重点产业建立企业梯次培育、成长壮大、入榜上市、对外发展的引导机制，面向企业、面向产业、面向经济发展构建人才优势，努力做强产业集群品牌的要素支撑。

三是聚力工作能量，完善产业链服务机制。做实以“区级领导—主管部门—运营平台—街道—第三方服务机构”为“五级”的工作落地责任链。一名区领导领衔主导一个产业集群发展，一个主管部门全面统筹一个产业集群发展，每个功能区作为建设、运营、管理的主体单位，街道全力配合主管部门做好土地征收、服务企业、社会治理等工作，第三方服务机构具体落实环保、安全、人力资源等工作，共同形成产业集群品牌的工作合力。

围绕开拓“蓝海市场”坚持科技创新发展

一是加强科技创新，提升产业发展能级。通过政策引导、产业扶持等手段推动企业扩大研发投入，发挥龙头企业的创新主体地位，带动骨干企业、单项冠军企业等开展协同创新。加快研发类项目引进，支持大企业加大研发投入、设立研发机构，推动中小企业深耕行业细分领域，培育单项冠军和专精特新小巨人，提升企业发展能级和行业竞争力。

二是加大科技投入，优化产业创新生态。构建集创新载体、创新要素、公共服务平台为一体的产业创新系统。规划建设一批新的科技创新载体、标准化工业厂房，激发产业创新孵化器、新研机构的活力；完善科技金融体系，建立适应创新链需求、覆盖企业全生命周期发展的综合金融服务体系；实施“产业人才倍增计划”，强化科技创新、产业应用场景式建设。

三是抢抓发展机遇，布局新业态新模式。作为引领未来的新经济形态，数字经济既是经济提质增效的新变量，又是经济转型发展的新蓝海。要抢抓我国数字经济和新基建发展机遇，大力发展数字经济规模稳步提升，重点发展人工智能、5G等数字产业，培育跨境电商、新零售、直播电商等新业态新模式，谋划实施一批移动物联网、工业互联网、高速光纤网等新型基础设施建设。

围绕区域合作共建 推动跨区域协同发展

一是加强同城合作，共同打造区域产业链。发挥省、市产业规划、发展布局的引导和协调作用，推动同城的开发区深化合作，增强产业链、供应链的韧性。明确同城的各开发区在产业链中的发展定位、工作重点、考核目标，通过考核、政策激励等方式，引导同一城市各开发区各司其职，并通过共建公共平台、开展协作招商、共享产业信息等方式，发挥产业协作优势。

二是加强跨区域合作，建设跨区域合作区。对于相邻、相近的开发区，通过推进开发区之间的跨区域合作破解产业链协同发展的难题。特别是可以结合商务部经开区对口帮扶、对口援建、协同发展要求，鼓励国家级经开区探索跨区域合作园区开发、产业发展、税收分成等，帮助落后经开区解决产业发展难题，同时解决先进经开区发展空间不足的问题。

综 合 篇

2022年江苏省开发区发展情况综述

【概况】江苏作为沿海开放地区，是最早建设开发区的省份之一，江苏开发区经过近40年的建设，经济实力不断增强，新兴动能快速发展，统筹疫情防控和经济社会发展取得显著成效，是推动全省双向开放、高质量发展的主力军。截至2022年末，江苏省现有省级及以上开发区158个，其中，国家级47个，省级111个。在国家级开发区中，经济技术开发区27个，高新技术产业开发区17个，旅游度假区2个，保税港区1个。

2022年，江苏省开发区坚持以习近平新时代中国特色社会主义思想为指导，全面贯彻党的二十大和精神，认真落实习近平总书记对江苏工作的重要指示要求，按照党中央、国务院和省委省政府决策部署，坚持稳中求进工作总基调，扎实推进“六稳”工作，全面落实“六保”任务，开发区已成为全省经济发展的“火车头”、改革开放的“排头兵”、创新富民的重要载体，为全省经济社会的稳定健康、高质量发展提供了重要支撑和坚实保障。

【综合】2022年，全省158家开发区（不含筹建开发区，下同）实现业务总收入329 001.9亿元，同比增长5.4%，一般公共预算收入5 151亿元（扣除全部增值税留抵退税）。国家级开发区实现业务总收入188 791.2亿元，同比增长11.5%，一般公共预算收入3 224.0亿元（扣除全部增值税留抵退税）。全省共有578家上市企业落户开发区，其中，落户国家级开发区有356家。全省开发区呈现出在高平台上稳步发展的态势。

【工业经济】全省开发区结合自身特点，围绕转型升级目标，着力加快重点产业发展，产业结构不断调整、优化和集聚，产业规模稳步增长。2022年，全省开发区完成重点产业增加值同比增长17.8%，其中，国家级开发区完成重点产业增加值同比增长49.4%。

【固定资产投入】2022年，全省开发区完成固定资产投资同比增长11.5%，其中，工业项目固定资产投资同比增长为16.1%。国家级开发区完成固定资产投资同比增长7.7%，工业项目固定资产投资同比增长6.5%。区内营业收入20亿元以上的“四上”企业数1 174家，同比增长9.3%，其中725家落户国家级开发区，同比增长9.5%。

【招商引资】2022年，全省开发区实际使用外资267.1亿美元，同比增长4.0%，占全省比重87.6%；其中，国家级开发区实际使用外资188.1亿美元，同比增长27.7%。新批外商投资企业3 112家，占全省比重94.2%，其中，国家级开发区新批外商投资企业1 813家。区内共引进跨国公司总部和功能性机构356家，占全省比重96.7%。其中，国家级开发区269家，占全省比重73.1%。

开发区吸引内资企业规模在高平台上快速增长。2022年，全省开发区新增内资企业注册资本21 688.3亿元，同比下降1.6%，其中，工业项目注册资本5 000.4亿元，同比下降4.0%。国家级开发区新增内资企业注册资本12 046.8亿元，同比下降1.7%，其中，工业项目注册资本2 006.2亿元，同比下降15.0%。区内新增内资企业248 250家，同比下降0.7%，其中，国家级开发区新增内资企业156 891家，同比增长0.5%。

【对外贸易】2022年，全省开发区实现进出口总额、出口额和进口额分别为6 847.1亿美元、4 347.3亿美元和2 499.8亿美元，同比分别增长5.4%、8.4%和0.6%，分别高于全省3.7、4.1和3.1个百分点，分别占全省的83.7%、83.2%和84.6%。高新技术产品进出口额2 626.5亿美元，占全省比重87.8%，民营企业进出口额2 725.8亿美元，占全省比重82.4%。国家级开发区实现进出口总额和出口额分别为5 248.6亿美元和3 283.0亿美元，同比分别增长3.9%和6.6%。高新技术产品进出口额2 381.9亿美元，占全省比重79.6%，民营企业进出口额1 816.0亿美元，占全省比重54.9%。

【科技创新】全省开发区不断增强科技引领实施创新驱动。现有高新技术企业34 122家，同比增长18.9%。省级以上研发机构共5 986家，同比增长29.9%。年度PCT专利申请量5 620件，同比增长17.2%，高于全省19.7个百分点，占全省比重80.5%。发明专利授权量50 001件，同比增长43.6%，高于全省13.9个百分点，占全省比重56.2%。集聚省“333高层次人才培养工程”、中科院“百人计划”(不含区内各类高校)等省级以上领军人才8 157人。区内共有智能车间1 711个、智能工厂115家、“专精特新”小巨人企业数339家（不含产品数），占全省比重分别为86.5%、83.3%和47.8%。

【社会贡献】2022年，全省开发区期末从业人员2 115.8万人，同比增长8.6%，其中工业从业人员933.7万人，同比增长2.1%；境外人士在职人员12.2万人，同比下降10.5%。国家级开发区期末从业人员1 003.4万人，同比增长8.5%，其中工业从业人员490.9万人，同比增长1.0%；境外人士在职人员5.5万人，同比下降12.3%。

【生态环境】全省开发区坚持绿色低碳循环发展，污染防治力度不断加大，节能减排成效显著，全区规上工业企业碳排放量同比下降24.2%，重点产业增加值占全区GDP比重60.6%。全省158家开发区中获批建设国家级生态工业示范园28家，占全国总数的29.5%，其中23家正式命名，占全国总数的35.4%。

全省开发区相关数据见表1、表2。

表1 分区域业务总收入和一般公共预算收入完成情况

地区	业务总收入（亿元）	同比（%）	一般公共预算收入（亿元）
全省	329 001.9	5.4	5 151.0
苏南	197 831.9	3.2	3 548.2
苏中	63 098.7	12.2	766.1
苏北	68 071.2	6.1	836.7

表2 重点产业增加值排位前8位的行业发展速度

产业名称	同比（%）
计算机、通信和其他电子设备制造业	1.1
电气机械及器材制造业	16.2
通用设备制造业	11.0
化学原料及化学制品制造业	8.0
汽车制造业	8.2
黑色金属冶炼和压延加工业	9.7
专用设备制造业	-6.6
医药制造业	14.0

注：

（一）重点产业增加值：指以《国民经济行业分类与代码》（GB/T4754-2011）的大类划分，并且增加值排在前三位的3个行业增加值的总和，同口径计算增速。

（二）开发区主要经济指标来自省有关部门数据和各开发区上报汇总核实数，进出口等外贸数据来自海关；计算方法是与上年同期相比；增加值计算为现价，增速为名义增速。

（三）省级及以上研发机构，对指标重新进行了定义，同口径计算增速。

（四）“专精特新”小巨人企业数，国家工信部对指标重新进行了解释，同口径计算占比。

（江苏省开发区协会）

2022年浙江省开发区发展情况综述

【概况】截至2022年底，浙江省共有各类经济开发区117家。其中，国家级经济技术开发区（简称“经开区”）22家，数量居全国第二，海关特殊监管区域12家，省级经济开发区75家，参照省级经济开发区管理单位8家。产业链“链长制”、国际产业合作园、美丽园区等多项创新工作在全国推广。

【主要经济指标】2022年，浙江省经济开发区实际使用外资105.91亿美元，同比增长15.6%，增幅高于全省（5.2%）10.4个百分点，占全省（193亿美元）的54.9%。实现进出口总额22 677.63亿元，占全省（46 800亿元）的48.5%。其中，国家级经开区实现进出口总额1.34万亿元，占全省的28.6%。海关特殊监管区实现进出口总额3 014.81亿元，同比增长19.1%，占全省的6.4%。充分发挥了经济大引擎、对外开放主平台、科技创新主阵地作用。

【国家级】平台“国考”再创佳绩，杭州、宁波、嘉兴、萧山、宁波杭州湾5家经开区进入2022年国家级经开区全国综合排名三十强，较上年度再增加1家，数量居全国第二，是2016年“国考”重启以来全省取得的最好成绩。宁波保税区、杭州综保区进入2021年度综合保税区发展绩效评估全国综合排名A类。

【开发区特色】山区26县开放平台共建。一是指导平台创建。衢州智造新城、磐安、莲都、云和等获批省级经济开发区，实现山区县省级开发区全覆盖。二是持续推动开放平台结对共建。27个山区县开发区与37个先进开发区签约结对，实现山区26县开发区与先进开发区签约结对全覆盖。三是推动精准帮扶。举办跨国公司走进山区26县开发区等系列招商对接会，现场签约近百亿元。四是推广实践案例。开展开放平台共建发展优秀实践案例评选，开发区共富典型案例在省共同富裕工作专班简报刊发。

深化开发区整合提升。以“规范统计口径、优化空间规划、创新机制体制、提升发展动能”为目标，65家经济开发区深化整合提升。管理范围进一步明确，管理机构进一步精简，产业定位进一步明确。启动全省开发区地理空间信息精准划定工作，夯实开发区统计考评基础。

加快推进《浙江省开发区条例》立法进程。开展全省开发区体制机制创新性课题研究。形成《浙江开发区体制机制改革创新路径探索与思考》近7万字的研究报告，为进一步推进《浙江省开发区条例》提供理论支撑，《浙江省开发区条例》列入2023年省人大立法预备审议项目。

深化产业链“链长制”。在“链长制”推动下，千亿级平台不断壮大，产业布局日趋优化。电气机械和器材制造业、汽车制造业、化学原料和化学制品制造业仍是我省开发区主导产业，发展稳中有进。新能源汽车、新材料、新能源等战略新兴产业蓬勃发展。截至2022年底，全省共有75家开发区创建85条开发区产业链“链长制”示范和试点。

（浙江省开发区研究会）

2022年山东省开发区发展情况综述

【运行概况】2022 年，山东省 160 个开发区（含 16 个国家级经济技术开发区、21 个高新技术产业开发区、123 个省级经济开发区）实际吸收外国及中国港澳台地区投资 172.8 亿美元，占全省吸收境外投资的 75.6%。实现货物进出口 2.5 万亿元，占全省货物进出口总值的 75.5%。

【明水经济技术开发区】2022 年，明水经济技术开发区实现生产总值 663 亿元，较上年增长 4.1%；实现公共财政预算收入 40.81 亿元，增长 7.9%；完成固定资产投资 251 亿元，增长 18.7%；吸收外国及中国港澳台地区投资 2.1 亿美元，增长 6%；实现货物进出口 105 亿元，增长 23.56%。

【青岛经济技术开发区】2022 年，青岛经济技术开发区实现生产总值 2 857.95 亿元，较上年增长 9.8%；实现公共财政预算收入 220.9 亿元，增长 1.4%；完成固定资产投资 1 057 亿元，增长 44%；吸收外国及中国港澳台地区投资 12.97 亿美元，增长 20%；实现货物进出口 3 082 亿元，增长 10.5%。

【胶州经济技术开发区】2022 年，胶州经济技术开发区实现生产总值 896 亿元，较上年增长 7.5%；实现公共财政预算收入 67.3 亿元，增长 6.7%；完成固定资产投资 575 亿元，增长 9%；吸收外国及中国港澳台地区投资 7.2 亿美元；实现货物进出口 695.4 亿元，增长 30.3%。

【滕州经济技术开发区】2022 年，滕州经济技术开发区实现生产总值 440 亿元，较上年增长 8.2%；实现公共财政预算收入 36.2 亿元，增长 2.2%；完成固定资产投资 123 亿元，增长 16.7%；吸收外国及中国港澳台地区投资 1.25 亿美元，增长 132%；实现货物进出口 68 亿元，增长 119%。

【东营经济技术开发区】2022 年，东营经济技术开发区实现生产总值 554.8 亿元，较上年增长 8.2%；实现一般公共财政预算收入 36.7 亿元，同口径增长 8.8%；吸收外国及中国港澳台地区投资 2.4 亿美元，增长 99.9%；实现货物进出口 277.7 亿元，增长 46.1%。

【烟台经济技术开发区】2022 年，烟台经济技术开发区实现生产总值 2 175 亿元，较上年增长 5.1%；实现一般公共预算收入 116 亿元，同口径增长 10%；完成固定资产投资 605 亿元，增长 11.2%；吸收外国及中国港澳台地区投资 9.3 亿美元，增长 19.6%；实现货物进出口 2 028 亿元，增长 12.5%。

【招远经济技术开发区】2022 年，招远经济技术开发区实现生产总值 456.2 亿元，较上年增长 7.4%；实现公共财政预算收入 42.6 亿元，增长 1.7%；完成固定资产投资 162.9 亿元，增长 7.5%；吸收外国及中国港澳台地区投资 2.3 亿美元，增长 36.8%；实现货物进出口 256.2 亿元，增长 32%。

【潍坊滨海经济技术开发区】2022 年，潍坊滨海经济技术开发区实现生产总值 357.37 亿元；实现公共财政预算收入 33.5 亿元；完成固定资产投资 138.37 亿元；实现货物进出口 315.1 亿元。

【威海经济技术开发区】2022 年，威海经济技术开发区实现生产总值 372.94 亿元，实现公共财政预算收入 21.7 亿元，吸收外国及中国港澳台地区投资 1.9 亿美元，实现货物进出口 541.1 亿元，增长 10.0%。

【威海临港经济技术开发区】2022 年，威海临港经济技术开发区实现生产总值 98.19 亿元，实现公共财政预算收入 8.8 亿元，吸收外国及中国港澳台地区投资 1.4 亿美元，同比增长 0.4%；实现货物进出口 95.84 亿元。

【日照经济技术开发区】2022 年，日照经济技术开发区实现生产总值 445.2 亿元，较上年增长 9%；实现公共财政预算收入 25.1 亿元；完成固定资产投资 199.5 亿元，增长 14.1%；吸收外国及中国港澳台地区投资 3.6 亿美元；实现货物进出口 556 亿元，增长 32.6%。

【临沂经济技术开发区】2022 年，临沂经济技术开发区实现生产总值 394.4 亿元，较上年增长 41.9%；实现公共财政预算收入 23.9 亿元，增长 3.9%；完成固定资产投资 168.8 亿元，增长 50.3%；吸收外国及中国港澳台地区投资 3.1 亿美元，增长 36.1%；实现货物进出口 646.9 亿元，增长 32.3%。

【德州经济技术开发区】2022 年，德州经济技术开发区实现生产总值 360.7 亿元，较上年增长 4.7%；实现公共财政预算收入 27.94 亿元，同口径增长 0.1%；完成固定资产投资 180.72 亿元，增长 23.4%；吸收外国及中国港澳台地区投资 0.7 亿美元，增长 115%；实现货物进出口 131 亿元，增长 21.5%。

【聊城经济技术开发区】2022 年，聊城经济技术开发区实现生产总值 180.48 亿元，较上年增长 5.1%；实现公共财政预算收入 20.33 亿元，增长 15.02%；完成固定资产投资 96.22 亿元，增长 13.7%；吸收外国及中国港澳台地区投资 0.3 亿美元；实现货物进出口 98.1 亿元，增长 112.06%。

【邹平经济技术开发区】2022 年，邹平经济技术开发区实现生产总值 435 亿元，较上年增长 14.5%；实现公共财政预算收入 47 亿元，增长 10.9%；完成固定资产投资 119 亿元，增长 31.2%；吸收外国及中国港澳台地区投资 2.2 亿美元，增长 6.5%；实现货物进出口 270 亿元，增长 30%。

【滨州经济技术开发区】2022 年，滨州经济技术开发区实现生产总值较上年增长 4.1%；实现一般公共财政预算收入同口径增长 5.7%；固定资产投资增长 23.1%；吸收外国及中国港澳台地区投资 1.25 亿美元，增长 14.7%；实现货物进出口 157.85 亿元，增长 3.85%。

综合保税区

【运行概况】2022 年，山东省境内实有海关特殊监管区域 14 家，分别是济南综合保税区、济南章锦综合保税区、青岛前湾综合保税区、青岛胶州湾综合保税区、青岛西海岸综合保税区、青岛即墨综合保税区、青岛空港综合保税区、淄博综合保税区、东营综合保税区、烟台综合保税区、潍坊综合保税区、威海综合保税区、日照综合保税区、临沂综合保税区。2022 年全年实现货物进出口 5 936.9 亿元，增长 22%，增幅高于全省平均水平 8.2 个百分点，进出口额占全省进出口总额的 17.8%，较上年提高 1.1 个百分点。进出口规模在全国各省区市综合保税区中列第 4 位，进出口增幅在前 10 位省市中列第 1 位。实际吸收外国及中国港澳台地区投资 16.4 亿美元，增长 21%。

【业务拓展】2022 年，济南综合保税区、济南章锦综合保税区、青岛前湾综合保税区、青岛西海岸综合保税区、青岛胶州湾综合保税区、烟台综合保税区、东营综合保税区、潍坊综合保税区、威海综合保税区、临沂综合保税区、日照综合保税区等 11 家综合保税区开展了保税维修业务，维修业务进出口额合计 40.5 亿元。除青岛空港综合保税区未正式验收外，其他 13 家综合保税区开展跨境电商业务，跨境电商业务进出口额合计 1 106.2 亿元。

（山东省商务厅开发区处）

2022年福建省开发区发展情况综述

2022年，福建省开发区坚持以习近平新时代中国特色社会主义思想为指导，认真贯彻落实国务院和福建省政府关于促进开发区创新提升和高质量发展指导意见，促进开发区在积极服务和深度融入新发展格局中发挥更大作用，建设发展取得新成效，为推动全省经济高质量发展作出重要贡献。

一是经济增速高于全省。全省开发区实现规模以上工业企业营业收入43 076.16亿元，比上年增长13.0%，占全省的比重为61.2%；实现税收收入（不含海关代征）1 624.78亿元，比上年增长3.5%，占全省的比重为39.3%。

二是投资规模增长较快。全省开发区固定资产投资总额10 142.86亿元，比上年增长15.7%，占全省的比重为49.4%；全省开发区营业收入30亿元及以上的制造业企业共189家，比上年增加30家；上市企业数109家，比上年增加8家。

三是开放带动作用明显。全省开发区实际使用外资189.56亿元，比上年增长6.7%，占全省的比重为54.5%；全省开发区（不含综保区）实现进出口总额11 169.85亿元，比上年增长15.4%，占全省的比重为56.3%。

四是科技创新能力提升。截至2022年底，全省开发区现有国家级高新技术企业累计6 713家，比上年增加1 744家；拥有省级以上研发机构1 085家，建设国家级孵化器14家、众创空间45家；全省开发区的高新技术企业完成主营业务收入15 843.91亿元，比上年增长27.4%。

五是土地集约有效利用。截至2022年底，全省开发区工业用地固定资产投入强度597.88万元/亩，比上年增长9.4%；工业用地产出强度719.08万元/亩，增长6.7%；全省开发区实现工业用地地均税收27.12万元/亩，其中24个国家级开发区实现工业用地地均税收41.49万元/亩，增长2.0%。

2022年，全省开发区重点推动了如下几方面工作：

一是制定印发全省开发区工作要点，加强工作指导。从推进园区标准化建设、做大做强开发区主导产业、强化开发区招商引资、推动开发区整合提升、促进开发区转型升级、推进开发区与自贸试验区联动发展、推进绿色园区建设、完善开发区廉政风险防控体系等方面提出年度重点工作任务，印发各地商务部门和开发区管委会结合实际组织实施，指导全省开发区建设发展。

二是促进开发区整合提升。推动东山经济技术开发区与古雷港经济开发区整合，并报国务院更名为东山湾古雷经济技术开发区。推动福州连江经济开发区与可门经济开发区，福清融侨经开区与蓝色产业园区整合。推动三明市开发区整合，三明市委市政府印发《三明市区工业园区整合提升工作方案》，以三明经济开发区、三明高新技术产业开发区为主体对周边开发区实施整合，统一管理，做大做强。

三是牵头起草制定全省开发区管理办法。为了规范开发区管理，明确开发区功能定位、管理体制、运行机制、服务保障以及开发区设立、调区、扩区、升级条件等，省商务厅牵头起草了《福建省开发区管理办法（试行）》（送审稿），并按立法程序报审。

四是推动建立开发区统计调查制度。为了及时了解掌握省级以上各类开发区综合经济运行情况，为政府部门宏观经济管理提供信息服务和决策参考，起草制定了《福建省开发区统计调查制度》，经省统计主管部门批准后印发实施。

五是组织开展开发区综合发展水平考核评价。组织对全省96家国家级和省级开发区开展年度综合发展水平考核评价，对排名居前的开发区予以鼓励，排名居后的开发区督促改进提升，促进发展。组织指导10家国家级经济技术开发区参加商务部2022年度考核评价，我省10家国家级经开区有7家综合排名位次提升，其中东侨经开区综合排名位列第22位，比上年提升4位。科技部火炬中心3月份公布的2022年度国家高新区综合评价结果显示，厦门火炬高新区在全国169个国家高新区中综合评价排名第11位，较上一年上升3位，连续三年实现争先进位。根据商务部印发的《国家级经济技术开发区综合发展水平考核评价办法（2021年版)》，结合我省实际，修订印发《福建省开发区综合发展水平考核评价办法（2022年版)》。

六是推动开发区招商引资。积极组织开发区参加第二十二届投洽会，福建开发区展区共有3家国家级经开区和2家省级开发区单独设展，设展面积共738平方米。同时，利用投洽会的双向投资促进功能，组织有关开发区参加国家级经开区产业转移对接会、绿色化工产业跨境合作高峰论坛、绿色化工产业跨境合作项目对接会、“金融与投资—地方经济发展的助推器”对接会、“丝路投资”园区开发对接会，挖掘合作新机遇。各开发区坚持展洽结合，精准开展项目招商对接。

七是推动海关特殊监管区域整合优化。一是推动厦门象屿保税区与象屿综合保税区整合优化和福州保税区整合优化为福州长乐国际机场综合保税区，并分别于2023年1月和7月获国务院批复同意。二是推动福州江阴港综合保税区和厦门海沧港综合保税区（一期）验收结果审理工作，2022年均已通过海关总署批复并封关运作。

八是复制推广自贸创新举措。在全省开发区积极宣传推广自贸试验区创新举措，推动开发区全面复制推广自贸试验区创新成果，重点复制推广政府职能转变、投资管理、贸易便利化、金融创新与开放、综合监管等领域的制度创新成果，结合自身优势特点，形成一批改革创新经验。推进开发区与自贸区联动发展，推动10家开发区创建全面复制推广自贸试验区创新成果先行区。

九是做好开发区生态环保和安全工作。做好第二轮中央环保督察问题整改的有关工作。有序推进开发区“污水零直排区”建设，联合省生态环境厅制定印发了《福建省省级及以上工业园区“污水零直排区”建设及评估指南（试行)》。督促推进开发区落实党政领导生态环境目标责任书，重点督促开发区环境保护突出问题的整改。认真落实开发区安全工作要求，及时转发和督促推动国家级经济技术开发区落实商务部对国家级经开区落实安全工作的通知要求。

（福建省开发区协会）

2022年广东省产业园区发展情况综述

产业园区已成为广东省制造业高质量发展、促进区域协调发展的重要平台。2022 年，广东省产业园区的规模和效益都有长足进步，产业园主要经济指标增速超过全省平均水平，规模以上工业产值超万亿元，粤东粤西粤北地区园区工业增加值占所在地比重超过四成，园区贡献税收占所在地比重接近七成。

2022 年，广东省推动形成 7 个大型产业集聚区，打造制造业高质量发展的新增长极，全年 7 个大型产业集聚区实现工业投资 2 192 亿元、规上工业增加值 4 418 亿元，分别同比增长 19.5%、5.7%，较全省同期高 9.2、4.1 个百分点；95 个省产业园实现工业投资 1 972 亿元、规上工业增加值 3 321 亿元，分别同比增长 24%、7.7%，较全省同期高 12.7、6.1 个百分点；粤东粤西粤北地区省产业园规上工业增加值占比达 44.5%，较 2021 年同期提高 4.3 个百分点。

为高标准推动大型产业集聚区建设，2022 年，广东省财政厅安排 21 亿元专项资金，省自然资源厅下达 1.05 万亩用地指标，支持大型产业集聚区建设。全省各地则对标国际国内高水平园区，狠抓资金支持、要素投入、基础设施建设和产业项目引入。

2022 年，全省各地累计配套 117 亿元财政资金和 1.2 万亩用地指标，7 个大型产业集聚区新整备土地面积 5.5 万亩，新建道路 475 千米、管网 1 178 千米，新开工项目 576 个、新投产项目 443 个。

全省各地产业集聚区建设也各有特色：肇庆安排用地指标、新开工和投产项目数较多，宁德时代项目仅用 14 个月建成投产，小鹏汽车一举刷新造车新势力单车型万辆下线最快纪录，形成良好的链主带动型集聚势头。肇庆全市园区已开发面积约 250 平方千米，承载全市超过七成的工业企业和工业产值。此外，珠海工业投资增长较快，佛山、中山、江门投入财政资金、专项债力度较大。

广东省将积极打造一批“万亩千亿”园区载体，推动村镇工业集聚区升级改造，在珠三角地区打造一批省产业园。同时，加强各类园区监测考核，落实差别化支持政策，优化运营机制，形成有序竞争、比学赶超势头。

（来源：南方日报）

2022年新疆维吾尔自治区工业园区发展情况综述

近年来，在自治区党委、政府坚强领导下，各地坚持新发展理念，创新发展模式，推动园区建设速度不断加快，发展质量稳步提高，整体实力持续增强。2022 年，新疆全区 84 个自治区级及以上园区共完成工业总产值 8 440.2 亿元，其中产值超千亿元的园区 1 个（准东经开区），产值 500 亿～1 000 亿元的 2 个（乌鲁木齐经开区、米东化工园），产值 100 亿～500 亿元以上的 18 个；实现工业增加值 2 736.1 亿元，占全区工业增加值的 45.4%；入驻企业 2.7 万余家，其中规上企业 1 920 家；解决就业人数 60 余万人。

一是园区体制机制改革持续深化。各园区认真贯彻落实国家、自治区关于深化园区管理制度改革、推动园区高质量发展的政策举措，形成一批可推广可复制的经验作法。准东经济技术开发区探索岗位绩效薪酬制度，推行岗位聘用制，打破身份限制，实现人员“身份管理”向“岗位管理”转变，依据岗位分类制定考核标准，以工作实绩为导向确定人员薪酬，极大地调动了园区干部干事创业的积极性、主动性，激发了园区经济发展新活力。乌苏工业园区探索“市园一体化”工作机制，建立园区和市直部门合署办公机制，推动园区干部与市直相关部门交叉任职，打破了部门之间的壁垒和阻碍，促进园区业务流程优化和创新，有效解决了“两张皮”问题，提高了园区行政效率。

二是园区产业体系逐步健全。各园区依托区位条件和资源禀赋，聚焦“八大产业集群”建设，主动担当，抢抓机遇，明确发展定位，强化招商引资，狠抓项目建设，推动资源优势加快向产业优势转化，现代化产业体系逐步形成。目前，全区园区围绕装备制造、石油化工、电子信息、纺织、有色金属等产业，创建自治区级以上新型工业化产业示范基地 21 个，其中国家级 9 个；围绕生物医药、精细化工、风电装备制造、现代煤化工、油气生产加工、纺织服装、新材料等产业，创建自治区级以上中小企业特色产业集群 9 个，其中国家级 2 个。

三是园区创新发展平台建设持续推进。各园区坚持创新驱动，围绕主导产业、特色产业，加快推进创新平台建设，支撑能力不断提升。全区培育国家级高新技术产业开发区 4 个、自治区级高新技术产业开发区 15 个，创建自治区产业创新研究院 14 家，建设国家重点实验室 2 个、自治区重点实验室 54 个，认定自治区级以上企业技术中心 398 个（国家认定企业技术中心 15 个），培育高新技术企业 990 家。

四是园区两化融合加快推进。各园区积极推动互联网、大数据、人工智能在园区发展中的深度应用，有效提升了园区的服务质量和管理能力，智慧园区建设取得初步成效。伊吾工业园区建立以智慧安全、智慧环保、智慧车辆管理为主的“信息化平台 + 大数据”智慧伊吾物流管理 1.0 平台，为加强园区管理提供了有效的信息化手段，2.0 平台正在有序开发中。鄯善工业园区建成具备经济数据监测、危险源管理、招商管理等功能的智慧园区平台，实现数据集成、监控和管理一体化，目前平台已接入企业 182 家。

[新疆园区（开发区）协会]

2022年甘肃省高新区发展情况综述

2022年，甘肃省科技厅深入实施创新驱动发展战略，大力推动强科技行动，多措并举指导高新区奋力拓存创增、固强补弱，全省高新区建设整体呈现稳中向好、稳中有进、稳中提质的发展态势。2家国家级高新区和10家省级高新区以占全省0.2%的土地面积，创造了全省11.1%的GDP，园区生产总值达1 409.2亿元，技术市场合同交易额达55.69亿元，带动区域经济社会高质量发展“领头雁”作用进一步凸显。其中，兰州高新区、白银高新区在全国169家国家高新区年度综合排名中分别位列第56名和第122名。嘉峪关高新区、玉门高新区、酒泉高新区、平凉高新区在全省开发区2021年度考核评价中被评定为“优秀”等次，位次居40家省级开发区前4名。嘉峪关高新区成功创建国家级大宗固废综合利用示范基地，陇西高新区获批为国家火炬定西陇西高新区中医药特色产业基地，白银高新区的科技企业孵化器在国家级科技企业孵化器考评中获评优秀（A类）。同时，新增建设酒泉省级高新区，全省高新区队伍不断发展壮大，对区域经济发展的支撑引领作用持续增强。

一是完善政策供给，牵引创新发展。甘肃省科技厅始终把高新区作为深化全省科技体制机制改革的“试验田”，着眼推进高新区高质量发展，积极修订《甘肃省省级高新区认定管理办法》，细化了认定程序、提高了认定标准、完善了保障措施、加大了激励力度。出台《甘肃省科技厅关于促进高新区高质量发展的若干措施》，围绕优化高新区布局、建设区域科技创新高地、打造创新人才高地、强化企业创新主体地位、打造高新技术产业高地、提升开放合作水平、优化创新发展环境、强化组织保障等8个方面，提出了21条支持措施。组织召开市（州）科技局长座谈会暨高新区高质量发展推进会议，对高新区工作进行系统部署，提出工作要求。通过举办“全省市县（高新区）创新能力提升培训班”和指导高新区组织科技成果推介、金融服务对接活动，加大了普惠性政策的宣传解读，拓展了企业承接科技成果的转移转化渠道，积极营造了聚力推进高新区建设的良好氛围。

二是加强平台建设，挖掘创新潜能。甘肃省科技厅抢抓国家鼓励省级高新区“以升促建”政策机遇，积极推动嘉峪关高新区创建国家高新区工作，多次赴科技部对接汇报，按照“省市共促、固强补弱”原则，指导嘉峪关高新区高质量编制各类规划，推进创新创业平台建设，提升创新能力，做大经济规模，补齐短板弱项，不断夯实创建国家高新区基础，嘉峪关高新区入围“2022年中国省级开发区高质量发展百强榜单”。同时，注重发挥“指挥棒”作用，在省开发区建设发展领导小组领导下，与省开发区年度考核评价工作一并组织首次省级高新区年度评价工作，并通报评价结果及排名，激发高新区建设主体和责任主体的自主抓建动能。按政策规定，对2021年度全省开发区考核评定为“优秀”等次的省级高新区和新认定的省级高新区落实550万奖励资金，支持高新区创新驱动发展。

三是促进产业发展，提高创新能效。甘肃省科技厅积极发挥科技对产业发展的支撑引领作用，大力引导10家省级高新区发挥主体功能区作用，充分挖掘特色资源优势，加大招商引资力度，提高产业转移承接量，壮大特色主导产业。其中，嘉峪关、酒泉高新区引进的浙江甬金22万吨精密不锈钢板带、正泰年产1GW光伏组件等项目建成投产，人民电器智能制造、阿特斯年产5GW高效组件及电池片生产、北盛氢燃料电池生产等项目有序推进，促进了全省光伏产业链实现上下游贯通，氢能、电网装备产业链实现了零突破，新能源装备制造链条化发展态势初步形成，产业集群快速壮大。

四是强化扶持举措，提升自创能力。在项目支持方面，甘肃省科技厅支持区内企业承担各类科技计划项目，推动一批科技成果开展应用示范，鼓励企业加大研发投入，提高自主创新能力。在创新主体培育方面，指导各省级高新区加大科技创新型企业和高新技术企业培育扶持力度，建立高新技术企业储备培育库，服务企业申报高新技术企业和参与科技型中小企业入库评价工作，全年高新区高新技术企业新增数量稳步提升，成效明显，达到807家，占全省数量的48%。

（来源：甘肃省科技厅）

经济开发区篇

金普新区（金州区、大连经济技术开发区）

【概况】金普新区（金州区、大连经济技术开发区）地处辽东半岛南部、大连市区东北部，东南临黄海，西南与大连市甘井子区大连湾街道毗邻，西濒渤海，北与大连市瓦房店市、普兰店区接壤。国务院批复金普新区总面积约2 299平方千米（含普兰店区享受金普新区政策的丰荣、太平、铁西3个街道），其中所辖25个街道总面积1 963.11平方千米。海岸线长478.4千米，其中陆岸线长404.93千米、岛岸线长73.47千米。2022年，全区有街道办事处25个，设社区居民委员会179个、村民委员会189个。年末户籍总人口96.3万人，比上年增长2.5%。年内，面对新冠肺炎疫情反复冲击和国际市场不利的大环境影响，金普新区提质升级产业体系，纵深推进改革开放，稳步壮大主导产业，赋能数字经济，大力发展现代农业产业和现代服务业，加速创新成果转化，全面推进各项社会事业建设，持续提升民生福祉，实现城乡统筹协调发展，经济社会发展稳中有进、持续向好，较好完成年度各项目标任务。

【经济发展】2022年，金普新区（金州区、大连经济技术开发区）全面落实“疫情要防住、经济要稳住、发展要安全”总要求，坚持主攻招商引资、聚焦项目建设的鲜明导向，经济发展量质齐升。全年实现地区生产总值2 500.6亿元，比上年增长4.1%。其中，第一产业增加值80.11亿元，比上年增长3.2%；第二产业增加值1 561.64亿元，比上年增长2.5%；第三产业增加值858.85亿元，增长6.8%，三次产业结构为3.2∶62.5∶34.3。一般公共预算收入166.55亿元，比上年增长3.7%；实现一般公共预算支出188.78亿元，比上年增长4.7%。实际利用外资14.2亿美元，比上年增长24.6%；进出口总额2 343.4亿元；省外实际到位内资378.8亿元，比上年增长14.7%。全区固定资产投资462.51亿元，比上年增长14.3%。社会消费品零售总额397.1亿元，比上年下降8.7%。城镇居民人均可支配收入53 551元，比上年增长2.7%。城镇常住居民人均可支配收入与经济增长基本同步，新区综合经济实力首位度优势明显。在商务部发布的2021年国家级经济技术开发区综合发展水平考核评价结果中，大连经济技术开发区综合排名列全国217家国家级经济技术开发区第18位，比上年上升2位，稳居东北地区首位。

【产业发展】2022年，金普新区（金州区、大连经济技术开发区）一二三产业融合发展，其中港口物流、海洋经济、高端装备制造、新能源等为主要产业。至年末，全区985家规模以上工业企业实现总产值（现价）3 672.9亿元，比上年增长0.3%，其中大连经济技术开发区2 953.7亿元。规模以上工业增加值比上年增长2%。规模以上工业主要支柱行业（化学原料和化学制品制造业，汽车制造业，石油、煤炭及其他燃料加工业，计算机、通信和其他电子设备制造业，通用设备制造业，医药制造业）实现工业总产值2 430.1亿元，占全区规模以上工业总产值的66.2%。规模以上工业企业产品销售率98.5%。实现销售产值3 619.3亿元，比上年增长0.8%。规模以上工业实现营业收入3 905.2亿元，比上年增长4.1%；主营业务收入3 717.21亿元，比上年增长1.1%。

年内，以重大项目集中签约、集中开工为牵引，推动石油化工、装备制造、电子信息等优势主导产业加速发展。全年开复工项目693

个，其中1亿元以上新开工项目163个。总投资100亿美元的爱思开海力士·英特尔DMTM半导体（大连）有限公司非易失性存储项目开工建设，THK帝业技凯（辽宁）精密工业有限公司三期项目等116个项目竣工投产。中触媒新材料股份有限公司等3家企业获国家制造业单项冠军示范企业称号，大连保税区科利德化工科技开发有限公司的高纯三氯化硼获国家制造业单项冠军产品称号。大孤山化工园区通过省级化工园区认定。坚持产业数字化和数字产业化双向发力，打造智能工厂、数字化车间和具有竞争力的数字产业集群。加速推进大连数谷先导区建设，在大连普湾经济区规划布局中国“北硅谷”。中国北方首个数字能源产业基地——华录数字能源北方（大连）产业基地在辽宁自贸试验区大连片区投入运营，赛迪科创中心（大连）、大数据产业发展研究院挂牌成立。东北首批无人驾驶载人测试牌照正式颁发，智慧化农贸市场改造全面完成，中关村信息谷创新中心投入运营，大连冰山集团有限公司被确定为首批辽宁省数字化转型促进中心。

【科技创新】2022年，金普新区（金州区、大连经济技术开发区）优化科技创新环境，大力发展创新主体，加速创新成果转化，集聚创新人才，有效激发创新活力。全年新增高新技术企业544家、瞪羚企业29家、雏鹰企业80家，新增国家级专精特新“小巨人”企业7家、省级专精特新“小巨人”企业55家、省级专精特新中小企业23家。获批大连市重点科技研发计划项目22个、大连市揭榜挂帅技术攻关项目3个，获批辽宁省科技厅“揭榜挂帅”科技计划重点项目10个、重大项目1个，获批2022年中央引导地方科技发展资金拟支持区域创新体系建设项目7个。16家企业获2022年度大连市科学技术奖励一、二、三等奖；一竹文化传媒众创空间获批国家级众创空间；金普新区科技成果转化（技术转移）中心成立，启动实施“星火合作计划”；“新物种”企业培育中心挂牌成立。投入规模以上企业研发经费76.1亿元，占全市规模以上企业研发经费总数的40%。兑现发放各类创新研发奖励补助资金7 015.5万元。全年企业有效发明专利2 420件，位居全市首位，金普新区被确定为国家首批知识产权强县建设试点县区。辽宁自贸试验区大连片区全年推出制度创新成果90项，3项创新成果在国务院官网刊发，14项创新成果在全省复制推广。大连金石滩国家旅游度假区入选2021年度中国绿色旅游目的地创新发展案例，获2022阿尔山旅游度假大会创新案例奖。第三届全国海洋智能装备创新大赛暨第六届全国水下机器人大赛（大连）及2022人工智能与水下机器人高峰论坛、2022年中国青年创新创业交流营暨第九届“创青春”中国青年创新创业大赛、第四届中国工业互联网专业赛——“工业互联网＋人工智能”专业赛决赛、2022大连金普新区智能＋高端生物医疗高峰论坛等高端赛事及论坛活动成功举办。“金普人才谷”服务平台上线运行，首届“万名大学生进名企”活动举办。出台招才引智“金十条”2.0版，拨付人才发展资金1亿元，鼓励创新创业创造。

【投资促进】2022年，金普新区（金州区、大连经济技术开发区）固定资产投资比上年增长14.3%。其中建设项目投资比上年增长25.3%，房地产开发投资比上年下降3.3%。按产业划分，第一产业投资5.3亿元，第二产业投资174.2亿元，第三产业投资283亿元。三次产业投资比例为1.1∶37.6∶61.3。年内，新区有来自9个国家（地区）的28家外商及港澳台商投资企业落户。从投资总额、注册资本和合同外资额看，分别比上年增长2.7倍、5.2倍和7.2倍。全区有港、澳、台商投资企业62家，实现产值145.73亿元，比上年下降16.9%。实际使用外资14.2亿美元，比上年增长24.6%。审核22家企业签定的技术进出口合同31份，合同额4 622.2万美元，比上年增长49.4%。实现进口总额1 272.9亿元，出口总额1 070.5亿元。年内，完善招商引资工作机制，加大国内招商引资力度，深入推进对口合作。主动对接京津冀、长三角、大湾区，瞄准新经济一线城市、领军企业、朝阳产业和高端项目，组织开展各类招商活动 2 847 次，累计签约东陶洁具、逍遥湾新文旅产业基地等项目 420 个。SK 海力士、斯凯孚新工厂、日本电产二期、大连数谷核心区二期等 225 个项目开工落地；新增晖致研发中心、中欣晶圆大硅片及半导体材料产业园、大连商品交易所技术中心等储备项目 1 867 个。开展辽吉、辽黑、辽苏、辽蒙（蒙东地区）和三省一区对口合作。梳理沪连合作项目 12 个，总投资额 302 亿元；辽宁—江苏合作项目 3 个；辽宁—吉林、辽宁—黑龙江、辽宁—内蒙古自治区（内蒙古自治区东部五盟市地区）和三省一区合作项目 3 个。创新招商方式、优化招商途径，围绕新区“四湾十四园”产业载体，以“项目 + 产业链 + 区域”为主的“点线面”招商模式，加快重点项目落地。

【体制机制创新】2022 年，金普新区（金州区、大连经济技术开发区）坚持以改革破解发展难题、厚植发展优势，加快体制机制创新，推进改革落地，巩固提升改革效果，各项改革工作进展有序、成效显著。年内，重点领域改革向纵深推进，各项事业有效开展，营商环境建设提档升级。行政管理体制进一步深化。完成事业单位机构优化，调整设置区直事业单位 42 个。在全市首创街道机构设置“6+3”模式，加大编制资源向基层倾斜，“强化三保、突出绩效、区域协调、费随事走”的街道财政体制初步构建。国企改革深入推进，在保融资、保交楼、保民生方面展现活力效率，大连德泰控股有限公司成为东北地区首个获国家 DCMM 评估认证的城投企业。园区改革成效不断深化。金普新区深化园区改革案例入选“中国改革 2022 年度地方全面深化改革典型案例”。大连金石滩国家旅游度假区入选“中国绿色旅游目的地创新发展案例”，获“2022 阿尔山旅游度假大会创新案例”奖。大连普湾经济区各领域改革深入推进，“揭牌即开工”创全国新速度。项目化、清单化、台账式推进区级改革要点事项 59 项，除少数任务需长期推进外，其余年末前均完成；1 项国家级、1 项省级试点任务按期完成，1 项国家级、1 项省级试点任务持续推进。金普新区获批国家级试点 4 项。

【投融资服务】2022 年，金普新区（金州区、大连经济技术开发区）围绕“放管服”改革、政务服务质效等重点领域、关键环节开拓创新，做好投融资服务，不断改善营商环境。在全国第二届政务服务发展年会中，新区依托“跨区通办”延伸便民惠企半径案例，获“2022 年度数字政务服务创新单位”奖项。建立营商环境投诉处理工作体系，将投诉办事纳入实绩考核体系。组织开展优化营商环境先进集体和个人评选活动。建成便民服务站 338 个，协同建设银行在全区布设“裕农通”便民服务点 144 个，覆盖行政村 140 余个。在新区政务大厅开设全市通办窗口，实现全市通办、异地可办。在东北地区率先上线惠企政策服务平台 2.0 版，1 万余条惠企政策实现精准推送和免申即享；在全省首推“免证办”服务，在全市首推“企业开办大礼包”和“跨区通办”业务，免费为新开办企业提供营业执照、五枚印章、税盘等。出台“支持制造业高质量发展 18 条”等惠企利民政策，全区各类市场主体达到 22.9 万户。打造新区政务资源共享平台，优化升级电子政务外网，扩大电子政务外网覆盖面，实现跨部门、跨层级、跨区域网络互通。金普新区跻身全国首批气候投融资试点地区。

【绿色集约】2022 年，金普新区（金州区、大连经济技术开发区）聚焦绿色集约，推动绿色制造业发展，进一步优化生态环境。大连爱德摩设备制造有限公司、中触媒新材料股份有限公司 2 家企业被评为国家级绿色工厂；松下冷机系统（大连）有限公司等 4 家企业被评为省级绿色工厂。国华能源投资有限公司、大连凯旋国际大厦 BIPV（光伏建筑一体化）分布式光伏项目投入使用。金州区雨污分流工程、大连经济技术开发区海绵城市建设稳步推进，全区 16 座污水处理厂排放均达到国家一级 A 标准。

完成矿山生态修复91.3公顷，植树31.6万株。大连金石滩海湾入选全国首批8个美丽海湾案例，为东北地区唯一入选案例。向应街道被确定为辽宁省“绿水青山就是金山银山”实践创新基地。

【对外开放】2022年，金普新区（金州区、大连经济技术开发区）加快对外开放合作步伐。RCEP（《区域全面经济伙伴关系协定》）（大连）国际商务区建成启用，RCEP发展机遇论坛成功举办，RCEP区域经贸合作新平台建设加速推进。辽宁自贸试验区大连片区被英国《金融时报》FDI杂志评选为2022全球最佳自贸区第二名并蝉联亚太地区冠军。与云南自贸区搭建日韩—东盟商品空中走廊，建立连接日韩、东盟2个RCEP主要区域的贸易快捷通道。跨境电子商务综合试验区建设提速，菜鸟中心仓投入运营，万众云仓跨境电商产业园全面竣工，新世界工厂签约落地。全年发运日本商品车1.1万辆，托克辽港国际贸易（辽宁）有限公司离岸贸易额达65亿元。位于大连普湾经济区的中日生态示范新城公共服务中心开工，尼得科智动（大连）车载电子有限公司、大连藤洋钢材加工有限公司第三工厂等项目入驻，欧姆龙（大连）有限公司研发中心、丰田工机（大连）有限公司等项目陆续建设。欧美高端制造业优势不断巩固，柏德汽车皮革产业链、斯凯孚风电零部件项目签约落地，富乐马鸿凯原料药及中间体项目开工建设，格劳博EV数控机床等工业母机项目建成投产。

【社会事业】2022年，金普新区（金州区、大连经济技术开发区）全面发展社会事业，保障基本民生，精准高效防控重大风险，基层治理能力明显提升。全年累计投入资金18.8亿元，高质量完成10个板块50件惠民实事。打造“金普康养”一体化服务品牌，新建区级养老示范中心1家、街道居家养老服务中心11家。新开办公办幼儿园6所，扩增公办学位1 530个。大连市第二十四中学金普学校、春蕾小学、春和小学、金牌园幼儿园如期投入使用。公共卫生服务体系提质增效，爱国卫生月、健康金普行动等爱国卫生运动深入开展，文化体育事业蓬勃发展。全国第五届青年书法篆刻作品展暨“沓渚书风”金普书法篆刻作品展举办。完成关向应故居纪念馆第五次改陈布展，举办关向应同志诞辰120周年纪念活动。“金州龙舞”入选“文化进万家——视频直播家乡年”国家非遗直播平台。金普新区入选全国首批青年发展型县域试点。全省首家基层社会治理实训基地揭牌运行。加强网格化体系建设，新设立社区30个。坚持“数字赋能、智慧治理”，搭建“金普社区通”“全科智慧网”和“金普民生综合服务平台”三大智慧治理平台。

【机构设置与党工委、管委会领导】2022年，金普新区党工委、管委会作为市委、市政府的派出机关，分别与金州区委、区政府合署办公；金普新区党工委、管委会工作部门及派出机关和群团机关也是金州区委、区政府工作部门及派出机关和群团机关。

至年末，党工委设置工作部门10个，分别是纪检监察工委（金州区纪委监委），党工委管委会办公室（区委政策研究室、区委财经办、区委改革办、区国家保密局、区国家密码管理局、档案局、国家安全委员会办公室），组织部（非公有制经济组织和社会组织党工委、老干部局、公务员局），宣传部（精神文明建设指导委员会办公室、新闻出版局、网络安全和信息化委员会办公室、互联网信息办），统战部（台湾工作办公室、侨务办公室），政法委，机构编制委员会办公室，区委巡察工作领导小组办公室，直属机关党工委，信访局。管委会设置工作部门22个，机构规格为正处级，包括发展和改革局、教育局、科技和工业信息化局、民政局、司法局、财政局、人力资源和社会保障局、自然资源局、住房和城乡建设局、交通运输局、农业农村局、海洋发展局、商务局、文化和旅游局、卫生健康局、退役军人事务局、应急管理局、审计局、国有资产监督管理局、市场监督管理局、统计局、营商环境建设局。群团机构12个，包括总工会、共青团、妇女联合会、工商业联合会，为党工委管委会直接管理单位；社科联、科协、文联、侨联、残联、贸促会、红十字会、计生协会，为党工委管委会工作部门代管理单位。法定机构园区3个，包括中国（辽宁）自由贸易试验区大连片区（大连保税区）、大连金石滩国家旅游度假区、大连普湾经济区。全区辖街道办事处25个，分别是：先进、站前、光中、拥政、友谊、马桥子、海青岛、大孤山、湾里、董家沟、金石滩、三十里堡、石河、二十里堡、登沙河、亮甲店、大魏家、七顶山、杏树、华家、向应、得胜、大李家、炮台、复州湾街道办事处。

金普新区党工委、管委会在职领导人员如下：

大连市委副书记，金普新区党工委书记、管委会主任，大连经济技术开发区党工委书记、管委会主任，金州区委书记，中国（辽宁）自由贸易试验区大连片区（大连保税区）党委书记李鹏宇。金州区人大常委会党组书记、主任任维达。金普新区分管日常工作的党工委副书记、管委会副主任，大连经济技术开发区分管日常工作的党工委副书记、管委会副主任吕东升。金州区政协党组书记、主席丛军。大连金石滩国家旅游度假区党委书记、管委会主任柳金红。中国（辽宁）自由贸易试验区大连片区（大连保税区）党委副书记、管委会主任史立强。大连普湾经济区党委书记、管委会主任王锡庆。金普新区党工委委员、政法委书记、国家安全委员会办公室主任、教育工作委员会书记，金州区委副书记、政法委书记、国家安全委员会办公室主任、教育工作委员会书记，大连经济技术开发区党工委委员王杰。金普新区党工委委员、纪检监察工委书记，金州区委常委、纪委书记、监察委员会副主任、代理主任，大连经济技术开发区党工委委员李雅新。金普新区党工委委员、宣传部部长[网信办（互联网信息办公室）主任]，金州区委常委、宣传部部长[网信办（互联网信息办公室）主任]，大连经济技术开发区党工委委员佟欣秋。金普新区党工委委员、组织部部长[党校（行政学校、社会主义学校）校长]，金州区委常委、组织部部长，区委非公有制经济和社会组织工作委员会书记，大连经济技术开发区党工委委员王开革。金普新区党工委委员，金州区委常委、人民武装部部长，大连经济技术开发区党工委委员徐相会。金普新区党工委委员，金州区委常委、区政府党组成员，大连经济技术开发区党工委委员李晓涛。金普新区党工委委员、管委会副主任，金州区委常委、区政府党组副书记、副区长，大连经济技术开发区党工委委员、管委会副主任胡凡。金普新区党工委委员、管委会副主任，金州区委常委、区政府党组成员、副区长，大连经济技术开发区党工委委员、管委会副主任张丹羊。金普新区党工委委员、统战部部长，金州区委常委、统战部部长、区政府党组成员，区政协党组副书记，大连经济技术开发区党工委委员滕毓磐。金普新区党工委委员、管委会副主任（挂职），大连经济技术开发区党工委委员、管委会副主任（挂职）刘睿智。金普新区管委会副主任，金州区政府副区长张新天。金普新区管委会副主任，金州区政府党组成员、副区长冯维民。金普新区管委会副主任于洋。金州区人大常委会党组副书记、副主任刘文锋。金州区人大常委会副主任毛长毅、杨永全（党组成员）、张立新（党组成员）。金州区政协副主席姜为（党组副书记）、徐晓莉、张俊余、杨航。金州区政协党组成员、秘书长、办公室主任万春来。

大连经济技术开发区 2021—2022 年主要经济综合指标一览表

项目		单位	2021 年	2022 年	增减（%）
开发区生产总值		亿元	1 400.2	1 494.0	4.0
第二产业		亿元	1 161.2	1 269.4	4.7
工业		亿元	1 139.2	1 245.1	4.6
第三产业		亿元	228.3	212.9	0.8
工业总产值（现价）		亿元	2 973.0	2 953.7	−0.6
高新技术企业		亿元	673.1	941.7	39.9
销售（营业）收入		亿元	3 268.4	3 934.3	20.4
第二产业		亿元	2 794.7	3 130.0	12.0
工业		亿元	2 722.4	3 058.3	12.3
第三产业		亿元	464.8	804.5	73.1
利润总额		亿元	436.5	316.5	−27.5
第二产业		亿元	427.8	320.9	−25.0
工业		亿元	426.9	319.3	−25.2
第三产业		亿元	8.7	−4.4	−150.6
区内主导产业及产值	1. 化学原料和化学制品制造业	亿元	448.4	548.5	22.3
	2. 汽车制造业	亿元	471.7	438.2	−7.1
	3. 石油加工、炼焦和核燃料加工业	亿元	371.4	357.1	−3.9
	4. 通用设备制造业	亿元	281.9	311.2	10.4
	5. 医药制造业	亿元	255.4	260.7	2.1
进出口总额		亿元	1 395.0	1 337.6	−4.1
进口		亿元	735.3	659.4	−10.3
出口		亿元	659.7	678.2	2.8
财政收入		亿元	182.9	184.3	0.8
税收收入		亿元	263.5	271.3	3.0
财政支出		亿元	186.4	175.5	−5.8
新批企业个数		家	5 603	4 537	−19.0
外商及港澳台企业		家	62	26	−58.1
内资企业		家	5 541	4 511	−18.6
区内世界500强企业数		家	74	75	1.4
国家级高新技术企业数		家	550	751	36.5
新批企业投资额	外商及港澳台企业	亿美元	1.5	0.6	−60.0
	内资企业	亿元	233.3	156.2	−33.0
规模以上企业个数		家	1 507	1 668	10.7
合同外资金额		亿美元	1.5	0.6	−60.0
外商实际投资		亿美元	10.2	13.6	33.3
固定资产投资		亿元	290.3	308.9	6.4
年末从业人员数		万人	26.0	26.5	1.9
规上工业综合能耗		吨标煤 / 万元	0.4	0.4	0.0
规上工业取新水量		万立方米	5 670.4	5 473.4	−3.5
上市企业数量		家	5	5	0.0
区内职业教育学校数量		家	2	2	0.0

（大连金普新区地方志办公室）

秦皇岛经济技术开发区

【概况】2022年，秦皇岛经济技术开发区全力抓好项目建设、产业发展、科技创新、全面从严治党等各项工作，各项事业发展取得扎实成效。2022年，开发区实现地区生产总值同比增长4.5%，总量占全市20%左右，增速高于全国、全省和全市水平；规上工业企业完成增加值200.82亿元，占全市40.1%，排在全市首位；完成固定资产投资82.9亿元，同比增长11.5%，排名全市并列第2位；实际利用外资6 794万美元，同比增长6.4倍，占全市73.8%；进出口总额336.79亿元，同比增长8.8%，占全市74.3%。2022年，开发区充分发挥全市项目建设主战场作用，列入省市重点项目100个，总投资403.11亿元，项目数量居全市各县区首位，有74个建设项目实现年内开工，数量位居全省开发区第一名。

【项目建设】2022年，秦皇岛开发区坚持把扩大投资和项目建设作为稳增长的关键之举，充分发挥重大项目牵引带动作用，全力推进省市重点项目建设。列入2022年省市重点项目的100个项目已完成投资82.81亿元，投资完成率达126.45%；健全完善项目建设推动机制，扎实开展项目全生命周期管理服务工作，实施重点项目“双提双促”行动，对全区242个项目实行“六个一”包联机制，确保项目早开工早投产。共计核发项目施工许可14个，集中开工的58个项目全部开工建设，总投资额达112.64亿元；持续强化经济运行调度，实行任务清单制管理、监测分析责任制、定期会商研究机制和月调度季通报机制，强化指标分析研判，提高数据质量，有力确保各项指标稳中有进。

【产业发展】2022年，秦皇岛开发区聚焦“321”产业集群，从“延链、补链、强链”入手，全面提升产业竞争力和产业链水平。深入开展“招商引资攻坚年”活动，招引优质项目投资规模达187亿元，储备重大在谈项目68个，总投资额超380亿元，其中，10亿元以上重大项目14个，总投资额超310亿元；培育壮大优势产业集群，加大入规企业培育力度，对纳入入规企业培育库的26家重点企业，实施台账化管理，动态跟踪调度；聚焦“321”产业链，建立以区领导为“链长”和以龙头企业为“链主”的“双链式”链长制，形成“链长+链主”联动工作推进体系，针对400家“四上”企业建立全生命周期三级包联机制，产业链供应链稳定性、竞争力显著增强。六大产业集群“四上”企业实现营收1 080亿元，产业集群效应不断呈现。

【科技创新】2022年，秦皇岛开发区积极引导支持各类企业将科技创新作为核心竞争力，采用常年申报、定期入库等方式对创新主体进行梯度培育、差异扶持。全区共有高新技术企业176家，已认定国家级科技型中小企业91家，分别占全市49.44%和56.52%，科技创新主体不断培育壮大；大力推进企业创新平台建设，支持规上工业企业普遍建立研发中心、工程中心、检测中心，新增省级技术创新平台4家，累计达29家，科技创新力量不断增强；积极实施孵化器提升工程，出台《创业港湾管理工作实施办法》，增强对成长型企业的扶持力度，“恒诚知谷孵化器”被科技部备案为国家级科技企业孵化器，“众创空间—孵化器—加速器—产业园”的全链条孵化体系逐步构建；深入实施“名校+名企”行动，全力引进燕山大学、东北大学秦皇岛分校、河北科技师范学院等高校人才和技术创新成果，设立实体企业，组建政府、企业、高校三方推进机构，促进高校科研成果转化。

【营商环境】2022 年，秦皇岛开发区全面实施“证照分离”改革，通过“证照联办”“并联审批”等多种方式，简化准入手续，优化审批流程；全面推行项目建设“承诺制”，“承诺制”审批非新增用地线性（改造）工程 3 个；精减施工许可要件，实行质监、安监备案手续办理告知承诺制，办理相关许可项目 24 项；深化“互联网 + 政务服务”建设，3 887 项政务服务事项上线一体化平台，“网上可办率”持续保持 100%。开发区围绕国务院、省、市稳经济运行措施，在全市率先实施重点企业货运车辆闭环管理政策，保障了企业正常生产运行；建立企业包联责任制，压实“五包一”责任，派驻企业疫情防控指导员，确保疫情期间商务往来不受影响；创新实施“企业吹哨、部门报到”服务机制，累计为企业解决各类困难 235 项；加快落实国家、省、市财政及相关政策，累计为 1 312 户纳税人办理增值税留抵退税 7.5 亿元，“六税两费”减免 5 921 户次 0.35 亿元，中小微制造业企业缓缴税款 2 502 户次 2.25 亿元，帮助企业纾困解难，增强企业发展信心。

【对外开放】2022 年，秦皇岛开发区深入实施“海洋强区”战略，加快山海关港区建设步伐，与河北省交投集团签订项目战略合作协议，开展清产合资，启动码头堆场道路、管网设计等工作，打通发展瓶颈，打造港口开放新前沿；用好综保区开放平台，积极复制推广 14 项自贸区政策，华贸里奥农业科技有限公司年产 100 万吨饲料加工项目、永顺泰麦芽公司分类仓储等项目顺利落户。全区进出口总额 336.79 亿元，同比增长 8.8%，占全市 74.3%。发展能级不断提升，开放格局迈向更广空间和更深层次。

【生态环境】2022 年，秦皇岛开发区持续深入实施蓝天、碧水、净土“三大行动”，充分发挥河长、路长、片长、湖长、湾长和坑塘长作用，城市环境显著提升；大力实施 VOCs 深度治理，全区 24 个 VOCs 治理项目全部完成，PM2.5 年累计浓度 28.2 微克 / 立方米，同比下降 17.06%，优良天数 269 天，同比增加 20 天，优良率 84.1%；深入实施戴河、小汤河、小潮河等入海河流治理工作，3 条河流的 6 个断面年度考核达标率 100%；持续加强污染地块环境监管，有效防控建设用地土壤环境风险，农村生活污水治理和农村无害化工程年度任务 100% 完成。

【基础设施建设】2022 年，秦皇岛开发区系统推进城市公共停车设施规划建设，建成 1 104 个公共停车位，超额完成任务；完成栖云山消防站项目预制桩及地下基础连梁施工；峨眉山北路延伸项目、深河道道路工程项目、草海道加宽改造项目按期施工；综合管廊项目天池路标段、秦抚快速路标段分别完成投资 4 876 万元、3 197 万元；河北亿广云数据产业园、礼鼎半导体、信保铝灰等省市重点项目基础配套建设任务完成；综保区基础设施配套建设进一步完善。

【城市建设】2022 年，秦皇岛开发区依托市级规划，深入推进开发区国土空间总体规划编制，完成开发区“三区三线”划定。大力推动“口袋公园”、景观提升工程等城市发展建设，便捷市民畅享身边绿色福利；推行“以克论净”管理方式，严格落实“双四双八”标准，以精细化、标准化管理促进环卫保洁质量提升，打造洁净城市；压实创卫工作责任，严格执行“晨检夜查”“红黑榜”等制度，营造争先创优氛围，巩固创卫工作成果；推动文明城市建设常态化，印发《巩固创建全国文明城市实施方案》，明确 190 个复检点位，辐射周边区域，重点是主次干道、背街小巷和沿街商铺，明确创建标准和责任分工，建立整改进度周报督促机制，推动问题整改及时、全面清零。

【疫情防控】秦皇岛开发区始终坚持人民至上，从群众实际需求做起，从群众关心的热点难点做起，人民群众的获得感、幸福感、安全感不断增强。一是始终维护人民生命健康安全。坚定不移坚持人民至上、生命至上，坚定不移落实“外防输入、内防反弹”总策略，加强组织领导，压实各级防疫责任，坚持关口前移、远端管控，强化交通卡口管控，抓好隔离点、重点场所和群体性活动管理，不断提高科学化精准化水平，守住了不发生规模性疫情的底线。紧跟形势变化和政策调整，及时转变思路、调整重心，突出重点、抓住关键，严格执行国家“二十条”和“新十条”，实施“乙类乙管”，不断优化开发区疫情防控措施，确保疫情防控平稳有序转段，最大程度保护人民生命安全和身体健康，最大限度减少疫情对经济社会发展的影响。

【民生保障】2022 年，秦皇岛开发区聚焦民生重点纾解民生痛点，全力办好 20 项民生工程。完成老旧小区改造任务 9 项，开发区体育馆 A 区建设进展顺利；坚持就业优先导向，开展“春风行动”，城镇新增就业 5 693 人，返还企业上年度缴纳失业保险费 2 818.65 万元；做实民生兜底保障工作，加强对低保、特困和低保边缘家庭的动态监测，将已认定的 10 户低保边缘家庭全部录入省社会救助信息系统低收入模块，城乡居民医保参保率达 100%，在全市排名第一；办好人民满意教育，不断提升教育硬件设施水平，一小、三小、一中新建项目有序推进。

【党建工作】2022 年，秦皇岛开发区始终把抓好党建作为最大政绩，认真贯彻新时代党的建设总要求，坚定不移推进全面从严治党向纵深发展。一是认真践行新时代党的组织路线。始终把基层党建摆在突出位置，工委会议、基层党建工作述评会议研究部署党建工作 9 次，聚焦问题、狠抓整改，层层压实基层党建工作责任。针对城市、农村和两新党组织的功能特点，以“党建引领城市基层治理”“抓党建促乡村振兴”“双抓双强”等活动为抓手，不断建强基层战斗堡垒，有力推动城市党建水平持续提升、农村集体经济收入 5 万元以上村占比达到 100%、全区两新党组织覆盖率超过 90%。牢固树立重实干、重实绩的鲜明导向，对 87 名干部进行职务调整，提拔重用 33 名在基层一线、疫情防控一线表现突出的干部，遴选 55 名任职试用期内的科级干部和 61 名优秀年轻、后备干部参与疫情防控工作，多途径帮助干部成长成才。全区 540 余名科级干部建立实绩档案，全面掌握机关干部的日常表现、重大现实表现和正负面表现，有效提升广大干部的干事创业热情。积极开展“人才调研月”“人才宣传月”等系列活动，精准引培各层各类人才，全区新增港城英才卡持卡人 50 名、燕赵英才卡持卡人 2 名。二是压紧压实主体责任驰而不息推动全面从严治党。严格按照《工委落实全面从严治党主体责任清单》要求，逐项落实全面从严治党主体责任。压茬推动全区各党组(党委、党工委)制定出台本单位的主体责任“四个清单”，有效构建主体责任上下贯通、协同推进的责任体系。分季度听取 43 个党组织主要负责同志履行全面从严治党“第一责任人”职责情况汇报，开展述职点评，推动问题整改、强化责任落实。严格落实意识形态工作责任制，把意识形态工作纳入重要议事日程，定期分析研判，加强舆情引导和网络管理，牢牢掌握意识形态工作的领导权、主动权。

（秦皇岛经济技术开发区管委会）

天津经济技术开发区

【区域简况】2022年，天津经济技术开发区（简称“天津经开区”，“泰达”是天津经开区英文缩写音译）在商务部开展的国家级经开区综合发展水平考核评价中获得第三名。天津经开区于1984年12月6日经国务院批准建立，是中国首批国家级开发区之一。天津经开区位于环渤海经济带和京津冀都市圈的交汇点，位于京津冀产业布局轴带核心位置，是中国北方区域融入“一带一路”的战略支点，是环渤海建设世界级湾区的重要引擎，是北京市疏解非首都核心功能的主要载体，是天津市打造具有国际水平的滨城CIZ（滨城中央创新区）核心要地。天津经开区总规划面积403平方千米，由东区、商务片区、西区、南港工业区、滨海—中关村科技园、现代产业区、逸仙科学工业园、微电子工业区、南部新兴产业区、一汽大众华北基地十个园区组成。天津经开区是首批国家产融合作试点城市，国家两业融合试点区域，电子信息和石化产业的国家新型工业化产业示范基地，中药及西药、汽车及零部件的国家外贸转型升级基地，国家数字服务出口基地，国家级双创示范基地，国家级海外高层次人才创新创业基地，国家绿色产业示范基地，国家生态工业示范园区，国家首批循环经济试点示范单位，国家环境污染第三方治理园区。天津经开区是联合国工业发展组织确定的中国最具活力的六个城市和地区之一，被《财富》杂志评为中国最受赞赏的工业园区，被《福布斯》杂志评为中国京津冀协同发展战略成功范例，被新加坡中盛集团评为中国AAA级工业园区之首，两次获“影响中国”地方政府创新奖。

【经济发展】2022年，天津经开区面对宏观经济下行压力和疫情反复冲击，统筹疫情防控和经济社会发展，稳住经济底盘，主要指标降幅持续收窄，发展态势逐步向好。2022年，天津经开区地区生产总值（GDP）2 324.39亿元，其中，第二产业增加值1 425.67亿元，第三产业增加值898.71亿元。第二、三产业比例为61.3∶38.7。2022年，经开区规上工业总产值5 255.45亿元，其中化工新材料产业产值规模首次突破千亿元，汽车、装备、电子、医药等产业逐步回升；营利性服务业收入832.26亿元；限额以上商品销售额4 161.54亿元，限额以上社会消费品零售额78.62亿元；进出口总额2 508.80亿元。2022年，全区有5家企业税收规模达10亿元以上。2022年，经开区全员劳动生产率49.8万元/人。

【产业发展】2022年，天津经开区工业实现增加值1 423.10亿元。规模以上工业企业535家。规模以上工业总产值5 255.45亿元，其中，外商及港澳台投资企业实现工业总产值3 975.02亿元，内资企业实现工业总产值1 280.44亿元。全区共有12家企业工业总产值超100亿元，产值合计2 691.50亿元；有71家企业产值超过10亿元，产值合计4 421.83亿元。工业产销率99.2%。规模以上工业中，汽车制造、装备制造、电子信息、化工新材料、医药健康五大主要行业实现工业总产值4 704.15亿元。战略性新兴产业实现产值2 270.50亿元，高技术制造业实现产值1 511.59亿元，高新技术企业实现产值1 080.87亿元。全区规模以上工业企业营业收入5 875.71亿元，利润总额404.12亿元。营业收入利润率为4.7%。经济效益综合指数465.5。工业全员劳动生产率57.6万元/人。

2022年，全区有总承包和专业承包资质建筑业企业210家，实现建筑业总产值266.79亿元，实现营业收入338.83亿元，全年房屋建筑施工面积2 169万平方米。

2022年，经开区兼顾疫情防控与经济发展，推动生产性服务业向专业化和价值链高端延伸、生活性服务业向高品质和多样化升级；发展产业互联网主导的平台经济，赋能实体产业发展。全年经开区规模以上营利性服务业营业收入832.26亿元，规模以上服务业增加值898.71亿元。经开区规模以上服务业中，战略新兴服务业营业收入496.19亿元。美团灵活用工平台、贝壳投资平台等拓展新业务，国能集团供应链平台、华能集团实体投资平台等项目落户。经开区培育现代服务业新业态，成立“商业保理融资服务联盟”，首批入盟金融机构为企业提供授信总额逾1 000亿元。滨海基金小镇获批专项支持政策，入驻各类金融机构和企业73家。至2022年年末，经开区融资租赁企业104家，商业保理企业148家，基金类企业320家。拓展数字产业，人民数字产业园、渤海银行后台中心、光大银行后台中心二期等项目启动建设，数字金融创新基地、中国电子数据工程研究院及创新中心、京东数字经济系列项目落户；2022年经开区服务外包接包合同额50.98亿美元。推动互联网医院、医药电商、数字疗法等数字医疗产业发展，规模以上服务业中，健康产业营业收入79.51亿元。

【科技创新】2022年，经开区加大科技投入和科技招商力度，引入、培育创新主体，推动滨海—中关村科技园建设。构建科技创新引擎，引育一批创新主体，全区高新技术企业1 047家、国家科技型中小企业1 134家、雏鹰企业562家、瞪羚企业58家、科技领军（培育）企业51家。全区研究与试验发展（R&D）经费总额90.36亿元，投入强度3.8%。全年科技成果鉴定登记74项，有效专利2.7万件，其中新增发明专利授权1 446件。

2022年，经开区提升自主创新能力，推动高校院所在经开区设立研发机构，鼓励重点企业申报国家级、市级创新平台。4家单位获批天津市市级工程研究中心，8家企业获批市级企业技术中心。天津科技大学科技园入驻企业35家，天津市年度考核中名列第一。全区天津市市级以上众创空间16家，孵化转化载体面积122.2万平方米，新增在孵企业295家，累计2 437家。全年引进高级人才245人，其中，引进国家级重点联系专家等高层次人才23人，办理人才白金卡83张，发放“滨城人才服务证”3万余个，26家企业入选市级“高技能人才培训基地”等项目；建成人力资源产业园，获评首批国家人力资源服务出口基地。

滨海—中关村科技园全年新增企业849家，总量3 900余家，战略性新兴产业、高技术制造业、高技术服务业营业收入逾80亿元；建设天津市首个新型产业用地（M0），为科创企业提供中试转化空间。康希诺重组新型冠状病毒疫苗（5型腺病毒载体）克威莎获得世界卫生组织（WHO）使用许可并获中国专利奖金奖；赛诺医疗科学技术股份有限公司“颅内药物洗脱支架系统”、航天泰心科技有限公司“植入式左心室辅助系统”填补国内空白；膜天膜科技股份有限公司列入国家知识产权示范企业，凯莱英医药集团（天津）股份有限公司等6家企业获评国家知识产权优势企业。

【投资促进】2022年，天津经开区实际利用外资18.01亿美元，增长22.6%。新批外商及港澳台投资项目47个，投资总额12.56亿美元，外商出资比例65%，平均出资规模2 672万美元。30家企业完成增资，投资总额增加26.86亿美元，平均增资规模8 955万美元。至年末，外商及港澳台投资项目累计5 993个，实际利用外资累计641.27亿美元，投资1 000万美元以上企业累计1 569家。全年实际利用内资564.12亿元，增长39.6%。至年末，新注册内资企业4 588家，投资规模亿元以上100家，累计1 925家，平均投资额9 498万元。

新批外商及港澳台投资工业项目4个，投

资总额3.75亿美元。9家工业企业完成增资，投资总额增加15.37亿美元。中石化催化剂、恒河实业、丰田新车型生产等54个制造业项目投资落户。新批外商及港澳台投资服务业项目43个，投资总额8.80亿美元。21家服务业企业完成增资，投资总额增加11.49亿美元。华润资本北方总部、中信金租SPV项目、石化易贸、浙越资产等196个服务业项目签约落地。

全年新引进落地项目1 717个，其中百亿级项目1个，30亿以上级项目3个。落实京津冀协同发展战略，全年承接京冀项目逾300个，投资额近1 000亿元，其中央企项目55个，投资额490亿元。推动实施12个特色主题园区建设，其中，生物医药、汽车两个园区获批市级主题园区。引进洁美电子、长城诺博、钧风康明斯电控等产业链上下游项目；招引培育数字金融创新基地、中国电子数据工程研究院及创新中心、京东数字经济等数字产业系列项目；睿颐耀达、医麦科技、健康有益、橙心、圆心科技等高端医疗项目落地；聚集国能集团供应链平台、华能集团实体投资平台等重点平台类项目。

【体制机制改革】2022年，天津经开区继续深化法定机构改革。进一步优化机构职能配置，机构总数核减9个，压缩科室46个，科室设置实现大部制、扁平化。完成授薪人员聘期考核；根据考核结果，对115个岗位进行重新竞聘，6名优秀干部选聘至中层正职岗位。

2022年，天津经开区增强自贸赋能力度。推动落实天津市服务业扩大开放试点工作，互联网医院“一企一证”、跨境保理、碳融资“双质押”登记等创新事项入选天津市首批创新案例。全国首单云信产品跨行转让、首单数字人民币保理业务、首单央企“N+N全形态保理资产ABS储架”等首创成果相继落地。完成首单海外工程离岸贸易业务，推动5家企业加入天津市跨境贸易自律机制。数字人民币试点应用场景全部落地，开立个人钱包15万个、对公钱包2.2万个，率先发放数字货币贷款。实施《中国（天津）自由贸易试验区市场主体确认登记试行办法》，全年按新办法设立市场主体1 751家。

2022年，天津经开区国企改革成效显现。完成国企改革两年行动，制定国企市场化经营效益提升方案，深化三项制度（人事制度、劳动制度、分配制度）改革，实施职业经理人试点、委派总会计师等任务。修订《国资监管清单》，全年完成国企混改出让出清13户，盘活资产7.75亿元。公募REITs发行、AAA信用评级企业打造工作取得进展，创新贸易模式成立供应链公司，首年实现营收逾15亿元。国企全员绩效考核覆盖率100%、管理人员竞争上岗比例100%，四大集团（天津泰达城市发展集团、天津泰达产业发展集团、天津经开区南港发展集团、天津新金融投资有限公司）全年营业总收入增长25%。

【优化营商环境】2022年，天津经开区出台《优化产业营商环境推动高质量发展建设方案》，在生物医药、绿色石化、平台经济等产业领域，围绕30个场景实施86项重点任务。动态调整“三张清单”，靶向服务区内企业，解决问题清单中收录的103个问题，在创新清单中推出30项创新举措，服务清单中涵盖100个服务事项，累计服务3.5万家次企业。常态化开展“向企业家汇报”活动，组建惠企政策宣讲团，为3 000余家企业解读中央和各级各类稳经济政策举措。新引入金融服务、贸易服务、科技创新等89个政务事项。在全市率先开设网上政务“旗舰店”，完成线上线下政务服务数据统一归集，直联市级“好差评”系统；实现个体工商户注册全流程“掌上办”、电子证照线上年检功能。完善“一件事一次办”机制，新纳入企业境外投资等6个事项。工程建设项目审批效率提高，扩大“拿地即开工”适用范围，“交房即交证”服务模式常态化。药监滨城技术服务窗口揭牌，医药检验技术服务平台延伸至经开区。

【绿色集约】2022年，经开区环境空气质量综合指数4.41，达标天数比例78.0%；PM2.5浓度为36微克/立方米，PM10浓度为66微克/

立方米。区域环境噪音平均值51.6分贝，道路交通噪声平均值69.9分贝。排海污水达标率100%，排海雨水达标率96.2%，污水处理厂出水达标率100%，工业废水排放量2 221.5万吨，工业固体废物产生量118.8万吨，工业固体废物综合利用率89.8%，危险废物集中处置率100%。有31座公园，绿地面积3 415.67万平方米，实有树木526.05万株，绿化覆盖面积3 385.01万平方米。

2022年，经开区成立双碳工作领导小组，编制双碳规划及重点任务措施清单。双碳大厦投入使用，中石化新能公司、中经工联双碳研究院等入驻。创建滨海—中关村等近零碳园区和金桥焊材等近零碳工厂。发布全市首个环境服务第三方机构自主信息公开平台，汇聚180余家第三方机构。全区范围内煤改燃项目全部完成，南港工业区列入国家首批清洁生产审核创新试点名单。

2022年，经开区完成各类监测561点位次/家次、2 576项次，出具监测报告293份。开展区域污染源在线监测比对、重点排污单位水质在线设备标准样品比对、区域社会生态环境监测机构抽查。整合综合站、微站、走航等资源，优化环境监测体系，提升环境空气质量综合监控服务水平。开发第三方服务机构自主信息公开平台，上线190余家企业，1 000余个项目。建设门禁系统采集区内58家重点用车企业79个柴油货车进场点位通行数据，实现用车大户柴油货车实时监控。

【机构设置与管委会领导】2022年末，天津经开区管委会内设部门：投资促进办公室，电子信息产业促进局，装备及智能制造产业促进局，新经济促进局，南港工业区产业促进办公室，医药健康产业促进局，金融局，贸易发展局，科技创新局，滨海—中关村科技园办公室，中国（天津）自由贸易试验区中心商务片区工作局，发展和改革局，工业和信息化局，财政局，人力资源和社会保障局，规划和自然资源局，生态环境局，建设和交通局，企业服务局，应急管理局，审计局，国有资产监督管理局，政务服务办公室，市场监督管理局，西部片区管理局，南港工业区综合办公室，南港工业区规划建设办公室，南港工业区应急管理办公室，北部片区管理局，党委办公室，组织人事部，经开区纪委（巡察工作办公室、巡察组），非公有制经济组织和社会组织党委办公室，政策研究室，群团工作部（总工会、团委、妇联），综合保税区管理局。专业工作机构：综合事务服务中心，不动产登记中心，基建中心，南港工业区建设服务中心，法律援助中心，档案馆、泰达图书馆，泰达公证处，公寓管理中心，建设工程管理中心，交通运输管理中心等。

2022年末，天津经济技术开发区党委书记、管委会主任尤天成，天津经济技术开发区党委副书记张青，天津经济技术开发区党委常委、纪委书记刘越红，天津经济技术开发区党委常委徐庆和，天津经济技术开发区党委常委、中共天津经济技术开发区国有资产监督管理局委员会书记、天津泰达城市发展集团有限公司党委书记兼董事长、天津泰达产业发展集团有限公司党委书记兼董事长任东生，天津经济技术开发区党委常委兼南港绿色石化园区管理局局长马建军，天津经济技术开发区管委会副主任金香花，天津经济技术开发区党委常委、管委会副主任李涛、叶炜、徐斐、曹红钢、周勍，天津滨海新区泰达街道党工委书记兼天津经济技术开发区党委常委吴鹏。

（天津经济技术开发区档案馆）

青岛经济技术开发区

【经济发展】 2022年，青岛经济技术开发区重点承担的全市新型显示等相关建链强链任务和王台片区城市更新等工作均实现重大突破，强芯扩屏跃上新层级、经济实力迈上新台阶、城市品质实现新提升。开展线上线下双线招商引资行动，全年走访企业500余次，接待客商350余批次；中日（青岛）地方发展合作示范区、青岛市新型显示产业园建设深入推进，全区规上工业产值、外贸进出口、实际利用外资等主要发展指标持续稳健增长，综合发展水平继续位居全国前列、全省首位，获评“2022年中国区域高质量发展最具投资价值园区”。

【产业发展】 2022年，青岛开发区实体经济发展势头强劲。组织开展高质量发展、高水平开放、高标准赋能、高品质营商、高效能保障等5方面24项任务的提质攻坚行动；出台实施“414”系列方案（即确定新型显示、智能家电、新一代信息技术、高端石化4条产业链发展主线，建设青岛市新型显示产业园，实施优势产业强基、新兴产业集聚、特色园区引领、企业梯次培育4项工程）；创新开展融通产业链主题沙龙活动，发布全市首个《产业链融通发展倡议书》，推行产业发展顾问系列制度，全力打造全市实体经济振兴发展示范区。京东方青岛基地项目建成投用，青岛市新型显示产业园区成功揭牌，“芯屏”产业实现新突破。全市首批47家先进制造业产业链链主企业和24条重点产业链30家链主企业名单中，青岛经济技术开发区分别占比36%、40%。

【科技创新】 2022年，青岛开发区持续强化科技赋能，推进创新驱动发展意识，坚持用平台思维做发展乘法、用生态思维优发展环境，依照“管委会+园区”思路，因地制宜、因时而宜，累计建立中电光谷青岛产业园等七大科技园区，为园区提供各类科技创新政策扶持，并成功打造蓝色高新产业集群，加速带动区域内其他传统产业和实体经济转型升级、融合创新，趟出了一条园区经济“科技赋能、创新发展、集约管理、优质融合”发展的新路子、新模式，其中，中电光谷青岛园区已聚集各类市场主体1 900余家，投资过千万的600余家，汇集人才2万余人，成为全省产业集聚度高、优势项目多、经济效益好的高新产业集聚区之一，培育了极视角、以萨技术、宸芯科技等一批头部企业，获评国家级众创空间等称号。2022年新增国家级高层次人才6人，省级重点高层次人才21人，新增城镇就业人才6万余人，人才总量突破48万人。

【投资促进】 2022年，青岛开发区围绕新型显示、智能家电、高端化工和新一代信息技术四条产业链主线，推动传统优势产业固本强基、特色新兴产业聚能成势，主导产业“朋友圈”不断扩大。紧抓青岛市新型显示产业园建设，布局谋划新型显示产业链发展，按照一个工作专班、一个园区规划、一套园区政策、一个招商团队、一支产业基金的专业园区“五个一”要求，聚力打造国际国内一流的新型显示产业高地。已签约落地中南高科、福建万达、重庆宇隆等产业链重点项目26个，总投资873.7亿元，涵盖材料、设备、制造、研发等全产业领域；总投资约775亿元的9个芯屏产业项目正在洽谈推进，一个千亿级新兴产业集群正在加速崛起。

【体制机制创新】 按照省、市改革部署，加快服务型管委会建设，建立完善权责到位、分工明确、精简高效的管理体制和运行机制。深化行政管理体制改革，按照大部制要求，进一步精简优化机构设置，精简整合职能部门，提升行政效能和服务效率。研究出台岗位管理、绩效考核、薪酬分配等配套办法，强化KPI导向，实施“绩、岗、薪”联动办法，将工作实绩与岗位、薪酬挂钩，充分调动干部积极性和创造性。

【投融资服务】2022年，青岛开发区实施绿色金融、科技金融创新。一是拓宽数字人民币场景应用，打造“繁花里”数字人民币试点特色商街，开展国际啤酒节数字人民币消费券活动；二是聚焦新兴产业重点项目、城市更新攻坚等重点项目，创新融资渠道，提升重大战略服务质效；三是组建2支总规模20亿元的新型显示产业基金，借力“资本引擎”推动新型显示产业项目加快落地。

【绿色集约】2022年，青岛开发区综合容积率1.19，土地开发率96.7%，土地利用强度91.76%，土地利用监管绩效99.6%（摘自土地集约节约用地评价数据，评价面积为17.52平方千米）。一是产城一体谋划，结合产业布局和片区资源禀赋、工作基础，实施新兴产业导入、城市功能完善、传统产业提升等工作；二是加强项目评审，突出亩均效益理念，出台《招商引资重点产业项目评审办法》，推行“三级联审”和“联合招商服务会商”机制，按照“大项目供地、小项目入园”思路，统筹项目引建；三是加大闲置低效用地的处置力度，产业用地推行“标准地”供地，鼓励产业用地提高容积率。

【基础设施建设】2022年，青岛开发区围绕区域开发建设和服务保障重大项目落地，以提升城市基础设施和公共服务能力为导向，聚力攻坚城市更新和城市建设，不断促进城市功能完善和生态品质提升。按照“先地下、后地上”原则，重点推进青岛开发区王台老工业区、殷家河片区、开城路以北等片区道路管网、电力配套、景观绿化等工程。青岛光电产业园“四纵二横”路网及配套变电站启动建设；王台核心启动区综合整治工程、殷家河安置区供电配套工程、平江路西延工程等项目相继完工；长昆立交综合整治工程、“两海一澳”周边区域改造提升稳步推进；204国道、环台南路等8条道路及重要节点整治提升基本完成，城区环境提升取得显著成效；省重点基础设施项目及第二条海底隧道配套工程，总投资34.5亿元的淮河路高架桥、总投资10.5亿元的疏港高架拓宽工程开工建设；经控大厦西侧地下停车场项目基本完工，有效解决唐岛湾金融科创区周边停车难问题；坚持基础惠民、工程利民，殷家河片区改造项目（一期）配套路全面竣工；东西洞门村居改造工程配套道路工程正式通车；江山一路道路管网工程顺利交付使用，民生项目投入力度不断加大，有效解决群众急难愁盼问题。

【党建工作】2022年，青岛开发区认真履行抓基层党建工作责任，立足规范抓党建，扎实推动各项工作取得成效。一是规范党内组织生活，制定《2022年度全面从严治党工作要点》《青岛开发区党支部日常工作手册》，严格落实“三会一课”、主题党日等组织生活制度。二是提升党支部和党员队伍建设质量，扎实开展党支部评星定级管理工作，组建“奋进青开”志愿服务队，开展“万名党员入万户·办好群众身边事”活动等活动10余次；把好发展党员入口关，全年发展党员1人，储备入党积极分子10人。三是抓严抓实高端化工、“芯屏”两条产业链党建联盟建设，开展实地调研30余次，以党建联盟为平台，解决上下游企业“联动难、同步难、配套难”等问题40余个。

【机构设置与管委会领导】按照大部制、扁平化原则，青岛经济技术开发区设置“八部一委”，即综合部、党群工作部、经济发展部（挂考核评价部牌子）、规划建设部、投资促进部、财务金融审计部、公共服务部、石化区管理部（挂应急管理部牌子）、纪检监察工委。工委管委领导成员：工委书记孙永红；工委副书记、管委主任赵士玉；工委委员、管委常务副主任杨文；管委副主任李博；工委委员、管委副主任袁迎春；工委委员、纪检监察工委书记孙立克；工委委员、管委副主任朱长江。

（青岛经济技术开发区管委会）

南通经济技术开发区

2022年，南通经济技术开发区坚决落实“疫情要防住、经济要稳住、发展要安全”的重大要求，认真贯彻省、市决策部署，紧紧围绕“四主一最一中心”目标定位，攻坚克难，积极作为，全区改革、发展、稳定和党的建设各项工作取得良好成绩。

【疫情防控】2022年，南通开发区面对疫情防控的重大考验，全区上下扛牢责任、协同作战，努力用最小代价实现最大防控效果，最大程度保护人民群众生命安全和身体健康，最大程度减少疫情对经济社会发展的影响。组建党员突击队、先锋岗，守牢“两站一场”、高速卡口、货运码头、居民小区等关键点位，广泛开展“敲门”“扫街”行动，扎实开展核酸检测、流调溯源、隔离管控等工作，织密疫情防控网络，果断处置本土疫情。同时，设立了81个便民核酸采样点，推进区疾控中心PCR实验室建设，3天建成齐心路临时停车场，100天建成龙腾路健康驿站，应急防控保障能力不断提高。“新十条”优化措施出台后，迅速将疫情防控重点从“防感染”转到“保健康、防重症”上来，全力守护人民群众生命健康。面对疫情冲击和经济下行压力，全面落实国家、省、市稳经济一揽子政策举措，通过开展“同心抗疫、齐手纾困”服务企业大走访、创新设立高速物流“白名单”、指导重点企业全封闭管理连续生产等行动，有效保障企业产业链供应链稳定，促进经济恢复态势良好。

【经济发展】2022年，南通开发区经济运行稳中有进。全区经济运行一季度实现“开门红”、4月受疫情影响有所回落、5月边际改善、6月加速修复，三、四季度恢复快速增长。全年预计9个重要经济指标列全市第一、4个重要经济指标列全市第二；一般公共预算收入59.2亿元，税收占比83.1%，列南通市第一；规模工业增加值增长9.5%，列全市第一；规模工业产值1 843.7亿元，增长15%，总量全市第二、增幅全市第一；全社会用电量81亿千瓦时，工业用电量65亿千瓦时，总量均列全市第一；工业应税销售2 100亿元，增长20%，总量全市第二、增幅全市第一；服务业应税销售1 800亿元，总量全市第二；外贸进出口700亿元，增长25%，总量全市第一、增幅全市第二；社消零290亿元，增长6%，增幅全市第一，经济运行保持稳中向好、进中提质态势。

【项目招引和产业转型升级】2022年，南通开发区坚持项目为王，大力推进招商引资突破年活动。持续推进招商“赛马”机制，不断优化项目质量评估机制；疫情期间，举办招商队伍“砺剑班”，高频率开展视频连线、“云”上招商；设立驻深圳、上海、苏州专班，在上海与商务部投资促进事务局举办“绿色中国·绿色能源产业投资沙龙”，不断提升精准化招引水平。新签约并注册超5亿元及3 000万美元重大项目63个、总投资767.85亿元；上报实际利用外资8.74亿美元，增长32.3%，总量全市第一。总投资100亿元的林洋光伏电池项目、总投资50亿元的科瑞恩智能装备、总投资30亿元的劲胜新能源和福融新材料、总投资1亿美元的协成香料等重大项目以及总投资1亿美元的德之馨总部、海晨股份华东业务中心、深圳航空南通分公司等总部型项目成功落户，签约数创历史新高。新开工超亿元产业项目24个，总投资278.1亿元，其中，10亿元以上重大项目12个；在手推进超亿元产业项目33个，总投资533.4亿元，其中百亿级项目2个；竣工项目33个，总投资100.5亿元。推进产业升级发展，出台《工业倍增三年行动计划》《服务业繁荣发展三年行动计划》《关于进一步促进企业高质量发展的若干意见》，成立新能源产业联盟、高端装备产业联盟，加快推动重点产业集群做大做强；加大上市工作力度，恒太照明在北交所成功上市，全区上市入轨企业达17家。对全区588家工业企业实施资源集约利用综合评价，在全市工业提质增效考核中位列第一方阵。2022年，全区新一代信息技术、高端装备、医药健康、新能源“3+1”主导产业产值分别达到490亿元、380亿元、280亿元、260亿元，分别增长40%、7%、29%、149%。新增应税销售超百亿企业1家；新增国家级制造业单项冠军2家、专精特新小巨人企业6家；全区税收超亿元企业达19家，其中工业企业11家。

【科技创新】2022年，南通开发区大力实施创新驱动发展战略，组建开发区科创委，升级“人才科技新政3.0版”，通过认定高新技术企业98家，能达生物医药科创园基础建设基本完成，产研院平台载体作用进一步发挥，3家企业通过省级工程技术研究中心认定，科创体系不断完善。加强人才引培力度，赴武汉、上海等6个城市开展人才科创路演活动；认定科创项目74个，科创考核位列全市前三；获批1家国家级博士后科研工作站，新增2名国家重大人才工程入选人才，14名人才（团队）入围省“双创计划”答辩，青昀新材料项目获第十届省“双创”大赛总决赛第一名。持续深化质量品牌建设，5家企业通过省“江苏精品”认证，4项标准入围全国企业标准“领跑者”，获评数全市第一；全区每万人发明专利拥有量75.2件，高分通过国家知识产权试点园区验收。扎实推进“营商环境提升年”活动，全面落实“万事好通”营商环境66条，制定《打造“营商环境最高地”三年行动计划》，大力推行信用承诺制等改革举措，“万事好通•能达无忧办”营商服务品牌影响力不断增强。实施领导干部挂钩联系重点企业、经济部门处长以上人员定点服务重点企业、街道挂钩企业首席服务员等三项制度，一线帮助企业协调问题，增强企业发展信心，推动默克制药相关产品即将进入国家医保目录，助力联亚药业打通集采内销渠道。不断提升企业发展服务中心一站式服务功能，常态化推行惠企政策“免申即享”，累计拨付资金超7000万元、惠及企业超500家。大力推进综保区高水平对外开放，全年实现进出口货值175亿元，增长68%，跨境电商一线进口货值2.5亿元，增长72%，总量居全省第二，美团、抖音等头部跨境电商品牌落仓。全面开展中西部国家级经开区合作共建，与城固对口协作不断深化。控股集团、炜赋集团积极参与服务中心工作，市场化步伐不断加快。

【城市规划提升】2022年，南通开发区划定新一轮国土空间规划“三区三线”，释放G15高速东侧约1.4万亩产业发展空间。市政府大力支持开发区建设通城活力新中心，出台专门政策意见；制定《打造“通城活力新中心”重点任务三年行动计划》，形成清单化推进责任体系；赴苏州工业园区学习先进经验做法，邀请上海社科院编制“通城活力新中心”规划纲要。深化滨江湾总体规划，优化国际社区、活力岛、地铁TOD项目以及星湖大道、通盛大道两侧城市规划设计，张江公路顺利竣工，新开北路、中央路综合改造基本完成，炜赋大厦进入内部装修设计阶段，洲际华邑酒店成功入驻签约，星湖城市广场二期成功开街。全面推进新一轮空间再造行动，新签约企业52家，可腾地2118亩，累计净地6822亩。化工园区整合提升取得明显成效，8家北区企业实质性启动南迁建设，3个月内建成化工园区专业污水处理厂和三级防控体系，成功跻身全国化工园区30强。全面深化污染防治攻坚，PM2.5浓度达24.0微克/立方米，同比下降21.3%，改善幅度全市第二，优良天数比例达81.9%；国家和省考断面水质全部达标；区域规划环评通过省级审核。中央、省环保督察交办问题整改完成率100%。在全省率先启动无异味园区创建工作，67家化工（仓储）企业通过市区两级联合评估。推进智慧停车系统建设，新增道路临时停车泊位6105个，配建停车场17处。能达商务区夜景扮靓工程加快推进。开展文明城市长效管理十项行动，文明城市长效管理水平不断提高，顺利通过全国文明城市创建现场验收。

【社会民生】2022年，南通开发区全年18项民生实事项目基本完成；成立4个学前教育集团，高起点规划国际幼儿园，义务教育均衡优质发展，教育现代化示范区建设步伐不断加快；制定并推动《社区卫生服务机构能力提升三年行动方案》，与复旦大学上海医学院签订战略合作协议，卫生医疗服务体系进一步完善。公共文化服务体系建设不断加强，区图书馆及2个社区“韬奋书吧”被评为南通“最美公共文化空间”，能达剧院获评省示范小剧场和市首批示范小剧场。推进城乡一体化社会保障体系建设，各街道“15分钟医保服务圈”省级示范点基本建成，出台《南通开发区服务群众暖心行动八项举措》，在全市率先实施重点空巢独居老人定点探访项目。平安法治开发区建设持续推进，推行涉稳隐患联合研判周例会制度，完成重大活动期间维稳安保各项工作，信访“国治件”和“省治件”结案率均为100%，省、市交办重点事项化解率均为100%，初次走访事项化解率88.57%，信访突出问题得到有效化解；制定法治政府建设实施方案，强化执法司法制约监督；推进“红网格·通通建”“精网微格”工程，网格化服务管理工作提质增效；指挥中心分析研判预警能力持续增强，社会治安防控体系不断完善。以推进省委涉粮问题专项巡视整改为抓手，不断夯实粮食安全基础。打好安全生产专项整治三年行动收官战，深入开展公共安全重大风险隐患“三清”专项行动，扎实推进“制度化管理、实时化监控、自动化阻隔、现代化救援”各项举措，实施化工园区封闭化、智慧化管理，食品药品安全监管有效加强，本质安全水平持续提升。人武、审计、工会、妇联、商会、民族宗教、共青团、慈善、红十字、关心下一代、档案等工作取得新成绩。

【党建成效】2022年，南通开发区把迎接党的二十大、学习宣传贯彻党的二十大精神作为鲜明工作主线和首要政治任务。组建区级宣讲团和百姓名嘴宣讲队，通过干部培训、社会宣传、集中宣讲等方式在全区上下迅速掀起学习宣传贯彻党的二十大精神热潮。强化理论武装，做大做强主流舆论，稳妥处置网络舆情，宣传思想和意识形态工作不断加强。积极配合市委对区党工委的巡察、对新开街道的提级巡察以及全省优化营商环境专项审计调查，扎实推进巡察审计反馈问题整改。加强基层组织建设，探索实施党建网格与治理网格“两网合一”，建立网格党支部287个、网格党小组479个；成立产业链党建联盟4个，新组建非公企业党组织13家。出台开发区年轻干部培养“1+3”系列文件，组建“能达栋梁青训营”，着力打造“能达栋梁”年轻干部培育品牌；畅通区街交流渠道，分两批次完成90名干部职务调整，干部队伍结构进一步优化。积极组织各级人大代表开展“知民情、解民忧、聚民心、促民富”主题实践活动，推动全区“有事好商量”协商议事工作常态长效、走深走实。统筹抓好离退休干部作用发挥、服务管理等各项工作。深入推进“机关作风建设提升年”活动，不断巩固行政执法机关“厚植为民情怀、提高执法水平”主题教育成效。实施“廉润能达”廉洁文化品牌建设，开展依法行政专项巡察，推进限额以下项目智能化交易平台和公共资源交易项目全流程监察平台建设，深入纠治“四风”，营造风清气正良好政治生态。

（南通经济技术开发区管委会）

上海漕河泾新兴技术开发区

2022年是党的二十大和上海市十二次党代会召开之年，是临港集团“十四五”承上启下、厚积成势的关键之年，也是漕河泾开发区“再创业、再出发”的攻坚突破之年。面对疫情考验，漕河泾开发区为企纾困，保供促产，积极推进园区经济恢复和重振工作，并努力探索发展新契机、新模式和新亮点。

【经济发展】2022年，漕河泾开发区经济呈现“平稳开局、深度回落、显著回升、加速重振”的V型反转态势，全年实现营业收入6 351亿元（含浦江），同比上升7.9%，三产收入5 535亿元，同比上升13%；利润总额539亿元，同比上升9.3%；税收总额219亿元，同比上升2.9%；从业人员数30.5万人。

2022年上海漕河泾新兴技术技术开发区主要经济指标

项目	单位	数值	比上年增长（%）
营业收入（含浦江，下同）	亿元	6 351.3	7.9
三产收入	亿元	5 535.3	12.98
工业总产值	亿元	684.6	-8.08
利润总额	亿元	539.2	9.28
税收总额（不含关税）	亿元	219.3	2.92
进出口总额	亿美元	91.1	-2.13
进口总额	亿美元	53.3	-5.66
出口总额	亿美元	37.8	3.31
从业人数	万人	30.485 8	0.08

园区综合发展水平不断提升，在2022年国家商务部公布的国家级经开区综合发展水平考核评价中，漕河泾开发区位列全国第14位，相较2021年第15名提升1位。“漕河泾元创未来”和“数智南大”分别以元宇宙产业和数字经济产业为特色获评市级特色产业园区。

【产业能级】2022年，漕河泾开发区贯彻上海构建“3+6+3”新型产业体系要求，抢抓数字经济机遇期，提前布局元宇宙、人工智能等产业新赛道，发挥平台整体资源优势，精准招引高端、支柱产业龙头企业，全年共引进企业130余家，代表性项目包括长鑫科技（存储芯片）、吉泰生物（生物医药）、上海能源科技（清洁能源）、蔚来汽车（电动汽车）、近观科技（生物基材料）、珀莱雅（时尚美妆）、沐瞳科技、鹰角网络（游戏文娱）等。年内开发区共有4家企业上市或挂牌，新入驻上市公司1家，开发区累积已有各类上市（挂牌）企业151家。

【城市建设】2022年，漕河泾开发区拿地、新建项目均按计划推进。全年在建工程体量216万平方米，其中当年开工79万平方米，竣工交付40万平方米，为持续导入未来产业、特色产业奠定了空间基础。

园区更新方面，年内配合临港集团设立上海园区高质量发展基金，母基金首期募集资金34.81亿元，“漕河泾园区高质量发展徐汇子基金”规模12.5亿元。为支持漕河泾城市更新工作，临港集团领导与徐汇区领导共同成立徐汇漕河泾开发区城市更新领导小组，发布《漕河泾开发区城市更新宣言》。上海园区高质量发展基金首投项目——漕河泾元创未来中心科研地块拿地，建筑面积15万平方米。另有中环绿廊、上澳塘公园等环境提升项目持续推进中。

【科创服务】2022年，漕河泾开发区获批国家知识产权强国建设示范园区、国家知识产权出口特色基地、国家级专利导航服务基地；牵头成立上海首个数据知识产权运营服务联盟，启用知识产权证券化徐汇服务之窗。积极承办世界人工智能大会元宇宙应用生态专场，联合徐汇区发布了上海首个元宇宙区级扶持政策。年内新认定高新技术企业375家，总数达1 000家；新认定国家“专精特新”小巨人企业16家，总数达24家；新认定上海市“专精特新”企业57家，总数达158家；新认定上海市科技小巨人企业（含培育）12家，总数达145家；新增高新技术成果转化项目22项。区内13个项目获得18亿元风险投资。开发区企业累计专利申请达63 047件，累计发明授权达14 531件，每万人拥有有效发明专利453.1件。

在科技金融方面，共举办13场科技金融活动，企业对接融资需求。园区共有18个项目得到风险投资机构的青睐，获风投资金约22.7亿元。申请漕河泾融资平台担保贷款的上会企业为57家次，56家企业获得平台贷款授信，经融资平台担保的贷款授信总额为4.035亿元。

【绿色低碳】2022年，漕河泾开发区与徐汇区合作，创建漕河泾低碳发展实践区，构建政府引领、园区搭台、企业主体的多元共治“1+2+X”平台。携手上海质科院打造“双碳”服务平台，为孵化基地企业提供技术检测和认证、系统方案测试等服务，助力“双碳”赛道企业快速成长。

【人才服务】2022年，漕河泾开发区举办“校纳英才”系列校园招聘，成立“临港漕河泾退役军人就业基地”，举办线上招聘会49场、各类培训90场，发挥“漕河泾开发区人才服务共享中心”功能，为临港新片区、漕河泾开发区重点企业682名专业人才提供在线人才服务。

（上海漕河泾新兴技术开发区）

宁波经济技术开发区

【经济发展】2022年是新的宁波经济技术开发区挂牌运作元年。一年来，开发区深入贯彻习近平新时代中国特色社会主义思想，认真执行中央、省市党委政府决策部署，全力以赴推动经济稳进提质，努力在产业、项目、开放、改革等领域取得新突破，经济呈现“稳中有进、恢复向好”的良好态势。2022年，宁波经开区实现地区生产总值2 630.8亿元，增长4.2%，总量居全省第三，增幅高于浙江省、宁波市，6项总量指标居全省首位。财政总收入905.35亿元、增长15.9%，一般公共预算收入424.1亿元、增长8.2%；限上商品销售额19 623.1亿元，增长9.9%；外贸进出口总额4 518.6亿元、增长9.2%，其中，出口额1 998.2亿元、增长16.3%；实际利用外资13.29亿美元、增长2%。

【产业发展】2022年，宁波经开区实现规上工业总产值5 499亿元、增长8.2%，其中石化产值达到1 777亿元，汽车产值达到1 005亿元。规上工业增加值1 169.2亿元、增长6%。围绕产业体系现代化，着力巩固传统优势产业的领先地位，在战略性新兴领域、高端服务业方面加快补齐短板，打好产业基础高级化、产业链现代化的攻坚战。制造业“硬实力”进一步巩固。新增9家国家专精特新“小巨人”企业，中国制造500强企业1家，上市企业2家，过会企业1家，拟上市企业培育数量位列全市第二。“腾笼换鸟”进一步深化。加快推进低效工业用地整治提升，完成大碶石湫工业区等5个块低效工业区块提升，治理“低散乱污”企业204家，涉及淘汰落后企业45家，年度“三类企业”整治任务均已完成。推进工业企业绿色制造，组织绿色化技术改造项目17项，新增绿色工厂102家，超额完成年度任务。鼓励企业内部挖潜、增资扩产，新入库项目162个，累计完成技改备案项目214个，其中计划投资亿元以上项目19个。数字经济“一号工程”进一步升级。新增1家省级未来工厂培育企业，7个项目入选市级数字化车间，模具工业互联网平台赋能数字化转型提升试点列入国家试点，全力推进妍姿雪直播平台、粤浦科技数字产业园、银河数字产业基金项目等数字经济项目落地，全国首个“政企校”联建数字经济人才培养与评价基地落户开发区。国家首批“两业融合”试点深入推进，生产性服务业占比30%，东方电缆、贝发集团分别入选国家、省级“两业融合”试点。

【科技创新】宁波经开区坚持科技赋能助企迸发新动力，持续推进规上工业企业研发费用“清零”行动和“提速”行动，制定《北仑区（开发区）2022年R&D指标提升攻坚行动方案》，2022年全区规上工业企业研发投入112.8亿元，居全市第一，同比增速11%。全区高新技术产业增加值822.1亿元、全市第一，同比增速8.6%，占规上工业增加值比重达70.32%；高新技术产业投资155.5亿元、全市第二。加强高新技术企业培育，制定《北仑区（开发区）高新技术企业五年培育发展行动方案》，全区新增省（市）科技型中小企业264家，总数达2 369，国家科技型中小企业备案524家，同比增幅66.3%，高新技术企业申报创历史新高，全区高企总数突破500家。加快产业综合体服务创新体建设，完成三大省级产业创新服务综合体年度绩效考核申报，智能装备产业创新服务综合体验收完工。持续推进关键核心技术攻关，立项2022年区级关键核心技术攻关项目12项。获批2022年市级重大科技攻关专项暨“揭榜挂帅”项目22项，获批数及获市级补助均居全市第一。入选2022年度宁波市重点自主创新产品11项。获评2021年度省级科技进步二等奖2项、市级一等奖1项。推进重大创新平台建设，两家研究机构获批省级新型研发机构。宁波（北仑）中科海西产业技术创新中心获国际土壤科学联合会李比希奖1项、省科学技术进步二等奖1项，北大宁波海洋药物研究院获批成立省级博士后工作站。创建全市首个区县级“数字科协”平台，新增国家级科普教育基地1家、省级2家、区级3家。加强人才集聚，依托区内重大引才平台，排摸企业需求142项，对接高层次人才项目68个。举办创新创业大赛、产智对接、人才对接等活动9场次，12个青年项目落户，4个项目晋级中国创新创业大赛全国赛。新引进注册创业项目59个，其中海内外高层次人才项目14个。“科创中国•海外工程师型国际研发社区”入选中国科协十年优秀工作案例。

【投资促进】宁波经开区牢牢把握招商引资主责主业，健全完善大招商机制，精准推进头部企业增资扩产、延链扩链和优质项目招商。2022年，经开区领导带队赴上海、苏州等地开展上门重点招商15次，接待客商来访627批次，对内走访排摸区内企业327家，新引进注册企业140家。用好在外浙商、甬商等资源以及商会组织、本地企业在外分支机构，构建全覆盖的国内外招商网络，推动“链主”企业的上下游配套企业落户开发区。充分发挥“港口+自贸区+保税区”功能叠加优势，借力QFLP试点契机，打开利用外资新路径。绘制招商地图，积极推进甬江科创区、灵峰现代产业园、青峙新材料产业园等产业平台开发建设；打造“招商在线”云平台，精准掌握全区储备、在谈、签约、注册、到账、开工、投产等各阶段项目情况；丰富招商咨询专家库，对技术性强的产业及新兴经济领域项目提供科学决策，提升招商实效。2022年，聚焦新能源汽车、绿色石化、集成电路等九大特色产业链，新引进百亿元以上项目3个、50亿元以上项目4个、20亿元以上项目10个、1亿美元以上项目6个，招引项目总投资额达1 352.78亿元。

【体制机制创新】2022年1月，根据浙江省委省政府的决策部署，新的宁波经济技术开发区管委会挂牌运作，作为市政府派出机构，规格正厅级。新开发区整合了原宁波经济技术开发区、宁波保税区、北仑港综合保税区、梅山综合保税区、大榭开发区等5个国家级开发园区，以及浙江自贸试验区宁波片区，形成了“一套班子、六块牌子”的管理体制。整合后的宁波开发区与北仑行政区实行政区合一。新的开发区积极对标国际一流标准，以数字化改革为牵引推进系统化、集成化营商环境改革，实现“最多跑一次”“最多报一次”，推行最少审批、最优流程、最佳服务，打造市场化法治化国际化的最优营商环境。积极承接市政府两批共145项市级管理权限和省政府32项省级管理权限下放，区域行政审批效率持续提升。

【投融资服务】2022年，宁波经开区推进金融领域制度创新。落地跨境贸易投资高水平开放13条试点，惠及企业266家，业务规模达4.78万笔、172.66亿美元，在全国四个试点地区中遥遥领先。“跨境投资贸易便利化制度集成创新”案例入选“中国（浙江）自由贸易试验区最佳制度创新案例”。数字人民币试点成效逐步凸显。结合区域特色和优势产业，积极扩大数币在政务、民生、消费等领域有序落地，落地宁波首个数字人民币港航物流场景，云港物联创新实现数字人民币在货运平台中的应用，落地全市首单数字人民币纳税。

【自贸试验区建设】2022年，宁波经开区高水平建设自贸试验区宁波片区，制定并实施自贸区“四张清单”，3项改革创新案例被国家生态环境部发文复制推广，形成制度创新“宁波经验”，11项改革创新案例入选省级两批次制度创新“最佳案例”，居全省四个片区前列。

积极推进船用液化天然气（LNG）保税加注业务、非建设用地地下空间确权等试点，拓展跨境贸易、跨境电商、数字服务贸易、离岸贸易等新型国际贸易，服务宁波新型国际贸易中心建设。

（宁波经济技术开发区管委会）

连云港经济技术开发区

【经济发展】2022 年，连云港经济技术开发区深入落实“疫情要防住、经济要稳住、发展要安全”重大要求，以几何中心建设标定发展方向。全年完成地区生产总值 446.3 亿元，同比增长 2.4%；规模以上工业产值完成 829 亿元，增长 4.8%；一般公共预算收入完成 43.83 亿元，增长 1.1%；工业应税销售收入完成 814.4 亿元，增长 2.4%；固定资产投资完成 150.5 亿元，增长 6.7%；外贸进出口总额 38.3 亿美元，增长 5.9%；实际利用外资 3.21 亿美元。

【产业发展】2022 年，连云港开发区从容应对风险挑战，把做优、做强产业作为根本之策，致力于实现产业高端化、产业集群化和产业数字化，园区通过优结构、强基础，补短板、强弱项，加快构建现代产业体系，培育壮大以新医药产业、新材料产业和高端装备制造产业为主的现代产业集群，打造经济增长新引擎，“3+N”产业项目以稳中有进、稳中向好的态势昂首阔步前行。新医药产业入围国家先进制造业集群，成为全省唯一连续三年获评示范基地。新材料产业蓬勃发展，中复神鹰碳纤维科创板上市，华海诚科通过上交所科创板上市委员会审核。

【科技创新】2022 年，连云港开发区坚持产业转型升级、以改革创新驱动引领，持续塑造“3+N”产业发展的新动能、新优势；7 月 26 日，恒瑞医药荣获第二十三届中国专利奖银奖；8 月 30 日，全球最长 123 米风电叶片，在连云港中复连众复合材料集团有限公司下线。开发区获批国家级知识产权强国建设试点园区，连续三年获批省战略性新兴产业发展工作成效明显地区。医药·江苏连云港经济技术开发区示范基地再次获评五星级，为全省唯一连续三年获评单位。园区国家知识产权示范优势企业累计达到 9 家。

【投资促进】连云港开发区始终坚持“产业创新夯实聚合优势、几何中心建设宜居家园”工作思路，坚持“产业 + 城市”双轮驱动，立足“3+N”特色产业，全力以赴抓招商、攻项目、促发展。2022 年，连云港开发区新签约项目 97 个，总投资 807.96 亿元，其中 100 亿元以上项目 2 个，50 亿～ 100 亿元项目 6 个，10 亿～ 50 亿元项目 11 个。

【体制改革推进】“立即解决、问题清零”指挥部 2021 年 11 月成立以来，聚焦区内企业“急难愁盼”问题，构建“六个一”工作机制，深化政务服务“效能革命”，落实纾困解难“一揽子政策”。效率更高、成本更低、服务更优，营商环境持续优化，“3+N”产业项目服务被按下“快进键”。

2022 年，连云港开发区充分发挥国家级开发区、综合保税区、自由贸易试验区“三区叠加”得天独厚优势，出台一系列项目服务政策，尤其是在人才集聚、厂房租赁、财政扶持上给予重点扶持。设立的专门产业基金和科技贷款，为企业发展提供有力金融支撑；可供出让的土地以及发展备用地满足各类项目需求。审批“1220”常态化运行，“证照分离”全覆盖、“拿地即开工”，一窗受理、一网通办、集成服务、不见面审批等创新举措。

【绿色集约】2022 年，连云港开发区全区大气 PM2.5 平均浓度为 28.2 微克 / 立方米，同比下降 2.1%，空气优良率达 83.5%，同比下降 0.4%。全年投入资金 5 000 万元用于 25 项水质提升工程，大浦河大浦闸、东盐河公路桥2个国省考断面均为Ⅲ类水质；排淡河大板跳闸、烧香河烧香北闸2个断面为Ⅳ类水质，全部达到省考要求。开展建设用地土壤状况调查地块29个，面积约2925亩，均为无污染地块。设立了全省首个企业“环境保护质量奖”，受到主流媒体关注报道。开发区清洁生产审核创新项目荣列全国首批试点。

【中华药港】2022年，中华药港二期高端化学制剂产业园标准GMP厂房完成主体建设。中华药港二期项目于2020年7月开工建设，总投资12亿元，占地294亩，总建筑面积26.5万平方米，建设15栋生产厂房、4栋中试研发生产车间、2栋危废危险品库、2灭菌车间、1座污水处理站等。三期商务服务区中央厨房建筑施工已完成，正在进行运营前的室外临时道路及场地施工，生活广场等载体完成土地手续和规划设计方案。药港核心区东区国际医药创新产业园一期7栋标准厂房建成投用，二期的医药贸易交易中心（A/B）两栋24层塔楼已完成地下室施工。省原创化学药创新中心建成高端制剂、质量控制与大型仪器设备共享、中试研究等技术平台，并已获得CMA及CNAS认证，投入市场化运营。和汇医药MAH转化平台已建成，在研项目超20个。和晨CDMO平台正式运营。花果山医学科学中心投入运行。省食品药品监督检验研究院连云港检验室、省药监局审评核查连云港分中心揭牌运行，在全省地级市中率先设立省级药政服务机构。中国(连云港)知识产权保护中心已完成场地选址，加速创建。

【机构设置与党工委管委会领导】2022年，连云港开发区管委会（含自贸区）共设置14个职能部门、4个园区管理办公室和1个市派出纪检监察机构：党政办公室（政策研究室）、组织宣传部（统战部及机构编制委员会办公室）、政法委员会、经济发展局、科学技术局、财政局（国有资产监督管理办公室）、人力资源和社会保障局、住房和城乡建设局、社会事业局、行政审批局（政务服务管理办公室）、综合行政执法局（市场监督管理局）、应急管理局、自贸区综合协调局、自贸区制度创新区、综合保税区管理局、生命健康产业园管理办公室、新材料产业园管理办公室、新能源和装备制造产业园管理办公室、纪工委监察工委。

连云港开发区党工委、管委会领导有：连云港市委常委、连云港开发区党工委书记、中国（江苏）自由贸易试验区连云港片区管委会主任商振江，开发区管委会主任、党工委副书记孙爱华，开发区党工委副书记、管委会常务副主任王玉祥，开发区党工委委员、管委会副主任张磊，开发区党工委副书记、区纪工委书记、监察工委主任、政法委书记闵浩，开发区管委会副主任王琪，开发区党工委委员、管委会副主任张小海、万军、殷元，开发区党工委委员、区组织宣传部部长、总工会主席王涛，开发区党工委委员，区人民武装办公室主任刘玮。

（连云港经济技术开发区管委会）

广州开发区

【概况】广州开发区为广州经济技术开发区、广州高新技术产业开发区、广州保税区、广州出口加工区四个国家级经济功能区和中新广州知识城的统称。广州经济技术开发区建于1984年，位于珠江和东江主干流交汇处，毗邻黄埔新港，面积9.6平方千米，即西区；至1995年，规划面积扩大至永和经济区，即东区。广州高新技术产业开发区建于1988年，为省级高新区，1991年升格为国家级高新区，原名为广州天河高新技术产业开发区，1996年更名为广州高新技术产业开发区（简称广州高新区），实行“一区多园”管理模式，包括广州科学城、天河科技园、黄花岗科技园、广州民营科技园和南沙资讯科技园，其中，广州科学城是广州高新区的核心园区，是高新技术产业的示范基地，规划面积为144.65平方千米。1998年，广州高新区与广州经济技术开发区合署办公，实行“一个机构、两块牌子”管理体制。广州保税区建于1992年，在广州经济技术开发区西区范围内，面积1.4平方千米，与广州经济技术开发区实行财税分离，成为“友邻”单位。广州出口加工区建于2000年，在广州经济技术开发区东区范围内，面积2平方千米，广州出口加工区管理委员会与广州经济技术开发区管理委员会、广州高新技术产业开发区管理委员会合署办公，实行“一个机构、三块牌子”的管理体制。2001年，广州市政府明确广州经济技术开发区参照广州科学城的开发建设模式，负责对位于海珠区的广州国际生物岛（原名“官洲岛”）进行开发建设。2002年，中共广州市委、广州市政府决定，广州保税区管委会并入广州经济技术开发区管委会，挂广州经济技术开发区、广州高新技术产业开发区、广州出口加工区、广州保税区4块牌子，以上四区统称为广州开发区。合并后的广州开发区党工委、广州开发区管委会对四区实行统一管理。中新广州知识城建于2010年6月，是中国政府和新加坡政府跨国合作标志性项目，规划面积123平方千米，其中规划建设用地面积60平方千米；是年10月，中新广州知识城管委会成立，是广州市政府的派出机构，享有市一级管理权限；2012年9月，中新广州知识城管委会与广州开发区管委会合署办公，两个机构仍为广州市政府派出机构。2021年3月，经中共广州市委编办批复同意，西区产业园管理委员会（挂保税业务管理局牌子）、云埔工业园管理委员会分别更名为穗港智造合作区管理委员会（挂保税业务管理局牌子）、穗港科技合作园管理委员会，黄埔临港经济区管理委员会（挂长洲生态文化旅游区管委会牌子）加挂广州人工智能与数字经济试验区鱼珠片区管理委员会牌子。

【经济和社会发展基本情况】2022年，广州开发区地区生产总值3 645.13亿元，比上年增长2.0%。其中，第一产业3.90亿元，增长10.5%；第二产业2 110.42亿元，增长1.9%，工业增加值2 047.90亿元，增长1.6%；第三产业1 530.80亿元，增长2.0%。规模以上工业总产值6 592.76亿元，比上年下降3.9%；高新技术产业企业规模以上工业总产值2 533.29亿元，其中广州开发区2 483.72亿元，比上年下降4.2%，广州保税区49.57亿元，比上年增长15.5%；规模以上利润总额568.77亿元，比上年增长1.9%。七大支柱产业，包括电子信息、电力供应、化学制造、汽车制造、食品饮料、金属冶炼、电气机械制造完成产值4 941.09亿元，占全区规模以上工业总产值的74.9%。限额以上商品销售总额比上年增长23.8%；率先实现“万亿商品”工作目标；限额以上住宿餐饮企业营业总额比上年增长31.4%；规模以上服务业营业收入1 594.87亿元，比上年增长10.1%；进出口总额2 459.87亿元，比上年增长0.1%。全年规模以上工业利润总额568.77亿元，比上年增长1.9%。

是年，广州开发区入选首批国家级知识产权强国建设试点示范园区，广州开发区管委会连续四年获得年度“杰出投资促进机构奖”。广州开发区GDP、规模以上工业总产值、财政收入、税收收入、固定资产投资、工业投资、实际利用外资7项指标居全国开发区第一，综合排名列全国开发区第二；国资规模位居全国经济开发区第一。辖内企业上榜高级“专精特新”名单居全市第一；上线全市首个生物医药产业专利导航综合服务平台；新增国家级专精特新“小巨人”企业29家、国家级“单项冠军”6家、全球独角兽企业5家。辖内企业达安基因、昊志机电入选国家企业技术中心认定名单。由广州开发区先行先试的联合测绘、电水气热网联办等营商环境改革举措在全国被复制推广。

【国家新能源综合利用示范区建设】2022年，黄埔区、广州开发区推进国家新能源综合利用示范区建设。作为省氢燃料电池汽车商业运营示范区、市氢能产业创新核心区，有40余家氢能上下游企业和机构落户。落实氢能政策，全年“氢能10条”2.0兑现加氢站运营扶持、氢能产业园运营补贴、租金补贴等533万元。加快氢能产业链建设，促成七大核心零部件相关企业落户，推进质子交换膜项目的沟通洽谈。搭建氢能产业载体，建成投运包括湾区氢能孵化中心、鸿基创能园区、湾区氢谷起步区在内的3个氢能产业园，加快建设广州国际氢能产业园和湾区氢谷二期等园区。至年末氢燃料电池示范运营车辆约300辆，建成加氢站8座，广石化年产1 500吨高纯氢项目建成投产。加快推进包括广石化恒运年产7 500吨二期制氢、粤华发电年产2 400吨电解水制氢、广州供电局年产400吨电解水制氢在内的3个制氢项目。推行集中供热，全区建成集中供热机组8台，集中供热能力达1 013吨/小时，建成集中供热管道总长近102千米，集中供热用户150余家。

【广州开发区入选首批国家级知识产权强国建设试点示范园区】2022年，广州开发区获国家级认可全力打造知识产权保护高地，入选首批国家级知识产权强国建设试点示范园区名单，是广东省2个入选园区之一。黄埔区、广州开发区集聚专利审查协作广东中心、广州知识产权法院、中国（广东）知识产权保护中心等一批知识产权重点项目，成立首个政企联合的黄埔知识产权保护联盟、粤港澳大湾区知识产权调解中心，形成集行政、司法、调解、仲裁、行业自律为一体的知识产权大保护格局。相继出台区知识产权专项资金管理办法等政策，打造全国知识产权政策覆盖面最广、链条最全、资助力度最大的全链条扶持体系。成立全省唯一知识产权交易机构、全省首家国家级产业知识产权运营中心，开展知识产权运营服务。打造全国首条“投资基金－质押融资－证券化－上市辅导－海外保险”知识产权金融链条，为科技企业提供“一站式”知识产权金融服务。实施“知识产权助力科创企业上市”工程，为1 500余家拟上市科创企业开展上市知识产权辅导。实施“十百千”知识产权创造等精品工程，激发科技企业知识产权创新活力。2022年7月6日，国家知识产权局发布第23届中国专利奖名单，黄埔区、广州开发区获第23届中国专利奖40项，占广州市的五成，其中金奖2项，占广东省的四成。

【生物医药产业专利导航综合服务平台上线】2022年11月30日，广州开发区举行“生物医药产业专利导航分析及成果应用项目成果发布会暨生物医药产业专利导航服务平台上线活动”，面向相关政府部门、企业、服务机构等发布广州开发区生物医药产业专利导航报告，并上线全市首个生物医药产业专利导航综合服务平台。该平台融合应用知识产权与产业、科技、金融、法律法规等多维数据，利用大数据、人工智能等新一代信息技术，实现专利导航的数字化、可视化与智能化，提高产业专利导航工作成果的推广和应用效能。发布高标准产业专利导航报告，依照《国家专利导航指南》标准，沿产业链上中下游深度聚焦政策、技术、企业、人才、资本全景态势，研判区内生物医药产业发展方向，分析产业发展的优势、潜力与薄弱环节，并提出产业发展建议。应用多维数据构建综合服务平台，实施专利导航工程，先后组织实施集成电路、氢能源等7个重点产业专利导航项目，针对性地引导市场主体提升创新实力、优化专利布局、加快创新成果转化，支撑相关产业建链、延链、补链、强链，助力产业转型升级和企业高质量发展。

【元宇宙10条】2022年4月6日，广州市黄埔区、广州开发区举行元宇宙创新发展新闻发布会，发布《广州市黄埔区、广州开发区促进元宇宙创新发展办法》(简称“元宇宙10条”)。该政策是粤港澳大湾区首个元宇宙专项扶持政策，聚焦数字孪生、人机交互、AR/VR/MR（虚拟现实/增强现实/混合现实）等多个领域。扶持范围涵盖技术创新、应用示范、知识产权保护、人才引流、交流合作、基金支持等10个方面，重点培育工业元宇宙、数字虚拟人、数字艺术品交易等体现元宇宙发展趋势的领域。重点引进和培育一批掌握元宇宙关键技术及应用能力的领军企业，提供高质量产业空间载体，对元宇宙相关专精特新企业入驻该区认定的“专精特新”产业园，给予最高100万元租金补贴、最高500万元购置办公用房补贴；对于获得上级认定的“专精特新”企业最高给予200万元一次性扶持。

【世界级美妆大健康产业打造】2022年，广州开发区以高效能监管、高水平服务、高质量引领“三高”战略，推动高端美妆企业和精英人才集聚，助力美妆大健康产业实现高质量发展与高速度增长“双高”同步新模式，打造具有国际竞争力的千亿级美妆大健康产业集群：一是坚持高效能监管，把好产品质量“源头关”；二是持高水平服务，按下企业发展“加速键”；三是坚持高质量引领，激活产业经济“新动能”。

【营商环境改革举措在全国复制推广】2022年，广州开发区在高质量落实国家创新试点任务和广州市工作部署的基础上，推出39项原创性、差异化特色改革，其中28项落地见效并不断深化，其余11项稳步推进中，持续释放营商环境不断优化的惠企惠民红利。11月，国务院办公厅印发《关于复制推广营商环境创新试点改革举措的通知》，在全国复制推广一批营商环境创新试点改革举措，其中，由广州开发区先行先试的联合测绘、电水气热网联办等改革举措被复制推广。全国率先对移动餐车、无人餐车等新业态推行“一类一策”经营试点备案，成功备案肯德基、必胜客等19个移动餐车点位，完成首批6辆无人餐车的现场核查。对无审查细则的新型食品生产许可推行“一品一策”，帮助百卡弗等14家企业21个新产品及时取得生产许可，每年为企业累计创造产值超16亿元。创设项目筹建合伙人工作机制，政企方案共商、节点共议、进度共促、责任共担、共同发展；升级订制式审批服务3.0，推动效率大提升、审批大提速。华星光电T9项目仅用18个月完成从开工到投产全过程，跑出全球最快液晶面板量产时程；兴森快捷FCBGA封装基板项目交地当天进场打桩，5个月实现主厂房封顶。分立项用地规划许可、工程建设许可、施工许可、竣工验收四阶段整合测量测绘事项，实行免费联合测绘，实现“一次委托、多测合一、成果共享”。全国率先推行电水气热网业务联办，实行用电报装“信任办”，首创20千伏及以下电力外线工程免审批，市政公共服务接入效率大幅提升，获国家发改委推广。强化市场秩序新型信用集成改革。推进信用体系建设，上线公共信用信息平台，建立企业公共信用综合评价体系，在政策兑现、行政审批、行业监管、金融信贷等重点领域全面应用信用报告。创新监管方式，推行包容审慎监管，在市场监管、水行政、文化和旅游市场领域出台轻微违法行为免罚清单。实施信用精准靶向监管，在食品药品、生态环保、货物运输等27个重点领域建立分级分类差异化监管制度。政企合作共治协同监管网络市场，与京东、阿里等平台合作，实现监管“无事不扰”又“无处不在”。实施“一业一单”监管改革创新，围绕制造业梳理30项重点监管事项和50项常见违法行为，明确监管主体、频次、方式、要求等，编制监管清单，实行“一单统管”，促进企业合规经营。优化市场主体生命周期管理服务。推行工业用地弹性出让，开展摩天工坊试点，推动“园区上楼”，已批摩天工坊项目3个，涉及用地面积10.69万平方米。建立工业用地项目投入产出监管机制，促进土地节约集约利用。完善人才评价使用体系，创新人才举荐制。搭建“开信融”平台，设立首贷续贷服务中心，帮助企业解决融资难题。深化知识产权证券化试点，在全国首支纯专利证券化产品基础上又发行首支纯商标产品，累计发行4支产品融资额超10亿元。构建“政务雷达”指尖政务生态，集事项指引、预约取号、在线申办、进度查询、电子签收、免费包邮等功能于一体，实现“以点查事、以事查点、即查即约、精准导引”，服务范围覆盖广州开发区319个政务服务网点。打造行政审批全流程“阳光查”系统，公开41个企业投资工程建设行政审批、政务服务事项全流程审批信息。开展知识产权专利代理领域对外开放试点，揭牌知识城国际知识产权服务大厅，首批11家国际化服务机构进驻。5月，国家知识产权局批复同意3家外国专利代理机构在中国境内设立常驻代表机构，其中法国利维、诺华2家机构在华常驻代表机构落户该区。支持进口企业成套设备“一站式”通关，试行“分批进口、一次外勤、集中检查”，每批次平均节约检查时间3～5天。支持华星光电“第8.6代氧化物半导体新型显示器件生产线”项目开展成套设备“一站式”通关7批次。

【第八届中国广州国际投资年会暨首届全球独角兽CEO大会举办】2022年8月30日，第八届中国广州国际投资年会暨首届全球独角兽CEO大会在越秀区国际会议中心举行。大会由广州市商务局，黄埔区人民政府、广州开发区管委会举办，胡润百富承办。活动邀请到包括胡润百富董事长兼首席调研官胡润、全球独角兽企业中国区负责人、中国独角兽企业创始人、独角兽投资机构以及知名企业家共500余位参会嘉宾，围绕“生物医药”“先进制造”“绿色经济”“数字经济赋能大消费”四个热点行业，共话产业机遇与发展经验。活动现场，黄埔区、广州开发区产业载体超市宣布启用，该产业载体超市整合区属177家载体，1000万余平方米产业空间资源，为企业提供沉浸式选址新体验。

【首批特色农产品出口海外】2022年7月23日，中新广州知识城举行“知识城到狮城，RCEP助力黄埔荔枝首秀新加坡—黄埔特色农产品知识城出海发车仪式”，将1000千克古树荔枝空运至新加坡电商平台销售。发挥现代农业、中新合作资源优势，以知识城合资公司为中介桥梁，双向链接黄埔区农业出口与新加坡市场需求，借助RCEP政策打通外贸通道，开辟乡村振兴、中新合作新途径，同时为后续农产品规模化、规范化出口积累经验，促进国际国内双循环。针对农业出口企业少、出境资质不齐等难点，联合海关、农业、商务等部门，为企业提供资质申报、品牌包装、物流运输等辅导服务，结合进出口鲜活易腐农产品“绿色通道”、出境水果果园注册登记等便利措施，打造全区首家出境水果果园基地，获得黄埔区历史上首张产地为“广州市黄埔区”的出境货物检验检疫通关单，在国际上打响黄埔农业品牌知名度。整合知识城合资公司、农业农民专业合作社、信息科技公司、农业产业园4家企业资源渠道，成立RCEP出口农产品培育基地，通过专业化、国际化、联盟化的模式，加强重点企业、特色产品出口培育力度，以更大半径拓展特色农产品国际市场，提升黄埔区开放型农业发展水平。

【中新广州知识城】2022年，中新广州知识城谋深做实发展规划蓝图，城市空间格局渐次铺开。强化规划刚性约束，推动城市发展向内涵提升式转变，立足知识城资源环境承载能力，框定“一半山水一半城”最佳生态容量，严格控制5∶5的生态空间、建设空间布局，科学划定城镇开发边界、生态保护红线、永久基本农田“三区三线”并取得批复，保护“山、水、林、田”的生态本底，为高质量可持续发展留足空间。编制生态空间、土地整治、永久基本农田、环境保护、公园体系等10余个专项规划，注重华师附中、南方医院等重要节点景观提升，形成知识城第五立面、公共建筑、产业建筑等10项建设指引，全流程把控建筑设计质量，扩充完善知识城高质量科学规划体系。坚持全域一体谋划，深耕“一核两心多园”城市空间布局，重点打造好环九龙湖核心区，滨水一线布局地标塔楼和公共文化设施，知识塔主体高度已完成1/3，智荟塔地块已出让，科技馆方案基本稳定，生物塔、文化塔、金融塔、国际商业中心、国际人才中心、国际会议中心进一步深化设计，环湖建筑均按照1∶1500比例精细复原制作实体模型，实现宏观规划与建筑设计有机融合。针对区域南北发展不协调不均衡，依托现有产业基础，打造新龙片区副中心和枫下片区副中心，带动周边配套加快成熟。园区从南到北有序布局，形成协调均衡、高质量发展的城市格局，生物医药、湾区半导体、智能制造、新一代信息技术等7大产业园控规基本实现全覆盖。推进知识城全域土地整备，梳理整备土地1 292.33公顷，全年完成集体土地征地353.8公顷，收地995.07公顷，房屋及附属物拆迁约29万平方米，管线迁改25处涉及里程16.6千米。全年获用地批复255.27公顷；用林批复216.47公顷，成片开发方案获省政府批复同意，全年用地批复项目中使用国家、省市配置指标占比61.71%。完成小鹏汽车、综合保税区、电力指挥调度中心等重大项目报批。

是年，园区在建产业项目154个，达产产值5 500亿元。全年完成地区生产总值261亿元，完成固定资产投资839亿余元，累计固定资产投资732亿余元，2018－2022年五年年均增速0.2%。全年规模以上工业产值、服务业营业收入分别增长23.5%、25.1%；累计注册市场主体3.4万家，注册资本7 500亿余元。

第一，产业发展。坚持产业第一、制造业当家，专班护航高质量发展。探索深化专班攻坚机制，建立用地报批、重点产业项目筹建、重点财政项目联审等工作专班，打破部门条块界限、业务工作反复等痛点难点堵点，创新实行事项并联审批模式，突破门牌号办理、排污等筹建事项150余项，全年实现小鹏汽车零部件产业园等近40个项目动工建设，推动烯湾科技等超65个项目竣工投试产，全年规模以上工业总产值273.75亿元，比上年增长23.5%，全面构建高质量发展强劲态势。完善现代化产业体系。建设“三集群两高地”产业格局，以三大千亿级产业集群为牵引，推动智能制造等实体经济稳步增长。生物医药产业集群汇聚38个顶尖生物医药项目，总投资额超300亿元，达产产值超千亿元。赛默飞落地建设，恒瑞中试车间试生产，龙沙生物、诺诚健华一期等10个项目投产，百济神州、康方生物等企业生产上市一批全球领先的国产创新药，在建项目大分子生物药原液产能超60万升。加速核心元器件国产化替代进程，粤芯三期动工建设，盈骅竣工，光掩模投试产，产业上下游集聚80余家核心企业，打造全国集成电路第三极核心承载区。小鹏汽车全面投产，零部件产业园开工建设，年产能12万辆，整车项目通过“窗口指导”，领航新能源汽车赛道。强化智能制造产业竞争力，视源电子启动建设，创维智能产业创新基地投产，做优卡尔蔡司健康视光产业生态圈，加快建设智能制造现代工程技术创新中心。增强产业链发展韧性。招商4.0多点推进、全面开花，全年累计接触、洽谈有投资意向企业200余家，签约知识创新谷、盈科等项目23个。优化企业全流程全周期服务，精细化管理重点产业项目160余个，全年走访项目现场600余次，组织召开现场协调170余次，协调解决市政配套设施、审批手续等筹建事宜220余个，推进重点产业链延链、补链、强链。是年，粤芯电力隧道建成并通过验收，为区域企业提供双回路电力保障。

第二，提升综合城市功能。增强综合交通枢纽能级。加速构建城市道路“外联网”，完善“857”对外交通体系，完成新白广城际轨道全线铺轨，完成科学城至知识城快速通道联审立项。基本实现“五横五纵”区域主干路网贯通，建设进度96%，建成东西向的钟太快速、人才大道等，实现南北向的改革大道中段、创新大道新龙段等验收通车，构建南北贯通、山水相连的城市路网格局。园区道路“内循环”建设全面铺开，生物医药园内部道路基本成环，集成电路园内部道路逐渐成形，其他园区路网建设稳步推进，海丝天桥建成运营。探索建立道路联合移交机制，创新开展道路分段移交验收，提前开通凯丰路等8条道路，建成区域综合管廊31千米，全年建成道路40千米，累计建成道路99千米。

第三，构建全学龄一站式的基础教育体系。广州实验中学等4所学校全面建成开学，华师附中教学楼、实验楼主体结构封顶。全方位织密基本医疗卫生服务网，知识城南方医院装修进入收尾阶段，所辖街镇规划面积均不低于5 000平方米的社区卫生服务中心，其中龙湖街社区卫生服务中心完成改造并投入使用。加快统筹安置房源供给，凤彩雅苑、凤瑞雅苑交付，累计收楼6 256套。打造“15分钟”生活服务圈，合景悠方等综合商业体开业，龙湖街图书馆启用。提升绿色生态底蕴品质，把人与自然和谐共生贯穿到规划、建设、治理各领域各环节，打造全国独有的“大海绵体”。南起步区获得国家三星级绿色生态城区运管标识，知识城首期登山徒步道基本建成。统筹区域发展和生态环境保护，编制《中新广州知识城生态环境保护规划（2021—2035年）》并通过专家评审。坚持对标世界一流标准，探索建设新一代低碳或零碳示范区，构建城市公园、社区公园、口袋公园等多层级公园体系，塑造“有山有水好风光、宜居宜业有生态”的高品质城市。

第四，改革创新赋能区域发展。推动《广东省中新广州知识城条例》印发实施，争取58项省、市行政管理权限，其中，华侨回国定居审批等11项市级权限已经市政府常务会议同意下放，加快推进“行政执法审批不出知识城”，吸引全球知识创新要素加速集聚。对接南沙方案、广州东部枢纽重大战略部署，推动编制完善新一轮知识产权综合试验改革方案、国际人才自由港实施方案，开展“一城四镇”一体化联动发展专题研究，探索体制机制改革创新、政策复制推广路径，加快打造知识城创新发展拓展区，挺起广州科技产业创新轴发展“脊梁”。

第五，拓展国际合作空间。坚持对外开放服务大局，实行“引进来”与“走出去”并举，拓展国际合作空间，打造“一带一路”和粤港澳大湾区对外开放枢纽。是年，知识城25平方千米被纳入广东自贸区广州联动发展区，复制推广自贸区政策45项；广州知识城综合保税区控规调整方案通过专家评审会审议。加快提升投资自由化和贸易便利化水平，新增日月新半导体等40多家外资企业落地，全年实际利用外资规模占全区的2/3，实现逆势增长23%。率先打通特色农贸产品出口通道，推动黄埔古树荔枝出海国际市场，推进创建国家对外文化贸易基地，让更多创新产品和服务走出国门。

第六，打造中新合作特色品牌。做好中新双边合作机制会议的筹备工作，在中新联委会与新加坡企发局签署产业发展与创新合作谅解备忘录，深度拓展中新双方在数字经济、绿色发展等重点领域合作。加快中新“硬件”载体建设，知识塔建设突破“百米大关”，中新智慧园开园运营，恩士迅大湾区金融科技交付中心、新加坡能源集团、悦榕庄“广东省首店”等一批重大项目落地，累计落户中新合作项目61个。

中新“软件”合作迈出新步，与星展银行建立全面战略合作关系，中新国际联合研究院汇聚500余名科研人才，累计孵化入驻企业34家，新加坡国立大学广州创新研究院即将运营，广州新侨学校入选广州国际化办学示范窗口，举办首届广东－新加坡中小学校长交流活动，擦亮中新国家级双边合作“3+1”旗舰项目品牌。

第七，建设科技创新平台。与大院、强所共建协同创新平台40个，与华南理工大学达成共建黄埔绿色先进材料技术研究院合作意向。是年，航空轮胎大科学中心一期运营；广州第三代半导体中心完成设备安装调试并实现投试产；琶洲实验室（黄埔）揭牌；世界气象中心（北京）粤港澳分中心主体结构封顶。设立2大省级哲学社会科学重点实验室，科教创新园西电广研院、广外黄埔院、广大黄埔院新校区建设进度分别完成70%、30%、40%。累计申报国家、省、市各级项目170余项，获助科研经费1.5亿元，提升基础研究和原始创新硬核实力。打造政产学研新标杆，探索校企协同创新和成果转化创新机制，成立校企联合研究中心20个、研究生实习实践基地42家，服务企业40余家。

第八，人才高地建设。中新广州知识城国际人才自由港服务大厅运营，全年举办政策宣讲、项目交流等主题活动21场。举办首届“五校联动，职链未来”直播带岗活动，推荐优质职位近1 000个，提供资源链接等“管家式”服务100余次，解决人才的操心事、烦心事。逐步配齐人才高端配套，加快世界500强企业家俱乐部落地运营，加快建设凤凰谷海归中心，完成国家海外人才离岸创新创业基地总部空间升级改造，新增4家博士博士后科研工作分站，分站设站总量占全市的1/3。区域集聚战略科学家28位、高层次人才100余名，新增1 460名研究生入学，累计培养4 200余名研究生，在校学生3.5万人。

第九，知识产权聚集发展。加快建设全国规模最大的知识产权服务园，汇集审协广东中心等专业机构100余家，启动运营全省首个国际知识产权服务大厅，签约建设全国唯一国家级汽车知识产权运用促进中心，实现全国首批外国专利代理机构中的2家率先落户，完成省知识产权服务业集聚中心项目竣工验收。连续四年承办新加坡知识产权周中文分论坛、粤港澳大湾区知识产权交易博览会等顶级会展，举办第十二届亚洲知识产权营商论坛分论坛等高端会议，成功推动知交会永久落户知识城。

全年获专利授权2 628件，比上年增长96%。发明专利、实用新型和外观设计分别增长超195%、81%和42%。专利授权结构向高精尖发展，至年末有高价值专利1 692件，占有效发明专利比重的90%，25%的专利实现市场化运作。专利授权领域聚焦本土优势产业，主要集中在新能源汽车与新一代信息技术领域，分别增长15.78倍、1.83倍，制动系统、智能出行等汽车细分类别获授权1 000余件。产教融合多元发展。构建区域产学研合作创新体系，与中国科学院等大院强所共建40余个协同创新平台，研发投入强度在全市率先超6%，高校科研院所年度新增授权申请371件，新增研究生实习实践基地42家，承担国家及省级课题超210项，其中，西安电子科技大学广州研究院940项战略性新兴产业专利实现挂牌流通。推动全国首批2家外国专利代理机构落户知识城，发挥审协广东中心等100多家知识产权机构作用，为企业“出海”保驾护航。打造中国汽车知识产权运用促进中心，累计收录全球专利数据信息超1亿条，挂网发布海内外企业1 500项专利清单，激发专利的创造性和新颖性。连续4年承办新加坡知识产权周中文分会场等顶级知识产权活动，打造知识产权综合运用“桥头堡”。全年知识城PCT国际申请增长超150%，总量占全区的22%。

【机构设置及党工委（管委会）领导名录】2019年3月13日，广州市编委印发《关于调整优化广州经济技术开发区、广州高新技术产业开发区、广州出口加工区、广州保税区、中新广州知识城党工委管委会内设机构的批复》，明确广州开发区党工委、管委会单独设置的工作部门9个：广州开发区政策研究室、广州开发区投资促进局、广州开发区国有资产监督管理局、广州开发区民营经济和企业服务局、广州开发区知识产权局、广州开发区金融工作局、广州开发区援建和对外经济合作局、广州开发区城市更新局、广州开发区营商环境改革局；广州开发区党工委、管委会部分工作部门分别与黄埔区委、区政府有关工作部门和市政府工作部门派出机构实行“一个机构、两块牌子”的单位有18个：广州开发区纪工委机关与黄埔区纪委机关一个机构、两块牌子，广州开发区党工委办公室（广州开发区管委会办公室与其合署办公）与黄埔区委办公室一个机构、两块牌子，广州开发区党工委组织部与黄埔区区委组织部一个机构、两块牌子，广州开发区党工委机构编制委员会办公室与黄埔区区委机构编制委员会办公室一个机构、两块牌子，广州开发区党工委老干部局与黄埔区区委老干部局一个机构、两块牌子，广州开发区口岸局与黄埔区政府办公室（黄埔区口岸局）一个机构、两块牌子，广州开发区发展和改革局与黄埔区发展和改革局一个机构、两块牌子，广州开发区科技创新局与黄埔区科学技术局一个机构、两块牌子，广州开发区经济和信息化局与黄埔区工业和信息化局一个机构、两块牌子，广州开发区财政局与黄埔区财政局一个机构、两块牌子，广州开发区规划和自然资源局与市规划和自然资源局黄埔区分局一个机构、两块牌子，广州开发区生态环境局与市生态环境局黄埔区分局一个机构、两块牌子，广州开发区建设和交通局与黄埔区住房和城乡建设局一个机构、两块牌子，广州开发区应急管理局与黄埔区应急管理局一个机构、两块牌子，广州开发区审计局与黄埔区审计局一个机构、两块牌子，广州开发区市场监督管理局与黄埔区市场监督管理局一个机构、两块牌子，广州开发区统计局与黄埔区统计局一个机构、两块牌子，广州开发区行政审批局与黄埔区政务服务数据管理局一个机构、两块牌子。设置的功能园区管理机构有6个：中新广州知识城合作事务办公室（中新广州知识城开发建设办公室）、广州开发区西区产业园管理委员会（挂保税业务管理局牌子）、广州开发区长岭居管理委员会（广州开发区重点项目工作办公室）、广州开发区黄埔临港经济区管理委员会（挂长洲生态文化旅游区管委会牌子）、广州国际生物岛（中以合作区）管理委员会、广州开发区云埔工业区管理委员会。按照相关文件设置的机构1个：广州开发区商务局，与黄埔区商务局实行一个机构、两块牌子。

2021年2月，广东省推进粤港澳大湾区建设领导小组印发穗港智造合作区建设实施方案，加快推动广州穗港智造合作区建设；同年4月广州开发区穗港智造合作区管理委员会（简称穗港智造合作区管委会）成立，并于8月20日正式揭牌。合作区总面积56.39平方千米，包括广州开发区西区、云埔工业区及相邻的城市社区，北至广园东路—开源大道，南至珠江，西至广州绕城高速，东至黄埔区界，分为智能制造合作园区、科技创新合作园区和优质宜居生活社区3个部分，其中，智能制造合作园区以广州开发区西区为主体，面积19.1平方千米；科技创新合作园区以云埔工业区为主体，面积11.7平方千米。同年4月，广州开发区云埔工业区管理委员会更名为广州开发区穗港科技合作园管理委员会（简称穗港科技合作园管委会）。同年11月，黄埔区口岸管理职责及机构设置调整，将黄埔区政府办公室承担的“组织拟订并实施区口岸建设发展规划，负责口岸综合管理和协调及按管理权限办理全区口岸的开设、关闭、搬迁及技改建设的审查、报批”等工作职责划转至黄埔区商务局（广州开发区商务局），并在黄埔区商务局（广州开发区商务局）加挂黄埔区人民政府口岸办公室、广州开发区口岸办公室牌子，调整后，黄埔区政府办公室不再加挂黄埔区口岸局、广州开发区口岸局牌子，同时将黄埔区政府办公室口岸管理科成建制划转至区商务局。2021年8月，广州开发区生态环境局（广州市生态环境局黄埔区分局）更名为广州市生态环境局黄埔区分局，为广州市生态环境局的派出机构。

2022 年，广州开发区党工委书记：周亚伟（任至 2022 年 1 月）、陈勇（任至 2022 年 9 月）、陈杰（2022 年 9 月起任）；副书记：陈勇（任至 2022 年 9 月）、洗银崧；委员：周亚伟（任至 2022 年 1 月）、陈勇（任至 2022 年 9 月）、陈杰（2022 年 9 月起任）、洗银崧、胡德开、陈美祥、刘石、顾晓斌、姚锦全、钟文辉（任至 2022 年 6 月）、代新祥(2022 年 7 月起任)、董彦君(2022 年 7 月起任)。广州开发区党工委主任：周亚伟（任至 2022 年 2 月）、陈勇（任至 2022 年 9 月）、陈杰(2022 年 9 月起任)，常务副主任：陈勇(任至 2022 年 2 月）、洗银崧（2022 年 2 月起任），副主任：刘石(2022 年 7 月起任)、顾晓斌(2022 年 7 月起任)、姚锦全、代新祥（2022 年 7 月起任)、邵静波（2022 年 7 月起任）。

（广州开发区管委会）

昆山经济技术开发区

【概况】昆山经济技术开发区（以下简称“昆山开发区”），位于昆山东部，东至太仓、上海市界，西至环城河、娄江、需浦河、铁路、小澞河一线，南至312国道、青阳港、吴淞江、黄浦江路、铁路一线，北至太仓塘。建区以来，昆山开发区深化改革开放，引领产业多元化、功能创新化、园区城市化发展，综合保税区、光电产业园、留学人员创业园等一批国家级特色功能园区形成规模，机器人智能装备产业园、欧美科学产业城、高端食品产业园等一批特色产业园区加快建设，形成电子信息、光电半导体、新能源汽车、智能装备、高端食品五大主导产业。截至2022年底，累计引进欧美、日韩、港澳台等51个国家和地区客商投资的超2 770个项目，投资总额超440亿美元，注册外资超250亿美元，注册内资企业数量超40 000家，注册资金近2 000亿元。2022年，昆山开发区位列2021年度江苏省经济开发区高质量发展综合考核评价第2名、2022年全国国家级经开区营商环境指数第2名、2021年度国家级经开区综合发展水平考核评价第5名。

【经济发展】2022年，昆山开发区完成地区生产总值2 415.09亿元，同比增长1.8%；规上工业产值6 465.66亿元，同比增长2.9%；完成全社会固定资产投资315.81亿元，同比增长4.4%；完成工业投资108.11亿元，同比增长1.5%。一般公共预算收入167.69亿元，同比下降8.9%。完成进出口总额800.47亿美元，同比下降4.5%。新增实际使用外资10.4亿美元，创近年来新高。全年新增国家级专精特新2家、省级专精特新25家、昆山市级9家；新增省级企业技术中心5家、省级工业设计中心2家；新增省级智能示范工厂1家、省级智能车间2个。三一重机、开发区经促局受中共江苏省委、江苏省人民政府表彰，荣获“江苏制造突出贡献奖”。

【支柱产业】2022年，昆山开发区紧密围绕“全国一流现代化产业创新示范园区”目标，深化“2+5+1”现代产业体系布局，全力构筑现代产业体系，全年新一代信息技术产业创新集群超4 000亿元，高端装备制造业突破1 200亿元。成功引进瑞幸咖啡、盛技光学等投资总额超亿美元外资项目7个。20个三级重大产业项目累计完成投资82.69亿元，其中省级项目1个，苏州市级项目8个。三一重机全球研发中心—“三一创智云谷”千亿级总部项目落成启用、利乐一体化生产服务基地项目投产运营。

【企业服务】2022年6月，“昆山经济技术开发区招商服务中心”正式更名为“昆山经济技术开发区企业发展服务中心”。深化企业精准服务机制，成功举办“暖企、援企、惠企”服务大会，升级改版“昆山开发区营商服务平台”，完成7轮规上工业企业全覆盖走访，收集并办结问题879件次。组织召开企业服务联席会议39次，协调用能、用工、用地、行政审批等跨部门疑难问题37个，丰田电装项目实现“一天发五证”，刷新开发区政务服务速度。研究制定《2022年度昆山开发区工业经济稳增长、促发展政策方案》，设置提速增量、梯度培育、列规入统、投资扩容等四项奖励，共计1亿元资金，强化专精特新等中小企业政策扶持力度，全面鼓励企业稳产能、争订单、扩规模。

【科技创新】2022年，昆山开发区获评国家首批知识产权强国建设试点园区、中国产学研合作创新示范基地，获2022年度江苏省知识产权战略推进计划项目立项，与航天科工四院、上海交大国重实验室达成战略合作。三一重机入选获中国专利奖银奖，刷新昆山开发区企业在中国专利奖领域的最高奖项。认定高新技术企业176家、苏州市瞪羚企业16家、省级工程技术研究中心8个、苏州市级工程技术研究中心23个，清陶成为昆山唯一获评江苏省独角兽企业，佳合科技成为全市首家北交所上市的企业，钢研纳克获评苏州市级新型研发机构，华天获评省示范博士后科研工作站。全年引进人才科创项目200个，豪米波白杰、茵络医疗龚霄雁分别当选俄罗斯工程院、自然科学院外籍院士，认定国家重大人才工程入选者3人、省双创计划11人、姑苏双创计划18人、昆山团队1个、昆山双创计划46人，卫圣康孙建国获评昆山市头雁个人。新增省级以上孵化载体7家，百富成为全区首个国家级民营孵化器，智谷荣获今年全市唯一一个国家级众创空间称号，光电半导体众创社区实现昆山市省科技型创业企业孵育计划项目零的突破。

【营商环境】2022年，昆山开发区成立全市首个营商环境服务科，坚持打造市场化、法治化、国际化的更优营商环境，秉持“把麻烦留给自己、把方便留给企业”的服务理念，确保广大企业办事省心、经营舒心、发展顺心、扎根安心。推出“援企助企五大行动计划”等一系列措施，以更大力度为市场主体纾困解难。在全国率先探索、先行启动“一区多片、片区直通”验放新模式，打通外贸物流“微循环”，货物放行时间由1小时缩短至2分钟。通过跟踪服务项目，提前介入辅导，全过程帮办代办，友达光电、科森科技等20个重大产业项目上半年开工率达100%，丰田电装扩建项目实现“一天发五证”，跑出开发区审批服务全新加速度。经过一系列的基础设施改造完善和建设一批教育、医疗等高质量的文教体卫设施，以及商业配套服务，基本实现由单一性工业园区向综合性产业园区转型的发展目标。昆山开发区人才保有量达15万人，共有60多万人口在这里投资、创业和生活。

【城市建设】2022年，完成昆山东部副城空间体系和城市发展、航空航天、新能源、医疗器械、高端食品等产业园概念规划设计等规划研究工作。推进青阳港滨水城市中心前期征迁工作，精心建设夏驾河科创走廊、蓬朗老镇等重点区域。新开工项目214万平方米，竣工项目133万平方米。坚持绿色生态发展理念，持续优化全区生态架构和生态功能，稳步推进青阳港沿线等综合性景观绿地建设，新增及改造绿化面积31.5万平方米，闲置地块覆绿近17万平方米，建成5个“昆小薇”和6处口袋公园。扎实推进城市更新改造，征迁民房367户、企业31家，完成道路修复6.8万平方米。试点建筑全生命周期管理技术，全面推进建筑精品化。

【生态环境】2022年，昆山开发区持续深入打好污染防治攻坚战，汇编《园区碳达峰碳中和实施路径专项报告》，完成101项大气污染防治项目和156家涉VOCs治理重点工作入户核查，空气优良天数比率为82.5%，PM2.5平均浓度提升至27微克/立方米；开展20家企业重点清洁生产审核工作。国省考断面（吴淞江赵屯、振东渡口）水质达标率100%。开展水环境整治工程项目13项，成为昆山首家通过验收的省级节水型工业园区。常态化开展巡河护河，完成26项水污染防治工程项目、18个小区控源截污改造，打造10条市级样板河道，开展城乡生活污水提质增效精准攻坚“333”行动，完成6个达标区建设，再现水清岸绿、鱼翔浅底的美好景象。

【社会事业】2022年，昆山开发区扎实推进共同富裕，切实抓好富民强村工作，发放创业小额贷款超2 110万元，社区股份分红总额4 463万元，每股分红较上年度增长3.1%。坚持补短板和提品质两手抓，不断增进人民福祉。顺利完成群益幼儿园开办、招生工作，提供学位900个。新建社区卫生服务中心1个、院区1个，新建改建社区站6个，正式启用蓬朗社区卫生服务中心与昆山市第一人民医院联合病房，进一步完善健康服务圈，提升群众就医的舒适度和获得感。推进15分钟养老圈建设，新建、改造日间照料中心4家，区福利院升级改造为区域性养老服务中心，可提供床位260张。顺利完成区残联换届选举工作，为残疾人事业的健康、持续发展提供了有力的组织保障。持续完善多层次兜底保障体系，累计发放各类救助、补助金960.14万元，惠及困难群体2.14万人。

【昆山综合保税区】昆山综合保税区于2009年12月20日经国务院批准设立，规划面积5.86平方千米，由全国首个封关运作的昆山出口加工区转型而成。2006年12月，经国务院批准，昆山出口加工区开展拓展保税物流功能和开展研发、检测、维修业务试点。2010年6月30日、2012年12月3日，昆山综合保税区分期通过国家验收并封关运作。2016年11月昆山综合保税区成为全国海关特殊监管区域第一批“增值税一般纳税人”试点区域。2019年1月，昆山综合保税区落地全球维修业务国内“第一票”。截至2022年底，全区已投产企业131家，其中工业企业63家、物流企业43家、贸易企业12家、其他服务企业13家，投资总额46亿美元，注册资本25亿美元，实际利用外资14亿美元，从业人员14万余人。2022年，昆山综合保税区完成工业产值3 545.5亿元，同比增长10.8%，进出口总额为585.1亿美元，同比下降4.5%，其中出口额为426.0亿美元，同比下降2.6%，进口额为159.1亿美元，同比下降9.3%。2022年，参与增值税一般纳税人资格试点企业33家，增值税发票开票金额70.1亿元，同比增长8.8%；税额8.9亿元，同比增长7.4%。

【夏驾河科创走廊】作为全市科创载体核心区之一，“夏驾河科创走廊”以“推动成果转化、促进协同创新、实现自主可控”为功能定位，以构建“一带四园四体系”空间格局为切入点，紧扣“2+5+1”现代产业体系，围绕产业链部署创新链，沿夏驾河滨水景观带、轨交11号线便捷交通带，整合布局“科创创意园、科创孵化园、科创总部园、科创加速园”四个核心科创功能区块，构建科技企业、高端人才、协同创新、生态服务四大科创生态体系，形成“产业、生活、生态”三大磁极。截至2022年底，累计启用科创承载空间近150万平方米，拥有省级以上孵化器4个（其中国家级2个）、省级以上众创空间23个（其中国家级3个）、省级加速器1个、省级众创社区1个、省级孵化链条1个、高校技术转移中心等创新平台49个，投入使用人才公寓646套。累计引育院士23人、国家重大人才工程入选者85人，国家高端外专项目11人次，省“双创”人才60人，省“双创”团队5个，姑苏领军人才117人，海鸥计划人才53人次，昆山双创人才328人，昆山双创团队14个。拥有高新技术企业431家、“瞪羚”企业16家、“独角兽”培育企业5家、上市企业8家，省级工程技术研究中心61个。累计授权专利48 322件，获评中国专利优秀奖20项，获评国家知识产权优势示范企业14家。

【昆山留学人员创业园】昆山留学人员创业园由江苏省人事厅、科技厅和昆山开发区于1998年联合创办，是全国首家设立在县级市的留学人员创业园，也是全国首家设在县级市的“省部共建”创业园。园区已建成科技广场、现代广场、加速器等载体，拥有孵化面积16万平方米，集聚了光电、半导体、智能制造等产业领域的优质企业，在昆山市首创从院士工作站、博士后科研工作站到研究生工作站、大学生科技创业见习基地的阶梯式人才培养体系。园区累计引进科技企业720家（留学人员企业305家），高企和高企培育入库企业140家，集聚昆山市级以上领军人才315人次，其中，国家高端人才计划入选者46名（自主培养6名），省双创人才33名，姑苏人才61名，昆山市级领军人才175名。2022年在园企业93家，在孵留学人员企业42家、在园留学人员88名，规上企业4家、高企18家、专精特新企业2家，企业技术中心和研发机构16家，拥有有效知识产权787件。实现销售8亿元，利税总额8 000万元。昆山留学人员创业园先后被命名为全国首批“中国青年科技创新行动示范基地”“国家火炬计划先进管理单位”“国家先进高新技术创业服务中心”，被中央组织部、宣传部、统战部、国家人事部、教育部、科技部联合授予“全国留学回国人员先进工作单位”。牵头起草的双创领域首个国家标准《科技企业孵化器服务规范》正式发布，在科技部火炬中心孵化器考评中获A类优秀，获批国家小型微型企业创业创新示范基地、中国留学人员创业园区孵化基地、江苏省首批留学人员之家。

（昆山经济技术开发区管委会）

福州经济技术开发区

【经济发展】2022年，福州经济技术开发区（马尾区）完成地区生产总值675.34亿元、比上年增长3.9%，一般公共预算总收入34.14亿元、比上年增长4.1%，地方一般公共预算收入22.75亿元、比上年增长5.4%；固定资产投资167.58亿元、比上年增长16.2%；社会消费品零售总额206.97元、比上年增长1.4%，进出口总额429.27亿元、比上年增长1.4%；实际利用外资0.98亿美元、比上年增长10%；城镇居民人均可支配收入6.15万元、比上年增长4.3%；农村居民人均可支配收入3.46万元、比上年增长6.9%。

【产业发展】2022年，全区共有规模以上工业企业179家，产值888.1亿元，其中，42家电子信息业规上工业企业完成产值310.5亿元，比增6.4%，占全区产值35%；100家轻工食品规上工业企业完成产值318.7亿元，比增（同比增长，下同）-3.3%，占全区产值35.9%；25家机械制造业规上工业企业完成产值230.1亿元，比增13.9%，占全区产值25.9%；其他行业完成产值28.8亿元，占全区产值3.2%。

【科技创新】2022年，全区规模以上企业R&D投入22.29亿元（错年值），投入强度3.48%。新增国家级高新技术企业40家、国家级专精特新"小巨人"企业4家、省级"专精特新"中小企业11家、省科技小巨人企业21家，4个项目获得中央科技发展资金，3家企业通过福建省技术创新重点攻关项目认定。福水智联技术有限公司、福建星海通信科技有限公司、大通（福建）新材料有限公司被认定为第七批省级新型研发机构；福州物联网开放实验室"应用于冷链核酸检测的智能采样机器人系统"项目被列为福州市科技计划人工智能技术在新冠疫情防控中的应用专项。

【投资促进】2022年，全区共有进出口贸易企业717家，进出口总额429.3亿元，比增23.9%。其中出口额248.5亿人民币，比增18%；进口额180.8亿人民币，比增33%。新设外商及港澳台商投资企业30家，投资总额13 096万美元，其中新设中广星云（福建）网络科技有限公司、福州轩景生物科技有限公司、福建贵昌体育文化发展有限公司、福建金大发文化创意发展有限公司、福州悦岚网络科技有限公司等台资企业14家，投资总额4 028万美元。全年实际利用外资到资9 826万美元，比上年增长10%。

【体制机制创新】2022年，全区国企改革稳步推进，将5家区属一级企业优化整合为3家，推动国有资本向重要行业和关键领域集中。专标融合不断推进，推动130项专利融入24项标准。获批筹建全省唯一的区级知识产权公共服务平台，新增国家知识产权优势企业1家、示范企业2家。深化教育体制综合改革，成立9个教育集团，组建18个城乡紧密型教育共同体，实现区属公办城乡中小学全覆盖。重点领域改革推进，制定《马尾区经济社会事业体制改革2022年工作要点》《2022年度生态文明体制改革工作要点》。

【投融资服务】2022年，全区实际利用外资6.265 4亿元，比增3.28%。全年落地招商项目155项，总投资额356.37亿元。马尾基金小镇已集聚了389家私募基金管理人和产品，基金管理规模达1 551亿元，占全省六成以上，投向福建省实体项目249亿元，累计纳税总额为3.11

亿元，形成了千亿产业集群，成为福建省管理基金规模最大的区域。

【绿色集约】2022年，全区空气优良天数358天，优良率98.1%，其中优221天，占比60.5%，比上年下降13.3%；6项污染物平均浓度均达到国家环境空气质量二级标准，PM2.5年均浓度16微克/立方米，小于19微克/立方米的考核指标要求，空气质量综合指数比上年有所下降，表明空气质量比上年有所改善。白眉水库等集中式饮用水源水质达标率100%，闽江国控琯头断面、白眉溪省控小流域水质达标率100%。昼间区域环境噪声平均值55.3分贝，昼间道路交通噪声平均值64.7分贝，符合声学环境质量功能区标准。固废和危废处置综合利用率达100%。

【开放合作】2022年，经开区对台交流更加紧密，以通促融，推进琅岐对码头建设和“两马航线”复航工作，持续推进同台湾在跨境电商、物流产业、海洋产业、现代农业等领域合作；以惠促融，落实落细各项惠台政策，新增台资企业11家，台资企业增资扩产3.52亿元。以情促融，举办第二十届“两马同春闹元宵”“海峡共端午•马江粽情谊”两岸青年趣味端午、第十三届海峡两岸船政文化研讨会、第十届海峡青年节等活动，建成全市首个“台企共享职工之家”，全力推动台胞台企登陆第一家园建设。

【营商环境】2022年，经开区推出自贸区创新举措5项，其中3项为全国首创。制定《马尾区优化营商环境试点样本项目立项用地规划许可阶段审批服务工作方案》。行政许可事项全网办、“一趟不用跑”比例分别达91%和94.3%，业务办理平均用时和业务当日办结率均位居福州市第一；“一码通办”提升通行时间95%以上，进出口通关时间压缩比分别为77%和94%。实现跨境电商监管中心9610、9810出口业务与1210进口业务全覆盖，全年完成跨境电商进出口业务量788万票，货值21.2亿元。

【项目建设】2022年，经开区列入省级重点项目9个，年计划投资14.70亿元，完成投资17.72亿元，超年计划20.6个百分点。列入市级（新区）重点项目116个，年计划投资157.80亿元，完成投资194.55亿元，超年计划23.3个百分点。列入区级重点项目341个，年计划投资289.58亿元，完成投资245.39亿元，完成年计划84.7%。实施“项目攻坚落实年”专项行动，有提速攻坚项目120个，年计划投资214.96亿元，完成投资262.45亿元，超年计划22.1个百分点；开工46项，开工率100%；竣工32项，竣工率100%。

【管委会领导】2022年，中共福州经济技术开发区委员会书记张帆（2022年1—9月）、庄永智（2022年9—12月）；副书记庄永智（2022年1—9月）、王刚（2022年9—12月）、张清泉；委员伍南腾、陈巍、余颖凌、赵勇、张琴、吴晓峰（2022年8—12月）；

福州经济技术开发区管委会主任庄永智（2022年1—9月）、王刚（2022年9—12月）；副主任：吴晓峰（2022年8—12月）、林群慧、江典顺、陈晓彬；福州经济技术开发区管委会办公室主任郑秀铭，副主任褚睿、何云、邱星奇、余思源、董杨豪（2022年6—12月）；管委会督查室主任兰爱金，副主任张巧玉。

福州经济技术开发区2021—2022年主要经济综合指标一览表

项目	单位	2021年	2022年	增减（%）
开发区生产总值	亿元	635.46	675.34	3.9
第二产业	亿元	361.59	384.84	5.1
工业	亿元	239.45	247.83	3.3
第三产业	亿元	260.82	276.20	2.2
工业总产值（现价）	亿元	856.51	888.12	3.7
高新技术企业	亿元	321.77	344.21	7.0
销售（营业）收入	亿元	2 891.62	2 845.48	-1.6

续表

项目		单位	2021 年	2022 年	增减（%）
第二产业		亿元	1 389.71	1 230.46	-11.5
工业		亿元	835.03	697.12	-16.5
第三产业		亿元	1 501.91	1 615.01	7.5
利润总额		亿元	75.31	42.49	-43.6
第二产业		亿元	54.27	27.52	-49.3
工业		亿元	37.22	19.61	-47.3
第三产业		亿元	21.04	14.97	-28.9
区内主导产业及产值	1. 食品制造业	亿元	164.31	149.13	-9.2
	2. 装备制造业	亿元	440.85	472.70	7.2
	3. 金属冶炼和压延加工业	亿元	92.59	118.19	27.7
进出口总额		亿美元	53.28	64.34	23.9
进口		亿美元	20.94	26.98	33.0
出口		亿美元	32.34	37.37	18.0
财政收入		亿元	48.96	56.09	14.6
税收收入		亿元	57.54	51.62	-10.3
财政支出		亿元	41.14	66.16	60.8
新批企业个数		家	4 574	2 359	-48.4
外商及港澳台企业		家	36	30	-16.7
内资企业		家	4 538	2 329	-48.7
国家级高新技术企业数		家	212	252	18.9
新批企业投资额	外商及港澳台企业	亿美元	3.06	1.31	-57.2
	内资企业	亿元	421.75	252.63	-40.1
规模以上企业个数		家	1 025	1 012	-1.3
科学研究与试验发展经费（R&D）支出		万元	222 879	231 990	4.1
研究与试验发展（R&D）经费投入强度		%	3.5	3.4	-1.4
合同外资金额		亿美元	3.78	3.99	5.6
外商实际投资		亿美元	0.47	1.12	137.8
固定资产投资		亿元	144.18	167.22	16.0
上市企业数量		家	30	30	0.0
区内科研院所数量		家	46	47	2.2
区内职业教育学校数量		家	10	13	30.0

（福州经济技术开发区管委会）

烟台经济技术开发区

【经济发展】2022年，烟台经济技术开发区抢抓黄渤海新区建设机遇，锚定"新起点、新形象、新担当、新作为"，咬紧牙关、攻坚克难，成功实现了战疫情、促增长、保安全"三个圆满收官"，引领新区建设强势起步、高位开局。惠企稳产拼经济，全国首创"备货贷""订单贷"等金融产品，率先建成大货车驿站，连续推出"七稳三争一畅"等惠企保供举措，累计为企业减税降费36亿元，全力保障企业不停产、工地不停工、物流不停运。全年地区生产总值增长5.1%、对全市增长贡献率达到22.2%，完成一般公共预算收入116.3亿元、税收占比81.3%；工业、投资、开放等主要指标保持两位数增长，勇当全市经济增长"压舱石"和"第一动力源"。

【产业发展】2022年，烟台开发区先进制造业持续壮大。创新做实"链长制"和企业倍增计划，五大主导产业产值达到2 600亿元。万华化学跃升至全球化工第17位，乙烯二期和22个延链补链项目全面启动。东岳基地全新纯电中高级轿车及电池电驱项目落地，高端新车型即将批量下线，CSS发动机投产。富士康实施"灯塔工厂"改造，智路资本封测产业园试生产，正海磁材获得全球稀土永磁行业首家Q1认证。荣昌生物新药产业化检测、隽秀生物竣工；2款新药量产、3款新药获得美国孤儿药认定，生物医药产业产值增长25%，入围全国生物医药产业园百强。国内首款正向设计货运大型无人机TP500首飞成功、落户新区，烟台通用航空整机制造实现"零"的突破。现代服务业做优做强。亚东工业博物馆荣获省工业旅游示范基地。全年举办高端展会活动31场。国家级检验检测产业园烟台园区启动建设。新增1个省级数字经济园区、8个市级智能工厂，百度智能云烟台数字产业创新中心揭牌，2家企业入选省服务型制造示范企业，获批省现代服务业集聚示范区。

【科技创新】2022年，烟台开发区统筹科技支撑和人才引领，创新驱动积厚成势。一是科创平台高点布局。获批国家级科技企业孵化载体3个，45个高端研发机构迅速推进，新增市级以上科创平台40个、总数达到373个。加快推进"两区两廊"建设，省实验室建设领跑全省，北大—万华联合研究中心启动建设，投用万华全球研发中心二期、八角湾国际科创中心、省农科院胶东创新中心，环磁山国际科研走廊创新园圃、海头科创中心加快建设。新设韩国、西安双向孵化基地，上海基地完成扩容。二是企业创新成果丰硕。万华化学荣获省科技进步唯一特等奖，荣昌生物荣获省技术发明奖两个特等奖之一，睿创微纳荣获省科技进步一等奖，清科嘉研究院科技成果入选"世界智能制造十大科技进展"，10家企业上榜"好品山东"和中国品牌价值榜。新增上市企业2家、总数达到12家，新入选省级以上单项冠军、专精特新、瞪羚等企业104家，高新技术企业、科技型中小企业分别达到530家和900家。三是人才引育量质齐升。积极创建青年发展友好型园区，建成创新科技职业学院，烟大科教园区、山建大产学研基地主体封顶，新增省级以上高层次人才22人、招引各类人才10 675人，获评全市首个"齐鲁杰出人才奖"。

【招商引资】2022年，烟台开发区项目招引成效卓著，深入开展"招商引资突破年"活动，建成投用日韩两个中小企业产业基地、中韩经济文化交流中心二期和科创孵化基地二期，新引进过百亿项目2个、过50亿项目3个、过10亿项目28个，完成实际外资9.3亿美元。重点项目全线突进，用好“拿地即开工”等机制，41个省重点和74个市重点项目全部开工，全年累计开复工产业项目125个、总投资1520亿元，其中新开工产业项目60个。组织重点项目集中开工11次，3个项目代表全市参加全省观摩、占全市3/5。光电传感产业园等9个专精特新产业园开工。要素保障更加有力，累计争取政策449项、项目364个、土地指标6494亩、债券等资金11.8亿元，与国开行签订500亿元战略合作协议。烟台化工园顺利扩区。完成房屋搬迁997处，处置闲置土地1万亩、盘活厂房楼宇26.6万平方米。

【科技创新】2022年，烟台开发区统筹先行先试和发展赋能，自贸创新成效斐然。一是示范引领全面开花。推出16项国家级创新成果、全省最多。2项经验被国务院自贸区部际联席会议简报刊发。生态环境领域8项新模式全国推广、占全省4/5，落地软件企业增值税即征即退等一批国家级试点。联合三亚崖州湾科技城共建“南繁北育”产业走廊，海洋牧场平台确权数量全国第一，联动沿黄9省26个功能区发起知识产权保护“一体化协作”。二是自贸综保融合起势。高标准完成综保区西区改造提升，启用自贸烟台跨境全球购，京东中心仓和菜鸟国际优选仓落户，完成全国首单混金、全省首单境外产游戏机保税维修业务，全年进出口突破2000亿元，获批全省唯一的国家进口贸易促进创新示范区。

【产城融合】2022年，烟台开发区统筹新区建设和城乡发展，产城融合活力迸发。一是新区建设走在前列。编制形成“1个空间规划+6个专题研究+3个专项规划”的新区规划体系，全省率先设立30亿元的园区投资基金，新组建投资发展和建设发展两大集团，为重点片区、重点项目提供坚实保障。烟台国际葡萄酒城概念规划发布，国际葡萄酒节圆满举办，“微醺烟台•分享之夜”开创央视与地方合作新模式，央视小年夜网络春晚在八角湾录制，“一城•一节”城市品牌迅速打响。金沙滩旅游度假区晋升国家级，全市唯一、全省两个之一。二是城市能级稳步提升。八角湾国际会展中心建成投用，八角湾会展广场、旅游共享中心、威斯汀酒店群加快推进，八角湾新城累计开工重点项目23个、总建筑面积超过340万平方米。全面抓好业达城市广场、万华高端人才社区等42个城市更新项目。启动总投资1000多亿元的200多个城建重点项目，新建改造15条主干道路，八角湾体育公园、东岛咀海岸公园开工。机场二期、高铁西站、西港区原油码头和LNG项目有序推进，加快构筑立体化大交通格局。智慧城市一期应用上线运行，入选省级“2022数字政府创新成果与实践案例”。三是乡村振兴扎实推进。组织开展农村人居环境整治，创建8个美丽乡村示范村，完成18个农村生活污水治理、29千米县乡道路改造，新增清洁取暖2280户，城乡面貌焕然一新。

【社会民生】2022年，烟台开发区社会事业和安全稳定，民生福祉底色厚重。一是公共服务供给更优，建成中小学校6所、新增4处公办幼儿园。八角湾国际医院启动建设，玲珑英诚国际医院加快推进，迅速建成公共卫生应急指挥中心，八角发热门诊，古现医院一期、大季家医院二期等三个镇街医院开工。二是安居乐业成色更足，完成10个老旧小区改造，潮水安置小区、B-16安置小区开工，交付安置房2394套，打造7个智慧化农贸市场。城镇新增就业2.2万人，获评省就业环境友好型城市。扎实开展“能力作风建设年”活动和民生领域突出问题专项整治行动，筑牢安全生产、维稳安保、防汛抗旱、食药安全等“一排底线”，社会大局持续和谐稳定。

（烟台经济技术开发区管委会）

杭州钱塘新区（杭州经济技术开发区）

【经济发展】2022 年，杭州钱塘新区地区生产总值 1 226.03 亿元，比上年增长 0.1%。其中，第一产业增加值 12.71 亿元，下降 2.4%；第二产业增加值 823.30 亿元，下降 1.3%；第三产业增加值 390.02 亿元，增长 3.1%。财政总收入 230.45 亿元，下降 4.2%，其中，一般公共预算收入 116.63 亿元，下降 0.6%。一般公共预算支出 128 亿元，下降 18.1%。外贸进出口额 1 030.19 亿元，下降 0.68%。固定资产投资额 542.21 亿元，增长 17.5%。社会消费品零售总额 337.95 亿元，下降 3.3%。

【产业发展】2022 年，钱塘新区实现规模以上工业总产值 3 502.4 亿元，销售产值 3 484.2 亿元，规模以上工业企业产销率 99.5%。规模以上工业增加值 722.94 亿元，下降 1.9%；战略性新兴产业增加值 284.81 亿元，高技术制造业增加值 195.5 亿，分别增长 9%、9.2%；数字经济核心产业增加值 114.72 亿元，增长 4.8%。半导体、生命健康、智能汽车及智能装备、新材料、航空航天五大制造业产业实现产值 2 989.1 亿元，占全部规模以上工业企业总量的 85.3%。

【科技创新】2022 年，钱塘新区推进钱塘科学城建设，启动“科创 +”计划，签订新一轮区校全面战略合作协议。新认定市级以上科技企业孵化器、众创空间 10 个，中科院医学所二期开工建设。新认定国家高新技术企业 223 个，新认定省级“专精特新”中小企业 6 个。发明专利授权量增长 39.8%，“科创企业上市知识产权加速一件事”获全国试点。R&D 经费投入强度 4.54%。引育顶尖及领军人才 52 名，落地高层次人才创业项目 83 个。承办全国双创周浙江分会场启动仪式、“创客中国”全国总决赛。

【投资促进】2022 年，钱塘新区实现外贸进出口额 1 030.19 亿元，比上年下降 0.68%。其中，出口 618.38 亿元，增长 4.86%；进口 411.81 亿元，下降 7.98%。民营企业出口 246.86 亿元，增长 11.02%。外资企业出口 371.52 亿元，增长 1.13%。实际利用外资 10.92 亿美元。存量外资企业新增合同外资 3.15 亿美元，其中，服务业企业增加合同外资 2.78 亿美元。新增外资主要以存量传统优势产业企业增资以及生物医药企业吸引境外投资方的融资为主，其中，英脉生物医药（杭州）有限公司增加合同外资 6 274 万美元，杭州恩和生物科技有限公司增加合同外资 3 000 万美元，葆元生物医药科技（杭州）有限公司增加合同外资 2 560 万美元，鼐济医药科技（杭州）有限公司增加合同外资 2 400 万美元。

【体制机制创新】2022 年，钱塘新区推进制度创新，综合保税区一般纳税人资格试点等 4 个项目入选省级最佳制度创新案例，生物医药全产业链服务新模式入选第二批中国（浙江）自贸区制度创新案例。推进省级营商环境集成改革试点，推广商事主体登记确认制，实现企业注册登记“零干预”，企业开办平均用时不到 30 分钟；商事主体登记确认制改革等 3 项内容被纳入全市国家营商环境创新试点，在册市场主体突破 11 万户；迭代“投资之家”一站式服务平台，完善产业项目推进机制，“拿地即开工”等经验做法在全省推广。推行“首席数据官”“数据专员”制度，组建国企大数据公司，19 个应用入选全省数字化改革“一本账”S2 清单，数量位列全市第一位；数字化改革工作保持全省“五星”等级，获评省级改革突破奖；“钱塘技工”场景获评全省最佳应用，“生物医药产业大脑”入选全省数字经济系统产业大脑优秀案例。

【投融资服务】2022年，钱塘新区有金融机构及地方金融企业56个，其中，银行机构26个(网点95个)、保险机构6个、证券机构5个、融资租赁机构16个、融资担保公司2个、典当行1个。鼓励银行推广无还本续贷政策，并适当向运输企业和个体工商户倾斜；引导金融机构落实央行再贷款政策、国务院稳经济33条还本付息“应延尽延”要求，为重点领域提供增量信贷支持。至年末，累计争取到科技创新专项再贷款12.82亿元、交通物流专项再贷款0.97亿元、普惠养老专项再贷款0.36亿元；区内银行办理无还本续贷1 429笔，涉及金额33.03亿元；为372个小微企业和268个个体工商户办理延期还本付息10.12亿元。依托政银企党建联建，打造金融服务同心圆，通过“线下”银企对接会及“线上”杭州e融平台，有效解决银企信息不对称问题。开展市域担保一体化建设，与杭州担保等市级担保机构合作，为区内企业提供0.8%担保费率。至年末，杭州e融平台注册企业1.3万余户，累计撮合融资金额128亿元；累计向区内679个企业提供10.24亿元政策性担保业务。

【绿色集约】2022年，钱塘新区4个市控及以上河道考核断面水质符合Ⅲ类水质。全年空气质量优良率为78%，大气主要污染物PM2.5（直径小于等于2.5微米的颗粒物）平均浓度28.8微克/立方米。全年完成7台天然气锅炉低氮改造，关停重污染企业6个，转移处置危险废物15.5万吨。启动存量工业用地企业提质增效三年行动，盘活用地5.33平方千米，13个企业获评“省制造业重点行业亩均效益领跑者”。坚持供地、供楼并行，开工工业综合体7个、157万平方米。完成数字化改造攻关项目64个，工业技改投资增长30.2%，新认定市级以上“未来工厂”15个。“亩均论英雄”改革获省政府督查激励。

【杭经开综合考评位列全国十强】2022年1月27日，商务部公布2021年国家级经济技术开发区综合发展水平考核评价结果，杭州经济技术开发区（简称杭经开）在全国217个国家级经济技术开发区中位列第九位，也是浙江省唯一一个进入全国前十的经济技术开发区。杭经开坚持推进外资外贸、平台建设、产业发展等重点工作，修订区级商贸政策，组织企业完成中央和省级进口贴息，开展区域自贸协定的宣介推广培训，通过在线“中国贸易数字展览会”等引导企业开拓海外消费市场；推动综保区与浦东机场形成属地申报、数据互认、口岸放行的区港联动模式，打造高能级开放平台；推进浙非服务中心、美国硅谷钱塘中心等载体建设，加强国际产业合作；推出“链长制”工作机制，“芯智造”、生物医药、汽车三条产业链入选浙江省产业链“链长制”示范试点，其中“芯智造”和生物医药获评全省经开区优秀示范。

【杭州医药港获评“现代产业最佳实践案例”】2022年12月14日，浙江省发展和改革委员会公布第一批特色小镇最佳实践案例，杭州医药港获评“现代产业最佳实践案例”。杭州医药港坚持创新、协调、绿色、开放、共享的发展理念，找准产业定位，挖掘产业特色，推进生产、生活、生态“三生”融合发展，促进小镇发展能级和核心竞争力稳步提升。至年末，杭州医药港集聚各类生物医药企业1 500多个，每年新招引落户企业200多个。全球十大知名医药企业落户7个，入选杭州市“准独角兽”榜单企业26个，拟上市企业19个，8个企业获评省级企业研究院、研究开发中心。引进中国科学院基础医学与肿瘤研究所、浙江大学智能创新药物研究院、中国药科大学创新药物研究院等创新平台29个，集聚高层次人才1 300多人，生物医药从业人员累计约3万人。

【“钱塘技工”应用获浙江省数字社会系统2022年度“最佳应用”】2022年12月23日，浙江省发展和改革委员会公布数字社会系统2022年度“最系列”评选结果，钱塘新区“钱塘技工”应用获省数字社会系统2022年度“最佳应用”。钱塘新区聚焦技术工人群体，直面技术工人成长成才不通畅、公共服务不充分、认同感归属感不强三个难题，开发“钱塘技工”数字化应用项目，构建钱塘工人专属积分体系、政策体系，建设“成长成才”“关心关爱”“融在钱塘”三大场景。其中，“成长成才”场景聚焦技术工人全过程成长需求，整合高校、社会、企业三方资源，开发个人、企业两端入口，打通技术等级“报名—学习—评定—认证”全链条，构筑一站式成长平台；“关心关爱”场景聚焦公共服务供给精准化，链接“家庭码”应用场景，打通家庭数据、精准匹配需求，及时预测子女入学、住房保障、医疗健康等需求，实现一人得分、全家共享；“融在钱塘”场景聚焦提升技术工人归属感，按照“社会认可个人、个人奉献社会”的思路，通过政府荣誉评定、企业评优评先、个人主动奉献，促进技术工人与全社会良性互动，实现身融且心安。

【德琪生物研发及产业化基地落户】2022年8月2日，德琪生物研发及产业化基地开工奠基仪式在杭州医药港举行。项目坐落于杭州医药港核心区位，计划总投资额15亿元，占地4.53万平方米，建筑总面积11万平方米，按照GMP标准设计建造，主体工程包含2栋综合车间、1栋中试车间、1栋研发办公楼。该基地预计2025年竣工并投入使用，目标为建设成为国际一流、工艺领先的多功能生物“科研＋生产”产业一体化平台。项目投资主体德琪医药科技有限公司于2020年在香港上市，主要专注于血液及实体肿瘤领域的同类首款和同类最优疗法的早期研发、临床研究、药物生产及商业化，是一家以研发为驱动，并已进入商业化阶段的生物制药领先企业。

【杭州松下家电（综合保税区）有限公司智能新工厂启用】2022年8月5日，杭州松下家电（综合保税区）有限公司智能新工厂启幕活动在钱塘新区举行。投用的新工厂总投资3亿元，用地2万平方米，建筑面积3万平方米，涵盖洗衣机零部件、洗碗机和电饭煲生产线，建成后5年预计工业总产值80亿元。新工厂致力于创新全球零部件供应及跨境出口业务模式，重点推进智能制造，构建供应商协同、品质检查、仓库管理等环节的制造业务数字化闭环，实现物流仓储数字化和仓储智能化，目标为建设成为松下集团的集成智能制造和进出口贸易创新基地。

【13个项目入选浙江省省级“尖兵”“领雁”计划立项名单】2022年12月22日，浙江省科学技术厅公布浙江省“尖兵”“领雁”研发攻关计划项目立项名单，钱塘新区有13个项目获得立项，项目承担单位包括杭州嘉因生物科技有限公司、杭州和利时自动化有限公司、浙江传化功能新材料有限公司等企业，涵盖生命健康、智能制造、新材料等重点领域。“尖兵”“领雁”研发攻关计划由浙江省级财政资金设立，是面向世界科技前沿、面向经济主战场、面向国家和浙江重大需求、面向人民生命健康，开展重点技术领域的前沿科学问题研究、重大关键核心技术攻关、重大社会公益性研究、重大国际科技合作等研究活动的科技计划。立项后，项目可获得最高1 000万元的省科技专项资金补助。

【杭州钱塘元宇宙新天地开园】2022年5月21日，杭州钱塘元宇宙新天地开园活动在钱塘新区大创小镇举行，来自政府部门、高校、科研院所、金融机构和企业的100多名专家代表参加活动。该项目位于杭州大创小镇，占地面积7.67公顷，重点围绕数字孪生、人工智能等元宇宙核心底层技术，以及游戏、社交、教育等元宇宙新型应用场景，引进培育创新型中小企业。活动现场，中国科学院院士崔铁军、中国工程院院士邬江兴、中国工程院院士陈文兴、中国移动通信联合会执行会长倪建中及中国移动研究院首席科学家刘光毅5位专家被聘为元宇宙产业顾问，元宇宙协同应用创新实验室、元宇宙产学研联盟2个创新平台成立，一批元宇宙项目和金融合作项目完成签约。

【21 个企业入选浙江省高新技术企业创新能力 500 强】2022 年 12 月 31 日，2022 年浙江省高新技术企业（简称省高企）创新能力 500 强榜单公布。钱塘新区的浙江三花汽车零部件有限公司、杭州奥泰生物技术股份有限公司、中策橡胶集团有限公司等 21 个企业入选，入选企业数量位居全省第四位，其中，杭州奥泰生物技术股份有限公司入选子榜单“生命健康高地十强榜单”，中策橡胶集团有限公司入选子榜单“营业收入单指标十强榜单”和“新产品销售收入单指标十强榜单”。此次评价设置创新投入、创新产出两方面 7 个核心指标，对企业的技术创新发展进行测评，核心指标涉及研发人员占从业人员比重、新产品（工艺及服务）销售收入率、千名研发人员拥有知识产权量等，注重企业在资金配置、人员配置、综合经济效益等方面的发展与成效。

【2022 中国（浙江）自由贸易试验区生命健康产业推介会召开】2022 年 6 月 30 日，2022 中国（浙江）自由贸易试验区生命健康产业推介会暨第六届国际生物医药（杭州）创新峰会在钱塘新区开幕。会议围绕浙江自贸试验区的制度红利和政策集成优势，以及如何推动生物医药全产业链高质量发展，为生物医药产业发展建言献策。来自国内外知名药企、投融资行业的 80 多名专家代表参会。

会上，浙江省生物医药产业研究联盟成立，并发布《长三角生物医药产业白皮书》。斯微生物项目、文达医药项目、杭州市卫健委转化中心项目、浙大生科院项目签约落户钱塘新区。生物医药产业基金、和达生物医药产业园区基础设施投资业务战略合作签约仪式同时举行。

【第六届浙江药学大会举行】2022 年 11 月 12 日，由浙江省药学会、杭州钱塘新区管理委员会主办的第六届浙江药学大会在钱塘新区举行。大会对年度浙江省药学会科学技术奖进行表彰，重点推介杭州医药港。国家药品监督管理局药品审评中心副主任王涛、中国工程院院士丁健、中国科学院院士谭蔚泓分别作“中国生物制品审评审批改革进展”“肿瘤免疫治疗的机遇与挑战”“癌症靶向药物研发”专题报告。大会分设生物制药前沿论坛、临床药学与临床研究前沿论坛、医疗器械法规与创新论坛、研发转化模式创新论坛 4 个专业论坛开展学术交流，为在场专家教授、产业精英搭建高层次高质量的医药学术与产业交流对接平台。

（杭州钱塘新区管委会）

北京经济技术开发区

【经济发展】2022 年，北京经济技术开发区（简称北京经开区）贯彻落实“疫情要防住、经济要稳住、发展要安全”的要求，坚持“五子”（建设国际科技创新中心、“两区”建设、数字经济、以供给侧结构性改革引领和创造新需求、深入推动京津冀协同发展）联动服务和融入新发展格局，高效统筹疫情防控和经济社会发展，经济运行稳中向好。全年完成地区生产总值 2 456.4 亿元，同比下降 11.4%，其中，第二产业增加值 1 601.6 亿元，同比下降 18.9%，占地区生产总值的 65.2%；第三产业增加值 854.8 亿元，同比增长 7.2%，占地区生产总值的 34.8%。市级一般公共预算收入 372.44 亿元；税收收入 803.02 亿元；进出口总额 259 亿美元。实现工业总产值 5 128.7 亿元，同比下降 10.2%，全市总量排名第一。完成全社会固定资产投资 980 亿元，同比增长 9.2%。全社会消费品零售额完成 410.7 亿元。大中型企业研发投入 370.4 亿元。

【产业发展】2022 年，北京经开区坚持做强主导产业，发力新兴产业，加速建设高精尖产业主阵地，产业链现代化、产业集群化发展成效显著。新一代信息技术产业做强做优，打造全产业链协同发展生态，实现新松半导体、京东方 B20 重大项目等项目签约落地，华海清科等项目土地摘牌，DRAM 二期等一批项目开工建设。高端汽车和新能源智能汽车产业加速布局，推动传统汽车产业转型升级，实现长城全球研发中心及品牌总部、新研氢能项目等落地，成立国内首家整车能效开发试验室及车路云一体化联合实验室。生物技术和大健康产业平稳增长，初步形成规模集聚、体系健全的产业发展生态，实现国家药监局六大中心、铂生生物等细胞基因治疗企业落地，神州细胞、悦康数字等项目投产，天空之境等 16 个重点续建项目进展顺利。机器人和智能制造产业工业产值增速位居经开区四大主导产业之首，加快打造国内领先的机器人和先进智能装备产业集群高地，全国首家建筑光伏一体化重点实验室 / 技术研究中心揭牌，航宇测通导航研发生产基地项目、萨姆森扩产项目等项目签约入区，中科宇航参与研制的最大固体运载火箭“力箭一号”首飞成功，星河动力自主研发的“谷神星一号”成功发射，创造中国民营火箭连续 4 次成功发射纪录。新兴产业培育发展，服务北京“五子”联动，推动数字经济高质量发展，先行先试构建数据基础制度，提升数据治理能力。生产性服务业持续推动发展，围绕产业链部署创新链、资金链、服务链，完善服务体系。科技文化融合产业成为新增长极，打造中国（北京）高新视听产业园、北京智慧电竞赛事中心，利用 2022 北京冬奥会直转播契机，促进“5G+8K”产业发展。

全区有规模以上工业企业 395 家，实现工业总产值 5 128.7 亿元、营业收入 5 618.4 亿元。其中，电子信息产业实现工业总产值 1 209.4 亿元、装备制造产业实现产值 780.2 亿元、生物与医药产业实现产值 659.7 亿元、汽车与交通设备产业实现产值 2 139.8 亿元。规模以上工业企业中，内资企业 240 家，实现工业总产值 1 490.1 亿元；中国港澳台商投资企业 29 家，实现工业总值 355.8 亿元；外商投资企业 31 家，实现工业总值 3 282.8 亿元。规模以上工业战略性新兴产业总产值为 2 232.4 亿元，其中生物产业实现总产值 756.8 亿元、新一代信息技术产业实现总产值1 040.1亿元、高端装备制造业实现产值289.9亿元。

【科技创新】2022年，北京经开区聚焦以高水平科技创新支撑引领高精尖产业高质量发展，持续增强对高端发展要素的吸附力和竞争力，持续提升创新生态效能，区域创新优势不断转化为产业发展动能。在持续完善科技创新政策体系方面，出台《北京经济技术开发区关于加快推进国际科技创新中心建设打造高精尖产业主阵地的若干意见》，优化科技创新激励机制，完善科技创新体系；聚焦“投早、投小、投科技”，修订《北京经济技术开发区科技创新专项资金实施细则》，探索建立项目筛选培养机制，创新“以赛代评”支持形式，每年安排4亿元专项资金，提前锁定和发现一批具有应用价值的重大创新成果，以股权投资方式扶持一批优秀创新创业项目拔节成长。在科技创新成果落地转化方面，深化“三城一区”（“三城”即中关村科学城、怀柔科学城、未来科学城，“一区”即北京经开区）联动机制，实施“创新成长计划”“创新伙伴计划”，承接“三城”成果164项；引聚中国科学院创新资源，落地国科科仪高端装备项目；对接北京清华工业开发研究院，落地全球健康产业创新中心亦庄分中心，奥达智声等6家企业入驻。在产学研用融合方面，北京集成电路产教融合基地揭牌，并获教育部授牌“北京集成电路卓越工程师创新研究院”；扎实推进与北京航空航天大学、北京工业大学等高校合作，搭建“百企出题、院所答题”的政产学研用合作对接平台，对接合作项目62个。在关键核心技术攻关方面，印发《北京经济技术开发区“白菜心工程”项目管理办法（暂行）》，实现17项关键技术突破，完成20余项关键工艺、配方、系统和软件研发；出台《北京经济技术开发区推进企业研发中心建设三年行动计划（2022—2024）》；支持企业创新发展，建立“专精特新”企业发展机制，拥有国家级专精特新“小巨人”企业85家、“专精特新”中小企业562家。在健全知识产权全链条服务方面，被评为国家级知识产权强国建设示范园区；9家企业被认定为新一批国家知识产权优势企业，49家单位被认定为2022年度北京市知识产权试点单位、20家单位被认定为2022年度北京市知识产权示范单位。全区研发投入同比增长19.62%（2022年1—11月），企业发明专利授权同比增长48.76%，企业拥有有效发明专利14 686件。在高水平人才高地建设方面，形成以院士为领衔、以“亦麒麟”人才为中坚、以技术技能人才为支撑的人才梯队，通过引进落户等方式，留住6 000余名骨干人才；发放人才专项奖励3 930万元、人才创办企业补贴2 046.06万元、亦城优秀人才房租补贴2 150.40万元；支付博士后工作专项经费资助960万元，新增园区类博士后科研工作站8家，区域博士后工作站累计68家；成立亦城工匠学院，认定10名“亦城工匠”；吸引大兴区、通州区周边劳动力4 200余人区内就业；百万平方米国际人才社区一期开工建设，国际人才社区示范街区改造提升。

【投资促进】2022年，北京经开区实现52个项目落地，预计达产产值851亿元。支持外资企业增资扩产，将SMC打造成百亿级装备企业，推动施耐德三期开工、萨姆森扩产项目拿地。全年实现外贸进出口总额259.06亿美元，同比下降17.9%。其中，出口额为72.44亿美元，同比下降43.3%；进口额为186.61亿美元，同比下降0.5%。全年新增外资企业60家，同比下降30.2%。实际利用外资3.92亿美元，同比增长7.6%。

【体制机制创新】2022年，北京经开区紧抓“两区”建设机遇，积极服务和融入北京“五子”联动，推动制度型开放，推进重点领域和关键环节改革，打造国际化、便利化样板。出台《北京自贸试验区高端产业片区亦庄组团发展提升三年行动方案》，细化46项工作任务；发布《经开区营商环境改革创新示范区提升工作方案》，完成112项营商环境改革创新示范区提升任务，构建扁平化、一体化服务机制；新增13个部门提报的27个“两区”建设改革创新实践案例，向市“两区”办报送15个案例，其中3个案例在全国复制推广、1个案例在北京市复制推广；开设全市首个“两区”建设政务服务中心，设立国际人才服务窗口、RCEP专项服务窗口、质量基础设施一站式服务窗口3个“两区”特色服务窗口；推进“一业一证”DIY办理，实现“高效服务一个行业”；深化“一证多址”改革，打造高效便捷“秒批”模式；探索“首席审批师”制度改革，实现跨领域、全环节、一个人、一次办；落实“6+4”一体化综合监管改革，实现多部门联合监管。

【投融资服务】2022年，北京经开区强化普惠型政策，支持、覆盖各发展阶段企业。率先打造线上线下政策集中兑现模式，在全市完成惠企政策服务“五个一”工程，实现惠企政策精准推送、智能核验、“免申即享”，落地“政策兑现+企业信用”场景应用；出台《北京经济技术开发区关于加快产业金融高质量发展的若干措施（试行）》，从机构落户、项目引进、业务开展等6个方面给予金融机构定向支持；设立首家市属国有控股商业保理公司——北京亦庄商业保理有限公司，综合提供资金融通、销售账户管理、应收账款催收等金融业务，全面参与中小企业的全周期运营，改变传统以银行贷款为主的金融模式；发放北京市首笔智能网联汽车基础设施——智能网联标准路口建设项目的首笔融资、北京市首个“先租后让”用地项目——北京亦庄京广协同创新产业园项目融资等。公共资源交易市区两级联动，推出远程线上开标新模式，惠及千余家企业。

【绿色集约】2022年，北京经开区坚持绿色低碳发展，产业转型与生态环境保护更加协调，突出绿色低碳发展，加强减污降碳协同增效。深化“无废城市”建设，落实《北京经济技术开发区“十四五”无废蓝图规划实施方案》，推广经开区“无废城市”建设成果。打好污染防治攻坚战，深化“一微克”行动，推进生态环境治理体系和治理能力现代化，细颗粒物（PM2.5）年均浓度32微克/立方米，同比下降8.6%，创有监测记录以来历史最优，连续10年持续改善，可吸入颗粒物（PM10）年均浓度51微克/立方米、二氧化氮年均浓度32微克/立方米、二氧化硫年均浓度2微克/立方米；地下水环境和地表水环境质量保持稳定，优良水体比例达50%，无劣V类水体；土壤环境质量总体良好，建设用地安全利用率100%。推动城市和谐蓝绿空间建设，出台《经开区企业林长试点林长制实施方案》，坚持河长、林长统一管理，实现蓝绿空间统筹管理。深入实施“双碳”战略，以龙头企业构建绿色供应链体系，推动绿色工厂建设，打造一批碳中和示范园区，积极开展“一厂一策”、清洁生产，通过绿色发展资金政策引导，实现碳减排2.7万吨、挥发性有机物减排70.66吨、氮氧化合物减排3.67吨；万元GDP能耗、水耗保持全市领先，达国际先进水平。

优化土地供应模式，推动土地精细化管理，保障高精尖产业发展空间。开通全国耕地占补平衡动态监管系统亦庄指标库，是全国首个开通此指标库的国家级经开区，233.26万平方米耕地占补平衡指标被纳入该指标库。构建五级供地模式，修订《亦庄新城工业用地先租后让实施办法（试行）》，完善工业用地“先租后让”政策，累计实施29个项目；出台全市首个土地分层供应政策《北京经济技术开发区国有建设用地使用权分层供应管理的若干规定（试行）》，统筹地上地下空间布局，拓宽用地空间；探索“工业上楼”产业发展模式，建成区内首个摩天工厂——天空之境·产业广场；推进长子营工业园区、马驹桥智造基地、瀛海镇工业区和镇区改造等土地一级开发，提供产业用地保障重大项目落地；完善城市更新政策体系，累计完成城市更新产业升级项目62个，盘活工业用地280万平方米，提供高质量产业发展空间477万平方米；出台装配式建筑发展政策，新建建筑采取装配式建筑项目37项，建筑面积为209.26万平方米，占比46.78%。

【基础设施建设】 2022年，北京经开区完善基础设施规划，推进全域控制性详细规划编制报审工作，《亦庄新城核心地区控制性详细规划（街区层面）（2020年—2035年）》经市政府审批获市规划自然资源委批复，台湖—1区域控制性详细规划报送市级审查，同步推进马驹桥物流基地和智造基地、南海子地区控规区级审查；编制旧宫、瀛海等第二批轨道微中心交通一体化方案，探索轨道交通与城市功能有机融合。印发《北京经济技术开发区统筹疫情防控和稳定经济增长加强规划管理的实施细则（试行）》等政策文件，探索工业用地兼容管控方式，提升存量用地使用效能，为规划管理、城市更新提供政策保障。完善基础设施建设，推进辛四路、亦庄500千伏输变电工程、亦城书院等重点项目落地实施；开展信息化基础设施升级、校园周边道路交通安全等基础设施改造。完善各类市政设施养护计划和内控管理机制，提升慢行交通服务评价和品质，多项指标位居全市前列；探索未出让地块管理新模式，盘活存量资源，新增各类临时停车位近1 070个；启动经开区交通指挥中心改造及信号机更新联网项目、智慧交通管理示范区信息系统建设项目和新建公厕项目等民生工程、重点项目。完善街区商业生态配置指标，建设经开区“生活性服务业网点电子地图”；第五大商业综合体龙湖北京亦庄天街营业运营，扩大高品质消费供给；搭建便利店、蔬菜零售等基本八项生活性服务功能网点603个，同比增加153个、增长34%。

【社会事业】 2022年，北京经开区落实承权事项，优化布局优质公共服务资源，不断提升亦庄新城综合承载能力。深化教育教学改革，加强教育供给，打造特色教育体系，新增公办学前学位720个；首次作为独立组考区完成高考工作；首次组织教师参加市级活动，举办首届教师节先进榜样系列表彰和教育全系列职称评审等，实现从“0”到“1”的突破。健全区域医疗卫生体系，逐步完善“15分钟社区卫生服务圈”，建设“1个急救中心+17个急救站”的院前急救体系；推进与北京同仁医院亦庄院区、东方医院经开区院区等区内优质医疗资源合作共建，提升区域医疗服务能力；搭建疫情防控基础信息平台，紧急建成亦庄建设者之家和N20集中隔离观察场所，建设方舱医院、健康驿站、康复社区等。优化社会保障服务，为84万参保人提供保障，安全规范守护社保医保基金261亿元；承接区内退役军人社会保险保障服务工作；完善区、街两级社会保险保障体系，实行就近街道办理居民社保事务。丰富群众文化供给，举办建区三十年系列活动、第二届“大都东南”科技艺术节、第十四届文化艺术节等，加强“书香亦城”品牌建设，促进“大都东南”科技艺术节等创新文化品牌活动优化升级，不断扩充“科技馆之城”全域版图。逐步完善社区治理体系，荣华街道、博兴街道27个小区“三率”（物管会组建率、物业服务覆盖率、党组织覆盖率）实现100%；完成基层议事协商示范点、楼门院治理示范点等多项市级社区建设重点项目，打造“共建共治共享”的社区治理格局。

【党建工作】 2022年，经开区坚决贯彻全面从严治党，政府自身建设取得积极成效。加强政府自身建设，推进开发区领域腐败问题专项整治，抓好抓实巡视巡察、审计点评等问题整改，坚持举一反三，建立长效机制，不断健全权力运行和风险防控；坚持“以案为鉴、以案促改”，以身边典型案例，深入开展警示教育，召开全区警示教育大会，编制《全国经开区警示案例集》，坚持“三不”（不敢腐、不能腐、不想腐）一体推进，以零容忍态度严肃查处违纪违法案件；推动依法治区，坚持常态化会前学法，认真落实行政机关负责人出庭应诉制度；着力加强制度建设，出台调查研究、预算管理、政府投资项目管理等48项制度，建立重大项目定期会商机制；成立北京经济技术开发区党的建设研究会，明确研究会工作目标任务、组织架构及运行规范等基本制度机制。建立“抓行业、行业抓”的行业党建“一局双责”工作机制，持续开展党建品牌创建培育工程，指导“两新”党组织从党建引领事业发展的高度设计谋划创建党建品牌；重点打造一批特色园区党建示范带，投资建设大族广场楼宇党建阵地、嘉捷科技园区党建阵地等4个示范党建阵地；创新亦企服务港工作模式，推进党群服务站、新时代文明实践所、工会服务站、社区青年汇、政务服务中心“五站进港”工作；成立亦庄新城新扩区域首个“两新”党组织——中共李宁（中国）体育用品有限公司总支部。经开区工委直接管理10个党(工)委；全区共有基层党组织821个，党员15 789名。

【机构设置与管委会领导】2022年，北京经开区设有党政办公室、组织人事部、宣传文化部、地区协同事务局、经济发展局、营商合作局、科技创新局、财政审计局、开发建设局、城市运行局、社会事业局、商务金融局、行政审批局、综合执法局、规自分局、市自动驾驶办公室、机关党委、机关纪委、总工会、党群服务中心、土储建设中心、财务结算中心、政务服务中心、公共资源管理服务中心、社会保险保障中心、劳动人事争议仲裁院、档案数据中心、产经政策研究院等机构。

2022年，北京经开区管委会主任孔磊(2022年8月任)；副主任沈永刚、石威（2022年7月任)、刘力、郑海涛、左仁贵（2022年9月任)、宋亚君（2022年10月免)；一级巡视员袁立洪、沈金坤、赵雅娟（2022年12月退休)、陈小男(2022年12月退休)。

北京经济技术开发区2021—2022年主要经济综合指标一览表

项目		单位	2021年	2022年	增减（%）
开发区生产总值		亿元	2 766.2	2 456.4	-11.4
第二产业		亿元	1 973.8	1 601.6	-18.9
工业		亿元	1 909.1	15.9.7	-20.9
第三产业		亿元	792.4	854.8	7.2
工业总产值（现价）		亿元	5 712.1	5 128.7	-10.2
高新技术企业		亿元	4 767.1	4 112.3	-13.7
营业收入		亿元	19 914.3	20 276.9	1.8
利润总额		亿元	1 696.4	1 330.0	-21.6
区内主导产业及产值	1. 电子信息产业	亿元	1 087.7	1 209.4	11.2
	2. 装备制造产业	亿元	602.1	780.2	29.6
	3. 生物与医药产业	亿元	1 643.4	659.7	-59.9
	4. 汽车与交通设备产业	亿元	2 028.0	2139.8	5.5
市级一般公共预算收入		亿元	362.73	372.44	2.68
税收收入		亿元	340.77	348.24	2.19
一般公共预算支出		亿元	252.30	309.18	22.55
研究与试验发展（R&D）经费内部支出		万元	1 473 232	1 293 426	-12.2
固定资产投资		亿元	460.5	509.9	10.7
从业人员期末人数		万人	44.2	47.5	7.5
万元GDP能耗		吨标煤／万元	0.102	0.116	13.7
上市企业数量		家	11	5	-120

(注：根据实际统计数据填写，未统计项填“—”)

（北京经济技术开发区管委会）

南昌经济技术开发区

【经济发展】南昌经济技术开发区位于南昌市北郊，面积 307 平方千米，辖 2 镇、1 街道办事处、2 管理处。2022 年，南昌经开区地区生产总值 780.45 亿元，增长 4.7%。规模以上工业增加值增长 7.6%。地方一般公共预算收入 19.34 亿元，增长 5.4%。固定资产投资增长 11.4%，其中工业投资增长 17.9%。社会消费品零售总额 224.38 亿元，增长 4.8%。实际利用外资 8 575 万美元，增长 1.5%；进出口额 205 亿元，增长 6.2%。规模以上工业营业收入 1 690.1 亿元，增长 9.1%。

【产业发展】2022 年，南昌经开区聚焦主导产业抓招商，组建五大行业专班、五大产业专班和五个镇处（街道）的招商机制，全年新引进产业项目 101 个，投资总额 666.5 亿元。围绕新能源汽车及动力电池产业，引进 20 余个产业配套项目。聚焦项目建设抓推进，全年新开工重大项目 55 个，总投资额 383.63 亿元。新投产重大项目 55 个，完成投资额 344.26 亿元。欣旺达南昌动力电池项目一、二期、三期投产，科达利、长方 MINI LED 等一批重点项目开工。聚焦市场主体抓培育，全面落实减税降费政策措施，优化营商环境，培育新增市场主体约 1.4 万户。新增慈文传媒、百通能源、国科军工 3 家上市企业。发展数字经济，中国（南昌）数字经济港获批为第一批省级数字经济集聚区，全区在库规模以上数字经济核心产业企业 72 家，实现营业收入 396 亿元。

【改革创新】2022 年，南昌经开区全面推进深化改革，重点推进企业“董监高”责任险全覆盖、“法企通”“一区多园”等改革。特别是企业“董监高”责任险全覆盖改革试点在国内属于首举首创，创新“政府支持为主、企业自负为辅”的上市（挂牌）企业保险机制，得到省委、省政府主要领导的肯定性批示。“法企通”改革项目得到省高院主要领导的肯定性批示。加速培育创新载体，扶持“个转企”“小升规”，加快培育专精特新、“小巨人”企业，全区有国家级专精特新“小巨人”企业 5 家（含赣江新区 1 家），省级专精特新中小企业 55 家（含赣江新区 19 家）。全区 50 家年营业收入 3 亿元以上工业企业建立研发机构覆盖率 90%。2021 年 R&D 经费投入 24.66 亿元。培育独角兽（潜在、种子）、瞪羚（潜在）企业 9 家。全区高新技术企业总数 235 家，拥有各级各类研发中心 180 多家，拥有国家级科技企业孵化器 3 家、国家级众创空间 6 家，全区技术合同交易额首次突破 15 亿元。

【基础设施建设】2022 年，经开区按时按要求完成方志敏大道、昌西大道项目，双港铁路桥项目北半幅通车的目标。园区雨污管网系统开工整治 379 个，开工率 100%；完工 326 个，完工率 86%；现场达标 230 个，现场达标率 61%。实施“腾笼换鸟”攻坚行动，排查整治“散乱污”企业 56 家；闲置土地处置 7.53 公顷，超额完成全年任务，批而未供土地消化 161.07 公顷，批而未用土地消化 133.33 公顷。开展“两整治一提升”三年行动，建设乡村振兴示范村 1 个、共同富裕样板村 6 个。全区 55 个村集体实现经营性收入 20 万元全覆盖，30 万元以上收入占比 87%。持续打好蓝天、碧水、净土保卫战，基本消除重污染天气、城区黑臭水体。在第七届中国国际绿色创新发展大会上，再度被评为绿色低碳示范园区。

【民生工程建设】2022 年，南昌经开区稳步推进养老保险、失业保险、城镇新增就业等民生工程，全年发放失业金 261.9 万元、补助金 376 万元，落实社保阶段性降低工伤保险费用 413.8 万元、失业保险费用 1 106.01 万元，社保缓交惠企 749.66 万元。全年发放创业担保贷款 1.12 亿余元。联合 121 所高等院校开展招聘会 140 场，其中线上 134 场、线下 6 场。完成南昌二中经开校区、南天阳光小学等 5 所学校建设，新增学位 4 200 个、园位 180 个。完成 2 个老旧小区改造、5 个城市休闲空间建设，完成保障性租赁住房 4 116 套。

【社会安全】2022 年，南昌经开区按照省市疫情指挥部要求抓落实，从快从速、精准果断处置“3·16”“7·08”“11·19”输入型突发新冠肺炎疫情，探索创新城中村（开放式小区）围合管理“六全”新模式，筑牢疫情防控防线。安全生产落实落细，坚决守住安全生产底线，常态化开展安全“大宣传、大排查、大整治”活动，累计排查生产经营单位 2.39 万家次，治理隐患 1.16 万项，安全事故起数与死亡人数分别下降 43.48%、57.14%。重大风险有效遏制，确保重大政治事件、暴恐事件等事故“零发生”，完成中共二十大安保维稳工作。化解多个楼盘涉稳风险，做好“保民生、保交房、保稳定”工作。深入开展矛盾纠纷大排查、大起底、大化解，化解各类矛盾纠纷 665 起，化解率 98.6%。严厉打击各类违法犯罪行为，推动扫黑除恶长效常治，全区刑事类警情同比下降 21.9%，治安类警情下降 40%。

（南昌经济技术开发区管委会）

南京经济技术开发区

【经济发展】南京经济技术开发区成立于1992年，2002年升级为国家级经济技术开发区，2012年托管龙潭、栖霞、西岗3个街道，管辖面积210平方千米。园区拥有新港高新园、综合保税区、港口型物流枢纽3个国家级功能平台，还打造了中国（南京）液晶谷、中国（南京）智谷等特色载体空间。2022年，南京经济技术开发区实现地区生产总值1 307.92亿元，增长4.8%；一般公共预算收入101亿元；工业总产值3 656.3亿元，增长10.5%；全社会固定资产投资256.5亿元，同比增长5.9%，其中，工业投资116.4亿元；外贸进出口906.4亿元。目前，区内集聚各类企业6 200多家，其中，外资企业395家、百亿级企业6家、世界500强投资企业92家，累计实际利用外资超过100亿美元，综合实力位居全国开发园区第12位。

经济运行企稳向好。稳步实施规上工业企业和上市企业数量“倍增计划”，全年新增规上工业企业40家，晶升装备、高华科技2家企业在科创板成功过会。不断完善企业服务，全力保障企业疫情期间闭环生产、高峰时段生产用电等需求。积极落实国家和省市各级惠企政策，帮助企业减负松绑，全年累计实现增值税留抵退税12.38亿元，为区内238家企业争取各级政策和授信资金9.6亿元，有效激发了市场活力。

【科技创新】2022年，南京开发区全年新增科技型企业782家、高新技术企业52家，引育各级独角兽企业8家、瞪羚企业18家、专精特新企业29家，新研机构新孵化引进企业超过100家。新增国家级和升级孵化器2家、众创空间4家、省市级工程技术研究中心13家。中国（南京）智谷全年引进人工智能重点项目50个，核心产业收入达75亿元。全区新增发明专利授权489件，获批首批国家级知识产权强国建设试点园区。3家企业获第二十三届中国专利奖，5家企业获南京市优秀专利奖。大力建设人才强区高地，新增国家级人才1人、省“双创博士”3人，44人申报国家重点人才工程计划，3人入选市级紫金山先锋外国人计划。加快完善科技金融服务体系，30多家次企业获批省市科技计划立项，获批扶持资金超5 000万元。

【发展环境】2022年，南京开发区全面抓好深化改革、环境保护、安全生产、城市管理、信访维稳等工作，和谐平安稳定的发展大局得到维护。高质量完成国企改革三年行动，全面探索社区管理模式，在兴智、华侨城等片区开展试点探索，不断提升社区服务水平。围绕深入打好污染防治攻坚战和环境质量改善目标，夯实工业污染防治基础，区域水、土壤、大气环境质量稳步提升。深入推进安全生产专项整治，聚焦危化品、“厂中厂”、特种设备、电瓶车等重点领域持续性开展全域安全生产大排查、大整治和日常安全演练，保持了安全稳定的发展形势。持续提升城市建管水平，园区垃圾分类覆盖率达100%，新增4 700多个停车泊位，极大缓解群众的停车需求。

【疫情防控】2022年，南京开发区统筹疫情防控和经济社会发展取得良好成效。坚持防在前、早发现、快处置，针对园区企业多、港口码头多、进出口物资多、人员流动性大等特点，充分运用网格化管理，严把货物运输、人员流动等重点管控环节，深入开展员工教育管理，切实守牢港口码头、园区大门和企业小门，迅速扑灭了铁路货运尧化门站货场等突发输入性疫情，以最小范围、最短时间、最低成本阻断了疫情传播。全力保障臣功制药、亿华药业、中山制药、诺唯赞等区内药企高效生产涉疫药品，帮助提高产能、优化市场供给，精心组织企业做好药品应急储备和员工健康管理，最大限度稳定员工情绪，保障企业良好的生产经营秩序。

【产业建设】2022 年，南京开发区开工建设项目 23 个，投资总额 166 亿元。其中，龙蟠科技氢能车用储氢瓶及总部项目由江苏龙蟠科技股份有限公司投资 13 亿元建设，总建筑面积约 13 万平方米，建设厂房、办公楼、仓库及相关附属设施。建成后，预计可年产氢能源汽车 70MPa Ⅳ 型车用储氢瓶 5 万件；万达光电智造生产基地项目由福建万达实业有限公司投资 10.3 亿元建设，总建筑面积约 5.8 万平方米，新建背光源生产线、SMT 贴片生产线等，建成后，预计可年产 1 800 万片背光源及 SMT 贴片等；菲特晶石英石芯片及铝镍钴材料研发生产总部基地项目由菲特晶（南京）电子有限公司投资 10.2 亿元建设，总建筑面积约 3.5 万平方米，建设研发生产总部基地，建设石英芯片生产线、TWS 用平衡电枢式受话器磁芯生产线、MEMS 石英芯片生产线；天加空气洁净设备生产项目由南京天加环境科技有限公司投资 10 亿元建设，总建筑面积约 12.07 万平方米，建设生产厂房、物流仓储用房、产品体检中心以及配套设施，对原有空气洁净设备进行技术升级，以及对现有风机盘管机组生产线、组合式空气处理机组生产线进行技术改造。至 2022 年年底，有 20 个重大产业项目竣工，投资总额约 204 亿元。其中，LG 新能源电池八工厂项目由爱尔集新能源（南京）有限公司投资 37.8 亿元建设，总建筑面积约 2.5 万平方米，新建电池厂房，新增 3 条电极生产线、7 条圆柱形三元锂离子电池芯产线。全部投产后，预计实现年产电池电极 5 280 万米，圆柱形锂电池 11.2GWH；LG 电子新能源汽车零部件项目由南京乐金麦格纳易驱动汽车零部件有限公司投资 21 亿元建设，购置组装 / 检测产线 6 条，新增各类汽车零部件产线，预计年产汽车零部件 500 万件；美迪斯高端装备智能制造项目由美迪斯（国际）电梯有限公司投资 24.5 亿元建设，总建筑面积 7.3 万平方米，其中厂房 6.2 万平方米，主要研发、生产智能停车系统、智能电梯等高端装备；顺丰智能制造研发生产基地项目由江苏森源家电科技有限公司投资 22 亿元建设，总建筑面积约 8.3 万平方米，拟建设内容包括顺丰智能装备研发中心，智能穿戴设备、智能分拣系统核心组件、货用无人机及相关控制系统研发制造中心，智能装备测试中心等。

【招商引资】2022 年，南京开发区聚焦全市打造世界级产业集群目标，坚持把招商引资作为发展的头版头条。全年实际利用外资 5.47 亿美元，其中，制造业利用外资占比全市 80% 以上，在全市占据主导地位。实际利用内资 182 亿元、签约投资总额 1 279.6 亿元。诺唯赞、丹佛斯半导体、杉金光电等 5 个项目入选市招大引强“赛马榜”优质项目。组织开展第九届海峡两岸（南京）新型显示产业高峰论坛、2022 年卓越国际南京年会暨南京经开区高质量发展合作交流会、2022 第二届智能汽车域控制器云论坛、中英国际产业合作研讨会等专业化、针对性招商活动 7 场，不断扩大在新型显示、高端装备、生物医药、新能源汽车等产业的影响力。围绕龙头企业，大力推进产业链招商。电子信息产业方面，洽谈推进了杉金光电全球研发中心及偏光板扩建项目；智能装备制造、新能源汽车产业方面，洽谈推进了可隆汽车安全部件研发制造、英达迪赛汽车被动安全设备智能制造、玛逊诺智能制造等项目；生物医药产业方面，洽谈推进了盛禾创新抗体生物药物研发及生产基地、泽恒医药研发及生产基地等项目；现代服务业领域，洽谈推进了龙潭港国际集装箱物流基地、携雨国际智慧冷链等项目。

【城市建设】2022 年，南京开发区坚持以城聚产、以产兴城，围绕打造品质新城、产业新城、财富新城的目标，有序稳步推动城市建设，兴业宜居的城市面貌不断改善。坚持规划引领发展，实施各类专题研究、城市设计、法定规划编制35项。产业用地中26幅地块已完成招拍挂手续，完成出让金7.216亿元，2022年产业用地成交量全市第一。稳步推进经营性用地上市工作，完成5幅营性用地出让工作，实现出让金40.8亿元。强化土地集约化利用，完成6家企业搬迁协议签订，收回土地约720亩，“南京经济技术开发区低效用地再开发践行高质量发展”入选市级优秀案例，2022年度经开区土地集约节约利用评价排名名列全省国家级开发区第三名。着力完善综合交通网络，25条道路竣工，总里程约42.5千米；仙新路过江通道、地铁6号线、城市三环等11项省市重大交通基础设施得到有效保障。全力推动“保交楼”工作，华夏幸福滨江观澜府、正荣悦东府、荣盛花语馨城等地产项目总体平稳可控。不断完善民生配套设施，交付保障房8693套，加快推进9个小学、社区中心等公共服务设施项目建设。

【南京新港高新技术产业园】2022年，新港高新园实现高技术制造业产值1590亿元，连续三年蝉联全市第一，占全市高新园区产值总量的38%；完成高新技术产业投资94亿元，连续三年位居全市高新园区前三，高新技术产业投资占工业投资比重达78%，位居省高新区前列。累计拥有高企328家，较2020年实现翻番；新增科技型中小企业782家，同比增长38.2%，创历史新高；省级、市级瞪羚、独角兽企业41家，创历史新高，位于全市第一方阵；新晋国家级孵化器众创空间2家、省级4家、市级3家，各级晋升数量均达到最好水平；近三年每年至少实现1家企业上市；与电竞产业深度融合，创建全省首个电竞街区。

【大事记】

1. 中国（南京）智谷入选省级“5G+工业互联网”融合应用先导区培育对象。2022年3月23日，中国（南京）智谷“5G+工业互联网”融合应用先导区，依托国际合作，发挥区域内产业优势、人才技术优势、场景及应用优势，加快推进5G、工业互联网等新型基础设施建设应用，力争用2年左右时间，实施网络体系强基、标识解析增强、平台体系壮大、新型模式培育、技术能力提升、产业壮大发展、安全保障强化七大专项行动，通过打造精品网络、培育推广典型应用与场景、建设5G全连接工厂和构建生态体系四大模块，实现由点到线、由线及面的突破性发展。中国（南京）智谷计划建设5G网络基站138个、5G网络覆盖率99.8%、5G独立专网企业30家、5G混合专网企业15家、5G边缘计算节点10个、5G+工业互联网典型应用场景30个、5G全连接工厂4个、重点企业生产要素5G联网率35%、工业互联网解决方案提供商20家、工业互联网实验室/创新中心8个、5G+工业互联网公共服务平台2个。

2. 第九届海峡两岸（南京）新型显示产业高峰论坛召开。2022年7月6日，第九届海峡两岸（南京）新型显示产业高峰论坛在南京召开。在促进两岸乃至全球显示技术和人才交流方面发挥充分作用，推动新型显示结构调整，助力新型显示实现高质量发展。

3. 起源太空全球总部在南京经开区落成投用。2022年9月7日，中国首家太空资源商业公司——起源太空（南京）科技有限公司总部启用仪式在南京经济技术开发区举行，宣布公司总部及我国最大的商业太空望远镜生产基地正式启用。

【南京综合保税区（龙潭片）】南京综合保税区（龙潭片）于2012年9月17日获国务院批准设立，位于南京经济技术开发区东区，规划面积3.83平方千米，一期封关面积1.15平方千米。其规划定位是探索建立与国际接轨的自由贸易园区，连接国际国内两个市场，发挥集约用地和要素集聚辐射带动作用，提升对全球资源的配置能力，优化开放格局、提升枢纽功能，打造成为南京开放型经济新体系的重要载体。其产业定位是以货物贸易、服务贸易及高端制造为发展主导，打造一条集采购、加工、研发、配送、展示、贸易于一体的产业链条；

重点发展以国际采购、分拆集拼、分拨配送为主的高端物流业务，以电子信息、生物医药、高端装备等为主的先进制造业以及以研发设计、检测维修、跨境电商、展示交易、服务外包、金融服务等为主的专业增值服务业。受国际宏观环境和全国疫情影响，2022 年，南京综合保税区（龙潭片）实现监管货值 118.36 亿美元，同比下降 18.58%；完成跨境电商通关 151.24 万票，实现持续稳定发展。完成了综保区无感卡口建设，持续提升了区域投资与贸易便利化水平。围绕核心功能业务，打造了南京龙潭跨境电商产业园、龙潭综合物流园、南京港口型（生产服务型）国家物流枢纽等产业发展平台。其中，南京龙潭跨境电商产业园已实现跨境电商“1210”保税进口、“9610”一般出口、“9710”直接出口以及“9810”出口海外仓等跨境电商业务模式全覆盖，初步构建了高效便捷的跨境电商服务体系，各项发展指标稳居全省前列。

南京经济技术开发区 2021—2022 年主要经济综合指标一览表

项目		单位	2021 年	2022 年	增减（%）
开发区生产总值		亿元	1 331.31	1 410.92	5.98
第二产业		亿元	876.35	904.75	3.24
工业		亿元	798.15	846.94	6.11
第三产业		亿元	450.83	501.9	11.33
工业总产值（现价）		亿元	3547	3 832	8.03
高新技术企业		亿元	683	652	-4.54
销售（营业）收入		亿元	5 319	5 690	6.97
第二产业		亿元	4 055	5 069.6	25.02
工业		亿元	3 514	3 957	12.61
第三产业		亿元	1 264	1 534.6	21.41
利润总额		亿元	235	209.6	-10.81
第二产业		亿元	144	174.3	21.04
工业		亿元	138	150.2	8.84
区内主导产业及产值	1. 新型电子信息	亿元	1 013	896.9	-11.46
	2. 石油化工	亿元	953	1 172	22.98
	3. 装备制造	亿元	618	700.6	13.37
进出口总额		亿美元	154.5	149.5	-3.24
进口		亿美元	71.3	78.6	10.24
出口		亿美元	83.2	70.9	-14.78
财政收入		亿元	410	334.6	-18.39
税收收入		亿元	335.3	334.4	-0.27
新批企业个数		家	4 108	2 945	-28.31
外商及港澳台企业		家	27	12	-55.56
内资企业		家	844	626	-25.83
区内世界500强企业数		家	95	95	0.00
国家级高新技术企业数		家	909	1 030	13.31
新批企业投资额	外商及港澳台企业	亿美元	12.77	11.18	-12.45
	内资企业	亿元	83.35	52.8	-36.65
规模以上企业个数		家	772	779	0.91
科学研究与试验发展经费（R&D）支出		万元	619 848	655 792	5.80

续表

项目	单位	2021年	2022年	增减（%）
研究与试验发展（R&D）经费投入强度	%	1.23	1.23	0.00
合同外资金额	亿美元	13.26	5.64	-57.46
外商实际投资	亿美元	7.474 1	5.693 2	-23.83
固定资产投资	亿元	240.1	256.5	6.83
年末从业人员数	万人	17	17.5	2.94
万元GDP能耗	吨标煤／万元	0.53	0.48	-9.43
水资源消耗总量	万立方米	7 718	6 000	-22.26
单位国内生产总值取水量	立方米／万元	5.80	4.25	-26.72
上市企业数量	家	15	17	13.33%
区内建立的创业创新平台数量	个	25	25	0
区内科研院所数量	家	39	39	0
区内职业教育学校数量	家	0	0	0

（南京经济技术开发区管委会）

长沙经济技术开发区

【经济发展】2022年，长沙经济技术开发区（以下简称长沙经开区）企业总收入3 454.6亿元，同比增长8%；规模工业总产值1 828.3亿元，同比增长11%；规模工业增加值398.2亿元，同比增长7.1%；实现财税收入172.5亿元；完成规模工业研发经费65.9亿元，同比增长15.8%；固定资产投资413.1亿元，同比增长18.1%；完成外贸进出口587.55亿元，同比增长27.6%，实际利用外资1.435 8亿美元。

【产业发展】2022年，长沙经开区聚焦“3+2”五大产业，以龙头产业为引领，聚力建设世界级工程机械产业集群。湖南省制造业创新中心（工程机械）落户园区，助力长沙市工程机械集群进入工信部世界级先进制造业集群培育池，连续三年蝉联工信部国家新型工业化产业示范基地五星级评价，三一重工、铁建重工、山河智能稳居年度全球工程机械50强。新能源汽车产业渗透率不断攀升，规模工业产值占比3%提升至30%，上汽大众新能源车项目开工开建，广汽三菱“阿图柯”纯电动汽车下线。电子信息、数字经济、生物技术及生命健康等特色产业彰显活力，赛迪顾问发布2022生物医药产业园区百强榜，园区前进14位，跻身第50位；蓝思科技获评国家智能制造试点示范工厂，国科微电子获批国家级企业技术中心。新增规模工业企业65家、净增规模工业企业38家。新增国家级制造业单项冠军企业产品4项（五新隧装、山河智能、中大创远、铁建重工）。博世长沙和三一18号厂房入选世界级“灯塔工厂”。三一重工全球最大吨位履带起重机、中联重科全球最长臂架泵车、铁建重工全球最大竖井掘进机、山河智能全球最高全液压履带桩架等，均创造出新的世界纪录。新增省级专精特新“小巨人”27家、国家级专精特新“小巨人”14家。净增高新技术企业132家，同比增长27%。新入库科技型中小企业531家，增长41%。年内获评国家智能制造示范工厂3家、省级智能制造标杆企业4家、省级标杆车间3家、“5G+工业互联网”示范工厂6家，省级智能制造系统解决方案供应商12家。

【科技创新】2022年，长沙经开区高新技术企业认定通过238家，园区现存有效高新技术企业总数624家。实现规模工业企业研发投入65.9亿元，同比增长15.8%。高新技术产业增加值316.1亿元，同比增长5.7%。实现技术合同登记成交额64.35亿元，同比增长10.3%；完成技术合同登记项数694项，同比增长433.9%。完成科技型中小企业入库545家，同比增长46.1%。2021年入选的6个省十大技术攻关项目2022年度完成投资1.56亿元。

新增中车通号等5个省级工程技术研究中心，明和光电等26个省级企业技术中心，1个省级制造业创新中心（国重智联），园区省级及以上研发创新平台累计170个。星通义达众创平台获备案国家级众创空间，国重智联众创空间获省级备案，园区获评省级以上众创空间达到8家，省级以上科技企业孵化器2家。长沙特种工程装备工业技术研究院、长沙干细胞与再生医学工业技术研究院获批。对2021年获批组建市级专家工作站3家企业拨付工作经费，行深智能获批组建2022年市级专家工作站。长沙经开区技术合同登记点在园区设立专窗，完成技术合同登记595份，合同金额43.57亿元。组织企业参与湖南省创新创业大赛，兴芯微等

4 家企业获评优秀企业，行深智能获成长组一等奖、中能装备获小微组三等奖，福来格、执先科技获优胜奖，绿脉环保“铝灰渣”无害化及资源化项目入围 2022 年全国颠覆性技术创新大赛领域赛。培训园区技术经纪人 59 人。

兑现科技创新专项资金 6 100 万元，兑现上级资金近 1 亿元。推进产业链供需平台建设，线上平台注册企业会员 400 余家，发布供需信息 200 余条。线下常态化举办产业链供需集市系列活动，举办走进天际等多样化供需对接活动共 18 场。承接工程机械、汽车、先进轨道交通装备、新一代半导体及集成电路等 4 条产业链推进工作，完成山河智能、三一汽车等 56 家企业精准服务走访，收集企业诉求 70 余条，协助组织链上企业参与行业交流、课题研讨、技术发布等活动 30 余次。

【投资促进】2022 年，长沙经开区新引进工业项目 23 个，总投资 239 亿元，其中投资 100 亿元项目 1 个，10 亿元以上项目 5 个，三类 500 强项目 6 个。上汽大众新车型、索恩格新能源产品研发及制造、恒立液压研发中心及试制车间等重大产业项目相继落户。实际利用外资 1.435 8 亿美元。外贸进出口额完成 587.55 亿元。省外境内投资 78 亿元；深耕埃塞湖南工业园项目平台与资源优势，稳妥推进与远大可建、湖南嘉德集团的湘企出海战略合作协议，聚焦工程机械二手设备及二手车出口、装配式住宅、跨境电商等领域，鼓励企业“抱团出海”，提高园区企业对外投资规模。组织召开中国(湖南)—埃塞俄比亚经贸合作交流会，邀请特肖梅大使访问长沙经开区。加快推进小微园区建设工作。聚焦亩均效益提升，中电光谷等 5 个小微园区项目获得准入，高效盘活闲置产能。承接粤港澳大湾区产业转移，联合中电光谷、高峰智能等产业园组团在深圳、东莞等地举办专场招商推介会，成功签约一批工程机械、汽车、电子信息产业的入驻企业。园区 14 家总部型楼宇新引进总部型企业 45 家。组织召开 3 次工业地产项目预审会，对 237 家工业地产入驻企业审核把关。园区工业地产入驻企业中，共有高新技术企业 330 家，规上企业 81 家，智能制造企业 52 家，亩均效益约 48 万元 / 亩。

【绿色集约】2022 年，长沙经开区国控站点 P 站点考核排名全市第 1，综合指数 3.74，同比改善 12.6%。优良率 82.2%（优良天 300 天），同比改善 1.9 个百分点（优良天同比增加 7 天）。PM2.5 年均浓度 39 微克 / 立方米，同比改善 15.2%。臭氧浓度为 159 微克 / 立方米，重污染天数 2 天，同比减少 8 天。完成省“夏季攻势”项目 1 项，市污染防治项目 22 项。完成 47 个企业 466 套设备用电监测设备安装、联网。推进重污染天气减排清单修订及执行，工业源包括企业 335 家，生产线 881 条，扬尘源包括工地 145 个。推进重污染天气绩效提级工作，12 家企业提级成功。拟申报减排 906.731 吨，其中结构关停减排 186.235 吨，工业治理减排 720.496 吨。开展 VOCs 突出问题排查，涉及企业 46 个，废气收集治理设施 300 余套，发现 10 个企业存在 13 个问题，整改完成 12 个；率先完成工业园区依托城镇污水处理厂企业污水排放评估报告任务。深入开展防范化解重大生态环境风险隐患“利剑”行动及 2022 年度浏阳河(经开区段)“碧水攻坚战”监管执法专项行动。加大“湖南省固体废物管理信息系统”中企业信息、危险废物转移信息应用力度，系统内已注册账号的 378 家企业全部完成 2021 年年报登记。根据年报情况，将年产废量 100 吨以上 21 家企业和 4 家经营单位纳入监管重点单位名单。完成园区危险废物规范化环境管理评估企业 36 家，评估全部达标。

【数字赋能】2022 年，长沙经开区持续深耕制度创新“试验田”、打造数字赋能“标杆地”、夯实数据平台“新底座”、培育数字生态“增长极”。不断完善新一代信息技术与制造业深度融合工作机制，出台应用项目管理办法，发布应用场景揭榜指南及第二批揭榜项目，扩大“智改数转”标杆项目引领效果。长沙经开区“三化”联动推动制造业智能化案例被纳入湖南省政府2022年综合大督查典型经验做法通报表彰。智能制造“星沙模式”为区域智能化转型提供可复制可推广经验，已作为湖南自贸试验区第一批制度创新成果在全省复制推广。园区获评工信部首批国家新型工业化产业示范基地—工业互联网平台赋能数字化转型示范基地（全省2个，全市仅此1个）。博世长沙工厂、三一18号工厂先后入选世界经济论坛全球“灯塔工厂”。年内获评国家智能制造示范工厂（3家）、国家新一代信息技术与制造业融合发展试点示范项目（3个）、省级智能制造标杆企业（4家）、省级标杆车间（3家）、省级“5G+工业互联网”示范工厂（6家）、省级智能制造系统解决方案供应商数量（12家）均居湖南省首位。持续建设湖南工业互联网创新中心，工业互联网产业联盟湖南分联盟落户园区，面向全社会首次发布《湖南省“5G+工业互联网”先导区建设发展报告》。不断完善智慧园区推进工作机制，构建“一办法两细则三指南”信息化建设制度体系，强化项目全生命周期管理。持续夯实数据底座，更新1 500余万条数据，构建18 493家企业“画像”。智慧园区“一档两库一平台”项目获省工信厅2022年数字湖南十大应用场景建设典型案例、“2022年地理信息产业优秀工程”奖。

【自贸区建设】2022年，中国（湖南）自由贸易试验区长沙片区长沙经开区区块实现外贸进出口563亿元，同比增长48.3%；实际使用外资1.42亿美元；新增市场主体3 107家；外贸实绩企业426家；新增“三类500强”项目6个；市重大项目年度投资额141.42亿元。完成年度自贸改革任务7项，梳理全国自贸试验区具备在长沙经开区区块内复制推广成果76项，已全部完成复制推广。8项制度创新经验案例入选湖南自贸试验区第二批制度创新成果。通过先行先试、改革试点、复制推广等方式，争取上级对亩均效益改革试点、三一科学城新型产业用地（M0）试点、源品生物干细胞临床研究试点、安泰生物免疫细胞临床研究试点等一批标志性的改革试点项目，开辟自贸试验区赋能经济技术开发区高质量发展新赛道。持续推进工程机械二手设备出口改革试点项目，指导成立湖南省工程机械二手设备出口联盟。基于长沙经开区前期系统全面改革试点，工程机械二手设备出口改革试点经验由长沙片区在全市层面复制推广、扩面提升。干细胞、免疫细胞改革试点项目获批。完成全省“融资租赁+工程机械设备出口”首单试点，创新内资融资租赁企业服务境外终端客户业务路径，实现融资租赁承租人由国内客户向国外客户的转变，丰富中国工程机械出口金融选择，有力促进国内工程机械设备出口。组织区块企业申报，累计获批自贸专项资金3 977.41万元。鼓励外商投资企业在华设立研发中心，完成博世汽车等外商投资企业研发中心核定和申报享受支持科创进口与采购国产设备退税工作。有序推进重大功能性平台。推动“一城两港三中心”重大功能性平台建设，落实定期专题调度机制，协调解决平台建设中制度堵点、政策难点等事项。

【基础设施建设】2022年，长沙经开区铺排新建项目102个，续建项目76个，总投资额273.51亿元，计划投资74.90亿元，完成政府投资75.65亿元，完成比例101%。新建与续建道路桥梁工程43处，总投资114 651万元。完成东十路、漓湘东路、龙峰大道等14条道路工程，硬化路面1.46万米，拉通排水1.92万米。新建与续建电力工程18处，投资23 942万元，完成强弱电改迁2.63万米。新增绿化18.76万平方米，完成蓝天保卫战覆绿、盖网217.5万平方米。在建学校、两水、商住房屋等面积共33.46万平方米，完成投资60 100万元。完成企业场地平整16.7公顷。铺排新建输配水管网工程项目43个，新建及升级改造市政供水管网18千米，完成善化国际、晶华美地等9个小区老旧管网升级改造，同步启动开元路社区、湘龙家园等26个小区二次供水设施户表改造和管道直饮水建设。完成民用户开发21 162户，工商户开发115 234立方米/日。敷设燃气管网1 271.1千米（中压管网492.8千米，庭院管网778.3千米）。

【投融资服务】2022年，长沙经开区实现税收收入133亿元，扣除退减缓税等因素后为172.5亿元，与上年持平。优先认定招商引进以及工业地产项目中相对税收贡献较大的企业120家和其他企业272家，保证税收尽早入库。新增住友橡胶、湘江关西和中宏融资租赁等税收过亿元企业。最大程度争取园区可用财力，可结算收入约27亿元（含以前年度未结算的16亿元）。发行6个政府专项债券项目，争取资金21.8亿元。园区5个PPP项目完成总投资额6.48亿元，已投资达71.12亿元。完成四资盘活33.18亿元。向企业拨付各类扶持资金30亿元，土地开发支出25亿元，政府化债及利息10亿元，基础设施建设支出1.7亿元，对园区主要征地拆迁项目给予重点资金保障。挖掘迈迪克、行深智能、湖南视比特、天羿领航等一批科技含量高、市场竞争力强、发展前景广阔的企业，推荐29家企业进入省市上市后备企业库。补助上市挂牌企业资金840万元。开展金融集市活动23场，帮助中小企业融资超22亿元。开展区块链金融服务平台推广应用。完成1.5万家企业信息接入，入驻21家金融机构，发布并上线10余个金融产品。组织园区企业和金融帮扶单位申报金融帮扶73笔，拨付补贴金额789万元。

【区块链】2022年，星沙区块链产业园营收7.2亿元，税收1 400万元，吸纳就业人数1 325人。新增入驻办公企业13家，新增高新技术企业10家，新增服务业入规企业4家，培育入规5家，新增省专精特新“小巨人”企业2家，筹划上市企业3家。吸引长沙市ABCDE类人才26人，获得249项发明专利、714项软著。天河国云突破4项“卡脖子”技术，获评全国首家区块链领域省级技术创新中心，园区企业主导或参与制定国家级区块链标准6项，行业标准2项，承担国家级项目12个，省级项目10个。在长沙市国家区块链创新应用试点12项任务中，园区企业参与或单独承担任务10项，天河国云成功入选国家15个“特色领域试点（区块链+制造）”之一，省两融试点企业；树根格致被列入省首批制造业数字化转型服务商，获评2022年湖南省级工业互联网平台，其“智慧碳排放管理平台”获2022年度全国责任案例；和信安华“区块链赋能乡村振兴”项目获长沙市新型智慧城市现场比武第三名。湖南省“数字新基建”100个标志性项目名单，园区企业在区块链领域连续两年占比达50%。通过区块链2.0版政策，鼓励和引导区块链等数字技术赋智赋能实体产业，支持企业开展智能化生产、网络化协同、数字化管理等类别改造升级，为实体产业转型升级跑出“加速度”。

【体制机制创新】2022年，长沙经开区持续深化“放管服”和“一件事一次办”改革，办件6.5万件。推行全功能综合审批服务模式，获评省“放管服”改革“揭榜竞优”十大经典案例；探索小微园区“二次开发”模式，作为全国首创列入湖南自贸区拟发布的第二批制度创新成果；开展工改3.0版试点；“我要开工”“三证合一”、一件事一次办列入湖南自贸区第一批制度创新成果；项目开工一件事（即“我要开工”）、对外贸易经营资质一件事被市行政审批服务局列入首批21个“一件事一次办”优秀改革案例予以推广；创新审批机制，实现“一个窗口服务到底”。依托区块链技术，建立全功能综合审批视窗，集成24个审批系统，打通数据壁垒，实现审批全程可视化。放宽市场准入实现住所告知承诺，推动市场主体净增2 967家，同比增长18.9%。统筹“四即”改革（洽谈即服务、签约即供地、开工即配套、竣工即办证），休息时间零打烊，通过中午不间断服务、周末预约服务和24小时自助服务为企业办件4 109余次；行政审批事项100%网上可办，企业设立登记全程网办比例达85%，17个事项实现跨域通办。建设新政务大厅，深化帮代办服务，实现政务服务软硬件跨越式升级。引入出入境、不动产登记、技术合同认定登记等新政务服务事项，进一步实现“园区事园区办”。优化政策兑现，依托通惠企政策服务平台，提供全面查、精准算、智能订、便捷办等五个方面功能，汇集国家、省、市、园区各级政策办理事项近1500条，园区本级8个领域、19项惠企政策、156个办理事项全部实现一窗通办，累计通过免申即享兑现6945万元。

【政策发布】2022年3月4日，出台《长沙经济技术开发区关于提高“两区”亩均效益 盘活低效产业用地的实施办法》，加快中国（湖南）自由贸易试验区长沙片区长沙经开区区块、长沙经济技术开发区高质量发展，促进低效产业用地再开发；3月8日，出台《长沙经济技术开发区关于加快小微园区建设提高亩均效益的实施办法》，加快推动中国（湖南）自由贸易试验区长沙片区长沙经开区区块小微园区建设，促进低效工业用地再开发和亩均效益提升，实现高质量发展；9月19日，出台《中国（湖南）自由贸易试验区长沙片区长沙经开区区块制度创新促进办法（试行）》，充分调动各类制度创新主体改革创新的主动性，建立自贸试验区制度创新工作促进机制，力争创造更多可复制推广的案例经验，推动中国（湖南）自由贸易试验区长沙片区长沙经开区区块、长沙经济技术开发区高水平开放和高质量发展。

【社会事业】2022年，长沙经开区成立新冠肺炎疫情防控工作专班，工管委领导带队，对331家园区企业及重点项目施工现场进行疫情防控督导。企业服务卡为服务对象提供机场出行服务157次，高铁出行服务302次，医疗服务270次，提供入园入学服务280人次。为42家企业提供公租房，服务8120余名员工入住。开通园区穿梭巴士E线，实现园区公交与地铁的短线接驳和“无缝衔接”。协调共享单车运营企业在园区亚太实业、湘江电缆等企业布点共享单车。协调处理及回复来自领导批示、走访企业收集的各类诉求209项，其中公共事务109项，交通出行及交通设施60项，住房保障21条，教育医疗19条，处理完成数字化城管案卷12332条。出台《长沙经济技术开发区社会管理创新项目管理办法》，充分调度属地镇街积极性，进一步形成工作合力。

【党建工作】2022年，长沙经开区新建非公企业党组织212个，新增覆盖企业493家。建立988家重点企业台账，组织覆盖企业772家，党组织覆盖率78.1%。选派137名帮建指导员，向新建企业党组织发放牌匾、印章、党旗、书籍。实施我为群众办实事“十心工程”，形成55个项目清单并认真抓好落实。开展“党建引领、助力千企”行动，制定10条惠企措施并全部落实。组织实施“书记项目”工程230余个。成立2个产业链党委。集中返还2021年党费280余万元，发放党务干部岗位补助194.29万元，下拨9.4万元专项经费，支持47个困难非公党组织党员教育经费。新发展党员177名，接转党员组织关系2840人次。举办5次党务干部教育培训活动。表彰优秀共产党员、优秀党务工作者160人、先进集体42个。深入21家企业开展二十大精神宣讲，5万多人参与。举办“十个一”活动。开展“澎湃三十年”宣传活动，发布《澎湃当歌》《流金》《澎湃三十年》等系列视频。做好县第十八届人大代表补选和县第三届归侨侨眷代表推荐工作。组织园区22家企业参加三期“星商大讲堂”。开展2022年长沙市统一战线“四明白四清楚”专题调研。组织办理90名退役军人“优待证”，走访慰问对象349人并发放慰问金。新组建非公企业团组织109个，组建完成率110%。成立青年突击队3支，申报“长沙市青年文明号”3个，申报“长沙市青年岗位能手”8人，山河智能团委获评湖南省“五四红旗团委”。

【机构设置与工管委领导】2022年，长沙经开区工管委内设办公室、干部人事人才局、党群工作局、经济合作局、产业发展局、财政金融局、行政审批服务局、自然资源规划建设局、市场监管局（知识产权局）、营商环境工作局、自贸区创新发展局11个工作部门。所属星沙产业基地事务中心、创业服务中心、投资评审中心、建设工程质量安全监督站、法律事务中心、人力资源公共服务中心（高层次人才服务中心）、产业发展事务中心、土地储备中心（征地拆迁安置事务中心）8 个事业单位。另外，根据相关规定及章程，设置了机关党委、纪检监察审计室、总工会等机构。直属长沙经济技术开发集团有限公司、长沙经济技术开发区城建开发有限公司 2 家企业。

长沙经开区党工委、管委会班子成员包括：党工委书记付旭明，党工委副书记、管委会主任张庆红，党工委副书记赵文骄，纪工委书记、监察工委主任周志远，党工委委员周志远、常利民（至 2022 年 12 月）、张湘鸿、赖坤明；管委会副主任常利民、张湘鸿、赖坤明。

（长沙经济技术开发区管理委员会）

萧山经济技术开发区

【经济发展】2022 年，萧山经济技术开发区围绕跻身国家级开发区第一方阵目标的要求，持续推进“兵团化会战、专班化运作”工作机制，加快发展数字经济，着力稳增长、强动能、促发展。全年开发区本级实现规上工业增加值 138.23 亿元，同比增长 5.2%；固定资产投资 168.94 亿元，同比增长 51.6%，其中，工业投资 52.17 亿元，同比增长 81.3%；服务业投资 116.78 亿元，同比增长 41.3%；实现限上社零额 118.96 亿元，同比增长 10.9%；实现财政总收入 141.85 亿元、一般公共预算收入 82 亿元，分别下降 4.92%、1.08%；今年以来完成政府采购 2 612.78 万元，其中，涉及中小企业 2 218.78 万元，占比 85%。公司总资产达 919.60 亿元，净资产达 499.26 亿元。

【招商引资】2022 年，萧山开发区加快产业链招商，聚焦五大兵团产业链，编制产业链作战方案，围绕链主型企业和总部经济型企业项目，全力招引上下游企业集聚，不断增强产业竞争力。今年以来，共招引落地亿元以上制造业项目 21 个、10 亿元以上制造业项目 7 个、10 亿元以上省外内资制造业项目 2 个、亿元以上服务业项目 14 个，实际利用外资 4.5 亿美元。包括总投资 51 亿元的吉利新能源汽车电子产业园项目、总投资 56 亿元的浙江传化益迅新材料有限公司年产 68 万吨有机硅新材料及高端精细化学品项目。

【动能转换】萧山开发区扎实推进“亩均论英雄”改革，坚持连片原则，高绩效推动“腾笼换鸟、凤凰涅槃”。2022 年实现桥南区块连片收储低效土地超 300 亩，工业用地改变用途处置 104.61 亩，完成率达 104.6%；产业新鸟招引 20 家，完成率达 100%；新增产业空间中完成建成面积 22.25 万方，完成率达 74%；规上工业企业税收增幅 7.51%。

【产业数字化转型】2022 年，萧山开发区深入实施“未来工厂”六大行动，加快发展壮大雁阵型数字企业梯队，推动企业开展数字化改造。今年以来，实施工业企业数字化改造项目超 50 个，服务业数字化转型项目 14 个，大王椰智环进入浙江省工业互联网平台以及杭州市未来工厂创建培育名单。成功上线“开发区数智楼宇系统”，完成 22 幢楼宇信息录入和更新，6 950 家企业详细信息分类。加快产业大脑建设，萧山“机器人行业产业大脑”成功入选省第二批工业领域行业产业大脑建设名单，为杭州市唯一。

【产业创新发展】2022 年，萧山开发区挖掘新兴行业质效提升潜力，在线上直播企业的拉动引领下，规上营利性服务业营收和增加值同比增幅超 20%。做好“两业融合”文章，鼓励服务业企业赋能制造业发展，推动产业融合发展。加强亮点打造，开发区信息技术服务创新发展区成功列入第二批浙江省现代服务业创新发展区，成为招引、集聚信息技术服务、数字贸易等重点企业的金字招牌。

【机制创新】2022 年，萧山开发区制定《开发区产业项目“开竣投”全流程服务管理制度》，推动项目早开工早投产，共促动新项目开工 14 个。重大项目建设进度良好，吉利新能源汽车电子产业园项目、浙报融媒体发展中心项目一期已正式开工建设，万向创新聚能城、浙大杭州国际科创中心、电信大数据中心和智联国际生命科学科创中心等项目建设正在有序推进中。

【要素保障】2022年，萧山开发区完成开发区内三区三线项目举证工作，积极争取科技城、桥南、益农区块和三江创智新城发展的空间指标。加大盘活存量用地力度，今年以来，共完成批而未供土地2 069亩，供而未用土地1 276亩，低效用地再开发1 483亩。加大资金保障力度，创新融资方式，成功发行全区首单CMBS产品（光大天风—萧山经开信息港资产支持专项计划）。

【优化配套】2022年，萧山开发区持续推进重点区块电力配套、蒸汽管网建设和环境综合整治。临江新材料产业园萧山益农板块获得命名批复，解决园区合法性合规性、益农拓展区规划环评等一系列问题。全力支持企业进行省重大产业项目申报，2022年传化有机硅新材料项目及超淳金刚石项目成功列入省重大产业实施类项目清单。

【国企改革】2022年，萧山开发区根据市场化、实体化要求，打造1+6+N管理模式，国企改革方案已经区委常委会审议通过。采取货币注资、资产划拨、资产注入及存量资产增值等方式，积极做大公司资产规模，公司总资产达919.60亿元，净资产达499.26亿元。积极与评级公司对接，经开国控集团顺利获得AAA主体评级。

【数字改革】2022年，萧山开发区推进以项目全周期服务管理为重点的"企安心"数字化改革，聚焦"招商选商、亲商安商、暖商助商"等应用场景，对产业项目实施链条化管理、闭环式推进、全过程服务。积极探索同步植入项目开竣投、人才公寓管理等应用，努力推进项目全链式管家服务和公权力行权全过程监管"协同融合"。

【自贸建设】2022年，萧山开发区自贸区建设亮点不断涌现，由开发区承建的浙江自贸试验区展示中心正式启动，为全省唯一集宣传、招商、交流、活动、孵化等功能为一体的自贸试验区综合型展示平台。"世界500强圣戈班新材料、千石科技磁性材料总部等一批项目集中签约"等入选今年浙江自由贸易试验区建设"十大进展"。长龙航空"航空发动机MRO"国际航空再制造中心入选杭州市级创新案例。杭州启函生物科技有限公司入选杭州市入境特殊物品安全联合监管机制首批试点企业（全市仅2家）。

【科技创新】2022年，萧山开发区各类人才培育稳步推进，市级以上领军人才自主培育13人，"5213"计划等人才项目落地28个，C类及以上人才认定19人，新增职业技能等级认定试点企业2家，新增高技能人才589人。各类科技指标量质齐升，专利质押融资5.6亿元，商标质押融资4 300万元，有效发明专利拥有量2 448件，技术难题"揭榜挂帅"完成16个，新认定国家高新技术企业88家。此外，开发区6家企业荣获省级及以上科技进步奖，1家企业荣获"中国专利优秀奖"，3家企业入围省级专利示范企业。

浙大杭州国际科创中心一期CMOS平台启动器件验证芯片的流片工作。协同推进浙大杭州科创中心合成生物学孵化平台建设，借助已建成的浙大合成生物学公共平台引入产业链上下游项目。西电杭研院围绕集成电路科学与工程创新中心、国家安全创新中心、电磁空间一体化创新中心三大平台已完成12个实验室的搭建，组织开展产学研活动200余次。西安电子科技大学杭州研究院院士工作站正式授牌成立。西电数字经济产业园计划11月底开园，已储备产业及科研成果转化项目百余个。由浙江省农业科学院牵头建设的湘湖实验室（现代农学与生物制造浙江省实验室）落地创业谷，获批浙江省博士后工作站。欧美同学会海归小镇(杭州•数字医药）揭牌落地。杭州湾信息港创新能级持续提升，连续六年获评国家级科技企业孵化器考核A类优秀（全省仅三家），全国和谐劳动关系创建示范工业园区（全市唯一）。

制定科技型企业梯队建设三年行动计划、知识产权培育三年行动计划，出台开发区企业知识产权工作室认定管理办法（省内首创），提升开发区知识产权创造、运用、保护和服务水平。探索建立健全重点人才科技载体、企业特派员挂职锻炼机制。成功举办2022年中国数字化肿瘤诊疗产业高峰论坛、第六届万物生长大会——生物技术创新论坛、第五届中国医疗器械创新创业大赛等大型活动。

【助企纾困】2022年，萧山开发区发布《关于促进经济高质量发展实施规上企业定向联系的通知》，由委领导领衔集中开展企业定向联系。持续推进“千名干部进千企”活动，帮助企业及时解决发展过程中的困难和问题。已实现规上企业走访全覆盖，并协助杭可、博雷、圣戈班、蓝天制衣等企业对接新增厂房需求，帮助采埃孚、重汽等企业对接产业链上下游资源，辅导欣美电气新公司、赞宇、王力等新企业入库。

促进产业政策落地见效，审核兑付扶持资金4.4亿元，涉及企业315家。落实房屋租金减免政策，累计减免国有房屋租金3 901.69万元，惠及小微企业和个体工商户236家，累计减免蓝领公寓租金87.05万元、受益企业29家，切实减轻市场主体负担。发挥政府采购政策导向，落实好面向中小企业预留采购份额等条款，今年以来完成政府采购2 612.78万元，其中涉及中小企业2 218.78万元，占比85%，助力中小企业纾困解难。

【安全生产】2022年，萧山开发区抓好隐患排除，积极开展各类事故举一反三排查（临平火灾专题、高层建筑火灾专题以及化工企业专项检查）、工厂仓库排查治理、节假日期间巡查等，排查企业294家，发现隐患80处，目前已整改完成。抓好整改监管，指导企业开展隐患自查、常普常新三个月一自查。抓好体系建设，完成规上企业安全生产三级标准化达标自评、小微企业安全生产风险管控体系建设和开发区园区风险评价工作。抓好教育培训，完成线上培训1 554人次，线下培训1 052人次，组织200余家企业参加安全生产法、特种作业专题培训。

【加强外宣】2022年，萧山开发区不断加大对外宣传力度，持续提升开发区形象。今年以来，共在《人民日报》《学习强国》《浙江日报》《杭州日报》等各级媒体发表文章410余篇，先后在《中国开发区》、省开发区杂志多次刊发文章，荣获中国开发区协会2022年度宣传信息工作先进单位。

（萧山经济技术开发区管委会）

营口经济技术开发区

【经济发展】2022年，营口经济技术开发区地区生产总值实际完成398.96亿元，同比下降1.1%；一般公共预算收入完成25.64亿元，同比下降22.3%，其中，税收收入完成24.38亿元，同比下降24.1%；固定资产投资累计完成72.17亿元，同比增长2.8%；规模以上工业增加值实际完成109.45亿元，同比下降6.4%；引进国内到位资金125.37亿元，同比增长11.5%；实际利用外资996万美元，同比下降72.1%；城镇居民人均可支配收入增速高于全市平均水平。市场主体信心持续恢复。坚决贯彻落实党中央、国务院关于稳住经济大盘的决策部署和一揽子政策，为1 826家企业减税降费7亿元，为3 247家企业发放稳岗资金1 500余万元，为95个重点项目、88家规上企业解决实际问题149个。新增市场主体10 398户。

【项目建设】2022年，营口开发区项目建设稳中提质。开复工500万元以上项目154个，其中亿元以上项目61个。信义玻璃二期工程完工，鞍钢原料场整体棚化封闭、航天产业园等项目加紧建设，全球首套绿氢零碳炼铁新技术示范项目、鞍钢中集LNG氢气联产项目开工，GW级源网荷储一体化项目有序推进。为4个项目争取中央预算内投资6 231万元。开展“走出去”“请进来”招商引资活动110余次，西部海滨旅游带文旅综合体、中船重工二期等103个项目顺利签约。

物流枢纽建设全面提速。鲅鱼圈港区钢杂泊位改造一期土建工程交工验收，沈哈红运海铁联运提质工程基本完工，疏港高速项目启动，铁路专用线方案初步完成。营口港物流枢纽信息化项目投入使用，汇丰物流铁路专用线、港力博星智慧仓项目竣工运营，屹仓粮食加工、中糖物流等项目加紧建设。畅通“北粮南运”大通道，营口港散船粮食吞吐量完成925万吨，增长35.6%，海铁联运量完成86万TEU，增长2.3%。成功举办“2022年中国物流企业家夏季峰会”。新引进物流企业217家，预计物流企业实现税收8.64亿元。

【产业转型】2022年，营口开发区产业转型蹄疾步稳。现代农业加快发展。新增农民专业合作社3家，培育农业产业化重点龙头企业1家，成功举办中国农民丰收节系列活动，葡萄科技小院获评全国“最美科技小院”。工业经济量质并进。项目化推进结构调整“三篇大文章”，鞍钢鲅鱼圈基地绿色低碳升级、信义光伏玻璃等项目有力推进，嘉里粮油、辽宁奥镁等85个技改项目实施；实施企业“上云用数赋智”行动，新增“小升规”8家、专精特新“小巨人”企业3家，省级数字车间、智能工厂5家，省级绿色工厂3家，13家企业接入工业互联网标识解析二级节点。我区获得省“促进工业稳增长、推动先进制造集群发展、实施产业基础再造工程、保持制造业比重基本稳定等方面成效明显县区”称号。国家先进制造业和现代服务业融合发展试点工作获得国家发改委认可。现代服务业稳步发展。发放“促销费”活动补贴670余万元，成功举办春秋两季车展，全区消费品零售总额与去年持平。新红运酒店入选首批省级文明旅游示范单位。区域性金融中心建设平稳，发放各类型小微企业和个人贷款23.88亿元，全区贷款余额732.91亿元，同比增长0.81%。

【城乡建设】2022年，营口开发区城市功能更加完善。常态化推进文明城市创建，投入近1.8亿元维修改造基础设施78项，滨城大道、新鞍钢路等主次干道焕然一新，升级改造绿化工程18项，建设3座口袋公园，改造5个老旧小区，居民生活环境得到实质性改善。维修改造供热管网100千米，与华能营口电厂签订供热委托管理协议，为下一步全域高质量集中供热奠定基础。

【生态环境】2022年，营口开发区生态环境更加美好。第二轮中央环保督察整改任务持续推进，45件交办案件全部办结。深入实施“五大工程”，制定《鲅鱼圈区大气污染防治重点区域“一点一策”综合治理方案》，全年PM2.5浓度同比下降6.25%；严格落实“河长制”，解决涉河问题70个，维修橡胶坝4座，沙河水生态治理工程投入使用，225个入海排污口整治完成，水环境质量持续稳定达标。农用地、重点建设用地安全利用率稳定在100%。

农村环境更加宜居。深入实施农村人居环境整治，建成省级美丽宜居村4个。城乡供水一体化工程稳步推进，望儿山村、郭屯村、厢黄旗村污水管网改造及给水工程顺利完工，农村生活污水治理工作获国家生态环境部充分认可。维修改造农村公路10.4千米，新建“一事一议”农村道路15千米。完成森林抚育500亩，义务植树5万株，森林督查“清零行动”取得阶段性成效。

【社会事业】2022年，营口开发区社会保障不断完善。全力以赴稳就业，零就业家庭始终保持动态为零，举办招聘会85场，新增城镇就业3930人，城镇失业人员再就业4500人，达成意向1.1万余人，高校毕业生离校就业率达85%。构建和谐劳动关系，清欠农民工工资213.58万元。城乡低保标准分别提高2.1%和6.8%，及时足额发放低保、困难群体救助补贴资金3545万元。

社会事业全面进步。全面推进教育优质均衡发展，月亮湖小学教学楼主体完工，西关小学等薄弱学校有序提升改造，特殊教育学校投入使用。高考成绩创历史新高。医疗卫生服务体系不断完善，公立医院改革稳步推进。文体事业持续发展。成功举办萱花文化节、秧歌展演、非遗传承展示等文化活动，圆满承办辽宁省第十届少数民族传统体育运动会，区图书馆获批全省第一批社会科学普及示范基地。社会治理体系更加完善。创新开展“基层投诉举报和信访化解专项服务”，1064个网格治理体系和服务体系不断完善。构建矛盾纠纷多元化解工作模式，“居民评理说事点”实现108个村（社区）全覆盖。为所有村（社区）配备法律顾问，“慧评理”服务平台实现群众实时评理说事“指尖触达”。

平安建设持续推进。全力维护社会大局稳定，圆满完成党的二十大、冬奥会、全国“两会”等重大活动安保维稳任务。安全生产形势总体稳定，无重大安全生产事故发生。退役军人服务保障体系不断完善，食品药品监管不断强化，群众安全感明显提升。

（营口经济技术开发区管委会）

龙泉驿区（成都经济技术开发区）

【概况】 龙泉驿区位于成都平原东缘、龙泉山西侧，全区幅员面积557平方千米，建成区面积97.8平方千米，辖10个街镇，123个村(社区)，常住人口135.6万，是成都国家级经济技术开发区所在地，是第31届世界夏季大学生运动会承办地，也是国务院命名的“中国水蜜桃之乡”，承担着成渝相向发展主战场、全市工业化主战场、成都大运会主战场的重大使命。

【经济发展】 经济实力强劲。2022年，龙泉驿区实现地区生产总值1 545.7亿元，全口径税收达421.83亿元，区域经济总量连续十年位居全省县级行政区首位，荣获中国最具幸福感城区、排名中西部城区第一。获评中国最具投资吸引力产业园区、全省开放发展示范平台、全市国际供应链城市建设工作先进区等称号，成功创建国际化高质量发展环境建设标杆园区、全国科普示范区、国家火炬特色产业基地、全省近零碳排放试点园区。

【产业发展】 龙泉驿区产业优势明显。2022年，全区实现整车产量98万辆，汽车制造业产值1 541亿元，工业总产值达2 012亿元。集聚一汽大众、一汽丰田等整车制造企业10家，西门子、博世等关键零部件企业300余家，威马等研发机构128家，建有中德智能网联汽车基地，开放测试道路289千米，位列全国第五、全省第一，信通院、腾讯等智能网联汽车龙头企业落户发展，初步形成涵盖全系车型和全链协同发展的汽车产业生态圈，是全国第六大汽车产业基地。

【基础设施建设】 龙泉驿区交通便捷畅达。龙泉驿历来为蓉城门户、川渝要津，自古有“川东首驿”之称。地处成渝地区双城经济圈的重要节点，双流机场、天府机场两大国际航空港和成都国际铁路港的几何中心，区界距成都国际铁路港13千米，距双流、天府两大国际机场18千米，毗临成都东客站。拥有占地5 600亩面向全国的区域性生产服务型物流中心—龙泉物流中心，成都公路口岸就地通关，四向公铁水多式联运服务体系基本建成，境内“六横三纵”高速路网畅联。

【生态环保】 龙泉“一半山水一半城”，拥有247平方千米山区，5 000余亩东安湖公园，40平方千米中央生态绿芯、18平方千米环城生态区，森林覆盖率达42.1%，背靠全球最大的城市森林公园，空气质量指数常年排名全市前列。公园城市蝶变，世界大运公园荣获中国建筑工程鲁班奖，“品质东安、烟火驿马河”成为城市新名片。旅游资源丰富，千年古刹石经寺、最美地宫明蜀王陵、“天下客家”洛带古镇、“国际桃花节”中外知名，获评国家级生态区。

（龙泉驿区政府办）

长春经济技术开发区

【区情概况】长春经济技术开发区1993年经国务院批准的国家级经济技术开发区，地处长春市东部，位于长春向东北拓展的工业主轴线，辖四街一镇，常住人口42.9万，管辖面积112平方千米。区内共有四上企业超600户，其中，规模以上工业企业144户，占全市11%。市场主体近9万户。兴隆综保区于2011年获得国家批准，2014年3月正式运营，是吉林省第一个综合保税区，与经开区实行“一支队伍、两块牌子”的运营管理模式，两个国家级平台“实体经济”与“开放经济”资源共享、品牌叠加。建区30年，以0.4%的土地面积贡献了长春市GDP的11.4%，走在全省前列。经开区在2021年全省120家开发区综合考评中位居首位，在全国200多家国家级经开区综合排名中最好成绩位居第11位，在2022年度全省开发区营商环境建设排名中位居第1位。

【经济发展】2022年，长春经开区面对异常复杂的外部环境，经开区在市委市政府的坚强领导下，围绕吉林省“一主六双”“六城联动”等战略部署，紧扣“南部掘金，北部提质”工作思路，大力实施“双谷引领、南北联动、十园共进”发展策略，以大干、苦干、实干的精神，以奋勇争先的姿态，全面推动各项工作提标提速提质提效。全年地区生产总值在全市开发区组排名第二，规上工业总产值超全市平均增速6.3个百分点，固定资产投资增长超10%，领跑全市开发区。

长春经济技术开发区2022年主要经济数据表

项目	单位	2022年
开发区生产总值	亿元	767.2
第二产业	亿元	309.5
工业	亿元	259.5
第三产业	亿元	457.6
工业总产值（现价）	亿元	765.9
进出口总额	亿美元	204.7
进口	亿美元	156.7
出口	亿美元	48
财政收入	亿元	74.8
税收收入	亿元	70
新批企业个数	家	6 491
国家级高新技术企业数	家	272
规模以上企业个数	家	643
科学研究与试验发展经费（R&D）支出	万元	205 749.9
研究与试验发展（R&D）经费投入强度	%	1.28
固定资产投资	亿元	113.3
年末从业人员数	万人	20.2
单位国内生产总值取水量	立方米/万元	3.86
上市企业数量	家	4

（长春经济技术开发区管委会）

威海经济技术开发区

【概况】2022年，威海经济技术开发区建区30周年。站在新的历史起点上，科学制定2022年国民经济和社会发展计划以及“十大创新”“十强产业”“十大扩需求”行动方案；制定黄河流域生态保护和高质量发展实施方案，谋划46项专项任务，推动全区在黄河流域高质量发展上走在前；主动策应胶东一体化发展契机，筛选有合作意向企业5家，拟定合作事项10项；全面启动中韩自贸区实体产业园、海工装备产业园、泊于工业园、临港物流产业园、智慧谷服务贸易产业园、都市新型精致产业园六大园区平台建设，打造高能级开放园区平台。全面实施“1369”高质量发展行动计划，奋力开启“开放之区·活力新城”建设新征程。全区上下化共识为共为，高效统筹疫情防控和经济社会发展，扎实开展“招商引资和项目建设攻坚年”“基层基础巩固年”“改革创新突破”“能力建设提升年”4个年行动，各项工作全面起势，“夯基垒台”的基础性支撑更加稳固，一系列重点工作强势突破，各项经济指标保持在合理区间。

【经济发展】2022年，全区地区生产总值比上年下降0.8%，规模以上工业增加值下降17.6%，规模以上服务业营业收入下降0.6%，固定资产投资下降34.0%，社会消费品零售总额增长1.2%，一般公共预算收入下降17.3%，外贸进出口总值增长10.0%，实际利用外资下降36.1%，建筑业产值下降8.9%，商品房销售面积下降28.8%，货物周转量增长42.9%。

【产业发展】2022年，全区有规模以上工业企业147家，实现工业总产值275.7亿元，比上年下降16.2%；实现营业收入323.04亿元，增长0.4%；实现利润10.85亿元，增长27.7%；实现利税总额19.1亿元，增长22.8%。其中，营业收入过1亿元的企业45家，过10亿元的企业9家，过20亿元的企业3家，过30亿元的企业1家，过40亿元的企业1家。累计兑现区级企业扶持资金1.5亿元，完成留抵退税5.3亿元，减免税费14.6亿元。实施企业冲击新目标行动，组织全区13家冲击新目标入库企业通过“智改数转”、绿色低碳高质量发展等方式实现膨胀发展。全区13家冲击新目标入库企业实现收入141.9亿元，比上年下降4.3%。全区获批国家级专精特新“小巨人”企业1家，国家级中小企业公共服务示范平台1家，省级“专精特新”中小企业13家，省级小型微型企业创业创新示范基地2家。117个总投资302亿元的省市区级重点项目完成年度投资计划的132%，76个项目投产运营，民间投资占比提高10.8个百分点，高技术产业投资增长104%，制造业技改投资增长32.5%，工业技改投资增长27.1%。

【科技创新】2022年，全区搭建“1+3+N”科技创新体系，强化科技技术赋能作用，招商金陵船舶获批该领域全省唯一省级工程研究中心，百圣源等3家企业入选全省“首台套”名单，全区新认定市级工程技术研究中心5个、重点实验室4个，入选国家重点人才工程4人，高新技术企业新增76家、总数达到280家，国家科技型中小企业新增81家、总数达到491家。荣获山东省第二批双创示范基地和山东省专利技术转移转化专项计划试点园区。全年签订产学研合作协议20项，实现技术交易额8 629.26万元，为企业争取市级以上科技扶持资金3 727万元。全年实现技术合同成交额26.16亿元、技术交易额8 629.26万元。新增国家知识产权优势企业3家、国家知识产权示范企业1家。至年末，全区有省级以上科技孵化载体13家，其中国家级科技企业孵化器3家、省级科技企业孵化器5家、国家级众创空间2家、省级众创空间3家，总孵化面积58万平方米，新增在孵企业87家，在孵企业总数达到508家。智慧谷服务贸易产业园完成516亩项目区内全部低效厂房拆迁回收，建成楼宇75万平方米，新入驻项目103个，累计入驻项目458个，获评国家级中小企业公共服务示范平台。

创新知识产权非诉服务“新样板”，打造涉外知识产权纠纷应对防控体系和处置机制。8月（2022年，下同），区知识产权保护展示中心成功处置全市首件中韩跨境涉外知识产权纠纷案件，通过互联网线上“云调解”模式使双方达成和解，为辖区企业挽回经济损失5万余元。全年查办知识产权案件17件，其中商标处罚案件16件、专利处罚案件1件，涉案金额16.52万元，罚没款10.71万元。

10月14日，第五届中韩创新大赛韩国赛区总决赛在智慧谷服务贸易产业园中韩（威海）城市国际客厅和京畿道经济科学振兴院举办，采用线上方式。有237个韩国高校、研究机构和科技企业提交参赛报名材料，30个创新项目通过预赛筛选后晋级，获得总决赛参赛资格。自2008年起，该赛事连续5次在威海市举办，促成中韩创新孵化联盟、中韩高校创新创业共同体、韩国科创城等一批中韩科技合作平台载体启动运行，促成100余项中韩科技合作项目签约实施，100余家韩国中小企业在威海设立公司。

【投资促进】 2022年，经开区大抓招商引资和项目建设“一号工程”，深入实施“1+9+9”项目推进计划，以“九个一批”统筹推动存量变革和增量崛起。5月设立招商促进中心，挂招商局牌子。全年通过线上线下精准对接目标企业190余家，组织开展小分队专题招商活动60余次，签约落地总投资87.1亿元的产业项目29个，落地过亿元产业项目16个、制造业项目10个，成功引来了投资30亿元的山东电工电气海缆基地、17亿元的山东港跨境生活资料分拨基地等一批产业链龙头项目，30亿元的三一集团零碳数智装备基地、20亿元的奇瑞绿色海工科技产业园等项目签约，实际利用日韩资增长10倍，制造业外资增长200%。全年新设立外资和中国港澳台资项目82个，投资总额6.99亿美元，合同利用外资和中国港澳台资5.96亿美元，分别占全区投资总额、合同利用外资和中国港澳台资的92.55%和86.82%。实际利用外资1.9亿美元，实际利用日韩资比上年增长10倍，制造业外资增长2倍，完成内资实物工作量7.22亿元。

6月24日，中韩（威海）城市国际客厅启动仪式举行，首尔市议会议长金仁镐等通过视频致辞。区管委与韩国贸易协会北京代表处、韩国群山市政府中国代表处、韩国中小企业振兴工团青岛代表处、在华韩国创新中心（KIC中国）4家单位签订合作协议，为金洪基、中国韩国商会威海办事处首席副会长李钟国颁发经开区经济顾问聘书。

2022年，与六大洲200个国家或地区有贸易往来。全区实现进出口总值541.1亿元，比上年增长10%。其中，出口总值385.2亿元，增长7.1%；进口总值155.9亿元，增长18.2%。主要市场中，与韩国贸易进出口额154.2亿元，比上年下降1.1%，占比28.5%；与日本贸易进出口额35.7亿元，增长7.9%，占比6.6%；与美国贸易进出口额20.4亿元，下降30.6%，占比3.8%；与RCEP签署国贸易进出口额282.3亿元，增长6.3%，占比52.2%；与“一带一路”沿线国家贸易进出口额195.5亿元，增长27.5%，占比36.1%。全年跨境电商实现进出口总值136.0亿元，比上年增长38%，服务贸易进出口总值28.81亿元，占全市总量的22.4%。“创新服务贸易国际合作机制”入选全面深化服务贸易创新发展试点第二批17个“最佳实践案例”（国务院服务贸易发展部际联席会议办公室印发）。

【生态环保】经开区以习近平新时代中国特

色社会主义思想为指导，实施生态环境质量与生态环境保护工作“双领先”战略，突出精准治污、科学治污、依法治污，生态环境保护服务高质量发展成效显著，生态环境质量不断改善。出台《威海经济技术开发区挥发性有机物治理专项行动方案》(威经环委办〔2022〕4号)，建立应对臭氧污染过程机制，推进PM2.5和臭氧协同控制，开展执法检查216次，处理信访件790件。通过举办4期“法律小课堂”、编写发放指导服务手册等方式，开展执法帮扶。新建区级用电监管平台并新增企业75家，安装用电量监控企业87家，通过使用无人机、暗管探测仪等执法装备，提升执法监管效率。出台《威海经济技术开发区新一轮“四减四增”三年行动方案（2021—2023年)》(威经环委〔2022〕1号)，落实煤电机组关停任务，推进“现代优势产业集群+人工智能”发展。落实煤炭消费压减任务，绿色能源装机总量12.97万千瓦，城市集中供暖面积1 260万平方米。加大柴油货车及非道路移动机械检查力度，做好重污染天气应急工作，督促企业落实重污染天气应急减排措施，淘汰营运柴油货车954辆。完成配方肥应用面积993.33公顷，建立《严禁经营和使用农药名录》，涉及农药70种。

【优化营商环境】 对标广州、杭州等先进城市，对表细化省、市级方案规定任务，研究制定《2022年度威海经济技术开发区营商环境改革创新实施方案》(经技区营转〔2022〕1号)。确定年度重点改革创新任务176项、具体落实措施380条，逐项明确党工委管委分管领导、牵头部门、责任部门及完成时限，做到责任清晰、挂图推进、务求实效。

第一，优化升级“经心办”政务服务品牌。制定印发《威海经济技术开发区关于优化提升“经心办”政务服务品牌行动方案》(经技区党政办发〔2022〕12号)，通过集成改革、资源整合、流程优化、数据共享，实施政务服务事项标准化建设、“免并减”审批制度改革、工程建设项目审批提速、“政务+”社会化合作、审批与监管协同、智慧审批等“九项重点攻坚任务”，构建线上与线下深度融合、综合性与专业性相互统一的服务平台，开展审批服务“五减”改革，推动政务服务“一次办”“网上办”“掌上办”“自助办”。“经心办”政务服务品牌成为全区“双招双引”和“经智营商”的名片。

第二，打造“好又快”企业发展服务中心。4月，区行政审批服务局印发《关于打造“好又快”企业发展服务中心的实施意见》(经技区行审字〔2022〕15号)，整合区建设局、商务局等32个入驻政务服务大厅涉企服务部门，成立全省开发区首个企业发展服务中心，创新涉企事项“靠前办、跟踪办、网上办”服务模式，推行“一口受理、联审会办、跟踪督办”服务机制，为企业提供全链条、全天候、全生命周期“一站式”服务，实现“企业进一个中心办好所有事”。为120余个建设项目提供全程代办包办服务，92个市级以上重大项目开工手续提前办结率达到100%。12月，经验做法入选“2022年度第三届全国政务服务软实力——集成服务强化线上线下融合2022金典案例”。

【人才建设】 印发《〈关于优化人才创新创业扶持推动全区高质量发展的意见〉实施细则》(经技区人组发〔2022〕1号)，编印人才政策及配套文件汇编本，完善“资金扶持+引导基金+成长奖励+场所补贴”全方位扶持体系，区级政府引导基金规模增至5亿元。全区17家企业申报省级以上重点人才工程31人，成功入选省重点人才工程2人、国家重点人才工程4人（另有4人待评审)。推行“政、校、企”联合引才育才合作模式，与哈工大（威海)、山东交通学院、招商局金陵船舶（威海）有限公司等签署协议，促成产学研合作20余项。引进海外留学人员26名、外国专家92名、青年人才2 000余名。建设国际人才生态示范区，打造中韩(威海)城市国际客厅，吸引中国韩国商会、新韩网人才交流平台等16家涉外机构进驻运营，打造万象城、韩乐坊、龙悦湾三个国际人才社区。设立中韩自贸区法治服务区和中外文化交流中心，初步构建起有创新事业、有宜居生活、有贴心服务、有海外氛围、有多元文化的“五有”人才发展生态，人社部留学人员和外国专家服务中心副主任陶静、省委组织部副部长龚文东先后来区调研。加快构建以智慧谷科技创新联盟为龙头，威海天智创新技术研究院、北京大学威海海洋研究院、中船716所威海研发中心三大高能级创新平台为支撑的“1+3+N”科技创新体系，释放招才引智“强磁场”，吸引73个创新创业人才项目落户区内。深入开展人才政策“五进”活动，遴选57名业务骨干担任人才政策辅导员，“一对多”分包220家重点企业、平台和商圈；建立线上推送系统，入库各类政策2 000余条、高层次人才100余人。

【党建工作】 坚持“以求解破难题、以优解促提升”，推动农村、城市、“两新”组织、机关及国有企业、教育等各领域党建工作任务落实落地。区级设立200万元专项整顿奖补资金，帮助发展产业项目。开展“头雁领航”行动，举办4次“头雁展翼 夺旗争优”擂台赛和提级述职会议，组织开展为期5天的村党组织书记集中培训班；开展“雏雁培育”行动，各村常态化储备培育3名后备力量。出台《关于健全年轻干部工作常态化机制的实施意见》（经技区党群通字〔2022〕7号），制定年轻干部近、中、长期规划。实施“一线淬炼”计划，选派700余名干部参与交通管控、社区管控、隔离点管理、重点区域值守等工作，让年轻干部在一线锤炼本领。全年发展党员200人，其中“两新”组织发展党员93人，储备入党积极分子841人。科学调配区直部门、区属国企领导班子成员25人次，增强班子整体功能。选优配强中层干部队伍，推进职务职级“双轨并行”，全年调整干部119人次，晋升职级37人次。2022年7月—12月，深化“支部争星、党员争先”活动，开展组织设置规范理顺、组织生活质量提升、党支部对标和党员践诺3个专项行动，对全区458个基层党组织开展组织生活巡听。制定《威海经济技术开发区能力建设提升年活动实施方案》（经技区党政办发〔2022〕19号），开展常态化大学习、实战化大培训、专业化大练兵，组织“经开区大讲堂”6期、中共二十大精神专题学习班等全员培训，参训人员7 000余人次。组织举办招商引资、安全生产、产业发展等专题培训270期，培训1.8万人次。全面推行“契约化+信用”“红色合伙人”“五色管理”等工作机制，实现全区352个网格党组织和党建阵地全覆盖。制定《关于构建经开区“筑盟同兴”乡村共富党建联盟的实施方案》，覆盖13个村，带动村均增收5万元。

【民生保障】 统筹发展和安全，深入实施“基层基础巩固年”27项重点任务，靠前化解需要高度关注、着力解决的23项重点问题，因时因势优化疫情防控举措，扎实开展安全生产“百日攻坚”和大杂院专项整治行动，积极探索用电用气智慧监管，金融安全、渔船管控、森林防火等“一排底线”持续巩固，“微警务、微法庭、微消防、微实事”等系列“微治理”经验全省推广，荣获第二届中国新型智慧城市创新应用大赛智尊奖、智胜奖。全年各项保险基金征缴17.23亿元，支出12.38亿元；全区城镇职工养老保险、城乡居民基本养老保险、职工基本医疗保险、居民基本医疗保险、失业保险、工伤保险参保人数分别为96 502人、19 305人、99 019人、81 919人、69 647人、74 203人。全区中小学校21所（含皇冠中学北校区），其中九年一贯制学校3所、初中5所、小学13所，教职工1 996人，在校学生29 258人，地方教育经费总支出6.34亿元。按时足额发放抚恤补助金、义务兵家庭优待金、自主就业退役士兵一次性经济补助金1 300万余元。全年投入残疾人保障资金795.76万元。制定《威海经济技术开发区居家和社区基本养老服务提升行动项目实施方案》（经技区发〔2022〕217号），坚持“政府搭台、机构领办、社会参与、社区主导”原则，探索“1+1+1+N”（一个平台、一个中心、一个企业、N项服务）模式，在街道开展“嵌入式”居家养老服务示范创建活动，建立区、镇（街道）、村（社区）三级居家养老服务智慧管理体系。全区136个既有小区和17个新建小区，养老服务设施配建合格率100%。全区累计入选“中国好人”3人、“山东好人”36人（团体）、“威海好人”108人（团体），2人被评为“山东省道德模范”，20人（团体）被评为“威海市道德模范”，97人（团体）被评为“最美经区人”。

【管委会领导】 中共威海市委经济技术开发区工作委员会副书记王清、谭远国（2022年离任）、王启；委员梁永波（2022年离任）、李英春、毕建华、梁明、马玉鑫（挂职）、张国杰、张宗浩（2022年离任）、邵明光、邱鲁金、张广忠；威海经济技术开发区管理委员会副主任王清、谭远国（2022年离任）、王启、李英春、梁明、马玉鑫（挂职）、邵明光。

（威海经济技术开发区管委会）

银川经济技术开发区

【园区简况】银川经济技术开发区是2001年经国务院批准设立的国家级开发区，规划面积近60平方千米，建成区面积约44平方千米。近年来，园区紧紧围绕市委市政府提出的建设“黄河流域生态保护和高质量发展先行区示范市”和“创新发展引领市”的发展要求，紧盯“两都五基地”和“千亿级园区”建设目标，立足新材料、高端装备制造、大健康三大主导产业和数字经济、现代物流“3+2”现代产业体系，坚持大抓项目、抓大项目、抓高质量项目，推动大抓发展、抓大发展、抓高质量发展。园区现有各类企业9 800多家，其中工业企业345家，规模以上工业企业106家，累计培育国家高新技术企业117家，专精特新企业百余家，国家及自治区级研发创新平台145个，已成为银川市经济发展的“主战场”和“排头兵”。

【经济发展】2022年，银川经开区工业总产值突破725亿元，同比增长45%，工业增加值同比增长26.2%以上，固定资产投资同比增长26.4%，超额完成了全年目标任务接续2021年的快速增长，实现了两年总量翻番、再造一个经开区的跨越式发展目标。

【产业发展】聚焦“3+2”现代产业体系，银川经开区坚持产业为要、突出项目集群、优化布局定位，展现出强劲的发展动能。2022年，新材料产业已有规上企业19家，产值100亿元以上新材料企业2家，产值10亿元以上新材料企业5家，新材料产业产值498亿元，同比增长77%，占总产值比重的69%；装备制造业现有规模以上企业19家，产值97亿元，同比下降2%，占总产值比重的13%；大健康产业现有规模以上企业52家，产值68亿元，同比下降8.6%，占总产值比重的9%。

【科技创新】2022年，累计培育国家高新技术企业117家，建设国家及自治区级研发创新平台145个，规上工业企业R&D投入强度达3.53%，银川经开区科技创新实现“质”和“量”双提升，高新技术企业产值比重超过65%，科技型企业引领作用明显、科创动能十足，获评国家知识产权试点园区。

【投资促进】2022年，银川经开区领导干部先后赴京津冀、长三角、珠三角以及四川、重庆、湖南等地进行招商考察40余次，对接企业100余家，会见客商100余批次，并与30余家企业达成合作意向。同时，邀请行业及产业链重点企业中高层人员来银考察200余批次，奋力推进经开区招商引资工作提质增效。全年累计签约项目42个，招商引资实际到位资金92亿元，涵盖光伏材料、半导体材料、新型储能材料、高端装备制造、电子信息、大健康等多个领域，为“两都五基地”建设凝聚了强大合力。

【绿色集约】银川经开区坚实生态优先、绿色发展，全力实施能源低成本改造等10余个节能项目，加快绿色基础设施与绿色产业平台建设，积极落实“双碳”目标。2022年，园区“绿电园区”建设列入自治区试点，累计创建绿色工厂9家，创建节水型企业21家，万元增加值能耗下降10%、达到0.87吨/标煤，在绿色发展的道路上，园区已蹚出了一条高质量发展与绿色保护并进、资源节约与环境治理共存之路。

【优化营商环境】出台亲清政商关系正面清单15条、负面清单10条，开通“经心办”服务热线，成立“企业接待服务中心”，开展“一对一”安全技术帮扶、制定“稳保促”15条措施等，全周期推进极简审批、全链条服务、全要素保障。2022年，经开区新设立登记企业512家，新增各类市场主体1 106家，累计解决具体问题80余项，受理“12345”政务服务便民热线1 420件，办结率95%以上。

【党建引领】按照“党建引领、全域统筹、融合发展”的工作思路，构建了“4555”党建与经济建设融合模式（即：“党工委+企业综合党委+党建指导站（员）+基层党组织”四级联动责任体系），按片区率先在园区设置了5个党建工作指导站，全面推行“五个到企业中去”工作法。2022年，经开区基层党组织195个、党员2 675名，模范机关创建达标率90%以上，非公企业基层党组织覆盖率达90.34%，社会组织基层党组织覆盖率达100%，党的工作覆盖率达100%。在党建引领下，园区各类人才加速汇聚，产业人才突破8万人，专业技术人员占比25%。

【体制机制改革】2022年，银川经开区积极整合资源、优化配置，组建经开发展集团，完成组织构架、股权划拨、资产整合、集团运作等工作，并面向全国公开选聘高管2名，探索深化“管委会+公司”“行政编制+员额”运营管理模式，制定精准科学的内部考核指标体系，初步建立市场化、差异化薪酬体系，园区体制机制运转更加顺畅、活力进一步增强。

【投融资服务】2022年，银川经开区用好用活用足各项政策措施，全力拓宽市场化融资渠道，组织并帮助企业申报32类专项资金500余个项目，为企业争取各类政策资金5.86亿元，落实减税降费、留抵退税16亿元，协助企业解决重点项目融资共计226.35亿元，有力促进了企业产销稳定，园区发展动能日益强劲。

【政策发布】2022年，银川经开区出台《2022年银川经开区为企业办十件实事》，拿出3.76亿元，千方百计为企业办实事、办好事。拿出1 300万元“真金白银”奖励49家在经济发展等领域突出贡献的企业，同时制定“稳保促”15条措施，拿出近1亿元支持企业稳生产，并协助办理各类重点物资通行证1 800余张，为54家规上工业企业争取电价补贴约2.84亿元，兑现各级各类人才奖补资金2 244.52万元，为重点项目、重点企业提供1 771套职工公寓。

【机构设置与管委会领导】2022年，银川经开区管委会设党政办公室、纪检监察室、组织人事劳动局、宣传和政策研究室、投资促进局、经济发展服务局、财政审计局、国土和规划局、建设和生态环境局、应急管理局10个工作部门。所属公铁物流服务中心、综配服务中心2个事业单位。直属银川经开发展集团有限责任公司1家一级公司，高新技术产业开发有限责任公司、育成投资公司2家二级公司，建发公司、银川数字经济产业运营有限公司、银川高新技术产业综合服务有限公司3家三级公司。

管委会领导班子成员：银川市副市长、银川经开区管委会主任麦欣甫，银川经开区党工委副书记昝世英，银川经开区党工委委员、管委会副主任樊斌，银川经开区党工委委员、管委会副主任何梅，银川经开区党工委委员、管委会副主任雷冰海，银川经开区党工委委员、纪工委书记李发强，银川经开区党工委委员、管委会副主任赵利军，银川经开区党工委委员、公安分局局长白建斌。

（银川经济技术开发区管委会）

重庆经济技术开发区

【概况】重庆经济技术开发区（简称重庆经开区）于1993年成立于南岸区南坪板块，是国务院批准成立的西部首个国家级经济技术开发区。2000年，在寸滩板块新设立重庆经开区北部片区，与重庆高新区一同组建北部新区（现并入两江新区）。2010年两江新区成立后，重庆经开区委托南岸区管理，以原南岸区茶园工业园区、长江工业园区、东港工业园区为产业基础，负责中心城区东部槽谷片区的开发建设，四至范围93.95平方千米。为推动长江经济带绿色发展示范，2020年4月，重庆市委、市政府决定高标准创建广阳湾智创生态城，明确由重庆经开区牵头负责广阳湾智创生态城长江以南片区的整体打造，作为全市践行习近平生态文明思想的重要生态载体、产业载体和创新载体。

【党建工作】2022年，面对严峻复杂国际形势和新冠肺炎疫情，重庆经开区以习近平新时代中国特色社会主义思想为指导，深入学习贯彻党的二十大精神，全面落实习近平总书记对重庆提出的系列重要指示要求，全面贯彻重庆市委、重庆市政府的工作部署，在南岸区委、重庆经开区党工委的坚强领导下，坚持稳中求进的工作总基调，统筹疫情防控和经济社会发展，以生态优先、绿色发展的战略导向，围绕高质量建设广阳湾智创生态城，坚定不移走好绿色低碳循环发展之路，全力以赴推进重庆经开区经济建设平稳健康发展。

【经济发展】2022年，重庆经开区全年完成地区生产总值472.8亿元，同比增长2.7%。其中，第二产业增加值295.9亿元，同比增长3.4%，占地区生产总值的62.6%；第三产业增加值175.1亿元，同比增长1.6%，占地区生产总值的37%。一般公共预算收入12.16亿元，下降6.1%，其中，税收收入11.72亿元，下降4.8%；非税收入0.44亿元；规上营业收入1 872.5亿元，同比下降5.3%；进出口总值88.98亿元，同比增长6.95%。实现工业总产值818.5亿元，同比下降1.9%。完成全社会固定资产投资281.07亿元，同比增长3%。全社会消费品零售额完成193.9亿元，同比下降0.6%。

【产业发展】2022年，全区有规模以上工业企业169家，实现工业总产值818.5亿元、营业收入955.2亿元。其中，装备制造业实现产值115.2亿元，同比下降1.9%；汽车行业实现产值34.6亿元，同比下降14%；摩托车行业实现产值52.2亿元，同比增长1.4%；电子行业实现产值407.2亿元，同比下降1.6%；能源行业实现产值9.2亿元，同比增长10.6%；消费品行业实现产值131.3亿元，同比增长7.3%；医药行业实现产值34.2亿元，同比增长2.1%；材料行业实现产值34.5亿元，同比下降15.8%。战新制造企业产值实现产值348.2亿元，同比下降6.7%；高技术制造企业产值实现产值284.9亿元，同比下降8.9%；高新技术企业产值实现产值256.8亿元，同比下降2.9%；外资企业产值实现产值80.8亿元，同比下降9.5%。

【科技创新】2022年，重庆经开区累计建成市级以上研发机构111家，其中国家级8家布局（4个国家级工程研究中心、4个国家级企业技术中心）。建成面积约160万平方米的迎龙创新港项目，注册企业500余户；高效建设重庆脑与智能科学中心，集聚国家杰青获得者、长江学者、国家万人计划领军人才20余名，首批引入10个专家团队，累计完成投资4亿元；

推进重庆邮电大学科技园，入驻研究生1 200余人、科研人员近200人；建成投用西部地区首个产业数字化赋能基地——成渝地区双城经济圈产业数字化赋能基地。2022年，R&D占GDP比例3.29%，科技型企业数量占全市4.9%，高新技术企业总量占全市5.46%，规上工业企业建立研发机构覆盖率49.7%；累计培育高新技术企业195家、科技型企业703家。与重庆邮电大学共建大数据智能化产业技术协同创新研究院，与重庆交通大学共建沙漠生态恢复技术研究实践基地，与市人社局共建市级重庆人力资本服务产业园。

【投资促进】2022年，重庆经开区进出口总值88.98亿元，同比增长6.95%。其中出口66.83亿元，同比增长70.04%，进口22.15亿元，同比下降49.54%。进口商品主要是有机发光二极管（OLED）模组、液晶模组、鲜或干的西洋参、其他集成电路和发光二极管，分别占进口总值的90.3%、4.2%、1.1%、1.0%和0.8%；出口商品主要是食品级磷酸、智能手机、初级形状的羧甲基纤维素及其盐、铁或非合金钢平板轧材和镀或涂锌的铁或非合金钢丝，分别占出口总值的19.5%、18.5%、11.1%、7.1%和5.2%。全年新增外商投资企业8家，合同外资金额3.215万美元、实际使用外资金额4.96万美元，同比增长21.54%。

【体制机制创新】2022年，重庆经开区推动国资国企改革，率先尝试“揭榜挂帅”市场化招聘方式配置招商集团管理层，启动广阳岛生态城投资公司实体运作，完成重庆经开区建设公司专业化重组改革，建立重庆经开区国企重大项目专题研究机制及国有企业融资信息公开发布机制；创新管理体制改革，组建闲置用地清理、项目前期策划、汽车产业发展等各类工作专班，完善迎龙创新港建设工作机制、生态城指挥部办公室职能，筹划迎龙商务区建设发展中心职能调整；强化产业端全服务链专业化改革，改组整合重庆经开区招商集团，合并南岸区经济信息委和重庆经开区经济运行局职能。试行“以函代证”，加快重大项目建设手续审批，实现联合验收，验收事项由8项减为4项，办理时限压缩至7个工作日；实现17个税费种合并申报，出口退税平均办理时间不超过6个工作日；设置“办不成事”反映窗口提供“兜底办”，答复满意度100%；在全市率先出台工业项目标准地出让工作方案，台达电子项目成为第一宗按照工业项目标准地方案出让的地块。

【投融资服务】2022年，重庆经开区着力推动绿色金融改革创新先行先试，7个项目成功进入“长江绿融通”绿色项目库。组建南山创新投资基金、长嘉汇创新基金和“广阳湾智创生态城基金”，建立2亿元知识价值信用贷款风险补偿基金池和启动组建5亿～10亿元规模的科风投基金。与重庆银保监局达成战略合作，成立经开区5 000万风险补偿资金池，不断提升金融服务能级，以政府增信方式撬动信贷资源支持中小微企业。持续强化上市培育，支持伊士顿电梯、攸亮科技等拟上市企业参与区智能交通、城市改造等项目合作，做大做强主营业务。推动东原仁知在港交所挂牌上市，攸亮科技获批新三板上市。

【绿色集约】2022年，重庆经开区环境空气质量综合指数4.028，达标天数比例为82.5%；PM2.5浓度为32微克/立方米，PM10浓度为52微克/立方米。区域环境噪音平均值52.9分贝，道路交通噪声平均值65.8分贝，危险废物集中处置率100%。排江污水达标率100%，排江雨水达标率100%，污水处理厂出水达标率100%，工业废水排放量210.107 6万吨，工业固体废物产生量2.352 2万吨，工业固体废物综合利用率51.87%，危险废物集中处置率100%。全区公园27座，绿地面积177.69万平方米，年末实有树木3.05万株，全区绿化覆盖面积148.86万平方米。重庆经开区启动2个零碳产业园建设，创建全市零碳示范区，新增绿色建筑约13万平方米，完成17.18千米河道及岸线水体管护，建成西南地区首个工业园区智慧环境综合管理系统，建立64项绿色技术创新技术指标体系，制定《预拌混凝土绿色评价标准》并累积推广应用约80万立方米。打造重庆生态环境科技创新基地，落地市绿色新能源公司，推进“沙变土”等绿色技术的孵化、转化。建立低碳产业项目库，入库项目21个，开工12个；成功获评“中国天然氧吧”，有序推进减污降碳与绿色智能装备制造产学研交易城（中心）建设，完成全市首个“低碳工业园”示范工程建设的90%；正式投产国内首个百万吨级碳捕集利用与封存项目。“碳惠通”生态产品价值实现平台累积登记62家企业，“碳惠通”核证自愿减排量累计成交45宗，累计交易量323.30万吨，交易金额7 785.91万元。

【机构设置】重庆经开区共有7个内设机构：重庆经济技术开发区管理委员会办公室、重庆经济技术开发区管理委员会改革发展和科技局、重庆经济技术开发区管理委员会经济运行局（应急管理局）、重庆经济技术开发区管理委员会经贸合作局、重庆经济技术开发区管理委员会财务局、重庆经济技术开发区管理委员会生态环境和建设管理局、重庆经济技术开发区管理委员会市场监管局。重庆经开区共有4个直属事业单位：重庆经济技术开发区土地利用事务中心、重庆经济技术开发区建设服务中心、重庆经济技术开发区创新创业服务中心、重庆经济技术开发区行政服务中心。

【管委会领导】2022年，中共重庆经济技术开发区工作委员会书记许洪斌，副书记王茂春、黄红；重庆经济技术开发区管理委员会主任黄红，副主任王建华、谭昊、肖鼎光、谭厚江；中共重庆经济技术开发区工作委员会委员陈松（挂职），重庆经济技术开发区管理委员会一级巡视员侯宗权。

重庆经济技术开发区2021—2022年主要经济综合指标一览表

项目		单位	2021年	2022年	增减（%）
开发区生产总值		亿元	458.3	472.8	2.7
第二产业		亿元	284.7	295.9	3.4
工业		亿元	202.4	202.9	0
第三产业		亿元	171.9	175.1	1.6
工业总产值（规上）		亿元	834.4	818.5	-1.9
高新技术企业		亿元	235.2	256.8	-2.9
营业收入（规上）		亿元	1 978.2	1 872.5	-5.3
第二产业		亿元	1 148.3	1 173.2	2.2
工业（规上）		亿元	1 013.4	955.2	-5.7
第三产业		亿元	829.9	699.3	-15.7
利润总额（规上）		亿元	76.1	87.9	15.5
第二产业		亿元	38.8	67.3	73.3
工业（规上）		亿元	37.6	57.3	52.4
第三产业		亿元	37.3	20.6	-44.7
区内主导产业及产值	1.电子	亿元	413.8	407.2	-1.6
	2.装备	亿元	123.6	115.2	-6.8
	3.汽车	亿元	40.6	34.6	-14
	4.消费品	亿元	122.4	131.3	7.3
	5.摩托车	亿元	51.5	52.2	1.4
进出口总额		亿元	83.2	88.98	6.95
进口		亿元	43.90	22.15	-49.54
出口		亿元	39.30	66.83	70.04
新批企业个数		家	1 945	1 873	-3.7
外商及港澳台企业		家	13	10	-23.08
内资企业		家	1 932	1 863	-3.57
国家级高新技术企业数		家	175	195	11.4

续表

项目	单位	2021 年	2022 年	增减（%）
规模以上企业个数	家	430	441	2.6
合同外资金额	万美元	7.998 1	3.215	-59.80
外商实际投资	万美元	4.08	4.96	21.54
固定资产投资	亿元	272.88	281.07	3.0
年末从业人员数（规上）	万人	10.7	9.7	-9.8
上市企业数量	家	2	2	0
区内科研院所数量	家	4	4	0
区内职业教育学校数量	家	1	1	0

（注：根据实际统计数据填写，未统计项填“—”）

（重庆经济技术开发区管委会）

东山经济技术开发区

【经济发展】2022年，东山经济技术开发区（以下简称“开发区”）以习近平新时代中国特色社会主义思想为引领，深入学习贯彻党的二十大精神，全面深化“产业发展项目建设攻坚年”和“七比二看”活动，以项目建设为中心，以招商引资为主抓手，以园区建设为主战场，进一步优化项目落户平台，全方位推进开发区高质量发展超越。2022年，全区规模工业总产值完成184.45亿元，同比增长17.60%；规模工业增加值完成55.95亿元，比增17.91%；全社会固定资产投资完成43.70亿元，同比增长54.1%；实际利用外资1 412.05万美元，比增147.11%；财政总收入完成6.78亿元，其中，本级财政收入完成4.11亿元。

【项目建设】2022年，开发区紧抓大项目和重点项目，对重点项目贴身督办、主动服务。一道新能源光伏组件从签约到投产仅仅用了283天，实现光伏新能源制造“零”的突破。同时，旗滨一窑多线一期项目顺利点火，太阳海缆项目建设稳步推进，合力盛、东弘福、照瑞祥等一批水产加工项目在海洋生物科技园投产，产值再创新高。2022年，开发区落地项目8个，投产项目6个，新入库项目11个，项目建设、投产如火如荼。

【招商引资】2022年，开发区围绕打造全省重要的“海洋生物科技产业基地”“光伏产业基地”，紧盯海洋生物、水产精深加工、光伏组件生产、玻璃精深制造等产业链条，注重强链补链、集聚发展，制定招商产业链图、重点产业招商目标企业目录，建立开发区工业产业招商项目库，签约一批光伏、水产加工等龙头企业，落地一批有体量、有带动力的大项目、好项目。全年招商签约任务数10个，签约投资额任务数20亿元，已签约建发城市综合体、漳州旗滨光伏新能源科技研发基地等10个项目，100%完成全年签约任务。

【园区平台】2022年，“三大工业项目”落户城垵临港经济产业园并开工建设，一道新能源一期项目竣工投产，旗滨一窑多线（一期）项目顺利点火，合力盛、东弘福、照瑞祥等一批水产加工项目在海洋生物科技园投产，两个园区呈现开工一批、竣工一批、投产一批的良好态势。众创孵化园一期、企业一站式服务中心即将投用，总投资10.76亿元的光伏新能源科技产业园基础配套建设项目（一期）开工建设，实施了园区绿化工程、主入口景观工程等配套项目，海科园PPP项目顺利验收，园区产业配套水平全面提升，“一区两园”展现新面貌新形象。

【瓶颈突破】2022年，对接推动东山经济技术开发区和古雷港经济开发区整合托管工作，有序推进更名扩区。2022年全国综评位列全国187名，较2021年前进了24名，排名创历年之最。园区土地征收成片开发方案编制完成，海科园三个地块共79.508亩的农转报批工作已获省政府批复，超白玻璃项目等围填海历史遗留问题实现新突破，开发区发展不断向好向优。

【营商环境】2022年，开发区围绕发展主责主业，全面优化营商环境，组建开发区“营商办”及审批服务工作专班，推动设立“项目代办中心”窗口，落户开发区的项目，可享受一个专班服务、一系列问题帮助协调、一站式审批办理等全程“班帮办”服务。通过项目代办中心全流程代办、靠前服务，今年已完成15

个项目规划建设审批，一道新能源、太阳海缆、海祥食品等项目提前完成开工前审批手续，项目建设进度进一步提速。

【疫情防控】一是建好组织，配强力量。调整完善开发区战疫指挥部架构和职责分工，成立12个工作专班，细化措施，优化流程，明确职责分工，责任落实到人。二是突出重点，精准摸排。坚持“自查+协查”模式，建立工业园区网格化管理，要求全区各企业、在建项目主动上报外来人员信息，精准研判并及时落实疫情防控相关要求和措施；对重点场所、重点人群防疫工作开展专项排查和区域核酸检测工作；为全区89家企业、在建项目申领场所码，并制造分发防水易贴场所码近200张，督促企业落实扫码、验码、登记、测温等要求。三是强化宣传，造浓氛围。进一步健全信息共享和信息公开发布机制，及时在工作群、微信群发布最新防控信息，通过LED屏、宣传栏、横幅、海报等形式广泛宣传，做到全动员、全覆盖。

【机构设置】开发区管委会是市政府派出机构，委托东山县管理，代表县政府在开发区履行部分行政管理职能。管委会拥有3个事业单位，分别为：生态工业园服务中心、临港工业园服务中心，科技园服务中心；下设6个内设机构，分别为：办公室、经济发展局、财政局、国土资源管理局、建设环保局、安监局。

（东山经济技术开发区管理委员会）

乌鲁木齐经济技术开发区（头屯河区）

【概况】 乌鲁木齐经济技术开发区1994年8月经国务院批准设立，是新疆维吾尔自治区第一个国家级开发区；2011年1月，经开区与市辖行政区头屯河区合并，实行“区政合一”，集国家级开发区、行政区、国际陆港区、综合保税区及若干特色功能园区于一体，是首府乃至全疆特有的多功能复合型经济区。

【经济发展】 2022年，乌鲁木齐开发区实现地区生产总值640亿元，下降0.5%，占全市总量的16.4%，其中第二产业同比下降2.5%，占地区生产总值的38%，第三产业同比下降0.3%，占地区生产总值的60.6%；固定资产投资268亿元，同比下降3.6%，占全市总量的21.4%；规模以上工业增加值141亿元，同比增长0.3%，占全市总量的15.3%；社会消费品零售总额141亿元，同比下降0.9%，占全市总量的13.6%；外贸进出口总额285.5亿元，同比增长53.4%，占全市总量的55.6%；一般公共预算收入41.2亿元，同比下降40.5%，占全市总量的13.1%；招商引资到位资金407亿元，同比增长48.5%，占全市总量的26%。

【产业发展】 实体经济：乌鲁木齐开发区作为全疆首个国家级开发区，工业发展起步较早，基础扎实、配套完善、优势明显，现有工业门类涵盖41个大类中的27个，形成了以八钢为代表的黑色冶金，以大道、陕汽为代表的汽车制造，以铁建重工、三一重工为代表的石油煤炭装备，以卓郎为代表的纺织机械，以金风为代表的风电装备等优势产业体系。2022年，汽车制造产业产值占全市比重100%，冶金产业产值占比92%，装备制造产值占比90%。

枢纽经济：国际陆港区、综合保税区、纺服中心三大对外开放平台集聚发展，为乌鲁木齐开发区建设欧亚陆路国际物流枢纽、国际供应链组织中心、开放型现代产业集聚高地、中国（新疆）自贸试验区核心区提供了有利条件。2022年全年完成进出口贸易总额285.5亿元，占全市55.6%。京东、海鸿国际、中泰物流等商贸物流企业集聚成势，京东建成全疆最大的单体智能物流园区，日均邮件吞吐量15万～20万件。海鸿国际占全疆冷冻食品份额85%以上，年交易额突破100亿元。蓝希络是国家级骨干冷链物流基地（全国共24家）和国家级储备库，日均批发量占全市50%以上。

数字经济：现有新疆软件园、天山云计算基地、国际电子商务产业园等国家级、自治区级数字产业园区，吸引集聚华为、海康威视、科大讯飞等为代表的数字经济企业近千家，软件信息服务业和互联网产业规模双破百亿。

【科技创新】 2022年，乌鲁木齐开发区全力推动高新技术企业培育工程，高新技术企业总数达到167家，同比增长18%，并加大中小企业梯度培育力度，成功申报自治区首批创新型中小企业54家，已有24家驻区企业通过自治区“专精特新”中小企业申报，占乌鲁木齐市总数的四成，科技企业孵化器8家，众创空间14家，离岸孵化器1家。2022年3月，新疆金风清洁能源科普教育基地入选2021—2025年第一批“全国科普教育基地”。目前，乌鲁木齐开发区已创建科普教育基地11家（其中国家级2家、自治区级3家、市级6家），“社区科普大学”21家。

【投资促进】 2022年，乌鲁木齐开发区实现招商引资到位资金407亿元，超额完成全年目标，居全市首位，项目涵盖高端装备制造、新能源、新材料等多个领域。项目建设亮点纷呈，完善项目工作机制，建立“六重”清单，落实“五个一批”要求，206个投资项目完成年度投资226亿元；白鸟湖临港工业产业园、城投高科技智能制造产业园等工业项目持续推进，为工业强区建设助力赋能；乌将铁路扩能改造工程、中国电信通信建设工程、北站路工程等基础设施项目加快建设，为拉动投资提供有效支撑。融资渠道持续拓展，累计发行地方政府专项债23.4亿元，争取政策性基金11.9亿元，为项目建设提供资金保障。

【体制机制创新】2022年，乌鲁木齐开发区推进“网上办”“掌上办”“跨省通办”，强化“互联网+政务服务”，政务服务事项办理时限压缩90%以上，公共服务事项网办率达99.9%，均位居全市前列。乌鲁木齐开发区在体质机制创新上具体表现为：一是健全“双随机、一公开”新型监管机制，有效提升市场监管质效。在全市率先建成社会信用信息共享服务平台，持续打造“诚信经开”文化氛围。“最多跑一次”改革提速提质，政务服务向“一窗受理、集成服务”转变，建立帮办代办队伍，实现企业服务“零距离”。二是全力推动工程建设审批制度改革，项目审批时限进一步压缩。全面落实登记全程电子化、“非禁即入”和“清单管理”制度，推进“证照分离”改革，累计新增市场主体8 092户。三是深入实施优化营商环境87项措施，完善政银企交流机制，企业恳谈会实现制度化常态化运行，帮助企业排忧解难，拓宽企业融资渠道，累计投放各类贷款3 736笔27亿元。开展企业服务月、书记区长接待日、市场主体走访等活动，为企业安心发展保驾护航。实施“个转企”市场主体培育工程，完成“个转企”50户，完成率100%。

【投融资服务】2022年1月，乌鲁木齐开发区产业基金通过子基金形式，由社会资本认缴出资1亿元、积极协调引入市重点基金认缴出资4 000万元，完成了乌鲁木齐市开发区创业社区引导基金合伙企业（有限合伙）的工商设立及协会备案。创业社区基金规模2.01亿元，基金主要投资于切实体现经开区产业经济“特色”的产业方向，投资方向包括科技创新、数字服务、电子商务、商贸服务、健康服务社区、交通物流、便民经济等。

【绿色集约】乌鲁木齐开发区始终坚持生态优先，牢固树立和践行绿水青山就是金山银山的理念，实现经济发展与生态文明建设有机统一。2022年，开发区持续打好污染防治攻坚战，深入开展大气、水、土壤等领域生态环境问题排查整治，加强重点企业、重点行业污染监管治理，全力推进重污染天气“百日攻坚”行动，全年优良天数比例达74.2%，全面完成年度改善空气质量目标。持续推动生态环境建设，完成大白山、赤焰岭、文秀山、鎏金山、登龙岭“树上山”提升改造500亩、“地变绿”84亩，完成率达100%。坚持山水林田湖草沙一体化保护和系统治理，全面推行河长制、林长制，建立日常防洪巡查体系，清理河渠淤泥垃圾8 000余立方米。持续推进绿色低碳发展，严格高能耗、高污染、高排放工业企业项目准入，定期开展节能审查，全年压减能耗43.8万吨标准煤，超额完成目标任务。稳步推进屋顶分布式光伏开发试点，首批9个试点项目已全部开工建设。

【基础设施建设】乌鲁木齐开发区始终秉持“人民城市人民建，人民城市为人民”发展理念，着力推进城市更新行动，城区功能品质实现新突破。城市功能更加完善，登龙岭隧道、纺服中心乌昌立交建成通车，区域交通网络更加完善。完成房屋征收5.2万平方米、土地征收3 623亩，有力保障西绕城、城北主干道、金阳路等重点项目开发建设。实施老旧小区提升工程10个，改造建筑面积8万平方米，惠及群众1 070户。依托楼庄子水库提升水资源配置能力，为全区长远发展提供支撑。建成八钢污水处理厂再生水管网15.2千米，铺设全域污水资源化利用管网8.5千米，再生水综合利用水平稳步提高。城市管理更加精细，以落实城市精细化管理58项措施为重点，纵深推进城区垃圾分类，增设分类垃圾房174座，居民垃圾分类桶覆盖率达100%；深化城乡“厕所革命”，新建公厕4座，延时开放公厕30座；持续提高居民出行便捷度，新设停车场13个、新增停车泊位749个，城市精细化管理水平排名全市前列。城市环境更加优美，持续推进陆港区、纺服中心等区域绿化，完成澎湖路、万寿山街绿化提升改造，新建小游园4处，城区园林绿化水平稳步提升。

【机构设置与区级领导】2022年，乌鲁木齐开发区机构设置有：片区管委会13个：钢城、火车西站、高铁、白鸟湖、中亚南路、中亚北路、嵩山街、王家沟、北站西路、北站东路、西湖、两河、乌鲁木齐站片区管委会。

政府工作部门26个：政府办、发展和改革委员会、教育局、科学技术局、工业和信息化局、民族宗教事务局、民政局、司法局、财政局、人力资源和社会保障局、建设局、城市管理局、农业农村局、商务局、招商服务局、文化体育和旅游局、卫生健康委员会、退役军人事务局、应急管理局、审计局、国资委、市场监督管理局、统计局、医疗保障局、政务服务局、信访局。

直属事业单位5个：征收办、工业园区办、软件园管理办、留创园办公室、园林管理局。

管委会领导：区委副书记、管委会主任、区长丁志军，区委常委、管委会副主任（副区长）李鑫，区委常委、管委会副主任（常务副区长）蒲杰，区委常委、管委会副主任（副区长）居来提•肉孜，区委常委、管委会副主任（副区长）何咏前，管委会副主任（副区长）徐兰宏、张耀英、任宏伟、马丽娜，管委会副主任（副区长）、区公安分局党委书记、局长樊高翔，管委会副主任（副区长）王新伟。

乌鲁木齐经济技术开发区（头屯河区）2021—2022年主要经济综合指标一览表

项目		单位	2021年	2022年	增速（%）
开发区生产总值		亿元	634.4	640	-0.5
第二产业		亿元	246	243.3	-2.5
工业		亿元	157	158.8	1.2
第三产业		亿元	383	388	-0.3
工业总产值（现价）		亿元	801	732.2	-8.7
高新技术产业		亿元	535	467.7	-14.50
销售（营业）收入		亿元	4 982	4 748	-5
第二产业		亿元	1 318	1 129	-14
工业		亿元	985	857	-13
第三产业		亿元	3 663	3 619	-1
利润总额		亿元	163	82.6	-49
第二产业		亿元	41	-21.5	-152
工业		亿元	28	-33.6	-220
区内主导产业产值（可加减项）		亿元	649.1	589.5	-9
主导产业（可加减项）	1.黑色金属冶炼和压延加工业	亿元	332.6	258	-22.80
	2.电气机械和器材制造业	亿元	207.9	200.6	-3.70
	3.烟草制品业	亿元	48.1	56.8	18.00
	4.汽车制造业	亿元	25.9	22.2	-14.30
	5.有色金属冶炼和压延加工业	亿元	34.6	51.9	50.10
进出口总额		亿元	240	285	53.1
进口		亿元	62.2	53.6	15.1

续表

项目		单位	2021年	2022年	增速（%）
出口		亿元	177.8	231.9	65.6
财政收入		亿元	243.8	157	-36
税收收入		亿元	140.7	66.7	-53
财政支出		亿元	90.7	50.5	-44
新批企业数		家	6 206	4 809	-23
外商及港澳台企业		家	3	6	100
内资企业		家	6 203	4 803	-23
区内世界500强企业数		家	41	41	持平
国家级高新技术企业数		家	141	167	18
新批企业投资额	外商及港澳台企业	亿美元	0.05	0.634	1168
	内资企业	亿元	517.42	369.99	-28
规模以上企业个数		家	1 083	1 103	2
合同外资金额		亿美元	0.095	0.13	37
外商实际投资		亿美元	0.155	0.006 4	-96
固定资产投资		亿元	282.3	268	-3.6
年末从业人员数		万人	9.57	9.42	-2
万元GDP能耗		吨标煤/万元	3.67	2.96	-13.5
水资源消耗总量		万立方米	10 756	11 258	5
单位国内生产总值取水量		立方米/万元	16.95	17.59	4
规模以上工业法人单位取新鲜水总量		万立方米	3 991	4 104	3
上市企业数量		家	14	15	7
区内建立的创业创新平台数量		个	21	21	持平
区内科研院所数量		家	1	1	持平
区内职业教育学校数量		家	11	14	27

乌鲁木齐经济技术开发区（头屯河区）管理委员会

石河子经济技术开发区

【概况】石河子经济技术开发区设立于1992年12月，2000年经国务院批准升格为国家级经济技术开发区。2018年11月，国务院同意以石河子等3个国家高新区为主体建设“乌昌石”国家自主创新示范区。2020年6月，石河子高新区、十户滩园区纳入石河子经济技术开发区统一开发管理，对外统称石河子开发区，目前设置有“五中心三公司”。开发区现有企业3 533家，就业人数近8万人，其中规上工业企业74家，上市公司5家，国家级专精特新“小巨人”企业5家，兵团级“专精特新”中小企业13家。在商务部公布的2022年国家级经济技术开发区综合发展水平考核评价结果中，西部地区综合发展水平排名第9位，创历史新高。开发区先后荣获“国家级双创示范基地”“科创中国试点园区”“国家新材料创新型产业集群”“国家新材料高新技术产业化基地”“中国棉纺织名城”等荣誉。

【经济发展】2022年，开发区生产总值419亿元，增长20.5%，其中，第二产业增加值352亿元，增长29.3%；第三产业增加值67亿元，同比增长5.6%。完成招商引资实物量96.95亿元，增长4.6%；完成固定资产投资105亿元，增长10.3%；实现全口径税收110亿元，增长81.61%。

2022年开发区主要指标完成情况表　单位：亿元

序号	指标	2021年	2022年	
		开发区完成	开发区预计	同比增长(%)
1	生产总值	325.2	419.0	20.5
2	第二产业	261.8	352.0	29.3
3	第三产服务业	63.4	67.0	5.6
4	固定资产投资	95.2	105.0	10.3
5	招商引资实物量	92.7	97.0	4.6

【科技创新】2022年，石河子开发区有高新技术企业48家，其中新增12家，增长33.4%。高新技术企业完成工业增加值206.2亿元，增长62.1%，占开发区工业增加值比重58.5%，带动开发区工业经济增长31.6个百分点；科技型中小企业55家，其中新增13家，增长25.5%；国家级专精特新“小巨人”企业5家，其中新增1家，占兵团的38.5%；13家企业入选兵团第一批“专精特新”中小企业；有32家省级以上级研发机构，9家国家级孵化器、众创空间，2个国家双创示范基地，2个博士后科研流动工作站，1个产业智库联盟。

石河子高新区入选的第2批“科创中国”试点园区样板间建设综合排名从53名上升至45名；石河子新材料创新型产业集群企业总数达到13家。开发区完成修订“乌昌石”自创区规划纲要并配套政策，与石河子大学共同建设兵团工业研究院，注册兵团首家新型研发平台石河子工业技术研究院；通过承办国家和兵团创新创业大赛打造兵团“双创”升级版品牌；筹建辽疆数字丝路电商产业园。

【招商引资】2022年，开发区投资服务中心完成了12个重点行业产业研究报告，涉及新材料产业集群、农业资源转化产业集群、新能源产业集群、现代服务产业集群。完成项目签约16个，协议资金额576.4亿元。其中10亿元以上大项目9个，分别是江西国化实业有限公司投资20亿元建设年产1万吨电子冷却液生产项目、新疆大全新能源股份有限公司总投资140亿元建设硅基新材料产业园项目、中化学东华天业新材料有限公司投资110亿元建设可降解塑料及石墨烯示范项目、新疆西部合盛硅业有限公司投资140亿元建设硅基产业一体化项目、浙大阳光科技有限公司投资30亿元建设生物医药产业园项目、宁波合盛集团有限公司投资20亿元建设年产10万吨功能性硅油项目、新疆敦华绿碳技术股份有限公司投资10亿元建设年产200万吨工业级二氧化碳捕集利用项目一期15万吨碳捕集项目、新疆生产建设兵团第八师天山铝业有限公司投资75亿元建设30万吨电池箔坯料、新增高纯铝及配套建设1.15GW光伏发电项目；1亿元以上项目5个；5 000万元以上项目2个；年内先后有279批次客户来开发区进行项目的考察和洽谈，同时还派出招商小组赴北京、广东、浙江、山东、江苏、湖南、湖北、安徽等省市开展项目跟踪和客户拜访，共计出访369天，拜访目标客户247家，洽谈项目307个。

【基础设施建设】2022年，石河子开发区基础设施建设总投资16 820.57万元，其中建成排水管网3 454米，投资1 285.16万元；道路总计33 517米，投资13 699.94万元；配套路灯153盏，投资497.98万元；排水管道检测修复总计3 700米，投资1 337.49万元。

是年，开发区上报师市自然资源和规划局项目选址26个，规划竣工验收项目17个，组织呈报区成片开发项目1宗，获得审批农用地转用5个批次，面积约470亩，实施招商引资项目供地10宗，土地出让金约9 900万元，供地面积约760亩。

是年，完成建筑业产值约27.5亿元、办理施工许可证39项、收缴农民工工资保证金（保函）约618万元、收缴城市基础设施配套费约3 096万元、依法依规监督53项工程项目的招投文件备案审核、累计督促园区企业办理排水许可证24个。

【签约项目】2022年3月1日，石河子经济技术开发区与江西国化实业有限公司签约投资20亿元建设年产1万吨电子冷却液项目投资协议。

3月5日（2022年，下同），石河子经济技术开发区与新疆大全新能源股份有限公司签约投资140亿元建设硅基新材料产业园项目框架协议书，建设年产10万吨高纯多晶硅、20万吨工业硅、20万吨有机硅。

3月5日，石河子经济技术开发区与中化学东华天业新材料有限公司签约投资110亿元建设可降解塑料及石墨烯示范项目，建设年产40万吨PBAT、30万吨BDO项目、1万吨石墨烯示范项目。

3月6日，石河子经济技术开发区与新疆西部合盛硅业有限公司签约投资140亿建设硅基产业一体化项目框架协议书，其中10万吨功能性硅油项目投资20亿元。

3月6日，石河子经济技术开发区与浙大阳光科技有限公司签约投资30亿建设生物医药产业园项目框架协议书，建设年产10 000吨泰妙菌素项目。

4月8日，石河子经济技术开发区与航天凯天环保科技股份有限公司签约环保产业园项目框架协议，在大气环境治理、工厂环境治理、污水处理、垃圾处理、固废处理等方面为石河子开发区提供综合解决方案并参与相关项目建设。

5月24日，石河子经济技术开发区与新疆海拓天恒化工有限公司签约投资3.88亿年产3万吨水合肼及配套项目投资协议。

6月，石河子经济技术开发区与新疆恒泰绿电新能源科技有限公司、石河子市焕电科技有限公司签约投资2.22亿建设石河子新能源物流储运基地项目投资协议。

6月，石河子经济技术开发区与石河子市宏大房地产开发有限责任公司签约投资7.6亿建设九洲商贸物流港专业市场和综合商业体项目投资协议，用地171亩建设加工仓储物流和综合商业体。

6月，石河子经济技术开发区与宁波合盛集团有限公司签约投资22亿建设年产10万吨功能性硅油项目补充协议。

7月，石河子经济技术开发区与石河子市城建房地产开发有限公司签约投资6.6亿元建设石河子开发区标准厂房及配套项目投资协议。

7月，石河子经济技术开发区与新疆鑫盛合源新材料有限公司签约投资0.6亿元建设新型建材生产项目投资协议，建设年产40万吨新型砂浆生产项目。

7月，石河子经济技术开发区与新疆天宏基科技有限公司签约投资8亿元建设扩产5万吨负极材料项目投资协议。

7月，石河子经济技术开发区与石河子市光大农机有限公司签约投资0.5亿元建设300台残膜回收机、350台联合整地机项目投资协议。

12月，石河子经济技术开发区与新疆敦华绿碳技术股份有限公司签约投资10亿元建设年产200万吨工业级二氧化碳捕集利用项目投资协议。

12月20日，石河子经济技术开发区与新疆生产建设兵团第八师天山铝业有限公司签约投资75亿元建设30万吨电池箔坯料、新增高纯铝及配套建设1.15GW光伏发电项目框架协议。

（石河子经济技术开发区管委会）

呼和浩特经济技术开发区

【概况】呼和浩特经济技术开发区创建于1992年，2000年经国务院批准为国家级经济技术开发区。下辖经济技术产业园（如意区块及沙尔沁区块）、白塔物流园和行政托管的沙尔沁镇，其中经济技术产业园28.27平方千米（如意区块13.30平方千米、沙尔沁区块14.97平方千米），白塔物流园13.33平方千米，沙尔沁镇202平方千米。经过30年的发展，经开区相继创建了“国家新型产业化示范基地”“国家科技兴贸创新基地”“自治区机电和高新技术产业出口基地”，成为呼和浩特市乃至全区的“新型工业引领区、改革开放先行区、创新驱动示范区、营商环境样板区、绿色集约发展新型区”，在打造祖国北疆亮丽风景线进程中承担着工业经济发展的重要职能。

【经济发展】2022年，呼和浩特开发区紧紧围绕全年公共财政收入目标，克服了经济下行、减税降费等因素的影响，采取多种有效措施，积极组织财政收入，顺利完成了2022年全年收入目标任务。截至2022年12月31日，经开区一般公共预算收入累计完成164 204万元，按自然口径计算比上年同期163 843万元增收361万元，增速为0.22%；扣除增值税留抵退税因素后，比上年同期增长2.49%。其中，税务部门组织完成一般公共预算收入163 288万元，比上年同期162 091万元增收1 197万元，增长0.74%；财政部门组织完成一般公共预算收入916万元。

【产业发展】作为呼和浩特在转型发展中的主阵地、主引擎，经开区紧紧围绕习近平总书记为内蒙古确定的“两个屏障、两个基地、一个桥头堡”的战略定位，按照自治区第十一次党代会的部署和呼和浩特市第十三次党代会擘画的宏伟蓝图，以党建引领高质量发展，科学规划产业布局，初步形成了以生物医药、新材料和装备制造为主导的两大产业集群。呼和浩特市委、市政府在做强六大产业集群，打造先进制造业和战略性新兴产业新高地的经济发展布局中，呼和浩特经济技术开发区发挥着积极作用。

【科技创新】2022年，呼和浩特经开区扎实推进“科技兴蒙”行动，积极培育高新技术企业发展壮大。已拥有国家科技创新平台13个，自治区级以上研发机构37家，高新技术企业65家，已集聚各级各类科技创新平台和创新载体84个。呼和浩特留学人员创业服务中心已成为呼和浩特市吸引高层次人才创新创业的重要载体和平台。

（呼和浩特经济技术开发区管委会）

山西转型综合改革示范区（太原区域）

【概况】2022年，在山西省委、省政府坚强领导下，山西综改示范区全面贯彻落实党的二十大精神、习近平总书记考察调研山西重要讲话重要指示精神和中央、省委经济工作精神，树牢“走在前、做示范、创一流”发展理念，锚定高质量发展目标不动摇，克服疫情和经济下行影响，着力保持经济运行在合理区间，聚焦“理顺运行机制、开展先行先试、厚植创新生态、实现动能转换”四项任务持续发力，全区高质量发展迈出坚定步伐。

【经济发展】2022年，综改区实现地区生产总值989.86亿元，同比增长3.8%；实现工业总产值2 001.78亿元，同比增长13.43%；实现工业增加值244.7亿元，同比增长9.2%；全社会固定资产投资完成325.7亿元，同比增长12.41%；工业投资完成205.53亿元，同比增长8.13%；实现全社会消费品零售总额207.3亿元，同比下降3%；完成一般公共预算收入75.24亿元，同比增长11.4%。实现外贸进出口总额1 067.4亿元；实际利用外资完成3.05亿美元，同比增长98%。

【“三化三制”改革】2022年，山西综改区在重塑性改革基础上，进一步调整优化组织机构，按照专业划分和产业基础，设置了6个园区服务中心、5个招商服务中心，赋予3个直属国有企业招商引资职能，由投促中心负责全面规划、统筹、协调全区招商引资和项目落地工作，形成了“1+5+3+6”的招商架构。调整设置了科技金融部、宣传信息中心、国有资产监督管理中心，为推动产融结合、加强意识形态和宣传工作、优化国有资产监管打下了坚实基础。优化区属国有企业职能架构，成立山西综改示范区产业技术研究院有限公司、合成生物产业投资开发有限公司，改革山西智创城科技发展有限公司，提升山西春汾科创投资集团、山西汾飞发展集团有限公司企业信用评级，发挥区属国有企业市场主体作用，推动招商引资、园区建设、科技金融、成果转化、创新创业、公用事业等工作市场化运行。

【“承诺制＋标准地＋全代办”改革】2022年，山西综改区打破“受审分离”“依申请办理”的传统审批模式，重塑再造审批流程，创新性剥离受办环节相关技术论证过程，充分利用建设用地法定出让周期，靠前开展项目深化、技术（咨询）论证等“集成服务”，推行“多评合一”“多审合一”“以函代证”“独立审批师”等具体制度举措，大幅降低企业成本负担，加快项目落地、建设，努力实现“签约即审批、拿地即开工、竣工即投产”目标。积极推进“标准地”出让类型向科研、仓储物流等生产性服务业领域拓展、延伸，研究拟定物流仓储用地、新型产业用地、标准厂房等工业地产项目“标准地”指标体系，正式印发并试行《示范区物流仓储用地“标准地”指标（试行）》。2022年度一般工业用地全部实现“标准地”出让；项目从土地摘牌到进场施工，最快15个日历天完成，相关试点做法在2022年9月26日山西新闻联播中作为典型经验予以宣传报道。

【招商引资】2022年，山西综改区立足长远打基础，加强项目谋划储备，着力构建“五个一”招商生态，实施“三个亿”招商计划，目前已建立创新平台31个、引入基金23支、创建招商窗口20个、制定产业规划29个、编制招商图谱36个，形成了全方位、多维度、立体式招商新局面。大力开展展会招商、区域招商，围绕太重、天地煤机、中来、烁科、凯赛等区内链主企业，着力建链、延链、补链、强链，提升产业链现代化水平。全年招商引资签约项目54个，总投资达628.25亿元。当年签约并当年开工项目28个，新开工项目拟完成投资额524.85亿元，在全省2022年3次“三个一批”活动中，战略性新兴产业项目占比达100%，全省排名第一。

【项目建设】把“三个一批”活动作为为抓手，建立项目库清单，项目进展每周更新、每月汇总、每季总结、年度考核，保证项目滚动推进。2022年三期“三个一批”活动中，“签约一批”项目共有47个，签约投资额301.12亿元，预计年产值520.26亿元。签约已开工项目33个，签约投资额162.23亿元，签约开工率53.88%。“开工一批”项目共有42个，计划总投资116.22亿元，预计年产值245.15亿元，已完成投资18.23亿元，开工已投产项目19个，已完成投资10.8亿元，开工投产率9.29%。“投产一批”项目共有24个，实际产值占预计产值80%以上产业项目8个，总投资62.23亿元；产业项目总数10个，总投资126.23亿元，投产达效率49.3%。其中，“签约一批”利用外资项目4个，总投资2.9亿美元，全省排名第二。全年新开工重大转型项目4个，项目总投资75.81亿元，其中，10亿元以上重大转型项目2个，总投资为29.8亿元，20亿元以上重大转型项目2个，总投资为46.01亿元。

【产业转型】围绕合成生物、第三代半导体、煤机智能制造、光伏新能源四条特色产业链，扎实推进产业链“链长制”工作。以凯赛为链主培育合成生物产业链。下游已引进13个项目，总投资368亿元。泰山玻纤进入供地环节，中材科技开始入区，持续对接长盛科技等10余个在谈项目，组织召开全国生物基聚酰胺材料推广大会。以中来为链主培育光伏产业链。江苏美科开始入区，承办十八届太阳级硅及光伏发电研讨会。以天地煤机为链主打造煤机智能制造产业链。形成了从机械制造到人工智能完整产业链，山西煤机、向明智控等项目有序推进，国内首个矿用导航技术实验室建成投用。以中电科二所、烁科为链主打造第三代半导体产业链。“三基地”项目一期投产，正启动二期。第三代半导体创新中心建成运行，配套实体项目加快实施。建设3个“专精特新”产业园，通过统筹规划基础设施、公共配套及邻里中心，适度超前配建科技、商务、金融等生产性服务和公共租赁住房、社区管理、卫生保障等生活配套设施，为企业提供完善的产业生态，“筑巢引凤”规划20个专业化标准厂房，着力推动科技型中小企业集聚、规模发展。年度建成标准化厂房成105万平方米，园区入驻项目58个。全区市场主体达到51 155户，同比增长9.82%，企业占比75.48%（高于全省48.6个百分点），涉税主体占比84.65%(高于全省41.8个百分点)。新认定省级“专精特新”175家、省级“小巨人”43家、国家级“小巨人”15家。

【营商环境】实施创优营商环境行动计划，破解108个制度性障碍，实现“签约即审批、拿地即开工”；深化“一枚印章管审批”“一业一证”改革，试点市场主体登记确认制等，“标准地”改革在省台报道推广；开展“一项改革创新、一项政策研究”，围绕优化营商环境和解决制约发展的突出问题，谋划实施86项改革创新举措；构筑“1个综合政务服务中心+2个产业功能区分中心+N个便企服务末梢单元”政务服务体系，创新设立政务服务站，建设便企服务末梢单元，推动企业设立、变更、社保、办税等事项“身边办”。做强软硬支撑，中部和北部成熟园区持续提质升级，路网和新基建日益完善，南部潇河新城初具雏形，会议、会展中心及配套酒店投用，与太原主城区道路连接线基本打通，产城融合持续深化。树牢“服务存量企业就是招商引资”理念，主要负责同志带队深入各园区开展多轮集中调研，厘清发展思路和重点，深入900余家企业及项目，上门送政策，解决问题、诉求300余项。疫情期间成立企业物资保运领导组和17个临时党支部，有力有效保障企业生产经营，收到38面锦旗和18封感谢信。

【创新生态】第三代半导体技术创新中心（山西）挂牌运行，怀柔实验室山西基地具备入驻条件，天地煤机建成国内首个矿用导航技术实验室，省能源互联网研究院正式运营。全年新认定省级平台20个。截至2022年底，全区共建成省重点实验室、省技术创新中心等省级研发平台118个。加大高新技术企业培育力度，开展梯度培育和差异扶持，充分发挥政府引导基金和各类金融工具作用，推动高新技术企业稳步增长。2022年全区高新技术企业数量达到1 045家。依托山西智创城省级双创中心，构建“创业苗圃＋孵化器＋加速器＋产业园”的双创全产业链培育体系，联合各大高校共同建设创新发展平台、产学研成果转化基地，促进产学研用一体转化。截至2022年底，智创城50家高新技术企业实现产值4.58亿元，93家战略性新兴产业实现产值69亿元。

【对外开放】积极推进RECP国际合作产业园建设，特色食品产业区（冷链物流片区）部分加工车间已完成封顶，冷库建设工程量逾50%，华远陆港跨境电商产业园、华远陆港跨境电子产业孵化中心、特玛茹跨境电商产业园等5家平台项目、42家企业已入驻园区。积极推动富士康SE Ⅱ衍生新机种生产线项目、通实天才教育项目、益海嘉里等外资项目落地。调整保税区进出口、网络货运等风险性较高的政策等，初步构建了更加科学、规范、高效、可持续的管理运行体系。积极配合申建山西自贸区，加快阳曲综合保税区申报建设，推动太原临空经济区建设。强化贸易促进、贸易创新，国家进口贸易促进创新示范区获批。2022年，全区实际利用外资完成3.05亿美元，同比增长98%。实现外贸进出口总额1 067.4亿元，其中，出口802亿元，进口264亿元。

2022年山西转型综改示范区（太原区域）主要经济指标统计表

主要经济指标	1-12月份完成（亿元）	同比增长（%）
地区生产总值	989.86	3.8
服务业增加值	198.71	0.8
规上工业增加值	244.7	9.2
固定资产投资	325.7	12.41
其中：工业投资	205.53	8.13
社会消费品零售总额	207.3	-3
一般公共预算收入	75.24	11.4

（山西转型综改示范区管委会）

廊坊经济技术开发区

【区域概况】廊坊经济技术开发区（以下简称“廊坊开发区”）位于廊坊市区东北部，于1992年6月26日正式开始建设，2009年7月升级为国家级开发区。辖区面积69.4平方千米，规划面积38平方千米，辖区常住人口近13万。廊坊开发区共集聚了全球23个国家和地区6 800余家注册市场主体、占地项目1 000余家，其中，规模以上工业企业138家，外资企业146家，高新技术企业135家，世界500强企业26家。先后荣获国家高新技术服务产业基地、国家生态工业示范园区、中国产业园区持续发展百强、河北省开放发展十佳开发区、中国领军智慧城区等荣誉称号。

【经济发展】2022年，廊坊开发区统筹发展和安全，完整准确全面贯彻新发展理念，积极服务和融入新发展格局，加快高质量发展，各项工作取得扎实成效。一般公共预算收入完成40.1亿元，可比下降1.7%；固定资产投资同比增长8.4%；工业投资同比增长77.2%；限上消费品零售额完成167.3亿元，同比增长5.6%；进出口总额完成157亿元，同比增长5%；贸易业营销额完成586亿元，同比增长11.4%；实际利用外资5 825万美元。荣获“河北省2022年能级提升综合示范经开区”称号，连续四年荣获“中国领军智慧城区”称号。

【产业发展】2022年，廊坊开发区紧紧围构建“1+4+1”产业体系，加快新兴产业链更新再造和价值链升级。“1”：电子信息产业，廊坊开发区已形成集大数据基础产业、半导体、高端电子信息产品制造等于一体的电子信息全产业，集聚了华为云数据中心、京东云计算中心、润泽国际信息港、滨松光子等一批代表性企业，2022年营业收入254亿元。“4”：高端装备制造产业，有生产高端筑路机械的世界500强维特根、具有自主知识产权的精雕数控机床、全球一流发动机配件供应商世界500强辉门、欧洲最大的筑路设备制造商玛连尼法亚、全球领先电梯制造商富士达电梯等。新材料和新能源产业，有全球最大的水平砷化镓单晶制造商有研光电、国内唯一的通信石英主材制造商久智光电子、进行聚变能研发的新奥科技等。生命科学产业，有中国医学科学院肿瘤医院廊坊院区、热景（廊坊）生物等领军企业。休闲文旅产业，有丝绸之路国际文化交流中心、“只有红楼”戏剧幻城等“文化经济”。“1”：现代服务业，其中现代商贸物流产业已形成了以京东“亚洲一号”、唯度国际、宝湾、万纬冷链4家物流园为引领，78家物流企业为支撑的现代商贸物流产业集群，2022年实现营业收入574.43亿元。

【科技创新】2022年，廊坊开发区不断增加科技成果源头供给，培育高水平研发平台，新增省级企业技术中心2家，全市第一；新增省级技术创新中心1家；新增省级工业设计中心1家，市级工业设计中心2家。全区各类研发平台累计达159家，其中国家级研发平台4家，省级研发平台33家，市级研发平台104家。持续建设完善一批高层次众创空间和孵化器，加速从“孵化企业”向“孵化产业”升级发展，现有科技企业孵化器、众创空间累计10家，其中国家级众创空间1家，省级科技企业孵化器、众创空间4家。新增1家博士后科研工作站，全区博士后科研创新机构总数达到19家。全年累计引进本科以上学历1 533人，其中全职引进国家级高层次人才1人，博士15人，硕士235

人。组织开展2次人才专项资金申报，为精雕数控、立邦涂料等59家企业的608名高层次人才发放补贴资金456.68万元。

【投资促进】2022年，紧盯龙头企业上下游配套，组织开展各类招商活动200余场。全年累计签约网营物联智慧供应链基地、嘉企贸易华北运营中心等45个优质项目，计划总投资166.67亿元；无锡振华、常州巨石等70个项目在谈，计划总投资306.07亿元；备案、核准、审批类项目117项，总投资191亿元。全力招引非首都功能疏解项目，国家医学中心项目获得国家发改委批准，中国联通和中科机科总院集团三级子公司项目相继签约，北京中关村中矗集团重点制造项目正式落户。着力塑造凤河文化IP，精心组织谋划“2022河北凤河国际人工智能高峰论坛”和“2022河北凤河国际生命健康高峰论坛”等系列产业主题活动。深入开展“产业项目攻坚年”活动，举办项目集中开工活动3次，项目观摩活动2次，获评河北省抓投资上项目提能级先进示范经济开发区。工管委领导主持召开重大项目协调沟通会10次，省市重点项目专项协调会60余次，全力保障重点项目建设。百信信创生态创新基地、瑞亦信大飞机模拟器等115个前期项目稳步推进，总投资549亿元；益海嘉里中央厨房等56个在建亿元以上项目加快建设，总投资928.8亿元，年度计划投资71.6亿元。全年列入省重点项目9项、市重点项目44项，分别同比增长200%、300%。

【体制机制创新】2022年，持续推进“证照分离”改革，对35项涉企行政审批事项进行改革，其中2项直接取消审批，3项审批改为备案，9项实行告知承诺，21项实行优化审批服务。推进“一件事一次办”改革，上线38项涉企经营套餐，减少企业和群众办理事项的申报材料、跑动次数和办理时限。推进“证照联办”改革，压缩法定审批时限88%，压减申请材料51%。减少企业开办环节和时间，全流程网办率达到98%。压缩审批时限，将环境影响报告书审批时限由60个工作日压缩至15个工作日，报告表审批时限由30个工作日压缩至7个工作日。全区16个政务服务部门完成296项行政许可事项和272项政务服务事项标准化工作，完成政务服务事项网办流程配置，政务服务事项网上可办率100%、全流程网办率100%，2022年全区政务服务事项网上受理率95.2%，居全市第一位。积极推进电子证照数据归集，累计归集电子证照信息34类47 901个，部门电子印章实现100%备案管理，2022年“互联网+监管”事项覆盖率100%，在全市“互联网+政务服务”督察中被评为优秀等次。政务服务“好差评”部门覆盖率100%、事项覆盖率99%。

坚持改革创新，持续优化管理运行体制机制。起草完成开发区工委、管委及其内设机构的“三定方案”初稿。细化完善考核方案，成立廊坊开发区专项工作考核领导小组，研究制定《廊坊开发区进一步强化上级专项考核结果运用的暂行办法》，将17个专项工作考核情况纳入全区绩效考核体系。充分发挥考核指挥棒作用，高标准、高质量完成各季度及全年考核任务。

【绿色集约】2022年，持续打好蓝天碧水净土保卫战，PM10年均浓度61微克/立方米，同比下降15.3%，PM2.5年均浓度35微克/立方米，同比下降3%，优良天累计266天，达标率72.9%，NO2、SO2等五项检测指标达国家二级标准，空气质量创十年来历史最佳。完成断面水质监测140余次，治理5个有水坑塘，完成150家企业固体废物动态信息管理平台信息填报和危险废物管理计划备案工作。2022年度全市公众生态环境满意度评价中荣获第一名。

全面清点更新闲置厂房、闲置楼宇、低效用地数据库，对接引进租、售厂房项目50余个，盘活闲置厂房4万平方米、通过引进股权投资等多种方式有力处置闲置土地563亩，批而未供1 196.6亩，142宗供而未建国有建设用地处置工作扎实推进。把招商工作与闲置和存量土地进行挂钩，通过充分筛选、高位匹配，引入华宏艺苑、清链科技等项目进行合理选址，消除存量土地、有效盘活预留用地。

【服务企业】2022年，开发区深化落实领导包联机制，制定重点企业（项目）包联方案，各层级领导干部对全区450家重点企业（项目）进行分包帮扶，累计走访调研企业1 600多次，帮助83家企业解决困难问题170多项。深入开展“走千企、访万户、解难题、促发展”活动，对94家重点企业制定帮扶计划，“一对一”精细化帮扶企业解决12项生产经营问题，累计帮扶产值达2亿元。建立常态化、规范化政企沟通机制，组织开展早餐见面会4次，政企服务“直通”群全年24小时实时在线服务，共帮助82家企业解决问题246个，实现不见面精准帮扶。出台应对疫情影响助企纾困20条措施、稳经济“1+19”政策体系等区级惠企政策，打好政策组合拳。及时兑现惠企政策，减税降费38.61亿元，制造业中小微企业缓缴税费2.64亿元；持续完善“小增规”培育库，新增入库入统“四上企业”23家，兑现新增入统“四上”企业奖补资金391.1万元。兑现高质量发展十条等政策企业128家次，发放“免申即享”资金1 690万元。召开高质量发展暨2021年度优秀企业表彰大会，对64家优秀企业进行表彰，奖励资金共1 560万元。帮助企业争取国家、省、市等各类专项发展资金1.07亿元。

【党建工作】2022年，新建企业党支部2个、新覆盖两新组织3家。扎实开展党的二十大精神学习活动，通过专题培训、网络培训等多种形式实现党员培训全覆盖，全区各领域累计参训党员4 500余人。全年督促指导各党组织发展党员102人，开展培训课程21个班次、完成培训1 981人，通过三会一课等集中学习活动培训党员4 320人次，党员队伍教育管理水平全面提升。围绕“七一”重要节点，谋划开展了书记讲党课、主题党日等活动。组织开展区级“两优一先”评选工作，对22个先进基层党组织、105名优秀个人进行了通报表彰。春节、“七一”、老年节期间，对建国前老党员、老干部、生活困难党员等进行慰问190人次，发放慰问金（品）59.2万元，颁发“光荣在党50年”纪念章27枚。

【机构设置与党工委管委会领导】2022年，廊坊开发区工委、管委共设置18个机构：党政办公室、人力资源和社会保障局、财政局、投资促进和招商合作局、发展改革和科技创新局（科技谷管理办公室）、自然资源和规划局、住房和城乡建设局、社会发展局、文教卫生局、公用事业管理局、应急管理局、政法工作办公室、市场监督管理局、行政审批局、城市管理综合行政执法局、生态环境局、综合保税区管理办公室、东方大学城管理办公室。

工委、管委领导班子成员：开发区工委书记、管委会主任王一平（管委会主任任至2022年9月）；工委副书记、管委会主任姚振辉(2022年9月任）；工委副书记周春生；工委副书记杨宝骞；工委委员王小卫；工委委员、纪工委书记、总工会主席王冠军（任至2022年10月）；工委委员、管委会副主任、东方大学城管委会主任孙绍虎（任至2022年8月）；工委委员单克用；工委委员、管委会副主任李洪旺；工委委员、管委会副主任齐建光；工委委员、管委会副主任丁勇；工委委员、纪检监察工委书记李向海(2022年11月任）；工委委员林秋鸿。

（廊坊经济技术开发区管委会）

张家港经济技术开发区

【概况】张家港经济技术开发区（杨舍镇）位于张家港市域西南部，是张家港市委、市政府所在地。2022年末，总面积153平方千米，与张家港市杨舍镇实行“区镇一体”管理体制。耕地面积3 396.5公顷。常住人口42.9万人，其中户籍94 455户，户籍人口28.9万人。经开区（杨舍镇）把握“高质量发展和精细化管理”工作主线，统筹疫情防控和经济社会发展、安全，聚焦“汽车及零部件、新能源、智能装备、光电和半导体、航天航空、数字经济、生物医药”等主导产业，集中力量精准招商。一、二、三产业增加值分别为3.94亿元、320.14亿元和671.42亿元。完成全口径财政收入91.27亿元，其中，公共财政预算收入40.57亿元，入库税收88.71亿元。完成全社会固定资产投资162.74亿元，其中，工业投资52.55亿元、服务业投资110.19亿元，新兴产业投资52.2亿元。社会消费品零售总额502.37亿元。经开区被命名为国家级生态文明建设示范区（生态工业园区）、省知识产权建设示范园区，杨舍镇获评省生态文明建设示范镇。张家港经开区排名全省经济开发区科学发展综合考核评价第8位，杨舍镇位列为全国综合实力千强镇第2位。

【经济发展】 2022年，全区有企业29 815家。365家规模以上企业。全年实现工业总产值961.1亿元，增长6.9%；营业收入1 007亿元，利润42.5亿元。有销售收入超1亿元企业165家，其中10亿元至50亿元企业18家、50亿元至100亿元企业2家。区（镇）完成进出口总额100.63亿美元，增长5.6%，其中出口总额89.88亿美元。

【投资促进】2022年，开发区新批外资及港澳台资企业21家，注册外资及港澳台资0.59亿美元，实际利用外资及港澳台资超2亿美元。国泰集团、澳洋集团、东渡纺织集团跻身“2022中国民营企业500强”，骏马集团等3家企业入围“江苏民营企业200强”，华灿光电、新美星公司入围“江苏民营企业创新100强”。采埃孚、麦格纳、揖斐电被表彰为苏州市贡献突出外资企业。聚焦科技招商“一号工程”，全年招引科技项目290项，其中潜力类100项，数量位居张家港市前列。围绕主导产业引进采埃孚底盘零部件及后轮转向系统、中鑫汽配新能源汽车轻量化部件、麦格纳汽车电子等项目。伊萨焊接公司被认定为省级跨国公司地区总部和功能性机构，芬兰佩克建筑公司获批苏州市跨国公司地区总部，国泰新点软件公司获评苏州市级总部企业。总投资580亿元的66个三级重大项目加速推进，光束汽车、长城领诚领诺等已具备生产条件，国富氢能、天兵科技、安迈机械等36个新项目开工。

【科技创新】2022年，开发区全年认定高新技术企业91家、累计达到269家，获批国家科技型中小企业276家、国家级专精特新“小巨人”企业3家。骏马化纤“帘子布”获评国家制造业单项冠军产品，国富氢能项目获评省核心技术攻关项目，方兴信息产品入选省人工智能融合创新产品名单，均为全市唯一；登云智造获评工业互联网标识解析二级节点，填补全市空白。锴威特公司完成上市过会，实现领军人才企业上市突破，弗莱明磁力、良辰生物、华赛生物等人才项目产业化进程提速。区镇有5人（项目）获评“省双创”人才项目、4个获评省大学生优秀创业项目、18人（项目）纳入“姑苏计划”人才项目，均位居全市前列。新增国家级众创空间2家、省企业研究生工作站4家、省工程技术研究中心2家。

【深化改革】2022年，开发区深化国企改革，实体化运作经开区控股集团，建立“资管、城建、金融”三大主业板块，全年实现净收入2.58亿元。区（镇）全年水稻种植1 173.33公顷，小麦种植1 196.67公顷，有常年蔬菜种植地406.67公顷，绿色优质比89%，张家港市第一。梁丰机械化奶牛场获评张家港市首个“国家级动物疫病净化场”，经开区智慧农业平台项目入选“省级信息通信业助力乡村振兴十大典型案例”。

【社会事业】2022年，全区有（以下34所中小学皆为公办）中学8所，教师719人，在校学生10 055人；小学9所，教师963人，在校学生19 096人；幼儿园17所，教师465人，在园幼儿8 573人。杨舍教育“3310”工程深入推进，打造10所特色学校、10个教育共同体、10类教育榜样，2所学校特色学习案例获全国优秀项目式学习案例，2所学校特色项目获省教育厅重点项目。“暨阳学堂”开展教学活动384场，惠及群众近万人。农联实验小学等5所新建学校投入使用。有苏州市美丽乡村健身公园1个。健身广场51片，室外篮球球场54片，门球场1片，网球场5片，健身路径302套，健身步道44万千米，影院11个，剧场1座，图书馆68个，24小时图书室9个。年内打造善港麦畑花舍、沙洲湖云帆空间等公共文化优质点位。区镇新时代文明实践站获评苏州市“江南公共文化特色空间”。杨舍镇原创广场舞蹈《推呀拉呀》入围全国第十九届群星奖，《意外》《相约相守》分获张家港市“繁花奖”金奖、银奖。开展“戏曲大舞台”“杨舍故事汇”等群众性文化活动，年人均接受公共文化服务达10人次，杨舍镇群星艺术团获评苏州市“优秀群众文化团队”。杨舍镇获评第二批全国农民体育健身活动基地，苏州市“十佳”农民体育基地。新增规上文化企业4家，登记版权作品4 600余件，江苏远大获得苏州市重大版权推广运用推进计划项目资金扶持。有医疗卫生机构250个，其中医院20所、社区服务中心2个、社区卫生服务站51个（包含6家全科工作室），有执业（助理）医师2 634人，核定床位5 350个。

【联动创新】2022年，开发区加快江苏自贸区联动创新发展区建设，开展“跨省通办”“大数据+AI智能”等审批改革。承接“一般建设项目环境影响评价审批”等赋权事项，推进“告知承诺制”改革，环评审批时限压缩至1天。启用经开区市民广场，对外办理各类事项199项。推出全市首个限额以下电子招标采购平台，公共资源交易实现标准化、规范化、智能化。推进“社会矛盾风险隐患拉网式大排查大起底大化解”专项行动，“解除沙洲湖直播扰民烦心事”获苏州首批社会综合治理网格化联动机制“一案一奖”典型案例。接受人大监督、舆论监督和群众监督，办理落实人大代表意见建议50件、办结满意率100%，处理“12345”平台工单1.68万件、群众满意率99%。

【生态环保】2022年，开发区全域推进文明城市创建常态长效保障、基础设施优化、街巷环境洁净、公共秩序提升、城乡文明融合、文明实践深化“六大工程”，打造苏州市级城市客厅示范区5个，“打造暨阳客厅”4个，拓展54条市容精细化管理道路范围，机械化保洁道路达到90%。统筹落实“公厕革命”和垃圾分类，完成新改建公厕41座，城乡垃圾分类集中处理率100%。完成14家企业VOCs深度综合治理，完成劣V类河道整治16条，省考水质断面达标率100%。加速美丽乡村建设，建设幸福河道11条。

【福民工程】 村级可支配总收入突破10亿元，村均超2 600万元，同比增长8.8%。百家桥再头巷特色精品乡村通过验收，创建南新村等4个智慧农村示范村，新建特色康居乡村12个。农联村入股华盛锂电登陆科创板，善港村入选全国村级“乡风文明建设”典型案例，福前村获评省乡村休闲运动基地。

加快优化基础配套和公共服务，高标准实施街巷环境洁净，创建星级垃圾分类小区262个，实施10项民生实事项目，启用经开区市民广场，率先推出限额以下全流程电子招标采购平台。打造“暨阳客厅”4个，完成民生微实事项目160个。建成城西悦杨居家养老服务中心，打造社区老年人助餐点2个，完成社区居家养老服务站点功能升级5个。江苏澳洋优居壹佰养老产业有限公司获评首批“江苏省养老服务高质量发展示范企业”。全年发放涉农补贴资金984.292 35万元；耕地地力保护补贴面积23 971.68亩，金额2 876 601.6元。居民基本医疗保险参保96 281人。全年新增社工41人，累计达到314人，虚拟养老服务348 960人次，涉及服务资金363.67万元。开发公益性岗位462个，其中新安置就业困难公益性岗位12个。社保扩面新增22 470人，住房公积金扩面净增4 574人。发放尊老金3 552万元，惠及5.5万人。发放救助资金2 982万元，“慈善超市”建成投用，实施群体帮扶慈善项目16个。完成征兵72人，退役军人就业安置率达100%。全年累计开展新时代文明实践志愿服务活动近万次，服务时长达110万小时。打造沙洲湖云帆空间等公共文化优质点位。开展“戏曲大舞台”“杨舍故事汇”等群众性文化活动，年人均接受公共文化服务达10人次，杨舍镇原创广场舞蹈入围全国第十九届群星奖，区镇新时代文明实践站获评苏州市“江南公共文化特色空间”，杨舍镇获评第二批全国农民体育健身活动基地、苏州市“十佳”农民体育基地。

【管委会领导】中共张家港经济技术开发区工作委员会书记邵军民（2022年6月免）、张志明（2022年6月任），委员邵军民（2022年6月免）、张雷、赵志凯、陆忠理、吴卫中、袁政国、杨立清、沙立平（2022年2月任）；张家港经济技术开发区管理委员会主任张志明（2022年6月任），副主任张雷、赵志凯、陆忠理、袁政国、杨立清、沙立平（2022年2月任）。

（张家港经济技术开发区管委会）

沧州临港经济技术开发区

【概况】2022年，沧州临港经济技术开发区在渤海新区党工委、管委会，黄骅市委、市政府坚强领导下，全面贯彻习近平新时代中国特色社会主义思想，坚持稳中求进、稳中求突破工作总基调，完整准确全面贯彻新发展理念，坚定不移落实疫情要防住、经济要稳住、发展要安全的重要要求，解放思想、奋发进取，坚持项目为王，突出科技赋能，强化要素保障，坚守发展底线，全面构建支撑高质量发展的现代产业体系，奋力打造渤海新区黄骅市强劲活跃增长极。全区项目建设稳步推进，经济运行健康平稳，科技创新持续发力，营商环境不断改善，治理能力有效提升。连续10年位列中国化工园区前20强，2022年度排名第13位。成功获批河北省原料药集中生产基地、省级优秀战略性新兴产业基地、省级节水型园区。

【经济发展】2022年，沧州临港开发区完成地区生产总值52亿元，同比增长10.3%；规上工业增加值同比增长16.3%；固定资产投资同比增长11.1%；利用外资627万美元，同比减少89%；一般公共预算收入完成7.0亿元，增速持平。

【项目建设】2022年，沧州临港开发区秉持“一切围绕项目转、一切盯着招商干”和“企业张嘴、政府跑腿”的工作理念，坚决落实“项目九制”“营商八条”，切实做到“三快”。全面深入分析聚氨酯、高端合成树脂、新材料、氢能综合利用、电子化学品、锂离子电池、氯碱循环利用和生物医药等8大特色产业链条有什么、缺什么、要什么，形成产业链发展“思维导图”，方便招商人员“按图索骥”，全力开展网上招商、以商招商、以链招商。建立“企业家直通车接待日”和“开发区一把手现场督导帮扶”工作机制，累计推动97项制约项目建设问题得到妥善解决。预计全年共取得政府专项债券资金6.7亿元，先后实施道路、管廊、污水管网、电力排管等基础设施，和环境绿化、美化、亮化综合提升工程20余项。挂牌出让土地4 053亩，划拨国有土地使用权2 153亩，收储建设用地1 272亩。2022年共实现签约项目96个，总投资631.5亿元，主要包括：投资50亿元的河北诚信集团产业链项目、投资10.9亿元的华茂伟业绿色化学研究院项目、投资10亿元的清研信联锂离子电容、钠离子电池项目等；央企、国企齐聚临港，如总投资40亿元的新天渤投燃气电厂项目、总投资15亿元的冀中能源集团特种硝酸盐项目、总投资15亿元的国能集团绿港氢城项目、总投资4.6亿元的航天长征试验基地项目等，以及超百亿元的中国中化新材料产业基地项目；新开工项目41个，总投资232.7亿元，实现竣工项目26个，总投资343.3亿元，尤其是以金诚化工为龙头，河北先正、河北晋邦、河北科迈四家企业上下游一体化的氯碱循环经济产业链实现竣工投产，成为开发区打造循环经济示范区的有效实践，实现了经济效益、社会效益和环境效益的有机统一。

【营商环境】2022年，沧州临港开发区坚持把打造现代营商环境放在心上、抓在手上、扛在肩上。始终把助企发展作为最重要的政绩，用心用情用力助力企业健康快速发展。一是制定开发区营商环境领跑计划。从政务服务环境、要素成本环境、市场和法治环境、对外开放重点、科技创新环境等5个方面，明确30项主要任务，进一步扩大临港开发区营商环境“领跑”

领域领先优势，找到“并跑”领域突破点，开展“跟跑”领域非对称竞争；二是开展优化营商环境专项整治。纪检监察组自主向区内企业（工地）发放了《关于受理破坏营商环境问题举报的公告》，采取“四不两直”方式，带着问卷征集问题线索“点对点”一线调研职能部门及入区企业，并通过微信平台等方式广泛征集区内企业（工地）对开发区市场环境、政务环境、法治环境、社会环境等方面的意见建议；三是坚决落实稳经济“1+20”政策。认真研究国家、省市政策及上级资金支持导向，深入企业宣讲河北稳经济“1+20”一揽子政策，累计为企业发放政策资金支持 2 051.94 万元。建立挂牌上市后备企业培育机制，筛选华茂伟业、信联化工、爱彼爱和等 3 家企业列入开发区挂牌上市后备企业库。

【创新引领】一是南开大学绿色化工研究院加速成果转化。南开大学绿色化工研究院获批“河北省人才强冀工程重点人才项目”“河北省合作共建科技平台示范基地”，分析测试中心成为南开大学中心实验室沧州分中心。研究院自主研发团队与区内企业签订产学研合作协议 4 项，完成企业委托的 2 项研发工作；二是中试平台建设取得新突破。科技成果转化基地（中试基地）建设已入驻多用途气凝胶、核酸疫苗（mRNA）原料、光刻胶、锂离子超级电容电解液、特种军用弹性体等 6 个项目入驻。清华大学天津高端装备研究院沧州临港开发区分院，依托北京化工大学人才和科技优势共建的沧州临港科技创新谷，以及与河北省药品医疗器械检验研究院合作共建的沧州实验室即将签约落地。丰亚科技、华茂伟业等多家企业开展中试平台设计建设工作；三是中国运载火箭技术研究院项目稳步推进。能源环保沧州创新研究院装修设计、展馆搭建工作已完工。总投资 4.6 亿元的能源与环保试验基地项目已完成土地摘牌，正在加快推进前期手续办理。总投资 28.84 亿元的煤炭清洁高效综合利用项目（工业气岛项目）已开工建设，预计 2024 年 12 月竣工，2025 年 5 月投产达效；四是科技创新型企业活力迸发。全年新增高新技术企业 7 家，省级科技型中小企业 10 家，国家级科技型中小企业 16 家，省级研发平台 1 家，市级研发平台 2 家。2022 年开发区共有高新技术企业 48 家，科技型中小企业 91 家。省级“专精特新”中小企业 15 家，国家级“专精特新”小巨人企业 3 家，国家级重点“小巨人”企业 1 家。2021 年度企业研发投入达 6 亿元，同比增长 53.85%。29 家企业获得研发费用加计扣除补助 1 095 万元。那瑞科技抗新冠药奈玛特韦关键中间体的研发与产业化项目，兴泓中试熟化基地建设项目获省级重大科技成果转化专项计划项目。广祥原料药金属元素控制技术研发及产业化项目获中央引导地方科技发展资金项目。

【安全环保】2022 年，沧州临港开发区坚持绿色发展，安全生产，科技赋能三向发力，全力打造绿色临港、安全临港、数字临港。一是生态环境不断改善。持续开展 VOCs 深度治理，积极推进涉 VOCs 企业“一厂一策”，不断加强移动源管控，规范视频监控和扬尘在线设施运行管理，严格执行飞检要求。实施黄浪渠生态氧化降解工程，加强污水排放过程控制管理。聘请第三方机构担任“环保管家”，协助执法人员开展入企检查。及时处置各类环境信访举报，严厉打击环境违法行为，扎实做好企业绩效评级和白名单申报工作。二是安全水平不断提升。严格落实属地责任、部门监管责任和企业主体责任，积极构建网格化监管责任体系。严格对照“十有两禁”标准，扎实推动“一园一策”整改提升工作。加快推进消防队伍和火灾扑救能力建设，东区特勤消防站建成投用，152 种消防器材和 10 消防车，以及 57 名消防员开始执勤备勤。三是智慧园区建设取得阶段性成果。自主谋划建设的“危废智能数字化管理系统”实现危险废物全过程管控。事故预防及应急管理智能化平台实现区内企业 106 家“两重点一重大”生产装置、储存设施、中控室视频信息以及生产过程中的温度、压力、液位等关键信息的实时监控预警。智慧园区建设顺利通过中国石油和化学工业联合会专家组验收，成为全国 676 家化工园区中第 23 家“中国智慧化工园区试点示范单位”，列入“智慧化工园区名录”，并建议将临港开发区自主创新打造的重污染天气管理系统在全国范围内进行推广。

（沧州临港经济技术开发区管委会）

常熟经济技术开发区

2022年，常熟经济技术开发区紧盯全年目标，统筹防疫和发展，全力推动各项工作落实落地。

【经济发展】 2022年，全区实现地区生产总值1 184.04亿元，按可比价计算，同比增长3.1%；工业总产值3 118.7亿元，同比增长5.5%；工业产品销售收入3 115.94亿元，同比增长5.3%；财政收入170.94亿元，一般公共预算收入75.23亿元；全社会固定资产投资258.56亿元，其中工业投资170亿元。

【产业发展】 紧抓总投资288.6亿元的40个重点项目建设，完成当年计划投资88亿元，亨通海洋高端制造产业化基地等32个项目开工，长三角（常熟）国际先进制造产业园一期等28个项目竣工。“千斤顶第一股”常润股份成功上市。森松生物制药高端装备项目奠基、臻芯微通线、英特模氢气直喷发动机点火等一批活动相继举办。常熟港完成货物吞吐量6 352万吨。

【科技创新】 全年完成科创项目注册超百个，各级各类人才项目申报200个，国家级（QM计划）有效申报19个。拥有有效高新技术企业134家。新增4家国家专精特新小巨人企业。完成智能化改造和数字化转型项目187个，新增工业机器人700台。亨通海洋获批设立国家级博士后科研工作站。常青藤国际人才港开工建设，李袁智造产业园开园。筹建声功能材料及器件创新联合体，编制国家声功能材料及器件技术创新中心(筹)建设方案。“苏州•中国声谷”成功创建全国声学科普教育基地。

【投资促进】 实现进出口总额144.21亿美元，同比增长2.5%，其中出口额99.86亿元，同比增长11.5%。聚焦汽车、声功能材料、集成电路、新能源等产业领域精准招商，办好一批重点项目集中签约活动，落地长城未势能源、仁烁钙钛矿光伏等系列产业项目45个，总投资超300亿元，加快培育新一代电子信息技术及应用、声学产业及技术服务，海洋装备及通信、绿色智能核心汽车零部件、前沿高端材料、新能源及核心装备以及现代物流贸易等“2+4+1”新兴产业体系。注册外资3.08亿美元，实际利用外资4.51亿美元。

【体制机制创新】 行政审批新增“技改项目节能审查”4个省级赋权事项，承接“施工许可”权力下放实现工程项目全链条审批。出台培养选拔优秀年轻干部实施方案，修订《作风效能建设积分警示管理办法》。成立经开控股并完成国资战略化重组，出台《推动经开控股高质量发展实施意见》并制定三年发展规划。组建常熟港管理服务中心。

【绿色集约】 常熟经开区总规环评跟踪评价通过生态环境部审查，完成园区碳排放试点工作。编制园区碳达峰碳中和实施路径专项报告。区内企业芬欧汇川（中国）有限公司荣获江苏省“2022年绿色发展领军企业”称号。出台《工业载体出租管理办法》。抓好低效盘活、“一图一表”，全年盘活存量土地超2 400亩。

【党的建设】 开展学习贯彻党的二十大精神主题宣讲，实施“海棠常开”共聚力，服务人才“常舒心”书记项目，新建声谷双创服务中心、智能科技产业园、化工园区等党建服务阵地，成立苏州声研院、苏州国融科技、立讯科技等6家“两新”党组织。举办建区30周年系列纪念活动。

【机构设置与管委会领导】常熟经济技术开发区内设部门有：招商局（综合保税区管理局、服务业发展局、国际物流园管理办公室），经济发展局（汽车产业发展局），组织人事劳动局（党群工作办公室），规划建设局（滨江市政公用事业管理办公室），财政局（国有资产监督管理办公室），安全生产监督管理和环境保护局（社会综合治理办公室），化工园区管理办公室，行政审批局，科技创新局（声谷产业发展办公室），常熟港管理服务中心，常熟科创园管理服务中心，党政办公室（宣传办公室），纪律检查工作委员会。管委会副主任（含）以上的领导有：常熟市委常委、常熟经开区党工委副书记、管委会副主任陈国栋，常熟经开区党工委委员、管委会副主任顾伟明，常熟经开区党工委委员、纪工委书记陆利兵，常熟经开区党工委委员、管委会副主任顾志强，常熟经开区党工委委员、管委会副主任唐志军，常熟经开区党工委委员、管委会副主任徐峰，常熟经开区党工委委员、管委会副主任姚卫东。

（常熟经济技术开发区管委会）

井冈山经济技术开发区

【经济发展】2022 年，井冈山经济技术开发区（不含吉州工业园）完成营业收入 1 172 亿元，增长 9.7%，规模工业增加值增长 9.7%，固定资产投资增长 10.3%，财政收入 30.38 亿元，实际利用外资 3.41 亿美元，增长 12.2%，实际利用内资 198.88 亿元，增长 9.7%。进出口总额 167.7 亿元，增长 28.3%，其中出口总额 145.47 亿元，增长 40.1%。连续五年获评全省开放平台先进单位，位列全省 2022 年产业集群高质量跨越式发展示范园区首位，通讯终端产业集群认定为全省五星级产业集群，综保区综合考评排名第 93 位、前移 17 位。

【产业发展】2022 年，井冈山开发区电子信息产业首位优势凸显，全年电子信息产业营业收入 663.13 亿元，增长 12.2%。全区营业收入超 15 亿元以上的企业 14 家，其中电子信息企业 10 家，通讯终端产业集群获批全省五星级产业集群。数字经济较快发展，出台 22 条硬举措扶持数字经济产业发展。木林森、满坤、航盛等 6 家企业获批省级工业发展专项数字化转型专题扶持资金 1 550 万元。金鸡湖创新小镇数字经济产业集聚区获批全省首批数字经济产业集聚区。

【招商引资】2022 年，井冈山开发区坚持 90% 以上人员投入招商一线，建立“3+14”全员招商机制，新签约工业项目 91 个，总投资 929.4 亿元，项目总数创历史新高。重大项目招引取得新突破，引进百亿项目 5 个，“5020”项目 5 个。产业链条日趋完善，聚焦产业链上游引进 5G 用高频高速铜箔产业园、电子用树脂生产等项目，聚焦产业链下游引进吉源安、保盾科技等智能终端项目。“老树发新枝”展现新活力，鼓励支持现有企业新上项目、裂变发展，签约项目 14 个，总投资 137 亿元。

【项目建设】2022 年，井冈山开发区重点项目加快推进，创新“领导小组办公室 +6 个推进组 + 挂点领导”推进机制，全区 52 个市重点项目累计完成投资约 362.8 亿元，占年度投资计划的 153%。聚力“双赛制”，成功主办二季度全市点将赛主会场活动，第一、二季度在全市站“红台”作先进典型发言。要素制约有效缓解，全年入库专项债项目 6 个，获批债券资金需求 19.35 亿元，已发行 9.52 亿元，向上争资近 9 000 万元。围绕百亿项目落地，规划建设占地 6 900 亩的高端智能制造产业园，连片平整土地超过 4 000 亩。

【深化改革】2022 年，井冈山开发区谋划部署“9+2”改革攻坚行动，“企业评部门园区评干部”改革被列为全市 2022 年十大优化营商环境改革经验。创建“井开小哥”红色营商品牌，帮助企业解决事项 578 个，满意度 100%。深化“拿地即开工”改革，威尔高、乾景电子、科霖环保等 4 个项目实现拿地后 2 个工作日内核发“四证”。金融改革取得新突破，满坤科技在深交所成功上市，成为全省首家印制线路板行业上市企业。综保区发展能级再提升，区县联动、共建共享机制进一步完善，综保区完成一线进出口总额 11.7 亿美元，同比增长 51.1%。

【科技创新】2022 年，井冈山开发区电子信息产业“三驾马车”动力显现，电子信息产业联盟工作获省政府主要领导批示肯定；电子信息研究院与电子科技大学合作共建集成电路与通讯传输联合实验室，迈出板块融合发展关键一步，获批省级引进共建高端研发机构；电子信息产品检验检测中心进入实质性建设阶段。威尔高入选潜在独角兽企业，填补吉安市独角兽类企业的空白。新增国家专精特新“小巨人”企业3家、省级专精特新企业13家、省级“小巨人”企业3家、瞪羚企业3家、省级科技创新平台15个。

【民生福祉】2022年，井冈山开发区统筹疫情防控和经济社会发展，做到科学精准，特别是9月12日，面对突如其来的输入性疫情，全区党员干部保持24小时应急响应、吃住在一线，仅用7天时间迅速阻断疫情扩散，实现“项目不停工，企业不停产”。扎实推进10项民生实事，充电棚及充电设施项目、城乡供水一体化等项目加快建设，深圳大道东延有效推进。推进叶森然校区改扩建、实验校区立面改造，规划建设金鸡岭学校。生态环境不断改善，全区PM2.5浓度均值为17微克/立方米，同比下降32%，全区空气质量优良率为93.8%，工业污水处理厂主要污染物消减率89%。

（井冈山经济技术开发区管委会）

泉州经济技术开发区

【经济发展】2022 年，泉州经济技术开发区实现 GDP 220.2 亿元，比增 1.1%；工业增加值 160.8 亿元，比增 0.5%；第三产业增加值 57 亿元，比增 2.3%；一般公共预算总收入 12.91 亿元，比增 -2.3%；一般公共预算收入 6.14 亿元，比增 -0.8%；全社会固定资产投资 13.31 亿元，比增 12.44%；社会消费品零售总额 127.9 亿元，比增 7.1%；出口商品总值 51.84 亿元，比增 -2%；实际利用外资（验资口径）12 556 万美元，比增 319.69%。其中，社会消费品零售总额、实际利用外资增速排在全市前 3 位。

【经济运行】2022 年，泉州开发区坚持精准施策，经济运行稳中向好。3 月份疫情发生以来，积极出台落实抗疫助企保民生 23 条、稳住经济一揽子政策 52 条等各项惠企助企政策，深入开展企业走访帮扶活动，助力企业复工复产、满工达产、增资扩产、提质强产。2022 年，经济运行持续向好，除个别纺织企业因资金链问题而停产外，绝大部分规上工业企业良性增长。医药食品、机械装备、电子信息分别增长 12.2%、8.6%、0.55%；80% 左右的规上企业实现正增长，龙头企业增长势头较强，特步、三星实现两位数的增长，宝勋、德恒等一批潜力企业增长 40% 以上。

【园区建设】2022 年，泉州开发区坚持全域统筹，园区标准化建设提速提效，空间挖潜成效明显。在全面摸排园区 254 个工业地块的税收、产值、业态的基础上，分门别类，细化台账，绘制工业用地效益热力图，一地一策、一企一策，确定处置措施，做到有鼓励、有限制；实施物理空间和生产工艺“双改造、双提升”，加快推进空间盘活、产业更新，全年更新盘活 16 个地块，成功置换金刚石工具装备数字化产业园、亿丰（福建）高端汽车数字化装配中心等优质项目，总投资 115.3 亿元。

【投资促进】2022 年，泉州开发区试点园区标准化建设全面提速。组建区党政主要领导为组长的行动专班，抽调精干力量集中办公，实体运作，挂图作战，倒排时限，比拼晾晒。整合区内国企收购的 105 亩地块作为园区标准化提升首个试点，以“新建 + 改造”的方式进行规划建设，在全市首次创新开展远程异地开标，采用 EPC 承包模式，打造国际 IP 产业创新园，力争亩均税收超 60 万元。已成功落地利讯儿童鞋服智能制造基地、小黄鸭全球采购与零售营运中心等 9 个项目，总投资 18.5 亿元；洽谈一批项目并全部入驻投产运营后，新增产值超 15 亿元，新增税收超亿元。筹集到位专项债资金 2.3 亿元；拟再申请 2023 年专项债 0.7 亿元、技改贷 1.29 亿元。

【项目建设】2022 年，泉州开发区力促开工、投用、在建、谋划的“四个一批”项目滚动接续。区本级“四个一批”项目共 10 个，总投资 25.2 亿元，年度计划投资 5.3 亿元，亿恒、腾趣等部分项目建成投用。21 个省市在建重点项目全年完成投资 22.7 亿元，完成年度计划 125%，超时序进度 25 个百分点。市政府下达的 6 个开工项目中有 5 个竣工项目均按计划推进。

【科技创新】2022 年，泉州开发区坚持创新驱动，推动企业转型升级。一是抓科技创新。深入实施抓创新促应用专项行动，全力抓好高企培育攻坚，组织 34 家企业申报国家高新技术企业，高企保有量达 75 家；新增华利塑胶、大西洋电力、名品电子、隆恩建筑 4 家企业科技小巨人企业。二是抓数字技改。实施绿色数字技改专项行动，新增国家级绿色工厂1家、市工业互联网项目1家、数字化生产线8条，“上云上平台”企业12家；工业投资全年累计增长104.3%，位列全市第一。三是抓梯队培育。突出分类培育，推动小微企业升级、成长企业做精、龙头企业做大。区内现有省级龙头企业2家、市级龙头企业10家；新增国家级专精特新小巨人企业1家，省级专精特新企业2家，市级服务型制造企业2家，“四上企业”35家，其中规上工业企业15家，限上商业企业17家，规上服务业2家，房地产开发企业1家。

【招商引资】2022年，泉州开发区坚持“请进来、走出去”，聚焦主导产业、龙头企业，采取专业招商、以商招商等多种方式，存量增量双线并进，取得良好工作成效。累计洽谈合作项目141个，总投资额548亿元，涉及机械装备、医药食品、纺织鞋服、电子信息及新材料、新能源、国际IP等产业，其中正式签约合同项目118个，总投资额503.1亿元，完成全年目标任务的100.62%，正式合同转化率99.16%；20亿元以上重大项目7个，总投资额145亿元，完成全年目标任务的140%；1亿元以上项目99个，完成全年目标签约数的198%。

目前，已开工项目112个，开工率94.92%，履约率100%。招商工作方面，一是加强招商力量。将开发区创业服务中心与招商服务中心整合归并；鼓励年轻干部积极投身招商引资事业，从全区遴选事业干部、国企年轻干部充实到招商工作一线。二是完善招商机制。实行招商领导小组和8个产业发展专项小组“大小组”同向联动发力。以12个片区为单位，明确招商任务、责任领导、责任部门，及时收集掌握项目线索，营造招商工作人人有责、人人都是招商环境的浓厚氛围。三是优化招商服务。深入开展“干部进企业 一企一策促发展”“局长走流程”活动，主动靠前，当好项目“服务员”，及时解决招商项目在落地过程中遇到的困难和问题。同时，充分发挥商会等作用，盘活“资源圈”，实时更新低效厂房、楼宇、土地信息，为意向企业精准匹配空间需求。精挑细选，把好项目入园关。建立重点项目“绿色通道”，为项目提供全过程保姆式服务。四是提升招商实效。存量上，突出“小而精”项目，根据四大主导产业发展情况，分业分类梳理策划工业量更新、产业链合作、增资扩产、提容增效项目116个。有效推动太平洋制药、天地星电子等65家龙头企业、专精特新企业进行增资扩产，总投资340.05亿元，其中，特步增资扩产带动外企增资12 556万美元，增长319.7%（居全市第一），天地星等企业技术改造带动技改增资增长99.8%（居全市第二）。增量上，出台完善《项目入驻、评估及退出管理规定》等招商政策，精准开展专场推介，引进濛创IP共享直播基地、利讯国际IP生态运营总部等特色产业项目，集聚闽汉新能源等一批总部、研发平台。

【民生补短】2022年，泉州开发区城市功能不断完善。以服务好、配套好发展为着眼点，新确定城建品质提升项目7个，总投资7 015万元，年度投资4 615万元。截至12月底，项目已全部完工，累计完成投资4 693.6万元，完成率101.7%。教育事业均衡发展。推进“双减”工作，强化优质教育资源供给，全区2所义务教育阶段学校课后服务实现“2+3”模式全覆盖，自愿参与课后服务学生达到97.6%。区内中小学100%通过福建省义务教育管理标准化学校验收。医疗卫生提档升级。启动社区卫生服务中心搬迁建设项目，2023年可投入使用。积极推进基本公共卫生服务项目，完成家庭医生签约1 651人，健全职业健康防治体系。

【营商环境】2022年，泉州开发区推出“清亲清濛”掌上平台和23件“一件事”集成套餐服务事项，创新“税秒算”+“远程帮”组合拳，打造“线下，线上，流动”三个大厅，促进政务服务提质增效，有关经验做法被省机关效能办予以宣传推广。行政许可事项“一趟不用跑”占比位居全市第一；在全省开发区综评中，管理服务质量居全省前列。

【管委会领导】党工委书记、一级调研员丁峰，党工委副书记、管委会主任林荣川，党工委副书记、纪工委书记、监察组组长、三级调研员林明义，党工委委员、管委会副主任、二级调研员吴福来，党工委委员、党群工作部部长、工委会主任卢锋，党工委委员、管委会副主任吴志灵，管委会副主任吴文从（2022 年 7 月选派援藏），管委会副主任柯贤初，管委会科技副主任何汉儒，管委会四级调研员黄清湖，管委会四级调研员、泉州综合保税区管委会副主任黄溪洪。

2022 年经济和社会发展主要指标一览表

指标名称	单位	2022 年实绩	比上年增长（%）
地区生产总值	亿元	220.2	1.1
固定资产投资	亿元	13.31	12.44
财政总收入	亿元	12.91	−2.3
地方一般预算收入	亿元	6.14	−0.8
一般公共预算支出	亿元	3.25	6.77
工业增加值	亿元	160.8	0.5
第三产业增加值	亿元	57	2.3
社会消费品零售总额	亿元	127.9	7.1
出口商品总值	亿元	51.84	−2
实际利用外资（验资口径）	万美元	12 556	319.69

（泉州经济技术开发区管委会）

吴江经济技术开发区

【概况】吴江经济技术开发区北接苏州主城区，东临上海，南连浙江，西濒太湖。行政区总面积176平方千米，其中古镇保护区约1平方千米。吴江开发区党工委管委会代管同里镇和江陵街道，统筹代管区域内经济发展、开发、建设、管理等各项工作。下辖叶建村、文库村、九里湖村、北联村、合心村、湘溇村、屯溪村、屯南村、白蚬湖村、肖甸湖村、富渔社区、屯渔社区、屯村社区、东新社区、富土社区、鱼行社区。江陵街道侧重于统筹辖区内社区（农村）发展、组织公共服务等职能，下辖湖东社区、西湖社区（花港村）、新柳溪社区（九龙村）、江陵社区、淞南社区、三里桥社区（三兴村）、庞山湖社区、山湖社区（叶津村）、运东社区、雅辉社区、联兴村、叶泽湖花苑社区（叶泽湖村）、新港社区（龙杨村）、城南社区（三庞村）、益联村。总人口40万人，其中户籍人口约10万人。

【经济发展】2022年，吴江开发区完成地区生产总值622.75亿元，工业产品销售收入2 070.00亿元，一般公共预算收入68.16亿元，全社会固定资产投资180.09亿元，其中工业投资68.70亿元。注册外资2.35亿美元，到账外资3.05亿美元；进出口总额175.49亿美元，其中出口129.53亿美元，进口45.96亿美元。在全省、全国开发区综合发展水平考评中分列第5和第24位。

【招商引资】2022年，吴江开发区新引进外资项目21个，重大内资项目(2 000万元以上)注册44个。世界500强美国冷王中国区制造及工程中心项目、ITW（美国依工集团）汽车事业中心项目及焊材事业部项目、苏州江天包装科技股份有限公司及苏州琼派瑞特科技股份有限公司的IPO（首次公开募股）总部项目、香港悦肤达微针项目、瑞士艾恩司机器设备有限公司的二期项目、美国APS集团生物医用新材料中国区总部项目等多个优质项目签约。

【产业提升】2022年，近岸蛋白质于9月29日登录上交所科创板，成为吴江首家生物医药领域上市公司；同享科技定增落地，成为全国首单北交所再融资项目；嘉诺科技、明阳科技、绿控传动、江天科技已完成省证监局辅导。开发区后备上市企业库有70家。

【基础建设】2022年，吴江开发区围绕苏州太湖新城建设、打造世界级创新湖区总体部署，紧扣“环太湖科创圈”“吴淞江科创带”建设，全力构建花港湾科创商务区崭新发展面貌。目前已初步完成花港湾控规修编，制定了花港湾建设行动计划和产业发展规划，完成花港湾企业拆迁812.5亩，完成农户住房拆除164户，完成涉及吴淞江拓宽工程的5家企业回购初评工作。鲈乡路北延已建成通车，云梨路综合改造工程一期隧道部分封顶，二期工程正在推进用地报批工作。花港湾商务区花港路、环湖路、古塘路环线通车。城市绿化建设成效明显，星湾大草坪、江陵路景观绿化、鲈乡路绿化建成投用。花港湾动迁专班、城市更新专班有效运作，扎实推动回购工作，完成东明时装、夏林饲料、华龙针织地块回购，积极推动云梨路、清树湾区域回购计划，加快回购用地上市再利用进程。

【科创载体】2022年，吴江开发区智能制造创新港科创载体主体封顶，完成总工程量的70%。完成吴江科创园更新规划设计，科创园内6栋村建厂房拆除工作已经完成，正在加快推动高水平重建工作。与清华大学苏州汽研院（吴江）签订第二期合作协议。推进科创园人才公寓1期及2期剩余楼栋的改造提升工作，2期530套目前已经完成改造并投入使用，1期195套春节后完供。

【创投资本】2022年，吴江开发区东运创投累计持有上市公司市值超46亿元，拟上市企业预估市值25亿元左右。18支合作基金总认缴规模81.86亿元（同运仁和认缴出资规模11.27亿元，实缴出资8.35亿元），合作基金累计投资项目超300个，投资金额约57.78亿元。新投项目11个，直投项目和基金投资项目总市值超100亿元。

【疫情防控】2022年，吴江开发区夯实疫情防控责任，稳妥有效处置多轮疫情。持续做好重点人员管控、区域性核酸检测、老年人疫苗接种、重点场所扫码登记等工作，落实好常态化疫情防控。做好小微企业和个体工商户纾困解难，落实国有物业租金减免2 345万元。

【科技人才】2022年，吴江开发区组织四批崇本人才评审，累计招引253个项目参评，通过专家评审184个，项目数量同比增长58.62%，目前已注册完成117个，注册资本达7.97亿元，使用载体面积共计6.82万平方米。全年获评国家级人才启明计划2个；省双创人才进入答辩数4个（3个创新创业+1个高技能）；姑苏创新创业领军人才立项数15个；吴江领军人才立项数39个。"双招双引"全年共计申报项目129个。全年累计发放安家补贴、人才贡献补助1 600余万元。人才企业鑫信腾、科润新材料等项目开工建设。

【转型创新】2022年，吴江开发区数字化改造目标250项已完成503项，省级星级上云企业通过225家。吴江开发区获评国家新型工业化产业示范基地工业互联网平台赋能数字化转型提升试点项目、江苏省"5G+工业互联网"融合应用先导区。高企申报214家，有效高企总数达到355家。与中科院天津计算所、浙江大学、南京大学、武汉大学、芝兰研究院、中科鸣石公司等共建科技孵化基地。全年新增产学研项目25个。

【民生事业】2022年，吴江开发区新增口袋公园10个，总投资约1 300万元。吉市路小学、江陵街道社区卫生服务中心等民生工程加快建设，同里镇养老服务中心等项目加快验收移交工作，与苏康养集团合作的苏康养•江陵康养中心投入运营，污水处理厂四期已建成交付。山湖花园九区及同里屯村安置房小区分别建成安置房1 602套、208套，推进交付工作。长浜花苑A区、西塘河花园等老旧小区雨污分流改造。

【党建工作】2022年，吴江开发区深化"1+4+N"大党建体系建设，推进"融入式党建"书记项目，印发《关于深化基层网格化管理改革的实施方案》，明确网格"六个一"任务。发布新业态新就业群体党建工作实施方案，打造三级崇本开"新"驿站阵地群，实施四大类10项崇本开"新"重点项目。聚焦"示范引领"工作目标，做强百家行动支部工作。以"专业合作社党支部＋农业企业＋种粮大户"模式，探索党建引领数字化管理赋能乡村振兴的现实路径。实施党群微家"五微"管理模式，优化构建现代社区关系。深化机关党组织书记"领头羊"和青年人才"红苗"培育工程，"两新"领域探索产业链党建工作，设立新型显示产业和汽车产业创新集群党委，开展"红小二"先锋服务队"惠企先锋行"，打造"新欣云梨"党建联合体等重点工程，促进营商环境再提升。

（吴江经济技术开发区管委会）

金华经济技术开发区

金华经济技术开发区成立于1992年，1993年核准为省级经济开发区。2010年晋升为国家级经济技术开发区，发展模式是“开辟园区、工业集聚”。2013年与原金西经济开发区成建制整合，发展模式转变为“整合两区、产城融合”，托管一乡三镇四街道（苏孟乡、汤溪镇、罗埠镇、洋埠镇、秋滨街道、三江街道、西关街道、江南街道），托管面积292.76平方千米，建成区面积50平方千米，下辖158个村（社区），集聚人口约50万。

【经济发展】2022年，金华开发区全年实现地区生产总值392.3亿元，增速4.1%，全市第二；规上工业产值740.3亿元，增速22.9%，全市第二；社会消费品零售总额增长6.4%，全市第三；财政总收入达85.9亿元，其中，一般公共预算收入27.5亿元；城乡居民人均可支配收入分别增长4%、4.1%，经济社会发展跃上了新高度。

【经济运行】2022年，金华开发区经济运行稳健向好，锚定“先进制造业崛起”主赛道，狠抓结构优化、技术升级、产能增长，实现经济总量和质量双提升。经济实力稳步增强。聚焦省市经济“稳进提质”相关要求，出台落地“企业帮扶十二条”等惠企政策，全年规上工业增加值总量达130.5亿元，增速15.5%；GDP、民间投资、高新技术产业增加值等多项指标增速全年持续稳居全市前三。平台能级持续提升。两大制造业平台全面加快空间拓展、配套提档，环宇、万里扬、宏昌、百诚、尖峰、花园、康恩贝等行业龙头企业进一步集聚，全年工业用地出让实现大幅同比增长；新能源及高端装备制造产业园产值268.4亿元，增长123.7%；健康生物产业园产值38.3亿元，增长4.1%，实现空间效益双提升。制造水平不断攀高。推进零跑等一批重大制造业项目，高端装备制造业、高新技术产业、战略性新兴产业增速均列全市前三，多家企业入选省未来工厂、智能工厂等试点名单，两大制造业上榜省开发区产业链“链长制”试点单位，零跑汽车成为市本级第一个百亿级企业，企业全产业链产值破200亿元，今飞入选2022中国制造业企业500强。

【投资促进】2022年，金华开发区持续加大招大引强、低效整治、城市更新工作力度。项目攻坚精准发力。围绕三大主导产业，依托沪杭深产业飞地，激发乡贤活力，全力筑巢引凤，实现10亿元以上制造业项目签约10个，总投资163.5亿元，已落地7个；入选省重点研发项目3项、市科技计划项目33项，其中工业重大项目13项；在科学谋划实施总投资700亿元200多个项目的同时，重点开展两轮“项目双月攻坚”行动，解决了三瑞堂、新塘垅等5个多年遗留问题，打通了德胜街等9条断头路，保障了项目用地近1 600亩，完成了晴天科技、高端智造生产基地等15个项目开工，带动东莱小学等27个项目进展取得实质性突破，拉动年度投资额超30亿元；省“4+1”重大项目投资完成率、市县长项目落地率均居全市前列；市人大监督项目100%完成；寰领、零跑两大项目成功列入省重大产业项目，获用地指标奖励超百亩。低效整治扎实推进。融入全市“4+1”整治体系，制定专项实施方案，全面加快“腾笼换鸟、凤凰涅槃”和“新四破”行动，完成5 600余亩永久基本农田规划调整，低效用地再开发2 137亩，完成率178%，全市第二，盘活存量用地1 622亩，完成率135%，全市第一。城市更新全面突破。进一步完善规划编制和加快配套政策迭代升级，有效导入央企及社会资本，强力推进中央创新城（南区）等重点区块片区综合开发，征收土地2 000余亩，实施安置房项目10个，完成分配4 240套，重启停摆多年的西关村征迁，签约率从42.2%攀升至94.6%，基本完成腾空拆除；全面推进4个未来社区和2个城乡风貌样板区建设，完成城市更新年度投资108.3亿元，任务完成率155%，社会资本占比土地出让金达7成。

【科技创新】2022年，金华开发区强化政策、人才等要素保障，加快中央创新城建设，区域创新能级迈上新台阶。打造更强中央创新城。完成企业腾挪43家，协议收回工业用地24家1 490亩，落地浙大研究院、浙工大创新联合研究院等一批科技创新服务平台，串联乐乐小镇、金华之心、北大科技园等，构建起贯通南北的沿玉泉溪绿色科创轴，全年实现产值（营收）约340亿元，互联网乐乐小镇列入省级特色小镇创建名单。打造科创人才强磁场。充分释放“博士后工作站”“揭榜挂帅•全球引才”等平台的人才融合活力，全年新引进省级以上领军人才11名，新增博士后工作站4家，引进博士后13名，引进数全市第二；连续2年新引进大学生人才破万人，入选国家级引才计划实现历史性突破；浙大研究院药学中心、浙工大研究院实验室先后建成并完成人才团队入驻，全社会研发投入超12亿元，研发投入强度达3.25%，跃升至全市首位。打造科创强企优典范。加速优质中小企业上规升级，不断深耕国家级大中小企业融通型特色载体建设，入选国家级知识产权强国建设试点园区。认定国家高新技术企业49家，新增国家科技型中小企业337家、省科技型中小企业102家、市级研发中心40家；新增国家级重点“小巨人”2家、国家级“小巨人”9家和省“专精特新”中小企业3家，数量均居全市第一。

【深化改革】2022年，金华开发区以数字化改革引领发展，基层智治不断提升，政企服务高效便捷。数字化改革持续深化。健全网络及数据安全防护措施，等级保护定级备案100%。睦家园反家暴“一件事”应用、派出所综合指挥室应用平台、“未成年人校外安全综合治理应用”等一批特色成果获省市两级肯定。政企服务提质增效。深化“放管服”改革，完成112个基层便民服务中心政务服务2.0信息化设备提升，政务服务“一网通办”办件率、达标率、跑零次实现率全市领先，推进“验收即发证”改革，行政许可事项工作居全市前列。国企改革走向纵深。落实中央、省、市关于国企改革三年行动要求，形成布局规划方案和管理权利及责任清单，将国企资产交易行为全部纳入“浙交汇”全省国有资产交易平台，实现国有资产交易规范化、企业运营高效化；新设产业基金12支，总规模95亿元；区国有企业资产总额同比增长21%。基层智治更趋完善。围绕7大重点任务，深入推进基层社会治理体系迭代升级，成立社会治理中心，8个乡镇（街道）由原先6办3中心变更为“综合信息指挥室+4个平台”，基层智治系统大脑受理处置事件超10万件，三江街道创建社区治理和服务创新实验区入选省级试点。

【社会民生】2022年，金华开发区打好“民生实事”“共同富裕”“生态环境”三大攻坚战，用心用情解难题、惠民生、安民心。全面完成重点民生实事。圆满承办第十七届省运会，金婺大桥建成通车，新增1 700余个城区停车位和一批新能源公用充电桩，新增绿道6千米以上，涉及交通、教育、医疗、养老等领域的82项各级民生实事全部完成。加快促进全域共同富裕。打出共富“扩中提低”组合拳，出台粮油生产扶持、百团联百村等5项政策，组建“稻花乡里”党建联建共富试点，大力推进强村富民。所有行政村全部完成“20+10”收入目标，总收入和经营性收入两项增速均列全市第一，经营性收入50万元以上村占54.4%；派溪童村成功创建全省第二批未来乡村，未来社区全域集群全面提速，城乡居民收入比稳居全市第一梯队。大力推进生态文明建设。统筹抓好蓝天保卫、碧水提升、净土清废、督察整改等多项工作，湖海塘湿地生态修复工程成功争取专项中央资金4 000万，湖海塘耕地整改经验全省推广，在全国年度耕地保护例行督查中无负面通报，全市唯一；培育全国首单“碳配额保险”、中国冷饮行业首个“零碳工厂”；2个省控断面、21个乡镇交接断面Ⅲ类水质达标率均为100%，空气质量连续三年达到国家二级标准。

【管理服务】2022年，金华开发区始终坚持以习近平新时代中国特色社会主义思想武装头脑，强化队伍建设，奋力擦亮“忠诚可靠、实干争先”的金开干部底色。持之以恒推进作风建设。结合“抗疫、征迁、整治”三大战场淬火炼钢、选树表彰，激励干部担当作为；持续推进“五整治五提升”专项行动和机关干部“双建争先”，排摸问题任务清单完成率100%；加强村（社区）监察工作联络站规范化建设，深化清廉微课堂、清廉文化主题馆等有效载体。用心用力推进规范建设。依法接受人大监督，自觉接受政协民主监督，主动接受社会和舆论监督，人大代表建议、政协委员提案办理质量进一步提升；全面落实合法性审查，线上审查合法性文件197件、重大行政决策5项；完善一体化政务协同平台，健全问题解决闭环机制，省委巡视整改问题实现全部销号。多措并举强化队伍建设。锁定“改革、调优”两个焦点，深耕基层治理体系改革，重塑乡镇（街道）四大模块体系，建立差异化管理体制，推进专业干部分类管理，实现人岗精密适配，调整优化党支部229个，党小组294个，完成2轮村社书记干事创业大比拼，党员干部学历、年龄结构持续优化，充分释放基层活力。

（金华经济技术开发区管委会）

淮安经济技术开发区

【概况】 淮安经济技术开发区1992年建区，1993年晋升为省级开发区，2010年晋升为国家级开发区，地处淮安市区东大门，下辖4个街道（钵池街道、徐杨街道、南马厂街道、枚乘街道）、2个办事处（新港办事处、金港路办事处），实际管辖面积122.99平方千米。2022年末户籍人口20.83万人、常住人口30.14万人，是长江以北知名台资高地、全国首批“绿色生态园区”、国家生态工业示范园区、国家级循环化改造示范试点园区，发展比较优势突出：

一是区位交通优势突出。6条高速公路穿境而过；徐宿淮盐高铁、连淮扬镇高铁建成通车，宁淮城际铁路开工建设；涟水国际机场通航境内外30多个城市，同时开通西安、郑州全货机航线；新港二类水路开放口岸通江达海，是全省内河集装箱亿吨大港重要枢纽。

二是主导产业特色彰显。以天合光能、富士康、鹏鼎控股、韩泰轮胎等名企为代表，形成光伏新能源产业、新一代电子信息技术、新能源汽车及零部件3大主导产业集群，做强高端智能装备制造、生命健康、新材料等优势特色产业，现代产业体系日臻完善，成功获批江苏省新型电子元器件高技术特色产业基地、江苏省电子信息特色产业集群、江苏省电子信息产业链国际合作示范区、江苏省新能源汽车产业基地、江苏省智能装备制造产业基地。

三是功能配套日益完善。拥有国家级综合保税区、国家级留学人员创业园、国家级大学科技园、国家级软件企业孵化器4个“国字号”平台，全球首座以西游记文化为主题的IP乐园成功运营，区内旅游产业、现代物流、商业商贸、金融等现代服务业也呈加速发展之势。

四是发展要素供给充足。新一轮国土空间规划工业用地净增1.24万亩，已建成可用标准化厂房17.5万平方米，辖区内坐落工业、财经、食品、建筑等大中专院校10所，在校总人数超10万人，每年培养各类专业技能人才5万名，能够全方位满足企业用地、融资和人才需求。

五是政策保障完善连续。在全市率先出台促进民营经济发展《实施意见》，企业高质量发展奖励办法等系列惠企政策形成了促进企业高质量发展、帮助市场主体纾困解难等一揽子激励措施；政策奖励兑现及时，每年拿出近6 000万元奖励企业，年均帮助企业向上争取资金超亿元，设立产业发展引导基金，在市级层面成立100亿元规模的兴淮产业发展基金的基础上，区级层面积极申报设立国家绿色发展基金子基金，“真金白银”支持企业降本、扩能、增效。

六是营商环境持续优化。秉持“做得要比说得好、服务要比需求早”，以争创国家级营商环境示范区为契机，全力打造“投资环境最优、惠企举措最实、综合成本最低、行政效能最高、服务水平最佳、企业评价最好”的“六最”营商环境。围绕服务企业“全生命周期”，全面推行“企业开办一件事”改革，全面推广重大产业项目“五证联发”“拿地即开工”审批服务模式，百亿级天合光能项目从签约到产品下线仅用时188天，刷新“淮安速度”。

【经济发展】 2022年，面对复杂严峻外部环境和多重超预期因素影响，在中央、省市委的坚强领导下，坚持以习近平新时代中国特色社会主义思想为指导，紧扣迎接二十大、学习宣传贯彻二十大精神这条主线，坚持稳中求进工作总基调，全面落实“疫情要防住、经济要稳住、发展要安全”重大要求，完整准确全面贯彻新发展理念，锚定“全国30强、全省10强”发展目标，敢为善为、勇挑大梁，锐意进取、创新实干，统筹做好战疫情、稳增长、保民生、护稳定等各项工作，高质量跨越发展迈出坚实步伐。

2022年度，淮安经开区实现地区生产总值655.85亿元，可比价增幅3.4%；实现规上工业总产值1 164亿元，同比增长11.4%；营业收入超30亿元制造业企业数新增3家，北交所上市企业新增1家；财政收入达到90.87亿元，其中税收收入43.42亿元。新批外商投资企业34家，实际利用外资2.02亿美元；实现外贸进出口231.83亿元，同比增长9.0%。新增省级及以上研发机构7个，有效期内高新技术企业达到151家。单位规上工业增加值能耗、水耗，园区二氧化碳排放量增长率均实现同比下降。

【领导名录】2022年，淮安经开区党工委、管委会领导：淮安市委常委、经开区党工委书记徐子佳，党工委副书记、管委会主任刘爱国，人大工委主任韩高峰，党工委副书记张明，党工委委员、管委会副主任、政法委书记程国民，党工委委员、管委会副主任刘晓松、张培刚、卫龙君，党工委委员、人民武装办公室主任刘波，淮安市纪委常委、市监委委员，经开区党工委委员、纪工委书记、监察工委主任李洪林，管委会副主任高山，党工委委员、管委会副主朱峰任，党工委委员、党群工作部（机关工委）部长（书记）、科教产业发展办公室党组书记、主任、总工会主席葛玉海，党工委委员、公安分局党委书记、局长钱树军。

淮安经济技术开发区2021-2022主要经济综合指标一览表

项目		单位	2021年	2022年	增减（%）
开发区生产总值		亿元	628.39	655.85	4.4
第二产业		亿元	341.76	364.40	6.6
工业		亿元	285.74	306.99	7.4
第三产业		亿元	283.81	288.59	1.7
工业总产值（现价）		亿元	1 044.75	1 163.75	11.4
高技术企业		亿元	398.90	442.96	11.0
销售（营业）收入		亿元	1 629.42	1 847.06	13.4
第二产业		亿元	1 140.69	1 278.73	12.1
工业		亿元	888.98	1 009.47	13.6
第三产业		亿元	488.73	568.33	16.3
利润总额		亿元	104.01	100.20	−3.7
第二产业		亿元	63.85	65.53	2.6
工业		亿元	52.11	54.17	4.0
第三产业		亿元	40.16	34.67	−13.7
区内主导产业及产值	1.计算机、通信和其他电子设备制造业	亿元	105.65	116.76	10.5
	2.化学原料和化学制品制造业	亿元	56.03	63.48	13.3
	3.电气机械和器材制造业	亿元	44.51	49.23	10.6
进出口总额		亿元	212.72	231.83	9.0
进口		亿元	124.21	147.64	18.9
出口		亿元	88.51	84.19	−4.9
财政收入		亿元	97.76	90.87	−7.0
税收收入		亿元	50.81	43.42	−14.5

续表

项目		单位	2021年	2022年	增减（%）
财政支出		亿元			
新批企业个数		家	4 357	4 689	7.6
外商及港澳台企业		家	48	34	–29.2
内资企业		家	4 309	4 655	8.0
区内世界500强企业数		家	2	2	0.0
国家级高技术企业数		家	130	149	14.6
新批企业投资额	外商及港澳台企业	亿美元	48	34	–29.2
	内资企业	亿元	4 309	4 655	8.0
规模以上企业个数		家	743	827	11.3
科学研究与试验发展经费（R&D）支出		万元	211 020	230 697	9.3
研究与试验发展（R&D）经费投入强度		%	1.3	1.26	–3.1
合同外资金额		亿美元	9.81	12.66	29.1
外商实际投资		亿美元	2.67	2.02	–24.3
固定资产投资		亿元	256.25	148.22	–42.2
年末从业人员数		万人	17.67	20.51	16.1
上市企业数量		家	1	1	0.0

（注：根据实际统计数据填写，未统计项填“—”）

（淮安经济技术开发区管委会）

上海化学工业经济技术开发区

【概况】上海化学工业经济技术开发区位于杭州湾北岸，规划面积29.4平方千米，是以石油化工为主导产业的专业开发区，建成以乙烯为龙头的循环经济产业链、以化工新材料为特色的高端产业集群，成为全国集聚知名跨国化工企业众多、主导产业产品链关联度高、安全环保管理严格、资源循环利用水平领先的化工园区，是国务院规划的国家七大石化产业基地之一，被评为国家新型工业化产业示范基地、国家生态工业示范园区、国家低碳工业园区试点单位、中国智慧化工园区试点示范单位，连续多年排名全国化工园区榜首。

【经济发展】2022年，上海化工区（包括金山、奉贤分区）共完成工业总产值1 504.87亿元，销售收入1 675.63亿元；引进项目投资195.89亿元，完成固定资产投资67.72亿元；园区企业实现利润106.10亿元，上缴税金118.50亿元；万元产值能耗0.621吨标准煤。截至2022年底，化工区累计批准项目总投资349.63亿美元，累计完成固定资产投资1 648.18亿元。

2022年上海化工区主要经济指标（含金山、奉贤分区）

项目名称	单位	化工区全区	
		数值	同比增长（%）
工业总产值	亿元	1 504.87	−2.2
销售收入	亿元	1 675.63	−2.0
批准项目投资	亿元	195.89	151.9
固定资产投资	亿元	67.72	−3.6
万元产值能耗	吨标准煤／万元	0.621	−8.5
注册企业利润	亿元	106.10	−60.4
注册企业上缴税金	亿元	118.50	−3.7

【招商引资和产业发展】2022年，上海化工区一是招商引资再迎高峰。以产业能级提升为目标，全年31个项目通过准入评估，82个项目完成备案（审批），包括12个投资过亿的项目，新增9家企业入驻。全年批准项目总投资195.89亿元，同比翻倍增长，创近十年新高，主要包括：英威达已二胺扩产、赛科聚苯乙烯装置改扩建、华谊合成气供应及配套、科思创TDI节能增效、氯碱氯循环产业链优化提升、工业气体合成气装置三期、贺利氏电子化学品新建、安集集成电路材料基地等项目。二是项目推进强劲有力。围绕“项目推进年”各项任务目标，全力推进重点项目建设提速增效，英威达聚合物三期扩建、工业气体合成气装置三期扩建项目列入市重大项目计划，已开工建设；英威达年产40万吨已二腈项目投产，举办尼龙一体化产业基地推进会暨尼龙产业发展论坛；科思创TDI三期、彤程电子光刻胶、彤程化学可生物降解材料一期、振泰绝缘新材料、工业气体空分扩建等39个项目竣工建成。三是专区建设多点开花。推进电子化学品专区的彤程电子等3个项目加快投产，贺利氏等8个项目开工，巴斯夫电子等6个意向项目落地；与中船七一八所签订战略合作协议，昭和高纯度电子气体扩建项目建成投产。专区配套新建仓储项目桩基工程开工建设，华谊天原物流甲类仓库改造项目基本完成。成立电子化学品创新联合体，召开创新联合体首次理事会。四是创新中心建设显效。上海国际化工新材料创新中心“INNOGREEN创新绿洲”入选上海第三批特色产业园区。英威达亚洲研创中心、集成电路材料研究院研发中试平台项目、凯米锐实验室已建成投用，惠翌钛系催化剂中试项目推进施工，泽升科技创新研发中心、生合万物客户验证平台完成准入，科创资源集聚效应凸显，创新生态体系日益活跃。五是发展规划深化拓展。

紧跟能耗核定等国家产业政策引导，积极落实项目审批等全市相关要求，开展新一轮发展规划研究，提出发展碳三、聚氨酯、尼龙、电子化学品、生物医药、低碳等产业链。围绕核心项目需求，抓好补链延链强链，稳步推进生物医药专区建设。对接全市绿色低碳新赛道布局，研究园区绿色低碳发展路径，加速推进氢能保障基地建设等。

【安全生产和风险管控】2022 年，上海化工区一是重大活动保障有力。围绕党的二十大、进博会等重大活动节点，动态研判安全形势，部署重点工作任务，组织开展危化品企业安全专项检查，并深入企业开展复产必查、重点抽查和安全环保专项检查，对存在问题的企业进行“回头看”督促整改，累计督导检查 400 余次、检查企业 100 余家。二是预防机制双重构建。在闭环运行模式下，排摸检查园区企业安全运行与特种设备状态。制定实施《闭环运行企业安全生产十要素》《复工复产企业安全管理二十要素》等，引导企业做好闭环运行和复工复产期间安全管理。开展危化品安全专项治理和老旧装置专项整治工作，推动 35 家危化企业和 11 家非取证企业完成年度安全生产责任险认缴工作。三是专项行动督查促改。全面完成危化品三年行动任务以及两轮重大危险源企业专项督导检查，督促企业及时整改问题隐患。认真落实应急部光气企业专项整治“回头看”相关要求，完成 77 项问题整改。开展高危细分领域和老旧装置及防火防雷等专项整治、检维修专项检查以及燃气安全整治“百日行动”，集中力量开展整治攻坚，有效保障园区安全态势总体稳定。四是安全应急以服促管。封控期间，指导 27 家企业做好超期未检的承压类和机电类特种设备的先行自主检测措施，并协调技术检测机构人员入区服务。协助完成 7 家企业安全生产许可证审查和 11 个危化品建设项目安全审批工作，指导 32 个危化品建设项目及时整改，推动 23 个项目通过安全审查，确保 12 家企业顺利完成安全生产和经营许可证换证，以跨前服务理念保障生产运营、项目建设顺利推进。

【生态环保】2022 年，上海化工区一是环境监测因时升级。采取“云踏勘”、视频会等无接触方式，完成多个项目的专家评审、环评审批等。把现场检查与在线监控、无人机和大数据分析等科技手段相结合，指导帮助企业排查相关隐患，解决设备故障问题。2022 年，区域环境空气中挥发性有机物、PM10、氮氧化物浓度别为 51.9、39、32 微克 / 立方米，比去年同期分别下降 10.4%、13.3%、22%；PM2.5、二氧化硫浓度分别为 28、5 微克 / 立方米，均与去年持平；特征污染因子浓度均在低位波动。二是污染攻坚适时加力。全面完成金山地区环境治理 2022 年度任务。完成 8 家企业 27 项物料装卸环节无组织排放问题整改。对园区大气、土壤、地表水、地下水、海水等环境状况进行跟踪监测，摸排企业无组织异常排放，完成走航监测 44 次。专项检查化工医药行业排污许可证，完成 17 家企业年度执行报告核查和现场排查，梳理 9 方面问题并督促企业落实整改。三是绿色发展及时提速。积极探索园区非化石能源替代方案，推动实施分布式光伏项目，完成总装机 41.48MW19 个光伏项目。围绕“双碳”工作推进要求，设立工作组并联推进 7 大领域摸底与研究。编制完成《化工园区雨水管控技术规范》初稿、生态湿地环评报告等，指导企业做好污染治理设施恢复运行、督促开展重点环保设施及项目安全风险评估和隐患排查。年内，经复审继续列入“绿色化工园区名录（2022 年）”。

【管理服务】2022 年，上海化工区一是加速推进数字转型。持续提升数字化水平、治理效能和现代化水准，完成“一网统管”一期建设并上线，共有 17 张数据库表、340 余万条数据介入系统。大数据决策平台（二期）验收通过，完成 49 个业务系统数据对接，较好满足各类系统对数据中台需求。启动“工业互联网 + 危化安全生产”系统开发与环境监管平台升级，制定《“平台 + 园区”融合发展工作推进方案》。二是公共服务优质高效。加强外事管理服务，办理企业外籍人员来华入境邀请函的初审16批（次），推荐3名外籍高管荣获上海市“白玉兰纪念奖”。用好与奉贤区联动发展机制，完成8家企业697名员工共计771.2万元的人才薪酬激励补贴核定。与奉贤区签订产业扶持资金补充协议，明确扶持资金来源和使用管理，落实扶持资金5 078万元。三是公用工程减费让利。进一步加强公用工程产品和服务价格规范，公用工程企业通过优惠传递、增值服务等方式累计让利近1 000万元。维持管廊36元每年每平方米优惠让利，继续提供增值服务。优化废料接收结构，为区内企业临时废料留足应急处置空间。提高码头操作效率，降低客户滞期费，承接赛科和英威达液氨跨接管线项目。完成电费优惠的降价传导，落实6—8月工业水和生活水原水费阶段性补贴。全面整合优化资源配置，增加蒸汽供给，降低客户用能成本，对冲企业因能源价格上涨带来的成本压力。

【疫情防控和复工复产】2022年，上海化工区从紧从细落实疫情防控各项措施，从严从实全面加强安全生产管理，确保园区总体安全平稳运行，在大上海保卫战期间取得新冠病毒“0感染”、安全生产“0事故”、规上企业“0停工”的优异成绩。一是闻令而动快速集结。根据市防控办的统一部署，园区迅速启动突发公共事件一级响应，2小时内集结现场指挥机构第一批骨干，建立战时工作体系，成立现场指挥部和10个专项工作组，实施全域封控管理，落实“应检尽检、应测尽测”筛查要求，连续生产企业执行“六最”闭环管理。在大上海保卫战中，园区实现了29.4平方千米范围内、54家规上企业、近万名员工、24小时持续封闭驻场生产的平稳运行。二是复工复产安全有序。成立园区复产审核专班和复工审核专班，帮助3M、宁柏迪、梯希爱、欧诺法等外资企业及时复产，推进英威达、工业气体、孚宝、彤程电子等重点工地率先复工。累计增补、轮换、返岗员工超1.1万人、办理复工码超1万人次；疏通12家重点企业与长三角51家主要客户之间的运输堵点。三是防控机制动态优化。先后召开72次疫情防控领导小组会议、12次疫情防控专题会议、46场园区疫情防控工作情况视频通报会，适时调整园区管控手势，提高公共卫生健康管理能力。进入常态化防控阶段后，大走访、大排查，帮助企业适时调整防疫措施和专项应急预案，确保园区各级防疫指挥体系始终处于激活状态；国务院优化调整防疫措施“二十条”和“新十条”出台后，紧密跟踪帮助对口企业结合实际制定防控措施，确保生产运行平稳健康。

（上海化学工业经济技术开发区管委会）

海安经济技术开发区

【经济发展】2022年，海安经济技术开发区（以下简称“海安开发区”）实现地区生产总值840.62亿元，同比增长3.1%；工业增加值518.07亿元，同比增长6.2%；服务业增加值280.13亿元，同比增长0.7%；全社会固定资产投资450.27亿元，同比增长1.79%；完成外贸进出口总额29.88亿美元，同比增长2.5%；完成工业总产值2322.16亿元，同比增长18.94%。年内入选省先进制造业和现代服务业深度融合试点单位，获批首批国家知识产权强国建设试点园区，获评全国绿色低碳示范园区。

【产业建设】2022年，海安开发区致力打造现代纺织、新材料新能源、机器人及智能制造“一主一新一特”产业集群。中机锻压江苏股份有限公司（简称“中机锻压”）、海安浩驰科技有限公司、南通跃通数控设备股份有限公司（简称“跃通数控”）获批国家专精特新“小巨人”企业。江苏晨朗电子集团有限公司、江苏增光新材料科技股份有限公司等19家企业获批省级专精特新中小企业。江苏图灵智能机器人有限公司入选省级智能制造领军服务机构。江苏北辰互邦电力股份有限公司、江苏晨日环保科技有限公司、中机锻压获批省级服务型制造示范企业。推进企业上市挂牌工作，2家企业申报“新三板”基础层，3家企业在“新三板”挂牌，1家企业进入“新三板”创新层，4家企业签约北京证券交易所上市入轨。实施智能化改造和数字化转型项目136个，获批星级上云企业28家，跃通数控、西蒙电气（中国）有限公司获批五星级上云企业。

【科技创新】2022年，海安开发区新认定高新技术企业50家；新增产学研合作项目72个；新增专利授权1350件，其中发明专利230件。江苏繁华应材科技股份有限公司获中国专利优秀奖。南通市通润汽车零部件有限公司获批省工程研究中心，南通昂申金属材料有限公司获批省级企业技术中心，美勒森家居科技有限公司获批省级工业设计中心。海安上海交通大学智能装备研究院获批省新型研发机构（南通唯一）。南通亿思特机器人科技有限公司、南通金北实业有限公司、海安交大智能科技发展有限公司、海安市深通科创服务有限公司获批省级众创空间。入选省“双创计划”双创团队2个、双创人才4人。国家级博士后科研工作站完成招聘入站工作。强化知识产权管理机制，知识产权管理水平有效提升，运用成效逐步凸显。全区有效发明专利拥有量2219件，累计获中国专利奖13项、江苏省专利奖5项。

【投资促进】2022年，海安开发区开展“招商引资突破年”活动，加强与上海嘉定工业区、漕河泾开发区战略合作，深化与浙江、苏南等地区台湾同胞投资企业协会交流合作，坚持招商与留商、拓新与挖潜并举，推动重特大产业项目签约落户，瑞章科技全球物联芯片研发及封测基地、鑫鑫高端精密导轨2个项目总投资50亿元。天洋太阳能封装胶膜生产项目实现“云签约”。全年签约外资项目12个。优化营商服务举措，推动重特大项目建设，加大专精特新项目推进力度，放大项目建设“二期现象”“三期效应”。新开工亿元以上项目80个，东材高性能聚酯基膜项目入选2022年江苏省重大产业项目。新竣工亿元以上项目36个。12个项目入选2022年南通市级重大产业项目。

【体制机制创新】2022年，海安开发区大力推进体制机制调整，全面推进机关制度建设，强化行政审批服务。深入贯彻落实“营商环境优化提升举措68条”，牢固树立“人人都是营商环境”理念，主动融入全市“海心安”营商环境建设，精心打造“海开心”最佳营商服务品牌。着力推进“放管服”改革，积极承接江苏省、南通市、海安市赋权36项，认领公共服务事项50项，承接委托办理公共事项40项。加快推进区域评估成果共享，完成5项评估报告编制，开展53项区域评估成果运用。持续强化科级干部挂钩联系企业服务制度。多层次、多批次、多板块组织企业家外出学习考察，点燃企业家“二次创业”和新生代企业家奋斗激情，催生更多“二期现象”“三期效应”。

【投融资服务】2022年，海安开发区认真落实产业基金、创新奖补、资金扶持等各项政策，引导拥有核心自主知识产权的企业办理“苏科贷”、质押融资业务，解决融资难题。扎实做好企业上市工作，佳景健康、鹏威股份申报新三板基础层，睿木科技、佳景健康、鹏威股份新三板挂牌，互邦电力进入新三板创新层，昌荣机电、华曼新材料、巨邦环境等签约北交所上市入轨。

【绿色集约】2022年，海安开发区坚持以绿色发展理念引领经济建设，推进环境政策集成改革试点工作，打造绿色低碳示范园区。落实“双碳”战略，推动园区企业使用天然气、电、蒸汽替代化石燃料，开展重点用能企业节能降耗专项行动，鼓励使用高效低耗节能电机、照明设备。依托国际合作园区中意海安生态园，引入新材料、汽车、航空航天、高端装备等优势产业，整体打造“开放、低碳、高效、协作”的绿色产业生态圈。以常安现代纺织科技产业园为重点，制定绿色生态园区发展规划，鼓励企业实施绿色发展战略，引导企业运用绿色技术进行升级改造。推广节水工艺、技术和设备，推进水资源循环利用和污水资源化。开展VOCs综合治理，引导企业绿色发展、减排降碳，有序推进大气“绿岛”项目建设。坚守生态环保发展底线，持续改善大气、土壤、水环境质量，全区PM2.5平均浓度每立方米30.5微克，优良天数比例80.6%，省考南新桥断面和南通市考壮志大桥、仲洋大桥断面均为Ⅲ类水质。推进绿色建筑示范工程，加快新能源充换电站建设，深入实施造林绿化工程。开展垃圾分类综合整治，实行垃圾日产日清。全面深化“河长制”，开展全市入河排污口排查监测溯源整治。

【社会事业】坚持民生优先，着力办好惠民实事，农村水体综合整治、农村生态河道建设、拆坝建桥（涵）、高标准农田建设、分散式生活污水治理、农村道路亮化、垃圾压缩中转站建设等实事工程按期完工。强化高校毕业生、退役军人、就业困难群众、残疾人等重点群体就业帮扶，率先在全市启动“才聚海安 智注新城——高校学生就业创业在海安”系列活动。加强学校基础设施建设，南屏小学、南屏幼儿园新建工程按期交付使用。成立区镇慈善分会，5·12慈善一日捐期间共计募捐332万元。加强食品安全监管，助力国家食品安全示范城建设。持续推进乡村振兴。立发退役军人服务站接受省对市高质量考评，洋蛮河高标准农田入选全省首批示范项目，西场集镇市容专项整治取得明显成效。成功举办“喜迎二十大 奋进新征程”等文明实践活动620余场，进一步丰富了广大群众文化生活。大力推进平安法治建设，扎实做好信访稳定工作，社会治安防控体系不断健全，广大群众的获得感、幸福感、安全感持续提升。

【机构设置与领导】根据职能，海安经济技术开发区下设党政办公室、纪工委、党群局、经济发展局、财政局、建设局、招商局、投资促进局、现代服务业局、安全生产监督管理局、行政审批局、高科技创业园管理办公室、523文化产业园管理办公室等机构。

海安经济技术开发区领导班子成员为：党工委书记于立忠（海安市委书记兼）；党工委副书记张勇华（主持日常工作）；党工委副书记、管委会副主任任永峰；党工委副书记吴建华；

党工委委员、管委会副主任张英来、王晓晖、陈崇进、郁江、朱志亮、仲月军；党工委委员、纪工委书记王启涛；区党工委委员张宇（挂职）、张书伟、孙宝军；区高科技创业园管理办公室主任贲道明。

（海安经济技术开发区管委会）

汉中经济技术开发区

【概况】1999 年 6 月，根据陕西省人民政府《关于同意将汉中市鑫源开发区和南郑经济技术开发区合并更名为汉中经济开发区的批复》（陕政函 [1999]104 号），将汉中市（现汉台区）鑫源开发区和南郑经济技术开发区合并更名为汉中经济开发区，授权开发区管委会在项目审批、外经外贸、国有资产管理、工商行政管理等方面，行使地市一级经济管理权限。2003 年 1 月，汉中经开区新体制运行。2012 年 10 月 13 日，国务院办公厅下发《关于陕西汉中经济开发区升级为国家级经济技术开发区的复函》（国办函 [2012]176 号）文件，汉中经济技术开发区批准升级为国家级经济技术开发区。2012 年 12 月汉中经济技术开发区加入中国开发区协会并成为正式会员。商务部 2021 年度国家级经开区综合考评结果显示，汉中经开区位列全国经开区第 114 位，排名较上年提升 43 位，列西部地区第 17 位、全省第 2 位。

【经济发展】2022 年，汉中开发区实现生产总值 190.07 亿元，占汉中市生产总值的 9.97%；固定资产投资同比增长 15.3%。实现税收收入 14.33 亿元，占汉中市税收总收入的 12.6%。

【产业发展】2022 年，汉中开发区坚持产业立区、特色强区战略，明晰产业发展方向，辖区航空配套、装备制造、生物医药和新经济四大主导产业加速集聚，有力推动园区产业转型升级。2022 年，全区有省级以上研发机构 16 家，有高新技术企业 50 家，有“五上”企业 198 户，“五上”企业主营业务收入 4 734 507 万元，“五上”高新技术企业主营业务收入 2 147 373 万元。

【投资促进】2022 年，汉中开发区实际利用外资 1 267 万美元，利用外资同比增长 51.8%。完成外贸进出口总额 254 172 万元，其中进口总额 104 427 万元，出口总额 149 745 万元，外贸进出口总额同比增长 23.82%。

【招商引资】深化高端装备制造、绿色食药、现代材料三大支柱产业研究，按照“领导 + 链主企业 + 智库专家”招商模式，大力实施补链、延链、强链工程，促进上下游、大中小、产供销整体配套。成功举办人工智能产业专题推介会和产业链招商专场推介会，成立汉中经开区驻合肥联络处。先后赴重庆、深圳、杭州等地开展小分队招商 100 余批次，收集跟进项目线索 200 余条，引进四川普天包装股份有限公司、常州金月亮、常州奥尚等产业链上下游配套及合作企业 6 家，全年签约项目 52 个、招商引资到位资金 99.78 亿元，完成任务的 126.3%，同比增长 57.88%；其中，省际项目到位资金 71.59 亿元，完成任务的 118.01%、同比增长 47.52%。到位资金市考任务完成比列全市第一，被省政府表彰为“促进外贸稳定和创新发展成效明显的地方”。

【项目建设】抓项目促投资，跑出项目建设“加速度”。本年度 33 个市级重点项目完成投资 83 亿元，实现预定任务的 105%。总投资 140.59 亿元的中外农业科技产业园、创智企业公园基础设施建设等重大项目开工建设，航空配套产业提升、传感器研发生产、飞控和导航系统生产线等 12 个总投资 20.31 亿元项目建成投用。紧盯产业项目和基础设施项目，精心谋划储备总投资新能源汽车部件研发产业、年产 3 万吨 PET 改性粒子产业等一批总投资超过 337 亿元的大项目、好项目入库储备，为高质量发展提供坚实支撑。建立“进知解”政企沟通长效机制，实行项目点单、部门报到制，强化项目供地、征迁、规划设计、资金筹措等要素保障，加快化解项目谋划、落地、开工、建成各环节堵点难点问题，保障项目尽快建成投用。2022年，在全市“四个一批”项目观摩考核活动中荣获3次第一、1次第二。

【园区发展】2022年，汉中经开区主要有褒河物流园、创智产业园、老君食品工业园、褒河工业集中区、褒城组团以及南区等园区。在园区建设发展上，大力实施产业倍增计划和“登高、升规、晋位、上市”四大工程，先后培育一批领军企业和专精特新企业，为园区提质扩能增效注入充沛动力。截至2022年底，经开区园区有科技型中小企业15户，省级企业技术中心10户、工程技术中心2户，省级以上“专精特新”企业10户，国家级“专精特新”小巨人企业5户，其中，东方航空被认定为国家级专精特新“小巨人”企业，一零一航空通过省级企业技术中心认定，主导产业创新孵化基地——汉中颐高互联网双创园已完成省级科技企业孵化器申报认定，秦创原创新促进中心经开区分中心已建成投用。加快实施绿地项目建设，着力提升园区绿化水平，累计建设绿地项目8个，新增绿地面积6.7万平方米，园区群众的蓝天绿地获得感、幸福感显著增强。

【动能培育】坚持发展高端制造业和壮大现代服务业并举、培育战略性新兴产业和改造提升传统产业并行的发展理念，使辖区企业产业升级转型不断加快。2022年，经开区有规上工业企业114个，完成总产值446.54亿元，同比增长2.6%；累计培育国家级“专精特新”小巨人企业5户、众创空间1户，省级“专精特新”中小企业10户、企业研发机构14户、双创空间4户，高新技术企业28户，实施“揭榜挂帅”项目5个，授权发明专利102件、实用新型专利205件、商标有效注册量469件。萃程生物与陕理工共同组建的天然活性产业化工程技术研究中心获得省级认定；一零一航空通过省级企业技术中心认定；天达航空HB系列管接头、三益科技远红外大豆降水机等项目列入省级重点新产品开发项目。全年实施重点工业项目9个，完成投资6.3亿元，开工率100%，占任务的125%。汉王药业综合制剂车间、汉变公司特种变压器生产线等一批技改扩能项目建成投用，天达航空、三益科技等项目列入2022年省级重点新产品开发项目。大力实施产业倍增计划和“登高、升规、晋位、上市”四大工程，先后培育一批领军企业和专精特新企业，为园区提质扩能增效注入充沛动力。积极落实企业奖补资金兑付工作，汉江工具、伟志服饰等59户企业获得各类奖补资金2 153万元。

【资源整合】积极抢抓新增中央投资、地方政府专项债券等政策机遇，多方联动破解要素瓶颈。全市首笔1.1亿元国家政策性开发性金融工具（基金）顺利落地；3个项目获得农发行贷款23.9亿元；依托“财税银企担”金融服务平台为中小微企业融资25.67亿元；成功发行政府专项债5.9亿元，居全市园区发行额度第一；11亿元企业债报省发改委审核，5亿元私募公司债已申报发行。累计落实减免缓退税费1.63亿元、纾困资金6 000万元、奖补资金2 153万元，减免企业租金330万元。在全市首家推行工程建设项目区域评估和“标准地+承诺制”改革，以“标准地”供应工业用地756.86亩。平台公司市场化转型升级有力推进，园投集团成功荣获综合实力“AA+”评级，并积极打造市县担保资源共享格局，促进母子公司协同发展。物流集团积极拓展国际物流货运业务，获批“汉西欧”中亚、中欧线路运输运营权，累计向哈萨克斯坦、乌兹别克斯坦等国家开行班列14列。

【营商环境】扎实践行“事不过夜、说办就办、办就办好”的“金牌店小二”服务理念，先后推出“一件事一次办”“一厅办理”“外商投资绿色通道”等新举措，政务服务事项网办率达96%以上，97%的事项实现“最多跑一次”，81%以上实现“一次不用跑”。税务分局涉税事项“集成服务”入选省优化营商环境优秀案例并推广；积极争取上级部门授权，成为陕南唯一获外商投资企业登记管理权和全市首家获商品房预售许可证办理权的园区。打通知识产权质押通道，获得25亿元融资授信，协助4户企业与银行签订《知识产权质押融资意向书》，1户企业获得300万元知识产权质押融资贷款。全年新增发明专利授权43件，在知识产权领域获得25亿元融资授信，4户企业与银行签订《知识产权质押融资意向书》，天达航空获得工商银行300万元知识产权质押融资贷款。

【绿色集约】制定印发《开展“碧水”保卫战专项工作方案》，围绕“涉水”企业，对排污许可证制度执行情况、污染防治设施运行情况、环境应急管理要求落实情况、信息公开和自行监测开展情况进行认真检查。严格园区的集中式污水处理设施的运行及维护管理，确保园区产生废水合理处置到位。切实加强涉危险废物企业的业务指导和日常监管，重点针对企业的责任制建设、管理计划、台账管理、转移联单、应急预案等薄弱环节进行核查，全年共检查涉危废企业32家次。联合自然资源分局对龙岗中学、老年病医院等项目的土壤污染情况进行调研并形成调研报告。严格执行环评审批制度，成立专项检查小组，对新建、扩建、技改的项目审查，推进环评审批，严格把关，防止重污染企业入区，全年共审批建设项目环境影响评价报告5个，并协助智慧感知产业园配套能力建设项目环评报告获市生态环境局批复，为经开区创造良好的营商环境。

根据汉中市环保部门检测结果显示，2022年，汉中经开区范围内PM10浓度为56μg/m³，同比变好6.7%；PM2.5浓度为34μg/m³，同比变好8.1%；SO2浓度为5μg/m³，同比变好44.4%；NO2浓度为22μg/m³，同比变好4.3%；CO浓度为1.5μg/m³，同比变好11.8%。重度及以上污染天数为零天，同比减少5天。全年优良天数为326天，同比增长12天。空气质量改善幅度位居全市第二。

大力开展“三区三线”（三区，是指城镇空间、农业空间、生态空间三种类型的国土空间。三线，是指在城镇空间、农业空间、生态空间划定的城镇开发边界、永久基本农田、生态保护红线三种类型的控制线）划定和闲置土地、批而未供土地处置工作，最大限度释放发展空间。

【“汉西欧”中亚班列开行】经开区物流集团积极拓展国际物流货运业务，主动对接西安自贸港，积极拓展国际物流货运业务，获批“汉西欧”中亚、中欧线路运输运营权。汉中市首趟“汉西欧”中亚班列于2022年8月4日成功开行，并实现每月常态化运行，全年开行班列14列，向哈萨克斯坦、乌兹别克斯坦等国家运送并出口价值1.6亿元的货物。

【党建工作】牢固树立以高质量党建引领高质量发展理念，始终把党建放到突出位置、抓在日常，实行党工委班子成员包联企业支部工作机制，为企业当好党建指导员、问题解答员、发展咨询员，在指导企业党组织发挥政治核心作用、纾困解难上取得了实效。始终扛牢全面从严治党主体责任，精准运用“四种形态”，推进权力运行制约、廉政风险防控，营造了风清气正的良好环境。扎实开展“清廉经开”和作风能力建设，深入实施“三不一慢一乱”“项目体检”“强素质提能力”“媒体助力”等专项行动，党员干部“明责践诺”担使命、紧盯“结果”抓落实蔚然成风。全年累计召开党工委会议21次，开展宣传宣讲5次，召开中心组学习12次。统筹推进“五星创建、双强争优”活动，积极开展3个领域21个党组织创星、评星、定星工作。本年度申报“五星”党组织8个，确认“四星”党组织9个、“三星”党组织4个。开展非公企业党组织“评星晋级、争创双强”工作，天达公司党总支通过省“五星级党组织”验收。扎实开展清廉经开建设和作风能力建设，深入开展“三不一慢一乱”“项目体检”“强素质提能力”“媒体助力”等专项行动，进一步锤炼全区干部“勤快严实精细廉”优良作风，树牢“靠作风吃饭、凭实绩说话”鲜明导向，实现工作效能大提升，干事创业形成新氛围。

【非公有制经济组织党建工作】2022年，经开区非公党工委所属基层党委2个，党总支1个，党支部23个。在非公党建工作中，严格落实党建工作例会、“主题党日+”“三会一课”等制度，定期指导和检查基层党组织活动开展情况。全面开展党组织书记抓党建和党务清理规范工作，按照“全面达标、典型示范、整体提升”的工作思路，推动非公企业领域党建工作取得实效。实施联建共创促提升活动，通过管委会机关、税务局机关各党支部与非公企业党组织建立党建联系点方式，结合“亲商助企”“进知解”活动，组织党员干部深入企业座谈交流，积极为企业发展问诊把脉、纾困解难，助推企业加快发展。税务局机关党委开展与安中机械、百盛实业等6个党支部签订党建联建协议，开展“共过组织生活、共学税收业务”“党建+税收宣传”“税企面对面”“服务入户、政策到家”等系列活动，打造“党建连心、共创共赢”党建服务项目。2022年度，经开区非公企业党组织在全省“评星晋级、争创双强”活动中保持“五星级”党组织1个，“四星级”党组织1个，创建达标“四星级”党组织1个。在全市“五星创建、双强争优”工作中，所属10个党组织申创“五星党组织”3个，授予“四星党组织”3个，“三星党组织”4个。

【数字经济】2022年，经开区深入贯彻建设“数字中国”“网络强国”战略决策，全面落实省委、省政府关于推进“数字陕西”建设的任务目标，对标《汉中市数字经济发展三年行动计划（2021—2023）》目标任务，坚持数字化引领，以“产业数字化、数字产业化”为目标，推动辖区企业数字化转型，支持企业开展数字化改造。本年度招引落地数字经济亿元以上项目2个（科大讯飞投资1亿元、陕西中奥制冷设备有限公司总投资1.5亿元），5000万元以上项目3个（江苏思圣环保设备有限公司总投资5500万元、汉中兴梦扬机械加工有限公司总投资5000万元、广东沃莱科技有限公司总投资9000万元），到位资金16538.2万元。落实数字经济相关土地、资金、人才等配套政策，全年出让土地4宗，完成数字经济产业园248.99亩的土地供应，确保数字经济产业园等项目有效推进。汉王药业公司经省委组织部批准成立专家工作站。认真开展数字政府和5G示范城市建设调研。开展数字经济学习培训，组织各单位到园区数字经济企业恒超安信、科大讯飞等公司进行参观交流学习，并现场解决存在问题。组织人员参加2022年西部数字经济博览会，与10余家关联企业沟通并建立联系。全年实施市级数字经济重点项目6个，总投资39.98亿元，谋划数字经济新项目5个，总投资29.87亿元。

【机构设置及领导成员】2022年，汉中经开区设中共汉中经济技术开发区工作委员会、汉中经济技术开发区管理委员会、中共汉中经济技术开发区纪律检查工作委员会。下属汉中褒河物流园区管理委员会为副处级全额预算事业单位。汉中园区投资建设集团有限公司为汉中市国资委及汉中经开区所属国有控股企业，汉中经开区占股49%。经开区管委会内设机构为党政办公室、纪检监察室、经济发展改革局、财政局、招商服务局、建设管理局、生态环境局（应急管理局）、政务服务中心等8个部门。驻区机构为汉中市自然资源局经济开发区分局、汉中市公安局经济开发区分局、国家税务总局汉中经济技术开发区税务局、汉中经济技术开发区消防救援大队、汉中市市场监督管理局经济开发区分局等5个部门。临时办公机构有汉中经开区（兴汉新区）征地拆迁指挥部及汉中经济技术开发区征地拆迁安置收储领导小组办公室（2022年9月成立）等部门。

中共汉中经济技术开发区工作委员会书记王浩（兼，2022年3月止）、张启东（兼，2022年3月任）；副书记汪瑞亭、雍波（2022年4月止）、袁俊海(2022年4月任)；委员殷彦军(兼)、陈亮（兼，2022年3月止）、尹月新、陈彩霞（女，2022年4月任）、成海燕（女）。

汉中经济技术开发区管理委员会主任：叶稳太（兼2022年3月止）、汪瑞亭（2022年3

月任）；常务副主任汪瑞亭（2022 年 3 月止）。

副主任袁俊海（2022 年 5 月止）、殷彦军（兼）、陈亮（兼，2022 年 4 月止）、尹月新、陈彩霞(女，2022 年 5 月任)；二级巡视员汪瑞亭，一级调研员苗俊胜（2022 年 7 月任），二级调研员冯晓群、苗俊胜（2022 年 7 月止），三级调研员谭宝明、许文婧（女），中共汉中经济技术开发区纪律检查工作委员会书记雍波（2022 年 4 月止）、袁俊海（2022 年 4 月任）。

（汉中经济技术开发区管理委员会）

东侨经济技术开发区

【经济发展】2022年，东侨经济技术开发区认真贯彻落实市委、市政府决策部署，高效统筹常态化疫情防控和经济社会发展，主要经济指标态势良好。全年实现规上工业产值完成1 224.47亿元，比增46.7%；规上工业增加值比增完成395.87亿元，比增23%，财政两项收入分别比增22.7%、17.2%，固定资产投资完成86.59亿元，一般公共预算总收入51.88亿元，比增22.7%，新增市场主体5 866户，比增23.1%；固定资产投资86.59亿元；实际利用外资2 250万元；出口总值383.09亿元，比增95.8%。园区标准化建设连续两年位居福建省第二，国家级经济技术开发区综合评价再创新高，由上年度的第26位上升至第22位，再度成为全省唯一一家进入全国排名前30位的开发区。

【产业发展】2022年，东侨开发区推动产业发展提质增效，"一核两翼多元"的现代化产业体系逐步完善。其中锂电产业合计完成产值1 146.5亿元，同比增长51.39%，智能装备制造产业实现产值24.8亿元，增长28%；大健康实现产值36亿元；建筑业实现产值52.4亿元。扎实开展"双百"攻坚、"三比三赛"等专项行动，实施项目前期"1+3+N"工作机制，时代湖西锂离子电池扩建、新能源湖西数码三期等一批重大项目顺利竣工，24个在建省市重点项目共完成投资112.54亿元，超年度计划19.1个百分点。厦钨新能源、卓高新材料入选省级龙头培育企业，宁德时代动力电池连续6年、宁德新能源科技消费类锂电池连续11年市场占有率全球第一。宁德时代入围全球市值百强上市公司，荣获"中国工业大奖"，麒麟电池被《时代周刊》评为2022年度最佳发明。全国首座标准化光储充检智能超充站在开发区建成投用，成功获评省级绿色园区。

【科技创新】2022年，东侨开发区深入实施创新驱动发展战略，以双创示范基地建设为重要抓手，重点实施高新技术企业培育工程，新增国家级高新技术企业14家、省级"专精特新"企业2家、省级科技小巨人领军企业12家、科技型中小企业18家，亚南电机省级工程研究中心顺利验收，奥弗锐获评省级企业技术中心。产业人才集聚，申报认定省级高层次人才27人、省工科类青年专业技术人才387人、市"天湖人才"647人。全区研发经费投入超3亿元，规上工业企业研发覆盖率47.4%，社会研究与开发投入占地区生产总值比重超过10%。

【营商环境】2022年，东侨开发区持续完善链长制招商、一把手招商、以商招商等模式，全年签约、落地项目42个，协议总投资148.1亿元，超额完成年度招商任务。深入推进"不见面审批"和审批流程再造，三星以上服务事项网上办事开通率100%，行政许可类"一趟不用跑"事项占比97.1%，审批服务事项办理环节压缩到3个以内。深化机制创新，设立规建办，进一步规范用地规划和城市建设工作程序。出台推动开发区经济高质量发展、企业上市等优惠政策，兑现各级惠企资金5.7亿元，办理退税9.31亿元，多渠道解决企业融资需求94.76亿元，市场主体受益明显。制定创建全国一流政务服务中心、世界一流锂电新能源特色小镇实施方案，打好产业环境、政务环境、生活环境优化升级组合拳，切实为企业纾困，为发展蓄能。

【民生事业】2022年，东侨开发区加大教育投入，教育资金投入超6亿元，东侨三小和东侨二中教学场馆建成并投入使用，新增学位5 160个。实验幼儿园、新能源附属幼儿园被列为省首批保教改革示范园，东侨中学、华侨小学被确认为全省义务教育教改示范基地校。初中中考成绩连续5年位列全市第一。东侨社区医院项目顺利启动，社区卫生服务中心以“公办民助”方式开展公共卫生服务，规范建立居民电子健康档案13.9万份，实现基本公共卫生服务兜底。依法保障劳动者权益，组织各类招聘会，累计为求职者提供岗位2.4万个，受理各类劳资纠纷投诉126件，成功追讨拖欠工资款468万元。完善退役军人服务保障，年度转业士官安置任务顺利完成。4个社区养老服务设施完成巩固提升，3个为民办实事托育项目全部验收。全年各项民生支出累计9.53亿元，增长26.2%，发展成果更大程度惠及群众。

【城市建设】2022年，东侨开发区城市功能不断完善，48个城建计划项目完成年度投资6.96亿元，新建改建城市道路4千米，钟山路、井上路、电机路等7条道路完成施工，东吾路、官井路等道路实现“白改黑”。新建改造雨（污）水管网11.31千米，北部片区排水管网改造工程项目（一期）完成建设，基本实现污水应纳尽纳。建成口袋公园5个、街头运动场7个、城市驿站3座，新增停车泊位150个。城市形象持续提升，全面修整道路市政基础设施，修复人行道2.6万平方米、沥青路面1.9万平方米。新设立冠云轩社区，曙光社区、迎宾社区等9个社区完成绿色社区创建。深入开展创建全国文明城市系列活动，举办形式多样的志愿服务活动120多场，有力营造“文明城市共建共享、文明创建从我做起”的浓厚氛围。坚持疏堵结合，实现交通有序、安全畅通。制定业委会（换届）选举工作流程等指导性文件，切实提升小区治理规范化、制度化水平。

东侨经济技术开发区2021—2022年主要经济综合指标一览表

<table>
<tr><th colspan="2">项目</th><th>单位</th><th>2021年</th><th>2022年</th><th>增减（%）</th><th>备注</th></tr>
<tr><td colspan="2">开发区生产总值</td><td>亿元</td><td>658.62</td><td>737.04</td><td>15.6</td><td rowspan="4">增速为可比价增速</td></tr>
<tr><td colspan="2">第二产业</td><td>亿元</td><td>608.42</td><td>679.03</td><td>16.1</td></tr>
<tr><td colspan="2">工业</td><td>亿元</td><td>590.03</td><td>662.27</td><td>17.2</td></tr>
<tr><td colspan="2">第三产业</td><td>亿元</td><td>50.20</td><td>58.01</td><td>10.3</td></tr>
<tr><td colspan="2">工业总产值（现价）</td><td>亿元</td><td>1 525.31</td><td>2 251.61</td><td>47.6</td><td rowspan="2">规上工业产值</td></tr>
<tr><td colspan="2">高新技术企业</td><td>亿元</td><td>1 426.20</td><td>2 106.72</td><td>47.7</td></tr>
<tr><td colspan="2">销售（营业）收入</td><td>亿元</td><td>1 873.17</td><td>3 072.03</td><td>64.0</td><td rowspan="4">四上企业营业收入</td></tr>
<tr><td colspan="2">第二产业</td><td>亿元</td><td>1 709.99</td><td>2 730.54</td><td>59.7</td></tr>
<tr><td colspan="2">工业</td><td>亿元</td><td>1 622.06</td><td>2 634.87</td><td>62.4</td></tr>
<tr><td colspan="2">第三产业</td><td>亿元</td><td>163.17</td><td>341.49</td><td>109.3</td></tr>
<tr><td colspan="2">利润总额</td><td>亿元</td><td>194.96</td><td>369.69</td><td>89.6</td><td rowspan="4">四上企业利润总额</td></tr>
<tr><td colspan="2">第二产业</td><td>亿元</td><td>180.92</td><td>335.02</td><td>85.2</td></tr>
<tr><td colspan="2">工业</td><td>亿元</td><td>178.89</td><td>332.92</td><td>86.1</td></tr>
<tr><td colspan="2">第三产业</td><td>亿元</td><td>14.03</td><td>34.67</td><td>147.0</td></tr>
<tr><td rowspan="3">区内主导产业及产值</td><td>1.电气机械和器材制造业</td><td>亿元</td><td>1 426.99</td><td>2 099.24</td><td>47.1</td><td rowspan="3"></td></tr>
<tr><td>2.农副食品加工业</td><td>亿元</td><td>28.60</td><td>26.49</td><td>−7.4</td></tr>
<tr><td>3.食品制造业</td><td>亿元</td><td>16.56</td><td>10.43</td><td>−37.0</td></tr>
<tr><td colspan="2">进出口总额</td><td>万元</td><td>401.33</td><td>803.35</td><td>100.17</td><td></td></tr>
<tr><td colspan="2">进口</td><td>万元</td><td>43.33</td><td>63.30</td><td>46.09</td><td></td></tr>
<tr><td colspan="2">出口</td><td>万元</td><td>358</td><td>740.05</td><td>106.72</td><td></td></tr>
<tr><td colspan="2">财政收入</td><td>亿元</td><td>61.96</td><td>83.63</td><td>34.97</td><td></td></tr>
<tr><td colspan="2">税收收入</td><td>亿元</td><td>38.72</td><td>49.43</td><td>27.66</td><td></td></tr>
<tr><td colspan="2">财政支出</td><td>亿元</td><td>61.85</td><td>55.71</td><td>−9.9%</td><td></td></tr>
<tr><td colspan="2">新批企业个数</td><td>家</td><td>1634</td><td>1628</td><td>−0.37</td><td></td></tr>
<tr><td colspan="2">外商及港澳台企业</td><td>家</td><td>9</td><td>4</td><td>−55.56</td><td></td></tr>
</table>

续表

项目		单位	2021年	2022年	增减（%）	备注
内资企业		家	1 625	1624	持平	
区内世界500强企业数		家	0	0	0	
国家级高新技术企业数		家	28	41	46.4	
新批企业投资额	外商及港澳台企业	亿美元	0.015 81	0.029 88	89	
	内资企业	亿元	123.9	106.7	−13.88	
规模以上企业个数		家	351	401	14.2	四上企业数
科学研究与试验发展经费（R&D）支出		万元	760 351	1 118 223	68.05	四上企业研发支出
研究与试验发展（R&D）经费投入强度		%	4.06	3.64	−10.3	
合同外资金额		亿美元	0.018	0.31	1 622.22	
外商实际投资		亿美元				
固定资产投资		亿元	191.49	120.23	−37.21	
年末从业人员数		万人	9.69	10.28	6.1	四上企业期末从业人员数
万元GDP能耗		吨标煤/万元	0.07	0.06	−14.3	规上工业能耗总量2022年478 331.1吨标准煤，2021年467 706.35吨标准煤
水资源消耗总量		万立方米	1 042.57	1 979.30	89.8	规上工业取新水量
单位国内生产总值取水量		立方米/万元	1.58	2.68	69.6	规上工业取新水量/GDP
上市企业数量		家	1	1	0	
区内建立的创业创新平台数量		个	33	34	3	
区内科研院所数量		家	1	1	0	
区内职业教育学校数量		家	0	0	0	

（注：根据实际统计数据填写，未统计项填“—”）

（东侨经济技术开发区管委会）

靖江经济技术开发区

【概况】靖江经济技术开发区创建于1992年，1993年被批准为江苏省省级开发区，2012年升格为国家级经济技术开发区。开发区规划控制面积102.66平方千米，目前已形成了开发区本部、城南园区、城北园区、新桥园区四个板块。开发区本部聚力高端装备制造和现代临港物流两大主题，不断做强船舶、钢构、木材、粮油、能源等支柱产业，做大金属、航空、大健康等战略性新兴产业，做实“港口+保税+制造+交易”的“四位一体”功能，致力打造全国知名、全省领先的先进制造业基地。城南园区紧扣“美丽新南城、活跃商贸区、高端产业园”定位，瞄准“新能源、新智造、新业态”持续发力，加快推进“强二优三、产城一体”，致力打造“高质量发展先行区、高品质生活示范区”。城北园区锚定“争创省级高新园区”目标，发挥国家级孵化器和省级加速器的示范作用，打造科创企业“高精尖”、中小企业“专新特”的产业生态圈。新桥园区围绕“高端智造园、重装集成港、生态幸福城”目标，主攻先进金属材料、环保装备、智能厨电三大产业，充分彰显“全国千强镇”水准。

【经济发展】2022年，靖江开发区在靖江市委市政府的正确领导下，综合实力稳步攀升，全年实现地区生产总值711.8亿元、工业开票984.6亿元、服务业开票741.9亿元，同比分别增长6.4%、7.7%和2.1%。成功举办金属新材料产业推介会、中国（靖江）高质量发展论坛。新签约亿元以上项目151个，新开工“三比一提升”项目27个，新竣工18个。车汇莱、深国际入选全国重大外资项目，赛德力、国信秦港二期、兴旺物流、大中电机列入省重大项目。“推动临港产业转型升级”荣获泰州第十三批“骏马奖”。

站在新的发展起点上，靖江经济技术开发区将瞄准“挺进全国百强”目标，抓好项目强区、改革兴区“两项重点”，构建迈向现代化的高新特产业主导、港产城融合发展、幸福型社会建设“三大体系”，夯实运营效率为先、服务环境为要、考核激励为主、用人不拘一格的“四大机制”，努力建设一个产业优、实力强、港城美、形态新的现代化国家级开发区；力争到“十四五”期末，全区工业经济规模突破2 000亿元，临港物流突破1 000亿元。

【综合经济】2022年，靖江开发区综合实力稳步攀升。主要指标持续向好。全年实现地区生产总值711.8亿元、工业开票984.6亿元、服务业开票741.9亿元，同比分别增长6.4%、7.7%和2.1%。实现战新产值291.8亿元，同比增长38.3%。完成固定资产投资216.3亿元，同比增长31.9%。外贸外资成效明显。保税物流中心功能优势释放，新增货物监管总值5.1亿美元。实现外贸进出口总额29.2亿美元，占全市比重达70%。实际利用外资1.87亿美元。集聚效应日益凸现。坚持瞄准龙头招大选优，吸引产业上下游配套项目落户，金属材料、汽车零部件等产业聚链成群，传统产业和新兴产业“双轮驱动”势头强劲。沿江岸线资源“黄金效益”加快释放，全年完成港口货物吞吐量2.4亿吨，继续稳居泰州港第一。

【招商引资】2022年，靖江开发区发展潜力大幅跃升。招商引资逆势突围。积极推进产业链招商，成功举办金属新材料产业推介会、中国（靖江）高质量发展论坛。全年新签约亿元以上项目151个，新开工“三比一提升”项目27个，新竣工18个。青山一期基本建成，凯飞、甬金等项目加速推进。车汇莱、深国际成为全国重点外资项目。赛德力、国信秦港二期、兴旺物流、大中电机列入省重大项目，创历年之最。“推动临港产业转型升级”荣获泰州第十三批“骏马奖”。

【科技创新】2022年，靖江开发区科技创新成果丰硕。全年完成“智改数转”项目59个，建成市级以上智能车间9个、智能工厂4家、工业互联网标杆工厂2家。新增省级以上研发机构5家、市级以上专精特新“小巨人”企业47家，高新技术企业91家，授权发明专利144件。

【产业生态】2022年，靖江开发区产业生态持续优化。全年盘活（提升）低效闲置工业用地3 663亩，腾退企业61家，发展空间进一步拓展。先捷航空表处理中心、暖通空调交易中心二期有序推进，电商创业中心创成国家电子商务示范基地，职业技能公共实训中心入选省级众创空间，产业发展支撑力进一步增强。

【深化改革】2022年，靖江开发区改革活力显著提升，管理机制更加灵活。以国企改革三年行动为契机，构建更为完善的现代企业管理体系，全面推行国企经理层成员任期制和契约化管理，进一步加强和规范国有公司人员绩效考核、职级晋升等工作，健全落实开发区中层干部任用、人员统筹调配等制度机制，激活干事创业的“一池春水”。

【营商环境】2022年，靖江开发区用好“靖心服务队”，实行全过程跟踪式服务，推动项目报批报建提速提效；首创“承诺即发证、开工后核验”审批模式，在省内率先实现小型低风险工程承诺制审批，创响项目服务“金口碑”。引导港口集团与深国际、国信电厂等深化股权合作，进一步做实港口运营、总部经济、金融投资等主业；推动华宇等园区国有公司加快资源整合，推进地产开发、资产管理运营实现质效双增。

（靖江经济技术开发区管委会）

绥化经济技术开发区

【概况】绥化经济技术开发区于2002年9月经省政府批准设立，2012年12月经国务院批准晋升为国家级经济技术开发区。建成区面积25.9平方千米，规上工业企业23户，规下工业企业27户；下辖宝山镇，为全国智慧健康养老示范镇。开发区位于黑龙江省绥化市城区南部，东接林都伊春，南临省会哈尔滨，西靠油城大庆，北依口岸黑河，地貌特征为“二山一水七分田”，是世界著名的寒地黑土核心区，公认的黄金玉米带、奶牛带、优质非转基因大豆生产带。

【经济发展】2022年，绥化经开区规上工业企业产值实现129亿元，同比增长7.2%；增加值实现13.7亿元，同比增长10.2%；外贸进出口总额实现17.3亿元，同比增长174%；实际利用内资完成18亿元，同比增长35.6%；固定资产投资完成13.95亿元；一般公共预算收入完成3.4亿元，同比增长6.6%。未来5～10年，将全力打造千亿级产业园区。

【生物化工产业园】依托新和成、昊天玉米生物发酵龙头企业，承接产业链延伸项目，打造生物化工产业园。在玉米胚芽、淀粉、果葡糖浆、麦芽糊精、维生素C、辅酶Q10等产品基础上，承接上下游产业链项目，加快生物化工产业园区认定，大力招引液态肥、木糖醇、酶制剂、聚乳酸、生物制药等高端产品，以及盐酸、烧碱、液氨等配套化学品项目。

【电子产业园】依托天有为汽车电子仪表龙头企业，完善产业链上下游配套，打造数字电子产业园。在天有为电子、天晶液晶屏、天则包装、达擎智能显示器模块等项目基础上，规划数字电子产业园，引进电路板、芯片、电阻、电容、贴片、模组组合等数字电子类配套项目。

【循环经济产业园】依托再生资源、中再生等核心企业，培育引进资源回收利用及新能源项目，打造循环经济产业园。在废旧汽车和废旧家电拆解基础上，进一步延长产业链条，引进零部件加工销售、废钢破碎加工、废油液回收及无害化处理、塑胶再生原料、农机具维修销售等项目。

【食品加工产业园】依托冰泉、维维、中粮等核心企业，重点发展绿色食品精深加工产业，打造绿色食品加工产业园。在豆粉、豆浆粉、豆奶粉、大豆分离蛋白、大豆膳食纤维和水稻加工等产品基础上，进一步向绿色食品精深加工方向延伸；

【绥化国际陆港】依托铁路专用线和海关查验场，建设进出口贸易开放平台，打造绥化国际陆港。积极争取铁路口岸及自贸区协同区，推进B型保税物流中心建设，打造东北亚现代物流集散枢纽，实现铁路、海关、保税物流中心三层叠加，强化跨境贸易、对俄大宗商品交易等承载功能。

【康养旅游特色小镇】依托宝山镇现有自然和康养条件，打造康养旅游特色小镇。加快小镇规划建设，延伸乡村体验、农业研学等产业，打造精品旅游线路，推进特色产业强镇。

（绥化经济技术开发区管委会）

宿迁经济技术开发区

【概况】宿迁经济技术开发区成立于1998年11月，2013年1月经国务院批准，升格为国家级经济技术开发区（以下简称宿迁经开区）；园区管辖面积58.27平方千米，常住人口20万，下辖南蔡乡、三棵树街道、黄河街道和古楚街道，先后获批“国家级食品产业园”“中国家电产业基地”“江苏省先进制造业基地”等称号。2022年是党的二十大召开之年，是落实省市党代会精神的开局之年，也是宿迁经开区启航新征程、奋进新时代的起步之年。全区上下坚持以习近平新时代中国特色社会主义思想为指导，以迎接党的二十大、学习宣传贯彻党的二十大精神为主线，全面落实“疫情要防住、经济要稳住、发展要安全”的重大要求，聚焦主责主业，聚力跨越赶超，扎实推进“333”工程，经济社会各项事业不断开创新局面、迈上新台阶。

【经济发展】2022年，宿迁开发区全年实现地区生产总值600.06亿元，同比增长10.2%；一般公共预算收入41.06亿元，同比增长1.4%；规上工业产值1 301亿元，同比增长28.9%；规上工业增加值396.6亿元、同比增长14.8%；进出口总额23.4亿美元，同比增长15.75%；全社会固定资产投资200.06亿元，同比增长23.6%。

【招商引资】2022年，全区上下认真贯彻落实党工委、管委会决策部署，扎实推进招商引资，全力以赴抓招商、上项目，招商引资工作取得显著成效。组织开展重点招商活动9场，新签约亿元以上工业合同项目39个，协议总投资487.6亿元，其中10亿元以上项目10个，50亿元以上项目6个，超额完成年度目标任务。经市考核认定签约项目41个，协议总投资476.1亿元；合同项目29个；协议总投资120.5亿元；注册项目26个，协议总投资88亿元；达到开工条件项目36个，协议总投资174亿元，其中10亿元以上项目6个，50亿元以上项目2个。实现新签约项目年内合同率、注册率、达开工率分别为70.7%、89.7%、66.7%，其中，新签约项目年内达开工率较上年同期增长19.1个百分点，落地转化成果显著，位居全市第二，功能区第一。34个列市重大产业项目超额完成年度投资，特别是6个30亿元以上重特大项目进展顺利。

【投资促进】2022年，宿迁开发区围绕稳增长、优结构，积极推进高水平对外开放，提升贸易投资合作质量和水平。全年完成进出口总额23.4亿美元，同比增长15.75%，占全市进出口额比重为36.8%，其中出口总额为20.8亿美元，进口总额为2.6亿美元，高新技术产品进出口总额为15.88亿美元；新批外商投资企业数9个；新增内资企业数2 401个，企业注册资本总额137.9亿元，实际使用外资金额5 272.73万美元，其中高技术产业实际使用外资金额3 535.76万美元，同比增长3 435.76%。

【转型升级】2022年，宿迁开发区深入实施“5321”工程，强力推进“五大提升行动”，全年新增开票销售超100亿元企业2户、超50亿元企业1户、超10亿元企业1户，入库规上工业企业12家。完成兼并重组项目2户，完成千万元以上技术改造竣工项目10个。智能车间（工厂）申报取得重大突破，新增省级智能示范车间2个、省级智能制造示范工厂5个、市级示范智能车间9个，其中优秀等次3个。宏芯亿泰入围省首台（套）重大装备公示名单，易华人造草坪、科美新材料、中科物联三家企业获批“省级专精特新中小企业”，海天醋业集团成功获批省级供应链级平台，阿特斯和格力电器获批省工业互联网标杆工厂，新增省三星级以上“上云”企业24个，其中五星上云达9家。

【科技创新】2022年，宿迁开发区出台《关于加快推进高新技术企业培育攻坚行动计划(2022—2025)》（宿开管〔2022〕49号）文件，在科技项目招引、科技型企业培育、人才招引、知识产权等方面给予政策支持。全年登记入库国家科技型中小企业210家，有效高企达80家，其中2022年新认定高企30家，规上高新技术产业产值占规上工业产值比重达78.5%，规上工业企业研发经费支出占GDP比重为4.8%，高新技术产品进出口额占比达67.8%。新增省级研发机构6家，省级及以上研发机构达43家。年度发明专利授权量达87件。积极开展人才招引、科技项目对接，累计签约产学研合作项目42项，转化高科技成果25项。持续推进企业申报知识产权项目，格力大松获批国家知识产权优势企业称号。

【产城融合】建设三大工程，筑牢宜居宜业新城基础。以“一年大变化、两年上台阶、三年出形象”为目标，全面推进品质提升工程、基础设施配套工程、美丽乡村建设工程，切实提升园区形象。全区45项重点工程和79个为民办实事项目顺利推进，上海路等5条道路建成通车，世界之窗等3个公园完成海绵化改造，易涝片区整治全面竣工，三棵树街区征收工作基本完成。打造三大载体，丰富宜居宜业新城内涵。一是打造科技创新产业园。遵循“整体封闭运作、分期滚动开发、片区资金平衡”的原则，将北京路南侧、苏州路北侧、富康大道东侧、古黄河西侧合围片区打造成以科技研发为主体，集商务办公、商业服务、生态涵养、文化展示等功能为一体的创新发展集聚区。二是打造总部经济集聚区。规划建设承接长三角优质总部及创新资源转移、“科、产、城”深度融合的高品质总部经济集聚区，补齐经开区服务业发展短板，解决现代服务业企业落地无载体的问题。三是打造科技企业孵化园。在东至迎宾大道、南至广州路片区，采取综合开发模式，建设研发区、孵化区、加速区、金融服务区、专家公寓、生活服务区（邻里中心）等六大功能区域，着力将其打造为创业者和创业创新活动提供全链条要素支撑和服务的孵化园创业园。

【体制机制创新】推行政务服务窗口综合化改革。全区37个政务大厅全部实现窗口综合化，其中区政务服务大厅23个窗口，按规划建设、企业开办、社会事务、食特药4大类事项合并为10个综合窗口，实施受理、审查相分离机制，实现“前台综合受理、后台分类审批、综合窗口出件”，其中，工业全流程综合窗口包含建设类50多项审批事项，实现不动产登记证书、建设用地规划许可证、建设工程规划许可证、建筑工程施工许可证等项目建设手续“一窗口”受理、出件，企业由原先需跑5个部门到现在跑一个窗口，最大限度为企业提供便利。推进项目建设审批集成改革。创新预服务审批、节点审批、先证后验等机制，在全省率先实现不动产登记证书、建设用地规划许可证、建设工程规划许可证、建筑工程施工许可证、图纸审查合格证“五证齐发”常态化。打造项目注册、开工、竣工、生产四个“一件事”，经开区工程建设项目类审批平均用时及办理环节从改革前的25个工作日、13个环节，到目前的7个工作日、5个环节，时限压缩70%、环节压缩60%，在全省达到领先水平。

【党建工作】坚持党建引领、从严治党，党的建设得到全面加强。认真践行新时代党的建设总要求和新时代党的组织路线，以永远在路上的执着纵深推进全面从严治党。基层党建提档升级。新(改)建村(社区)党群服务中心8个，新建企业党支部29个，成立重点产业链联合党委3个，高水平打造阿特斯、蒙牛等6家链主企业阵地。队伍建设全面加强。开展“启航新征程 我们怎么干”大学习大讨论活动，强化了“摒弃惯性思维、路径依赖”的思想共识和“勇当探路者，不做跟随者”的行动自觉，推动了“五种意识”入脑入心，勇于担当、勇于创新、勇于争先正成为经开区干部的靓丽名片。选派10名“热血小将”赴招商引资、征地拆迁、项目服务、信访稳定等“四个一线”挂职锻炼，选派6名“攻坚老将”到国企压担子使用，干部队伍活力全面激发。党风廉政建设纵深推进。锲而不舍落实中央八项规定精神，持续深化纠治“四风”，重点纠治形式主义、官僚主义，制定出台《关于改进工作作风提升工作效能的意见》等文件，建立作风建设常态化推进体系，选树季度“作风之星”34名。

【机构设置与管委会领导】宿迁经济技术开发区现有11个内设机构，分别为党政办公室、组织宣传统战部、投资促进局、建设局、财政局、综合执法局（市场监督管理局及食品药品监督管理局）、经济发展局、行政审批局（政务服务管理办公室）、监察审计局、政法和社会管理办公室（司法局）、应急管理局；市派出的人大工作办公室和政协工作办公室；3个专业招商服务局，分别是智能家电产业招商服务局、光电产业招商服务局、食品饮料产业招商服务局；3个产业园管委会，分别是科技创业园管委会、智能家电产业园管委会（外贸物流产业招商局）、综合保税物流园管委会；2个双重管理机构，城管分局、人民武装办公室；下属事业单位7个，数字化城市管理指挥中心、协助海关监管队、市工业技术研究院、教育发展中心、社区卫生服务中心、政务服务中心（代办帮办中心）、公共资源交易中心。

宿迁经济技术开发区领导班子成员为：副市长、市政府党组成员，区党工委书记张辉；区党工委副书记、管委会副主任王峰；管委会二级调研员李井泉；区党工委副书记陈武；区党工委副书记、管委会副主任，三级调研员朱伟；区党工委委员、管委会副主任（挂职）林胜克；党工委委员、纪工委书记梁建民；区党工委委员、管委会副主任朱前春、孙宇、徐松（挂职）、石斌、唐文；区党工委委员、管委会副主任，公安分局局长贺晓峰；区党工委委员、管委会四级调研员谢兢玄、胡明；区党工委委员，管委会四级调研员、组织宣传统战部部长赵锋；市财政科研所所长，市委驻宿城扶贫工作队副队长、区党工委委员（挂职）钱波。

（宿迁经济技术开发区管委会）

宁国经济技术开发区

【概况】宁国经济技术开发区成立于2000年12月，2013年3月经国务院批准，升级为国家级经济技术开发区，是安徽省首家县域国家级开发区。目前已形成“一区五园”的发展格局，建成区面积近25平方千米。截至2022年底，园区现有在册企业2 449家，其中工业企业1 367家，规模工业企业332家，高新技术企业128家，自主培育A股上市企业8家。经开区成立以来，先后获批国家知识产权试点园区、国家绿色园区、长三角G60科创走廊产业合作示范园区、安徽省首批战新基地、安徽省首批碳达峰试点园区、安徽省首批制造业数字化转型示范园区、安徽省首批产品质量提升示范区、安徽省国际交流合作基地，安徽中德（宁国）国际合作智能制造产业园、安徽省首批县域特色产业集群（基地）、先进制造业和现代服务业融合发展试点园区、大宗固体废弃物综合利用示范基地。连续三年在全省县域特色产业集群（基地）建设成效评估中位居前列。

【经济发展】2022年，经开区规上工业总产值同比增长17.1%；固定资产投资同比增长12.5%；税收收入同比增长8.35%；进出口总额同比增长15.6%。在2022年国家级经开区综评中位居全国第45位（共217家）、中部地区第12位、全省第3位（共12家），全国、全省位次较上年度分别前进了38位、2位。

【主导产业】经过二十余年发展，宁国经开区产业结构不断优化，逐步形成了“1+4”的现代产业集群，即1个首位产业——汽车零部件，4大特色产业——高端装备及耐磨铸件、电子信息、绿色食品、精细化工及新材料产业。

截至2022年底，园区拥有汽车零部件企业410家（规上86家），规上产值达220.5亿元，占比38.04%；高端装备及耐磨铸件企业413家（规上94家），规上产值达114.0亿元，占比19.70%；电子信息企业140家（规上41家），规上产值达58.4亿元，占比10.08%；食品及农林产品深加工企业21家（规上9家），规上产值达29.5亿元，占比5.10%；精细化工及新材料企业143家（规上25家），规上产值达106.8亿元，占比18.40%。汽车零部件首位产业在中鼎、亚新科、保隆等龙头企业的引领下，不断拓展生产领域，优化产业布局，推进“走出去”战略，通过并购、重组国外同类企业等方式，要素整合和产业升级步伐不断加快，国际竞争力进一步提升。2022年，中鼎集团位列“中国民营制造业企业500强”第465位、“全球非轮胎橡胶制品50强”第16位、“全球汽车零部件供应商100强”第85位、“中国橡胶制品行业10强”第1位；保隆公司气门嘴、尾饰管2项产品位列全球第一；亚新科公司自主研发的无飞边皮碗产品实现了亚洲第一家、全球第二家批量生产。高端装备及耐磨铸件代表企业有东方碾磨、阿莫斯流体；电子信息代表企业有裕华电器、天成电气；食品及农林产品深加工代表企业有詹氏食品、云燕食品；精细化工及新材料代表企业有司尔特肥业、城洁环境。

【招商引资】宁国经开区坚持“以商招商”和产业链招商，强化建链、延链、补链、强链。中鼎集团相继在美国、德国等地收购13家境外企业，引领汽车零部件产业向高端、轻量、总成方向发展；依托铸造产业基础和产能优势，引进山虎机械、铁骑精密、科博尔等企业，由单一的耐磨铸件向工程机械、机器人及汽车等领域零部件铸造和精密制造扩展，并延伸至高端装备制造产业；围绕金瑞电子玻纤布产业链，不断拉长电子信息产业链条；依托紫燕食品大力引进上下游企业，构建“首农种—顺安养—紫燕销”的家禽产业全链条。2022年完成新开工项目58个，新竣工项目54个，新投产项目43个，新签约项目95个，协议总投资251亿元，其中3亿元以上项目17个。投资72亿元的吉利12GWh动力电池项目、投资52亿元的鼎瑜智能汽车底盘制造项目、投资15.6亿元的石药集团中药制剂和投资15亿元的海螺生物质燃料等项目相继签约落户。

【平台建设】依托长三角G60科创走廊联席会议和示范园区，发挥经开区在对接融入长三角进程中排头兵作用，先后举办了2022年安徽汽车及零部件产需对接会、工业主导产业行业职业技能大赛、长三角汽车产业链安全发展与持续创新研讨会。广泛组织企业参加中国国际进口博览会、上海法兰克福国际汽配展等境内外国际展会，帮助企业拓展国际视野，抢占市场先机。加快中德国际合作产业园建设，中鼎减震迁扩建一期项目已于2021年底完成搬迁投产，并引进入驻了德资企业威固公司、中鼎减震橡胶、望锦汽车、中鼎智能新能源、中鼎轻量化底盘科技、鼎瑜智能科技6家公司，入驻项目全部投产后将形成集汽车底盘系统及减震降噪零部件研发、制造、产品试验、整车路试、物流等于一体的特色园区。借助浙江海邦创智等企业，推动建立“跨省同城宁国模式”，搭建高层次人才、项目合作区域共享平台，截至是年末，园区企业市域外研发机构总数达14家。

【科技创新】宁国经开区聚焦创新驱动，增强发展质效。一方面，坚持实施“龙头企业带动、协作企业集聚”的联动发展战略，“龙头企业引领、骨干企业跟进、关联企业配套”的产业集群效应正在加速形成。另一方面，大力培育行业“专精特新”企业，引导中小企业专注核心业务、聚焦细分领域，打造一批细分领域的行业“单项冠军”和“配套专家”。依托“宁国智谷”，充分发挥工信部赛宝实验室等公共服务平台作用，为企业提供对标诊断、品牌建设、技术改造、检验检测等精准服务，实现公共科技资源与集群企业的集成、互动、共享。截至2022年底，拥有高新技术企业128家，国家级博士后科研工作站1家、国家级企业技术中心2家，省级重点实验室、工程技术研究中心等各类研发机构59家；国家级专精特新企业小巨人5家、省级专精特新冠军企业7家、省专精特新企业52家。

【投资促进】宁国经开区聚焦要素破解，强化内生动力。大力推行“腾笼换鸟”，开展工业企业分类综合评价，按照“兼并重组一批、破产清算一批、扶持发展一批”的思路，积极稳妥推进“僵尸企业”处置盘活。通过督促企业加大投资建设、引进新企业分割转让，政府收储后重新供地等方式，盘活处置闲置低效用地801.65亩。获批“退二优二”亩均英雄贷26亿元，摸排首批低效用地企业91家，已完成收储企业8家，盘活用地面积475.04亩。组织园区企业参加大型人力资源招聘会、就业双选招聘会，通过“长三角G60科创云”“九城纳贤”云招聘平台帮助企业招引专业技术人才。出台《关于进一步加强园区企业用工服务的若干意见》，激励劳务派遣等单位招工，每月搜集规上企业及拟投产企业用工信息，并积极对接有资质的劳务派遣公司，2022年共协助企业招工2 000余人。

【体制机制改革】宁国经开区聚焦改革创新，激发内在活力。按照省“十四五”开发区高质量发展规划部署，经开区调整职能职责，聚焦主责主业发展，与乡镇（街道）和市直相关单位完成相关社会事务移交，制定了深化体制机制改革方案，拟将管委会部分职能调整到园区新运营公司，与建投集团适度错位，互补发展，形成“管委会+公司”管理运营模式。在人事上，实行档案封存、双轨运行制度，实现人员从“身份管理”转为“岗位管理”。同步推行人事薪酬和绩效考核制度，充分调动广大职工的工作积极性、主动性和创造性，实现提效率、增动力、激活力，为经开区高质量发展奠定基础。稳步推进“标准地”改革，对符合条件的新增用地均采用“标准地”模式出让，2022 年共完成 41 宗“标准地”出让工作，总出让面积 1 983.88 亩。稳步推行财政奖励资金“免申即享”机制，让政策红利精准直达企业，全年共兑现企业财政奖补资金 3.2 亿元，奖补企业 518 次。积极开展招商项目银企对接会，大力推行“园区贷”“贷投批量联动”融资工作，解决企业融资需求超 1.4 亿元。探索“管委会 + 公司”管理模式，深化所属国有企业改革，组建建投集团，资产规模已突破 247 亿元，经营性收入已突破 13.6 亿元，造血功能大步提升。

【社会事业】持续深化“互联网 + 政务服务”改革，完善“网格化”联企服务体系，继续完善项目落地“全程帮办”机制，做到有难必帮、有求必应、无忧不扰，助力项目建设提速提效。2022 年联企干部赴企业宣传政策 8 572 次，解决问题 1 020 个。为有效缓解企业融资难、融资贵问题，积极开展“园区贷”融资工作，截至年末，已向银行推送“白名单”企业共计 49 家，其中 19 家企业已完成尽调，累计享受“园区贷”资金支持 10 200 万元。积极开展招商项目银企对接会，分别与宁国市中小企业融资担保有限公司、宁国农商银行签订“贷投批量联动”业务合作协议，已向银行推送“白名单”企业共计 9 家，发放贷款企业 4 家，贷款数额 2 450 万元。

【绿色发展】坚持以“碳达峰、碳中和”为引领，走低碳循环发展路线，着力构建绿色产品、绿色企业、绿色园区、绿色供应链“四位一体”的绿色制造体系。按照“控制源头、改造现有、淘汰落后”思路，狠抓节能环保降耗，提高资源综合利用率，近三年经开区先后拒绝“两高”企业入园投资达百亿元。坚决淘汰落后生产力、工艺和技术，支持企业引进先进技术和工艺，司尔特肥业成功签订全省林业碳汇交易第一单，开创了废气余热发电、废水循环利用土壤调理剂的循环发展模式。坚持节约集约，大力推行“机器换人”，晨光精工引进全自动焊接机器人，欧凯密封件引进光学自动分拣机，企业劳动效率成倍提升。大力推进污水处理厂等园区环保设施建设，总投资 1.5 亿元的南山污水处理厂、1.6 亿元的汪溪污水处理厂及电镀中心、6 300 万元的中德智造小镇污水处理厂已建成运行。

【数字化转型】大力发展数字经济，出台支持工业互联网政策，每年安排 100 万元专项资金，聘请第三方诊断机构组织专业技术团队，免费对全市规模以上工业企业开展工业互联网诊断服务，做到一企业一报告一建议；依托羚羊工业互联网平台、宁国电信等优秀智能制造服务商，面向中小企业开展数字化诊断，提供个性化解决方案，并推动诊断方案落地转化，加快工业企业应用智能装备、先进工艺和信息化管理系统进行智能化改造；引导企业对照《智能制造成熟度标准》开展自评估，找出存在的差距，精准高效开展智能制造诊断服务，释放企业转型内生需求。目前已实现全市工业企业诊断 267 家；积极推动企业上云和工业 APP 应用，其中，中鼎“鼎造智云”、司尔特“工农云网”两个行业级工业互联网已基本建成，亚新科、安泽电工、中鼎橡塑、保隆汽配等一系列相关企业均已启动两化融合管理体系升级版贯标，2022 年亚新科、安泽电工分别通过国家数字化转型新型能力 3A、2A 级评估。

【机构设置与经开区领导】2022 年，宁国经开区共有内设机构 12 个，分别为党政综合部、财政局、建设局、综合执法局、纪检监察室、武装部、总工会、自然资源和规划局、投资服务中心、经济发展局、社会事业局、安监局、自然资源规划信息编研中心、法制办、征管办、招标办、招商中心。

经开区领导班子成员：党工委书记、管委会主任金宁，党工委副书记陈卫兵，党工委委员、管委会副主任马剑、刘文超、梅长顺，党工委委员、纪工委书记刘定国，党工委委员余小平、邓海林。

宁国经济技术开发区2021—2022年主要经济综合指标一览表

项目		单位	2021年	2022年	增减（%）
开发区生产总值		亿元	255.7	273.7	8.0
第二产业		亿元	188.0	203.5	10.4
工业		亿元	165.1	178.7	10.7
第三产业		亿元	67.7	70.2	1.4
工业总产值（现价）		亿元	494.9	579.5	17.1
高新技术企业		亿元	350.2	404.0	15.4
销售（营业）收入		亿元	534.6	606.1	13.4
第二产业		亿元	436.1	520.8	19.4
工业		亿元	404.6	491.4	21.4
第三产业		亿元	98.5	85.3	-13.4
利润总额		亿元	42.9	49.8	16.0
第二产业		亿元	40.3	38.5	-4.6
工业		亿元	38.5	37.4	-2.8
第三产业		亿元	2.6	11.3	342.8
区内主导产业及产值	1.汽车零部件	亿元	175.1	220.5	25.9
	2.高端装备及耐磨铸件	亿元	102.7	114.0	11.0
	3.电子信息	亿元	51.7	58.4	13.1
	4.绿色食品	亿元	28.3	29.5	4.5
	5.精细化工及新材料	亿元	96.0	106.8	11.2
进出口总额		亿美元	6.43	7.43	15.6
进口		亿美元	0.54	0.61	12.0
出口		亿美元	5.89	6.82	15.9
财政收入		亿元	34.20	35.54	3.91
税收收入		亿元	33.18	33.46	0.84
新批企业个数		家	689	718	10.4
外商及港澳台企业		家	1	4	300
内资企业		家	688	714	3.8
国家级高新技术企业数		家	114	128	12.3
规模以上企业个数		家	294	333	13.3
科学研究与试验发展经费（R&D）支出		万元	13.65	16.25	19.1
研究与试验发展（R&D）经费投入强度		%	2.60	2.68	3.2
外商实际投资		亿美元	0.32	0.21	-34.2
固定资产投资		亿元	116.2	129.7	11.6
年末从业人员数		万人	6.09	6.53	7.3
万元GDP能耗		吨标煤/万元	0.24	0.25	4.2
水资源消耗总量		万立方米	1 006.6	986.9	-2.0
单位国内生产总值取水量		立方米/万元	6.64	6.39	-7.9
上市企业数量		家	5	5	0
区内建立的创业创新平台数量		个	44	46	4.5
区内科研院所数量		家	0	0	/

（注：根据实际统计数据填写，未统计项填“—”）

（宁国经济技术开发区管委会）

雅安经济技术开发区

【概况】雅安经济技术开发区位于雅安市东部、环成都1小时交通生活圈内，前身为雅安市生态科技工业园区，成立于2002年，2006年升级为四川雅安工业园区，2013年“4.20”芦山强烈地震灾后恢复重建中扩区更名为四川雅安经济开发区，核心管辖区规划面积45.93平方千米，代管永兴街道，辖2个社区、9个村，人口约6万人；2022年底共有企业805家（规上、限上企业91家），其中，工业企业320家（规上工业企业77家），服务业企业485家（规上服务业企业14家）。2021年6月，经国务院批复，雅安经开区升级为国家级经济技术开发区，更名为雅安经济技术开发区。近年来，雅安经济技术开发区先后荣获四川省“500亿”重点产业园区、全省“5+1”特色重点产业园、四川省优秀省级开发区、四川省绿色园区、四川省新型工业化示范基地、四川省现代服务业集聚区、四川省数字经济创新发展示范区、四川省数字转型促进中心等荣誉。

雅安开发区交通区位优势独特，交通通达便捷，成雅、雅西、雅乐高速在此交汇，川藏铁路穿境而过，距成都双流国际机场90千米，距乐山港110千米，被省政府确定为川西综合交通枢纽。随着川藏铁路雅安至林芝段启动建设，雅安将高水平建设川藏经济协作试验区，将成为链接成渝地区与藏区经济文化交流的重要纽带，成为经西藏至南亚次大陆国家南向国际贸易大通道重要节点，川西门户枢纽地位进一步提升。

【经济发展】2022年，雅安开发区实现营业收入705.1亿元，规上工业增加值增速22.2%、居全市第一；全社会固定资产投资增速25.2%以上、居全市第一，其中，工业投资增速21.3%、技改投资增速3.8%；招商引资市外到位资金70亿元，其中，省外到位资金16亿元；地方一般公共预算收入3.99亿元。

【绿色产业】雅安开发区绿色产业集聚成势，认真贯彻落实国家发展战略，着力培育以大数据为代表的数字经济产业、以锂电新材料为代表的先进材料产业和现代物流业。雅安大数据产业园建成国内首个获得“碳中和”双证书的国家级绿色数据中心、国家新型工业化示范基地、省级现代服务业集聚区；先进材料产业规模保持年均20%以上增速，建成锂电新材料产业园，投资超百亿的厦钨锂电材料项目落地，中雅科技建成全球最大的电子铝箔生产基地；装备制造产业基础良好，新筑通工具备年产新能源乘用车2万台生产能力；大健康产业蓬勃发展，王老吉（雅安）公司成为广药集团全国第一个自建生产基地。

【产城新区】雅安开发区作为雅州新区的重要组成部分，聚焦把雅州新区建设成为现代化雅安示范区，着力“精构城、强产业、聚人气”，统筹推动雅云数字科技城、天下茗城三大片区、物流园片区“站城一体”综合开发，提速职住平衡项目、提升蓝绿空间品质、增强公服基础功能，加速构建产城人境融合新城空间。雅云湖文化公园、滨河公园等城市公共生态空间建成投运，实施全市最长的“永兴绿道”；数博菁雅汇、雅安大数据学院加快建设，首个实验小学建成招生，“智慧园区”“平安小区”深入实施，公交化覆盖里程达30千米。从工业园区向更有温度产城新区转型正在加速推进。

【体制机制】体制机制持续优化，雅安开发区按“扁平化、大部制”原则，内设9个部门、4个事业中心、1个新区建设推进办，组建了国有平台公司，公安、自规、住建、税务、市场监管、生态环境、综合执法、应急管理8个市级部门设立了派出机构，建立了“管委会+平台公司”的高效运转模式。设立政务服务中心，对项目审批实行“专人全程代办、容缺承诺受理”，营商环境良好。试点“全员聘任制”改革，推行“绩效定薪、能上能下”的市场化、企业化管理，推动人岗精确匹配，建立灵活高效的用人机制。

（雅安经济技术开发区管理委员会）

天水经济技术开发区

【经济发展】2022年，天水经济技术开发区围绕建设“五区五中心”总目标，聚焦打造“集成电路封测产业聚集区、先进制造业转型示范区”，高效统筹疫情防控和经济社会发展，凝心聚力，攻坚克难，全力推动经济社会高质量发展。2022年，完成规模以上工业总产值317亿元，与上年基本持平；实现规模以上工业增加值87.56亿元，增速15.81%；完成固定资产投资52.59亿元，同比增长18.9%；完成税收收入47.27亿元，同比增长11.7%，园区综合发展水平在全国国家级经开区排名中跃升至第104位。

【产业发展】2022年，天水开发区全力以赴稳生产，保增长，产业结构持续优化，产业体量发展壮大，现代产业集聚成势。实施传统企业“三化”改造，全力推动机械制造、电工电器等传统优势产业转型升级和集群化发展，制定《天水经开区打造百亿园区实施方案》《天水经开区重点产业链链长制度实施方案》，强化产业链链主企业抓手作用，挖存量、拓增量，推动产业链延链补链强链。坚持招大引强，编制招商图谱，采取以商招商、产业链招商，利用兰洽会、厦洽会等招商平台，成功签约项目8个，总投资69亿元。培育打造优质企业矩阵，不断挖潜存量、拓展增量，培育小升规企业6家，程达电气、华威电子、陇鼎建设3家企业获评省级专精特新“小巨人”，星火机床、陇鼎建设2家企业获评国家级专精特新“小巨人”；海林中科、华洋电子、长控厂3家企业获评省级绿色工厂，开源盛泽孵化器获评省级科技企业孵化器，天水科力孵化中心获评国家级孵化器，海林圆锥滚子轴承入选国家制造业单项冠军产品，长控低压开关柜、丰收农业保鲜剂获评省级工业优秀新产品；华洋、光轩等4家企业获评省级先进企业。

【科技创新】2022年，天水经开区深入实施“强科技”行动，不断完善科技创新政策，大力培育科技企业，科技创新水平再上新台阶。出台了《天水经开区扶持科技创新若干措施》，年内入库科技型企业38家；累计发明专利171个，国际PCT专利3个。坚持把科技项目作为提升自主创新能力的重要抓手，申报天水市科技计划项目30个，成功受理27个，申请经费1 080万元。加大科技型企业孵化力度，加快升级科技创新型企业发展，认定高新技术企业11家，星火机床获评为省级企业技术中心，华建新材、华威电子、华圆制药、浩瀚钢构、福美软瓷、电科院6家企业获评省级科技创新型企业。

【项目建设】2022年，天水经开区坚持把项目建设作为“强引擎”和“硬支撑”，牢固树立“抓项目、兴产业”理念，打好项目建设组合拳。全年共谋划各类建设项目63个，总投资442亿元，卷烟厂醇化库三期、华洋引线框架二期等8个项目已完工，金浪半导体、华天集成电路、社棠北片区供热管网铺设、开发新居三期等项目加快实施，旭盛OLED载板玻璃、旭康中性硼硅药用玻璃等重大工业项目进展良好，旭盛OLED载板6月份达规入库，已实现工业产值7 200万元以上；旭康中性硼硅药用玻璃拉管线首台窑炉7月19日点火投产，良品率已接近70%。

【营商环境】2022年，天水经开区牢固树立营商环境就是生产力的理念，采取务实举措，推动经开区营商环境“大优化”。不断提升政务服务效能，落实政务服务事项清单管理，全面完成政务服务事项认领编制230项，公共服务事项全程网办率达100%；深入推进“三减一优”改革，政务服务事项平均所需材料由4.44个缩减为2.78个，承诺时限压缩比由81.97%提升为89.51%，即办件率由51.43%提升为91.11%。新设应急管理、生态保护政务服务事项窗口2个，做到了政务服务事项全覆盖，基本实现“一网、一门、一次”办理，全年受理事项21424件，办结率均达100%。严格落实中央、省市稳住经济一揽子措施和接续政策，召开银企对接会，强化驻企服务，全面推行企业“服务专员”制度，有效解决企业生产经营困难。

【党建引领】2022年，天水经开区认真落实全面从严治党主体责任，驰而不息加强党风廉政建设，不断夯实基层党建工作基础，提升机关党建工作质效，统筹抓好中心工作和党建工作互融互促。不断加强政治理论学习，纵深推进党风廉政建设，落实党风廉政建设责任，强化风险防控，坚持不懈抓作风建设，切实保障了全区风清气正的政治生态。全面推进党建示范点创建，提升支部标准化建设水平，确定市直机关党建示范点1个，成功创建全市党建示范点1个。坚持以党建为引领，推动各项工作扎实推进，下派一名副县级干部担任第一书记兼工作队长，专职负责帮扶工作，助力乡村振兴，组织党员深入项目建设一线和企业，详细摸排企业、项目需求，统筹疫情防控和助企纾困，提炼打造了“金牌项目管家”党建品牌，将经开区各基层党组织建设为服务企业项目和优化营商环境的坚强战斗堡垒。

（天水经济技术开发区管委会）

宾西经济技术开发区

【经济发展】2022年，宾西经济技术开发区地区生产总值438.4亿元，同比增长28.7%；完成规模以上工业总产值201.46亿元，同比增长0.8%；实现规模以上工业增加值74.6亿元，同比增长61.8%；完成固定资产投资34.57亿元，同比增长74%；完成税收收入90.93亿元，同比增长463%。

【招商改革】2022年，宾西开发区大胆探索改革路径，创新体制机制，以招商为突破口，按照“企业化运营、市场化运作、专业化服务”总体思路，积极推进“管委会+公司”运营模式，于6月份组建了宾西经开区招商服务有限公司，正式开启宾西经济技术开发区改革之门。公司以全员招聘、绩效考核、底薪加绩效奖金等激励机制为手段，形成了业绩为王、效率至上、竞相干事的良好氛围。截至目前，累计开展17次外出招商活动，共到访27座城市，参加9次展会，拜访70家企业，对接23个商会、协会，有效提高招商引资工作质效和专业程度。全年核心区共引进项目16个，投资总金额38.07亿元人民币。项目全部达产后，预计实现年产值40.36亿元，税金1.06亿元，盘活利用闲置土地29.3万平方米。储备引进项目6个，重点跟进项目27个。

【项目建设】2022年，宾西开发区通过整合各部门职能，选派精兵强将，组建大项目办和审批服务中心，专班推进、定期调度，快速解决项目推进问题。全年重点推进产业项目11个，总投资24.4亿元，已开工9个，已建成2个。其中，省百大项目3个，总投资7.55亿元，市重点项目3个，总投资8.05亿元，全部实现开复工。重点推进政府投资项目7个，总投资2.44亿元，其中已完工2个，正在推进前期手续5个，园区基础设施进一步夯实。同时，针对园区市政配套设施不完善的问题，制定《宾西经济技术开发区市政设施巡查管理制度》等制度，不断完善顶层设计，规范工作流程。全年共完成9处入河排口雨污混流、雨污错接改造，完成2家企业雨污分流改造，进一步提升园区承载能力。

【管理服务】2022年，宾西开发区始终牢固树立尊商、亲商、安商、富商的理念，对企业有求必应、无事不扰，全链条对标全省最优，持续打造市场化法治化国际化营商环境。一是织密疫情防护网。继续实施驻厂联络员制度，压实四方责任，做到看住“门”，管住“人”、防住“车”。二是实行转办督办服务。对企业提出的服务事项及诉求，及时受理、限时办结、全程跟踪，全年共受理32家企业事项43件。受理率和办结率均达到100%，企业满意度得到大幅提升。三是积极兑现企业扶持政策。印发《关于梳理招商引资承诺事项的通知》，对承诺扶持政策兑现情况逐一核实，已完成政策兑现的企业2家，兑现政策资金共计167万元，已完成审核程序的企业11家，涉及兑现政策资金2404万元。四是推进“两闲”处置。对“两闲”问题逐一核查、逐企对接、建立台账、一企一策。已处置完成闲置企业16家、闲置土地6宗。

【对外开放】2022年，宾西开发区坚持借助地缘条件和区位优势，大力构建全方位对外开放新格局。依托哈尔滨（宾西）中韩国际产业创新合作中心（以下简称中韩中心），与韩国中小企业厅、韩国创业加速器协会、韩国城南产业园管理公团进行深度对接合作，积极推进各类中韩合作类项目的实施。全年新增引进韩资企业 2 家，中资企业 2 家。同时，积极组织举办中国—东北亚（俄罗斯）国际贸易数字展览会—中韩企业线上推介会、黑龙江中韩创客大赛、黑龙江中韩国际风险投资论坛暨第二届黑龙江中韩国际风投大赛等 10 余次线上线下中韩对接活动。经过不断开拓与建设，中韩中心不仅成为韩国资本、韩国企业了解、接触宾县的重要渠道，还成为韩国技术、人才在宾县转化成果、就业创业的重要平台。

【党建发展】2022 年，宾西开发区坚决贯彻新时代党的建设总要求，全力推进机关党建和“两新”党建工作，大力推行“一个目标抓推进，两个平台强基础，三个机制促发展，四大工程提质效”为主要内容的“1234”党建工作模式。深入学习党的二十大精神，不断加强党员干部队伍政治理论、法纪政策、业务知识的教育学习。全年开展主题党日活动 12 次，专题研讨会 2 次，警示教育 2 次，举办 2022 年非公企业和社会组织党员培训班 1 次，80 余名党员参加培训。按照“阵地共建、资源共享，党员共管”的思路，整合开发区便企服务大厅，打造了党群服务中心，设立党员先锋岗，为办事企业提供政策答疑、党建指导、办理业务等综合服务。严格落实中央八项规定精神，驰而不息纠“四风”，深入推进园区党风廉政建设，全力营造清廉园区服务环境。信访维稳、生态环保、安全生产等工作有序推进，为园区高质量发展提供有力支撑。

（宾西经济技术开发区管委会）

遵义经济技术开发区（汇川区）

【概况】遵义经济技术开发区（汇川区）位于遵义市中心城区，1992年7月经贵州省人民政府批准成立经开区，是全省首批成立的3个省级经济技术开发区之一；2004年5月经国务院批准成立汇川区；2010年6月，遵义经济技术开发区经国务院批准升级为国家级经济技术开发区，与汇川区实行“两块牌子、一套人员”的运行机制；开发区是长江经济带国家转型升级示范开发区、贵州省重点打造的“1＋8”国家级转型升级示范开发区、省列经济强县之一，是遵义市政治、经济、科教文化中心和对外开放的前沿窗口，是全国绿化模范城市、全国双拥模范城市、中国优秀旅游城市、全国环境保护模范城市、中国历史文化名城、全国农村社区建设示范区、国家公共文化服务体系示范区、国家新型工业化示范基地、国家级双创示范基地、长江经济带国家级转型升级示范开发区、国家生态文明建设示范区。国土面积1 514.3平方千米，2022年常住人口62.75万人，其中居住在城镇的人口为50.07万人，占79.8%，全区城镇化率为79.8%；居住在乡村的人口为12.65万人，占20.2%。全区辖8镇6街道，即：上海办、洗马办、大连办、高桥办、董公寺办、高坪办、泗渡镇、板桥镇、团泽镇、沙湾镇、山盆镇、芝麻镇、松林镇、毛石镇。

【区位优势】遵义经济技术开发区（汇川区）地处“一带一路”和长江经济带核心腹地，北距重庆250千米、南临贵阳120千米，可同时融入重庆、贵阳“一小时经济圈”，可与北京、上海、广州、深圳等30余个城市实现快速连接。拥有红色革命圣地娄山关、世界文化遗产海龙屯；拥有“易地茅台”贵州珍酒、中国老八大名酒贵州董酒。

【科技创新】遵义经济技术开发区（汇川区）拥有中国科学院、中国工程院院士遵义工作中心1个，国家级重点实验室1家，国家级科技企业孵化器（众创空间）1家，国家高新技术企业55家，省级院士工作站11家，省级重点实验室10家，省级企业技术中心25家，省级科技企业孵化器（众创空间）6家。

【经济发展】2022年，遵义经济技术开发区（汇川区）完成地区生产总值473.99亿元，增长3%；农业总产值45.11亿元，增长4.2%；规模以上工业增加值189.32亿元，增长6.9%；一般公共预算收入22.81亿元，增长40.8%；城镇居民人均可支配收入46 111元，增长7%；农村居民人均可支配收入20 500元，增长7.5%。

（遵义经济技术开发区管委会）

宁乡经济技术开发区

【经济发展】2022 年，宁乡经济技术开发区（以下简称“宁乡经开区”）在长沙市委、市政府的坚强领导下，坚持以习近平新时代中国特色社会主义思想为指导，深入学习宣传贯彻党的二十大精神，全面落实“疫情要防住、经济要稳住、发展要安全”的要求，园区经济发展保持稳中有进的增长态势。全年完成技工贸总收入 1 185 亿元，同比增长 11.12%；完成规模工业总产值 833 亿元，同比增长 9.3%；规模工业增加值 185.28 亿元，同比增长 6.4%；固定资产投资 312 亿元，同比增长 11.4%；财政收入 72.49 亿元，同比增长 9.3%；税收 40.02 亿元，同比增长 17.19%。在工信部“2022 中国先进制造业百强园区”排名 70 位，较上年前进 16 位。

【党建引领】2022 年，宁乡开发区深入学习宣传贯彻党的二十大精神，推进党组织组建攻坚行动，新成立党支部 84 个，全面实现“两个覆盖”。积极开展党的二十大精神进机关、进产业链、进企业、进车间、进工地、进平台公司“六进”宣讲活动和“党建引领、助力千企”和“三亮三比”等系列活动，打造示范党组织 5 家、党员示范岗 185 个。狠抓意识形态和网络安全工作，不断强化党对政法、武装、统战和群团等工作的领导。全面深化从严治党，坚持严的基调，深化纠治“四风”，一体推进清廉机关、清廉部门、清廉企业和清廉家庭建设。明确党风廉政建设“四个责任”66 项清单，督促 157 家企业党组织完善纪检机构和人员。持续推动巡视巡察难点问题整改，开展违规收送红包礼金、违规接待公务用餐等专项整治。对口帮扶龙山县红岩溪镇和双江口镇实施乡村振兴，助力宁乡建设更高水准全国文明城市。获评湖南省幸福园区试点单位，新组建团支部 56 个、企业工会 52 家、关工委 27 个。

【品质招商】2022 年，宁乡开发区共签约引进产业链优质项目 40 个，合同引资 270 亿元，其中新引进投资 100 亿元以上项目 1 个、投资 10 亿元以上项目 8 个。10 亿元以上项目签约个数和外贸增速位列长沙市国家级园区第一。在国家开发银行等政策性银行的大力支持下，园区高标准打造近 150 万平方米的标准厂房，为优质企业轻资产快速入驻提供了全要素保障，至 2022 年底已引进比亚迪动力电源、彼联科技和中广核辐照等 46 家企业。

【项目建设】2022 年，宁乡开发区铺排项目 128 个，总投资 629 亿元，年度计划投资 303 亿元，省市重大项目年度投资完成率达 120% 以上。新开工建设项目 43 个，32 个项目竣工投产，22 个新建项目实现提前开工，6 个新建 10 亿级项目全部按期开工。比亚迪新能源汽车核心零部件项目快速入驻智能制造产业园，项目 4 月签约、9 月试产，实现当年签约、当年投产、当年达效。楚天科技生物医药和生命科学产业城项目成为长沙市第四季度重大项目集中开工竣工活动主会场。深化项目帮扶“五制”，8 个项目服务小分队全流程为重点项目提供“股东式”服务，全年解决各类问题 687 个。创新推行“洽谈即服务、验收即发证”模式，优化社会投资工业项目审批流程，实现“流程优化 + 帮办代办”的效能叠加和审批提速，工作成效获得省委全面深化改革委员会通报表扬。

【企业发展】2022 年，宁乡开发区新增高新技术企业 67 家，新增科技型中小企业 149 家，新认定省级企业技术中心 7 家，新增省级以上品牌荣誉346项。中伟新能源、楚天科技获评国家先进制造业单项冠军产品企业，松井股份获评国家级企业技术中心、省工程研究中心，长沙格力等企业获评国家知识产权优势企业，飞翼股份、盛泓机械、百川超硬和骅骝新材获评国家级专精特新小巨人企业。松井股份获省科技厅“揭榜挂帅”重大支持，成为排名全球第四、国内第一的3C高端涂料供应商；飞翼股份核心装备打破国外技术封锁、填补行业空白，获评“全国百强创新型旗舰小巨人”企业和省科学技术进步二等奖；邦弗特参与制定国家标准1项、团体标准3项，5项科技成果国际领先，获得省科学技术进步二等奖。全年研发投入同比增长15%、增速居长沙市国家级园区第一；新增企业授权专利876件；完成技术交易合同登记654项、成交额同比增长79%。

【要素保障】2022年，宁乡开发区全力保障电力供应，2022年累计完成电网建设投资5768万元，新建、改造和解决重过载线路11条，10千伏线路供电半径降至7千米，全面优化了电力配网结构，较好解决了限电、非正常停电跳闸等问题。积极配合完成宁乡市“三区三线”划定，园区城镇开发边界规模达到33.3平方千米。全年完成征地556亩、腾地1503亩、报批2739亩，实现拆迁191户，确保了重大项目用地需求。强化劳动用工保障，联合湖南化工职业技术学院设立美妆与新材料产业学院，与湖南信息技术学院等5所高职院校开展区校合作。举办120多场线上线下招聘会，共为企业招聘到位6000多人，创新实施的“共享用工”“云端送岗”“夜市招聘”等举措被中央电视台、新华社、经济日报等重要媒体推介。

【优化环境】2022年，宁乡开发区统筹疫情防控、安全生产和经济发展，创新“联点小组+包企管理”模式，筑牢工厂、工地、公寓三条疫情防线。深入开展安全生产“百日攻坚”行动，组织专题培训99场、排查隐患9150处、执法检查108次，2022年园区未发生较大及以上安全生产事故。全面完成房屋安全整治“百日攻坚”，排查购地企业225家、建筑2980栋、面积653万平方米。持续开展百名干部联百企“送政策、解难题、优服务”行动，安排120名干部联点帮扶431家企业。明德蓝月谷、南雅蓝月谷两所学校新增学位1420个，完成雅宁公寓、旺宁公寓建设，新增床位1.1万个。新建蓝月谷综合服务中心等5个公共停车场，新增车位600多个。

【机构改革】2022年2月16日，《中共湖南省委办公厅、湖南省人民政府办公厅关于印发〈中共宁乡经济技术开发区工作委员会宁乡经济技术开发区管理委员会职能配置、内设机构和人员编制规定〉的通知》（湘办〔2022〕12号）批复宁乡经开区党工委、管委会内设机构调整为：办公室、组织工作局、产业发展局（安全生产监管局）、经济合作局、开发建设局、营商环境工作局、财政局，均为副处级。2022年5月6日，《中共长沙市委机构编制委员会办公室关于调整宁乡经济技术开发区管理委员会所属事业单位有关机构编制事项的通知》（长编办复字〔2022〕8号）批复宁乡经开区所属事业单位4个，将宁乡经济技术开发区创业服务中心、宁乡经济技术开发区人才交流服务中心成建制整合并入宁乡经济技术开发区政务服务中心（副处级），宁乡经济技术开发区征地拆迁办公室更名为宁乡经济技术开发区征地拆迁事务中心（正科级），宁乡经济技术开发区政府采购与招投标办公室更名为宁乡经济技术开发区政府采购事务中心（正科级），保留宁乡经济技术开发区投资评审中心（正科级）。

【大事记】

1. 2022年经济工作暨“产业项目竞赛年”活动表彰大会召开。1月17日，宁乡经开区召开2022年经济工作暨“产业项目竞赛年”活动表彰大会，全面总结2021年工作，安排部署2022年工作。宁乡经开区党工委书记、宁乡市委书记于新凡主持会议并讲话。宁乡经开区党工委副书记、管委会主任张毅作园区经济工作报告。

2. 长沙市政府与海信集团战略合作框架协议。4 月 27 日，长沙市政府与海信集团战略合作框架协议正式签署。海信集团将在园区投资 70 亿元，用地 1 022 亩，建设 500 万台套以上中央空调及冰箱、洗衣机生产项目，打造海信在中西部最大的智能家电综合生产基地。长沙市委副书记、市长郑建新，海信集团高级副总裁、海信家电集团董事长、总裁代慧忠出席并见证签约。

3. 宁乡经开区位列 2022 中国先进制造业百强园区第 70 位。7 月 5 日，工信部赛迪产业研究中心发布《2022 先进制造业百强园区》榜单，宁乡经开区排名第 70 名，较 2021 年前进 16 名。

4. 宁乡经开区被授予“湖南省化妆品产业园”。9 月 7 日，省药品监督管理局复函长沙市人民政府，同意授予宁乡经开区“湖南省化妆品产业园”称号，并要求宁乡经开区抢抓粤港澳大湾区美妆产业转移机遇，加大招商引资力度，高标准建设美妆谷项目，推动全省化妆品产业高质量发展。

5. 毛伟明调研长沙格力、楚天科技。9 月 27 日，省委副书记、省长毛伟明到宁乡经开区调研，考察长沙格力、楚天科技，了解两家企业生产经营和疫情防控工作，叮嘱企业要在落实常态化疫情防控措施的前提下，集中精力抓好生产经营，持续推进管理创新、人才创新、技术创新、营销创新。省政府秘书长邓群策等陪同调研。

6. 楚天生物医药与生命科学产业链签署合作框架协议。10 月 19 日，楚天科技与宁乡经开区管委会就楚天生物医药与生命科学产业链签署合作框架协议，项目总投资 110 亿元，计划实施 17 个产业链上下游项目，达产后可实现年产值 500 亿元以上。

7. 长沙市第四季度重大项目集中开竣工活动在楚天科技举行。10 月 29 日，“学习宣传贯彻党的二十大精神，全力推动长沙高质量发展”长沙市第四季度重大项目集中开工活动在宁乡经开区楚天科技生物医药和生命科学产业园项目现场举行，预估总投资 2 501.52 亿元的 127 个重大项目集中开工、竣工。省委常委、长沙市委书记吴桂英在主会场宣布集中开工。

8. 宁乡经开区 7 家企业技术中心入选湖南省企业技术中心。11 月 2 日，湖南省工业和信息化厅公布 2022 年度湖南省省级企业技术中心(第 27 批)拟认定名单。长沙格力暖通制冷设备、湖南联塑科技实业有限公司、长沙润达智能装备有限公司、湖南神宇新材料有限公司、湖南中岩建材科技有限公司、湖南协力液压有限公司、湖南骅骝新材料有限公司等 7 家企业入选。

9. 楚天科技、中伟新能源获评国家单项冠军企业。11 月，工业和信息化部发布第七批制造业单项冠军企业（产品）名单，宁乡经开区楚天科技和中伟新能源 2 家企业入选。

10. 中伟股份董事长邓伟明受邀出席二十国集团工商峰会。11 月 16 日，中伟股份董事长、总裁邓伟明受邀参加 2022 年二十国集团工商峰会、B20 投资论坛等多项 G20 峰会配套议程活动，并受到印尼总统的会见，与印尼政府签订投资合作协议。

11. 长沙格力成为宁乡经开区第二家百亿企业。2022 年，长沙格力实现产值 107 亿元，成为园区第 2 家百亿级企业。2022 年，长沙格力年产 250 万台冰箱工厂开始量产，第二研发中心建成运行，全部达产后，将成为格力电器除珠海总部之外最大最全最先进的综合生产基地。

（宁乡经济技术开发区管委会）

长寿经济技术开发区

【经济发展】2022年是党的二十大召开之年，是开启全面建设社会主义现代化国家新征程的重要一年，也是长寿经济技术开发区深入贯彻区第十四次党代会精神，聚力“打造世界一流园区，建设具有全球影响力新材料高地”起步之年。一年来，长寿经开区力克新冠肺炎疫情持续影响，经受住需求收缩、供给冲击、预期转弱等三重压力和能源紧张、供应链波动等多重考验，全力统筹疫情防控和经济社会发展，坚决扛起“工业强区”主阵地担当，为全区高质量发展提供坚强支撑。

2022年，长寿经开区主要经济指标逆势增长。“四上企业”实现营收1 627亿元，增长4.4%；规上工业总产值1 209亿元，增长9.7%；固定资产投资166亿元，增长19.5%；外贸进出口123亿元，增长33%；引资451亿元，增长34.7%；扣除留抵退税因素后，税收总贡献39亿元，增长9.3%；新增上市企业3家，列重庆市第一。

2022年，长寿经开区借力顶级专家智库，对标国际一流，落实区委、区政府多次批示精神，高质量完成《长寿经开区打造世界一流园区建设具有全球影响力新材料高地战略研究报告》；擘画开发区发展远景、战略目标和实现路径，谋划102项重特大项目和十大启动工程；获批生产服务型国家物流枢纽、国家绿色园区、国家知识产权强国建设试点、中国智慧化工园区试点等一批国字号牌子，在商务部国家级经开区综合发展水平考核列第35位，居西部第三、重庆第一。

2022年，长寿经开区新材料高地建设开局良好。新材料产业引资312亿元，占全年引资额69%，实现产值227亿元，占全市1/4。恩捷高性能锂离子电池微孔隔膜项目等18个新材料项目投产，形成产能205亿元。新能源材料产业链实现磷酸铁锂等主材制造到NMP、粉体材料等辅材生产全覆盖，碳源蛋白技术量产化、EVOH技术破壁等首创原创技术进一步扩大影响力，超临界纳米级硅基气凝胶投产，塑造高品质硅基新材料特供商品牌效应。

【项目建设】“3113”项目攻坚行动计划首战告捷。系统谋划重大项目102个，总投资2 213亿元，其中特别重大项目15个，总投资1 223亿元；2022年实施重大项目62个，年度计划投资200亿元，完成投资207亿元，超额完成任务。指挥体系高效运行，建立“专项指挥部+片区指挥部”作战体系，高位推动，精准调度，建立“一对一”项目专班和要素保障专班，挂图作战，打表推进，形成靠前指挥、高效统筹的工作格局。分类分策措施精准，实行区域规划环评、项目环评同编同审，提前完成晏家组团区域环评和佰瑞德项目预环评。积极协调，解决耕地占补平衡指标2 500亩。实施“投融建管退”一体化片区综合开发，引入社会投资人投资106亿元开发建设基础设施。重大项目推进有力。佰瑞德磷能新材料项目签约落地，重庆国际金属循环产业园、重钢高质量绿色发展、生产服务型国家物流枢纽等项目实现开工，国复高性能玻纤、华陆硅基气凝胶、恩捷锂电隔膜等一批新材料项目投产，项目建设全面完成既定目标。

【招商引资】2022年，长寿经开区强链补链工程成效显著。打好“云端招、线下招、闭环招、上门招”组合拳，克服疫情影响，打开招商新局面。全年签约项目50个，引资451亿元，其中，百亿级项目2个、50亿级项目1个、10亿级项目6个。龙头招引显佳绩。引入四川佰瑞德115亿元磷能新材料项目，打造从磷矿到磷酸铁锂高附加值产业链。引入芯和能源、超壹新能源项目，实现新能源材料全产业链配套。增资扩产添动力。重钢高质量绿色发展项目深度融入宝武生态圈。望变电气新能源材料及装备产业园项目实现原材料到新能源装备制造全产业链贯通。中润化学NMP一体化项目坐稳行业龙头地位。科创支撑增后劲。新增高新技术企业23家，累计达106家；新增科技型企业28家，累计达230家；新增市级以上研发机构12家，累计达73家。张立群、邓子新院士团队加盟并建立先进弹性体材料创新中心。

【企业服务】2022年，长寿经开区市场主体信心稳健强劲。牢固树立“服务企业就是服务发展”理念，以抓政务环境提升、市场环境改善、创新环境融合为主线，全力以赴稳企业、强信心、激活力。梯度培育原生企业。大力实施市场主体培育和小升规、规培优、优上市梯度培育战略。全年新增市场主体155户、“四上”企业21家、专精特新31家、国家级“小巨人”4家。泓禧科技、望变电气、康普化学成功上市。做优做实要素保障。率先试点“项目四同步工作法”，获批用地5 540亩，盘活闲置土地913亩。全年筹融资243亿元。科学组织，精准调度用能供能，全年供电83亿千瓦时、气25亿方、水9 398万吨、煤789万吨、蒸汽168万吨，分别增长9.2%、1.4%、7.3%、4%、17.8%，有效保障供应链稳定有序。多措并举助企纾困。积极推行“链长”工作制，高位推动、现场解决企业物流运输、供电供气等产业链供应链物流链难点堵点。千方百计打通政策最后一千米，留抵退税9.5亿元，扶持企业产业发展资金9.9亿元，减免厂房租金397万元，开发“货运通•防疫宝”APP和长寿经开区企业管理服务平台等疫情防控指挥管理系统，为企业管理服务提档升级打下坚实基础。

【平台建设】2022年，长寿经开区综合承载能力跨越提升。以健全功能、深化合作、产城融合为主攻方向，有效引导各类生产要素集聚，全面提升综合承载能力。生产性服务功能不断增强。海关监管场所封关运行，实现所有工业品进出口就地通关查验。建成西南地区最大危化品集装箱多式联运平台和长江上游规模最大一体化危化品物流综合服务平台。化工品交易平台线上交易日趋活跃，实现交易额162亿元。对外开放走深走实。落实成渝地区双城经济圈战略，携手自贡沿滩高新区共建千亿级天然气化工新材料产业合作示范园。搭建供应链对接平台，推动巴斯夫、天聚新材等16家企业携手彭州石化等25家驻川企业，建立产品原料互供互动机制。联动四川港投集团共同打造长寿港国际物流平台。产城融合取得新突破。谋定“产业兴城、以城促产”新战略，优化国土空间，合理布局生产和生活空间。编制全要素提升管理导则，启动干道景观品质提升工程，推动长江文化公园长寿段产城景融合建设，建成投用长寿湾国际公寓酒店配套工程，进一步展现人文经开魅力。

【安全环保】2022年，长寿经开区绿色发展本底厚实牢固。牢固树立安全生产“红线”意识和“底线”思维，全年无较大以上安全环保事故。促进减排降碳。实施重钢股份、恩力吉等14家企业超低排放改造，碳减排62万吨。完成2 600亩碳汇林改造，重点企业完成减碳履约532万吨，履约资金达1.5亿元。积极引导企业装备换芯、机器换人、生产换线、上云上平台，建成11个数字车间、2家智能工厂、6家绿色工厂。提升本质安全。推行安全生产积分管理，建立特殊作业申报及抽查机制，实施安全生产精准帮扶，开展企业安全环保全过程全环节跟踪，企业“三同时”执行率100%。强化智慧监管。完成智慧园区“一网两平台”建设，建成涵盖安全、环保、消防、建管等全方位多领域智慧管理平台，实现24小时全天候在线监管；建成危化车辆封闭管理监管系统，实现危化品运输车辆实时在线监管；建成国家、市、区、开发区四级贯通在线监测系统，实现重大危险源、污染源监测全覆盖。

【自身建设】2022年，长寿经开区干事创业劲头饱满强劲。以党的建设为统领，深入学习贯彻党的二十大精神，按照区第十四次党代会部署谋划推动工作，不断增强“职业认同、身份认同、区域认同”，持续深化“愿景认同、目标认同、路径认同”，形成同频共振强大工作合力。深化体制机制改革。按照“三步走”思路推动行政权力优化完善，建立区公安局、区生态环境局、区交通局、区住房城乡建委、区城市管理局、区应急局等六部门派驻开发区监督执法机制，优化区发展改革委、区经济信息委、区生态环境局、区住房城乡建委、区应急局、区规划自然资源局等六部门“首席代表”联动机制，打通行政服务最后一千米。创新联系服务模式。围绕“两地一城”战略目标，建立管委会领导包片负责指挥体系，统筹晏家、江南、八颗三大片区产业发展、项目建设和企业服务。建立企业网格化联系服务机制，280余名干部职工对800余家企业进行全覆盖包片服务，常态化下沉企业、规范化帮扶指导。开展廉洁经开专项行动，“全周期管理”一体推进“三不腐”，打造公平、清朗的营商环境。强化使命责任担当。将“三个认同”作为工作出发点着力点，做到不辜负区委区政府关心，不愧对全社会支持。面对8•22疫情、8•23山火双重考验，开发区成立前线指挥部，第一时间组织1 000余名企业职工、50余名机关干部奔赴一线，助力全区打赢森林防火总体战、疫情防控攻坚战。

（长寿经济技术开发区管委会）

邹平经济技术开发区

【经济发展】2022年，邹平经济技术开发区在逆境中化危为机、在挑战中克难奋进，始终坚持发展不动摇，积极谋划应对之策，从容面对严峻挑战，有效破解发展难题，全区各项指标稳步增长，综合实力逐步提升。承担的省市县18个重点项目强势推进，建立包企业、包项目服务专班，紧盯目标任务，压实工作责任，强化工作措施，为企服务更加精准。全年完成规模以上工业总产值2 260亿元，实现一般公共预算收入31亿元，实际利用外资2.18亿美元，进出口总额270亿元，呈现出总量、增幅、质态同步快速提升的崭新态势。

【投资促进】2022年，邹平开发区凝心聚力、攻坚克难，破解许多难题，啃下不少“硬骨头”。大干40天，完成65万平方米拆迁任务，解决了近二十年的历史遗留问题；拆迁整合破产企业资产，布局魏桥新能源汽车项目，盘活区内企业闲置资产，发展创新铝箔项目；医药产业园、物流产业园初具规模；保税物流中心新增跨境电商报税备货（1210）业务，填补了滨州市空白，全年完成跨境电商进出口额5 800万美元；数字经济产业基地全面启动，并被山东省商务厅认定为“山东省电商直播基地”；综保区申建工作扎实推进，济南海关已将辖区内鲁中运达保税物流中心升级滨州综合保税区列为2023年重点工作，且明确将其作为省内唯一一家去推动。

【基础建设】2022年，邹平开发区基础设施不断完善，社会保障不断优化。投资1.35亿元，完成月河三路、月河四路北段、月河六路等道路翻修；投资近3 000万元，对区内便民市场、公益广告设施等进行提档升级，全面提升新玛特广场，打造全市最大智慧停车场；新建和改造蒸气管道18千米，对积水严重路段雨污管网进行改造。

【疫情防控】2022年，邹平开发区严守底线砥砺前行。面对疫情防控、安全、环保、防汛、创城等艰巨任务，全区干部职工以高度的责任感和紧迫感，积极下沉到所属网格，冲锋在前、敢于担当、勇于奉献，始终将人民生命健康安全摆在首位，全力以赴完成各项急难险重任务。

【成绩突出】2022年，邹平开发区在邹平市委、市政府的坚强领导下，在全区干部职工的共同努力下，先后获得“国家高新技术产业化基地”“第十批国家新型工业化产业示范基地”“特种金属新材料产业基地”等荣誉称号。在2022年度全国国家级开发区排名中，邹平经开区排名第108位，在去年上升61个位次基础上，再次提升47位，确保提前两年完成“奋战十四五、冲刺百强区”目标。

（邹平经济技术开发区管委会）

长春汽车经济技术开发区

【经济发展】2022 年，长春汽车经济技术开发区经济运行稳中求进。因疫情突发，大部分企业经营活动受到冲击和影响，产业链上下游供需风险显现，经济发展面临挑战。疫情后期，利用“三个超前”加速指导企业，推动企业复工复产。对全区 110 户规上工业企业及 140 余户限上商贸企业，建立包保机制，采取行管 + 属地包保模式，与企业随时保持线上和线下的联系，帮助企业排忧解难，积极打通企业生产经营中的“痛点”和“难点”环节，推动企业营收持续增长。为进一步释放消费潜力，拓展经济回稳向上态势，分两批投放 700 万汽车消费券，共补贴汽车 3 376 台次，拉动汽车交易金额近 9 亿元。2022 全年现地区生产总值 1 010 亿元，连续三年突破千亿大关；规上工业企业主营业务收入 4 830.1 亿元；实现公共财政预算收入 9.26 亿元；实现固定资产投资 147.8 亿元；实现全口径财政收入 171.56 亿元。

【项目建设】汽开区始终坚持把招商引资和项目建设作为经济工作主抓手。2022 年招商引资外资项目 2 个，到位资金 1.738 亿美元，同比增长 127.4%。增速和增量均居全市第一；内资到位项目 48 个，到位资金 174.9 亿元，同比增长 10.9%。全年开展“请进来”招商活动 80 余次，通过采取电话沟通、网上洽谈、视频连线以及线下对接等方式新增洽谈项目 25 个，拟投资额 94.7 亿元，结算额 12.5 亿元。全年新增洽谈、签约、落位项目共计 108 个。在吉商大会和新电商大会上完成 2 个签约项目，合同引资额 10 亿元，结算额 2 亿元。在奥迪一汽新能源汽车产业链招商大会上，共签约 14 家配套企业，签约资金 35.2 亿元。

【营商环境】2022 年，汽开区强化机制建设。建立万人助万企服务机制，8 大专业招商服务局全面实施项目包保；深化放管服，推动工程建设项目改革；建设园区“互联网 + 政务”服务平台；严格执行市场准入负面清单制；深化商事制度改革，推行全程电子化、开办企业“无纸化”“零见面”审批，将企业开办时间压缩至 1 个工作日以内。建立反不正当竞争联席会议制度；提高办税服务质效，缩短办税时长。积极落实税务惠企政策 .

【科技创新】汽开区始终坚持把人才工作放在优先发展主战略位置。制定《关于国际汽车城吸引聚集培养新能源汽车产业人才的若干政策实施细则》《汽开区领导干部联系服务专家人才工作实施方案》等制度，成立“六城联动”人才工作专班、稳就业专班；聚焦汽车产业发展需求，对企业引进签订三年以上正式劳动合同的重点院校全日制本科生、硕士、博士研究生一次性发放安家费 3 万元、5 万元和 8 万元，并对各企业中具有贡献的高级人才，给予高端人才年度奖励，两项人才政策共惠及汽开区 57 户企业、2 427 人，配套奖补资金 6 997 万元；实施“人才回归金钥匙工程”，推动一地三园项目建设，预计可为区内专家、高校毕业生、蓝领工人提供共计 7 530 套住房保障；着力构建企业用工需求平台，除传统的线下招聘模式，开启直播带岗新阵地，打造直播招聘云平台。截至 10 月底，共组织举办线上线下招聘会 19 场，累计参加有用工需求的企业 271 户，提供用工岗位 1 004 个，招聘人数 7 382 人。

【高质发展】2022 年，汽开区在吉林省开发区综合发展水平考核中排名第一，营商环境建设排名第二；在全国217个国家级经开区考评中排名第27名，大幅跃升65名，进入全国第一方阵（前30名）；在中部地区开发区中排名第5，创历史最高水平。作为吉林省唯一推荐单位，汽开区入选“国家进口贸易促进创新示范区”，为国际汽车城再添一块国家级金字招牌。

【抗疫成效】面对新冠疫情多轮严重冲击，汽开区始终坚持人民至上、生命至上，第一时间成立疫情防控工作领导小组，设立医疗救治、风险转运、物资保障、疫控专家及医疗援助团队服务保障、学校防疫、环境消杀、服务一汽、复工复产、复商复市等21个工作专班，结合全区疫情防控实际情况，突出疫情防控重点环节，细化工作流程，明确责任分工，扎实开展疫情防控各项工作，4月9日在全市率先实现社会面清零目标。建立疫情防控绿色通道，协同多部门全程跟进，人物同防，全程为一汽集团提供核酸检测、中药茶饮、疫苗注射等服务达37万人次。在高速卡口开通专用通道，转运高风险地区物流车辆，累计发放车辆通行证3 704个，通行车辆16 000余车次，运输物资3.1万吨。创新开展“核酸自检、定点送样”累计配送防疫物资1.1万套，转运及送检样本1.5万份，覆盖企业员工超12万人。

（长春汽车经济技术开发区管委会）

库尔勒经济技术开发区

【经济发展】2022年，库尔勒经济技术开发区坚持“疫情要防住、经济要稳住、发展要安全”的总要求，坚定信心，勠力同心，砥砺奋进，紧紧围绕“稳存量、扩增量、提质量”的总体思路，更好统筹疫情防控和经济社会发展，积极应对经济下行压力和复杂多变的形势，精准落实落细各项稳增长措施，力促经济发展平稳运行，全力推动经济社会高质量发展。2022年，全年实现总产值907亿元，同比增长11%；规模以上工业总产值872.68亿元，同比增长15%；规模以上工业增加值554.7亿元，同比增长3%；完成固定资产投资258.3亿元，同比增长5.8%。综合发展水平在全国国家级经开区排名中位居100名，在自治区排名第二，自治区级高新技术产业开发区绩效评价连续五年位居全疆第二，综合实力不断提升。

【产业发展】2022年，库尔勒经济技术开发区立足新发展阶段，完整、准确、全面贯彻新发展理念，积极构建新发展格局，聚焦开发区“两主四翼”产业发展格局，紧抓“招商引资、项目建设、服务企业”三大主业，努力在产业补链、延链、固链、强链上持续用力。发挥产业规划引领，科学谋划布局产业发展，编制完成开发区化工园区产业发展规划、纺织服装及绿色制造产业发展规划、新材料园区产业发展规划，全面启动自治区化工园区认定申请工作，为新建、改扩建化工项目落地开发区奠定坚实基础。招商引资力度持续加大，明确重点招引产业方向，组建驻点招商小组，开展常态化驻点驻外招商，跟进招商引资项目331个。合理优化产业结构，持续推进纺织服装及绿色制造和精细化工及新材料两大主导产业链逐步融合贯通，库尔勒纺织服装城是新疆重点发展的“三大”纺织服装城之一，已形成478.5万锭纺纱产能，引入全疆首家水刺无纺布项目，一批针织、家纺印染项目陆续落地建设，建成全疆规模前列的优质纺纱基地和全疆最具产业链优势的纺织产业集群。美克化工产业园已建成全国最大的1,4-丁二醇生产基地，形成37万吨1,4-丁二醇、5万吨聚四氢呋喃、45万吨合成氨80万吨尿素、12万吨LNG产能，6万吨PBAT项目顺利推进，高端化工新材料领域迈出关键一步。源兴农业、黑果枸杞、金泽农产品、龙之源药业等农副产品精深加工企业准入国家级“新疆（巴州）库尔勒香梨优势特色产业集群建设项目”。

【科技创新】2022年，库尔勒经济技术开发区持续优化创新环境，充分发挥本级“科技创新十条”政策优势，推动人才专项政策资金落实，强化市场主体创新主体责任，引导企业参与重大科技项目攻关，依托产教融合示范区建设，强化与疆内外高校合作，汇同泰印染与西安工程大学设立“产学研”合作基地，纺织服装企业与巴音学院等院校创建校企专班、服装学院实训基地、产教融合实训区，实现产学研用一体化，持续加大纱线差别化研发力度，中泰金富再生纤维素中空纱（涡流纺）入选中国棉纺行业协会2022—2023年中国纱线流行趋势产品，富丽震纶、利泰丝路等大型龙头纺纱企业开发100支以上高支纱、棉粘混纺、涤粘混纺等新产品，全力打造产品的多样化和高品质化。全年完成企业研发经费投入17.37亿元，同比增长11.9%。全年新培育规上企业增速超10%，新增认定高新技术企业增速超20%、“专精特新”企业增速超40%，新增自治区工程技术研究中心3家、国家重点“小巨人”企业1家。

【项目建设】2022年，库尔勒经济技术开发区坚持以项目建设为支撑，按照“一切围绕产业干，一切围绕项目转”的思路，健全跟踪、协调、服务、监督机制，紧盯项目建设关键节点和突出难点，缩短项目手续办理时限，强化要素服务保障，加快项目建设进度，跟踪产业项目76个，总投资534.8亿元，列入自治州三个一批项目39个，总投资156.92亿元。引入全疆首家中泰亨惠14万吨水刺无纺布项目、乌苏啤酒三期扩建6千升易拉罐啤酒项目、中昆天拖年产1万台拖拉机及农机装备、全安药业医药生产基地、中安信资医药物流产业园等重点项目，美克化工四期10万吨BDO项目建成、五期10万吨BDO项目已开工建设、2×6万吨PBAT项目顺利推进，重点龙头产业添能蓄势，逐步向全产业链延伸。

【营商环境】2022年，库尔勒经济技术开发区持续优化营商环境，不断提升政务服务效能。简化政务服务流程，实施“一窗受理、一张表单、并联审批、限时办结”的工作机制，建立清单化管理机制，梳理再造11个部门386项行政审批和公共服务事项，大幅度压减工程建设项目审批时限，实现重大招引从企业开办、项目审批到竣工验收全流程全周期“管家式”免费帮代办服务。创新企业服务机制，实施重点产业链“链长制”和“1+N”企业网格化服务工作机制，实施领导干部包联入驻企业，抽调骨干力量下沉基层一线，开展企业全覆盖“驻点、蹲点”服务，建立周调度和问题台账“清单”制度，采取“一企一策”、“一事一报”和专人盯办，深入生产一线，对症施策，服务范围辐射周边区域各领域、各产业、各企业，联合发力有力疏通产业发展的难点和堵点问题，全方位推动营商环境持续优化提升。

【党建引领】2022年，库尔勒经济技术开发区锲而不舍强党性、守底线，党的建设全面加强。全面贯彻落实党的二十大精神，聚焦中央经济工作会议精神要义，坚持党建引领，凝聚发展力量。始终发扬“定了就干，干就干好”的开发区精神，压实党工委主体责任、党工委书记“第一责任人”职责和班子成员“一岗双责”，创建“五个好”标准化、规范化党支部，打造“四个合格”党员队伍，健全党建引领基层治理工作体系。以党建促业务促发展，选派44名机关党员干部任企业党支部书记，205名党员干部到实现634工作法的非公企业任党建工作指导员，聚焦发展难题，把党员组织起来、把党的工作开展起来、把职工群众凝聚起来，以党建引领企业高质量发展，激发市场主体发展活力。统筹好安全与环保，依托“社区网格员+便民警务站+驻企服务组”工作模式，信访维稳、平安创建、金融保障等工作有序推进，为园区高质量发展提供有力支撑。

（库尔勒经济技术开发区管委会）

招远经济技术开发区

【概况】招远经济技术开发区于1992年经山东省政府批准设立，2011年9月25日经国务院批准晋升为国家级经济技术开发区，批复面积3.63平方千米，2019年被列为山东省开发区体制机制改革创新试点单位，现管辖面积77.5平方千米，先后荣获“环渤海省级开发区投资环境、科技创新、循环经济竞争力百强”“全省对外开放先进园区”“省级科学发展示范园区”“全国最适宜人居新城区”“全省双招双引特色园区”等荣誉称号。

【投资环境】招远开发区围绕全市建设中国金都、绿色能源名城、植物基名城“一都两城”的产业发展定位，按照“工业强区、创新驱动、绿色集约、产城融合”的发展思路，规划形成了“两核两带五链”的产业总体布局。两核，即中部中心主城区核心区与北部滨海新区核心区。中部中心主城区核心区，定位为经济中心，打造以现代商贸为主的现代服务业；北部滨海新区核心区，定位为商务中心，打造以高端商务为主的现代服务业。两带，即北部高精尖产业带、中部中高端产业带。北部高精尖产业带定位为产业升级引领区，依托滨海新区建设以及核电、高铁等重大项目，重点打造新能源等高端产业；中部中高端产业带定位为产业转型示范区、产业发展核心区，重点打造黄金精深加工、新材料、大健康、轮胎及汽车现代服务等中高端产业，以及中心城区为主的现代服务业。五链，即新能源产业链、黄金全产业链、大健康产业链、新材料产业链、轮胎及汽车现代服务产业链。新能源产业链，依托“核电产业园”和“高端装备制造产业园（中德新材料产业园滨海片区）”，打造新能源和高端装备制造产业集群；黄金全产业链，依托“双创示范园”和“黄金科技产业园”，推进黄金全产业链规范发展；大健康产业链，依托“生物医药产业园”和“健康食品产业园”，推进大健康产业“延链、强链、补链”发展；新材料产业链，依托“中德新材料产业园（东城片区）”，重点发展贵金属材料、电子材料以及绿色环保材料等产业；轮胎及汽车现代服务产业链，依托玲珑集团，积极发展高端轮胎产品和汽车现代服务业。

【经济发展】2022年，开发区实现生产总值453.8亿元，一般公共预算收入41.9亿元，固定资产投资162.9亿元；规模以上工业企业（年营业收入2 000万元及以上的工业法人企业）95家，实现营业收入964.5亿元；实现进出口总额256.2亿元，增长32.1%；实际利用外资23 045.16万美元，增长36.9%；年度累计发动6家企业完成服务进出口2 874万美元。规划实施总投资47.6亿元的重点项目12个，分别有5个和3个项目进入省级和烟台市级盘子，年度计划总投资14.2亿元，实际完成15.7亿元，超年度投资计划10.5%，其中，盛世智能制造项目仅用3个月即完成项目装修及生产线安装，并进行试生产；年产2万吨无碳热敏纸复印纸加工项目仅用6个月即正式投产，全面超出计划进度。

【产业发展】产业发展方面，开发区培育发展了新能源产业、黄金及深加工产业、大健康产业、新材料产业、轮胎及汽车现代服务产业等重点产业。拥有在全国有一定影响力的黄金深加工基地、轮胎制造业基地、电子信息材料基地和北方最大的黄金珠宝首饰城、金都皮革城等大型专业市场，招远经济技术开发区逐步发展成为“区域新旧动能转换和高质量发展的核心区、高端产业的聚集区、服务业新城区、蓝色经济科学发展示范区”。

【科技创新】与矿冶科技集团、烟台新旧动能转换研究院三方共同建设山东绿色矿业研究院，作为黄金及深加工产业创新中心载体。园区科创平台数量增加到5个，并有效覆盖了黄金、新材料、大健康等3大特色产业。同时，中德新材料产业园“纳米自洁材料联合实验室”获得发明专利授权5项，定型应用产品19个，顺利实现科研成果市场化；成功引进绿天使集团，合作建设1.5万平方米“招远绿天使创业园”，打造全市创新发展动力源和高新技术产业承载地，推动全市创业孵化器实现“零”的突破，项目一期基本建设完成，入孵注册企业18家，科技孵化创新的优势已逐步凸显；企业转型升级步伐加快，用活用好市场主体培育、工业企业发展、科技创新等政策，累计动员企业申报（含复审）高新技术企业10家、专利64项，分别培育新增国家、山东省、烟台级“专精特新”企业1家、20家和31家。

【投资促进】2022年，全区引进过10亿元项目8个，三类500强项目5个，书记市长（烟台）项目3个，省市（烟台）签约项目6个，超计划完成任务目标，其中，中德新材料产业园成功引进总投资17.8亿元的盛世智能制造生产基地项目，累计完成实际到位外资约7 200万美元，刷新全市单体项目外资招引新纪录；黄金科创产业园已完成“五通一平”等基础设施建设，并积极对接深圳、青岛、河北等黄金首饰加工及销售企业60家，是年末已达成入驻意向企业4家；生物医药产业园成功引进卓越未来项目，成立山东启越医药科技有限公司，聚力打造园区产业化项目落地新平台。通过积极申报争取，开发区成功入选全省“2022年度‘双招双引’特色园区”培育名单，成为可优先享受上级有关扶持奖励政策的10个园区之一。

【体制机制创新】“管委会＋公司”改革持续深化，坚持“以经营企业的理念经营园区”，全方位深化“管委会＋公司”改革。东鑫公司整体规模持续做大做强，总资产达到210亿元、下属公司35个，并顺利通过AA+信用评级，投融资运营能力大幅提升；总投资4.15亿元的东鑫智能制造配套一体化项目主体工程已基本完工，为标准化工业厂房招商打下坚实基础；新成立注册资本1亿元的招远金都产城投资发展有限公司，聚力投融资和专业化招商，园区专业化、资本化的发展步伐全面加快；“联动创新”优势持续增强，深化与烟台自贸区联动创新，深入开展“关保通”及保税“混金”业务。推动招金保税库成为全国首家精金矿保税仓库，完成混矿6 550吨；推动玲珑轮胎成为“关保通”首家受益企业，审批关税授信额度达到4 800万元，通关效率大幅提升，财务、通关成本大幅降低；与安徽铜陵经济技术开发区签订《战略合作共建协议书》，合作园区达到5家，为加速产业协同发展和特色项目招引落地夯实了基础；绩效考核制度持续完善，围绕烟台、招远承诺事项，确立核心、关键、重点业绩指标并列入薪酬绩效考核，不断深化细化职员制、绩效考核和薪酬改革，通过真督实考、奖优罚劣，持续激发干部队伍干事创业活力。

【投融资服务】高效能开展企业服务，有序承接48项省级行政权力事项，全面推行“一窗受理、一站办结”，累计为园区23家企业办理各类审批服务92项；做实服务企业专员制度，筛选50余家重点扶持企业，组织管委中层以上干部上门联系企业212次，帮助企业解决问题255个。

高标准推进规划建设，聘请专业机构高标准编制招远开发区产业发展总体规划（2021—2035年），系统构建“1+1+3+1”四级现代产业体系；实施总投资1.75亿元的基础设施项目21个，完成高端装备制造产业园3 000亩土地区域评估和黄金科技创意产业园项目概念规划，园区吸引力和承载力进一步提升；全方位强化要素保障，全年争取地方政府专项债券资金2.3亿元，为园区建设提供了资金保障；修订出台《关于促进生物医药产业高质量发展实施意见》等优惠政策，为精准扶持特色产业发展提供了政策支持；加快推进开发区国土空间规划编制，完成“三区三线”成果划定，可新增城镇开发边界5 000余亩，为园区项目建设提供了充足的土地要素保障。

【绿色集约】招远经济技术开发区落实创新驱动，以科技支撑绿色发展，重点从提高资源利用效率、集约空间利用、优化产业结构、改善生态环境质量等方面推进园区绿色体系建设，先后推进了生物医药产业园集中供汽、胶东黄金深部找矿科技创新基地、金宝电子股份5G通讯用极低轮廓（HVLP）铜升级改造、东鑫智能制造一体化、1 200套/年工业机器人研发及制作等一批高效绿色项目的建设，促进了循环经济发展模式完善，绿色制造体系进一步健全。

【党建工作】园区党建走深走实，新成立非公企业党支部2个，组织18个基层党组织深入开展“五星联创”工程，组织7个党支部按期完成换届选举，助推非公党建工作提质增效；严格程序新发展党员4名，认真落实三会一课、主题党日、上党课、民主(组织)生活会等制度，组织建设规范化水平全面提升；坚持党管人才原则，鼓励企业采取兼职服务、项目合作、技术入股等形式，引进各类高层次人才98名，超额完成承诺目标；党风廉政建设从严推进，深入开展重大事项请示报告制度、“三重一大”制度及重点工作落实情况自查自纠活动，坚持每周至少一次针对外出登记、公车使用、机关值班等制度落实情况进行暗访检查，印发督查通报4期，检查结果与绩效考核挂钩；制定下发“打造‘清廉开发区’工作实施方案”，围绕10个重点领域，纵深推进“十廉工程”。发放领导干部廉洁自律提示卡12份，组织机关干部观看警示教育片4次，协助市纪委办理案件12起，进一步强化了不敢腐的震慑，增强不想腐的自觉；干部队伍作风持续优化，先后制定实施《抓督查强执行促落实推动能力作风建设实施意见》《干部专业化能力“大培训、大练兵、大比武、大竞赛”活动实施意见》，出台《关于深化服务联系企业工作制度的意见》，大力弘扬“严真细实快”工作作风，确保各级各项决策部署有效落实；精神文明建设再创佳绩，积极探索精神文明创建工作的新途径、新方法，组织开展党史学习教育、红色教育基地现场学习等活动12次，深入企业开展形势政策宣讲4次，在人民日报网、学习强国等省级以上平台发表创新工作经验文章9篇；获得省级精神文明单位荣誉，三年时间完成县级、烟台市级、省级精神文明单位的三级跨越提升。

【机构设置与管委会领导】大力实施体制机制改革，按照精简高效原则，内设党群工作部、投资促进部、经济发展部、审批建设部、财政审计部、应急管理部6个部，纪检监察室根据上级规定和要求设立。

汪晓刚：招远市委常委、市政府副市长，招远经济技术开发区工委委员、管委副主任。

徐永亮：招远经济技术开发区工委委员、管委副主任。

杨建波：招远经济技术开发区工委委员、纪检监察工委书记。

黄吉英（女）：招远经济技术开发区工委委员、管委副主任。

招远经济技术开发区2021- 2022年主要经济综合指标一览表

项 目	单位	2021年	2022年	增减(%)
开发区生产总值	亿元	389.7	453.8	7.2
第二产业	亿元	179.6	301.8	7.9
工业	亿元	164.5	285.2	8.7
第三产业	亿元	203.1	144.6	6.1

续表

项 目		单位	2021 年	2022 年	增减 (%)
区内主导产业及产值	1. 黄金及深加工	亿元	598	628	5
	2. 轮胎及汽车制造服务	亿元	178	231	29.8
进出口总额		亿美元	27.7	36.6	32.1
进口		亿美元	11.3	12.6	11.5
出口		亿美元	16.4	24	46.3
财政收入		亿元	90.2	91.1	1
税收收入		亿元	38.6	38.7	0.3
财政支出		亿元	—	—	—
新批企业个数		家	1 754	3 094	76.4
外商及港澳台企业		家	20	6	-70
内资企业		家	1 734	3 088	49.7
区内世界 500 强企业数		家	0	0	0
国家级高新技术企业数		家	89	119	33.7
新批企业投资额	外商及港澳台企业	亿美元	12.5	13.5	8
	内资企业	亿元	346.9	600.9	73.2
规模以上企业个数		家	87	95	9.2
科学研究与试验发展经费 (R&D) 支出		万元	117 323	208 113	77.4
研究与试验发展 (R&D) 经费投入 强度		%	1.1	1.79	62.7
合同外资金额		亿美元	3.6	2.9	-19.4
外商实际投资		亿美元	1.68	2.3	36.9
固定资产投资		亿元	151.6	162.9	7.5
年末从业人员数		万人	12.9	13.1	1.6
万元 GDP 能耗		吨标煤 / 万元	0.143 2	0.107 3	-25.1
水资源消耗总量		万立方米	1 259.7	1 287.4	2.2
单位国内生产总值取水量		立方米 / 万元	3.23	2.84	-12.1
上市企业数量		家	2	2	0
区内建立的创业创新平台数量		个	29	31	6.9

（注：根据实际统计数据填写，未统计项填“—”）

（招远经济技术开发区管委会）

浏阳经济技术开发区

【经济发展】2022年，浏阳经济技术开发区勠力同心战疫情、保增长，经济大盘稳固向好。高效统筹疫情防控和经济社会发展，统筹发展和安全，全力推动经济社会高质量发展。2022年，园区完成技工贸总收入1410亿元，同比增长10.2%；完成规模工业总产值1043亿元，同比增长8.9%；实现规模工业增加值同比增长7.7%；完成固定资产投资526亿元，同比增长9.2%；完成税收收入89.27亿元，同比增长12.7%。园区综合发展水平在全国国家级经开区排名中跃升至第57位，获评国家级水效领跑者园区、湖南省生物医药特色产业集群培育对象核心承载园区，打造耕地保护样板工程获省政府综合大督查通报表扬，推动“双创”政策落地获省政府真抓实干督查激励，项目建设等6项工作获长沙市政府真抓实干督查激励。认真执行落实各项防控措施，最大限度减少疫情对经济社会发展的影响。疫情防控平稳转段以来，九典制药、尔康制药、华纳大药厂、安邦制药、天地恒一、一喜科技等医药企业和防疫物资生产企业全力扩能扩产，防疫药品日产能达4200万片（粒），抗原检测试剂盒日产能达400万人份，口罩日产能达4000万只，消毒液日产能达19万瓶，为稳定市场保供、满足人民用药需求作出了重要贡献。

【产业发展】2022年，浏阳开发区全力以赴稳根基、增动能，现代产业集聚成势。招大引强持续突破，全年共引进产业项目79个，合同引资360.7亿元，其中，引进100亿级项目2个、50亿级项目1个、5亿～30亿元项目9个、“三类500强”项目2个。引进投资108亿元的光伏电池项目，将建设湖南最大光伏产业生产基地，填补全省行业空白；华域视觉将建设全球最大的光学基地；渤海银行为园区企业提供100亿元规模的金融护航。培育打造优质企业矩阵，全年新增规上企业80家、长沙市智能制造试点企业28家，高新技术企业总数达274家；新增国家级专精特新“小巨人”企业10家、省级24家；蓝思科技入选中国智能制造50强，盐津铺子获评国家智能制造示范工厂；4家企业获评省级智能制造标杆企业（车间）。

【科技创新】2022年，浏阳经济技术开发区持续激发科创活力，全年完成规上企业研发经费投入44.7亿元，同比增长13.5%。新增省级科研平台21家、长沙市级3家。全年发明专利授权198件，同比增长44.5%，全年完成技术合同登记金额32.3亿元，同比增长160%。惠科光电成长为百亿企业，“大尺寸超高清显示屏技术”获评工信部创新案例，入选省十大技术攻关项目；天地恒一获批国家知识产权示范企业，8家企业授牌建立长沙保护知识产权驻企业工作站。

【项目建设】2022年，浏阳经济技术开发区凝心聚力促攻坚、敢突破，项目建设提质增效。全年铺排项目257个，其中104个项目纳入长沙市级重大项目投资计划，完成投资370.5亿元，占全年计划131%，在长沙园区中位列第一。全年34个产业项目竣工投产，其中惠科光电13条产线全面点亮，雅士林一期、九典制剂、博大科工等项目建成投产，医疗器械产业园部分建成运营，签约企业33家。九典制剂项目在长沙市年度重大项目集中观摩中获国家级园区第一。要素保障更加有力，新增城镇建设用地3200余亩，批准使用林地面积1590亩，完成征地3380亩，实现盐津铺子三期等20个项目征拆清零。盘活低效闲置企业10家，处置低效用地1165亩，处置率在长沙园区中排名第一，获省自然资源厅通报表扬。全面完成电力“630攻坚”任务，13个屋顶光伏发电项目总投资达1亿元，年发电量2100万度。

【营商环境】2022年，浏阳经济技术开发区坚定不移抓改革、优服务，发展活力充分迸发。“企业服务提升年”活动成效显著，创新出台“三员”联企制度，安排460名干部联系530家企业，实现点对点精准服务全覆盖。全年共收集企业各类问题456个，办结率近100%；围绕企业关切的融资、科创、招工等领域开展“双十”活动30余场，切实增强企业获得感。强化惠企政策落实，全年兑现惠企资金10.1亿元，企业退税11.9亿元，中小微企业缓减税5.9亿元。加快提升政务服务效能，出台“放管服”改革措施20条，324项政务服务实现“简单事项1小时内即办、一般事项1天内快办、复杂事项1周内速办、疑难事项1月内结办”，竣工即办证和企业职工入职医保业务入选长沙市“一件事一次办”优秀改革案例。全力推进相对集中行政许可权改革，实现“一枚印章管审批”。统筹推进建设项目极简审批“四即”改革，工程建设总流程审批时限缩减5个工作日。

【新城建设】2022年，浏阳经济技术开发区持之以恒夯基础、提品质，金阳新城日新月异。按照“一年打基础、三年见成效、五年成规模”工作要求，以“四个十大”项目为抓手，全面加快金阳新城建设。强化规划引领，高质量编制规划体系，战略规划、国土空间规划、中心片区控规通过长沙市规委会审批，“三区三线”划定通过自然资源部审核，完成中心片区整体城市设计方案。金阳大道全线贯通，长浏快线获得批复，金城大道提质以及洞阳路、北盛大道等主干路网启动建设。湖南电子科技职院一期、湘麓医专建成开学，金阳二水厂完成扩建，紫星广场商务区一期全面建成。金阳医院启动主体施工，金阳高中教学楼主体封顶、今年秋季将正式开学，金阳人才公寓建设顺利推进，城市品质不断提升。

【党建引领】2022年，浏阳经济技术开发区锲而不舍强党性、守底线，党的建设全面加强。深入学习贯彻落实党的二十大精神，扎实开展“党建聚合力”工程，向非公企业派驻党建指导员302名、覆盖企业538家，工作覆盖率达100%、组织覆盖率达75.5%；支持蓝思科技成立青年突击队，金磨坊党支部成立园区首家非公经济组织党校，党建赋能发展作用日益彰显。党建带统战、群建卓有成效，园区工会联合会获评2022年湖南省“百佳产业园区工会”，政协委员工作室获评湖南省示范性政协委员工作室、长沙市优秀政协委员工作室。严格落实中央八项规定精神，驰而不息纠“四风”，深入推进“清廉园区”建设，积极创建清廉国企、清廉大厅、清廉项目等示范单元。全面完成国有企业新一轮内部巡查，不断提升国企规范化管理水平。全面推动国务院安全生产工作“十五条”硬措施落实落地，安全生产和消防工作获评全省唯一优秀园区和长沙市先进单位。信访维稳、环境保护、平安创建、金融保障等工作有序推进，为园区高质量发展提供有力支撑。

（浏阳经济技术开发区管委会）

石家庄经济技术开发区

【概况】石家庄经济技术开发区（初称良村经济技术开发区，曾称藁城经济开发区）于1992年成立，现辖1个省级经济开发区，1个镇，19个行政村，3个城市社区居委会，规划面积26.26平方千米，实际管理面积85.38平方千米。2012年10月经国务院批准，升级为国家级经济技术开发区，是河北省唯一由县级管理的国家级经开区。2013年成功入选河北骄傲“十大产业名片”之一，2015年入选新华社《瞭望》周刊“最具投资价值开发区”。2017年入选“河北省综合示范试点开发区”，被评为“省生物医药产业示范产业集群”；2018年被省委、省政府确定为“开放发展十佳开发区”；2019年先后被评为“省智能制造示范（园）区”“省国际合作重点产业园”；2020年被评为“省能级提升综合示范开发区”，蝉联“省先进开发区”“国家十佳优质营商环境产业园区”，被国家工信部认定为“国家新型工业化产业示范基地”“国家绿色工业园区”；2021年被评为“国家外贸转型升级基地”“省5A级先进开发区”，在全国217个国家级经开区综合考评中位居91名，较上年提升了22个位次，顺利进入“全国百强经开区”序列。

【经济发展】2022年，石家庄开发区围绕“二次创业再出发”的目标，树立“拼、抢、严、实、快、久”的作风和“争第一，创唯一”的精神，保持加速奔跑的工作状态，全年完成营业收入3 342.5亿元、税收收入134亿元、规上工业总产值597.8亿元、固定资产投资85.3亿元，分别同比增长27%、25.7%、15.5%、57.9%，主要经济指标保持两位数较快增长，税收收入稳居全省开发区第一，营业收入连续多月位居全省开发区第二，在全市省级以上开发区项目建设情况通报7项指标中，经开区6项指标连续4个月位居全市第一，入选“河北省抓投资上项目提升能级先进示范开发区”。

【招商引资】2022年，石家庄开发区创新招商引资方式，建立1+5招商模式，即“一条主线＋五种模式”招商工作机制：一条主线，即坚持以主导产业为主线实施产业链招商，由主要领导担任五大主导产业总链长，每条产业链由一名分管领导牵头，组建由牵头部门、专家团队等参加的工作专班，聚焦产业链“微笑曲线”两端开展招商，引进产业上下游相关企业进链入群，有针对性地“锻长板、补短板、强优势、固底盘”。“五种模式”分别为小团组招商模式、专业公司招商模式、协会商会招商模式、科研院所招商模式、亲情招商模式，切实提升招商引资的有效性和精准性。健全招商政策体系，围绕项目落地、固投进度、总部落户、产业配套等关键环节，持续对标先进地区，研究制定了15个专项160余条政策措施，形成了系统全面、区分层次、精准可及、标准明确、免申即享、兑现刚性的政策体系。完善招商考核机制，明确考核目标，研究制定招商引资考核办法，将目标任务细化量化分解到月，确保每项工作有目标、有压力、有时限、有奖惩。建立招商引资和项目入区联评联审工作机制，对入区项目的投资额度、亩均税收和能耗指标等进行联评联审，对工作进展情况实行“周调度、月通报、季考核”，对招商团队和人员招引项目的出勤率、对接率、签约率、落地率进行全面绩效考核，全力提升招商实效。强化结果运用，实行动态末位淘汰制，将督查考核结果与绩效奖励、干部考核、选拔聘（任）用等直接挂钩，真正做到“干与不干不一样、干多与干少不一样、干好与干坏不一样”。2022年共签约项目241个，总投资180.37亿元，其中亿元以上项目32个，总投资133.63亿元，签约项目数量和总投资连续4个月位居全市省级以上开发区第一，荣获全省2022年度抓投资上项目提能级先进示范经济开发区。

【项目建设】2022年，石家庄开发区树立“项目为王”理念，健全重点项目领导分包、项目专员负责制等工作机制，落实一个项目、一名领导、一个专班、一套方案、一抓到底“五个一”推进服务机制，实施专班分包、层级调度、要素保障、清单管理、双向承诺、考核奖惩“六步工作法”，建立四色预警制度，梳理项目开工流程图，摸清项目建设各个环节中的“难点、痛点、堵点”，优化服务项目“帮办、代办、领办”工作机制，当好服务企业服务项目的“店小二”，力促项目快落地、快建设、快达效。通过强化服务保障，明确项目专员，协调解决土地征迁、组卷报批、手续办理等前期各环节工作。年内，总投资132.35亿元的49个项目顺利开工，其中亿元以上项目19个；总投资175.63亿元的28个在建项目顺利推进，全年13个项目主体完工；总投资48.55亿元38个项目竣工投产，开工项目数量和总投资、实际到位资金数额等指标，连续4个月位居全市开发区第一。

【产业发展】至2022年底，石家庄经开区拥有各类市场主体30 638家、注册企业7 901家、“四上”企业235家，高新技术企业152家，科技型中小企业696家，“专精特新”中小企业22家、示范企业14家、小巨人企业2家，拥有世界500强参股企业10家、大型央企6家、上市公司30家、中外合资企业15家，培育了“华药”“石药”“欧意”“石门”“金龙鱼”“青啤”“同福”“香满园”“钻石”“桃李”“可口可乐”等一批知名品牌，形成了生物医药、装备制造、现代食品及现代商贸物流四大主导产业集群。

生物医药产业产值占石家庄市比重30%以上，规上工业产值和增加值连续多年保持两位数增长，发展态势十分强劲。全区集聚各类生物医药企业180多家，建有石药、华药、石四药等多家大型医药产业园区，高端化学药品制剂领域的产能领先优势明显，上下游合作持续加强，逐步形成了基因类、靶向类新药，生物药和高端生物及智能医疗器械等富有特色产业链和较高价值链的现代产业体系，涌现出一大批“大而强”的生物医药企业和具有较强影响力的产业品牌，产业结构和发展质量稳步提升。

现代食品产业以传统粮油加工行业、酒类行业、碳酸饮品、焙烤行业、肉制品行业为主，已建成的国际食品园区吸引了可口可乐、金龙鱼、青岛啤酒、桃李食品、长城食品等一批国际知名品牌入驻，其中，代表企业益海粮油是粮油领军企业，其主打品牌金龙鱼占据国内市场份额超过40%；青岛啤酒年产值5.1亿元，其产品远销美国、加拿大、英国、法国、德国、等世界100多个国家，为世界第五大啤酒厂商；中粮可口可乐是中国区唯一一家中方控股的可口可乐装瓶集团，拥有两条汽水生产线和两条非汽水生产线，年产能力1.52亿标箱(90万吨)。

高端装备制造产业在农机装备、专用车等领域优势突出，在农机装备、专用车、轨道交通装备、智能装备等高新技术产业领域有重点发展，形成了以翼辰集团、新宏昌天马、太行机械、大成冀台、聚力特等为代表的精密部件制造、智能机器人的高端装备制造业，其中，太行机械厂响应“军民融合国家战略”号召，成功转型为高铁制动系统核心零部件供应商；翼辰实业集团是中国少数有能力生产铁路扣件系统核心部件的铁路扣件系统生产商之一，完成了多个“中国第一”的里程碑项目，并参与了高速铁路、重载铁路以及其他运营环境严苛的铁路项目；聚力特机械年销售额实现连续多年30%以上增长，跃居成为国内粮食专业清理行业的领航者，其生产的粮食清理机械、种子加工机械远销美国、阿根廷等30多个国家和地区；万博电器携手西门子国际电气巨头战略合作，引进先进技术及精湛的生产工艺，SIEMENS SIVAVCON 8PT 智能开关柜已广泛应用于高铁、地铁等各个行业领域，被河北省科学技术厅授予“科技小巨人”“河北省科技型企业”。

现代商贸物流产业以冷链仓储、冷链物流为主，形成了润沃、维普、北国物流、百世物流等龙头企业，其中，石家庄市润沃交通服务有限公司总投资 7.4 亿元，打破传统物流园区模式，立足石家庄东部现代物流枢纽基地、集三大赋能中心功能，结合园区现状，以快递、快运等头部物流企业为基础依托，实现以枢纽基地为核心联通物流产业链上下游，服务现代平台电商企业和商贸企业降本增效，为物流及相关产业发展提供人才支撑，建设成为覆盖物流产业链最全，智能自动化最高、碳排放最低的新型绿色园区。

【营商环境】2022 年，石家庄开发区深化行政审批服务改革，优化审批程序，全面提升服务办事效率。全力推行“一网一门一窗一次”办理，建立审批服务 365 天“不打烊”工作机制，实现企业和个人办事登记即来即办、联审快办；全力推行“网上办”“不见面”审批，政务服务 183 项全部开通网上办理，网上可办率 100%；在全市率先推行实施“标准地 + 承诺制”改革，全力推行虚拟审批、并联审批，实行工程项目虚拟快办、并联即办，在全市范围内率先启动了项目招商、供地、审批、监管新模式，实现《不动产权证书》《建设用地规划许可证》《建设工程规划许可证》《建筑施工许可证》“四证齐发”，年内总投资 97.3 亿元的石药灯塔工厂、龙海药业、川一科技等 11 个重点项目，全部按照“标准地”出让，实现了“交地即交证”“拿地即开工”；大力实施区域评估服务改革，开展了环境影响评价、水土保持评估、气候可行性论证等 9 类区域评估评价，最大限度取消、简化和优化了审批事项，为项目节省成本 600 多万元，缩短报告编制时间 213 天，缩短企业公示时间 144 个工作日，受到省市媒体宣传报道，经开区审批局被推荐为河北省政务服务改革先进集体。

【科技创新】2022 年，石家庄开发区围绕企业成长全过程，研究出台了支持企业科技创新、技术研发、高端人才引进等一系列扶持帮扶企业政策，进一步激发企业创新创业、加快发展、扩大生产，累计发放惠企扶持资金 5 279 万元，助力 86 家企业申报国家级、省级各类称号，申请奖励资金 2.48 亿元，全年新增“国家科小”18 家、“省科小”129 家、高新技术企业 33 家、“专精特新”中小企业 26 家、“专精特新”示范企业 3 家、“小巨人”企业 3 家、科技领军企业 2 家、单项冠军企业 5 家，新增省级以上研发机构 6 家，新增科研成果 130 余个。大力推行“管委会 + 公司”模式，强化公司化运作，成立融资担保公司，搭建政银企合作平台，组织召开银企对接会议，为东康乳业等项目融资 2.7 亿元，支持企业发展；成立智慧园区建设领导小组，启动智慧园区建设，打造服务企业发展智慧云平台、网上“直通车”，助力企业发展；完善开发公司职能，进一步做实投融资平台、市政建设平台、担保平台、科技创新平台“四个平台”，建立健全全区产业支持、创新发展、人才引进、用地保障等政策体系。深入实施“人才强区”战略，全面落实人才引进政策，着力搭建双创特色载体，总投资 17.53 亿元的京津冀创新承载中心、人才公寓、智创谷等双创平台已经启动建设；高标准搭建完成总投资 1 560 万元的智慧园区平台；成立诚盈融资担保公司，为园区企业提供银行担保贷款服务，助力企业发展。

【环境建设】2022 年，石家庄开发区全力打造具有坚强配套能力的低成本园区，西区总投资 1.13 亿元的开发大街、塔西大街、三峡路、丰产路、海洋街等 8 条道路建设工程顺利通车，总投资 6 100 万元的景观提升工程、交通工程、电力排管工程项目全部完工；东区总投资 17.8 亿元的园区基础设施建设项目加快推进，年内完成债券支出 1.67 亿元，市府路、昌盛街等 5

条道路实现建成通车；育才路、二号街等4条道路完成管网铺设。大力实施污染综合整治专项行动，重点开展大气污染、水污染整治，压实网格责任，完善预警期间减排措施，强化工地、道路扬尘综合整治，污染综合指数、PM2.5指数在全市开发区保持中上游。大力开展安全生产大排查大整治专项行动，严格落实“党政同责、一岗双责”责任，认真落实安全生产各项举措，为经济社会发展营造更加和谐稳定的安全环境。

【土地集约利用】石家庄开发区坚持“亩产论英雄”，将土地的节约集约利用，作为解决土地规模受限、发展空间拓展的有效途径，助推园区经济高质量发展。强化土地节约集约意识，从招商引资洽谈对接开始，将节约集约土地作为基本条件，严控用地规模和开发强度，结合项目投资体量和科技含量，核定供地模式和用地价格，对投资强度和亩均税收达不到要求的，一律不单独供地，促进有限土地资源要素向高端产业和优质企业集聚。以“亩产效益”为核心，明确行业、经济、建设、环境等控制性指标，实行土地“带标出让”，从制度上精准把控项目运行。大力盘活低效闲置土地，搭建“智慧国土”管理体系，制定“批而未供、供而未用土地”清零计划，年内通过协议收回、招商盘活、收购重组、腾笼换鸟等方式，成功消化开发区“五未”土地1482亩，实现了节地水平和产出效益双提升。同时，深入开展用地扩容增效，普通工业项目容积率下限提高至1.2，标准厂房、孵化器等容积率下限提高至1.5。引导企业充分利用现有用地发展新产业、新业态，鼓励建设高标准多层厂房，推动服务设施集中布设、共享共用，年内在没有新增建设用地的情况下，共新增厂房29万余平方米，新增产值40亿元以上。石家庄四药利用原厂区，新建国龙制药原料药绿色发展项目，建成后年产值可达27亿元；东康乳业利用原厂区，新建多不饱和脂肪酸微胶囊产业化项目，建成后年产值可达6亿元；河北太行机械利用原厂区，建设新产品产业化项目，建成后年产值可达6亿元。园区土地的节约集约利用经验做法成效显著，在全省节约集约用地现场会上做典型发言。

【机构设置和管委会领导】2022年，石家庄开发区党工委、管委会内设综合办公室（人力资源和社会保障局及考核办公室）、行政审批局、规划建设局（开发区环境保护所）、招商局（落实推进京津冀协同发展工作办公室）、财政局（国有资产监督管理办公室）、经济发展局（安全生产监督管理局），派出机构有社区事务管理办公室，下辖事业单位有综合服务中心（人才资源开发交流中心）。

石家庄经济技术开发区党工委书记吴概球（2022年6月免），副书记崔永辉（自2022年7月起主持工作），工委委员贾书莉（2022年2月免）、吴志华、景建华、李登肖；管委会主任吴概球（2022年6月免），常务副主任崔永辉（自2022年7月起主持工作）副主任贾书莉（2022年2月免）、索南项加、杨建强。

（石家庄经济技术开发区管委会）

明水经济技术开发区

【经济发展】2022年，明水开发区坚持稳中求进工作总基调，全面落实“疫情要防住、经济要稳住、发展要安全”的总要求，全力以赴确保工业经济运行在合理区间。一是建立定期调度机制。紧盯龙头企业和重点企业，成立经济运行督导服务工作专班，坚持座谈交流和走访调研相结合，月月调度分析，以“解剖麻雀”的方法深挖原因，与企业共谋对策、共克时艰，全年召开重汽专题座谈会4次，分行业分领域召开重点企业、项目座谈会8次，走访调研园区和企业累计50余次。二是强化政策扶持。发挥“有为政府”担当，积极开展“送政策进企业”活动，实现147家包联企业全覆盖和政策精准推送；结合园区实际，针对企业的所需所求，制定一系列精准扶持政策，其中，274万元蒸汽价格补贴资金让科兴制药、山东银鹭、可口可乐等用汽大户受益，保障了企业的稳定生产；492万元的工业总产值奖励政策激励79家企业开足马力抓生产赶订单；协调省商务厅，为山东银鹭、娃哈哈等企业申请“民生企业保供资质证明”，解决企业产品外运难题；为重汽、永信等企业制定“点对点闭环运输”专项预案，保障企业原材料供应，等等。

【招商引资】2022年，明水开发区以实际行动贯彻落实全区“项目再提速、招商再出发”要求，紧盯四大主导产业，发力产业链，统筹联动，累计外出招商对接考察20余次，接待来访客商40余次；新签约项目36个，合同总投资额211亿元，制造业项目占比90%；储备在谈项目106个，总投资450亿元。一是项目会商常态化。坚持每周一招商引资周工作调度会“雷打不动”，形成“区领导定期参加、开发区统筹、街道部门联动”的招商合力，区委区政府主要领导累计出席会议9次。二是产业链招商成效明显。围绕齐鲁科创大走廊、汽车产业链、食品医药包装产业链，组建专班，绘制“一图五单”，精准招商，其中，汽车产业链落地项目达到19个，占签约项目的50%以上。三是项目建设蹄疾步稳。坚持项目“月月有开工”，发挥企业服务中心服务保障职能，工业项目全链条审批，政策扶持“免申即享”，以服务“满意度”推动项目建设“加速度”。华润雪花啤酒等项目全面开工，山东健康集团智慧医药产业园等项目投产运营。全年累计实施工业项目224个，完成投资71.21亿元，同比增长40.94%，其中，技改项目187个，完成投资50.95亿元，同比增长47.9%。

【科技创新】2022年，明水开发区坚持企业创新主体地位，强化科创平台赋能，大力引育高层次人才，全力搭建产学研用一体化的创新链条。一是重点企业引领创新。搭建企业梯次培育体系，6家园区企业被认定为国家级专精特新“小巨人”，25家企业被认定为省制造业单项冠军、“瞪羚”企业以及高端品牌培育企业，88家企业被认定为省、市级“专精特新”中小企业，5家企业入选省级知识产权强国建设示范企业和优势企业。二是高能级平台专注创新。联合15家园区、平台成立产业技术创新联盟，打造创新联合体；落地建设精密成形国家工程研究中心山东分中心，与山东大学合作共建技术转移分中心；山东先进材料联合研究院热塑性复合材料管道、性能阻燃材料等产业化项目取得实质进展。同时，7家企业或单位备案济南市重点实验室，14家企业创建2022年省、市级“一企一技术”研发中心。三是引育人才赋能创新。推动出台《济南市章丘区打造“类海外”环境建设实施方案》，探索建设外籍人才聚集洼地、服务高地。与山大政管学院、齐鲁师范学院共建大学生创业、就业实习基地，打造人才孵化摇篮。截至年末，明水经开区人才总量超过1.8万人。

【营商环境】2022年，明水开发区坚持软环境提升和硬环境改善“两条腿”走路，不断铸就发展“硬实力”。一是企业服务阵地提升“软环境”。运营济南市开发区首家企业服务中心，顺利承接35项区级行政权力事项，实现新落地工业项目全生命周期服务办理。开展“企望之约•企盼之家”走访调研活动、“问需于企”恳谈会系列活动，聘请30名企业服务观察员，畅通企业诉求通道。开通“泉惠企•济南市企业服务综合智慧平台”，打造惠企政策“免申即享”、涉企服务“一口办理”服务模式。截至目前，累计办结审批事项246件次，帮代办200余次，企业满意度100%。二是完善基础设施改善“硬环境”。以企业所需所求作为工作落脚点，启动双创基地道路排污工程，积极推进雪花啤酒蒸汽管线工程建设，进一步提升园区承载力，为项目落地建设提供了强力支撑。

【绿色低碳】2022年，明水开发区深入贯彻落实“双碳”战略，锚定“走在前、开新局”，全力打造绿色低碳高质量发展样板。一是以“碳”逐“绿”。建立国家级经开区绿色发展联盟山东中心，打造全省“碳脑”。加快推进园区循环化改造，开展园区企业碳排放摸底，编制“双碳”行动方案，为落实“双碳”提供指导。积极开发园区碳核算平台，加强数据采集和碳排放核算自动化。二是以“数”植“绿”。与海尔卡奥斯、浪潮云洲等合作，积极建设工业互联网园区；加快企业数字化转型，2家入选省级智能工厂，1家企业入选省级智能制造系统解决方案供应商，10家企业项目入选济南市5G应用优秀案例、工业互联网应用创新示范项目和智能制造项目。三是以“能”换“绿”。加快园区屋顶光伏项目建设，启动36万平方米济东智造新城绿色低碳智能化园区综合提升项目，积极推进重汽屋顶光伏发电项目，加快创建绿色园区。目前国家级绿色工厂达到3家，省级绿色工厂达到3家，市级绿色工厂达到40家。

【外资外贸】2022年，明水开发区多措并举，全力以赴稳住外资外贸基本盘，全年实际利用外资2.07亿美元，单项排名位列全省前十；进出口总额105亿元。一是紧盯实体制造业外资。立足现有产业基础，深入挖掘企业潜力，引导可口可乐、宏全食品包装顺利完成增资，盯紧雪花啤酒、山东临工等重点项目，加强服务，引入增量，全力做大总量。二是重点突破外贸业务。多次邀请瑞诺国际、阿里巴巴等专家，为园区企业讲解RCEP政策、跨境电商补贴政策、外贸新模式等，鼓励引导更多企业开展外贸业务；加快发展跨境电商等新业态，顺利引进鼎义电子、运程通等大型外贸公司，启动龙山跨境电商产业基地建设，推进外贸业务持续做大。三是强化对外合作。立足省内，与青岛经济技术开发区共建济南青开创新科技产业园项目，成为省内国家级经开区合作典范，得到省市高度认可关注。放眼全国，积极开展援疆、援藏、援边，与格尔木昆仑经济技术开发区、西藏日喀则白朗县开展合作共建，对外开放“朋友圈”进一步扩容。

【深化体制改革】“管委会+公司”是开发区改革的成果。2022年，明水开发区持续巩固改革成果，不断深化体制改革，围绕招商市场化、服务保障市场化，先后成立明之星产业发展有限公司、山东国发融创控股有限公司等公司，“管委会+公司”体制覆盖面更广。积极发挥国开发展集团的平台作用，探索开展资本运作，与济南产发集团共同投资建设产发先进装备智造港、参与融越租赁公司混改持股；强化7个特色园区运营管理服务，成功吸引210家企业入驻；大力发展外资外贸，加强与济南产发集团、青岛经开区等合作，积极推进山东龙山跨境电商产业基地建设，全年完成外资引进

5 000 万美元，实现进出口 1.5 亿美元；突出双招双引，签约济南青开创新科技产业园、高分子隔火阻燃新材料生产等 6 个项目，总投资 14 亿元，引进市外到位资金 9.33 亿元。

【亮点成绩】2022 年，明水经济技术开发区全力以赴稳经济，坚定不移打绿色牌、走生态路，全力擦亮国家级明水经济技术开发区创新名片。

这一年，获评国家绿色工业园区，山东省精神文明单位，成功入选山东省专利技术转移转化专项计划试点单位和济南市专利导航服务基地，生物医药及防护用品特色产业集群入选山东省特色产业集群，《坚持绿色低碳，打造园区高质量发展的“明水样板”》入选深入推动黄河流域生态保护和高质量发展竞赛活动典型案例，涉外服务港获评济南市“文明政务服务最美窗口”，虚拟区划代码案例获评“在泉城•全办成”行政审批服务改革创新案例三等奖。

【党的建设】2022 年，明水开发区突出党建引领，着力强根铸魂，强化组织保障。一是全面落实从严治党责任。依托党工委理论学习中心组主阵地，深化政治理论学习，迅速掀起党的二十大精神学习热潮，把牢政治方向。创树“明开清风”廉洁文化品牌，开设“明开清风大讲堂”，高质量推进新时代廉洁文化建设和纪检“三化”建设。二是创新非公企业党建发展新模式。建立汽车产业链党建联盟，成立 2 个临时行动支部，积极构建“1+6+N”工业社区党建格局，非公企业党建打开新局面。三是强化干部队伍建设。坚持政治理论学习、廉政教育和业务培养相结合，持续开展干部教育培训，全年组织干部教育培训 8 期，全面提升了干部队伍政治素养和专业能力。

（明水经济技术开发区管委会）

娄底经济技术开发区

【经济发展】2022年，娄底经济技术开发区抓统筹、稳大盘，经济运行稳健向好。全年完成技工贸总收入1 503亿元，规模工业总产值1 009亿元，实现“两个千亿”的战略目标；规模工业增加值同比增长10.6%；固定资产投资同比增长22.93%；进出口总额137.72亿元，同比增长10.8%；实际使用外资3 941万美元，内联引资195.93亿元，分别同比增长3 418.7%、13.1%；税收达到51.15亿元，地方财政收入同比增长15.91%，经济高质量发展取得显著成效。

【产业发展】2022年，娄底开发区抓发展、强实体，产业能级显著提升。钢铁新材、工程机械两大主导产业实现营收1 222.92亿元，主导产业集聚度提升至97.18%，百亿级企业达到3家，十亿级企业达到10家。电力科技谷入园电力企业达到101家，实现税收7.6亿元以上。高新技术产业营业收入1 230亿元，占比提升到81.84%。新增规模工业企业15家、高新技术企业14家，新增国家级专精特新“小巨人”企业2家、省级10家，新增国家级企业技术中心1家、省级企业技术中心3家、省级工程技术研究中心2家，3家企业被评为省级绿色工厂，技术合同成交超11亿元、同比增长275.5%，科技研发费用投入43.2亿元、同比增长11.5%。现代化产业体系持续更新，新旧动能接续转换。

【项目建设】2022年，娄底开发区攻项目、扩投资，发展后劲不断增强。涟钢电磁新材、奥蓝高新标显示用载板玻璃、浙湘二期等34个项目开工建设，VAMA二期、中佳华悦等19个项目竣工投产，53个省市重点建设项目、15个全市高质量发展重点项目均超额完成目标任务。引进项目94个，合同引资336.8亿元，其中工业项目45个；投资50亿元以上项目2个，20亿元以上项目2个，10亿元以上项目8个。征地拆迁突破2 000亩、获批1 573亩；争取专项债23.89亿元；经开投、万宝投融资82.88亿元。园区内生动力和发展活力显著增强。

【营商环境】2022年，娄底开发区抓改革、优服务，营商环境显著改善。经开区和原万宝新区整合发展，市政府赋权经开区行使319项政务服务事项权限已到位，实现“37证合一”，净增市场主体2 186家。开展“万名干部联万企”活动，注册政策超市5 393家、金融超市3 215家、营商码8 104家。落实“减免退缓”税费13.4亿元，兑现政策扶助资金6.97亿元；撮合银企授信36.5亿元，88家中小微企业获贷4.36亿元；办理土地首次登记894 419平方米，房地首次登记104 541平方米。经济生态持续优化，营商环境成为园区的靓丽名片。

【生态环保】2022年，娄底开发区抓整治、补短板，城乡面貌焕然一新。深入开展自建房安全专项整治，摸排自建房9 550栋，拆除危房134栋、28 393平方米，实现经营性自建房排查率100%、危房拆除整治率100%。拆除空心房362栋、41 377.68平方米，拆除临时性过渡棚154户、36 049平方米。扎实推进农村人居环境整治行动，完成3个村庄生活污水治理任务，240个问题厕所全部整改到位，建成垃圾集中收集示范片2个、示范点位6个，安装交通道路安全防护设施11.7千米，建成西阳河沿线10余千米“最美乡村路”。

【社会民生】2022年，娄底开发区抓民生、增福祉，幸福指数不断提升。省、市重点民生实事全部完成。师大附属春华学校如期开学、实现招生752人，新增学位2820个。新增城镇就业1830人、再就业1750人，城镇登记失业率稳定在5.0%以内。发放养老保险补贴642.96万元，为666名困难群体人员代缴城乡居民养老保险。深入推进巩固拓展脱贫攻坚成果与乡村振兴有效衔接，产业扶助农户257户，安置公益性岗位101人，脱贫人口人均可支配收入17308元、增长13.7%。卫生事业不断发展，13个行政村卫生室标准化建设全覆盖。基层基础日益夯实，14个村级集体经济“薄弱村”全部清零。

【安全生产】2022年，娄底开发区抓防范、保稳定，安全底板切实筑牢。严把高铁南站、娄底东高速出口“外防输入”关口，成功处置梦之涵酒店、G2190次列车旅客医学隔离、湘中物流园等突发疫情，接种新冠疫苗22.8121万剂次，其中，60岁以上人群接种率居全市第一。坚决打赢党的二十大安保维稳攻坚战，获全省信访工作示范县市区。成功创建“特殊食品规范经营示范街”。扫黑除恶斗争常态化推进，电信诈骗等涉众型犯罪高发多发态势得到有效遏制。全面落实国务院安全生产“十五条”硬措施，组建区消防救援大队，全年未发生较大及以上安全生产事故，实现“四坚决、两确保”工作目标。

【亮点成绩】2022年，开发区创造性取得了一批亮点成绩。一是《湖南省人民政府办公厅关于对2022年度真抓实干成效明显地区予以表扬激励的通报》中，“‘五好’园区创建”“信访工作”“发挥园区主战场作用，打造高质量发展主阵地”等3项工作获得省政府激励表扬。“精准施策扩外资稳外贸”创新经验在全省推广，获评省级环保诚信园区、省级绿色园区。二是固定资产投资、规模工业增加值、外资外贸等6项主要经济指标增速位居全市第一，新增纳税上亿元企业2家达9家、上千万元企业5家达33家。娄底—湘粤非铁海联运班列在经开区实现首发。三是涟钢成功创建国家企业技术中心，实现湖南钢铁行业国家研发平台“零的突破”；热处理钢板关键技术全球领先，获省科技进步一等奖。五江高科芯片封装干膜技术获省颠覆性技术创新大赛第一名。中兴液压开发出难度最高的48.5吨大挖油缸。安地亚斯直流继电器陶瓷壳体获省制造业单项冠军。四是华菱薄板产业园公司规划建设部获省百万职工重点建设项目劳动竞赛先进班组，春元中学获评省级文明校园、省级毒品预防教育示范学校，大埠桥街道西阳村获评省级文明村镇，大埠桥街道华胜村获评省级民主法治示范村。

（娄底经济技术开发区管委会）

胶州经济技术开发区

【概况发展】胶州经济技术开发区（简称胶州经开区）成立于1992年2月，于2012年12月正式升级为国家级经济技术开发区。2018年6月，习近平总书记在上合组织青岛峰会上宣布中国政府支持在青岛建设中国—上海合作组织地方经贸合作示范区（简称“上合示范区”）。2019年7月24日，中央深改委第九次会议审议通过《总体方案》。按照习近平总书记关于在青岛建设上合示范区、旨在打造“一带一路”国际合作新平台重要指示要求，全力推进国际物流、现代贸易、双向投资合作、商旅文交流发展“4个中心”和上合组织经贸学院建设，示范区建设呈现全面展开、开局良好、加速推进的态势。2020年8月印发的《中国—上海合作组织地方经贸合作示范区体制机制改革创新实施方案》中明确上合示范区党工委、管委会与胶州经济技术开发区党工委、管委会“一个机构、两块牌子”。

胶州经开区规划面积108平方千米，含拓展区总面积为214平方千米，目前常住人口约70万人。聚焦产业立区，形成了以先进制造业、现代物流和现代商贸为主导的现代化产业集群；2022年胶州经开区规上工业增加值增长6.8%，固定资产投资增长16.8%，工业投资增长1.1%，实际使用外资额72 661万美元，全年完成进出口总额710亿元左右。

【主导产业】截至2022年底，胶州开发区市场主体总数突破4.6万家，“四上”企业782家；开发区近三年平均生产总值超400亿元，中小企业产值占比达65%，开发区聚焦现代物流、现代商贸、装备制造、数字经济等主导产业，实施强链补链延链行动，主导产业产值占开发区生产总值比重达85%，年均增速9%。其中，传化公路港打造跨境电商运营中心，吸引入驻现代物流企业600多家，平台交易额达500亿元；引进培育上合跨境贸易服务中心等10家贸易平台，累计集聚各类贸易主体2 000余家。

【科技创新】2022年，胶州开发区强化企业创新主体地位，加快科创载体建设，强化产学研协同创新。开发区近三年中小企业年均研发经费13.6亿元，年均增长7.6%，占生产总值比重为3.4%。有效发明专利500余件，年均增长12%；建成上合国家客厅、央企国际客厅两大“开放超级市场”，“一带一路”国家20多家商协会、200余名中外员工入驻。举办上合全球创新创业大赛，给予5个获奖创业项目5 000万元股权投资、1 000万元综合资助。

优化营商环境，高效服务提升企业发展信心。开发区对标国际一流水平，创新突破、精准发力，为企业提供全链条、全要素、全周期“一站式”服务，助力中小企业做大做强。鼓励企业向“专精特新”方向发展，截至2022年底，开发区拥有国家专精特新“小巨人”企业12家，省专精特新中小企业29家，青岛市专精特新企业630家；省瞪羚企业12家、国家制造业单项冠军企业3家、省单项冠军企业5家。建设工赋上合惠企e家云平台，实现惠企服务和企业诉求“一网通办”。开展企业服务经理人活动，入企对接服务5 000余次，为企业协调解决问题87项。

【体制机制创新】2022年，胶州开发区充分利用中欧班列（齐鲁号）南通道“跨两海”班列、上合快线、上合示范区地方经贸合作综合服务平台等实体型国际公共产品的创新供给，推动了“一带一路”国际合作的区域经济空间加速重构；中白工业园—上合示范区双区联动、中国—上合组织产业园区联盟等机制型国际公共产品的创新供给，推动了“一带一路”国际合作的资源战略整合趋向完善；推动AEO互认合作、实施中俄报关单跨国“一单两报”、制定上合涉税中介机构红名单、启动仓单质押融资模式等制度型国际公共产品的创新供给，推动了“一带一路”国际合作的微观经贸政策增进协同；成立上合经贸学院、建立中国—上合组织技术转移中心、构建中国对上合组织成员国贸易指数等智力型国际公共产品的创新供给，推动了“一带一路”国际合作的理论发展向度不断拓展。山东省首个临空型综合保税区—青岛空港综合保税区正式获国务院批复设立。与阿塞拜疆铁路集装箱公司、山东高速齐鲁号欧亚班列运营公司签署三方框架协议。与新疆生产建设兵团、山东高速物流集团联合共建山东高速新疆国际物流产业园暨上合经贸示范区新疆分园项目，打造上合多式联运中心边境口岸。

【平台载体建设】成功举办“2022全国网上年货节”上合组织国家特色商品电商直播暨青岛·上合示范区网上展销活动。举办第三届跨国公司领导人青岛峰会“一带一路”贸易投资企业洽谈会。签发全国首份对韩国RCEP原产地证书、全省首份中国—新西兰自贸协定原产地声明，建设RCEP海关监管服务创新试验基地（上合）。总投资130亿元的海尔卡奥斯工业互联网项目开工建设。累计引进总投资2 000多亿元的70余个大项目，出台29条促进金融业发展奖补政策，与中诚通国际投资、中金资本达成共建100亿元上合双循环产业发展基金的合作意向，试点额度2.5亿美元的QDLP基金获批，总规模30亿元的山东省首支海洋人才发展基金正式落户。青岛·上合之珠国际博览中心建成运营。上合经贸综合服务平台上线以来吸引500余家国内外企业入驻。上合组织经贸学院累计开展106个班次、8 900余人次的经贸培训。青岛国际能源交易中心实现挂牌交易。上合国际枢纽港列入交通强国山东示范区青岛行动方案。

开发区广搭平台夯基础，全面链接“一带一路”资源，加速资本、人才、技术等资源要素互动耦合。近三年外商投资企业年均产值约156亿元，占开发区产值比重40%；企业进出口贸易总额520亿元，占青岛市进出口总额5.7%。开发区与“一带一路”国家年进出口贸易额实现年均增长15%，占比56%；与“一带一路”国家双向合作投资额年均增长13%。在俄罗斯设立海外仓，在乌苏里、绥芬河、乌鲁木齐等设多个中转边境仓。加快推进总投资45亿美元的瓜达尔港石油炼化项目。开发区对俄罗斯、柬埔寨、乌兹别克斯坦等国家投资项目10个，协议投资额7.2亿美元；引进阿塞拜疆、巴基斯坦等国家企业来开发区投资项目11个，哈萨克斯坦哈中农业项目已完成注册并建设农业种植基地。上线上合组织地方经贸合作综合服务平台，建成青岛·上合之珠国际博览中心，举办“双链”论坛暨2023上合博览会，挂牌运营青岛国际能源交易中心。

（胶州经济技术开发区管委会）

十堰经济技术开发区

【经济发展】2022年，十堰经济技术开发区面对疫情冲击、需求收缩、预期转弱“多重挑战”，始终把抓发展放在第一位，顶压奋进、攻坚克难，全力打造新型工业化示范区，实现了“全年精彩”目标。2022年，地区生产总值完成674.33亿元；规上工业增加值完成329.49亿元，入选2022年全国高质量发展百强榜（位列第84位），获评全国投资环境引领优秀园区、国家安全应急产业示范基地创建单位。十堰生产服务型国家物流枢纽项目获批。全年生产整车192 899辆，其中新能源汽车98 132辆，全国平均每100辆新能源汽车中有2辆“经开区造”，新能源汽车占比和出口额位列全省第一。

【招商投资】2022年，十堰开发区坚持“项目为王、招商为要”，组建京津冀、长三角、珠三角、成渝湘、省内等五个驻外招商专班，签约项目89个，陕西德元等企业实现当年签约、当年投产。实施重点项目74个，57个重点产业项目投产。为东风小康等9家企业争取省级制造业高质量发展专项资金。

【筹资融资】2022年，十堰开发区与市内13家银行机构建立定期交流制度，与农业银行签订战略合作协议。引导金融机构为企业“应贷尽贷、应续尽续”，惠及企业321家，为38家企业办理“产业升级贷”。十堰政信担保集团为85家企业提供担保融资，引入基金嫁接15家企业。积极对接长江投、武当基金，推介项目10余个。创新开展股权投资，增强造血能力。登记回归企业41家，进规企业23家，精准落实优惠政策，财政税收支持企业的活跃度显著增强。

【民生保障】2022年，十堰开发区加快推进“供水一张网”改革。开展8 594套农村自建房转供电整治。改造市政中压燃气管网4.5千米。完成滨河南路二期延长线等3条道路建设。完成1 065户、7.03万平方米老旧小区改造。加快420套危房治理。推进省工建三公司危房处置，建成120套临时过渡房，圆满完成387户、459人居民搬迁和28栋、1.9万平方米危房拆除，以超常规的措施和速度化解重大安全隐患。

【营商环境】2022年，十堰开发区在全市率先开展三级“综窗改革”，“高效办成一件事”考核位列全市第一。商事主体登记确认制改革等3项改革经验和“企业吹哨、政府销号”创新品牌在全省推广。企业开办“一网通办”等2项改革事项入选“全省优化营商环境改革先行区名单”。在全省21个国家级开发区营商环境评价中排名第7。

【党的建设】2022年，十堰开发区围绕新思想新理念，开展宣讲237场次，169个党组织全面开展学习讨论，62名科局长围绕“贯彻党的二十大 构建新型工业化”建言献策。高标准建设“党建+邻里中心”39个、党员政治生活馆2个、“司机之家”4个、“零工驿站”3个。投资6 000余万元建设“拎包入住”人才公寓95套，大学生留回堰1 908人。稳步推进机构改革、干部人事和薪酬制度改革。全体党员干部下沉村（社区）推动疫情防控、转供电整治等重点工作，开展“战队练兵”1 475场次。

（十堰经济技术开发区管委会）

宜春经济技术开发区

【概况】宜春经济技术开发区于2003年9月规划建设，2006年5月被批准为省级开发区，2013年1月升格为国家级经济技术开发区。园区现有“四上”企业262户，其中规模以上工业企业125户，下辖一个街道——金园街道，常住人口13.6万余人，建成区约28平方千米，是国家锂电新能源高新技术产业化基地、全省战略性新兴产业集聚区、全省首批十个生态工业园区试点单位、省新型工业化锂电新能源产业示范基地、省两化融合示范园区、省数字经济集聚区。

2022年，宜春经开区沿着“开放创新、智慧生态、产城融合、宜居宜业”的发展思路，优化“1+2+N”现代产业体系［(“1”是锂电新能源首位产业;“2”是电子信息(光伏、电子材料、电子元器件）和装备制造（新能源汽车及零部件制造、建筑装备、医药装备）等具有一定基础和高成长性的主导产业;“N”是建材、节能环保、新一代信息技术等产业及其他战略性新兴产业)］，提出站稳全省国家级开发区第一方阵、综合实力加快挺进中部地区国家级经开区20强的发展目标，全力争先创优、跨越赶超。通过以目标凝聚共识、以发展提振士气、以蓝图引领未来，全区上下集中精力抓项目的氛围更加浓厚，聚精会神谋发展的信心更加坚定，经济社会发展态势越来越好。在2022年度全市经济社会发展和党的建设情况巡查测评中再次荣获第一名的好成绩。

【经济发展】2022年，宜春经济技术开发区（含袁州产业园）工业营业收入683.5亿元，同比增长54.4%；利润总额84.5亿元，增长142.6%；固投总额103.1亿元，同比增长28.7%；其中工业固投87.3亿元，增长37.1%。宜春经开区本级工业增加值同比增长55%，工业增速列全省98个园区第1位；工业营业收入469.3亿元，增长61%，同比增幅列全省园区第1位；利润总额46.7亿元，增长154%，同比增幅列全省园区第3位、全市第1位；固投总额58.6亿元，增长29.9%，同比增幅列全市第1位，其中工业固投50.3亿元，增长47.2%，同比增幅列全市第1位。

【产业发展】2022年，全区新增规上工业企业17户，现有规上工业企业总数125户。1—12月，全区工业增加值同比增长55%；工业营业收入同比增长61%，增幅均列全省园区第1位；创造利润同比增长154%；完成固投同比增长29.9%；其中，工业固投同比增长47.2%，增幅均列全市第1位；锂电新能源产业1—12月实现规上营业收入341.5亿元，占规上工业总量比重74.6%，占比同比提高了31.3个百分点，首位产业集聚度得到大幅提升，同比增幅高达243.7%。

【项目建设】始终树牢“项目为王”发展理念，抢抓锂电产业发展窗口期，积极克服疫情影响，项目建设呈现好势头。招大引强增后劲。2022年，全区签约引进亿元以上项目35个，其中百亿项目1个、“50”项目1个、“20项目”2个。比亚迪动力电池项目和赣锋锂业百亿项目的签约落地，有力地推动了锂电新能源首位产业全链条、集群式发展。重大项目快推进。宜春国轩电池一期项目已正式投产，二期项目即将动工建设；宜春时代一期一工厂正在进行设备安装，即将进行设备联调，6月将实现量产；联美正拓正式投产；金辉锂业、富临升华、一欣新能源、明冠新材、宇泽半导体等一批产业链细分领域优质企业加快建设或增资扩产，宜春现象、经开速度获各方点赞。2022年开发区纳入省市调度重大项目28个，年度计划投资243.7亿元，全年实际完成投资321.01亿元，完成全年目标的131.72%。开发区招商引资和重大项目建设工作荣获省委、省政府2022年第一批及时奖励集体二等奖。

【保障服务】服务保障更完善。围绕全区在建重大工业、重点基础设施、重点民生工程项目实行"日调度、日通报"工作机制，以"点名曝光"的形式和"精准把脉"的方式，倒逼各挂点领导和责任单位扛牢工作职责、提升服务质量，确保项目建设按照既定计划有序推进。要素保障再加强。2022年，新建和完成改造提升路网42.69千米；用水管网新建18千米，输配水能力从原有的6万吨/天提升至16万吨/天；用气管网新建47.5千米，供气能力可由之前的2万方/小时，提升至7.5万方/小时；新建热力管道16千米，每小时供气量260吨，远大于园区企业每小时60吨的需求量，供热空间充足。

【改革创新】深入推进"双一号"工程，以改革创新不断激发动力活力，以优质服务不断助力企业成长。数字赋能推动转型。坚持以数字赋能推进企业智能转型、数字升级，获批了江西省两化融合示范园区、江西省数字经济集聚区。2022年，园区实现数字经济核心产业规上营业收入251.4亿元，同比增长309%，总量和增幅均列全市第1位。科技创新赋能发展。2022年，全区规上工业研发经费支出占营业收入的比重达1.83%；青年云数字经济产业孵化器获批"省级科技企业孵化器"，全市唯一；江西厚鼎获评种子独角兽企业；全年新增国家级专精特新"小巨人"企业4家，总数达12家，总数和新增数均列全市第1位；新增省专业化小巨人企业4家（总数6家），省"专精特新"中小企业34家（总数47家）；全区入围省"双千计划"项目38个，全市第一。营商环境持续提升。大力推进惠企政策落地见效，全力以赴稳市场主体，办理留抵退税时间全市最短，全区全年兑现减税降费、纾困解难等各类惠企资金13.2亿元。政务服务、营商环境持续优化升级，"全链协同审批"做到全省审批时间最短，有效保障重大项目加速落地；一体推进"企业吹哨、部门报到"、政企圆桌会、经开茶叙会、企业特派员、营商环境"红黄榜"网络评价等涉企服务工作机制，全力助企解难纾困，全年解决园区企业实际困难和问题383件。

【社会民生】始终站稳人民立场，在保障和改善民生、增进人民福祉上持续发力，让人民群众有更多更直接更实在的获得感、幸福感、满足感。切实提升民生保障水平，2022年民生领域支出占一般公共预算支出比重达83.3%，财政共收到直达资金指标42个，总金额为8 134万元，分配进度完成率为100%。切实推动巩固拓展脱贫攻坚成果同乡村振兴有效衔接。拨付壮大村级集体经济资金12万元，发放资产收益分红9.95万元，区内脱贫劳动力人员就业率达92%，新增就业人数742人。切实加快民生工程建设，春顺路、宜云路、春华路等3条道路提质改造顺利完工，宜商大道市政公共停车场、黑臭水体综合治理等一批民生工程建成；宜蕉路、春雨路等10条道路提升改造、双创基地配套服务区暨保障性租赁住房建设、钰栖湖公园建设、一号安置地提升改造等项目正有序推进中。切实巩固基层治理成效，以文明创建为抓手，扎实开展环境整治、老旧小区改造、"厕所革命"等专项行动，综合环境得到有效提升。

【党建引领】认真落实新时代党的建设总要求，坚持和加强党的全面领导，始终把党的政治建设摆在首位。深入学习贯彻习近平新时代中国特色社会主义思想和党的二十大精神，以及省第十五次党代会、市第五次党代会精神，深入践行"三拼三促"和"三比三争"活动，高效统筹疫情防控和经济社会发展，统筹发展和安全，打好"三大攻坚战"，持续深入抓实抓细省委巡视、环保督察问题整改，以坚定的思想自觉和行动自觉，确保“两个维护”落到实处。坚持创新方式抓基层强支部。持续深化基层党建“三化”建设，高标准打造了党建信息化指挥中心，创造性开展了产业链党支部联盟等工作，有效提升基层党建质量。坚持纵深推进全面从严治党。深刻汲取案件教训，扎实推进“以案促改、以案促治、以案促建”，进一步扎紧制度笼子，持续抓好领导干部、企业家、高素质人才“三支队伍”建设，突出政治标准、“六个一线”选人用人，坚定不移正风肃纪反腐，干部干事创业精气神加速提振，风清气正的政治生态持续稳固。

（宜春经济技术开发区管委会）

松江经济技术开发区

【区位优势】松江经济技术开发区（以下简称“松江经开区”）地处沪杭经济发展轴上的重要节点位置，区位优势突出，配套设施完善，是松江经济建设的主阵地、对外开放的主战场、科技创新的主引擎。依托雄厚扎实的产业基础，松江经开区秉持新发展理念，牢牢把握长三角G60科创走廊战略发展机遇，加快创新驱动和转型升级，成为推动“中国制造”迈向“中国创造”、建设科技和制度创新双轮驱动先行先试走廊的重要承载区。

【概况】松江经开区前身为上海市松江工业区，1992年7月正式启动开发建设；2000年4月、2003年3月先后成立国家级松江出口加工区A区及B区，成为全国首批出口加工区之一；2013年3月，经国务院批准，上海市松江工业区正式升级为国家级经济技术开发区，总规划面积57.77平方千米。2018年9月，松江出口加工区转型升级为综合保税区，成为长三角G60科创走廊开放型经济新高地。2022年，在国家级经济技术开发区综合发展水平考核评价中，松江经开区从全国38名跃升至全国11名，位列上海市第一，进出口总额全国第三；松江综保区排名全国综保区第五、东部第三，上海第一，在逆环境下取得了高质量发展的瞩目成果。

【产业发展】历经三十年开发建设，松江经开区核心区分为四大板块：东部园区是以智能制造业为主导产业的创新产业园；综合保税区是以自由贸易为主导产业的综合保税园区；中部园区是以先进制造业为主导产业的外商投资集聚产业园；西部科技园区是以高新技术产业和现代服务业为主导产业的科技产业园，在区域范围内基本形成了以集成电路、生物医药、电子信息、现代装备、食品饮料、新能源、新材料为主导的“4+4+X”产业体系，产业集聚格局越来越凸显。

【经济发展】面向“十四五”，松江经开区奋力书写高质量发展新篇章。2022年，全年实现规模以上工业产值2 805.4亿元，占全区62.4%；完成工固投75.8亿元，占全区43.6%；全年完成地区生产总值450.5亿元；完成税收102.9亿元，增长22.8%；入库地方财政收入22.2亿元，增长19.8%；进出口总额2 858.3亿元，增长3.8%，占全区79.4%。实现合同外资8亿美元、到位资金4.4亿美元，以实力彰显松江经济半壁江山强力担当。

【展望未来】作为长三角G60科创走廊策源地的开路先锋和“松江新城”未来发展的动力引擎，松江经开区将瞄准世界科技前沿领域和顶尖水平，构建活跃的创新创业环境，实现科创能力和关键技术领域的不断突破，加速推进先进制造业和现代服务业的融合发展，将经开区建设成为“全球引领、开放创新、市场推动、龙头凸显”的具有国际竞争力的多功能综合性产业园区，进一步推动长三角G60科创走廊更高质量一体化发展，为上海加快建设具有世界影响力的社会主义现代化国际大都市作出更大贡献。

（松江经济技术开发区管委会）

铁岭经济技术开发区

【概况】铁岭经济技术开发区始建于 1992 年，1995 年获批省级经济开发区，2013 年晋升为国家级经济技术开发区，紧邻城市核心区东部、南部。区域管辖面积 145.16 平方千米，下辖南部、北部及高新区（省级）三个片区，形成专用车、农产品、橡塑、机电等四个产业园，主要培育专用车及汽车零部件、农产品精深加工、新型建筑材料、物流文旅、新能源及传统优势产业橡塑、阀门等六条产业链，已初步形成专用车及汽车零部件、农产品精深加工、新型建筑材料三大主导产业。常住人口 5.3 万人，产业工人 1.8 万人。拥有国家级经济技术开发区、国家新型工业化产业示范基地（高技术转化应用）、中国专用汽车生产基地三块“国字号”招牌。

【经济发展】2022 年，铁岭开发区地区生产总值 44.11 亿元，规上工业增加值 20.01 亿元，完成固定资产投资 7.67 亿元，一般公共预算收入 3.36 亿元。企业研究与试验发展经费投入 2.42 亿元。2023 年上半年地区生产总值 19.64 亿元，同比增长 13.02%。

【科技创新】2022 年，铁岭开发区驻区企业 370 家，中航工业集团辽宁陆平机器、中建材集团金刚水泥、新兴际华集团际华三五二三以及美国瀚德集团亚洲第一工厂、德国莱尼集团铁岭工厂等知名企业落户园区。规上工业企业 80 家，占全市 23%；国家级专精特新“小巨人”企业 8 家，占全市 65%；瞪羚企业 7 家，占全市 30%；雏鹰企业 21 家，占全市 34%；高新技术企业 46 家，占全市 30%。拥有国家级众创空间 1 家、省级众创空间 2 家、省级专业技术创新中心 6 家、省级新型研发机构 1 家、省级工程研究中心 2 家、省级企业技术中心 14 家。成立东北科技大市场经开区分中心，设立省科技查新中心经开区分中心，共有 55 家企业与 60 家高校及科研院所建立产学研合作关系。

【发展定位】铁岭开发区以开放的姿态，积极主动融入“一带一路”和沈阳现代化都市圈一体化建设，全力打造招商引资和产业项目建设承载区、新兴产业聚集区、转型发展引领区、改革创新先行区、优化营商环境示范区，勇当铁岭对外开放的排头兵和新时代铁岭振兴发展的“跳高队”，为实现铁岭全面振兴新突破、为加快建设美丽幸福新铁岭做出新的更大贡献。

（铁岭经济技术开发区管委会）

望城经济技术开发区

【经济发展】2022年，望城经济技术开发区扛牢“经济要稳住”的重大责任，以坚定坚决的实际行动，推动经济稳中向好、稳中提质。一是经济指标稳步提升。全年实现技工贸总收入1498亿元，同比增长16.5%。规模工业产值同比增长7.8%，规模工业增加值同比增长8.9%，限上社零额同比增长17.8%，固定资产投资同比增长11.1%，税收收入同比增长16.1%，外贸进出口额同比增长18%。规模工业增加值增速排名全市第一，固投、税收增速排名全市第二。二是主引擎作用有力彰显。园区规模工业产值占全区比重达83.3%，较去年提高3个百分点；固定资产投资占全区比重达50%，较去年提高1.8个百分点；限上社零额占全区比重达66.8%，较去年提高5.3个百分点；税收收入占全区比重达42.8%，较去年提高3.3个百分点，我们切实扛牢了首位之责、彰显了首位担当。园区获评“2022年度投资环境示范园区”“特色产业集聚典范发展园区”，连续七年占据全省集约节约用地榜首，工业和信息化、对外开放、固定资产投资等6项工作获市政府真抓实干督查激励，德赛储能电芯项目领航全市重大产业项目，望城经开区影响力、美誉度持续提升。三是“一特两主”集聚成势。比亚迪电子连续3年稳住百亿产值，大华股份、利亚德、创荣电子、瑶华半导体等企业强势崛起，智能终端多点开花、加码提速。金驰能源产值首次突破百亿大关，永杉锂盐投产即实现产值成倍递增、税收过亿，新能源产业乘势而上、渐成规模。晟通、戴卡、金龙、恒飞等龙头企业深耕细作、厚积薄发，新型合金产业聚势而强，在全省产业集群大竞赛中脱颖而出。1个千亿级、2个五百亿级产业集群支撑有力、声势已成。

【项目建设】2022年，望城开发区始终坚持项目为王、质效至上不动摇，调动一切力量做大做强项目增量，项目引建赢得开年头彩、全年精彩。一是招商引资量质并举。坚决不搞“捡到篮子里就是菜”，坚守“一特两主”产业定位，坚持经济效益、社会效益、生态效益“三效”并重，推动招大引强、招新引高取得更大突破。全年引进产业项目103个，总投资290亿元。其中，“三类500强”项目3个，投资过100亿元项目1个，过50亿元项目2个。德赛储能电芯项目快洽谈、快签约、快落地，博得全省招商引资“头彩”，金凯循环从项目考察到签约落地仅用时7天，再次刷新了“快人一步”的“望城速度”，招大引强经验获省商务厅推介。5G智能终端产业园、医疗器械产业园开门迎商，智能终端、生物医药“专精特新”项目争相落子，“亩均效益”高地加速形成。二是项目建设速效并进。坚持目标导向，汇聚资源要素，持续开展“十快十慢”大竞赛，全力推动项目建设再加压、再加力、再提速。德赛储能电芯、黑金刚、希格玛等71个新建项目开工建设，5G智能终端产业园、大华股份、桑特液压等85个项目竣工投产，释放产能300亿元以上。胜利迎接全市项目观摩检阅，德赛储能电芯项目在观摩活动中排名第一，大华股份获评湖南省优秀重点建设项目。三是要素保障质效并重。围绕项目建设需求，破除“人地钱”关键性瓶颈，推动资源要素协同高效。全年向上争取专项债17.96亿元，获得上级财政支持2.06亿元，拆迁交地1600余亩，出让划拨土地3700余亩，助企招聘1.7万余人。探索企业用工长效机制，搭建“一个中心+30个招聘点”的服务平台，招聘网络遍布“三湘四水”，用工难、用工荒问题得到有效化解。

【科技创新】2022年，望城开发区坚持向创新要效益，以科技促发展，全力以赴优结构、促升级、转动能。一是科创实力愈加强劲。坚定不移培优扶强，加速企业梯队培育，新增高新技术企业123家，航天磁电、吴赣药业等22家企业入选国家级、省级“专精特新”小巨人名录，泰嘉新材入选“国家单项冠军企业”，智能化层绕机器人、特高压隔离开关、高性能磁编码器等一大批“高精尖”产品实现“国产替代”。二是平台能级有效提升。获批科技部“国家火炬有色金属精深加工特色产业基地”，新增省级以上创新中心14家、市级以上创新平台25家，创建省级技术转移示范机构2家，产学研合作成交金额突破20亿元，同比实现翻番。三是产业人才加速汇聚。实施“人才集聚工程三年行动计划”，全年引进高层次人才、高精尖人才、产业紧缺硕博人才400余名，新增高技术人才1 700余名，培育组建企业创新团队20余个，园区已然成为人才聚集的高地、旺地。

【深化改革】2022年，望城开发区坚持对标一流、破浪前行，园区改革纵深推进、多点突破。一是行政审批改革实招频出。承接省级相对集中行政许可权限86项。实施营商环境优化提升工程，聚焦企业推出产业培育、工程建设、数字化转型等“一件事一次办”服务套餐；聚焦项目实行极简审批“七即改革”，企业服务软硬实力实现双提升。二是亩均效益改革取得实效。实施产出效益倍增计划，按照“五个一批”分类推进，“一企一策”推动兴盛优选、湖南有色、航天磁电、冰溪生物等17家企业“二次投资”，盘活馨航瑞康、大藏虫草、丝路仓储等1 500亩闲置低效用地。亩均税收同比增长13.6%。三是人事管理改革走在前列。大刀阔斧推进人事薪酬制度改革，实行全员聘用制、末位淘汰制，打破身份限制，建立人员能进能出、岗位能上能下、待遇能高能低的灵活机制。打破薪酬“大锅饭”，严格考核体系，以岗定薪、按绩取酬，有效激发干部干事创业的内生动力。四是国企改革持续深化。经开集团围绕赋能实体经济，持续做大资产规模，完善公司治理体系。聚焦基础服务提质，加快功能性业态布局，高效筹建同心物业、铜官水务，开创性并购亿达小镇公司，集团公司市场化步伐持续走深走实，服务园区、服务产业实力更强。

【营商环境】2022年，望城开发区坚持建管并举、内外兼修，持续强化功能、提升品位、涵养生态，打造宜业宜居活力城区。一是规划引领更为凸显。紧盯国土空间规划修编“窗口期”，实施核心区西拓、铜官园东拓计划，新增开发用地约9平方千米。优化重点片区控规研究，推动产业布局更加合理。二是园区配套更加完善。银星路、赤岗路、金河路等10余条道路竣工通车，旺旺路、花果路等主干道焕新升级，16条穿梭公交线路开通运行，园区内外交通循环有力畅通。雅礼实验望城学校交付使用，产业配套日趋完善。50家企业完成立面提质改造，铜官邻里中心、望达小镇旺乐街开业运营，浓浓“烟火气”点亮了园区“夜经济”。三是安全发展更有质感。科学精准落实疫情防控措施，以最短时间、最小代价处置了多轮突发输入疫情。深入开展建筑安全隐患排查，确保整治全覆盖、无死角。持续深化安全生产三年行动计划，狠抓重点监管和隐患治理，形成发现问题、交办问题、整改问题、反馈问题的安全生产监管闭环，企业安全生产责任进一步压实，全年未发生较大以上安全生产责任事故。全面强化企业内部管理，平安园区建设深入推进。四是绿色生态更可持续。聚焦碳达峰、碳中和目标，开展绿色体系建设，实施节能改造、减碳降污行动。在全省率先实行“环保管家”制度，节能减排经验获生态环境部推介，获评“湖南省环保诚信园区”，环保服务工作彰显新成效。

【党的建设】2022年，望城开发区始终把旗帜鲜明讲政治放在首位，推动自身建设走深走实。一是政治建设坚强有力。落实全面从严治党要求，明确提出班子建设“六个表率”目标，打造政治过硬、敢于担当、创新实干、团结进取、清正廉洁的党工委班子。认真学习宣传贯彻党的二十大精神，纵深推进党的二十大精神进机关、进企业、进车间。扎实做好巡视巡察“后半篇文章”，推动整改见真章、出实效，园区在全市巡察整改“回头看”评价中排名第一。二是组织建设持续加强。实施“党建聚合力”工程，持续扩大“两个覆盖”，非公企业党组织覆盖率超 80%，党建工作覆盖率达 100%，大汉党委、澳优党委入选市“党建强、发展强”优秀案例，“学雷锋车队”、货车司机“红色之家”等典型做法，获省市高度肯定。三是从严治党纵深开展。落实党风廉政建设总体部署，压实“两个责任”、下发“两张清单”，推动党风廉政建设工作与中心工作协同并进。高标准创建 20 个清廉单元，创作廉政微视频、音乐情景剧、“清廉之声”等系列作品，清廉园区建设取得实效。

（望城经济技术开发区管委会）

宣城经济技术开发区

【概况】宣城经济技术开发区是1996年2月经省政府批准设立的省级开发区，2014年11月，经国务院批复，升级为国家级经济技术开发区，代管飞彩、金坝、天湖三个街道办事处，辖区面积近200平方千米，产业园区规划建设面积约54.4平方千米，目前建成区面积约28.5平方千米。宣城经开区毗邻苏浙，地处“沪、宁、杭”金三角，距上海、杭州、合肥、南京等大中城市均在200千米左右。宣城到合肥、南京、杭州高铁只在1小时以内，沪苏湖高铁开通之后，宣城到上海行程时间将压缩至2小时以内，客商来宣办公，可以实行“朝九晚五”。在一体化的长三角中，位置承东启西，是安徽东向发展的门户，为长三角经济由沿海向内地梯度转移的重要过渡带。先后获批经开区省级绿色示范基地园区、中国（安徽）自贸区宣城联动创新区、安徽省第四次全国经济普查先进集体、全省开发区信息宣传工作先进单位，已经形成新能源新材料、高端装备制造（汽车零部件）及工业机器人数控机床产业、先进装备制造、医药食品（宠物食品用品）三大主导产业。

【经济发展】2022年，宣城开发区以“一区一圈三中心”建设为抓手，锐意进取、攻坚克难，积极开展双招双引、园区建设、项目推进、为企服务等工作，推动各项工作取得新成效。全年实现一般公共预算收入12.15亿元，增长13.4%，增速居全市第一；规上工业增加值增长13.7%，增速居全市第一；工业技改投资增长63.1%，增速居全市第二；高技术工业增加值增长13.6%；战略新兴产值增长11.9%；固定资产投资增长3.6%。

【招商引资】2022年，宣城开发区双招双引取得新成效。狠抓招商引资“一号工程”，构建“1+3+3”全员招商工作机制，以鲜明的导向、严格的考核推动招商工作提质增效。2022年以来，签约项目88个（含新备案），协议引资229亿元，其中亿元以上项目60个，5亿～10亿元项目8个、10亿元以上（含10亿元）项目6个。实际利用外资1 060万美元。招引项目与主导产业契合率达84.2%。

【项目建设】2022年，宣城开发区项目建设推出新举措。坚持“围绕项目转，紧盯项目干”，2022年以来，新开工项目64个，其中亿元以上项目50个；新竣工投产项目50个，其中亿元以上项目35个。对52个在建项目明确县级领导联系包保，完善“三抓”工作机制，通堵点、除盲点，确保项目有序推进。铭博、天宏基、碳一、海螺建材等项目落地建设，华晟高效异质结全产业链项目顺利开工，为做大做强主导产业奠定基础。

【要素保障】2022年，宣城开发区全力推动“一区一圈三中心”建设，加快完善园区道路路网系统，完成污水处理中心招投标工作，着力补齐配套短板。220KV甘露变工程启动建设，110KV致和变、长桥变和35KV华威铜箔变电站及输配线路建成投运；征收土地1 675亩、房屋454户；筹措3.22亿元购买增减挂指标，保障企业用电和项目用地。搭建跨境电商和“铁海联运”对接平台，助企拓展海外市场。投资3 300万元启动企业亮化、楼宇亮化、环境美化工程，改善园区人居环境，提升对外形象。

【体制机制改革】2022年，宣城开发区体制改革实现新突破。围绕“去行政化”，构建“管委会＋公司”管理运营体系，深化体制机制改革；

雇员总数由原来的165人精简为146人，部门总数由22个精简至16个，实行全员竞聘上岗；重塑薪酬绩效考核体系，推行以岗定薪、易岗易薪、按绩计酬。聚焦园区运营、招商服务、投资咨询等服务发展薄弱环节，组建经开集团。调整宛陵科创城管理体制和运营机制，逐一腾退非科创类、非软件类的项目，吸引优质项目和团队入驻。开盛集团成功获评主体信用AA+，进一步降低融资成本、提升融资能力；积极开展股权、债权、产权“三权清理”，收回和盘活资金近2亿元，切实提高企业整体管理水平和盈利能力。

【管理服务】2022年，宣城开发区组建营商环境促进中心，统筹推进“优环境”工作。在全市率先推出“免申即享”“即申即享”政策清单，实行政策兑现一站式办理，2022年以来，共计兑现各类奖补资金2.62亿元。推行工业投资建设项目“容缺制”审批服务，提高办事效率。抓实雇员联系企业，对149家规上企业跟踪帮扶。创新推出“园区贷”，助力小微企业解决融资难题。常态推进“2+N”就业招聘，组织各类招聘会81场，达成就业意向2 000余人。

【党建民生】2022年，宣城开发区先后组织开展“以案三促”警示教育、“五聚焦五查找”作风建设集中整治、“两违规”问题专项整治，用“身边事”教育“身边人”。调整充实机关党委、完成机关支部换届，组建总工会。举办“经开讲坛”3期。深化开展“问题帮办、助企发展”主题活动，提升非公党建工作质量。安排街道民生工程建设资金1 300万元，高标准完成24项民生工程建设任务。依法依规做好信访工作，全力化解各类信访积案。筑牢“外防输入、内防反弹”防线，建成使用园区健康驿站。深入开展自建房和安全生产隐患大排查大整治，园区安全生产形势总体平稳。

（宣城经济技术开发区管委会）

湖州南太湖新区

【概况】湖州南太湖新区是浙江省大湾区首批“四大新区”之一，2019年4月30日经省政府批准成立，6月2日正式挂牌运行，保留国家级湖州经济技术开发区、国家级湖州太湖旅游度假区两块牌子；总面积225平方千米，下辖6个街道，人口30万左右。2022年，南太湖新区党工委、管委会坚决贯彻落实党的二十大、省第十五次党代会和市第九次党代会精神，始终牢记习总书记“一定要把南太湖建设好”的谆谆嘱托，扎实推进“在湖州看见美丽中国”实干争先主题实践，统筹推进疫情防控和经济社会高质量发展取得较好成效。湖州南太湖新区入选全省首批高能级战略平台培育名单，湖州经济技术开发区进入全国国家级开发区综合排名前50强，南太湖新区获得2022年度区县综合考核一等奖。

【经济发展】2022年，南太湖新区实现地区生产总值297.9亿元，增长3.2%；财政总收入69.8亿元，其中地方财政收入42.7亿元；社会固定资产投资326.3亿元，增长11.7%；规上工业增加值78.4亿元，增长6.3%；实现外贸进出口总额120.8亿元，增长17.6%。

【项目“双进”】2022年，南太湖新区聚焦“3+1”主导产业项目招引，全力以项目高水平建设助推新区高质量发展。固投亿元以上项目共签约92个，其中，固投3亿元以上工业项目中八大新兴产业链项目占比82.4%；获评工业大好高项目23个。举办第四届投资贸易与科技人才洽谈会，完成30个新签约项目，总投资达319.5亿元。全年新增亿元以上开工项目48个，其中3亿元以上项目开工20个，10亿元以上项目开工7个；完成亿元以上项目竣工51个，3亿元以上项目竣工17个。完成工业投资65.0亿元，同比增长69.8%，增幅连续19个月排名全市第一。

【企业培育】2022年，南太湖新区迭代完善《南太湖新区产业发展规划》。85家签订培大育强协议的企业总产值增长19.2%，永兴材料连续五年蝉联市“金象”企业，孔辉汽车、华飞电子和生力液压3家企业获评国家“专精特新”小巨人企业。三大主导产业占规上工业总产值比重较2021年提升3.8个百分点。新能源汽车锂电池产业群成功入选省级“新星”产业群。卫蓝新能源取得国家新能源领域核心技术攻关专项，全省唯一。微宏动力获锂离子电池未来工厂市级试点并推荐上报省级。办理市“三聚三保三落实”系统交办问题167件，已全部办结。依托跨境电商产业园，挖掘“麒麟计划”跨境电商全链条服务资源，组织线上直播培训253余场，开展资源对接会5场。

【科技创新】2022年，南太湖新区坚持创新驱动，全力推进湖州科技城建设，坚定不移强化科技和人才支撑。全年完成投资54.5亿元，核心区15平方千米建设已见成效，联想科创中心、海王创新中心等4个项目约25万平方米的创业创新平台竣工投产，人才大厦、智能科学中心等5个项目约85万平方米加快建设，丝路源商业中心等2个项目启动建设。科学谷高教园区全面开工，湖州学院新校区开始进行桩基工程，湖州职业技术学院新校区即将开工，电子科技大学长三角研究院永久基地正在进行设计方案的深化修改。全年各类院（校）地合作平台新孵化科技型企业30家，浙江大学湖州研究院、电子科技大学长三角研究院累计引进各类人才 1 126 人，到位科研团队 84 个。2022 年新入选省级新型研发机构 3 家，入选市级重点实验室 3 家，入选市级优秀众创空间 2 家，均列全市第一。2022 年高新技术产业投资同比增长 86.6%；实现高新技术产业增加值 62.8 亿元，占规上工业增加值的 80.1%。全年新认定国家级科技型中小企业 191 家、省级科技型中小企业 64 家，高新技术企业 18 家，省科技领军企业 1 家。成功立项省“尖兵领雁”项目 4 项，创历年新高。核工业设计院科技成果成功入选省科技进步三等奖。全年国家级引才计划入选 12 人，省级引才计划入选 16 人。全年招引大学生及各类人才 12 370 人。

【未来城建设】2022 年，南太湖新区围绕“产城融合典范、绿色金融样板、低碳居住标杆”三大定位，坚持市区一体、区企联动，高质高效推进片区开发建设。全年完成新引进项目 32 个。CBD 区域 26 栋产业楼宇签约入驻面积约 33.85 万平方米，总部经济园 14 栋产业楼宇签约入驻面积约 27.5 万平方米，协议去化率 41%。片区范围内 40 幢产业大楼、300 万平方米、300 亿总投资的项目正在快速建设，CBD 项目除主地标外其余产业大楼基本实现结顶，总部经济园 14 幢大楼外立面装饰基本完成，并进入内部装修阶段；湖州会展中心、华新科创大厦、先正达未来田园示范区已正式投入使用；“五纵三横”交通骨架体系已基本成型，北片路网 10 条道路已全面进场施工。2022 年完成企业（厂房）签约 7 家，拆除厂房 8 000 平方米；完成区域内土地政策处理面积 6 479 亩；新增省重点项目 2 个。

【铁公水物流园建设】2022 年，南太湖新区湖州铁公水物流园多式联运型枢纽项目，是湖州市物流规划中“一心四园”的主体部分，是我市打造长三角一体化枢纽门户城市的重要载体。2019 年被列为第三批省级示范物流园区，2021 年被评为全省物流创新发展试点单位，列入浙江省“十四五”物流业规划。2022 年列入国家级多式联运示范建设工程。2022 年物流园吞吐量突破 31 万标准箱，特别是湖州上港码头已连续六个月单月吞吐量过万，日均订仓位 292 箱以上，当年完成吞吐量 11.6 万标箱，创下内河航运开港第一年冲破“10 万标箱”的新纪录。

【“绿水青山就是金山银山”实践转化】2022 年，南太湖新区制定《湖州南太湖新区 2022 年绿水青山就是金山银山理念转化实践示范区建设及生态环境工作要点》《南太湖新区“美丽湖州”建设实施方案（2022—2025)》等系列文件，积极推进“两山”年度具体任务 84 项、美丽湖州年度标志性项目 8 个。成立南太湖新区生态文明建设工作领导小组及办公室，高质量完成“湖州南太湖新区空气质量现状及提升对策研究”“绿色低碳理念下南太湖新区新型智慧城市建设的思考”两份研究课题，成功举办全省山区 26 县高质量发展暨山海协作工作培训班，4 项工作入选省级生态相关优秀案例。

【深化改革】2022 年，南太湖新区突出统筹协调、改革创新、精准施策，全面推进“大综合一体化”行政执法改革划转承接综合行政执法事项 1 284 项，占比达 28.43%；综合执法与生态、市监三支执法队伍，形成“1+2”执法模式，行政执法力量下沉街道比例达到 81.25%；综合执法部门执法案件总数为 1 536 件，人均办案量同比增长 14%。争取“三线一单协同推动减污降碳”国家改革试点，南太湖新区先行先试，完成“《规划环评》+《规划碳评》”的编制工作，并首次将碳评价融入环评污染物管理清单中。依托电子派单系统和网络监控平台，对巡查整改信息进行数字记录，持续采用“监控定点巡查＋现场流动巡查”相结合的方式，全年派单 335 单，问题整改率从 76.3% 提升到目前的 91.94%。

（湖州南太湖新区管委会）

河北唐山海港经济开发区

【概况】河北唐山海港经济开发区（简称“海港区”）环抱京唐港，依港而建、依港而兴，1993年6月经省政府批准设立，规划面积45.27平方千米，实际管辖面积918平方千米，其中陆域面积315平方千米，海域面积603平方千米，海岸线长度26.71千米，规划码头岸线49.04千米。辖1个镇，57个行政村、79个自然村、31个居民小区，常住人口近12万人。

【经济发展】2022年，海港区地区生产总值完成257.2亿元，同比增长5.5%，一般公共预算收入完成20.2亿元，同比增长22.7%，固定资产投资同比增长15%，规上工业增加值同比增长18%，服务业增加值完成145.4亿元，同比增长5.6%，社会消费品零售总额完成21.6亿元，同比增长2.2%，进出口总额完成76亿元，同比增长13.9%，实际利用外资完成701万美元，同比增长469.1%。

【主导产业】2022年，海港区围绕港口物流、精品钢铁、绿色化工三大主导产业延链、强链、补链，三大主导产业占比由56.6%上升到67%，为经济快速健康发展提供有力支撑。做强绿色化工产业，依托区内中润、中浩、碳素、佳华、天顺等重点企业，巩固延伸甲醇、焦油、粗苯三条产业链，高温煤焦油制造改质沥青、年产6万吨聚甲醛等项目相继落地开工，新材料基地的聚集效应、带动效应日益显现。做大港口物流产业，依托京唐港区，2022年京唐港区货物吞吐量2.75亿吨，集装箱完成235万标箱，位于河北省“三港四区”首位（占全省47%）。积极对接源发科技公司、中储粮进口大豆结算中心、陆程供应链管理公司，搭建物流贸易新平台，整合京津唐地区物流资源，实现唐山结算，进出口贸易额年增加3.5亿美元，推动集疏大港向综合贸易大港转变。5G集装箱智慧码头初步建成，为国内外自动化集装箱码头建设和改造提供了“方案最优、投资最少、效率最高、效益最好”的京唐港方案。做优精品钢铁产业，依托区内天柱、华西及周边河钢乐钢、中厚板形成的钢铁产业集群，不断延伸钢铁产业链。炼钢铸坯结晶器铜板激光3D打印再制造项目正式投产、支护产业园等钢铁深加工项目开工建设，耗钢产业规模不断提升；天柱成功收购华西，钢铁产业抵御风险能力和市场竞争力增强。

【招商引资】2022年，海港区开展招商引资行动，引进“含金量”“含新量”“含绿量”等项目。洽谈总投资890亿元的115个项目，总投资161亿元的扩疆年产50万吨铁塔、河钢工业制氢、青凯骐脱硝催化剂再生等33个项目签约落地，投资额同比增长70%，数量同比增长106%；总投资870亿元的78个重点项目中9个列入省重点，30个列入市重点，5个列入省重点前期，提前半年完成全年争列省重点前期的目标任务，投资完成率全市第二；全年开工项目73个、实际完成投资额248.5亿元，在全省158个开发区均排第二，受到省商务厅通报表扬。2022年8月被评为河北省抓投资上项目提能级先进示范经济开发区，获得1 000万元专项资金（全省30个）。

【创新发展】2022年，海港区着力提升企业创新能力和专业化水平，充实人才队伍力量，鼓励企业在研发创新、专利技术、品牌建设上下功夫，协同发力、持续增强企业创新能力和核心竞争力。积极开展“百家科研院所进唐山”

活动，组织唐山三友盐化有限公司与天津大学地热中心、唐山昊中科技有限公司与河北工业大学等6个科研项目成功对接并签约，进行产学研科技合作，打造科技成果转化和战新产业发展加速器。唐山港集团口岸智能化、天柱钢铁智慧园区项目示范等4项应用场景入选市级新一代人工智能示范应用场景建设项目，获得奖励资金110万元。年内新增高新技术企业12家、国家级科技型中小企业20家，超额完成市达目标任务。培育“专精特新”中小企业6家、国家级专精特新“小巨人”企业1家、“单项冠军”产品企业1家、省级绿色工厂3家，实现国家级专精特新“小巨人”和省级绿色工厂领域“零突破”；推动三友新材料股票在“全国中小企业股份转让系统”挂牌、融之德公司在河交所挂牌。出台《海港引才政策八条》及实施细则，引进研究生、本科生1 403名，研发团队1个，为企业发展提供坚实的人才保障和智力支撑。

【营商环境】2022年，海港区按照“包企业就是包企业的一切”原则，通过“打一个电话、送一声问候、解一个困难”全面摸清区内11 830家市场主体底数，帮助企业解难题、渡难关；完善“一对一”“专班＋专员”服务机制，对78个重点项目开辟绿色通道，全程帮办、代办、协办、导办，强力保障项目建设；为区内企业减退缓税费、研发费用加计扣除，协调帮助区内金融机构为569家企业成功申请各类贷款，全面提振企业发展信心。投资实施聂庄至东港站增二线新建及东港站扩能改造工程，铁路运输能力增加2 000万吨，实现铁矿石等大宗货物运输“公转铁”；融资实施管带机廊道项目，解决各企业无法独立建设的难题；改建国有企业的闲置厂房，为5家高新技术企业提供技术产业孵化场所。

【机制改革】2022年，海港区全面完成人事和薪酬制度改革，区直部门精简30%，进一步提振干部干事创业精气神；深入开展基层党建示范引领三年行动和“强党建、保稳定、办实事、促振兴”专项行动，64名优秀中层干部进驻57个行政村开展重点帮扶；中层干部每季度“晒绩述职”、劳务派遣人员薪酬晋升与考核挂钩，能者上、优者奖、庸者下、劣者汰的良好氛围逐步形成。

【民生保障】2022年，海港区投资32.5亿元的17项民生工程圆满完成，切实增进民生福祉，项目数量、投资规模均创开发区历史之最。改造8个老旧小区，创建3个市级园林式小区，打造1条四化样板街；2万余套景观亮化改造完成、3 000基路灯完成节能降耗改造，亮化工作全市排名第一；新增公园绿地面积5.24公顷，重点打造街角景观20余处；完成44条83.31千米道路新建改造工程，打通十家子大桥、文化大街跨铁路大桥等5条“断头路”“卡脖路”，城市形象日益提升。新改扩建4所学校、新设普通高考考区和考点，区内考生实现当地参加高考；对农村学生“一路绿灯”，3所初中、7所50人以下小学的627名学生已实现进城就读，有效促进优质教育资源均衡发展。建设医院新病房楼、新疾控中心和社区卫生服务中心及紧密型医共体，既满足疫情防控需要又满足群众看病需求。社工站点覆盖率达到100%，超额完成市定目标任务。区内建立17个村（居）未成年人保护工作点，切实履行未成年人保护职责。惠民殡葬惠及446人，发放补贴27.15万元。严格落实区、镇街、村居、企业等各级“人头对人头”工作机制，快速高效精准处置疫情，按照“区外大循环、区内小循环、企业微循环”的思路，全力保障正常生产生活，一年来企业生产和居民生活未受到大的影响。强化就业保障，新增就业2 421人，完成市达目标任务。

【乡村振兴】2022年，海港区发展现代农业，深化农村集体经济改革，设立乡村振兴公司，盘活资产、包联帮扶、股份合作、产业带动，启动实施2.5万亩高标准农田建设，稳定粮食生产。建设万亩绿色水稻、万亩葡萄、万亩渔盐生态养殖、万亩果菜4个万亩示范园区，优质高产水稻种植面积65 000公顷，葡萄种植面积11 000公顷，盐田水产养殖面积63 700公顷，万亩果菜种植面积12 000公顷。扶持规范农民合作社和家庭农场管理，年内新增注册家庭农场6家，获批市级示范家庭农场1家。依托大清河区域丰富的海水和光能资源优势，200MW盐光互补光伏发电新能源产业示范基地项目落地，滨晨高端海产品深加工项目成功签约，一、二产业绿色融合发展。农产品加工业与农业总产值之比达到4.4，位居全市第一；农村宅基地基础信息调查进展超过90%，位于全省第一梯队；农村宅基地审批卷宗获省农业农村厅通报表扬。平安渔业建设成效显著，渔业安全生产工作得到省农业农村厅和市领导的高度认可，纳管渔船管理“海港做法”获得市督查组通报表扬并在全市推广。建设“十百千”乡村振兴示范片区，实施6项乡村面貌提升改造工程，打造新海四村、裴滩村2个美丽乡村示范村，铸就海港区靓丽人居环境新名片。

【生态环保】2022年，海港区聚焦大气污染防治等重点领域，排查梳理辖区内不稳定环境因素，促进问题整改。聚焦区内重点污染行业企业，涉及天柱、华西等企业治理任务全部完成。实施工业气态污染物治理工程，空气质量综合指数3.82，全市第一，空气质量有效改善。新增绿地18.12公顷，植树2.4万株，绿地总面积449.5公顷，顺利通过省级园林城区验收复查。新建污水、雨水提升泵站及配套管网，综合管网体系不断完善。完成整治市达区内入海排污口213个，整治销号比例为100%。推进城镇污水管网全覆盖，提高城镇污水收集处理能力；开展区内黑臭水体再排查，实现黑臭水体动态清零。

【平安建设】2022年，筑牢安全生产基础防线，合力化解社会风险隐患，营造平稳高效的生产环境、祥和安宁的社会环境。深入开展安全生产大排查、大整治专项行动，实现全市率先完成化工及工商贸领域作业场所视频监控全覆盖，安全生产风险防范化解能力全面提升；履行渔政代管职能，渔业生产安全有序，受到通报表扬并在全市推广；智慧消防平台有效监测预警45家重点企事业单位、1 615家“九小”场所各类火灾386起，全区安全生产形势总体平稳。全面依法治区，坚决落实新《信访工作条例》和四项工作机制，创建40个“四无”村居；开通“书记直通车”平台和2912345书记热线，打造居民情绪出口，9 683件群众的急难愁盼事项全部办结，信访工作长期以来的被动局面得到扭转。启用信法纪融合平台，加大重复信访治理力度，对当前未化解上报的案件提级办理，实行双包案双担责，县级包案领导接约访达75次，真正做到与信访人见面、听取诉求、疏解情绪，拿出化解或稳控的措施，推进事项化解。

（河北唐山海港经济开发区管委会）

湖南永兴经济开发区

【经济发展】2022 年，湖南永兴经济开发区技工贸总收入突破千亿大关，达 1 087 亿元，在全市率先建成千亿园区；亩均产值 915 万元，增长 16.7%；规模工业增加值增速 10%；上交税金总额 16.59 亿元，亩均税收 14 万元，增长 20.8%；完成工业固投 276 亿元，增长 49.4%；招商引资总额 200 亿元，增长 200%；实际到位外资 324 万美元，增长 256%；实际到位内资 100 亿元，增长 21%；研发费用总额 37.99 亿元，占技工贸比重 3.5%；高新技术产业营收 613 亿元，增长 40%，占技工贸比重 56.3%；主导产业集聚度 82%。

【招商引资】2022 年，永兴开发区一是立足做优产业，开展化工园区招商。落实化工园招商“4 个 3”标准，围绕海利项目引进上下游关联企业，目前在谈有中国融通、贵研铂业、中伟控股等企业 20 多家，全年新引进化工新材料企业 7 家、合同引资额 12.6 亿元，其中购地建厂 4 家、租赁厂房 3 家。海利硝酸银、信航科技、昌威新材料等项目顺利推进。二是立足做强链条，开展靠大联强招商。新增稀贵金属产业项目 25 个，其中新引进 13 个、改扩延 7 个、续建 2 个、在建 3 个。新增砷处理企业 1 家、锂电池回收利用企业 4 家，填补县内产业链空白。新增精深加工企业 5 家，建成铂族金属走廊，填补了硝酸银、银粉等精深加工领域空白，全面达产后可年新增产值 150 亿元、税收 2 亿元。三是立足做实根基，创新培育规工企业。立足实际，创新思维，引导现有企业发展产业链关联企业，培育成规工企业。推行一企一策、一企一品，通过招商引资引智、强强联合、产学研结合等方式延伸产业链条，鼓励链条企业差异化、精细化、专业化发展。全年新增规工企业 23 家，园区规工企业增至 112 家，营收过 20 亿元企业 9 家、过 10 亿元企业 16 家、过亿元企业 30 家，无亏损企业。

【科技创新】2022 年，永兴开发区发展更具张力。一是强化平台创新。筹建“永兴稀贵金属产业科技创新基地”，与中南大学、湘南学院分别签订技术服务合同，着力打造产业创新孵化中心。推动雄风、腾驰、南铂等企业与高校合作攻关。云南贵金属实验室“金银及稀散金属循环利用研究室”在永兴贵研揭牌。全年创建省级研发中心 1 家、省级企业技术中心 2 家，新增“专精特新”小巨人企业国家级 1 家、省级 4 家、市级 7 家。二是强化科技创新。南铂高纯钌技术全国领先；腾驰环保实现“近零排放”；金业环保新型岩棉产品技术进一步提高了冶炼废渣资源化水平，使危废利用率达 95% 以上，获评湖南省 100 个产品创新强基项目。“密闭富氧负压高效熔炼炉”“富氧侧吹强化熔炼炉”等新工艺、新设备被工信部纳入国家涉重金属重点行业清洁生产先进适用技术推荐目录。三是强化金融创新。抢抓“金芙蓉”跃升行动机遇，组建由县主要领导任组长的帮扶专班，助推晶讯光电成功报辅，有望成为全市首家县级独立上市公司。阳光公司在省股交所科创板成功挂牌，为稀贵金属企业自主上市打开了通道。确定 11 家上市后备企业，其中 3 家进入省后备资源库。开展企业“大走访”，精心筛选优质企业，累计帮扶企业融资 18.8 亿元。

【体制运行】2022 年，永兴开发区体制运行更添动力。坚决推进市场化改革。推动平台公司永兴银都集团与第三方合作开发化工园区，投资5亿元启动4个基础设施建设项目。与湖南化工研究院共同选商，实现专业化、市场化精准招商。强化产业用地市场化改革，通过政府收回闲置土地2宗68亩，将洞口老园区180亩土地重新纳入规划，开展招商引资予以盘活，引进中创集能在老园区建设铂、钯、铑生产线，引导3家低效企业整合转型、抱团发展，园区“三类”用地清理任务超额完成。

【发展环境】2022年，永兴开发区发展环境更富吸引力。一是部门一体管理风险。建立园区安全生产工作联席会议制度、联合检查制度。实行安全生产专家治理、环境污染第三方治理，构建市场化专业监管体系。牵头组织职能部门开展多轮综合回收企业安全环保联合检查行动，实行企业阶段性强制休整，企业重大隐患全部整改到位。二是政企协同整治面貌。投入1 000多万元完成柏林、高新园区大门改造及四大园区绿化修复、围挡提质改造、道路标线施工、园区文化宣传等，园区形象持续改善，园区及企业美化、亮化、绿化、净化、序化水平全面提升。三是“三顺”帮扶加速项目落地。继续推行重点项目“全程代办、两不见面”，聘请第三方专业机构免费代办手续，对每个重点项目全程跟踪服务，确保顺利落地、顺利推进、顺利投产达效。

【生态环保】2022年，永兴开发区主特产业更显活力。一是打造“永兴样板”成效好。坚持环保和发展两手抓、两手硬，着力打造绿色、低碳、循环、高效的世界级稀贵金属产业集群。一手抓环保：投入5 000万元整治历史遗留问题，所有上级反馈问题全部整改到位。拆除并安全处置原洞口老园区17家企业厂房，腾地180余亩；完成园区污水处理厂和公共区域雨水管网改造；柏太园区所有企业完成低位水池扩容，废水废气全部实现在线监控；实施柏林园区、湘阴渡化工片区智慧封闭管理。一手抓发展：实行企业分类动态管理，重点支持12家、转型整合9家、强制退出4家；完成清洁生产审核13家、创建省级绿色工厂2家；5家企业顺利通过省工业固废示范验收。永兴稀贵金属产业全年产值达892亿元，建设经验获省政府综合大督查通报表扬，产业集群入选湖南省先进制造业集群、全国中小企业特色产业集群。二是化工园建设推进快。以海利为主攻目标，着力打造专业化、智能化、绿色化、精品化园区。投入2亿元完成化工片区319户居民拆迁安置。海利集团完成在永公司注册，项目安置区正式动工。完成土规、详规、风评、稳评、规划环评等调扩区资料编制。按照轻重缓急、先易后难原则，分步推进化工园区安全整治提升，引导1家企业转型，妥善腾退不符合产业定位企业4家、厂房3.4万平方米。调区扩区、安全整治提升累计投资7.5亿元，化工园区复核顺利通过。

（湖南永兴经济开发区管委会）

内蒙古自治区通辽经济开发区

【经济发展】2022 年，面对复杂严峻的外部环境和疫情多发广发等多重挑战，通辽经济技术开发区深入贯彻落实党的二十大精神，聚焦稳增长、聚力促发展、聚势优服务，推动经济整体好转因素明显增多，发展韧性持续显现、活力不断增强，高质量发展阶段逐步展现新气象。

根据旗县市区生产总值统一核算结果，2022 年通辽开发区地区生产总值 155.7 亿元，按不变价格计算，比上年增长 2.9%。分产业看，第一产业增加值 7.6 亿元，比上年增长 3.6%；第二产业增加值 61 亿元，比上年增长 1.2%；第三产业增加值 87.1 亿元，比上年增长 3.8%。

【农业发展】2022 年，开发区粮食产量 28 910.7 万斤，比上年增长 3.9%。其中，玉米产量 28 700.9 万斤，小麦产量 103.8 万斤，大豆产量 87.6 万斤。

【工业生产】2022 年，开发区工业生产持续承压，规模以上工业增加值同比下降 1.3%。主要产品产量保持稳定，平板玻璃产量 629.3 万重量箱，增长 10.5%；合成纤维单体产量 9.7 万吨，下降 2.7%；乙二醇产量 12.6 万吨，下降 9.0%。能源供给持续优化，规模以上工业企业发电量 85.1 亿千瓦时，增长 11.2%，其中，火力发电 80.6 亿千瓦时，光伏发电 2.8 亿千瓦时，风力发电 1.6 亿千瓦时。

【服务业运行】2022 年，开发区服务业运行好于预期，服务业增加值占地区生产总值的比重为 55.9%，对经济增长贡献率为 79.3%，规上服务业营收实现增长。1—11 月份，规模以上服务业营业收入同比增长 2.2%，其中，专业技术服务业，商务服务业，电信、广播电视和卫星传输服务业营业收入分别增长 15.5%、10.5%、4.7%。

【消费品市场】消费品市场保持增长。2022 年，开发区社会消费品零售总额完成 55 亿元，比上年增长 1.1%。分行业看，批发业零售额 0.6 亿元，零售业零售额 53.4 亿元，住宿业零售额 0.3 亿元，餐饮业零售额 0.7 亿元。分城乡看，城镇消费品零售额增长 1.5%，乡村消费品零售额下降 4.3%。

【固定资产】固定资产投资结构优化。2022 年，开发区限额以上固定资产投资同比增长 0.5%。分产业看，第一产业投资实现净增长，第二产业投资增长 10.2%，第三产业投资下降 0.8%。分领域看，房地产开发投资下降 2.6%，基础设施投资增长 20.3%，工业投资增长 10.2%。

【农牧业】农牧民收入增长快于城镇。2022 年，开发区全体居民人均可支配收入 38 467 元，同比增长 7.0%，其中，城镇常住居民人均可支配收入 43 359 元，增长 5.1%；农村牧区常住居民人均可支配收入 26 671 元，增长 8.4%。城乡居民人均可支配收入比值为 1.63，较上年缩小 0.05。

（内蒙古自治区通辽经济开发区管委会）

高新区篇

福州高新技术产业开发区

【园区概况】福州高新技术产业开发区位于福建省福州市西南方，与主城区仅一江之隔，是1991年习近平总书记亲自擘画成立的首批国家级高新区。实行“一区多园”管理模式，本部下辖海西园、生物医药和机电产业园两个主体园区。2016年6月，启动建设国家自主创新示范区。2022年新增托管仓山区建新镇冠洲村及红江村（约1.74平方千米）。福州高新区托管区域总面积约185平方千米。

【经济发展】2022年，福州高新区财政总收入完成35.41亿元，比增8.6%；地方一般公共预算收入完成24.42亿元，比增13.7%；2022年全区规上工业企业99家，规上工业产值233.6亿元，固定资产投资完成293.3亿元，工业固定资产投资135.1亿元；实际利用外资5 033万美元，完成全年任务的179.3%，排名全市第二；外贸出口全年完成34.23亿元，比增21.1%，排名全市第三。

【项目建设】2022年，高新区省、市重点项目111个，计划投资1 327亿元，完成年度投资241亿元。竣工福建巨泽生物医药产业园、数字经济产业园一期、福抗创投中心、德艺文创产业基地、实验中学二期等39个项目；动建福耀科技大学、海峡创新实验室、保利通信高新科技产业园、点芯科技园、湾边大桥提升改造等34个重大项目。

【基础设施建设】2022年，全区城市品质提升项目共计49项，总投资额约377.1亿元，2022年度完成投资额83.5亿元。完工元峰河水系综合治理、高岐河运动公园、马排路、科技二路等38项；在建两园安置房二期(南港花园)、学府南路等9项。市政道路新建改建18条，总长度约20千米；完成污水、雨水、供水、燃气管网建设总计27.7千米；新建和改造提升公园绿地面积9.7公顷、福道5千米、立体绿化5处、主题公园1处；竣工安置房项目6个，总建筑面积90万平方米。

【招商引资】2022年，高新区开展“重大项目招商落地攻坚行动”，共落地216个项目，总投资679亿元，其中，引进宽腾高端影像器械研发基地、德译科技、东方电气创新研究院等42个高质量项目，总投资480亿元，排名全市第一。推动生物医药、数字经济、高端装备制造和光电机电等重点产业加快集群发展，带动产业链整体跃升，助力形成多点支撑产业体系。新增国家高新技术企业430家、比增110%，连续两年实现倍增，总数累计达820家，新增数及总数均位列全市第一；备案科技型中小企业460家，比增52.3%；新增“专精特新”中小企业12家，新认定科技小巨人企业40家。

【科技创新】一是重大平台加快落地，闽都创新实验室即将交付，动建海峡实验室、福耀科技大学，中国（福建）知识产权保护中心、福州技术转移公共服务平台建成投用。二是“双创”质量持续提升，博思创业园成为全省首个国家级民营科技企业专业孵化器，新认定市级科技企业孵化器、众创空间、台湾青年就业创业基地共8家，推荐申报省级科技企业孵化器、众创空间9家，推动28家企业入围全市“植根榕城”百个优秀创业项目。三是示范作用继续凸显，分别获评“科创中国”福州高新区创新基地、光电信息创新基地、国家知识产权强国建设试点园区。科研助理岗位开发工作获国家部委肯定，深化科技创新经验获全省复制推广，国家创新创业特色载体终期绩效考核获优秀等次。

【民生工程】一是人居环境有效改善，6处安置房工程即将竣工、总面积达85万平方米。启动高岐河智慧体育等4处公园绿地建设，新增健身路径10条，开通公交线路3条，安全生产、食品药品安全等工作扎实推进。二是公共服务保障有力，4所学校建成投用，8所学校正抓紧建设。举办"春风行动"等招聘活动20多场，职业技能培训2 900多人次，审核发放高校毕业生一次性生活补助880人。三是社会事业全面发展，扎实推进51个省、市为民办实事项目，突出做好医疗卫生和"一老一小"等工作，建成村镇办社区卫生服务中心，设立"长者食堂"5家，完成6个公益性骨灰楼堂主体建设。四是乡村振兴深入实施，深入推进村庄清洁"六清一改""护河爱水 清洁家园"等行动，大力推动4个文旅项目落地，新选派66名科技特派员覆盖服务全区村（居）。

【生态环保】2022年，高新区环境质量总体良好，区环境空气质量优良率达98.1%，优良天数达358天。六项指标平均浓度PM10为32.8微克/立方米、PM2.5为18.2微克/立方米、NO2为16.8微克/立方米、O3为90.8微克/立方米、SO2为3.9微克/立方米、CO为0.5毫克/立方米，六项指标均达到国家《环境空气质量标准》中的二级标准。

【投融资服务】一是创新融资方式，拓宽融资渠道。成立产业引导基金，围绕创新链、产业链促进产业与资本的融合发展，至2022年共吸引社会资本超3亿元，投资并吸引6个优质项目落地，赋能产业发展。发挥基金杠杆效应，积极推进"中科成果基金""产业发展基金""基础设施投资基金"投向新一批成长型项目，为招商引资、科技创新、成果推介、项目对接提供支撑和服务。推出"高新贷"产品，通过政策扶持和"政府搭台、银企唱戏"等方式，深化政银企融合，加大科技型小微企业信贷支持力度，帮助项目化解融资难题，至2022年末，共为89户科技型企业批复"高新贷"额度9.22亿元，贷款发放金额合计9.89亿元。二是积极提供金融服务，扶持企业发展。支持配合区商务局组织企业申报福州高新区创新发展政策，2022年兑现政策奖励金约5 650万元。大力扶持企业上市，安排专项扶持资金，举办上市培训会及科创企业上市之路论坛等，推进企业上市进程。2022年，新增福建省重点上市后备企业7家，福州市重点上市后备企业13家，2家企业处于上市辅导阶段，1家企业完成股改。

【产业发展】一是经济企稳回升，办理企业增值税留抵退税5.4亿元，减免小型微利企业所得税1.3亿元，减免小微企业和个体工商户租金1 000万元。二是结构质量向好，海康威视、迈新生物、永福电力3家企业获认定福州市总部企业，规上工业企业、限上商贸企业分别新增15家、11家。三是发展活力提升，国家创新型（光电）产业集群试点、国家绿色产业示范基地等得以创建，主导产业、新兴产业培育壮大，新增市场主体6 500多家。

【人才建设】截至2022年底，福州高新区对接合作院士16人，各类人才1 200人，其中，获评国务院特贴专家2名，省"百人计划"31人，优秀博士18人，省ABC人才59人，省工科类245人，"双一流"413人，福州市引进高层次人才25人，国家"万人计划"6人，国家级重大人才计划专家24人。

【体制机制创新】2022年，高新区进一步规范聘用制人员管理。一是核定聘员人数，根据工作需要及岗位设置情况，合理设置各单位聘员核定数，各单位聘员人数严控在核定数范围内，防止聘员人数无序增长。二是规范招聘流程，将区机关单位聘用制人员统一纳入全区招聘，经区党工委审定后方可进行招聘，并由区党群工作部每季度对各单位临聘人员招聘工作进行监督检查，杜绝自主招聘行为。三是精简聘员数量，各单位注重培养业务多面手，优化人员配置，精简工作人员数量，2022年共解聘聘员103名，2022年底共有聘员569名，有效降低行政成本，提高工作效率。

【营商环境】2022年，高新区认真贯彻落实省、市关于全面深化“放管服”改革，优化营商环境要求，对标中国营商环境评价体系，围绕企业、群众需求，推进改革创新，营造便利化、法制化营商环境。制定《福州高新区优化营商环境行动方案》，围绕市场环境、法治环境、政务环境、开放环境、监管环境、要素环境6个方面，提出了15个领域的任务，列出《福州高新区营商环境创新改革事项清单》共计138项重点改革措施。政务服务便利化。提升网上政务服务能力，高新区行政许可事项入驻政务中心907项，其中，“一趟不用跑”事项数879项，占比达96.91%;“最多跑一趟”事项数907项，占比达100%；即办件事项数591项，占比达65.16%；全程网办事项数708，占比达78.06%。发布了202项“一件事”套餐服务事项，持续推进“跨域通办”服务，除列入负面清单外事项，均可“全市通办”。通过“异地受理、属地办理”“异地受理、异地办理”等模式，推出“跨省通办”“省内通办”服务，着力解决企业群众异地办事“多地跑”“折返跑”问题。审批时限再压缩。全面实现企业开办时间压缩至3个工作小时，不动产一般登记办理时限压缩至3个工作日内。全区13类工程建设项目审批事项，主流程时限分别压缩在10～21个工作日不等。实行“三零”服务的低压非居民用户全过程办电时间进一步压减至15个工作日内。推行“容缺受理”办电服务，客户具备主体资格证明就可启动办电。用水报装时间缩减至5个工作日，用气报装时间缩减至4个工作日。进一步健全“网上办税为主、自助办税为辅、实体办税兜底”的办税新格局，网上办税率达到96%，纳税时间压减至90个小时。市场主体的获得感、满意度不断提升。便利企业，激发市场活力。推行“证照分离”“照后减证”“多证合一”“一业一证”改革，提供“企业免费代办”“零费用刻章”“工程建设项目免费代办”服务，为企业进入市场提供便利。截至2022年，全区市场主体总量29 310家，同比新增6 544家；建成人才公寓7万平方米、在建、拟建18万平方米。

【机构设置与管委会领导】2022年，福州高新区下设区纪工委、监察工委、区党政办公室、区党群工作部、区政法办公室、区经济发展局（应急管理局）、区商务局（科学技术局、文化和旅游局）、区自然资源和规划局（生态环境局）、区城乡建设局（交通运输局）、区教育和卫生健康局（社会事业管理局）、区财政金融局、区行政审批局、区综合执法局（城市管理局）、区村镇管理办公室（农林水局）、区市场监督管理局（知识产权局）等部门。

管委会副主任（含）以上领导任职名单如下：党工委书记、福州地区大学新校区管委会党组书记、主任魏邦仲，党工委副书记、管委会主任、南屿镇党委书记樊学双，党工委委员、管委会四级调研员熊国华，党工委委员、管委会副主任、三级调研员林翔，党工委委员、纪工委书记、监察工委主任陈红，党工委委员、管委会副主任郭晓华，党工委委员、管委会副主任魏志谋（试用期一年），党工委委员、管委会副主任、村镇管理办公室党委书记叶勇，福州高新区管委会副主任林海萍（挂职），福建省福州市公安局上街（高新区）分局党委书记、局长、督察长、二级高级警长、福州高新区管委会副主任余根钦（挂职）。

（福州高新技术产业开发区管委会）

厦门火炬高技术产业开发区

【经济发展】2022年，厦门火炬高技术产业开发区（简称“火炬高新区”）完成规模以上工业总产值3 626亿元，同比增长3.9%；规模以上互联网软件业实现营业收入350亿元，同比增长11%；全社会固定资产投资423.7亿元，同比增长27.4%；实际利用外资6.26亿美元，同比增长27.6%。综合实力位居国家级高新区全国第11位，先进制造业百强园全国第11位，获评“国家级知识产权强国建设试点园区”。“国家双创示范基地”建设第四次获国务院办公厅督查激励。在全省开发区综合发展水平考核结果评价中，连续7年位列第一。

【招商引资】2022年，火炬高新区围绕天马、联芯、厦门时代、中创新航、海辰等“链主”补链拓链延链。平板显示产业引进思坦Micro-LED、电气硝子五期等，推进天马新型显示技术研究院落地；集成电路产业引进粒芯半导体等；新能源产业引进中科华联、科达利等。新设惠友、德屹长盛、联和三期等子基金，规模超105亿元。数字产业引进腾讯优图AI创新中心、华为鸿蒙开发者创新应用中心等高能级创新平台项目，以及集兆嘉、和利时、艺点意创等新经济新业态项目。全年签约133个重点项目，三年计划总投资780.6亿元，制造业招商在全市保持领先。实施先进制造业倍增计划行动，新增百亿项目3个（厦门时代、中创新航三期、天马8.6代），新增百亿企业1家（中创新航）；精准滴灌“专精特新”、隐形冠军等高成长性企业，新增国家级专精特新“小巨人”企业35家、国家级制造业单项冠军3家。

【科技创新】2022年，火炬高新区强化企业科技创新主体作用，新增中国专利优秀奖5个，新增国家企业技术中心、国家技术创新示范企业、国家知识产权示范企业各1家、国家知识产权优势企业8家。国家级高新技术企业突破1 500家。支持各类创业孵化载体建设，促进载体提质升级。创设火炬元宇宙孵化器，新增国家级科技企业孵化器1家（总数达5家，占全市50%），国家备案众创空间3家。2家基地入选国家小型微型企业创业创新示范基地。厦门市人力资源服务产业园（火炬园）开园，举办第五届“鹭创未来”海外创业大赛、厦门首届产教融合论坛和第二届“炬火种·燃新薪”高校专业新星挑战大赛等活动，累计吸引项目超700个，全年新增高层次人才537人，同比增长167.2%。开发落实科研助理岗位781个，获科技部表扬肯定。

【营商环境】2022年，火炬高新区出台《厦门火炬高新区关于推动高质量发展的若干措施》，推出26条助企惠企举措；出台首个针对园区数字经济产业发展奖励政策——《厦门火炬高新区关于进一步推动数字经济发展的若干措施》。全年拨付各类财政扶持资金67亿元，落实退减缓免税费约34亿元。实施“益企服务”专项行动，建立处级以上领导一对一挂钩联系服务企业制度，举办“企业接待日”“企业对接会”等活动15场，累计帮助企业解决共9方面72个具体问题。协调解决600多名重点企业骨干员工子女就学需求，为企业减免房租近8 000万元。成立企业服务中心，推动“一窗受理，集中服务”，提高服务效率。“火炬智能制造服务平台”促成212家企业实施智能化改造项目330个；“火炬金融服务平台”帮助1 247家企业撮合融资放款215.5亿元。启动“种子上市后备企业”培育计划，新增2家上市公司，3家IPO成功过会。搭建“火炬供应链平台”，构建企业供应链协同机制和市场要素共享机制。进一步完善软件园管委会体制机制，加大软件园企业服务力度，3家企业入选中国互联网综合实力百强。

【园区建设】2022年，火炬高新区高标准建设同翔高新城，全力推动98个基础设施配套项目，32个城市功能配套项目加快建设，片区全社会固定资产投资完成356.1亿元。推动开元创新社区和湖边水库东科创园纳入软件园二期拓展区，创新创业大厦、电子城等载体纳入软件园三期。11个省重点项目完成投资189.56亿元，完成年度计划113.3%；27个市重点项目完成投资228.84亿元，完成年度计划114.6%，省市重点项目完成情况在全市通报各责任单位类别中综合排名第二。各季度开、竣工项目数、总投资额均位居全市前列。引入多主体参与新城开发建设，通过“财政预算+专项债+PPP项目+REITs”等多种方式解决片区开发建设资金需求，启动高新区基础设施REITs试点工作。全年出让产业用地23宗、面积超4 150亩，位居全市第一，盘活、回购低效用地725亩。

【开放合作】2022年，火炬高新区推动金砖创新基地核心区建设，促成工信部部属机构厦门分支机构、中俄数字经济研究中心等优质项目落地，金砖未来创新园企业入驻率达95%。会同市金砖办举办“俄罗斯国家科技园项目厦门路演活动”，与巴西马托格罗索州科技园共同举办创新项目交流会。上线“火炬金砖服务驿站”，打造火炬金砖服务品牌。探索海外产业平台建设，推动与中德科技园（德国）的深度合作，促进园区企业与德国高科技制造企业合资、并购及股权投资，大力招引人才和优质项目。积极推动设立厦门（新加坡）国际合作中心。

（厦门火炬高技术产业开发区管理委员会）

兰州高新技术产业开发区

【经济发展】2022年，兰州高新技术产业开发区高效统筹疫情防控和经济发展，全面统筹发展和安全，坚持“四个面向”，落实“三新一高”要求，突出“强科技”“强工业”两点发力，支撑“强省会”，带动“强县域”，深入实施创新驱动发展战略，聚力铸造“高”“新”引擎，推动国家自创区建设取得积极进展，在全国169个国家高新区中综合排名上升至第56位。生物医药首位产业集聚效应明显，获批国家生物医药新型工业化产业示范基地，在2月25日国务院新闻办公室科技创新新闻发布会上获得科技部领导点名肯定，并在8月12日科技部召开的全国高新区高质量发展会议上做了交流发言；先后入选全国2022年园区高质量发展百强榜和2022生物医药产业园区百强榜。落实中央、省、市稳经济一揽子政策措施落地见效，努力保持全区经济运行在合理区间。全年完成地区生产总值352.02亿元，第一产业增加值1.32亿元；第二产业增加值243.4亿元，其中工业增加值214.7亿元，建筑业增加值29.3亿元；第三产业增加值107.3亿元；社会消费品零售总额107.9亿元，固定资产投资258亿元。全社会研发投入占GDP比重达到3.1%，万人发明专利拥有量达到49件，科技进步对经济增长的贡献率达到62%。

【科技创新】兰州高新区强化企业创新主体地位。2022年完成科技型中小企业入库评价334家，省级科技创新型企业40家，高新技术企业达452家。省膜科院、加华联合等6家企业被认定为省级“专精特新”企业。中农威特公司“猪用重组口蹄疫O型、A型二价灭活疫苗的创制与应用”、兰州空间物理研究所“空间电场探测技术与应用”分获甘肃省技术发明奖、科技进步奖一等奖。兰州奇正生态健康品有限公司制剂车间荣获2022年度“全国工人先锋号”。兰州西脉记忆合金股份有限公司被国家工信部评定为2022年国家技术创新示范企业，甘肃紫光智能交通与控制技术有限公司被国家知识产权局授予2022年度国家知识产权优势企业。兰州生物制品研究所有限公司、中电万维信息技术有限责任公司获得甘肃省2022年突出贡献奖，海默科技股份有限公司、耐驰泵业有限公司、中农威特生物科技股份有限公司等企业获得甘肃省2022年贡献奖。加强创新人才引育留用。新引进创新创业团队26个，136家企业引进人才657人，其中急需紧缺及高层次人才19人，柔性引进高层次人才6人。鲲鹏人才培育基地培养本土鲲鹏开发者人才695人。开发落实科研助理岗位323个，完成预期目标的108%。高新区3名高层次人才入选第三批甘肃省科学技术领域拔尖领军人才。打造高能级创新平台。积极参与兰州国家区域科技创新中心谋划建设，与北京中医药大学签署共建中医药创新转化工程中心，兰州新算力产业示范中心启动建设，北欧离岸创新中心等载体加快建设，组织推荐9家企业申报省级新型研发机构。与企业、在兰高校、科研院所联合共建“校企共生融合发展创新港”。支持高新发展集团积极融入国家“一带一路”战略平台，对接哈萨克斯坦大型粮仓，达成国际粮食贸易合作协议，完成国际贸易2批次共2 600吨进口大麦。

【招商引资】兰州高新区聚焦生物医药、智能制造、电子信息等主导产业链推动精准选商择资，先后赴成都、深圳、杭州、西安、厦门、广州、上海等地开展招商15次，开展云招商对接会30余次，对接洽谈广东凯特、华为公司、广东新南方集团、北斗生命科学（广州）有限公司等企业40余次，签订合作框架协议7个。2022年，招商引资到位资金55.7亿元，其中省外资金到位约55.2亿元。凝练储备了中医药产业园、航空航天产业园、医疗器械产业园、算力产业园等21个招商引资项目。与北京中医药大学签署共建中医药创新转化工程中心战略合作框架协议。第28届兰洽会期间签约项目10个、总投资61.35亿元。2022年全省18个重大招商引资项目中，兰州市的2个项目均为高新区招商引资项目。

【项目建设】2022年，兰州高新区谋划项目166个，年度计划投资262亿元，实际完成投资258亿元，增长8%，其中，35个新建项目前期手续办结率、开工率、入库率均为100%。9个项目被选为省市列重大项目，年度计划投资20亿元，实际完成投资22.4亿元，投资完成率112%。国药集团中国生物（西北）健康科技产业园项目、中山大学附属肿瘤医院甘肃医院（国家肿瘤区域医疗中心）等开工建设；甘肃省生物制品批签发中心项目、高新区兰州高科现代医药物流园主体封顶，预计2023年投入运营；陇粤共建“大湾区•兰白自创区中医药创新发展示范区”进展顺利，已与深圳前海基金、广东电力等签订合作框架协议；耐驰泵业产能扩大搬迁项目正式签约，土地已供应，正在办理前期手续，计划2023年5月开工建设。落实全市黄河流域生态保护和高质量发展规划两年行动方案重大项目44个，开工26个、推进项目前期手续办理18个。

【产业发展】依托重大项目，推动创新链产业链资金链人才链深度融合，积极构建特色更加突出、结构更加合理、国内领先的现代化产业体系。兰州高新区被甘肃省开发区建设发展领导小组办公室确定为“生物医药”发展方向的代表性园区。围绕生物医药、智能制造等领域，组织申报各类创新平台20个，其中2022年新增国家级技术创新示范企业1家，省级企业技术中心2家，省级行业技术中心1家，省级工业设计中心1家，省级中小企业公共服务示范平台3家。兰州海红技术股份有限公司钣金车间被认定为省级数字车间；中粮可口可乐、510所电子产品生产车间2家企业（车间）被认定为市级智能工厂（数字车间）。陇粤共建“大湾区•兰白自创区中医药创新发展示范区”中医药育成中心、“校企共生融合发展创新港主港”、专精特新产业园、航空航天产业园、西北海创中心、兰州新算力产业示范中心等启动建设。

【投融资服务】2022年，兰州高新区组织召开金政企对接会9场次，协调发放贷款1.2亿元。定连园区棚改1#安置区二期和2#安置区2个项目分别获得2022年地方政府专项债券3.31亿元、3.8亿元；全年谋划上报12个项目申报政策性开发性金融工具项目，拟申请基金11.4564亿元，其中，雁滩园区城市更新畅交通配套基础设施项目（一期）1个项目通过国家发改委审核。组织上报符合条件的6个项目申报中长期贷款，贷款总需求20亿元。2022年共5个项目获得省、市级重大项目前期费610万元。兰州高新区生物医药产业发展基金、天使投资基金、中小企业投资基金完成项目投资4个2370万元。高新区生物医药产业发展基金、天使投资基金、中小企业投资基金完成项目投资4个2370万元。组织推荐21家企业申报2022、2023年度中央引导地方科技发展资金项目，省级中小企业创新基金32项、基础研究类科技计划项目2项获得省级立项奖励资金329万元。

【营商环境】完善“银税互动”工作机制，拓展“银税互动”线上平台功能，与中国银行股份有限公司兰州市高新区中心支行、上海浦东发展银行兰州分行、甘肃银行高新支行向企业推广“税易贷”银税互动产品，积极促成银企合作，共贷款成功723笔，贷款金额2.23亿元。落实甘肃省“4级46同”标准化要求，细化670项政务服务事项要素，依申请和公共服务网办率达到98%、全程网办率达到97%、依申请承诺时间压缩达到78%；受理行政审批事项5.3万件，其中“不见面审批”3.2万件、EMS快递邮寄267份。持续推行政务服务事项告知承诺制，对符合条件的企业减材料、减环节、减时限、减费用，优化办事流程。全面实现市场主体“一网通办”的全程电子化，以及线下“一窗通办”服务，为市场主体设立和注销提供便利。聚焦纳税人缴费人“急难愁盼”问题，开设“办不成事”问题反映窗口，问题解决率达到100%。积极推广“陇税雷锋”全员帮办电子服务卡，将辖区纳税人纳入“陇税雷锋”平台进行纳税辅导服务，全年共计推送政策1 785笔，为纳税人答疑解惑3 246次。国有土地上已售城镇住宅历史遗留“登记难”首次登记化解率达100%。出让工业“标准地”6宗约580亩。办结数字化监督指挥中心市容环境等投诉件1 563件。兰州高新区代表队在兰州市2022年优化营商环境应知应会知识竞赛政务服务指标团体赛中荣获第一名。

【乡村振兴】继续落实“四个不摘”要求，强化5户11人边缘户、12户44人脱贫监测户以及生活困难户监测预警，定远镇、连搭镇农村居民人均可支配收入达到1.4万元以上，村集体经济收入均达到5万元以上。守牢粮食安全底线，完成粮播3.1万亩、高原夏菜种植3.75万亩。编制完成两镇和17个行政村乡村建设规划。邀请上海米丘景观设计室加快编制30个村村庄概念规划、建筑设计。全力打造麻家寺村、水岔沟村美丽乡村建设样板，合理调整乡村小规模学校布局，将定远镇水岔沟小学等规模过小的10所教学点进行撤并。巩固拓展脱贫攻坚成果同乡村振兴有效衔接方面谋划项目14个，计划总投资15.3亿元。投资1 300万元的5 000亩象峰山高标准农田已开工建设，占地400亩的现代智慧农业产业示范园（一期）前期手续加快办理，富晒山泉水就业帮扶车间项目已建成并试运营；新建设施农业大棚40座、蓄水池1座；谋划推进碳汇林、“光伏+农业”项目；农村公路自然村通畅工程加快建设，推进实施村组道路硬化4.4万平方米、渠系配套20千米；5 000户农村冬季取暖热源清洁化改造已完成708户，完成改厕245户、改炕2 350户，处理尾菜30万吨。

【基础设施建设】2022年，兰州高新区谋划申报中央全面加强基础设施项目52个，总投资462亿元。定连园区经一路等5条道路续建工程竣工，EPC十七条道路等续建工程和纬十二路等5条新建道路加快建设；10千伏开闭站工程、辖区312国道维修改造工程、智慧城市建设等项目前期加快办理；华能热电联产供热、生物医药产业片区供水工程、定连园区企业“双回路”供电、兰州大学附中东城分校（二期）、园区大道绿化等项目加快建设；天立教育小镇供水工程等项目即将完工。与甘肃中医药大学附属医院签订综合性三甲医院项目框架协议。雁滩园区B640-1、S631-2道路续建工程有序推进；B621#道路一标段、火炬广场项目基本完工。成立兰州高新区城市更新工作指挥部，组建城市更新运营管理有限公司，启动雁滩园区城市更新工作。编制完成《兰州高新区雁滩园区重点管控区域城市更新计划》《兰州高新区雁滩园区重点管控区域城市更新项目实施方案》《兰州高新区雁滩园区城市更新拆迁安置补偿办法》。

【生态环保】成立兰州高新区“无废城市”建设工作领导小组，积极探索“无废园区”建设。编制完成《定连园区碳排放现状调查及园区“双碳”行动计划》《兰州高新区大气环境现状评估报告》，促进园区绿色高效可持续发展。全面落实林长制河湖长制，健全82个入河排污口台账、完成整治排污口66个，办结第二轮省级环保督察反馈信访投案件9件，宛川河流域农村黑臭水体治理工程完成定远村段治理，其余正有序开展。举办第51个世界环境日宣传活动。兑现高新区生态环保专项保护补助资金66.35万元。

【党建引领】2022年，兰州高新区深入学习宣传贯彻党的二十大精神，组织开展“奋进新征程 建功新时代 喜迎二十大”理论宣讲大赛。坚持党工委会“第一议题”学习制度，加强学习习近平总书记最新重要讲话和批示指示精神，示范带动全区各级党组织通过党（工）委会议、专题研讨、“三会一课”等方式，组织党员干部学习领会精神实质。制定《高新区贯彻中央八项规定实施细则实施办法的若干措施》《高新区“一把手”和领导班子监督工作任务分解表》，约谈36人次，编制小微权力清单57项、绘制工作流程图30个。探索建立农村党员分类管理制度，认真排查整顿农村发展党员违规违纪问题，加强和改进流动党员管理，稳妥有序做好不合格党员组织处置工作。联合举办兰州高新区党建引领乡村振兴示范培训班，全区30个村（社区）党组书记和28个驻村帮扶工作队队长参加线下培训，累计培训人数达到500人次。疫情防控期间，全区5个社区党组织已建立21个小区党支部，覆盖全区34个城市小区、9个社区自建房网格。

（兰州高新技术产业开发区管委会）

威海火炬高技术产业开发区

【概况】威海火炬高技术产业开发区成立于1991年3月6日，是由科技部、山东省政府和威海市政府三方共建的全国三个火炬高新区之一，总面积145平方千米，海岸线46.5千米，下辖初村镇、怡园街道、田和街道，共37个村、63个社区，总人口33.6万。全区共有各类企业20 339家，其中工业企业2 010家，服务业企业15 093家、建筑业企业3 091家、农林牧渔业企业145家，被国务院批准为“山东半岛国家自主创新示范区”“国家大众创业万众创新示范基地”两项国家改革试点的高新区。先后被认定为“国家知识产权示范园区”“国家留学人员创业园区”“国家创新人才培养示范基地”“中国产学研合作创新示范基地”“国家新型工业化产业示范基地”“中国服装外贸转型升级示范基地”“国家中小企业创新创业升级特色载体”等。

【经济发展】2022年，威海高新区实现地区生产总值547.8亿元。规模以上工业增加值占全市47%；工业营业收入984.2亿元，总量占全市35%；工业利润131亿元，总量占全市55%。实际到账外资2.44亿美元。完成财政总收入50亿元，其中制造业税收28.4亿元；一般公共预算收入27.5亿元，其中税收占比93.2%，主体税收占比63.3%以上。在全市招商引资和项目建设观摩督导中蝉联第一、实现七连冠；在全国169家高新区、全省160家开发区中稳居第一方阵。

（威海火炬高技术产业开发区管委会）

南昌高新技术产业开发区

【概况】南昌高新技术产业开发区于1991年3月创建，1992年11月被国务院批准为国家级高新区，是江西省首个国家级开发区。区域面积286平方千米，位于南昌市区东大门，下辖两镇（昌东镇、麻丘镇）、两处（艾溪湖管理处、鲤鱼洲管理处），辖区常住人口约45万。区内现有市场主体5.1万家，其中企业2.8万家，“五上”企业725家，规模工业企业221家，世界500强、中国500强和民营企业500强总计23家，总部在高新区的上市公司18家。2022年，高新区在全省开发区争先创优综合考评中连续4年蝉联第一；在鄱阳湖自创区建设综合评价中排名第一；荣获全省产业集群高质量跨越式发展示范园区、全省开放平台先进单位；在全国国家级高新区综合排名中连续八年进位赶超、位列第22名。

【经济发展】2022年，高新区实现地区生产总值1 010.24亿元，总量占全市比重由上年13.8%提升至14.0%，成为全省首家千亿级开发区。2022年园区营业总收入6 500亿元，其中，工业营业收入达到3 313.1亿元，同比增长8.5%，占全市比重由上年的39%增长至43%以上，接近全市工业的半壁江山，规模工业增加值、固定资产投资分别增长7.9%、13.2%。

【产业发展】高新区聚焦“2+1+2”主导产业，以产业链链长制为抓手，落实“项目为先，实干奋进”理念，念好“高大上、链群配”六字要诀，贯彻“亩均论英雄”的提质要求，深入实施“一企一策、一企一方案、一企一专班”的“三个一”工作制，为区内重点骨干企业定制协同发展计划，签约一批“老树发新芽”式的存量企业新上项目，创新举办“高新下午茶”活动，构建了亲清新型政商关系，推动企业快速发展、产业蝶变升级。打造了电子信息、新材料两大千亿产业。2022年电子信息产业营收1 501.2亿元，同比增长11%，总量占全市的75%，其中，移动智能终端产业集聚了10余家整机生产企业和80余家配套企业，产业链条完整度超80%，2022年产能突破1.7亿部，出货量1.2亿部，占全球ODM出货量的四分之一；LED产业形成了从设备、材料、芯片、封装到应用的完整产业链生态链。新材料产业营收1 200.5亿元，同比增长6.7%。航空制造产业营收208.8亿元，同比增长10.1%。高标准建设南昌航空城，成功举办四届南昌飞行大会，交付ARJ21国产客机20架，打造了中国商飞第二制造中心，初步形成了整机、零部件配套及通航服务为一体的产业链。医药健康产业营业收入约为186.4亿元，同比增长5.3%。聚集了迪安诊断等全国医学检测机构前十强中的7家，形成全省实力最强的第三方医学检验产业集群。数字经济核心产业企业注册数量突破4 000家，营收突破1 275.03亿元，同比增长11.3%，占全市比重约60%。2022年规模以上互联网、软件和信息技术服务业实现营收66.2亿元，营收总量位列全市首位。建设投资100亿元的千亩中国（南昌）数谷产业园，出台数谷“黄金十条”政策，建设江西数字营销人才实训基地（抖音江西学院），力争3年内数字人才实训规模达2万人，成为全国规模最大的线下数字人才实训基地。

【科技创新】高新区坚决落实“聚焦创新驱动”要求，围绕产业链做实创新链、人才链，引领产业发展转型升级。高起点搭建创新平台。

规划建设中国（南昌）科学岛，筹建复合半导体省实验室等战略创新平台，建设了北京航空航天大学江西研究院、北京大学南昌创新研究院等 7 个大院大所研发机构。全区拥有国家级产业基地 13 个，重点实验室、工程技术（研究）中心、技术中心等国家级、省级、市级科研平台共 327 个。高标准建设创新主体。深入实施 3 亿元以上工业企业研发机构全覆盖行动，华勤、美晨、兆驰半导体等 49 家骨干企业先后设立研发中心。拥有科技型中小企业 733 家，高新技术企业 610 余家，潜在独角兽和瞪羚企业分别占全市的 50%、65%；省级“专精特新”企业 125 家，占全市的 27%，省级专业化小巨人企业、省级制造业单项冠军企业、国家专精特新小巨人企业分别占全市的 51.6%、53.86%、51.9%。落户了南昌大学技术转移中心、南昌科技广场、江西省成果转化交易平台。累计获得国家级科技奖励 12 个，其中国家科学技术发明一等奖 1 个、科技进步一等奖 1 个；累计专利授权量达 2.5 万件，每万人口发明专利拥有量达 52.36 件，居全省首位，科技进步贡献率提高到 65%；研发经费占 GDP 比重达 5.42%。高水平引育创新人才。全面策应“10 万大学生和技能人才来昌留昌创业就业”行动，实施“瑶湖英才计划”，建设江西省高层次人才产业园，出台人才产业园“双十条”政策，打造政校企产业联盟，全区各类人才达 17 万人；自主培养或引进院士 32 人，国家级人才 62 人，省级人才 105 人，市级人才 202 人。

【营商环境】2022 年，高新区打造“最美高新”。坚持“四精理念”，深入推进“城市功能与品质提升三年行动”和“城市环境综合整治八大行动”，全面开发建设航空科创城、电子信息产业园、高新未来科技园、麻丘特色小镇等区域，城市管理更加精细、更加智慧。按照人与自然和谐共生的理念，以保护候鸟栖息地为核心，着力打造五星白鹤保护小区，为鸟留食、为鸟留水，有效保障了候鸟水生栖息环境，吸引全球近四分之三的白鹤在此过冬，被誉为“全世界离白鹤最近的地方”。充分挖掘“一江相临，四湖相间”生态优势，建设了鱼尾洲、南塘湖和艾溪湖、瑶湖等一批生态公园，配套建成一批城市绿道，鹤舞鱼尾景观桥、芦沙河景观人行天桥等城市绿廊连接区域景观组团，绿地率达 41.7%，三百米见绿、五百米见园的格局基本形成，被科技部火炬中心领导评价为“中国最美高新区”。

【管理服务】2022 年，高新区坚持产品思维，在每个专业园区均配套建设了产业综合服务邻里中心，打造了集标准厂房、办公研发、员工公寓、餐饮购物、文体娱乐于一体的“现代产业服务综合体”。南昌高新区美术馆、鱼尾洲西岸艺术街区、雅言人艺术街区、凤凰仓艺术 Park 文创园等文化空间和 FUN 青春市集、华天夜市、艾溪里、瑶湖里等特色商业街先后建成开放，一批网红餐饮店、网红娱乐馆等“排队经济”“首店经济”新业态正在布局。五星白鹤小镇千鹤文化村、一体化观鹤长廊等相继开放，名列文旅部全国乡村旅游精品线路，艾溪湖美书馆被中宣部评为“年度最美书店”，被中宣部、文旅部、国家发改委选为“基层公共文化服务高质量发展典型案例”。按照“生态要素 + 潮流元素 + 社交属性”的思路，高标准规划建设集商业、娱乐、文化休闲于一体的“拾赣派”文化商业街区和瑶湖片区“未来水世界”等一批组合型网红打卡点，常年举办音乐会、读书会、艺术展览以及鄱阳湖观鸟周、国际马拉松赛、飞行大会等活动，市民在家门口就能享受文化休闲大餐，“最潮高新”的内涵愈发丰富，生活气息浓郁、文化娱乐多彩的新城区正在形成。

（南昌高新技术产业开发区管理委员会）

吉林高新技术产业开发区

【经济发展】2022 年，吉林高新技术产业开发区千方百计稳住经济基本盘，奋力推动经济止跌、回升、增长，地区生产总值实现 76.3 亿元。扎实开展“服务企业月”活动，落实减税降费政策，完成退税 11.5 亿元。建设 5 000 万元以上项目 33 个，完成固定资产投资 26.9 亿元，增长 6%。主动对接中科院、国育世纪科技等科研院所、国家级高新技术企业，开展线上线下招商引资活动 230 次。完成招商引资到位资金 74.8 亿元，增长 13.8%。启动汽车产业振兴行动，推动一汽吉林实现量产，推进一汽解放与龙山合作生产，加速激活通田汽车资质。着力延伸半导体产业链，积极为一汽配套，推进车规级芯片国产化替代进程。

【科技创新】2022 年，吉林高新区积极培育构建创新创业生态体系，科创动能不断增强。深入实施高新技术企业倍增培育计划。认定高新技术企业 8 户，科技型中小企业 65 户。24 户企业纳入全市科技型企业库。加快培育“专精特新”企业，认定省市级“专精特新”中小企业 15 户，总量达到 19 户，位列全市第 2 位。推进科技成果转化项目 26 个。孵化载体新增注册入驻企业 58 户。引进各类人才 155 人。开发科研助理岗位，吸纳高校毕业生就业 478 人，完成预期目标的 159%，获得国家科技部表扬。

【疫情防控】2022 年，吉林高新区认真贯彻落实国家、省、市系列防控政策和要求，广大党员干部、社区工作者、医务人员、公安民警、社会志愿者不眠不休、日夜奋战，及时处置多起局部疫情，守住了不发生规模性疫情的底线。启用核酸检测实验室。加强核酸检测、台账底册完善、专业力量配备等防控基础能力建设。调整增加 10 个社区，总数达到 22 个，新录用社工岗 122 人，充实了基层力量。积极向上争取编制，增加专业人才力量。激励干部担当作为，将干部在防控疫情的实际表现纳入绩效考核。

【社会民生】2022 年，吉林高新区始终坚持以人民为中心的发展思想，民生福祉持续改善。全面完成 28 项民生实事。常态化开展“我为群众办实事”活动，兑现 239 个“微心愿”。落实就业优先政策，城镇新增就业 2 101 人。为 690 户城乡低保对象和困难群体发放各类补贴资金 928 万元。持续打造“15 分钟政务服务圈”，实现高频政务服务事项“家门口”即可办理。扩充公办中小学教育资源，市一实验和市五中高新北校区教学楼主体完工。有序推进城市更新行动，常态化开展“创城”“七边”工作。江滨公园入选央视新闻《江河奔腾看中国》特别节目。

【党建工作】2022 年，吉林高新区党工委出台全面加强党的政治建设的意见，落实全面从严治党主体责任任务清单。深入开展“基层建设年”活动，制定新时代吉林党支部标准体系（BTX）建设方案，绿灯完成率 100%，打造 3 个示范党支部和 3 个特色品牌项目。提升党建引领“平战结合”基层治理效能，机关 30 个党组织全部完成报到任务。坚持党建引领推动乡村振兴，不断壮大村集体经济，各村集体经济收入均达到 30 万元以上。开展重点案件以案促改和开发区领域突出问题专项整治工作，基本完成了监督整改任务，完善了相关工作制度，建立了长效工作机制。

（吉林高新技术产业开发区管委会）

南宁高新技术产业开发区

【经济发展】2022年，南宁高新技术产业开发区积极应对超预期因素冲击，稳中求进，难中求成，GDP保持正增长，总量达325.73亿元，增长3.70%；规上工业总产值完成468.49亿元；工业投资完成60.46亿元，增长10.20%；全年实现进出口额634.61亿元，增长16.61%，总量居全市首位；实际利用外资9 092万美元，同比增长15%；全年实现一般公共预算收入16.02亿元，扣除留抵退税因素后同比增长1.35%；社会消费品零售总额196.76亿元、同比下降0.2%。2022年，高新区在国家级高新区综合评价全国排名第四十八名，较上一年提升6位，入榜2022年中国省级开发区高质量发展百强。

【产业发展】2022年，高新区产值超亿元工业企业达65家，累计完成产值427.66亿元，同比增长10.35%。新增广西京良电子科技有限公司、南宁邦德渤海电动科技有限公司、玉柴芯蓝新能源动力科技有限公司等10家工业企业入规，全市排名第二。帮助13家重点加工贸易企业开拓原材料运输渠道；累计为辖区279家次工业企业落实资金共计1.29亿元，指导广西桂芯半导体科技有限公司等加工贸易企业争取各级财政资金约1.6亿元，帮助广西太古可口可乐饮料有限公司等一批企业项目申报自治区重大优质工业项目、“千企技改”工程项目，获得工业振兴补助资金7 650万元。广西世纪创新显示电子有限公司、南宁燎旺车灯股份有限公司等重点企业实现逆势增长，产值增速均在30%以上；华润怡宝饮料（南宁）有限公司、南宁东创智能制造有限公司等企业产值增速超95%，发展势头强劲。全年登记新设立市场主体1.3万户、同比增长11.55%。批发销售额超亿元企业达53家，广西海亿贸易有限公司、广西交投商贸有限公司等批发业龙头企业保持良好发展势头。规上其他营利性服务业营业收入实现258.20亿元、同比增长65.80%，其中科技服务业实现爆发式增长，同比增长278.40%；非营利性服务业从业人员工资总额增长10.10%。

【科技创新】2022年，全年高新科技企业保有量达562家，同比增长12.40%；广西瞪羚企业达24家，同比增长33.33%，科技型中小企业431家，同比增长17.44%。重新修订支持促进科技企业创新发展的若干政策，新建新型产业技术研究机构2家（南宁市奶水牛产业技术研究院、南宁先进电池产业技术研究院），新增自治区级以上创新平台6家，目前高新区自治区级工程技术研究中心达53家，占全市49.07%；广西新型研发机构10家，占全市34.48%。力合南宁科技园当年引进项目12个，累计申请专利40项、获得授权19项；编制完成数字经济产业园发展规划，和德科创中心、南宁软件园组团迈出融合发展的重要一步。建成新型产业技术研究机构8家、国家级技术转移示范机构1家（广西博士海意信息科技有限公司）、自治区级技术转移示范机构25家，全年完成科技成果转化项目98项。深入实施知识产权战略，2022年高新区被评定为国家级知识产权强国建设示范园区。新增认定南宁市高层次人才140名，累计达603名，获批入选南宁市创新创业领军人才（团队）“邕江计划”项目11个，占获批总数的50%，园区企业4人荣获广西创新创业先进人物称号，8人被评定为2022年广西企业“创新达人”。

【招商引资】2022年，南宁高新区参与南宁市各类重大项目签约活动、中国东盟产能与投资合作论坛、新能源电池产业链招商推介活动等，新签约红太阳集团有限公司、广西华桂兴时代新能源科技有限公司等5 000万元以上产业项目25个，总投资115亿元，其中工业项目21个；新签约租用标准厂房项目91个，租用面积27.2万平方米；新引进年纳税500万元以上项目22个，年纳税200万元以上或服务业项目120个。

【项目建设】2022年，南宁高新区统筹抓好项目谋划及储备，项目入库数量107个，计划投资902亿元。推进建设“双百双新”、“区市统筹”和政府专项债等重点项目，自治区、市层面统筹推进重大项目56项，完成投资69.7亿元，完成年度任务107.23%；除房地产外的其他项目完成投资126.26亿元，比上年增长34.6%。年内，自治区、市层面重大项目开工22个，竣工15个。通过空间规划修编，增加工业用地4.62平方千米；征地38.47万平方米，拆迁26.33万平方米；入库面积72.24万平方米。公开出让成交土地64.5万平方米，土地出让收入9.08亿元。

【开放合作】2022年，《区域全面经济伙伴关系协定》（RCEP）实施，南宁高新区参与广西自贸试验区南宁片区建设，推动南宁综合保税区、跨境电子商务综合试验区融合发展。探索跨境电商铁路运输新模式，协助开通南宁—雅加达跨境电商全货机航线；推动广西全速达供应链有限公司等13家企业列入广西口岸通关白名单，南宁综合保税区完成跨境电商进出口交易额约106.11亿元，同比增长84.3%。新引进广西顶泰供应链管理有限公司、广西华泰君储国际供应链有限公司等重点物流企业入驻，推动广西南宁有容乃大国际供应链有限公司、南宁凯森供应链科技有限公司等老物流企业发掘外贸发展新潜力，南宁综合保税区保税物流进出口额31.27亿元，比上年增长1 678.2%；一般贸易（不含跨境电商）进出口额51.52亿元，比上年增长2 411.9%。持续抓好中新南宁国际物流园建设，完成年度投资4.5亿元；建成中国—东盟特色商品汇聚中心（一期）等重点项目，入驻商家200余家。

【营商环境】2022年，高新区推出“24小时审批快办”服务改革、惠企政策“免申即办”、街道“一枚印章管审批服务”改革等一系列举措，实行预约服务及节假日无差别审批服务和“视频勘验”服务，实现700项事项网上可办，依申请事项网上可办率达100%，在南宁市政务数据中心平台挂载率达100%；组建帮办代办先锋服务工作专班，打造“高新事高效办”服务品牌，在2022年南宁市消费者满意度第一、第二期及综合测评中得分全市排名第一。深入落实“桂惠贷”政策，累计投放66.69亿元、惠及1 201户市场主体，直接减少企业融资成本1.39亿元。兑现企业扶持资金共计6.16亿元，帮助企业纾困解难。高新区政府性融资担保2022年任务数4.86亿元，任务户140户，高新区完成7.32亿元，户数284户，金额完成率150.65%，户数完成率202.86%，综合完成率156.43%。融资额创近年新高，其中财政口申报政府债券额度获批7.5亿元，平台公司利用政策性开发性金融工具、政府专项债等途径融资，高新开发集团获得资金达10亿元。

【党建引领】2022年，南宁高新区持续用力强化党建引领，深学笃用习近平新时代中国特色社会主义思想，在坚定拥护“两个确立”坚决做到“两个维护”上持续用力；严格落实意识形态责任制，持续深化拓展精神文明建设；扎实推进基层党建工作，不断推动党群服务中心升级，继续深化“火炬先锋+”党建品牌创建，先后组建了物流企业“红链”党建联盟、电商直播企业“E时代·云先锋”党建联盟，共打造两新党建工作示范点自治区级6个、市级15个。

（南宁高新技术产业开发区管委会）

襄阳高新技术产业开发区

【经济发展】襄阳高新技术产业开发区（以下简称“高新区”）辖区面积200平方千米，辖团山镇（高新工业园）、米庄镇（汽车工业园）、刘集街道（深圳工业园）、紫贞街道、七里河街道、东风街道。2022年，高新区常住人口30.55万人，全年出生人口1 332人，出生率6.64‰，死亡率5.9‰。地区生产总值1 168亿元，按可比价格计算，同比增长6.4%；地方一般公共预算收入35.48亿元，同比增长8.3%；高新区2022年社会消费品零售总额129.55亿元，同比增长3.4%；外贸出口总额50.93亿元，同比增长8.8%；换算全年数据城镇居民人均可支配收入为47 442元，同比增长6.4%。

【农业经济】2022年，高新区农林牧渔总产值6.48亿元，同比增长4.6%，其中：农业产值3.85亿元、林业产值182万元、牧业产值1.21亿元、渔业产值7 476万元和农业服务业产值6 582万元。全年小麦总产量3 650万斤，油菜籽总产量267万斤，水稻总产量448万斤，玉米总产量2 000万斤。落实补贴机具125台(套)，使用补贴资金157.89万，涉及补贴农户61户。保护耕地地力，确定2022年高新区耕地地力保护补贴614万元，亩均为90.3元，耕地地力保护资金直发至农户手中。全区村级集体经济经营性年收入3 346.39万元，38个涉农村（社区）经营性收入全部达5万元以上。

【工业经济】2022年，高新区新增规上工业企业37家，达到406家，实现规模以上工业总产值3 515.5亿元，同比增长12.1%；规模以上工业增加值同比增长12.1%。“一个龙头，六大支柱”产业实现工业总产值3 321.2亿元，同比增长11.5%。湖北超卓航空科技股份有限公司等11家企业获评国家级专精特新“小巨人”企业；东风康明斯发动机有限公司等2家企业获评国家级智能制造试点示范企业；葵花药业集团（襄阳）隆中有限公司等2家企业获评国家级绿色制造（绿色工厂）；湖北中航精机科技有限公司等15家企业获评湖北省专精特新“小巨人”企业；襄阳汽车轴承股份有限公司等6家企业获评湖北省绿色制造（绿色工厂）；襄阳东昇机械有限公司等2家企业获评湖北省智能制造试点示范；襄阳美利信科技有限责任公司获评湖北省工业互联网平台；湖北泰和电气有限公司等2家企业获评湖北省服务型制造示范企业；襄阳中车电机技术有限公司等14家企业获评湖北省制造业单项冠军企业（产品）；湖北东禾电子科技有限公司获评湖北省信息化和工业化融合试点示范企业；湖北赛鑫意管理咨询有限公司获评省级中小企业公共服务示范平台；襄阳天工智动谷孵化器管理有限公司等3家企业获评湖北省小型微型企业创业创新示范基地；湖北淘大集供应链有限责任公司等2家企业获评湖北省新型信息消费示范项目。

【商贸服务业】2022年，高新区社会消费品零售总额实现129.55亿元，同比增长3.4%，与全市平均增长速度持平，其中，家具类、家用电器和音像器材类等大宗消费类产业增长较快，销售额分别同比增长21.22%、22.56%，汽车类、中西药品类等传统商贸产业也保持了稳定增长，销售额分别同比增长9.53%、12.93%。2022年，高新区规上服务业营业收入实现160.07亿元，同比增长19.06%，其中，信息传输技术服务业、租赁业和商务服务业等新兴产业增长较快，营业收入分别同比增长

9.4%、30.3%。

【科技创新】2022 年，全年科技型中小企业入库 550 家，高新技术企业申报注册 309 家，通过认定 241 家，净增 153 家，总数 554 家，有 6 家企业入选全省百强高新技术企业。22 家企业入选湖北省科创“新物种”瞪羚企业库。已获批 10 家市级企业校联合创新中心，新获批 5 家市级重点实验室，新获批泰和电气、美利信、赛弗精工等 3 家专家工作站。2 个项目进入 2022 年度省级揭榜制科技项目公示名单，1 个项目入选市级揭榜制项目立项名单；中车电机、三沃力源和光热环保等 3 家企业入围 2022 年度全国颠覆性技术大赛领域赛。组织申报 2022 年度省级重点研发计划项目，申报省级国际科技合作项目 1 个，2022 年省重点研发计划项目（科技创新助企纾困类）19 项、省科技创新团队项目 22 项、省科学技术奖项目 8 项，中央引导地方科技发展资金项目 3 项，区级科技计划立项 37 个，立项财政支持资金达 1 270 万元，帮助企业向上争取科技项目 53 项，资金 1 730 万元，其中争取省级项目 20 项，资金 1 080 万元，争取市级项目 33 项，资金 650 万元。全市 2022 年水污染防治先进适用技术征集中，2 家企业入选 2022 年度襄阳市水污染防治技术指导目录。全年技术合同成交总金额 63.91 亿元，同比增长 56%，航空航天产业集群成功获批 2022 年湖北省创新型产业集群。3 位专家入选襄阳市首席技术专家，开发科研助理岗位 313 个。光明国际孵化器获批省级科技企业孵化器，隆中创客空间入选国家备案众创空间名单，襄阳自贸区跨境电商产业园、襄阳仟商吉科技园认定为市级孵化器，襄阳银江创业梦工场认定为市级众创空间。星航、赞丰机器人公司获批市级科普教育基地，襄阳市农科院获批省特色产业科普基地。

2022 年，高新区新培育各级双创载体 6 个，其中襄阳新能源新材料产业园（综合型）、襄阳软起动孵化园（专业型）入选为省级孵化器，无忧智慧出行众创空间入选为省级众创空间。襄阳自贸区跨境电商产业园、襄阳仟商吉科技园获批市级孵化器、襄阳银江创业梦工场获批市级众创空间。编制《襄阳高新区双创示范基地高校毕业生创业带动就业专项行动方案》；高新区 2022 年金秋招聘月暨“创新增动能，创业促就业”直播招聘活动被省发改委推送长江云同步直播，观看人数达 5.7 万人次，现场达成就业意向 65 人。小微企业财税与利润管控和中小企业如何招聘人才主题培训以腾讯会议形式举办，参与人数 100 余人；举办“襄阳市第二届自贸杯外贸职业技能大赛”活动，提升外贸企业职工技能水平，树立全社会尊重知识、尊重技能人才的价值导向。

襄阳人才超市承办 2022“创客中国”大赛（第七届）襄阳选拔赛，在全市范围内共征集参赛项目 707 个（参赛项目数量全省第一）。汉江创业创新产业园孵化服务企业超过 350 家，入驻企业营业收入达 3.3 亿元，税收超 2 400 万元，带动就业 1 550 余人。隆中创客空间开展创新创业辅导活动 16 余次，为创业团队提供有关 3D 设计、3D 建模、3D 仿真分析等专业技术培训，培训人数达 500 余人次。襄阳软起动孵化园充实了创意堂、梦工坊等研发共享空间，开展创业明星分享会、知识产权宣讲、湖北工业大学校企合作对接会、项目路演等 10 余次活动，打造了电子复合材料中试平台，签署了龙头设备实施共享技术平台，吸引了武汉理工大学张勇博士团队、湖北文理学院廖继红博士团队来园进行创新合作，并分别与湖北工业大学、湖北汽车工业学院、湖北文理学院、襄阳职业技术学院签订了校企合作协议，在大学生创业、成果转化、共同技术研发攻关开辟了绿色通道。

【社会民生】2022 年，高新区新增城镇就业 10 872 人，失业人员再就业 4 135 人，就业困难人员再就业 1 791 人，失业率控制在 2.0%。新增高校毕业生就业 5 191 人；新增返乡创业 209 人；大学生创业 212 人。举办“线上 + 线下”招聘会 13 场次，参与企业 870 家(次)，提供岗位 2.7 万个；组织各类人员开展创业培训班 88 个、技能培训班35个，总计培训2 808人次。

2022年，高新区参保缴费人数1.77万人，城乡居民养老参保续费人数1.71万人。全区41家机关事业单位（含学校及卫生院）全部上线运行，全年发放退休金5 920.81万元。2022年高新区城乡居民医疗保险参保人数为129 891人，城乡居民医疗保险基金收入11 734.68万元。全年普通住院21 657人次，统筹基金支出8 966.40万元，大病保险支付954.35万元，医疗救助支付120.23万元；普通门诊就诊70 952人次，统筹基金支付226.51万元；慢性病门诊就诊22 927人次，统筹基金支付1 105.41万元，大病保险支付150.28万元，医疗救助支付20.42万元。

【生态建设】2022年，高新区PM2.5浓度均值50.75微克每立方米，与上年相比下降0.17微克每立方米，同比改善0.29%；PM10浓度均值76.55微克每立方米；优良天数率68.77%；重污染天数10天，与上年相比减少3天。为持续推进绿满襄阳再提升行动，营造绿色宜居环境，全年投资9 006.71万元完成13号路、襄新路、廖家庄北延伸段三条道路绿化工程以及桃园公园、国际青年城口袋公园建设任务，新增绿化面积 26.11万平方米，实现高新区公园建设零的突破。为打造高新区“四季有花、处处见花”新景观，投资392.7万元对主要道路节点（汉十路口、自贸区路口、富康大道等21处）按季更换花卉11 713平方米，以孔雀草、美女樱、鸡冠花、一串红等耐热鲜艳时令花卉为打扮、换“新装”。

【招商引资】2022年，高新区新签约项目115个，总投资588.24亿元；完成实际到位资金722.78亿元；引进投资过亿元以上的项目104个，其中工业项目88个；引进投资过5亿元以上项目31个；引进世界500强、中国500强及上市公司17个；引进过亿元以上新兴产业项目63个；引进外向型经济市场主体42个；引进投资额30亿元以上的外向型经济产业项目1个。

【项目建设】2022年，高新区有省级重点项目9个，总投资280.2亿元，主要包括比亚迪股份有限公司襄阳产业园项目、东风汽车股份有限公司襄阳轻型商用车智能制造和绿色工厂升级项目、高新区连山湖生态公园项目等；市级重点项目12个，总投资89.75亿元，主要包括襄阳新华泰天成再生资源有限责任公司汽车零部件3D打印项目、国家电投湖北绿动中钒新能源有限公司基地项目（100MW／500MWh全钒液流电池储能项目）、襄阳市青隽城公共租赁住房项目等。举办3次重大项目“三集中”活动，181个亿元以上重大项目集中开工、投产和签约，总投资1 296.41亿元，其中开工项目61个，总投资504.36亿元；竣工项目53个，总投资226.75亿元；签约项目67个，总投资565.3亿元。

【改革开放】2022年，高新区以襄阳自贸区、襄阳综保区为主体，更好地利用国内国际两个市场两种资源，在开放中降低企业成本、稳定市场预期、促进高质量发展。深化“放管服”改革，3项制度创新案例得到商务部认可，深化“无申请退税”、成立财智联盟、拓展物流通道等做法入选全省改革简报，总结提炼并上报案例经验34项。片区招商工作做法获得省自贸办肯定。“一网通办”扎实推进，顺利完成区级政务服务大厅搬迁升级，1 321项事项实现无差别受理，277项事项实现“一事联办”；“一网统管”加快应用，区、镇两级城运中心投入使用，硬件标准和体制机制、机构功能整合走在全市前列，聚焦“小而精”开发建成7个应用场景，在疫情防控中发挥了指挥中心作用，累计处置事件8万起，处置率100%。襄阳综保区9月22日正式运营。襄阳铁路物流基地已经开工，襄阳新港项目建设有序推进，襄阳机场已纳入国家“十四五”口岸发展规划，立体式多式联运物流网络正在形成。9条国际货运班列运行良好，东风汽车股份有限公司的13箱汽车零部件搭乘中越班列发往越南河内，成为RCEP生效实施后襄阳首发的通过襄阳保税物流中心报关出口的国际货运班列。全年襄欧班列发运640大箱；南向通道发运164个大箱；襄阳—宁波通道发送1 111大箱。

【营商环境】2022年，高新区坚持以优化营商环境改良土壤，以减税降费施肥浇水，以优质服务持续激发市场主体活力。聚焦高频事项，大力开展流程再造和系统重塑，实现减材料35.12%、减环节31%、减时限86.13%、最多跑一次比率达100%。以比亚迪襄阳产业园项目为抓手，在全区探索推动新建工业项目平行推进法，大幅度降低项目落地时间。用好用足用活中央33条、省133项稳经济“一揽子”政策及中央19项接续政策，共实现惠企资金直达企业9.2亿元，新增减免及退税金额达11.85亿元，向上争资金5.06亿元，争项目213个，进一步增强了企业发展信心。持续开展“百名干部进百企解百难”活动，298名干部包保服务467家企业、89个入库亿元以上项目，收集整理企业融资、用工等方面的困难问题近300件，其中80%的问题已解决。在全区开展历史遗留问题大起底，由党工委管委会领导包保领衔化解，美洋公司、香山花园、失地农民养老保险等一批难以解决的疑难杂症得到妥善处置或取得明显进展，尤其是针对美洋公司问题，经过多方争取汇报，花费较大心血，美洋公司破产事项取得了显著成效，同时推动年产12万辆的东风新能源乘用车项目落户美洋公司。

（襄阳高新技术产业开发区管委会）

泰州医药高新技术产业开发区

【概况】2009年3月18日，国务院批复泰州医药高新技术产业开发区升级为国家级高新区，成为全国第一个以医药健康产业定位命名的高新区、江苏省重点建设的特色产业基地之一，是江苏省委、省政府重点打造的全省生物技术与新医药产业核心区、综合改革试验区、转型升级先导区。2010年2月，科技部、卫生部、国家食品药品监管局、国家中医药管理局与江苏省政府共建中国医药城机制正式启动，成为全国唯一的部省共建高新区。2021年，泰州医药高新区与高港区正式融合、实行“区政合一”管理体制。融合后的泰州医药高新区（高港区）位于泰州市区南部、长江北岸，行政区划面积402.87平方千米，常住人口43.82万人，下辖生物医药产业园区、化学新材料产业园区、电子信息产业园区、高端装备制造产业园区、港口物流产业园区5个功能园区，野徐镇、胡庄镇、白马镇、大泗镇、永安洲镇5个镇，以及口岸、许庄、刁铺、寺巷、明珠、凤凰、沿江7个街道，145个村（社区）。泰州综合保税区位于电子信息产业园区内，2010年4月28日经国务院批准设立，总规划面积1.76平方千米，2015年5月经国务院批准整合优化为综合保税区，是泰州市唯一的海关特殊监管区。

【经济发展】2022年，高新区实现地区生产总值1 153.39亿元，同比增长2.7%；一般公共预算收入101.13亿元，同口径增长12.6%，总量和增速均列全市第1位；规上工业增加值完成237.17亿元，增长10.4%；高新技术产业产值占规上工业总产值比重48.61%；工业一般纳税人开票销售886.27亿元，增长22.2%；限上社会消费品零售总额178.59亿元；完成固定资产投资617.36亿元，其中工业投资386.63亿元，高技术产业投资占比31.8%；全社会研发投入占GDP比重3.41%，万人发明专利拥有量52.39件；实际利用外资2.7亿美元，进出口总额40.89亿美元。2022年，大健康产业、电子信息产业、石化及新材料产业、高端装备产业等四大主导产业实现产值852.93亿元，同比增长22.9%，占全区规上工业产值比重36%。国家级高新区、全国生物医药类园区综合排名实现争先进位，分别列第80位和第11位。

【招商引资】2022年，高新区新签约亿元以上项目283个，总投资854.73亿元，其中内资项目267个，总投资815.87亿元；外资项目16个，总投资5.58亿美元，其中，新签约5亿元（3 000万美元）以上项目87个，总投资640.59亿元；内资项目74个，总投资604.17亿元；外资项目13个，总投资5.23亿美元。其中，总投资120亿元的盛虹新型储能电池及系统集成、30.5亿元的龙凤堂中药生产、30亿元的保均特高性能新材料石油工程装备、20亿元的赛伯光伏级EVA胶膜、1亿美元的深国际智慧供应链产业园、6 000万美元的金泽皆研润滑油调和及石化新材料分装等一批重大项目签约落户。

【项目建设】2022年，高新区新开工5亿元（3 000万美元）以上项目28个，计划总投资189.03亿元，其中外资项目2个。总投资20亿元的中慧元通新型流感疫苗产业化、15亿元的蓝思电子产品零部件生产项目、10.5亿元的长城智造产业园一期、6.5亿元的粮食交易中心粮油物流、1.5亿美元的蓝思BGA智能化组装车间等一批重大项目开工建设；竣工项目24个，实际完成投资193.7亿元。总投资50亿元的蓝思精密部件扩能、15亿元的迈博太科抗体药物产业化、10.9亿元的龙凤堂五期中药生产、3 500万美元的高泓可降解材料等一批重大项目竣工建成。

【科技创新】2022年，高新区新增高新技术企业71个，签订产学研合作协议15项。获批省"潜在独角兽"企业3家，获批省"瞪羚"企业12家，获批市"瞪羚"企业2家。新获批市级及以上企业技术中心3家、市级及以上工程技术研究中心11家。国家级孵化器绩效考评优秀2家，省级孵化器绩效考评优秀1家、良好6家，工程技术研究中心省级绩效评价优秀2家。积极兑现各类奖补政策，落实研发费用加计扣除等税收优惠总额9.73亿元，兑现企业创新积分奖励9 100.24万元。企业研发平台量质并举，已认定省级、市级企业工程技术研究中心36家、51家。全区专利授权量3 402件，其中发明专利授权量474件；有效发明专利量2 879件，每十亿元地区生产总值发明专利拥有量24.96件，高维持年限发明专利量385件，PCT申请量44件。

【人才工作】2022年，高新区6名人才成功入选2022年国家级人才A类，申报数、入选数相较去年均实现翻番；3名人才被列入省"双创人才"，全市占比均达60%；16个人才项目（团队）进入省"双创计划"传统渠道申报终审答辩、3名人才成功入选省"双创博士"，占全市75%，数量均居全市第一。致力搭建产业、项目、科技、金融、人才"全融合"体系，高质量完成"113医药人才特别计划"提档升级。举办海外高层次人才泰州行暨泰州医药高新区（高港区）生物医药园区"华创苑"揭牌仪式。中国药科大学与扬子江药业集团共建"留学生产教融合教育中心"。用好"泰爱才"人才公共服务平台，推行人才政策"快兑行动"，全年发放购房补贴510万元、生活补贴45万元、租房补贴396.198 5万元、面试补贴91.05万元。

【城市建设】2022年，高新区实施城建重点项目67个，计划总投资239亿元，用于交通和城市道路、水污染治理、园林绿化、社会事业和人居环境、民生保障和人居环境等事项。开展幸福河湖建设，年内打造1条骨干河道、8条建成区河道、59条农村河道，荣获市级"十佳"幸福河湖、市级"五星"幸福河湖，农村河道长效管护工作获全省第一等次。全区新增绿地面积66.09万平方米，其中公园绿地4.22万平方米，附属绿地44.09万平方米，防护绿地2.78万平方米，区域绿地15万平方米，绿化覆盖率40.3%。创新探索乡村治理"清单制"和三个"一张图"模式，全区涉农村（社区）运用"清单制"占比达100%，年内创成市级乡村振兴示范镇1个、市级乡村振兴示范村4个。白马镇、柴墟入选江苏省首批省级地名文化遗产名单，其中，白马镇入选古镇地名，柴墟入选古村落地名。

【安全生产】2022年，高新区有效开展各类监督执法检查394次，对涉及苯乙烯、重氮化的3家企业开展专项治理和检查，督促5家涉及高危工艺企业完成全流程自动化改造工作，指导全区7家重大危险源企业完成"双重预防"机制建设；多层次多形式开展安全生产宣传教育60余场次，受众1万余人次；举办各类安全生产培训班372场，培训"三项岗位"人员6 402人次，特种作业人员3 728人、高危行业主要负责人206人、安全管理人员228人通过考试；开展区级专项应急预案演练12次，督促各镇街开展各类综合专项演练29次，组织开展企业无脚本拉练52家次，督促企业自行开展各类演练1 332家次；建立19支专业应急救援队伍，应急值守工作落到实处，24小时通信畅通，防火、防汛、防旱、防事故等工作步入规范化、制度化、常态化轨道。

【管理与服务】2022年，高新区制定出台《"园区吹哨、部门报到"工作实施方案》，创新设立区级协调机构"吹哨办"，细化"接哨"程序，明确"报到"要求，推行"次评价、月通报、季测评、年考核"工作模式，做到全程跟踪、分类施策、有的放矢，实现"吹哨"到"销号"全流程闭环管理体系，推动政务服务"沉"

下去，企业满意度“提”上来。全年累计服务企业100余次，协调解决问题150余件，办理“吹哨”事项20件。

【社会文化事业】 2022年，高新区完成王干书屋、实小东校区城市书房等基础设施建设，12个镇（街）综合文化站、126家村（社区）综合文化服务中心全部免费对外开放，141个农家书屋全部实现与区图书馆“统借统还”。开展群众文艺精品创作活动，其中歌伴舞《逐梦在小康大道上》、歌曲《顾炎武》入围第十五届江苏省“五星工程奖”，美术作品《喜迎开海系列三》获全国少数民族美术作品奖。全年共组织文化活动2000余次，各类惠民演出300余场，累计服务220余万人次；组织主题展览主题书画美术作品展、图书漂流、文艺演出、艺术普及、戏曲进乡村、知识讲座等活动500余场次；发放“文化惠民券”资助演出金额290.1416万元，点单演出315场。

【2022年大事记】

5月31日，泰州医药高新区（高港区）汽车产业联盟党委成立仪式暨首期汽车产业发展高端论坛在长城汽车股份有限公司泰州分公司举行。

6月14日，依靠“泰嗨淘跨境购”平台，泰州市首单保健食品跨境电商网购保税进口业务在综合保税区顺利走通。

7月12日，2022“苏韵乡情”乡村休闲旅游农业（泰州）专场推介暨“活力省运•魅力高新”乡村休闲健身跑活动在泰州医药高新区（高港区）爱情海欢乐田园成功举办。

8月，泰州港—济宁港运河集装箱航线开通，泰州腹地内至山东西北区域的水运物流方式成本下降约40%，时效缩短3～4天。

11月，第十三届中国（泰州）国际医药博览会在中国医药城会展交易中心举办。

12月12日，区政务服务中心与市政务服务中心一体化办公，实现“场地融合、审批融合、服务融合”，实现“进一门，办成所有事”便民服务目标。

（泰州医药高新技术产业开发区管委会）

湘潭高新技术产业开发区

【经济发展】2022年，湘潭高新技术产业开发区把创建“五好”先进园区作为园区发展头等大事，制定了《湘潭高新区创建“五好”园区2022年补短板攻坚行动方案》《湘潭高新区2022年“五好”园区争先进位工作方案》，实施亩均税收提升、主特产业培强等十大行动。全年，实现亩均税收13.15万元/亩，同比增长14.16%；亩均生产总值达到142.41万元/亩，同比增长37.38%；主导产业营业收入占比达到75%；高新技术产业营业收入占比58%。

【产业发展】2022年，湘潭高新区新增国省专精特新“小巨人”企业13家，崇德科技创业板IPO成功过会，低效用地处置经验被湖南日报、新华网等报道推介。贯彻科学规划引领，围绕省产业园区规划“两主一特”定位，重点谋划布局智能制造装备产业园、数字经济产业园、产城融合功能区等“两区六园”，其中精品钢材精深加工产业园、工业软件数字产业园被列为市第一批示范专业园区。正在积极申报的生物医药、两新三电、飓速智慧云仓等三个特色产业园成为湘潭市第二批专业园区。持续关注亩均效益提升，全面推进了全省产业园区土地利用清理专项行动，倒排三年内具体处置目标，实施六个一批精准处置，形成“一地一策”“一企一档”灵活处置方案。全年完成低效用地处置省任务844.56亩，全面完成年度任务，奥托斯、华怡奔达、新昕通用等已出租盘活，冠宇化工已破产清算，威斯特已被法拍重新引入新项目，新特轴承、华宇、福寿堂等进一步提高土地利用效率，江南银箭、华医净、天利恩泽三个多年遗留地块已成功收回。持续关注主特产业壮大。“两主一特”4条产业链引进亿元以上项目27个，总投资153.8亿元，其中投资10亿元以上项目6个。24家区级培育企业中有12家被列入省级上市后备企业库。哈电风能一种模块化模具及预制式多边形钢混塔筒认定为省首台套重大技术装备，华菱线缆获批省中小企业技术创新“破零倍增”典型案例，世优电气、千智机器人等9家企业产品进入省工信厅重点新产品推荐目录。湘电重装自主研发120吨纯电自卸车量产，湘电动力研制的我国首台套1兆瓦飞轮储能装置在青岛地铁顺利并网应用。

【科技创新】2022年，湘潭高新区突出平台支撑，承载能力不断增强。获批国家级知识产权强国建设试点园区，创新发展指数稳居全省前列。注重夯实科技创新平台，建成全省第一个世界知识产权组织批准的技术与创新支持中心（TISC），与省、市知识产权局共建湖南省知识产权（湘潭）综合服务中心。与岳麓山大科城等高校开展战略合作，组建“科技管家”团队，累计挖掘企业需求424项，达成合作168个。高标准建设中南地区首个院士产业园和“三院一中心”，韶峰应用数学研究院获批省新型研发机构，湘钢瑞泰、金杯电工获批省级工程技术研究中心。园区科技成果转化载体突破110万平方米，拥有国省众创空间25个，院士工作站6个。高企培育入库企业400余家，高企总数达到206家。科技型中小企业入库292家，同比增长43.8%；规模以上工业企业中有研发活动占比达82%。持续强化金融服务平台，探索高科技产业化项目“后补助+科技金融”模式，通过信易贷等渠道为企业获得授信50.7亿元，其中信用贷款14家5 790万元、税易贷19家

5 470万元、续贷32家2.6亿元，帮助企业节约利息支出800多万元。组织18家企业申报设备购置贴息贷款，湘钢、金杯电工等4家获批贷款共计2.17亿元。健全人才服务平台。出台涵盖人才引进、奖励、培育、服务等多方面内容的区人才政策体系，“人才强区”每年工作经费不少于1 000万元。累计引进创新创业人才团队5个，全职或柔性引进高层次人才27名，兑现省级各类人才支持经费220万元。

【项目建设】2022年，湘潭高新区加快项目建设，产业集聚逐步形成。精准发力招强引优。做实做细全员“大招商”“小分队”驻点招商、潭商招商、委托（中介）招商、专业园区招商、线上招商、基金招商、招商清单靶向招商等，签约引进亿元以上产业项目32个，合同引资236.6亿元，其中“三类500强”项目5个，10亿元以上项目9个，外贸实体项目4个。产业链式集群发展。装备制造（能源装备）全国综合评定“四星”等级。精品钢材精深加工、先进电传动及风电装备等三条产业链分别召开招商推介会、产供销座谈会。产业综合体初具规模。产业综合体建设作为推动产城融合发展的核心抓手，积极引入民营资本和各类社会资金近70亿元来区建设产业综合体。大力推进中南高科、金荣、力合、新松、东方金谷等“园中园”建设，新增投入使用标准厂房40万平方米，引进各类中小企业近300家。重点项目稳步推进。成立了对接“市‘四区一地一圈一强’建设总指挥部”工作小组，印发《区2022年重大建设项目联点工作方案》，全年68个重点项目完成投资180.66亿元，投资完成率125.51%，开复工项目68个，开复工率100%。金杯、华菱完成厂房主体建设，正在进行设备安装调试。湖湘防护科创园、臻和亦康等一批用地项目加快建设。

【深化改革】2022年，湘潭高新区谋划体制改革，发展活力全面激发。编制《区全面深化改革工作方案》，全面铺开人事管理改革、社会事务剥离改革、投资决策管理改革、平台公司改革、“放管服”改革、招商引资机制创新等10项重点领域改革，强化园区经济功能定位，确保主责主业和从业人员占比不低于70%。着力推动市场化转型。编制《区平台公司市场化转型方案》，通过资源、资产、债务重组置换、低效劣质资产清退处置等方式，增强市场化营运主体投融资和资本运作能力，做大资金池，实现债务有效化解和良性循环。探索成立新公司进军能源管理、智能物联网改造、节水节能等相关业务，参股潭州新能源光伏项目。健全绩效考核机制。强化“五好园区”考核导向，突出差异化、个性化考核，推行分阶段考核销号，将考核结果与薪酬收入、评先评优、职务调整挂钩，激发干事创业活力。

【营商环境】2022年，湘潭高新区提升发展形象，营商环境加速优化。精准施策纾困增效。制定《湘潭高新区“纾困增效”专项帮扶行动实施方案》，“一对一”精准服务重点企业664家，交办12批次298个问题，有效解决权证办理、要素保障等问题289个，解决率达97%。迅达集团2号地块地下水网改道工程、瑞湘环保门前道路大面积坍塌等问题得到有效解决。狠抓市场主体服务。实施企业开办“四减四零”改革，将企业开办6个环节整合为1个环节，申请材料从23份压缩至最多6份，企业开办时间压缩至0.5个工作日，新增市场主体4 419户，其中企业开办新增1 620户，同比增长131.1%。产业项目“闭环”审批。建立“闭环”审批“1+N”制度体系，产业项目“闭环”审批提前办结率环比提高30%。出台“容缺审批＋拿地即开工”实施方案，金杯电工等10个项目实现拿地即开工。探索极简审批，实现涉企经营许可事项告知承诺制“一事一标准”落地运行，办理第一批涉企经营许可事项42件。持续优化工程建设项目联合验收，目前完成伊索尔等并联审批61个事项，工程建设项目审批制度改革工作获省表扬通报。政策高效兑现。兑现园区53家企业在智能制造、科技研发奖补、135工程奖补等各类奖励资金共计2 924万元，为企业留抵退税 6.12 亿元。强化“三链”服务。围绕产业链逐级制定重点对象“招商清单”，建立目标企业库，梳理项目信息 252 条，开展全过程延链、补链、强链服务，积极争取产业链企业各项奖励，“亲商清商”氛围深厚。

（湘潭高新技术产业开发区管委会）

蚌埠高新技术产业开发区

【概况】蚌埠高新区1994年4月经安徽省人民政府批准成立，1995年5月启动建设，2010年11月被国务院批准为国家高新技术产业开发区，2016年6月与合肥高新区、芜湖高新区一道被国务院批准建设合芜蚌国家自主创新示范区，2020年9月与合肥、芜湖一道被国务院批准建设中国（安徽）自由贸易试验区。2022年底，在全国177家国家高新区中综合排名73位。辖区规划范围面积137.6平方千米，行政管辖面积111.5平方千米。下辖秦集镇、秦集社区管理中心、天河科技园，辖区常住人口11.5万人，其中秦集镇2.5万人，秦集社区管理中心5.3万人，天河科技园3.7万人。拥有各类企业近5 000家，其中“四上”企业229家，规模以上企业115家，高新技术企业135家，科技型中小企业133家，省级以上专精特新企业44家，上市企业5家（安徽建工、凯盛科技、大富科技、德豪润达、安徽凤凰）。

【经济发展】2022年，蚌埠高新区实现地区生产总值（含烟厂）235.3亿元；完成建筑业产值276.2亿元，增长10.3%；完成服务业增加值38.8亿元；完成一般公共预算收入12.3亿元，增长10.1%；城乡居民人均可支配收入分别增长4.6%、5.5%。

【产业发展】蚌埠高新区拥有特色的产业基础。始终坚持产业强区战略，已形成电子信息、高端装备制造两大主导产业，打通了新型显示、5G移动通信、特种药用玻璃、太阳能光伏、高端汽车零部件、现代工程机械、智能成套装备、高端医疗装备等多条产业链，培育了凯盛科技、国显科技、鸿程光电、大富科技、高华电子、双环电子、昊方机电、凯盛工程、安徽凤凰、依爱消防、安徽柳工、工驰汽车、康宁药玻等一批产业链骨干企业，打造了显示模组、柔性玻璃、智慧黑板、5G通讯器件、5G通讯检测设备、汽车空调电磁离合器、滤清器、高端玻璃装备、消防设备、工程机械、薄膜太阳能电池、药用玻璃等一批拳头产品。硅基新材料产业入选国家新型工业化产业示范基地，并多年被国家工信部评为“五星级”基地。

【科技创新】蚌埠高新区拥有丰富的创新资源。始终坚持创新驱动发展战略，获批了合芜蚌国家自主创新示范区、合芜蚌科技成果转移转化示范区等创新发展平台，拥有中电科40、41所等驻蚌科研院所，建立了孵化器、众创空间等国家级创新创业平台9个，省重点实验室、省工程技术研究中心、省新型研发机构、省工业设计中心、省企业技术中心等省级研发平台67个，省级以上领军人才和创新团队92个。一批重大科技成果相继问世，国内首条全国产化30微米超薄柔性玻璃生产线启动工业化生产；全球结构最优的5G有源天线系统产品研发成功；转换效率达19.2%的铜铟镓硒薄膜太阳能电池组件再次刷新世界纪录；高阻隔水汽薄膜与AMOLED封装技术打破国外技术封锁；“宽带微波毫米波频谱分析仪”“地质工程分布式光纤监测关键技术及应用”“毫米波与太赫兹测量系统”三个项目分获国家科学技术进步奖一、二等奖；“盐酸安妥沙星”获国家技术发明二等奖；昊方机电、大富科技基站滤波器、凯盛工程的浮法玻璃退火窑装备入选国家制造业单项冠军企业（产品）；昊方机电汽车空调电磁离合器市占率世界第一。

【平台建设】蚌埠高新区拥有广阔的合作空

间，始终坚持开放合作，获批中国（安徽）自由贸易试验区、皖北承接产业转移集聚区等重大开放平台，综合保税区启动建设。与浙江自贸区金义片区、宁波前湾新区等长三角地区开展战略合作，与上海浦东金融局合作成立了长三角资本市场服务基地皖北分中心，与上海虹桥品汇合作成立了虹桥进口商品展示交易中心蚌埠分中心。每年从长三角、珠三角、京津冀等重点地区引进转移亿元以上重大产业项目30个以上，美国康宁、法国圣戈班等全球跨国企业纷纷投资高新区。

【营商环境】蚌埠高新区拥有一流的营商环境。始终坚持产城融合发展，高新区毗邻淮河、涂山，坐拥天河湖、天公新河等水系，形成了山水相望、河湖相连的独特自然景观。园区具有公铁水综合运输优势，高速入口直连京台、宁洛高速；紧邻千里淮河，通过江淮运河可以通行2 000吨级船舶，国电码头已建成4个千吨级泊位，正在建设黄疃窑码头，建成后水运吞吐量将达到1 000万吨，明年“引江济淮”项目通航，将实现淮河与长江的连通；国电铁路货运专用线穿越开发区，具备2万吨/日运输能力。园区基础设施完备，园区有中小企业产业园、金业产业园等标准化厂房，电商大厦、自贸大厦等写字楼，正在建设新型显示配套基地、新型显示产业园、电镀产业园等项目；国电公司蒸汽富余量达到600吨/小时，能够满足企业蒸汽需求，蒸汽价格239元/吨；西气东输刘巷子门站可直接接入天然气，并拥有新奥燃气、昆仑燃气两家供应企业，工业天然气价格为3.91元/立方米；园区主干道及排水管网已全部建成，自来水供水管网已全面建成，拥有蚌埠市第四污水处理厂和天河科技园污水处理厂，正在建设天河科技园污水处理厂二期和三期，工业用水费用2.76元/吨，工业污水处理成本约为5.7元/吨；园区电网完善，热点联产项目正在建设，建成后年发电量170GW/年，年供热量为300万GJ/年，确保园区电价低于周边，工业用电成本约0.69元/度。园区培育了三实校、高新实验学校、迎宾实验学校等优质教育品牌，实施了秦集、仁和、刘巷等人才公寓项目，保障企业人才引进。

【机构设置】蚌埠高新区党工委、管委会是市委、市政府的派出机构，机构规格为副厅级，自贸试验区蚌埠片区管委会与高新区管委会合署办公，机构性质为参公管理事业单位，核定公务员及参公人员编制107名。管委会机关内设机构11个：党政办公室（党工委宣传部、社会治安综合治理中心）、党工委组织部（党工委统战部、人力资源和社会保障局）、经贸发展局、财政金融局、城乡建设局（乡村振兴局）、社会事业局（退役军人事务管理中心）、科技经济信息化局、综合执法局（市场监管和知识产权局、应急管理局）、投资促进局（自贸区投资促进局与其合署办公）、改革创新局（自贸区改革创新局与其合署办公）、自贸区综合协调局（商务外事局与其合署办公）。派出机构1个：市纪委监委派出蚌埠高新区纪工委（监察办公室）。区直属单位18个：2个乡镇（秦集镇、天河科技园）；1个社区管理中心（秦集社区管理中心）；3个国有企业（蚌埠高新投资集团有限公司、自贸区经发集团、蚌埠建筑工程设计院）；3个事业单位（行政执法五大队、财政支付中心、人才交流劳务服务中心）、7所学校、1所乡镇卫生院和1所专业医院。驻区单位7个：税务分局、公安分局、交警六大队、自然资源和规划分局、司法分局、生态环境分局、消防救援大队。

（蚌埠高新技术产业开发区管委会）

新余高新技术产业开发区

【概况】新余高新技术产业开发区成立于2001年11月，下辖1镇2办事处，辖区面积266平方千米，常住人口18.6万，规划面积100平方千米。2006年3月升级为省级开发区，2010年11月升级为国家级高新区。2022年综合排名位列全国173个国家级高新区第72位，位列全省9个国家级高新区第2。荣获2022年度全省开发区综合考核第一等次。

【经济发展】2022年，全区工业企业实现营业收入838.2亿元，同比增长9.5%；实现财政收入74.6亿元，同比增长108.7%，税收完成73亿元；外贸出口总额153亿元、规上工业企业实现利税总额231.7亿元，同比分别增长235.1%、290.4%，增幅均列全省国家级开发区第1位。2023年1—7月，实现营业收入381.7亿元、增长-7.1%，实现规上工业增加值增长12.2%，实现财政收入62.2亿元，同比增长16.9%。实现利税总额368.28亿元、增长-71.0%，实现税金总额9.75亿元、增长-43.3%。完成固定资产投资额79.94亿元、增长8.7%。项目签约资金460.65亿元、增长18.5%。实际利用外资685万美元、增长1041.7%，实际利用省外境内资金246.23亿元、增长7.6%。财源信贷通授信额度5.42亿元、增长3.4%。

【产业发展】一是锂电新能源产业。现有锂电企业43家，规上企业32家。2022年锂电新能源产业营业收入500亿元。全区锂盐产能18.3万吨，占全球的17.9%、全国的24.7%，锂电池产能达22GWh。

二是装备制造及消防产业。主要包括以良求机械、宝顺昌特种合金等为代表的机械加工及零部件企业；以富士长林电梯、国科特种装备、泰达长林、凯润达、众加利为代表的装备制造的企业群体。重点消防企业主要有博迅汽车、宝安实业、致远消防、兴安消防、五联消防、旭安消防。现有企业80余家，规上企业57家。2022年实现营收37亿元。

三是电子信息产业。主要包括以沃格光电、木林森、亿铂电子、法瑞新等企业为代表的电子信息产业。现有企业30余家，规上企业22家。2022年实现营业收入60.09亿元。

四是钢铁及钢材加工产业。现有企业70余家，规上企业43家。2022年实现营收140亿元。

五是新材料产业。现有企业30余家，规模以上工业企业18家。2022年实现营业收入13.5亿元。

（新余高新技术产业开发区管委会）

自贡高新技术产业开发区

【概况】自贡高新技术产业开发区于1992年经省政府批准建立，2006年经国家发改委审核，更名为“四川自贡高新技术产业园区”，2011年经国务院批准升级为国家高新技术产业开发区。自贡高新区位于市中心南侧，规划控制面积100平方千米，目前已开发25平方千米，下辖“三街一乡”，总人口18万余人。作为自贡建设成渝经济区西南部区域中心城市的主要载体，自贡高新区在自贡市委、市政府的坚强领导下，不断开拓创新，跨越赶超，在20年的建设发展中不断取得卓越成绩。经济基础坚实。

【经济发展】2022年，自贡高新技术产业开发区实现地区生产总值（GDP）274.73亿元，按可比价计算，比上年增长1.5%。第一产业增加值0.25亿元，同比增长4.4%，其中，农林牧渔业增加值0.25亿元，同比增长4.4%。第二产业增加值102.79亿元，同比下降0.40%，其中，全年实现全部工业增加值72.88亿元，同比下降2%。全年规模以上工业企业118户，同比增长8.3%。规模以上工业企业营业收入195.69亿元，同比下降11.7%；规模以上工业企业利润总额11.41亿元，同比下降14.4%。全年建筑业增加值29.99亿元，同比增长4.2%。建筑企业共25户，同比下降3.8%。“成渝地区双城经济圈”合作示范园区1个，同比无变化。第三产业增加值171.69亿元，同比增长2.6%，其中，批发和零售业增加值37.18亿元，同比增长3.8%；网络零售总额2.39亿元，同比增长71.3%；住宿和餐饮业增加值6.1亿元，同比增长1.8%；房地产业增加值16.86亿元，同比下降10.4%。

【固定资产投资】2022年，高新区全社会固定资产投资148.27亿元，同比增长12.9%，其中，第一产业投资0亿元，同比无变化；第二产业投资35.3亿元，同比增长51.6%；第三产业投资112.96亿元，同比增长3.4%。房地产开发投资36.32亿元，同比降低46.7%。

【市场主体】2022年，高新区市场主体总量达到25 593户、同比增长10.66%。其中国有、集体及其控股企业937家，同比增长7.21%；私营企业8 306家，同比增长10.66%；外商投资企业74家，同比增长8.82%，个体工商户16 273家，同比增长10.86%；农民专业合作社3家。

【对外经济】2022年，高新区全年进口额1.31亿元，同比增长92.3%。出口额7.59亿元，同比增长5.52%。

【财政金融】2022年，高新区全年一般公共预算收入9.92亿元，同口径（按财政部统一口径扣除增值税留抵退税因素，下同）增长12.12%；一般公共预算支出14.02亿元，同比下降15.71%。

【科技创新】2022年，高新区有高新技术企业79家，同比增长31.67%；专精特新中小企业31家，同比增长24%；工程技术研究中心7个，同比无变化；省级重点实验室10个，同比无变化。

（自贡高新技术产业开发区管委会）

衡阳高新技术产业开发区

【概况】衡阳高新技术产业开发区位于衡阳市城区西南部，1992年6月经湖南省人民政府批准成立，2012年8月经国务院批准升级为国家级高新区，2021年9月升格为副厅级单位，对白沙洲工业园区、衡阳综保区、衡山产业开发区（衡山科学城）实行统一管理，总规划面积92.97平方千米，已开发区域面积44.36平方千米，常住人口40万。衡阳高新区是一座产业之城。2022年在全国177家国家级高新区中排名第77位；在全省国家级高新区创新发展绩效评价中排名第3位，获省政府真抓实干激励表彰。成功获批国家火炬智能终端特色产业基地、国家知识产权强国建设试点园区、全市第一家国家级科技企业孵化器等荣誉。

【经济发展】2022年，衡阳高新区实现GDP总量296.22亿元，增长6.0%，衡阳市第一；规模工业增加值增长7.9%；固定资产投资264亿元，增长6.9%；社会消费品零售总额132亿元，增长2.9%，衡阳市第一；一般公共预算收入28亿元，增长7.18%，其中地方税收收入13.67亿元，增长21%，财税体量在全市稳居第一；完成外贸进出口总额342亿元，增长32.8%；“四上”企业净增数57家，五城区两园区排名第一。

【项目建设】衡阳高新区设置驻粤港澳大湾区招商办事处，2022年共签约产业项目32个，总投资超100亿元，其中引进“三类500强”企业6个。实施省、市重点项目52个，完成年度计划投资130.55亿元，省、市重点项目年度投资完成率分别达到140%和150.99%。研发投入超10亿元，新增国家级专精特新“小巨人”企业5家、省级专精特新“小巨人”企业9家。

【生态之城】2022年，衡阳高新区城市绿化覆盖率达45%，区内有生态公园、船山公园、平湖公园等9个公园广场，有陆家新屋、双水湾2家国家3A级旅游景区，其中，陆家新区中央公园是全市第一家科技主题公园，衡阳廉政文化雕塑园是全省首家廉政文化雕塑园，雁鸣溪广场、树冠走廊、啤酒广场已成为衡阳的标志性景点。

【宜居之城】2022年，衡阳高新区与高铁站、机场、火车站均在半小时车程内，多条国省道、高速公路环绕而行。全市90%以上的政务机关坐落于高新区，有中小学20所、大学1所，在校学生近5万人，区内有12家银行总部、11家保险公司总部、100多家金融网点，三甲医院2所，基础配套一应俱全。

（衡阳高新技术产业开发区管委会）

长春净月高新技术产业开发区

【概况】长春净月高新技术产业开发区（以下简称“净月高新区”）成立于1995年，2012年晋升为国家级高新技术产业开发区，2022年4月获批国家自主创新示范区。位于长春市东南部，区域面积478.8平方千米，建成区面积62.5平方千米，下辖3个整建制镇和7个街道办事处，35个村、39个社区，人口数40.87万人。先后获得国家服务业综合改革试点区、国家电子商务示范基地、国家广告创意示范园区、国家现代服务业数字媒体产业化基地、国家信息消费试点区、国家级文化和科技融合示范基地、国家智慧城市试点等“国家级称号”。2022年全区地区生产总值（GDP）完成432.6亿元，一般公共预算区级财政收入6.19亿元。

【生态环保】净月高新区是长春市生态核心区，拥有亚洲最大的人工森林，每立方米负氧离子含量高达2万个，是城区的400至500倍。林水面积243平方千米，占区域总面积的51%，有“喧嚣都市中的净土”之美誉。

【科技创新】净月高新区科创资源富集。域内汇集高等院校11所、国家高新技术企业476家、国家重点实验室29个、省级以上技术中心43个、各级技术转移机构44个、一线科研人员近4万人。拥有孵化载体36家，总孵化面积31.6万平方米，在孵企业979家，是长春市重要的人才培养、实验研发、成果转化基地。

【文旅资源】净月高新区文旅资源丰富。拥有净月潭国家森林公园、伪满皇宫博物院、长影世纪城三个5A级景区和瓦萨博物馆、农业博览园、省三馆等12座专业展馆，定期举办瓦萨国际越野滑雪节、净月潭森林马拉松赛、净月潭国际森林山地自行车马拉松等14项国际性赛事活动，被认定为首批省级全域旅游示范区。

【主导产业】净月高新区数字经济、影视文旅、现代服务业是我区三大主导产业。数字经济产业，我区是全省数字经济产业集聚区、全市数字经济发展核心区，规划了面积近400万平方米、分期建设推进的数字经济产业园，起步区已吸引京东科技、神州数码、东数科技等多家优质企业入驻，核心区在建的长发算力中心、净月未来城等项目加快夯实算力“底座”，引入网易、联通、祥云等头部企业，启明信息、慧程科技列入全市工业企业数字化转型系统解决方案服务商名录，初步实现数字赋能一二三产和服务政府、服务企业、服务民生。影视文旅产业，与万达联手打造国际影都项目，高标准建设影视拍摄、影视文旅、影视总部、数字影视、影视教育、影视孵化“六大基地”，落位万达影棚、金色大厅、万达茂等重点项目；与长影共谋长影总部及抗日题材影视拍摄外景地建设，重点打造“万达+长影”双IP。启动实施净月潭5A级景区提升工程，伪满皇宫博物馆数智创新实验室入选全国文物旅游景区创新发展力前十。现代服务业产业，吸引了东北证券、一汽金融、吉林农投等龙头企业入驻，初步形成了净月金融服务中心骨干支撑。加快推动推动农业科技成果转化，布瑞克“豆业云”供应链数智产业园、“吉肉云”互联网交易平台“互联网+农业+金融”新发展模式运行良好。全力打造建筑业大厦，出台建筑业扶持政策，吸引建筑业企业入驻，意向入驻企业23家，已完成入区注册企业13家，预计使用建筑面积1.3万平方米。

（长春净月高新技术产业开发区管委会）

荆门高新技术产业开发区·掇刀区

2022年，荆门高新技术产业开发区•掇刀区直面挑战、攻坚克难、砥砺前行的一年，面对新冠病毒疫情冲击、经济形势复杂多变、转型升级任务繁重、区域竞争日趋激烈等严峻考验，全区围绕“3551”产业发展计划，以高质量发展为主题，主动作为，担当善为，奋发有为，经济发展活力增强，多项指标增速居全市第一，构建新发展格局迈出坚实步伐，综合实力显著增强，实现了质的有效提升和量的合理增长。

【经济发展】2022年，全区全年实现地区生产总值（不含漳河新区）380.23亿元，按可比价格计算，同比增长8.3%，其中，第一、二、三产业分别实现增加值13.91亿元、232.14亿元和134.18亿元，分别增长2.4%、12.3%和3.1%。三次产业结构为3.66∶61.05∶35.29。全年居民消费价格增长1.6%。分类别看，食品烟酒上涨2.2%，衣着上涨2.3%，居住类下降0.7%，生活用品及服务上涨1.4%，交通和通信上涨5.4%，教育文化和娱乐上涨0.9%，医疗保健下降0.1%，其他用品和服务上涨1.5%。全年新增城镇就业人员3 259人；年末城镇登记失业人数3 253人；城镇失业人员再就业3 635人；就业困难人员再就业1 397人；组织就业创业培训4 157人；城镇登记失业率为3.69%。劳动人事争议仲裁结案率100%、调解成功率70%。发放创业担保贷款10 055万元，扶持创业459人，带动就业1 177人。

【农业发展】2022年，全年实现农业总产值24.76亿元，按可比价格计算，比上年增长3.2%；实现农业增加值15.05亿元，按可比价格计算，比上年增长3.1%。全年粮食种植面积24.41万亩，同上年持平；油料种植面积24.52万亩，比上年减少0.21万亩，其中，油菜籽面积同上年基本持平。蔬菜面积5.50万亩（复种面积），比上年增加0.08万亩。主要农产品产量：粮食总产量13.17万吨，同比减少0.08万吨；油料总产量3.95万吨，比上年减少0.1万吨；蔬菜产量12.82万吨，比上年增加0.07万吨；水果（含瓜果类）产量2.07万吨，比上年增加0.09万吨。

【畜牧业、渔业】2022年，全年生猪出栏10.07万头，同比增长61.64%；家禽出笼298.31万只，增长3.36%；肉类产量0.87万吨（不含禽肉），增长64.15%；禽蛋产量4 615吨，增长11.53%。年末大牲畜存栏6.89万头，增长30.25%；家禽存笼192.5万只，下降10.49%；生猪存栏6.4万头，增长34.74%；全年水产品产量1.82万吨，增长6.43%。

【工业和建筑业】2022年，全区规模以上工业增加值同比增长21.4%（见表1）。新增规模以上工业企业21家，拉动全区产值增长14.4个百分点。全区27个行业大类，16个实现正增长，增长面达59.3%；70个行业中类，34个实现正增长，增长面达48.6%。全年高技术产业增加值同比增长341.4%；战略性新兴产业增加值增长41.1%。从全区三大千亿产业发展来看，化工产业实现产值473.81亿元，同比增长11.2%，营业收入476.42亿元，同比增长9.8%；以汽车为主的装备制造产业实现产值619.45亿元，同比增长88.2%，营业收入682.7亿元，同比增长114.4%；新能源新材料产业实现产值455.92亿元，同比增长67.9%，营业收入515.94亿元，同比增长97.2%。年末纳入统计的高新技术产业企业达130家。

表 1 规模以上工业增加值增速完成情况 单位：%

指 标	工业增加值累计增速	产销率
工业增加值	21.4	101.01
在总计中：轻工业	−17.6	105.37
重工业	35.2	99.63
在总计中：股份制企业	15.9	100.92
外商及港澳台投资企业	75.4	101.69
其他经济类型企业	58.8	100.00
在总计中：国有控股企业	−9.0	99.10
在总计中：非公有工业	60.7	102.01
在总计中：大中型工业企业	22.8	101.42

表 2 规模以上工业主要产品产量

产品名称	单 位	2022 年	同比（%）
原油加工	万吨	442.7	−19.3
柴油	万吨	97.4	−16.89
汽油	万吨	143.7	−24.73
硫酸	万吨	9.5	−50.77
发电量	亿千瓦时	72.5	4.40
商品混凝土	万立方米	175.8	12.79
服装	万件	4 686	−24.29
非织造布	万吨	3.6	−15.45
锂离子电池	万只	49 620	25.05
纸面石膏板	万平方米	3 375	−42.9
钢化玻璃	万立方米	665.6	10.71
夹层玻璃	万立方米	506.9	18.67
口罩	万只	170	−71.76
轮胎	万条	569	15.29
汽车	辆	44 067	−
运动型多用途乘用车	辆	21 542	−
载货汽车	辆	22 525	−
沥青和改性沥青防水卷材	万平方米	8 073	−9.61

全年规模以上工业实现营业收入 1 203.3 亿元，同比增长 47.1%；人均营业收入达 242.6 万元，同比增长 32.3%；实现利润总额 57.96 亿元，同比增长 45.7%；实现主营活动利润 49.26 亿元，同比增长 45.1%；营业收入利润率为 4.82%；每百元资产实现营业收入 199.4 元，较上年同期增加 8.3 元；本年应交增值税 14.54 亿元，同比增长 12.5%；亏损企业 37 家，亏损额 4.26 亿元，同比下降 11.8%；工业产品产销率 101.01%，较上年提高 3.21 个百分点。全年完成高新技术产业增加值 130.78 亿元，占 GDP 比重达 34.39%。

全年在库资质以上建筑业企业 52 家，比上年增加 14 家，完成建筑业总产值 45.28 亿元，同比增长 4.6%。建筑业竣工产值 25.23 亿元，同比增长 0.1%。实现建筑业增加值 11.14 亿元，同比增长 2.8%。新开工房屋建筑施工面积 85.69 万平方米，同比下降 9.1%。

【固定资产投资】2022 年，全区完成固定资产投资同比增长 17.7%，其中，房地产开发投资同比下降 36.7%。按产业划分：第一产业投资同比增长 24.7%；第二产业投资同比增长 38.2%；第三产业投资同比下降 12.4%。全年房地产开发投资 29.97 亿元，比上年下降 36.7%；房屋施工面积 501.33 万平方米，增长 27.6%；房屋竣工面积 201.64 万平方米，增长 256.2%。商品房销售面积 43.06 万平方米，下降 22.6%；商品房待售面积 58.91 万平方米，增长 57.7%。

【国内贸易和对外经济】2022 年，全区完成社会消费品零售总额 121.60 亿元，同比增长 6.3%。分行业看，限上批发业销售额 325.85 亿元，同比增长 32.9%；限上零售业销售额 86.94 亿元，同比增长 15.9%；限上住宿业营业额 0.66 亿元，同比增长 14.2%；限上餐饮业营业额 0.87 亿元，同比下降 5.8%。全年完成外贸进出口总额 127.5 亿元，同比增长 41.0%，其中，出口总额 78.6 亿元，同比增长 38.1%。实际外商直接投资 3 042 万美元。

【交通运输业】2022 年，全区交通运输、仓储和邮政业实现增加值 9.84 亿元，同比下降 4.4%。规模以上道路交通运输业实现营业收入 15.16 亿元，同比下降 20.1%。年末公路里程 1 182.934 千米，比上年增长 1%，其中，等级公路里程（包括一、二、三、四等）1 182.934 千米。改造农村公路 35.226 千米，建成通组公路 11.374 千米。

【财政和金融】2022 年，全区全年完成地方财政总收入 260 309 万元，同比下降 5.1%。按部门分，税务部门完成 285 350 万元，同比增长 4.7%；财政部门完成 -25 041 万元，同比下降 1 526.0%。实现一般公共预算收入 159 050 万元，同比下降 6.2%，可比增长 21.3%，其中，税收收入 142 454 万元，同比下降 8.9%，可比增长 20.9%。一般公共预算支出 242 685 万元，同比增长 18.6%，其中，一般公共服务支出 24 206 万元，公共安全支出 6 833 万元，教育支出 39 090 万元，文化旅游体育与传媒支出 966 万元、科学技术支出 19 331 万元，社会保障与就业支出 17 435 万元、卫生和健康支出 23 582 万元、节能环保支出 6 090 万元、城乡社区支出 40 729 万元。年末全区金融机构本外币各项存贷款余额 316.79 亿元，比年初增加 40.77 亿元，全年保险公司保费收入 23.76 亿元，比上年增长 16.7%。

【教育和科学技术】全区共有各级各类学校 25 所，其中，小学 17 所、初中 4 所、职业中学 1 所、九年一贯制学校 3 所。在校学生总数 32 684 人，其中，小学 23 052 人、初中 7 441 人、职业中学 2 191 人。中小学招生数 7 732 人，中小学毕业生数 5 955 人。全区教职工数 1 512 人，其中专任教师 1 492 人。

建设重大创新平台，“储能与动力电池实验室”获批湖北省重点实验室，新增专家工作站 1 家，新认定省工程研究中心及企业技术中心 4 家。新增 1 家省级星创天地。争取上级科技项目 28 项，其中，省级项目 11 个，市级重大专项 4 项。2022 年授权专利 2 092 件，同比增长 39%；新申请注册商标 763 件，授权量 677 件，累计注册商标 4 998 件。

【文旅卫体】2022 年，全区共有体育场地 817 个，面积共计 66.5 万平方米，人均体育场地面积达 1.58 平方米。全区开展群众性体育活动 20 次。全年接待国内外游客 178 万人（次），旅游收入达 3.9 亿元。年末全区区级图书馆 1 个，市图书馆分馆 1 个，农家书屋 73 个，社区图书室（书吧）34 个，企业“职工书屋”69 个，辖区学校图书馆（室）24 个，共计藏书 206.59 万册。截至 2022 年末，全区各级卫生机构共 214 个，其中，医院 7 个、社区卫生服务中心（站）及村卫生室 92 个，妇幼保健中心 1 个，疾病预防控制中心 1 个。卫生专业技术人员 4 542 人；医院床位数 3 527 张。

【民生保障】城乡居民生活继续改善。农村常住居民人均可支配收入 25 028 元，同比增长 7.6%；城镇常住居民人均可支配收入达 44 819 元，同比增长 5.9%。社会保障体系进一步健全。全区基本养老保险参保 166 695 人，其中，参加基本养老保险职工总人数 95 819 人（含退休 12 568 人），其中企业 91 538 人，事业单位 4 281 人；实际收缴基本养老保险 47 738 万元，其中企业实际收缴 41 601 万元，事业单位实际收缴 6 137 万元；失业保险参保人数达 25 300 人，实际收缴失业保险金 1 458 万元。企业职工基本养老保险扩面新增 1 582 人。2022 年基本医疗保险参保人数 287 145 人，其中城乡居民参保 242 203 人，职工参保 44 942 人。城镇低保标准提高到 780 元 / 月，农村低保标准提高到 550 元 / 月。发放住房租赁补贴 39 户、7.44 万元，改造农村危房 44 户。全区农林水支出 2.37 亿元，全区城市低保对象 1 065 户 1634 人，累计发放低保金 1 339 余万元；农村低保对象 432 户 867 人，累计发放低保金 530 余万元；城市特困 46 户 47 人，累计发放救助金 99 余万元，农村特困 242 户 248 人，累计发放救助金 440 余万元。

（荆门高新技术产业开发区•掇刀区）

湖南湘江新区

【概况】湖南湘江新区是2015年4月经国务院批复设立的全国第12个、中部地区首个国家级新区，规划面积1 200平方千米，涵盖岳麓区全境、望城区和宁乡市部分街镇；拥有5个国家级园区、2个省级园区，常住人口252万。2020年10月，开始布局建设湘阴、九华新片区；2022年6月，省委、省政府决定优化管理体制，将湘江新区、长沙高新区、岳麓区“三区合一”，按照“区政合一”模式运行，实现产城融合全面推进、资源配置全域共享、经济社会一体发展，努力把新区建设成为高质量发展引领区、改革开放新高地、城市建设新标杆。

【经济发展】2022年，新区GDP突破4千亿元，达4 282.3亿元，增长5%左右，经济总量居国家级新区第六位，以全省5‰的面积创造了8%的GDP。

【产业发展】湘江新区是先进制造聚集的现代产业重地，培育形成3大千亿级产业集群，占全省14个千亿级产业集群数量的五分之一，工程机械、新一代自主安全计算系统集群入选国家产业集群，成为先进制造“国家队”，智能网联汽车、先进储能产业走在全国前列，上市公司51家，列全国新区第二位。

【科技创新】湘江新区是创新活力涌动的科技创新高地。湘江实验室、岳麓山实验室等全省“四大实验室”布局新区，3所双一流高校、22所高等院校、33名“两院”院士、40余万名在校大学生汇聚岳麓山下，岳麓山大学科技城成为湖南“最强大脑”和创新策源地。正加快建设湘江西岸百里科创走廊和145平方千米的湘江科学城，全力打造中部地区科创新引擎。

【营商环境】湘江新区是国家战略叠加的投资兴业福地。新区叠加国家级新区、高新区、综保区、两型社会配套改革等政策，复制自贸区政策，正系统集成全国先进地区优惠政策，致力打造营商环境最优新区，政务服务事项压缩2 000余项，140个政务服务事项实现“就近办”，营商环境居全国新区第8位。

【宜居生态】湘江新区是山水人文交融的宜居宜游胜地。新区集“山水洲城”风貌于一体，森林覆盖率达42%，居国家级新区第一，一座岳麓山记录半部近代史，也是中共实事求是思想路线策源地，湘江水、橘子洲构成新区最美风景线，高端品质彰显、综合配套完善的品质新城正崛起湘江西岸，成为长沙城市新客厅，人们诗意栖居地。

【未来定位】湘江新区全面学习贯彻党的二十大精神，奋力实施“强省会”战略，在打造“三个高地”、建设高品质城市、推进区域协同和高质量发展上勇争先做示范，加速挺进国家级新区“第一方阵”，以新区实践为中国式现代化探索新路子、做出新贡献。

（湖南湘江新区管委会）

常德高新技术产业开发区

【概况】 常德高新技术产业开发区，起步为1992年成立的常德桥南经济开发区，2006年升级为省级经济开发区，2012年转型更名为湖南常德鼎城高新技术产业园区，2015年更名为湖南常德高新技术产业开发园区。2017年2月13日，经国务院批复，常德高新技术产业园区升级为国家高新技术产业开发区，定名为常德高新技术产业开发区，规划面积为63平方千米，实行现行的国家高新技术产业开发区的政策。园区是科技部“科技服务业区域试点园区”“国家现代装备制造高新技术产业化基地”“国家级科技资源支撑型双创载体”“国家级科技企业孵化器”。高新区核心园区工商注册企业1 283家，规模以上企业188家，其中工业企业147家，营业收入过亿企业66家，形成了以中联重科、中联恒通、特力液压等知名企业为龙头，智能装备制造、光电信息为主导，新材料为特色的“两主一特”产业发展格局。

【经济发展】 2022年，常德高新区完成工业总产值407.2亿元、规模工业总产值324.4亿元、规模工业增加值60.5亿元、地方一般公共预算收入5.5亿元、税收5.2亿元，获批国家新型工业化产业示范基地、省级高技术转化应用示范基地、省“十大高效用地园区”、全省园区用地清理整顿先进单位，入选省先进装备制造业集群，清理闲置、低效用地保障产业项目建设经验被自然资源部列为典型全国推广，创新型产业集群、企业积分制改革获批国家级试点，推进城镇更新提质等3项工作获市真抓实干奖励表彰。

【投资促进】 2022年，常德高新区签约项目39个、引资额97.8亿元，其中亿元以上项目31个、10亿元以上项目3个、“三类500强”新注册公司1家。保障工业项目用地22宗、1 214亩，完成产业投资101亿元，“千百十”工程和“四个十大”项目稳步推进，新开工亿元以上项目16个、新投产亿元以上项目11个。净增市场主体150家，新增规模工业企业24家、总数达166家，2家企业在湖南股交所挂牌。完成基础设施投入25.3亿元、建成标准化厂房21.6万平方米。

（常德高新技术产业开发区管委会）

茂名高新技术产业开发区

【概况】茂名高新技术产业开发区前身为广东茂名石化工业区，成立于2003年1月，2009年2月被认定为广东省产业转移示范园，2010年11月被认定为省级高新技术产业开发区，2018年2月，国务院同意茂名高新技术产业开发区升级为国家高新技术产业开发区。目前，茂名高新区管辖面积102平方千米，常住人口约12万人。茂名高新区交通便捷，高铁、港口、机场、高速公路全部在高新区一小时生活圈覆盖范围内。

截至2022年，园区茂石化乙烯生产能力达到110万吨/年，集聚了德国巴斯夫、法国液化空气、日本阪田油墨、奥克、鲁华、佳化、众和、新华粤、实华、重力、中氢动力、大参林、广州酒家粮丰园等一大批知名企业，已初步形成以精细化工为基础，以新材料、新能源、新一代信息技术、生物医药、绿色健康食品、高端装备制造协调发展的6大主导产业体系，茂名高新区正在从原来的单一石化传统园区向产业多元化、科技高端化和产城融合的创新园区迅速演变，并获得了“国家新型城镇化综合试点地区”“中国产学研合作创新示范基地”“国家火炬茂名高新区石化特色产业基地”“中国化工园区20强”“国家知识产权试点园区”等荣誉称号。

【经济发展】2022年，高新区完成规上工业总产值321.72亿元，同比增长27.7%；实现规上工业增加值72.25亿元，同比增长19.5%。完成固定资产投资64.59亿元，同比增长3.1%。完成社会消费品零售总额14.74亿元，同比增长1.7%。完成外贸进出口总额约13.53亿元，同比增长29.94%。完成一般公共预算收入累计完成1.70亿元，扣除留抵退税因素后为2.07亿元，同比下降32.2%，其中完成本级税收收入累计完成1.41亿元，扣除留抵退税因素后为1.79亿元，同比下降23.6%。

【产业发展】2022年，高新区绿色石化产业做强做优。以茂名石化产品提质升级改造项目推进实施为突破，扩大上游原料供应规模，延伸中下游产业链和产品系列，构建科学合理较完整的石油化工、精细化工等绿色石化产业链，形成高质量成品油、润滑油、有机原料、合成树脂等特色产品和高端精细化工产品系列，形成炼油、烯烃及衍生产品深加工一体化的产业集群。现已集聚了多个绿色石化产业项目，如长业化工16万吨/年环保溶剂油、电白油脂15万吨/年环保溶剂油生产装置、立和化工10万吨/年精细化工溶剂油、环海精细化工5万吨/年生物柴油等项目。

新材料产业做精做细。集中力量，加大投入，攻克环保技术瓶颈，以绿色技术为导向发展精细化工新产业、新业态，依托现有炼油、乙烯基础，大力发展化工新材料和高端化学品等石化下游产业，建设一系列高端化工新材料项目，做精做细做深做长新材料生产应用产业链条。重点发展基础化工原料、化工新材料、高端精细与专用化学品三个产品方向。目前，园区内已建成精细化工项目有：茂石化巴斯夫18万吨/年国内首套异壬醇生产装置、鲁华8万吨/年碳五综合利用、新华粤5万吨/年碳九石油树脂、奥克5万吨/年环氧乙氧基化系列产品、南海精细化工20万吨/年环氧乙烷等项目。在建项目有德纳醇醚、阪田油墨、仁康达医药中间体、瑞丰锆业锆英砂锆钛分离等项目。

氢能新能源产业重点培育。大力培育氢能新能源产业，助推能源清洁化低碳化转型。以氢气为源头，规划建设氢能、燃料电池及燃料电池汽车“三位一体”的氢能产业基地。依托东华能源丙烷脱氢项目，建设智慧能源系统，加快加氢加油一体站布点建设。园区内众和 50 000Nm^3/h 乙烯粗氢提纯生产装置技术改造项目已建成试生产中；广东国联粤西首个加氢加油混合示范站项目已完成立项、设计等前期工作，2021 年 3 月份已开工建设；与中石化销售股份有限公司广东石油分公司合资建设加氢、充电、加油综合能源站项目已签订战略合作协议。氢能产业项目正在推动茂名由“油城”向“氢城”转变。

新一代信息技术产业大力发展。厚植智能创新优势，紧盯新一代信息技术前沿，抢抓 5G 通信战略机遇，推动大数据等数字经济核心技术攻关、示范应用和产业化。深化 5G 融合应用，推动 5G 网络及相关技术在工业制造、现代农业、文旅、教育医疗、健康养老、交通、政务服务等领域的深入应用，将高新区打造成十亿级 5G 产业集聚区。加快茂化公司高新区智慧管理平台建设，加快推进茂名粤西 / 北部湾数据湖产业园、中国联通茂名 5G 大数据创新中心建设，全力打造“智慧高新”。

高端装备制造业加快发展。依托石化和氢能产业优势，重点发展石化装备、新能源装备、节能环保装备等领域以及相配套的重要基础件，加快推进高端装备制造及精密制造产业的先进和绿色制造工艺研发、共性关键技术攻关，突出重点，聚焦发力，推动产业高质量发展。以茂名重力石化装备为龙头，推进先进节能环保技术、工艺、装备技术研发与产业化，深入推进高耗能设备系统节能改造，带动石化产业绿色改造升级。积极推动上下游产业集聚发展，加快智能制造成套设备的产业化和示范应用，加强制造产业技术自主创新，攻关高性能发动机、核心零部件、仪器仪表等核心关键技术和装备，实现装备和技术的智能化、模块化、集成化，打造高端装备制造新优势。

生物医药和大健康产业集群发展。依托高新区健康产业城，积极引入国内外知名医药企业，支持园区医药企业开展药物原始创新和产业化，重点发展中药饮片、中药制剂、化学制药，大力发展橘红胶囊、八角提取液、蛋白酶等保健品。全面加快促进中医药传承创新发展，发挥南药基地优势，加强中药材质量管控，加大道地药材保护力度，打造新时代南药金字招牌。积极推进中医药产业现代化，深化产学研用一体化合作，传播中医药文化，创新中医药的话语体系，厚植中医药文化，打响“潘茂名”中医药城市品牌。

【科技创新】高新区科创水平不断提高，组建茂名绿色化工研究院、茂名国家高新区绿色化工与新材料中试基地、大学科技园、先进新材料加速孵化基地等创新平台，现拥有省级及以上研发和创新平台 60 多家，构建起了国信创谷科技产业园区、丰能科技产业园、圆梦园创新平台。拥有孵化器 3 家（含国家级 1 家）、众创空间 3 家（含国家级 1 家），孵化面积达 6 万平方米。拥有国家危险化学品质量监督检验中心（广东）、国家危险化学品应急救援（茂名）基地等支撑产业、科技创新发展的服务机构，服务内容涵盖检验检测、科技金融、安评环评、知识产权等多个方面。在科技部对全国 169 家国家高新区的考核中，茂名高新区排名 115 名，在近两年新晋升的国家高新区中位居前列。高新区已成为引领茂名科技创新发展的排头兵。

【产城融合】产业基础设施不断完善。投资 3.3 亿元建成了全长 8.89 千米的原料及公用工程管廊。通过公用工程管廊一是为园区企业输送碳五、碳九、焦油等有机化工原料；二是为企业输送高压蒸汽、中压蒸汽、工业风、仪表风、氮气、氧气等多种介质及消防水、污水等，最多的管线达 16 条。实现了隔墙供应，安全环保、经济节约。另外，园区拥有乙烯污水处理厂、高新区水质净化厂两个污水处理厂。高新区水质净化厂建成投用后，园区污水处理能力可达 2 044 万吨 / 年。拥有乙烯动力厂、长青热电联产两个供热系统，供热管网可实现互联互通。长青热电联产项目一期已建成投产，总投资 7.5 亿元，建设规模为三台 260t/h 的高温高压循环硫化床锅炉加两台 25MW 抽背式汽轮发电机组，运营总供热量达 93.75GJ/h，可满足高新区集中供热需求。

新城建设实现扩容提质。大力推进交通路网建设，区内“五纵两横”的交通路网已经成型。共青河新城建设开启，在共青河新城规划建设 2026 年广东省第十七届运动会主要比赛场馆，建设“未来都市之心”和“现代山水家园”，从而带动市民片区产业链扩容提质。共青河新城规划设计由参与雄安新区规划的同济大学团队“把脉”，拟将其打造成为一座高效融合之城、绿色生态之城、运动活力之城、开放共享之城。目前，崇文学堂、创新大厦、华讯大宅一期、石化苑一期已经建成，保利奥体大都汇项目已开工建设。全力扩大绿色空间，露天矿生态公园已经成为集工业特色、山水园林、休闲娱乐于一体的大型开放式生态公园；潘茂名纪念公园已经成为城市生态涵养的绿色园地以及人民群众休闲、娱乐、观光的好去处。

（茂名高新技术产业开发区管委会）

湖南湘西高新技术产业开发区

【概况】湖南湘西高新区是湘西州委州政府直接管理的省级开发区，前身为吉凤工业园，于2004年7月开工奠基，2006年获省政府批准为吉凤经济开发区，2011年更名为湘西经济开发区，2019年2月获省政府批准为省级高新技术开发区。现规划面积30.51平方千米，行政区划面积18.85平方千米，其中核心区7.12平方千米，辖1个街道6个社区，人口约5万人。湘西高新区坚持“州府新城、产业新区”的发展定位，按照“产城融合、二三产业双轮驱动”的思路快速发展，着力打造全州改革创新的试验田、对外开放的桥头堡、经济发展的增长极、营商环境的样板区。先后被国家和省授予“湘西国家锰深加工高新技术产业化基地”“湖南省生物产业自治州基地”“湖南省新型工业化示范基地”“湖南省信息化和工业化融合试验区”“湖南省出口工业产品质量安全示范园区”“武陵山创新创业基地”等荣誉称号。

【经济发展】湘西高新区经济运行稳中提质，2022年实现地区生产总值84.6亿元，同比增长4.5%；完成固定资产投资54.5亿元，同比增长1.8%；规模工业增加值同比增长8.2%；完成技工贸收入221亿元，同比增长10%；实现地方财政收入3.88亿元，同比下降32.1%；引进省外境内资金30.08亿元，同比增长20.32%；新增“四上”企业15家。2022年度在全省133家省级及以上产业园区“五好”园区综合考评排名第36位，位列大湘西地区省级园区第三名，获先进园区表扬；2021年度全省46家高新区创新发展绩效评价中位列第11位；2022年度“五好”园区建设被省政府真抓实干督查激励表彰。在宏观经济异常严峻的大环境下，大部分主要经济指标都实现正增长。

【项目建设】2022年，湘西高新区项目建设有序推进。创新实施项目专班制，对项目进行全流程跟踪，组建前期工作、招商引资、项目实施、督导推进四个专班，分段负责，接力推进，全力优化项目建设环境。东区综合开发等一批重大项目开工建设，华美兴泰动力锂电池组、丰达合金新材料产业园等一批重大项目加快推进，武陵山智能制造基地等一批重大项目竣工，中印酒类包装智能制造生产项目等实现投产。省重点项目累计完成投资5.6亿元，完成年计划的112%；27个州重点项目累计完成投资70亿元，完成年计划的100%；完成重点项目动态储备155亿元，完成年计划的103%，稳住了经济发展的基本盘。

【招商引资】2022年，湘西高新区招商引资成效明显。坚持把招商引资作为“一号工程”，出台了《招商“第一人”奖励办法》等一系列重大政策，紧紧围绕“一主两特一配套”产业体系精准招商，荣获全省商务工作先进园区、2022年度全州招商引资工作考核一等奖。新引进签约项目35个，其中投资1亿元以上产业项目10个，新引进项目的数量、质量、规模跃上了新台阶。引进“三类500强”企业新投资项目4个，完成全年任务的400%；新注册外商投资企业2家，外商直接投资完成300万美元，增长100%；外贸进出口实绩企业13家，实现进出口总额13.5亿元，增长20%，占全州进出口总额60%以上。外资到位资金、进出口总额、引进“三类500强”企业数量、总量均位居全州第一。

【科技创新】2022年，湘西高新区坚持“稳字当头、稳中求进”工作总基调，全力以赴做好稳增长、促改革、调结构、惠民生、防风险等工作，发展质效显著提升。截至2022年底，已建成国家级研发平台2家、省级研发平台37家，院士工作站2家，国家级孵化器2家、省级孵化器5家；培育“四上”企业163家，高新技术企业47家。

【营商环境】2022年，高新区营商环境持续优化。深入推进优化营商环境攻坚年行动，连续3年荣获全州深化“放管服”改革优化营商环境工作综合考核一等奖，在湖南省营商环境评价133个省级园区中排名第四。深入开展干部联企“送政策、优服务、解难题”行动，全年共为企业办理“五税两费”缓缴595万元，征前减免2.12亿元，留抵退税2.65亿元，兑现各类财政奖补资金9 536.68万元，减免小微服务业企业及商户租金978万元。推行帮代办服务“12345”模式，探索实施“码上办”小程序，行政审批服务效率进一步提升。截至2022年底，高新区实有市场主体3 968户，新增1 064户，完成目标任务105.25%，其中，企业占比49.92%，法人企业占比84.55%，分别超过省定目标的25.92%和6.55%，两项指标均排名全州第一，经济发展的活力不断增强。

【改革创新】2022年，高新区改革创新蹄疾步稳。统筹推进体制机制改革创新，《关于推进湘西高新技术产业开发区体制机制改革创新的实施意见》经州委研究原则通过。坚持厘清政企边界，理顺管理架构，强化经营理念，加快剥离隐性债务，“国企改革提质增效”三年行动收官，吉投集团公司“集团化、市场化、专业化”改革成效初显，公司资产总额突破百亿元大关，市场化转型稳步推进。积极推动行政审批改革，园区赋权事情项有效承接落地，“一枚印章管审批”开创园区新模式，改革创新不断向纵深推进。

【年度荣誉】2022年，湘西高新区土地集约利用全面评价在16家省级产城融合型开发区中位列第2名，获得省奖励新增建设用地计划指标160亩，还荣获2022年度全州深化“放管服”改革优化营商环境工作综合考核一等奖、全州平安建设州先进县市（区）、安全生产和消防工作“优秀县市区”、全州建设美丽湘西工作优秀县市（区）等荣誉，吉凤街道办事处被评为省文明单位，双河社区荣获2021年度全国综合减灾示范社区。

【领导名录】2022年，中共湘西高新技术产业开发区工作委员会书记向恒林，副书记戴晓军，委员胡丕宇、皮丕军、黄江勇、张忠华、苏方杰（挂职）；湘西高新技术产业开发区管理委员会主任戴晓军，副主任皮丕军、张忠华、苏方杰(挂职)、唐松波(挂职)；总工程师鲁承宏。

（湖南湘西高新技术产业开发区管委会）

统计资料篇

2022年国家级经济技术开发区主要经济指标情况

2022 年，商务部作为国家级经济技术开发区（以下简称国家级经开区）工作的牵头部门，认真落实党中央、国务院决策部署，完整、准确、全面贯彻新发展理念，加快构建新发展格局，着力推动高质量发展，积极推动创新提升。国家级经开区有效应对疫情冲击，主要经济指标同比均保持增长。

一、总体情况

根据初步核算，2022 年，全国 230 家国家级经开区地区生产总值 15 万亿元，同比增长 8.7%（注：名义增长率，下同）。其中：第二产业增加值 9.2 万亿元，同比增长 9.4%；第三产业增加值 5.6 万亿元，同比增长 7.3%。

由于留抵退税相关政策影响，230 家国家级经开区财政收入 2.5 万亿元，同比下降 3.3%；税收收入 2.3 万亿元，同比下降 0.8%。

230 家国家级经开区进出口总额 10 万亿元（其中，出口 6 万亿元，进口 4 万亿元），同比增长 11.1%；实际使用外资 423 亿美元，同比增长 9.2%。

二、分区域情况

东部地区 112 家国家级经开区地区生产总值 9.3 万亿元，同比增长 7.8%，其中：第二产业增加值 5.5 万亿元，第三产业增加值 3.7 万亿元，同比分别增长 7.8% 和 7.6%；财政收入 1.7 万亿元，税收收入 1.5 万亿元，同比分别下降 5.7% 和 3.4%；进出口总额 8.3 万亿元（其中，出口 4.9 万亿元，进口 3.4 万亿元），同比增长 9.4%；实际使用外资 378 亿美元，同比增长 11.4%。

中部地区 68 家国家级经开区地区生产总值 3.4 万亿元，同比增长 7.8%，其中：第二产业增加值 2.2 万亿元，第三产业增加值 1.1 万亿元，同比分别增长 8.3% 和 6.8%；财政收入 4760 亿元，税收收入 4281 亿元，同比分别增长 1.5% 和 1.1%；进出口总额 1.2 万亿元（其中，出口 7 377 亿元，进口 4 437 亿元），同比增长 15.7%；实际使用外资 31 亿美元，同比下降 10.1%。

西部地区 50 家国家级经开区地区生产总值 2.3 万亿元，同比增长 13.9%，其中：第二产业增加值 1.5 万亿元，第三产业增加值 7 312 亿元，同比分别增长 17.2% 和 6.4%；财政收入 3 310 亿元，税收收入 3 163 亿元，同比分别增长 3.6% 和 10.7%；进出口总额 5 220 亿元（其中，出口 3 159 亿元，进口 2 061 亿元），同比增长 32.5%；实际使用外资 14 亿美元，同比增长 8.2%。

（来源：商务部外资司）

2021年国家级经济技术开发区主要经济指标情况

一、总体情况

根据初步核算，2021年，全国230家国家级经开区地区生产总值13.7万亿元，同比增长15.4%，增幅高于同期全国平均水平（8.1%）7.3个百分点，占同期国内生产总值比重为11.9%，其中：第二产业增加值8.4万亿元，同比增长17.3%，占同期全国第二产业增加值比重为18.6%；第三产业增加值5.1万亿元，同比增长12.5%，占同期全国第三产业增加值比重为8.4%。

230家国家级经开区财政收入2.5万亿元，同比增长12.1%，占全国财政收入比重为12.5%；税收收入2.2万亿元，同比增长14.3%，占全国税收收入比重为12.9%。

230家国家级经开区进出口总额8.7万亿元（其中，出口5万亿元，进口3.7万亿元），同比增长21.9%，占全国进出口总额比重为22.3%；实际使用外资和外商投资企业再投资金额684亿美元，同比增长14%。

二、分区域情况

东部地区112家国家级经开区地区生产总值8.5万亿元，同比增长14.8%，其中：第二产业增加值5万亿元，第三产业增加值3.4万亿元，同比分别增长16.6%和11.8%；财政收入1.8万亿元，税收收入1.5万亿元，同比分别增长10.8%和13.2%；进出口总额7.3万亿元（其中，出口4.2万亿元，进口3.1万亿元），同比增长19.8%；实际使用外资和外商投资企业再投资419亿美元，同比增长14.4%。

中部地区68家国家级经开区地区生产总值3.2万亿元，同比增长14.9%，其中：第二产业增加值2.1万亿元，第三产业增加值1.1万亿元，同比分别增长15%和13.4%；财政收入4 541亿元，税收收入4 191亿元，同比分别增长11.6%和17.5%；进出口总额9 758亿元（其中，出口5 839亿元，进口3 919亿元），同比增长33%；实际使用外资和外商投资企业再投资193亿美元，同比增长13.3%。

西部地区50家国家级经开区地区生产总值2万亿元，同比增长18.9%，其中：第二产业增加值1.3万亿元，第三产业增加值6 896亿元，同比分别增长24.6%和14.4%；财政收入3 147亿元，税收收入2 795亿元，同比分别增长21.5%和15.6%；进出口总额3 847亿元（其中，出口2 215亿元，进口1 632亿元），同比增长39%；实际使用外资和外商投资企业再投资71亿美元，同比增长13.4%。

（来源：商务部外资司）

2020年国家级经济技术开发区主要经济指标情况

一、总体情况

根据初步核算，2020年，全国217家国家级经开区地区生产总值11.6万亿元，同比增长6.4%，增幅高于同期全国平均水平（2.3%）4.1个百分点，占同期国内生产总值比重为11.5%，其中：第二产业增加值7万亿元，同比增长3.9%，占同期全国第二产业增加值比重为18.3%；第三产业增加值4.5万亿元，同比增长10.9%，占同期全国第三产业增加值比重为8%。

217家国家级经开区财政收入2.1万亿元，同比增长2.8%，占全国财政收入比重为11.7%。税收收入1.9万亿元，同比增长2.3%，占全国税收收入比重为12.4%。

217家国家级经开区实际使用外资和外商投资企业再投资金额611亿美元，同比增长17.5%，占全国利用外资比重为23.1%；进出口总额6.7万亿元（其中，出口3.9万亿元，进口2.8万亿元），同比增长4.8%，占全国进出口总额比重为20.8%。

二、分区域情况

东部地区107家国家级经开区地区生产总值7.4万亿元，同比增长6.3%，其中：第二产业增加值4.3万亿元，第三产业增加值3万亿元，同比分别增长3.1%和11.3%；财政收入1.5万亿元，税收收入1.3万亿元，同比分别增长2.6%和1.4%；进出口总额5.7万亿元(其中，出口3.3万亿元，进口2.4万亿元)，同比增长3.2%；实际使用外资和外商投资企业再投资359亿美元，同比增长14.8%。

中部地区63家国家级经开区地区生产总值2.7万亿元，同比增长6.7%，其中：第二产业增加值1.8万亿元，第三产业增加值8 629亿元，同比分别增长6%和10.1%；财政收入3 762亿元，税收收入3 371亿元，同比分别增长1.8%和2.8%；进出口总额7 200亿元（其中，出口4 206亿元，进口2 994亿元），同比增长12.3%；实际使用外资和外商投资企业再投资191亿美元，同比增长25.1%。

西部地区47家国家级经开区地区生产总值1.6万亿元，同比增长6.2%，其中：第二产业增加值1万亿元，第三产业增加值5 394亿元，同比分别增长3.9%和10%；财政收入2 459亿元，税收收入2 318亿元，同比分别增长5.7%和7%；进出口总额2 616亿元（其中，出口1 540亿元，进口1 076亿元），同比增长22.8%；实际使用外资和外商投资企业再投资61亿美元，同比增长11.9%。

（来源：商务部外资司）

2019年国家级经济技术开发区主要经济指标情况

2019 年，218 家国家级经济技术开发区总体发展态势向好。地区生产总值、第二产业增加值、第三产业增加值、财政收入、税收收入、进出口总额和实际使用外资同比均保持增长。

一、总体情况

2019 年，全国 218 家国家级经济技术开发区（以下简称“国家级经开区”）实现地区生产总值 10.8 万亿元（注：初步核算数，下同），同比增长 8.3%，增幅高于同期全国平均水平（6.1%）2.2 个百分点，占同期国内生产总值比重为 10.9%，其中：第二产业增加值 6.7 万亿元，同比增长 4.5%，占同期全国第二产业增加值比重为 17.4%；第三产业增加值 3.9 万亿元，同比增长 16.9%，占同期全国第三产业增加值的比重为 7.4%。

218 家国家级经开区实现财政收入 2.1 万亿元，同比增长 5.6%，增幅高于同期全国平均水平（3.8%）1.8 个百分点，占全国财政收入的比重为 10.9%。实现税收收入 1.9 万亿元，同比增长 2.9%，增幅高于同期全国平均水平（1%）1.9 个百分点，占全国税收收入的比重为 11.7%。

218 家国家级经开区实际使用外资和外商投资企业再投资金额 532 亿美元，同比增长 8.5%，占全国吸收外资（含外商直接投资和其他投资）比重约 1/5。实现进出口总额 6.3 万亿元（其中，出口 3.5 万亿元，进口 2.8 万亿元），同比增长 1.6%，占全国进出口总额的比重为 19.9%。

二、分区域情况

东部地区 107 家国家级经开区实现地区生产总值 69 242 亿元，同比增长 7.9%，其中：第二产业增加值 40 903 亿元，第三产业增加值 27 323 亿元，同比分别增长 3.1% 和 16%；实现财政收入 14 659 亿元，税收收入 13 070 亿元，同比分别增长 6.5% 和 3.4%；进出口总额 54 784 亿元（其中，出口 30 601 亿元，进口 24 183 亿元），同比增长 0.6%；实际使用外资和外商投资企业再投资 320 亿美元，同比增长 12.3%。

中部地区 63 家国家级经开区实现地区生产总值 24 380 亿元，同比增长 8.9%，其中：第二产业增加值 16 806 亿元，第三产业增加值 7 376 亿元，同比分别增长 6.6% 和 20.5%；实现财政收入 3 766 亿元，同比下降 0.2%，税收收入 3 329 亿元，同比增长 1.1%；进出口总额 6 368 亿元(其中，出口 3 513 亿元，进口 2 855 亿元)，同比增长 9.7%；实际使用外资和外商投资企业再投资 156 亿美元，同比增长 1.7%。

西部地区 48 家国家级经开区实现地区生产总值 14 776 亿元，同比增长 9%，其中：第二产业增加值 9 649 亿元，第三产业增加值 4 695 亿元，同比分别增长 6.4% 和 17%；实现财政收入 2 331 亿元，税收收入 2 146 亿元，同比分别增长 10.2% 和 2.7%；进出口总额 2 165 亿元(其中，出口 1217 亿元，进口 948 亿元)，同比增长 5%；实际使用外资和外商投资企业再投资 55 亿美元，同比增长 7.3%。

（来源：商务部网站）

2018年国家级经济技术开发区主要经济指标情况

2018 年，219 家国家级经济技术开发区总体发展态势向好。地区生产总值、第二产业增加值、第三产业增加值、财政收入、税收收入、进出口总额和实际使用外资同比均保持增长。

一、总体情况

2018 年，全国 219 家国家级经济技术开发区（以下简称“国家级经开区”）实现地区生产总值 10.2 万亿元，同比增长 13.9%，增幅高于同期全国平均水平（6.6%）7.3 个百分点，占同期国内生产总值的比重为 11.3%，其中，第二产业增加值 6.5 万亿元，同比增长 9.6%，增幅高于同期全国平均水平（5.8%）3.8 个百分点，占同期全国第二产业增加值的比重为 17.7%；第三产业增加值 3.3 万亿元，同比增长 13.2%，增幅高于同期全国平均水平（9.6%）3.6 个百分点，占同期全国第三产业增加值的比重为 6.9%。

219 家国家级经开区实现财政收入 1.9 万亿元，同比增长 7.7%，增幅高于同期全国平均水平（6.2%）1.5 个百分点，占全国财政收入的比重为 10.6%。实现税收收入 1.7 万亿元，同比增长 10.1%，增幅高于同期全国平均水平（8.3%）1.8 个百分点，占全国税收收入的比重为 11.1%。

219 家国家级经开区实际使用外资和外商投资企业再投资金额 513 亿美元，同比增长 5.5%，占全国吸收外资（含外商直接投资和其他投资）的比重约为 1/5。实现进出口总额 61 937 亿元（其中，出口 34 108 亿元，进口 27 829 亿元），同比增长 10.8%，占全国进出口总额的比重为 20.3%。

二、分区域情况

东部地区 107 家国家级经开区实现地区生产总值 67 333 亿元，同比增长 14.6%，其中，第二产业增加值 40 461 亿元，第三产业增加值 22 885 亿元，同比分别增长 8.3% 和 12.2%；实现财政收入 13 524 亿元，税收收入 12 151 亿元，同比分别增长 5.5% 和 8.6%；进出口总额 54 281 亿元（其中，出口 29 953 亿元，进口 24 328 亿元），同比增长 9.5%；实际使用外资和外商投资企业再投资额 306 亿美元，同比增长 2.1%。

中部地区 63 家国家级经开区实现地区生产总值 21 389 亿元，同比增长 14%，其中，第二产业增加值 15 250 亿元，第三产业增加值 5 819 亿元，同比分别增长 12.8% 和 17.6%；实现财政收入 3 783 亿元，税收收入 3 183 亿元，同比分别增长 16.9% 和 16.2%；进出口总额 5 681 亿元（出口 3 059 亿元，进口 2 622 亿元），同比增长 23.1%；实际使用外资和外商投资企业再投资额 154 亿美元，同比增长 9.3%。

西部地区 49 家国家级经开区实现地区生产总值 13 302 亿元，同比增长 10.2%，其中，第二产业增加值 9 052 亿元，第三产业增加值 3 823 亿元，同比分别增长 10.8% 和 12.8%；实现财政收入 2 081 亿元，税收收入 2 045 亿元，同比分别增长 6.7% 和 10.6%；进出口总额 1 975 亿元（出口 1 096 亿元，进口 879 亿元），同比增长 13.6%；实际利用外资和外商投资企业再投资额53亿美元，同比增长15.9%。

三、高新技术产品进出口情况

国家级经开区高新技术产品出口额达到12 531亿元，同比增长12.8%，占国家级经开区出口总额的36.7%，占全国高新技术产品出口总额的25.4%；高新技术产品进口额达到9 001亿元，同比增长21.2%，占国家级经开区进口总额的32.3%，占全国高新技术产品进口总额的20.3%。

（来源：商务部网站）

关于2022年度国家级开发区土地集约利用监测统计情况的通报

自然资办函〔2023〕215号

各省、自治区、直辖市及计划单列市自然资源主管部门，新疆生产建设兵团自然资源局，中国地质调查局及部其他直属单位，各派出机构，部机关各司局：

为及时掌握国家级开发区土地集约利用状况，促进提高节约集约用地水平，根据部有关工作安排，全国31个省（区、市）及新疆生产建设兵团完成了2022年度开发区土地集约利用监测统计工作。现将结果通报如下：

一、基本情况

本次监测统计时点为2021年12月31日，共涉及579个国家级开发区。按区域分，东部地区263个，中部地区122个，西部地区140个，东北地区54个；按审批类型分，经济类开发区261个，高新类开发区165个，海关特殊监管区域153个。579个国家级开发区审批范围面积52.53万公顷，平均每个开发区面积907.19公顷；规划建设用地面积50.25万公顷，其中，已批准征收土地面积35.98万公顷、占71.59%，已批准转用土地面积31.13万公顷、占61.95%。累计完成工业（物流）企业固定资产投资20.00万亿元；实现工业（物流）企业总收入26.14万亿元，二、三产业税收总额2.41万亿元，工业（物流）企业税收总额1.42万亿元。

截至2021年12月31日，579个国家级开发区土地开发率89.66%、土地供应率92.84%、土地建成率92.47%，分别比上年度提高0.23个、0.33个和0.13个百分点；工业用地率47.78%，提高0.74个百分点；开发区综合容积率1.02、工业用地综合容积率0.95，分别提高0.02、0.01；建筑密度33.42%、工业用地建筑系数53.61%，分别提高0.71个和0.37个百分点；工业用地固定资产投入强度10 711.51万元/公顷、工业用地地均税收760.90万元/公顷，分别提高9.04%、9.17%。

二、主要问题

监测统计结果反映，国家级开发区土地集约利用总体状况持续向好，各项指标均较上年度有所提升，但也存在一些问题。一是部分开发区土地利用程度偏低。16个国家级开发区土地开发率低于60%，29个土地供应率低于60%，24个土地建成率低于60%；边境经济合作区土地开发率平均约为80%，比全国平均水平低了近10个百分点。二是部分开发区土地利用强度有待提高。96个国家级开发区的综合容积率低于0.6，近4成边境经济合作区的综合容积率不到0.6，近6成国家级开发区工业用地综合容积率不到0.6。三是存量挖潜空间较大。579个国家级开发区批而未供土地1.57万公顷，占规划建设用地面积的3.11%；闲置土地0.06万公顷，占已供应国有建设用地的0.14%，土地闲置率比上年度增加了1倍，西部地区增加了3倍。

此外，部分开发区还存在实际管理范围规模过大问题，并且闲置土地（0.46万公顷）和批而未供土地（11.07万公顷）规模不小。

三、工作要求

各地要坚决贯彻落实习近平总书记关于耕地保护和节约集约用地的一系列重要讲话精神，高度重视开发区土地集约利用监测统计反映的情况，加强监测统计成果应用，督促和指导开发区加大开发利用力度，提升土地利用效率。一是防止开发区用地粗放浪费。严控新设开发区，严格限定开发区用地范围和规模。加强节约集约用地评价，推动新上项目达到国内节地先进水平。探索完善土地复合利用标准和政策，推进多层厂房建设。二是加快开发区存量用地盘活利用。推进开发区闲置土地处置与批而未供用地盘活，促进土地集约用地。探索建立严控新增、盘活存量、考核退出的全周期节约集约用地机制。同时，各地要加强监测统计结果应用，进一步严格用地管理，加强对已有实际管理范围的土地利用监管、评价与考核，促进开发区用地规模与开发区发展阶段、土地节约集约利用水平相适应。

自然资源部办公厅

2023 年 2 月 3 日

杭州钱塘新区

2022年，杭州钱塘新区地区生产总值1 226.03亿元，比上年增长0.1%。其中：第一产业增加值12.71亿元，下降2.4%；第二产业增加值823.30亿元，下降1.3%；第三产业增加值390.02亿元，增长3.1%。财政总收入230.45亿元，下降4.2%，其中一般公共预算收入116.63亿元，下降0.6%。一般公共预算支出128亿元，下降18.1%。外贸进出口额1 030.19 亿元，下降0.68%。固定资产投资额542.21亿元，增长17.5%。社会消费品零售总额337.95亿元，下降3.3%。规模以上工业总产值35 02.4亿元，销售产值3 484.2 亿元，规模以上工业企业产销率99.5%。规模以上工业增加值722.94亿元，下降1.9%；战略性新兴产业增加值284.81亿元，高技术制造业增加值195.5亿，分别增长9%、9.2%；数字经济核心产业增加值114.72亿元，增长4.8%。半导体、生命健康、智能汽车及智能装备、新材料、航空航天五大制造业产业实现产值2 989.1 亿元，占全部规模以上工业企业总量的85.3%。

杭州医药港

2022年11月12日，第六届浙江药学大会在钱塘区开幕

2022年5月21日，钱塘区元宇宙新天地开园活动在钱塘区举行

钱塘新区金沙湖商务区

宁波经济技术开发区

2022年是新的宁波经济技术开发区挂牌运作元年。一年来，开发区深入贯彻习近平新时代中国特色社会主义思想，认真执行中央，省市党委、政府决策部署，全力以赴推动经济稳进提质，努力在产业、项目、开放、改革等领域取得新突破，经济呈现“稳中有进、恢复向好”的良好态势。2022年，宁波经济技术开发区实现地区生产总值2 630.8亿元，增长4.2%，总量居全省第三，增幅高于全省、全市平均水平，6项总量指标居全省首位。财政总收入905.35亿元，增长15.9%，一般公共预算收入424.1亿元，增长8.2%；限上商品销售额19 623.1亿元，增长9.9%；外贸进出口总额4 518.6亿元，增长9.2%，其中出口额1 998.2亿元，增长16.3%；实际利用外资13.29亿美元，增长2%。

梅山湾蓝海工程

城市风貌

梅山湾沙滩公园

灵峰现代产业园

大榭岛

萧山经济技术开发区

2022年，萧山经济技术开发区围绕跻身国家级开发区第一方阵目标的要求，持续推进“兵团化会战、专班化运作”工作机制，加快发展数字经济，着力稳增长、强动能、促发展。全年开发区本级实现规上工业增加值138.23亿元，同比增长5.2%；固定资产投资168.94亿元，同比增长51.6%，其中工业投资52.17亿元，同比增长81.3%，服务业投资116.78亿元，同比增长41.3%；实现限上社零额118.96亿元，同比增长10.9%；实现财政总收入141.85亿元、一般公共预算收入82亿元，分别下降4.92%、1.08%；2022年以来完成政府采购2 612.78万元，其中涉及中小企业2 218.78万元，占比85%。开发区内各公司总资产达919.60亿元，净资产达499.26亿元。

兆丰机电

靖江经济技术开发区

2022年，靖江经济技术开发区综合实力稳步攀升，主要指标持续向好。全年实现地区生产总值711.8亿元，工业开票984.6亿元，服务业开票741.9亿元，同比分别增长6.4%、7.7%和2.1%。实现战略新兴产业产值291.8亿元，同比增长38.3%。完成固定资产投资216.3亿元，同比增长31.9%。外贸总额增长和外资利用成效明显。保税物流中心功能优势释放，新增货物监管总值5.1亿美元。实现外贸进出口总额29.2亿美元，占全市比重达70%。实际利用外资1.87亿美元。集聚效应日益凸现。坚持瞄准龙头招大选优，吸引产业上下游配套项目落户，金属材料、汽车零部件等产业聚链成群，传统产业和新兴产业“双轮驱动”势头强劲。沿江岸线资源“黄金效益”加快释放，全年完成港口货物吞吐量2.4亿吨，继续稳居泰州港第一。

开发区努力建设成为产业优、实力强、港城美、形态新的现代化国家级开发区

靖江市甬金金属科技有限公司高品质宽幅精密不锈钢板带生产制造项目签约奠基仪式现场

国信秦港二期

靖江市举行 2022 中国（靖江）高质量发展高峰论坛暨靖江经济技术开发区晋升国家级开发区 10 周年纪念活动

新型金属材料产业推介座谈会召开

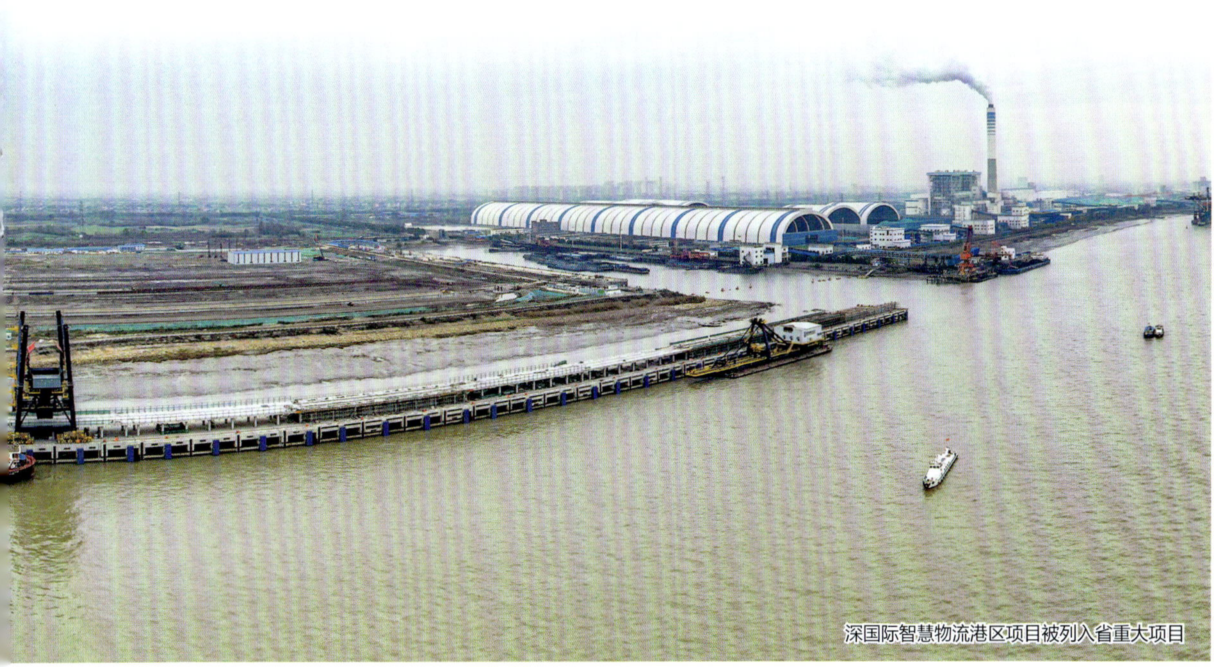

深国际智慧物流港区项目被列入省重大项目

宁国经济技术开发区

经过二十余年发展，宁国经济技术开发区产业结构不断优化，逐步形成了“1+4”的现代产业集群，即1个首位产业——汽车零部件，4大特色产业——高端装备及耐磨铸件、电子信息、绿色食品、精细化工及新材料产业。

2022年，园区规上工业总产值同比增长17.1%，固定资产投资同比增长12.5%，税收收入同比增长8.35%，进出口总额同比增长15.6%。在2022年国家级经开区综评中位居全国第45位（共217家）、中部地区第12位、全省第3位（共12家），全国、全省位次较上年度分别前进了38位和2位。

投资72亿元的吉利12GWh动力电池项目建设现场

投资112亿元的苏州仕净科技高效太阳能电池片项目建设现场

中德智造产业园

港口园区

河沥园区 云燕食品

保隆集团宁国园区

南山园区

河北唐山海港经济开发区

2022年，唐山海港经济开发区地区生产总值完成257.2亿元，同比增长5.5%，一般公共预算收入完成20.2亿元，同比增长22.7%，固定资产投资同比增长15%，规上工业增加值同比增长18%，服务业增加值完成145.4亿元，同比增长5.6%，社会消费品零售总额完成21.6亿元，同比增长2.2%，进出口总额完成76亿元，同比增长13.9%，实际利用外资完成701万美元，同比增长469.1%。

2022年，海港区围绕港口物流、精品钢铁、绿色化工三大主导产业延链、强链、补链，三大主导产业占比由56.6%上升到67%，为经济快速健康发展提供有力支撑。

从交通堵塞严重到从根本上打通运输通道，文化大街立交桥项目“绕转直”改善了交通环境、带动了周边产业发展

从多年烂尾、群众严重不满到全线贯通、四通八达，十家子大桥建成通车，不仅方便老百姓出行和生产生活，更有效缓解了乐港路交通通行压力

生机勃勃的开发区乐港路

公共文化新地标——海港文化中心夜景

物流园区

即将建成的第七中学

海港开发区全景

湖州南太湖新区

湖州南太湖新区是浙江省大湾区首批“四大新区”之一，2019年4月30日经省政府批准成立，6月2日正式挂牌运行，保留国家级湖州经济技术开发区、国家级湖州太湖旅游度假区两块牌子。总面积225平方千米，下辖6个街道，人口30万左右。2022年，湖州南太湖新区实现地区生产总值297.9亿元，增长3.2%；财政总收入69.8亿元，其中地方财政收入42.7亿元；社会固定资产投资326.3亿元，增长11.7%；规上工业增加值78.4亿元，增长6.3%；实现外贸进出口总额120.8亿元，增长17.6%。

秀美南太湖

铁公水物流

南太湖未来城

南太湖四季更迭